U0620350

# 康熙传

上

白新良 主编

中华书局

**图书在版编目(CIP)数据**

康熙传/白新良主编. —北京:中华书局,2023.6
(2024.3 重印)
ISBN 978-7-101-16199-1

Ⅰ.康… Ⅱ.白… Ⅲ.康熙帝(1654~1722)-传记
Ⅳ.K827=49

中国国家版本馆 CIP 数据核字(2023)第 073250 号

---

书　　名　康熙传(全二册)
主　　编　白新良
责任编辑　杜艳茹
责任印制　陈丽娜
出版发行　中华书局
(北京市丰台区太平桥西里 38 号　100073)
http://www.zhbc.com.cn
E-mail:zhbc@zhbc.com.cn
印　　刷　河北新华第一印刷有限责任公司
版　　次　2023 年 6 月第 1 版
2024 年 3 月第 2 次印刷
规　　格　开本/920×1250 毫米　1/32
印张 29¾　插页 4　字数 620 千字
印　　数　5001-8000 册
国际书号　ISBN 978-7-101-16199-1
定　　价　108.00 元

---

# 再版说明

清圣祖爱新觉罗·玄烨（1654—1722），即位之后年号康熙，习称康熙皇帝）是清朝入关之后的第二代皇帝。他在位期间（1662—1722），顺应社会长期动乱之后广大人民渴望太平的合理愿望，积极奋斗，实现了国家的统一和国内政局的长期安定。与此同时，作为这一时期中国政治舞台上的一个中心人物，康熙皇帝在军事、政治、经济、文化诸方面均有重要建树，取得了突出的成就，推动了中国社会的进步。终康熙一朝，清朝政治一直沿着正确的轨道向前发展，清朝的统治也进入了全盛时期。因而，这个充满传奇色彩的杰出历史人物及其波澜壮阔的一生，一直为后人所称颂。

为了普及清史知识，丰富广大人民群众的业余文化生活，推动清史研究的进一步深入，三十年前，应学苑出版社之邀，我们数位学界同仁曾集体编著了这部康熙皇帝传记并予以出版。其后，天津百花文艺出版社、人民文学出版社又相继将之再版。日前，承蒙中华书局盛情相邀，拟将该书再版行世，以满足广大读者需求，这使我们深受感动，又颇觉惶恐。为此，笔者又对原书重加认真审读一过。因为我们识见浅陋，仍觉未能尽如人意。仅因时日急迫，不得不将此极不成熟的作品再次奉献于读者面前。我们恳切希望得到学术界同仁和广大读者的批评指正。

白新良

2023年1月于天津南开大学寓所

# 目　录

## 上　册

## 下　册

# 第一章　童年

## 一、普通皇子



顺治十一年三月十八日（1654年5月4日）上午十时，在和煦的阳光和春风中，北京紫禁城景仁宫内，伴随着一阵嘹亮的哭声，顺治皇帝的又一个皇子来到了世间。这时，这个婴儿的父亲顺治皇帝年仅十七岁，挑起处理国务的重担也不过三年有余，作为政治舞台上的一个生手，他正在为指挥千里之外平定南明永历政权的战争和处理朝廷内部汉族大臣之间的党争而忙得焦头烂额，根本没有时间关心或过问此事。因而，这个婴儿出生之日，宫中没有一点喜庆气象，而且很长时间也未给他取上汉文名字。从顺治皇帝的母亲孝庄文皇后以下，包括婴儿的生母佟氏妃子在内，谁也不曾想到，这个其貌不扬、连名字还未取上的属马的孩子，日后会有九五之分，并且在治绩上也大大超过了他的父皇和两千多年帝王群中的多数帝王。

"闲云潭影日悠悠，物换星移几度秋。"几十年后，在本书的主人公，这个昔日不为人知的爱新觉罗·玄烨走完他辉煌而又不平凡的人生途程并被尊为“圣祖仁皇帝”之后，他的儿孙以及臣民怀着对他无限崇敬的心情，在为他修撰记载他一生事迹的实录时，开始将他神化，在极力称美他一生功业的同时，还将许多美好的言辞加之于他的童年和出生以前的岁月。据《清圣祖实录》卷首记载，玄烨生母佟氏怀孕后，一次赴慈宁宫向顺治皇帝的母亲孝庄文皇后问安，孝庄文皇后非常惊奇地发现，这个佟妃身上闪闪发光，“衣裾若有龙绕”[1]。询问之下，得知这个儿媳妇已怀孕数月，很是高兴，便对贴身侍女说：十几年前，我在怀上当今皇帝（指顺治皇帝）时，不少人也曾看到我衣服上红光灿烂，好像有一条龙盘绕腰间，后来果然诞生了这个当今天子，统一了天下。现在佟妃身上也出现这样的吉兆，将来生了儿子，必定大富大贵。不久，佟妃分娩。那天早晨，景仁宫内异香扑鼻，经久不散。与此同时，又有鲜艳夺目的五色光气充溢庭院，几乎和太阳一样耀眼，许多宫女、太监都看到了这一情景，大家都觉得这是一个罕见的瑞应。

按照《清圣祖实录》的这种记载，早在玄烨出世之前，至少他的祖母已经看出他将来必将像他的父亲顺治皇帝一样位至九五。然而，事后追记的美好言辞难以作为信史。玄烨即位后，他的祖母对他百般怜爱，对于他的事业的成功也起了巨大的作用固是史实，但说她在玄烨出生之前便已有如此远见，则无法令人信服。其实，如果对玄烨出生前后宫中权力分配情况加以分析，就可以看出，在他降临人世之初，不只他的父亲顺治皇帝没有把他放在眼里，就是后来对他最为怜爱的祖母孝庄文皇后对他感情也十分一般。首先，玄烨生父虽是当朝天子，这一点固然可以决定他的命运不会同于一般百姓，但刚刚十七岁的顺治皇帝当时已经连生两个儿子。按照一般情况来说，他至少还能再活几十年；同时，由于后宫妃嫔甚多，而他又正进入生育年龄，至少还可以再生许多儿子，焉知玄烨这个孩子的命运必然会在其他已出世或未出世的孩子之上？其次，就他的母亲而言，当时只是顺治皇帝的一个普通妃子，而且出身汉军。虽然她的父祖两代早在入关前就已追随清朝两代创业皇帝南征北战，卓有功勋，但由于清朝政权是一个以满洲贵族为主体建立的王朝，这就决定了她们一家在当时社会上只是二等公民，佟氏妃子的民族出身必然会影响她在宫中的地位。再次，还应该看到，玄烨出生前后，主持宫中事务的是顺治皇帝的母亲孝庄文皇后。孝庄文皇后出身蒙古科尔沁博尔济吉特氏家族，在她的儿子当上皇帝之后，为了巩固并发展自己在宫中的地位，她处心积虑地扩大自己家族在宫中的势力。顺治八年（1651）八月，顺治皇帝刚刚十四岁，在她的主持下，即为顺治皇帝举行大婚，将自己的一个亲侄女立为皇后。由于顺治皇帝少年任性，和这个皇后关系并不好，顺治十年（1653），将皇后废为静妃，改居侧宫。这时，为了实现亲上加亲的企图，孝庄文皇后又打乱行辈，将自己的一个侄孙女立为皇后。与此大体同时，同是出身博尔济吉特氏而入宫为妃者还有恭靖妃、淑惠妃、端顺妃、赠悼妃等四人。一时之间，顺治皇帝后宫几乎成了博尔济吉特氏的天下。出于一家一姓的私心，孝庄文皇后满心盼望着这些侄女、侄孙女为她生孙男，以便将来承继大统。在这种情况下，对于顺治皇帝的满洲妃子所生之子，她都不大喜欢，哪里还会喜欢这个汉军出身妃子所生的儿子呢？因此，玄烨出生之初，只是宫中的一个“丑小鸭”。他的母亲佟氏妃子并未因生子之功受到孝庄文皇后和顺治皇帝的另眼看待而地位有所上升，就连玄烨本人，也像其他一般皇子一样被遣送出宫，与保姆别居西华门外的一座府第。直到玄烨晚年，在回忆起这段生活时，他还不胜伤心。他说：“世祖章皇帝因朕幼年时未曾出痘，令保姆护视于紫禁城外。父母膝下，未得一日承欢，此朕六十年来抱歉之处。”[2]长期就养在外，使得他的父亲顺治皇帝几乎将他遗忘。顺治十四年（1657）前，顺治皇帝明明已经有了钮钮、福全和玄烨三个儿子，但当年十月，他所宠幸的皇贵妃董鄂氏（即孝献端敬皇后）为他生了儿子之后，他即刻认定这个儿子为第一子[3]，还在不少场合说这个刚刚落生的婴儿就是将来的皇太子。

然而，事情的发展往往和人们的主观愿望相反，虽然孝庄文皇后为顺治皇帝连续娶了六个博尔济吉特氏家族女子作为后妃，但使她失望的是，对这些后妃，顺治皇帝一个也不喜欢，当然，更谈不上会给她生孙子。顺治皇帝虽然极为宠爱他的皇贵妃董鄂氏，并将她所生的儿子定为第一子和皇太子，但这个孩子出生不过百日，即因病殇逝，倒是被他们遗忘的庶出之子玄烨得以健康地成长起来。这样，直到玄烨五六岁时在保姆的带领下进宫向祖母和父母问安时，他们才想起这个长期寄居宫外的孩子。眼见玄烨天庭饱满，眉清目秀，唇红齿白，神采焕发，声音洪亮，孝庄文皇后和顺治皇帝已起爱怜之意；而听其谈吐不俗，观其举止有礼，他们更感到惊奇。一次，玄烨和他的哥哥福全、弟弟常宁一起向顺治皇帝问安时，顺治皇帝逗着问他们：将来长大了想干什么？这时，常宁刚刚周岁有余，正在咿呀学语，对于这样高深的问题，自然是回答不上来。福全因为年龄较大，已懂人事，面对父亲所提这一重要问题，生怕回答错误，沉吟片刻，方才谨慎地回答道：愿在父皇之下做一个安分守己的王子。倒是玄烨无所忌讳，他不假思索地回答道：我长大了，要像父皇一样，把天下治理好。这种回答，乍一听来，似显放肆不恭；但仔细一想，在十分盼望子孙成人后统治天下的帝王家中，这却正是最满意的答案。一个五六岁的孩子，出语如此不俗，顺治皇帝不由得暗暗称奇。从此，玄烨这个儿子给他留下了深深的印象。

由于出生之初不受重视，玄烨童年事迹传于后世者甚为稀少，因此，我们所能知道的只有寥寥几点。一是他出生后不久，即随保姆移居紫禁城外的一座府邸。那里很有可能原是一位官员的府第。根据满洲旧俗，皇子出生后，大多“付于殷实官员抚养”[4]。《清圣祖实录》亦载，玄烨的哥哥福全、弟弟常宁和玄烨的不少儿子都曾抚养于外。玄烨出生后，比起福全和常宁，他的身份并不高，因而这种推测看来大致合乎实际。只是后来玄烨当了皇帝，这座府邸自然也就成了潜邸，原来官员不便再住，只好搬了出去，改作福祐寺，以供喇嘛做佛事，为康熙皇帝祈福。二是他曾有几个保姆，其中一个是孙氏，她的丈夫是正白旗汉军包衣曹玺。另一个是瓜尔佳氏。正是在保姆的精心护理下，玄烨才健康地成长起来。因此，多年之后，玄烨对这两个保姆还有着极深的感情，在她们死后，分别将她们追封为奉圣夫人和保圣夫人；对她们的坟茔也按时祭扫，对她们的子嗣也分别加以重用。如孙氏保姆之子曹寅，即被他任命为江宁织造，成为他的一个亲信和心腹。三是这个时期玄烨还出过天花。17世纪中叶，天花是一种可怕的疾病，由于治疗水平低下，沾染此症者死亡率极高。满族自东北迁居内地，尤其畏之如虎。玄烨能闯过这一关，一方面大概是他兼有满、蒙、汉三个民族的血统，抵抗力强；另一方面是由于保姆的精心护理。虽然如此，在他脸上却留下了几个麻子。出过天花，便自然具有了免疫能力。这一点，今天看来是十分普通的事情，但在顺治皇帝死后，皇室中决定继嗣人选时，却成为玄烨继位的一个最有利的条件。四是他从五岁即已开始学习文化知识，只是没有什么正式教师。教他满文的是一个名叫苏麻喇姑的宫女；教他汉文的是姓张和姓林的两个太监。因为他们谙熟清朝兴起和明朝末年皇宫中不少轶事逸闻，玄烨从他们那里不但学到了文化知识，而且也受到历史知识的启蒙教育。五是这个时期，由于他不在宫中生活，保姆对他宠爱有加但却管教不严，使他染上了嗜烟的恶习。直到他即位之后，为怕影响政务处理，才将这个不良习惯毅然戒绝。总之，玄烨的童年时期，是他一生中的重要时期。多年寄居宫外，虽使他的早期教育受到一些影响并沾染了一些不良习惯，但重要的是，他没有沾染宫中长成的皇子们所特有的骄横、奢侈等恶习，同时也大大丰富了自己的眼界和阅历，这对于他的健康成长是十分有益的。

## 二、顺治去世

虽然玄烨出生之后数年未曾受到孝庄文皇后和顺治皇帝的重视，但由于客观环境不断发生变化，机遇还是不断向玄烨身边靠拢，并且终因顺治皇帝的青年早逝而使这种可能变成现实。

顺治皇帝亲政以后，由于年轻，兼之是政治舞台上的一个生手，而开国之初，需待他亲自处理的政务十分繁多，因而数年之内他一直非常忙碌；与此同时，婚姻和家庭中的挫折、矛盾也严重摧残了他的精神和身体，至顺治十七年（1660）时，这个刚刚二十三岁的青年皇帝已被折磨得精疲力竭，骨瘦如柴。恰在此时，他所宠爱的皇贵妃董鄂氏又一病身亡，这一事件的发生，更使这个青年皇帝的精神遭受极大的刺激。据《汤若望回忆录》载：董鄂皇贵妃死后，“皇帝陡为哀痛，竟致寻死觅活，不顾一切，人们不得不昼夜看守着他，使他不得自杀”[5]。因为十分悲痛，董鄂氏皇贵妃的丧礼也办得十分过分，破例追封为端敬皇后不说，还将“太监及宫中女官一共三十名悉行赐死，免得皇贵妃在另一个世界中缺乏服侍者。全国均须服丧，官吏一月，百姓三日。为殡葬事务耗费极巨量的国帑，两座装饰得辉煌的宫殿，专供自远地僻壤所招来的僧徒做馆舍。按照满洲旧俗，皇妃的尸体连同棺椁并那两座宫殿，包括其中珍贵陈设，俱都被焚烧”[6]。此外，按照清朝定制，皇帝及太后之丧始改蓝笔批本，而且以二十七日为限。而董鄂氏皇贵妃去世后，宫中蓝笔批本竟至本年年底，达四个多月。同时，为了寻求精神上的解脱，顺治皇帝行动也十分反常，竟要放弃万乘之尊出家为僧，当年十月，他还真的为此剃掉头发。后来虽经孝庄文皇后和臣下多方劝说，顺治皇帝才放弃了出家的念头，但经这几个月的折腾，他的身体更加虚弱，自然也就极易感染疾病。

这年底，顺治皇帝重病在床。当时，为了庆贺即将到来的元旦大节，紫禁城中早已张灯结彩，宫女、太监们也忙成一片，但顺治皇帝的患病使得刚刚到来的节日气氛一扫而光。首先，宫中各处撤去刚刚挂上的全部门神、对联、彩灯、彩带，接着礼部奉旨宣布免去一年一度的元旦大朝庆贺礼。已经做好进宫参加元旦大宴准备的广大臣工听到这个消息，都忐忑不安，预感到朝廷将要发生重大的事件。果然，正月初四，朝廷正式向文武大臣宣布顺治皇帝患病，接着又传谕北京城内居民“毋炒豆，毋燃灯，毋泼水”，并下令除十恶死罪外，释放所有在牢囚犯，以祈顺治皇帝康复[7]。至此，广大臣民才普遍知道顺治皇帝患的是十分可怕的天花。几天之内，为了顺治皇帝的康复，自孝庄文皇后以下所有内廷臣工已方法用尽，但因身体过于虚弱，顺治皇帝病情不但没有减轻，反而愈益恶化，至正月初六（1661年2月4日），已至不救。这样，由于最高统治者的病危，满洲政权陷入巨大的危机之中。



顺治皇帝病危是入关之后清朝最高统治机构中发生的头等重要的大事件，为了继续维持满洲政权对全国的统治，择嗣继立刻不容缓。正月初六夜，顺治皇帝特召原任学士麻勒吉、学士王熙来到养心殿病榻侧，要求二人聆听遗言，撰拟遗诏颁布天下；同时，诸王、贝勒及朝中亲信大臣也齐集养心殿东间，静候顺治皇帝确定继嗣人选。麻勒吉、王熙二人在御榻前根据顺治皇帝所述起草了遗诏第一段之后，因怕影响顺治皇帝休息，出至乾清门下西围屏内继续起草，写好一段，进呈一段，然后再交孝庄文皇后审查修改，其中最为关键的是确定继嗣人选。最初，顺治皇帝考虑自己诸子年幼，而统一全国的军事战争正在进行，继嗣皇帝应该年龄较大，为此，他提出让他的一个从兄弟作为自己的继位人。按照他的设想，新的一代皇帝将超出其父皇太极一系，从清朝开国皇帝努尔哈赤的孙辈中考虑。如果这种设想变成现实，新任皇帝年龄将和顺治差不太多，能够立即挑起处理全国事务的重担。但他的这种设想遭到上三旗大臣的抵制和反对。清朝政权开创之初，依靠八旗统治全国。在八旗中，镶黄、正黄、正白三旗由皇帝亲自统率，称为上三旗；其他正红、镶白、镶红、正蓝、镶蓝五旗分由宗室旗主掌握，称为下五旗。如将宗室亲王拥立为继位皇帝，将会发生连锁反应：原来顺治皇帝亲自统率的上三旗地位将要显著下降，而被立为新皇帝的宗室亲王所领之旗地位必定直线上升。顺治以前，在最高权力更迭之际，这种情况就曾发生过。如清太祖努尔哈赤在位期间，曾经自领两黄旗。在他去世之前，将两黄旗部众分给他的三个少子阿济格、多尔衮、多铎。努尔哈赤死后，他的第八子皇太极继位，随即将自己原领的两白旗改为两黄旗，而将努尔哈赤交给阿济格、多尔衮、多铎的两黄旗改为两白旗。黄、白四旗在满洲政权中地位和作用的变化，导致了长期的黄、白旗矛盾，并在皇太极去世后发展成为黄、白旗两个政治集团争夺最高权力斗争的尖锐对立。多亏两黄旗大臣同心拥立皇太极第九子顺治皇帝福临，同时又做出一定让步，允许两白旗代表人物多尔衮担任摄政王，才使满洲政权渡过了这场危机。现在，顺治皇帝又想重走老路，显然不利于满洲政权的统一和巩固，也将动摇上三旗大臣在满洲政权中已经形成的优越地位。因而，他的这种设想遭到了上三旗大臣的反对。

同时，对顺治皇帝的这种设想，他的母亲孝庄文皇后也持反对态度。三十多年来，满洲政权的最高统治者不是自己的丈夫就是自己的儿子，而今老境来临，竟要发生由宗室亲王出任最高统治者的局面，那时，新皇帝也有自己的母亲，必定要被尊为皇太后，自己这个皇太后往哪里摆？再看后宫之中，那些将要守寡的后妃，有的是自己的侄女，有的是自己的侄孙女；几个孙子，虽非博尔济吉特氏后妃所出，但却都是自己的嫡亲骨肉，比起宗室亲王，毕竟和自己亲近一层。如果宗室亲王入主宫中，他们都要仰人鼻息，看人脸色吃饭，日子怎么过？出于这些考虑，她和上三旗大臣都坚决主张，尽管顺治皇帝诸子尚在幼年，也要从这些孩子中择人继立。

在征得顺治皇帝同意将择嗣范围缩小到顺治皇帝所生诸子时，他们又陷入困惑的境地。当时，顺治皇帝在世诸子计有六人，他们是：皇二子福全（九岁）、皇三子玄烨（八岁）、皇五子常宁（五岁）、皇六子奇授（三岁）、皇七子隆禧（二岁）、皇八子永干（二岁）。其中皇二子福全年龄较长，母家出身满洲，但却一只眼睛失明，是个独眼龙。在世人心目中，当朝皇帝应当完美无缺，至少仪表应该没有缺陷，福全容貌如此，显然不合人们心愿。皇三子玄烨，年龄只比福全小一岁，但母家出身汉军。其他几个儿子，虽有母家出身满洲者，但年龄又太小，有的还在襁褓中，立他们为君，也不利于清朝统治的巩固。

孝庄文皇后和上三旗大臣都束手无策之际，突然想起此时正在钦天监任职的德国传教士汤若望。此人年近七十，阅历丰富，曾为孝庄文皇后治愈过疑难病症，深得顺治皇帝信任；而且他考虑问题的角度也往往和别人不同，也许他能提出什么好主意。果然，他在见到生命垂危的顺治皇帝后，立即提出以皇三子玄烨继位为君的建议。他所坚持的理由是："因为这位年龄较幼的皇子，在髫龄时已经出过天花，不会再受这种病症的伤害。而那位年龄较长的皇子，尚未曾出过天花，时时都得小心着这种可恐怖的病症。"[8]顺治皇帝正是因为天花而致不起，因此，汤若望的这种看法不但顺治皇帝深表赞同，就是在一旁的孝庄文皇后和上三旗大臣也顿开茅塞。这样，汤若望仅用寥寥数语，就使人们极伤脑筋的问题迎刃而解。故时人龚鼎孳在为汤若望七十寿诞所作贺辞中对他备加推崇，称他"最后则直陈万世之大计，更为举朝之所难言"[9]。此时玄烨虽已八岁，却一直未取汉文名字，为了用满、汉文字向全国颁布遗诏，将要进入弥留之际的顺治皇帝特为他取汉名玄烨，并命苏克萨哈送至乾清门麻勒吉、王熙起草遗诏之处，令其草入遗诏。从此，这个佟妃所生之子才算有了自己的正式汉文名字，至于他原来的满文名字，则因史料湮没，再也无人知晓了。

继位新君确定之后，随之而来的就是新君即位后的国家体制问题。两千多年来，新君年幼即位者并不少见，为了维持统治，一般都是根据形势和需要于下述三种方式中任择一种：一是母后临朝，委政外戚；二是亲王辅政；三是由去世君主指定亲近重臣辅政。十几年前，顺治皇帝的父亲皇太极去世时，顺治皇帝年方六岁，满洲贵族经过讨论，试行宗室亲王摄政制度，即由顺治皇帝的两个叔叔睿亲王多尔衮和郑亲王济尔哈朗共同辅政。但为时不久，多尔衮即将济尔哈朗挤了下去，自称摄政王，至此还不满足，又先后给自己加上皇叔父摄政王、皇父摄政王等称号，并将所有权力收归己有。这样，几年之间，就出现了枝大于干、臣重于君、国家政治生活极不正常的局面。多亏多尔衮在顺治七年（1650）底死去，才使顺治皇帝顺利收回全部权力。如果多尔衮不死，顺治皇帝成年后，必然会与多尔衮发生激烈冲突。因此，对于这种方式，顺治皇帝、孝庄文皇后和上三旗大臣都因创痛至深难以忘记，而不予考虑。

至于母后临朝、委政外戚这一方式，看来当时好像也曾考虑过。玄烨即位后不久，一个江南生员还为此上书，提出垂帘听政的建议。虽然这种方式历史上曾经采用，但易于招致訾议，而且效果普遍不好。同时由于孝庄文皇后出身蒙古，将自己母家兄弟拉入朝内只会产生新的矛盾。如果让玄烨生母佟氏临朝，外戚辅政，不只她本人无此能力，而且因其出身汉军，也不会为孝庄文皇后和在朝满洲贵族所同意。

至此，可供他们选择的只有大臣辅政一种方式。这种方式，历史上虽曾采用并发生不少弊端，但却可采取措施加以防止和弥补。一是不用汉族大臣辅政，以确保满洲贵族对政权中枢的控制；二是在考虑满族大臣时，范围局限于上三旗，以确保皇室对他们的控制；三是为了让他们忠心耿耿地为皇室效劳，要求他们对天地神祇和大行皇帝灵位宣誓，并接受其他贵族官员的监督。

上三旗满洲大臣辅政体制确定后，即开始确定辅政大臣人选。根据上三旗大臣的历史和现实表现，顺治皇帝和孝庄文皇后决定让索尼、苏克萨哈、遏必隆、鳌拜四人担任辅政大臣。

索尼（1601—1667），姓赫舍里氏，满洲正黄旗人。原为皇太极之嫡系，屡立战功。皇太极死后，他与两黄旗大臣盟誓于盛京故宫大清门，誓立皇子。顺治初年，多尔衮对他先加拉拢，他不为所动；后又对他屡加打击，将他革职，谪守昭陵；顺治亲政后，始又起复，至顺治十八年（1661），他已六十来岁。他的一生经历证明，他是忠于皇室的，因而被确定为首席辅政大臣。

苏克萨哈（？—1667），姓纳喇氏，满洲正白旗人。其父苏纳，与皇太极之母孝慈高皇后同族。早年自叶赫投努尔哈赤，努尔哈赤以公主下嫁，因称额驸，苏克萨哈即公主所生之子，与顺治皇帝为姑表兄弟。虽然苏克萨哈原隶属正白旗，但因当时正年轻，没有卷进皇太极死后黄、白旗两个政治集团争夺最高权力的斗争漩涡。多尔衮死后，在顺治皇帝欲行清洗多尔衮势力时，他又以两白旗重臣身份，首先揭发多尔衮“阴谋篡逆”的罪行，因此得到顺治皇帝的重用。顺治十四年时，孝庄文皇后一度身患重病，苏克萨哈又以内大臣身份终日奉汤送药，“昼夜勤劳，食息不暇”[10]，更加得到皇室信任。因为他在正白旗极有影响，而正白旗又原是多尔衮遗部，直到顺治八年以后才被收为上三旗，为了巩固两黄旗与正白旗的团结，防止发生新的动乱，在考虑辅政大臣人选时，特将他列为第二。

遏必隆（？—1673），姓钮祜禄氏，满洲镶黄旗人，为清朝开国功臣额亦都少子。早年随父兄南征北战，为清朝政权的建立和发展多立有功勋。皇太极死后，他和两黄旗大臣极力拥戴皇太极之子继位为君。因此，多尔衮摄政期间将他革去官爵，抄没家产，直到多尔衮死后，才重新受到重用，先后受封多罗额驸、一等公、议政大臣、领侍卫内大臣。因他是两黄旗重臣，所以也被列为辅政大臣，名列第三。

鳌拜（？—1669），姓瓜尔佳氏，满洲镶黄旗人。父卫齐，为清初开国功臣费英东之少弟。清朝初年，鳌拜随同父兄屡立战功。入关前征朝鲜，战松山；入关后逐李自成，剿张献忠，无不身先士卒，舍生忘死，冲锋陷阵，骁勇善战。然而，由于他在皇太极去世后曾与两黄旗大臣盟誓誓立帝子，还在多尔衮面前态度十分强硬，表示："吾属食于帝，衣于帝，养育之恩，与天同大，若不立帝子，则宁死从帝地下而已！"[11]因此，多尔衮专权期间曾被三度论死，只是因他功劳甚大，方才免死。多尔衮死后，他先后被任命为议政大臣，由一等侯晋二等公，领侍卫内大臣，成为顺治皇帝倚重的两黄旗大臣。故而在顺治皇帝病危时，命他与索尼、苏克萨哈、遏必隆并为辅政大臣，名列第四。

在确定辅政大臣具体人选的同时，为了维持统治，孝庄文皇后还利用为顺治皇帝遗诏审查定稿的权力，进一步扩充并大大加重了顺治皇帝遗诏中的自我责备之辞，并以顺治皇帝口气，先后为其开列了十四条罪状，将顺治皇帝失德之处悉行列入。归纳起来，大致有以下十点：一是"纪纲法度，用人行政，不能仰法太祖太宗谟烈”，“且渐习汉俗，于淳朴旧制日有更张，以致国治未臻，民生未遂”；二是早年去世，对于母亲孝庄文皇后未尽孝养之道；三是“于诸王、贝勒等晋接既疏，恩惠复鲜，以致情谊睽隔，友爱之道未周”；四是过分“委任汉官”，“以致满臣无心任事，精力懈弛”；五是在使用官员中不能进贤退不肖；六是为了摆脱财政困难，下令裁减百官俸禄，而自己却修造宫殿，务极精工，狂花滥费，“厚己薄人，益上损下”；七是于董鄂氏皇贵妃丧礼“过从优厚”，超越礼制；八是效法亡明陋规，“设立内十三衙门”，重用宦官；九是“性耽闲静，常图安逸，燕处深宫，御朝绝少”，怠于政务，不以国事为重；十是“自恃聪明，不能听言纳谏”，“以至臣工缄默，不肯进言”[12]。顺治皇帝童年即位，全靠孝庄文皇后抚育成人，而今又过早去世，不能再对母亲尽孝养之道，遗诏中表示出这种遗憾之情可以理解。但其他各条词峻意重，且不说顺治皇帝数日生病，能否如此彻底悔悟，即使真的幡然悔悟，两千多年来，历代帝王崩逝，遗诏也无此等写法。显然，遗诏在审查定稿中曾经孝庄文皇后作过重要修改。而孝庄文皇后之所以如此，一是作为一个身经创业艰难的过来人，对顺治皇帝亲政数年以来的行径确实看不惯；二是试图以此增进并巩固同包括四辅政大臣为首的满洲旧臣的团结，取得他们的支持和拥护，维持清朝的统治。正是在这种情况下，孝庄文皇后才强抑对即将去世的儿子的无限亲情，将顺治皇帝的遗诏改定为一份罪己诏。虽然这份诏书并非出自顺治皇帝之意，而且历史地看，其中一些内容也对清朝历史发展产生过消极影响；但同样不可否认的是，在当时的历史条件下，对于统一满洲贵族的思想和行动，增加他们对清皇室的向心力，巩固和发展的清朝统治，这份遗诏还是起了重要的作用。时至今日，读起这份遗诏，想起当时情景，对于敢于揭露自己儿子当政时期所行败政的孝庄文皇后，人们还是怀有一定的敬意。

经过半个夜晚的紧张工作，到初六深夜，遗诏中各项主要内容才都大致确定并缮入遗诏。此时，因病势愈益恶化，顺治皇帝已进入弥留状态。所有在场亲王以下人员又立即转入大丧的准备工作。同时，为确保国丧期间不致发生动乱，他们下令关闭北京所有外城城门，并在城内派兵巡逻；紫禁城内更是如临大敌，像死一样沉寂，气氛空前紧张。当夜子时，在三更鼓声之中，这个入关之后的第一代皇帝顺治便咽下了最后一口气，在位十八年，终年二十四岁。



## 三、康熙继位

由于有关重要事情已在顺治皇帝病危之际确定下来，并已写入遗诏，因此，顺治皇帝刚一去世，孝庄文皇后即将诸王、贝勒、贝子、公、大臣、侍卫一起召入宫中，当众宣布顺治皇帝去世的消息，并将遗诏全文宣示于众。按照礼制规定，所有臣下一起大声哭号举哀。因遗诏内规定由索尼、苏克萨哈、遏必隆、鳌拜四人辅政，故而遗诏宣示过后，他们特意谦让，跪在诸王、贝勒面前说：大行皇帝遗命，要我们四人辅佐幼主，我们想，国家事务历来都是宗室协助办理，我们都是异姓臣子，恐难挑起这副重担，因此，我们仍然希望和你们一起辅政。这时，经历过十几年皇室内部残酷斗争的诸王、贝勒都知道，目前他们又处在生死关头，稍有异图，甚至回答不得体，即将以违背遗诏之罪被处以极刑。眼见大局已定，便也都十分谨慎地回答：大行皇帝深知你们对国家和皇室都十分忠诚，所以才把处理国政的大权交给你们。这一点，遗诏中规定得十分明白，我们怎敢违背遗诏加以干预？你们四人不要再推辞了。之后，四辅政大臣将此报告孝庄文皇后，随即向皇天上帝和大行皇帝灵位宣誓就职。誓词说：大行皇帝不以我们四人才能庸劣，在遗诏中任命我们四人担任辅政大臣，保护幼主。我们于此向皇天上帝和大行皇帝之灵位宣誓，一定要同心协力，辅佐政务，并在辅佐政务时一心为公，不怕得罪人，不徇私舞弊，不援引亲信、拉帮结派，不与诸王、贝勒私相往来，受其贿赂，惟以一片忠心，报答大行皇帝的恩德。如心口不一，处处为自己打算或有违背誓言行为，甘愿受上天最严厉的处罚！[13]宣誓过后，诸王以下文武官员一齐穿上孝服，投入操办国丧的繁忙事务当中。次日，颁布遗诏于全国。

为防止发生意外事件并让各项国务活动纳入正轨，拥立新君正式即位刻不容缓。为此，孝庄文皇后打破惯例，择定正月初九拥立玄烨即位。玄烨成为清初以来距离旧君去世时间最短便行即位的皇帝。是日黎明，按照事先安排，派遣辅国公都统穆琛、都统济世哈、都统穆里玛、理藩院尚书明安达礼分别向皇天上帝、神祇、太庙、社稷报告玄烨即位的消息。尔后，玄烨身着重孝，到大行皇帝灵位前行三跪九叩大礼，表示自己恭受遗命。随即换上吉服，至孝庄文皇后所居慈宁宫行礼毕，至太和殿升宝座。此时钟鼓齐鸣，王以下文武各官一律身穿朝服，向玄烨行叩拜大礼。同时颁诏天下，宣布大赦，改明年为康熙元年，并颁布登基诏书于天下。

因为玄烨冲年即位，此前又不为诸王、贝勒、满汉大臣所知晓，为建立统治，树立他的形象，正月十三日，孝庄文皇后特别宣谕于诸王、贝勒、贝子、公、内大臣、侍卫、大学士、都统、尚书以及文武官员等，要求他们向新皇帝效忠，“与四大臣同心协力，以辅幼主”[14]。十四日，在她的安排下，王以下大臣官员齐集大光明殿，由安亲王岳乐、康亲王杰书率领，向皇天上帝及大行皇帝神位宣誓。誓词说：新君年少即位，我们如不竭忠效力，别生异心，胡作非为，互相结党，或对扰乱国家之人虽知而不予检举揭发以及徇庇亲族，甘愿缩短寿命，遭受极刑。由于孝庄文皇后费尽心机，多方运筹，年方八岁的玄烨得以顺利即位。



与此同时，顺治皇帝的葬礼也按照预定安排顺利进行。正月初十，下令诸王、贝勒、贝子、公、公主、王妃等各回本家，部院官员各回衙门，照常供事。二月间，移顺治皇帝梓宫于景山寿皇殿；三月间，上其尊谥为“体天隆运英睿钦文大德弘功至仁纯孝章皇帝”，庙号世祖。四月十七日，百日期满，根据满洲旧俗，召和尚茚溪森自杭州进京，由他秉炬，将顺治皇帝遗体火化，并将其神位安放于奉先殿和太庙。至此，国丧告一段落。在孝庄文皇后这个舵手的指挥下，清朝中央统治机构像一艘大船一样，终于战胜了顺、康之际最高权力过渡时期的惊涛骇浪和激流险滩，扬帆乘风，向康熙时期前进。因为玄烨即位之后改元“康熙”，故自下章始，在行文中改称为“康熙皇帝”。

对于玄烨的顺利即位，孝庄文皇后既高兴又担心。高兴的是经过一番努力，终于让自己的嫡亲孙子继承皇位。故而玄烨继位后，她对这个一直颇为陌生的孙子顿时亲近起来。在她看来，这个孩子是她最可宝贵的财产，是她的命根子。因此玄烨即位之初，她即让他搬到慈宁宫，和自己居住在一起。她自己心甘情愿地做玄烨的保姆，衷心希望他健康成长。担心的是，这个孩子年方八岁，将来能否挑起管理国家的重担？有一次，她试着问玄烨，年岁大了希望干什么？玄烨回答，希望天下安定，人民乐业，共享太平之福。一个年方八岁的孩子，不想吃喝玩乐，而是想着天下安危，寥寥数语，使得孝庄文皇后既觉意外，又大为高兴。这时她想起了“乱世出英主，国难见忠臣”的古语，不由回忆起近百年来大清几代皇帝奋斗的历史：太祖武皇帝努尔哈赤十岁丧母，不久被后母赶出家门，在外闯荡，硬是靠着自己的志气练就一身本事，开创了大业；自己的丈夫皇太极也是十岁丧母，备尝艰难，才受到父亲努尔哈赤的器重，最后承袭汗位，统一满洲；自己的儿子顺治皇帝六岁丧父，在摄政王多尔衮专权时期受尽凌辱，最后才将大权收归已有。现在，自己这个孙子也过早失怙，他的言谈话语却如此有志气，有抱负，莫非这都是上天的安排，一定要使人先受磨难而后才能成就大业吗？莫非大清王朝的事业一定要靠孤儿来开创和发展吗？想到这些，孝庄文皇后心中燃起了一点希望之火，原先一直紧皱的眉宇渐渐舒展开来。

1 《清圣祖实录》卷一。

2 《清圣祖实录》卷二百九十。

3 《皇清和硕荣亲王圹志》。转引自刘毅:《顺治立皇储》,《紫禁城》1991年第2期。

4 《清圣祖实录》卷二百五十。

5 《汤若望传》。转引自李文海主编:《清史编年》第一卷(顺治朝),第580页。

6 《汤若望传》。转引自李文海主编:《清史编年》第一卷(顺治朝),第580页。

7 孟森:《世祖出家事考实》引《张宸杂记》。

8 《汤若望传》。转引自李文海主编:《清史编年》第一卷(顺治朝),第590页。

9 龚鼎孳:《汤先生七十寿序》。转引自李文海主编:《清史编年》第一卷(顺治朝),第590页。

10 《清世祖实录》卷一百一十三。

11 《沈阳状启》。

12 《清世祖实录》卷一百四十四。

13 《清圣祖实录》卷一。

14 《清圣祖实录》卷一。

# 第二章　除奸

从顺治十八年（1661）开始，清朝统治进入了一个新的时期。索尼、苏克萨哈、遏必隆、鳌拜四大臣辅政，使满洲贵族保守势力重新抬头。他们大幅度扭转顺治以来加强中央集权、加快封建过程的基本路线，一系列汉化措施被改变，康熙皇帝受到公开侮慢和轻视，大权旁落辅臣之手。鳌拜集团结党擅权，上凌幼君，下扰生民，民族矛盾日趋激化，上层统治集团内部出现危机，全国政治形势不断恶化，终于引发了一系列震动全国的大事件。



## 一、辅臣专权

顺治十八年正月初九（1661年2月7日），八岁的玄烨开始了他长达六十二年的皇帝生涯。

对未来，年幼的康熙皇帝也许想得很少，然而这个自小怀着要使“天下乂安，生民乐业，共享太平”[1]的少年君主此刻充满了信心：他的身后，是最可信赖的祖母孝庄文皇后；他的面前，站着父亲和祖母亲自挑选的经验丰富、忠于皇室的四位辅政大臣，他们就是自己继承父业、实现宏伟抱负的可靠后盾。

的确，他的祖母，这位年近半百、身历三朝的皇室女性，十八年前靠着自己的机智和谋略，使自己的儿子福临成为一国之君；如今，历史又一次将她推到这个少年天子的背后。她会呕尽心血，呵护她的嫡孙长大成人；她会以丰富的经验、超人的才干、卓越的政治见解和高贵的气质将他培养教育成一个合格的君主。碍于“母后不得预政”的古训，她知道自己无法公开听政，因而在顺治皇帝病笃之时，她和顺治皇帝匆匆做出以相互制约的四异姓大臣共同辅政的决策。她十分清楚，这实在是个“诸害取其轻”的不得已之计，险恶的形势逼迫她既要设法协调早已十分紧张的上三旗之间的关系和地位，又要时刻提防天子大权再度旁落权臣之手。为此，她煞费苦心，不得不采取一些措施来加以防范，包括“凡涉军政大事，四大臣议定后，须奏请太皇太后裁决”。她希冀四位大臣能够竭忠尽力，遵照先帝的遗诏来辅佐康熙皇帝，能像他们在先帝灵前发的誓言那样，“协忠诚，共生死，辅佐政务”，“惟以忠心仰报先皇帝大恩”[2]；她暗祈上三旗的首领们能以皇室为中心，团结合作，共商大业；她盼望诸王、贝勒、贝子、大臣们都能“与四大臣同心协力，以辅幼主”。只有这样，她那初登皇位的嫡孙才能顺利渡过这场政权危机，才能确保大清王朝事业的延续。

孝庄文皇后的警觉和担心并非没有根据，大臣辅政这种畸形政治体制注定了康熙朝政治从一开始便走上坎坷之途。

居四大辅臣之首的是素有威望的一等伯索尼。这位出身于正黄旗的贵族将领，早年为清朝兴起立下过赫赫战功，是一位政治上十分成熟的大臣。太宗崇德末年，为拥立皇子为帝，他曾以死相争；多尔衮当政时，他不畏权势，多有得罪，受到“褫职、输赎锾、追夺赏赐”的惩治，直至顺治皇帝亲政，方被“自昭陵召还”，复为二等精奇尼哈番[3]。他屡被授予内大臣兼议政大臣、总管内务府等要职，参议军政大事。他曾上疏顺治皇帝，历数京师内外败政弊端，奏请严饬查禁。这位数十年效忠皇室的老臣，一向胆大心细，办事干练，加上数历荣辱沉浮，身经皇太极、多尔衮、顺治皇帝三个时期，尤其谙于宫中政治，顺治皇帝对他十分赞赏。可以说，由这位劳苦功高、深孚众望的旧臣辅佐皇权，没有什么令人不放心的。

然而，此时的索尼已到花甲之年，体衰多病，开始走下坡路。当年激昂进取的锐气雄风日渐为晚年的暮气所取代。尽管他依然持重、坚定，但已无力应付日益复杂的内部争讦，面对数百万平方公里的广袤大地，他似乎感到了那股弓矛剑戟也无法制服的力量，而能够使他在今后的日子里承当起首席辅臣大任的，只有那百世不变的“祖宗之法”。事实证明，从辅政伊始，他那满洲旧贵族落后、僵化、保守的倾向便无遗地表现出来。

居索尼之次的苏克萨哈，也是一位出入疆场的武将。他的父亲苏纳是努尔哈赤八额驸之一，原本隶属正黄旗，皇太极时期黄、白易帜，随同父母转为正白旗。他曾以军功受命署理牛录章京，屡建战功，骁勇过人。顺治初，两白旗地位随多尔衮势力增长，重占优势，为他趁机进取提供了机会。但这位年轻的武士一心投身于征战，并不刻意钻营，因而在这场黄、白旗权力的角斗中并没有陷得很深。顺治皇帝亲政以后，他因“告发有功”晋为议政大臣、镶白旗护军统领，被封为拖沙拉哈番[4]。十多年来，他竭忠尽力，东征南进，战功无数，受到顺治皇帝的一再嘉奖和擢拔。顺治十三年(1656)，他受封二等精奇尼哈番，任内大臣，留在皇帝身边。他对君主及太后的忠诚，使他不仅成为皇帝的心腹，也深得太后的喜爱。顺治皇帝病危期间，他一刻不离左右，皇上的“特赦”御旨和为皇太子定名“玄烨”御讳的圣谕都由他亲自传送。为报知遇之恩，他曾真诚地要求以身陪殉。顺治皇帝恳切地对他说：你要明白，为我而死是比较容易的，但你辅佐太子的责任才更重要！皇太后在权衡上三旗利益关系时，便选中了苏克萨哈，由他作为平衡满洲各旗势力的砝码。就这样，他接受了与其他三位两黄旗要臣共同辅政的责任。



令人遗憾的是，无论怎样，苏克萨哈只是一员刚毅善战的猛将，他忠诚勇猛，却缺乏最基本的文化素养；他虽受到太皇太后的庇护，却不具备应有的政治经验和敏锐的眼光；在宫中，他以白旗的弱势地位而高居于出身两黄旗的遏必隆、鳌拜之上，这一切都预示着，未来的辅政生涯中，他将面临无法摆脱的矛盾与冲突。当然，他的贵族旧臣的阅历和身世，决定了在日后的辅政中，同样会采取索尼那种坚定地维护满洲贵族利益和昔日的“淳朴旧制”、抵制“汉俗”的态度。

出身于满洲簪缨之家的遏必隆，是在性格上与前述两位辅政大臣相差极远的顺治宠臣。早在太宗天聪元年（1627），他便以军功承袭其父总兵官世职。天聪八年（1635），又被擢为头等侍卫，世袭罔替。他以勇猛善战博得皇太极赞赏，并随两位兄长车尔格、图尔格一起由原隶属的镶白旗转入镶黄旗。崇德末年，他与索尼、鳌拜等两黄旗大臣拥立豪格；不成，又同对天盟誓，誓辅福临。他屡屡得罪于两白旗大臣和多尔衮等人，顺治初年受到多尔衮、阿济格一伙不停的打击。尽管他入关后挥师南征，建立功业，回京后却被一再非难，乃至于落得革去官爵、牛录，抄走家产，被逼回镶白旗的下场，险些送掉性命。顺治皇帝亲政后，他的冤屈方被平申，并重返镶黄旗。在顺治皇帝的恩庇下，遏必隆很快得到擢拔，连被加封多罗额驸、一等公，任议政大臣，领侍卫内大臣。孝庄文皇后生病期间，他亲侍左右，废寝忘食，深得孝庄文皇后的赏识。嗣后被晋封为少傅兼太子太傅。四辅臣中，他排位第三，并将女儿钮祜禄氏送入宫内，立为贵妃。二十多年的风云变幻使得遏必隆深知宫中政治的险恶，他没有能力也不愿意插足满洲上层贵族残酷的内部角逐之中。他很少对军政要事干预评论，多是唯唯诺诺地附和或干脆保持沉默；即使有所不满，亦轻易不作流露。他出身将门，对实际政治知之甚少，更谈不上远见卓识。虽位居鳌拜之先，却甘拜下风。一日上朝，他竟恭让鳌拜居前位。旧日叱咤风云的风采早已荡然无存，内部的争斗已将他变得僵化、胆小、圆滑，到后来，他终于蜕变为鳌拜的应声虫。

四辅臣中排位最后的是镶黄旗护军统领鳌拜。他自少年时代即驰骋沙场，为清朝开国大业屡立大功。皇太极去世后，他也曾为拥立皇子而发誓“宁死从帝于地下”。多尔衮摄政，这个身世显赫、性情桀骜不驯的青年将领不曾有丝毫阿附之意，尽管他为镇压明末农民起义军出生入死，功勋卓著，却无人论功；相反，却被多尔衮数次寻机报复，屡降罪责，乃至被三次论死。顺治皇帝则以他“军绩颇多，且为国效力之处，其功甚懋”，并擢为二等公。其后数遇优升，授领侍卫内大臣职，得参与军政大事。孝庄文皇后病重时，他率侍卫“昼夜勤劳，食息不暇”，加封太傅、太子太保。在宫中，他总是以维持满洲旧制为己任，而且重视武备训练，因而他不仅成为皇帝、太后的心腹，也深受宫中保守的上层贵族们的赏识。顺治末年，鳌拜俨然成为宫中颇具影响的人物。因而，尽管屈居四大臣之末，他却毫无甘罢之心，认为无论是出身、功业、体魄，乃至心计，他都绝不亚于排在他前面的三位老臣，凭着自己的抱负和能力，迟早有一天会出人头地。就这样，他踌躇满志，毫不逊让地登上了辅政大臣的舞台。



顺治皇帝亲政后，经过不断努力，上三旗的势力进一步扩张，到顺治末年，皇权又随着满族的日益封建化不断得到加强。然而上三旗的贵族首领对不断强化封建专制的皇权，以及顺治皇帝为达到这一目的而采取的一系列汉化措施，进行了顽强的抵抗。四辅政大臣都是上三旗的王公贵族，出身高贵，地位显赫，又在本旗内有着举足轻重的影响，是上三旗旧贵族的政治代表。如今，国家政务由他们直接掌管，保守的上三旗势力与皇权的对抗便毫无掩饰地显现出来；而且，这些长期驰骋疆场、战功卓著的武将，虽都是深得顺治皇帝信赖的宠臣，但都缺乏犀利的政治眼光和处理国家事务的经验，他们的思想感情与中原高度发达的农业、商业、手工业经济格格不入，他们基本不具备良好的文化素养，既不了解也不理解博大精深的汉族文化，他们只是热切地希望由他们来维护各自的和贵族们的共同利益，维护和恢复祖制。因此，康熙皇帝即位之初，对于这个年方冲龄的小皇帝，他们并不曾将其放在眼中。一日皇帝出幸，要大臣鳌拜奏明太皇太后，鳌拜不但违命不去，反而无礼地要求康熙皇帝自己去上奏。康熙皇帝习武时因弓软要求加硬，苏克萨哈便讥讽皇帝"寡嘴琐碎"，"自作知识"。同时，为了实行满洲贵族的有效统治，辅政伊始，他们即对顺治皇帝入关后的朝政大纲及汉化路线进行大幅度的修正，取而代之的是一系列"率祖制，复旧章"的活动。这样，康熙初年的政治呈现出明显的倒退色彩。

首先是十三衙门的废除。顺治皇帝亲政后，一改当初设内务府、罢太监不用之旧制，于顺治十一年裁内务府，改设八监、三司、二局，统称"十三衙门"，兼用满人近臣与宦官。顺治十八年（1661）二月，四辅政大臣刚刚履任，即向全国发布命令："朕（当然不是康熙皇帝本人，只是康熙皇帝的口吻、名义）稟承先志，厘剔弊端，因而详细体察，乃知满洲佟义、内官吴良辅阴险狡诈，巧售其奸。……各衙门事务任意把持，广兴营造，糜冒钱粮，以致万民告匮，兵饷不敷。……坏本朝淳朴之风俗，变祖宗久定之典章。……十三衙门尽行革去，凡事皆遵太祖、太宗定制，内官俱永不用。"[5]首倡者吴良辅也以"变易旧制"的罪名论斩。同时，为了处理各种宫中事务，重新恢复内务府，以御用监之职立广储司，尚膳监之职改采捕衙门，以惜薪司之职改工部，又改御马监称阿敦衙门，兵仗局称武备院。十三衙门的废除，固然在一定程度上减轻了宦官干政、奸人侵权的弊病，然而废除之本意，主要还是在于维持满洲“淳朴之风俗”，恢复“祖宗久定之典章”，用以抵制汉族的政治制度和宫廷传统。事实上太监之弊并未因此举而真正革除，只是由上三旗包衣充当内务府职而已。

其次是罢内阁、翰林院，复设“内三院”。这是四大辅臣秉政后的另一项举措。顺治十五年（1658），顺治皇帝为加强皇权，采用了明朝中枢机构的体制，裁去通称为“内三院”的秘书、弘文、国史三院，改为内阁，以内阁大学士主持，同时设立翰林院，并对国家机构做了重要调整。顺治十八年（1661）六月，顺治皇帝的改革方案重被推翻。四辅政大臣所颁诏谕称：“朕兹于一切政务，思欲率循祖制，咸复旧章，以副先帝遗命。内三院衙门，自太宗皇帝时设立，今应仍复旧制。设内秘书院、内国史院、内弘文院，其内阁、翰林院名色俱停罢。内三院应设满、汉大学士、学士等官。”[6]七月，内三院重新开设，各设满洲大学士一员、汉学士一员，并规定，一旦见缺满洲学士即应推补，汉学士则不必这样。康熙元年（1662）二月，翰林院并入内三院，其侍讲学士、侍讲也因此一并裁汰。

特别值得重视的是，朝廷内部保守势力的抬头，不只大大改变了顺治时期的政治体制，而且顺治皇帝为加快封建化过程、缓解民族矛盾所采取的重用汉族官吏、笼络汉族地主士人的政策也出现了摇摆不定和倾斜。

对于汉族官吏，顺治皇帝曾经采取了严加控制与收买重用并行的办法，明令明朝原各衙门官吏“俱照旧录用”，设法动员归隐山林的官员复出参政，甚至收买个别投降的农民起义军首领。很多汉族官吏通过不同的途径当上了高官重臣，如吏部尚书孙廷铨、武英殿大学士吴正治、大学士王熙等。然而，四辅政大臣执政后，却以考满、京察、大计等种种方法对朝中及地方汉族官吏严加“甄别”“更定”。从康熙元年（1662）至四年，先后颁布了“停止京察”“俱着三年考满”制度，并“停止督抚每二年荐举之例”，根据考满结果来确定是继续留用，抑或降级、革职。这一制度的贯彻，在很大程度上制约、压抑了地位较低的汉族官吏，同时也助长了官场的腐败风气。由于考满决定各级官员，尤其是府、州、县下层官吏的荣辱和前程，时间一久，上下贿赂、徇私舞弊、拉党结派开始成风；加上每年正月至四月是自陈考满时间，一到此时，一人一疏，六部又作诸多核奏，纷杂繁乱，也严重影响了国家事务的正常处理。不得已，议政大臣会议决定：今后各官升转，照例论俸，停止考满。康熙六年（1667），终于决定恢复以往“三年一次大计，六年一次京察”的旧例。如果说对于汉族官员，四辅政大臣只是通过制定考满制度加以压抑的话，那么对于广大汉族各阶层人民，四辅政大臣则不惜大打出手，进行残酷迫害和镇压。其中康熙初年的“哭庙”“奏销”“明史”“岭南”等震惊全国的大案，正是他们为打击汉族绅缙而制造出来的一个又一个“奇迹”。

顺治十八年（1661）初，顺治皇帝去世，哀诏到日，全国各省巡抚按例率属设位哭临。当时，江苏吴县知县任维新贪贿浮征，滥用非刑，百姓积怨已久。诸生金人瑞、倪用宾等听说世祖哀诏要传到江苏，并在文庙举行哭临大典，便商定由金人瑞手拟状稿，代表吴县百姓状告知县任维新。哭临当日，金人瑞等十八人率当地士绅千余，到文庙向前来的江南巡抚朱国治呈递揭帖，揭发县令贪暴吞款。然而，官官相护，朱国治非但不主持公道，反而将此事密奏于上，诬称当地士绅“集众千百，上惊先帝之灵”，并将十几个带头者系于牢狱。消息传至北京，四辅政大臣立即派侍郎叶尼前往审讯，并将为首十八人一律凌迟处死，家人、财产尽被籍没。“哭庙之狱”为康熙朝第一次大冤狱，在全国尤其是江南地区引起强烈震动。明末清初，江南名士多为讲学、论学而互相结社，蔚成风气，清廷对此早欲裁抑，只是苦于没有借口，此案一发，满洲贵族师出有名，立即以“大不敬”罪滥加诛戮。受此影响，讲学、结社之风几乎断绝。当时被杀者中，首为著名才子金人瑞。金人瑞字圣叹，所批六才子书传诵甚广，他死之后，当地士庶无不痛惜，并为歌谣称：“天呀天，圣叹杀头真是冤！今日圣叹国治杀，他日国治定被国贼歼！”



时隔不久，一场更大规模的打击汉族士绅的大案又一次轰动了江南大地，这就是顺治十八年（1661）上半年发生的“江南奏销案”。

江南赋役沉重，长期以来造成了严重的社会问题，大多数士绅、农民都为此苦不堪言，于是，拖欠便成为当地官员最难解决的问题。顺治十八年（1661）三月，四辅政大臣颁布各省巡抚以下、州县以上征催钱粮未完处分条例。条例规定，各地方官员，凡本地有拖欠钱粮，都应停止升转；限期未完者，将受革职、降级处分。这个所谓“辛丑新令”将追缴钱粮作为官吏升黜的标准，不仅完全修正了顺治以来任用官吏、考察政绩的基本标准，也由于它以无情追缴为惟一目的而极不得人心。几乎同时，四大辅臣把持下的朝廷又以财政紧张为借口，下令赋税十年并征。于是各地拖欠更是有增无已。按照规定，绅欠三百两以上、缙欠二百两以上，解部处分。一时间，无论上下官吏、新老士绅的命运全都与钱粮系在一起，因而人们都将“新令”视为“陷阱”，江南地区更是如此。

江南巡抚朱国治素以暴政为擅长，“辛丑新令”后，立即动手催缴，并将矛头直接指向汉族地主和知识分子。他催征急迫，以图邀功，士绅们凡有拖欠，不论多寡，即被诬为“抗粮”而报部题参，仅苏、松、常、镇四州绅士被造名册题参者即达一万三千五百余人。四辅政大臣立即下令，将名册所列士绅尽行革除功名，在籍者提解来京，送刑部从重议处，已故者提其家人。吴伟业、王端士、吴宁周、黄庭表、浦圣卿等名绅都被押解，拟送刑部。昆山探花叶方蔼，所欠不过一文制钱，亦被列入“抗粮”名册，遭到羞辱，以至江南流传“探花不值一文钱”的民谣。进士董含与其弟董苍水，因家“徒四壁立”，而一起遭到斥革。名册中甚至有误报者、续完者，乃至被官吏妄为注名者。同时，安徽、浙江等地也效法江南，利用“新例”威胁当地士绅，以邀功请赏。于是各地冤狱四起，凤阳等地被解士绅达数百人，以至各狱中诸生竟无立足之地！练川一地，凡欠百金以上者按籍追擒，绅缙俱在其中。一时名士备受威胁、鱼肉，许多人为之破家荡产。名儒翁叔元本已“家贫益甚”，负债累累，被迫纳无着，只得只身逃走，其夫人遭绑缚之辱，险些自尽，最后“乃鬻所居，值三十金，尽以输官，逃之穷乡”。许多地主、文士失去经营土地的兴趣和信心，将田产视为大累，纷纷出售，一时田价大跌，竟有一月间斥卖祖业过半。直至次年五月，新任巡抚韩世琦将各户完清者陆续报上，朝廷方下令释放被押解士绅。一年以后，御史龚鼎孳上疏，称由于钱粮新旧并征，参罚迭出，以至因旧欠而滋新欠，请求将康熙元年未缴钱粮尽行蠲免。朝廷准许了这一奏请。以江南为中心，波及全国各地的这场奏销大狱渐渐平息下来。虽然如此，这场轰动一时的奏销案却使广大江南士绅创痛至深，难以忘怀。他们当中有的乡试已中而被革生员，有的中了进士而举人已除，真正获全者无几。学校、书院为之一空，嘉定一学仅余二人，而书生文人以逋赋遭受杖击、鞭笞则成为屡见不鲜的常事。本来对清朝政府就极为不满的文人、绅缙们对满人统治更产生了极深的抵触情绪，一度趋于缓和的满汉民族矛盾又复尖锐起来。



在当时各起案件中，影响最大的则是康熙初年发生的庄廷鑨《明史》案。

天启年间，明朝大学士朱国桢退居故里，在家乡浙江湖州撰作了一部《明史》，并将其部分刊刻行世，其余诸臣传略部分仅存稿本。入清后，朱氏家道中衰，其后人便将书稿以千金之价卖给了同里富豪庄廷鑨。庄廷鑨是个盲人，素无才德，又无子嗣，为留名后世，利用金钱招聘当地知名文人茅元铭、吴之铭、蒋麟征、韦全佑等十数人，对朱氏书稿加以删润论断，并补以天启、崇祯年间史事，题为《明史辑略》，篡为自己所撰，并将参校者姓名列于书首。庄廷鑨病死后，其父庄允诚为悼念亡子，请礼部侍郎李令晳为之作序，将书刊印行世。因为原书稿成于明末，修订时又极少删削，故而文字中仍多有指斥降清官员为叛逆之语。谁知就是这些文字留下了把柄，并由此引发了一场轰动全国的庄氏史案。

康熙元年（1662），被黜原归安知县吴之荣侦知庄氏家资颇丰，便欲借此敲诈钱财，在遭到庄氏拒绝后，吴之荣恼羞成怒，生出了借告发庄氏之书打击报复，再图复起的恶毒念头。于是持庄氏私刻《明史辑略》，向江南将军松魁告发。岂料满族将军松魁无意扩大事态，将案件下移巡抚朱昌祚。朱昌祚复遣督学胡尚衡处理此案。这时庄家辗转得知消息，立即以重金上下打点，疏通关节，终于使案情暂时平息，吴之荣因诬告和侵吞反被逐出吴江。庄家忙将书中干禁之语尽行剔除，重加刊印。吴之荣身遭羞辱，更心怀愤恨，决意大加报复。他立刻携初刻旧版原书一部，上报刑部。康熙元年冬，朝廷急派刑部侍郎罗多等人来到南浔，严加勘查。在钦差带领下，次年正月，满洲官兵数百人开进湖州，紧闭城门，四处缉拿"要犯"。于是一场震惊海内的杀戮惨案拉开了序幕。

首先是庄氏家族立即陷于灭顶之灾，庄氏一家百余口被逮，庄允诚被械至京，死于狱中，庄廷鑨被开棺戮尸。至最后定案，其弟庄廷钺一家十数口连坐，凌迟处死；家产籍没，妻子充边为奴。

案发之前，由于不少学者参与该书修订，有的官员曾为该书作序，有的工匠为该书制版，有的书铺或士人曾经售卖、购买此书，而且在吴之荣告发之后，有的官员因收受贿赂，不予处理，所有这些干连人犯也都成为清朝政府缉拿和惩治的对象。其中弘光朝礼部侍郎、江阴县令李令晳曾为该书作序，案发后被系家人男女百十余人。事实上，李令晳此时早已双目失明，序实为他人代作。结果，李令晳与子、侄四人皆被杀害。列名庄氏《明史辑略》修订者的多为当时江南名士，其中有些人仅列名于书首，并未参加实际之修订，这时也都大难临头。茅元铭，明代著名文学家茅坤之后，平日闭门读书，庄廷鑨颇仰慕其名，故将其列于参评。茅元铭因此得罪入狱。在狱中他与潘柽章、吴炎等一起每日赋诗为事，见到满洲昏官则大骂不止。恼怒的满洲钦差们将茅氏七口判为死罪。同案被杀的还有年轻有为的学子吴炎、潘柽章，都是晚明诸生，他们精通历史，综贯百家，立志仿司马迁《史记》，私修明史，并撰成史稿。顾炎武很敬慕二人，曾将自己终身积累的史料尽数借给他们，《明史》藏在家中，后来都湮没无存了。庄廷鑨之父见吴炎、潘柽章也在修明史，以为他们与庄廷鑨不谋而合，也将吴炎、潘柽章姓名列入参评。入狱后，吴炎、潘柽章受尽酷刑，牙齿尽落，后皆身罹极刑。对二人之死，顾炎武十分悲伤，撰诗祭悼他们："一代文章亡左马，千秋仁义在吴潘。"其他江南名士，一旦姓名列于书中，也难逃一死；得以幸免的，只有查继佐、陆圻和范骧。查、陆、范三人都是浙中名宿，吴之荣首告庄氏时，竟诬称查继佐、陆圻、范骧三人为刻订书同谋，查继佐尤为主笔。查继佐等据理力辩，证明早在初刊该书时，即已发现自己被冒名，遂申报官府。后经多方奔走，有广东总兵吴六奇出面亲保，查、陆、范三家一百七十六人才在受尽了狱中惊吓折磨之后，得以放归。经官府勘查，查氏等三家当属首告之人，籍没他人之财产，又多赏予三家，真是一时难辨是福是祸。查继佐狱中释放后，并未屈从于清朝政府的压迫，三十年后终于撰成《罪惟录》一书。陆圻曾在最紧张时对天许愿，若有逃生之机，便终身烧香念佛，因此，他一获自由，便遁入佛门，不知所终。

此次史案不仅打击了江南文人士子，对一些地方官吏也严惩不贷。江南将军松魁，事发后与幕僚程维藩同被押赴京师。松魁以满人不识汉字，以八议免死，削官回旗；程维藩自然落得被戮于市。提督梁化凤，系大功臣，数经辩解，得以开脱，方免一死；其幕僚徐秩三则成为替罪羊，丢了性命。湖州知府陈永命，当初受贿于庄氏，并将刻版劈毁，听到案发，自知难逃，畏罪自缢，后又遭磔尸，其弟江宁知县陈永赖则连坐被斩。湖州府学赵君宋，最初曾稽查庄氏《明史辑略》碍语数十条，自以为首告者，不料最终却以私匿逆书罪被斩。湖州太守谭希闵上任仅半月，便与推官李焕一起，以“知情不发，明知故纵”罪被绞杀于杭州钱塘门外。只有巡抚朱昌祚、督学胡尚衡贿赂有司，将罪过推诿于当初审核之学官，得以脱身。乌程县学王兆祯，到任未及半月便遭此恶狱。当时庄廷钺无处关押，被羁于乌程县学。学校中没有监铺，无法看守，王兆祯便答应由庄氏族人出面具保，使庄廷钺离县学还家，而庄廷钺却借机逃出湖州，北上寻父。结果，王兆祯反因“守锁失职”罪惨遭缢刑。

在庄氏文字狱的高潮期间，由于吴之荣的挟嫌诬陷，一些与此案无关的无辜者竟也受到严重的中伤与惩治。南浔富人朱佑明，向与吴之荣不合，吴之荣借朱佑明曾出资印行庄氏《明史辑略》之名，对朱佑明敲诈威胁。朱佑明严正驳斥，拒绝纳贿，于是吴之荣决定将朱佑明也拉入这场冤狱之中。原书之“旧为朱氏所撰”语下，被吴之荣夹刻“朱氏即朱佑明”字样；朱佑明曾买朱国桢家“美清堂”匾额，也被强诬为刻书证据。朱佑明终因申辩不成而被凌迟处死，他的三个儿子、一个侄子连坐被绞，妻孥被配旗下，家产籍没。

这场酷烈的文字大狱始发于康熙元年（1662）正月，决狱于康熙二年（1663）五月二十六日。这一天，杭州弼教坊大开杀戒，罹难者七十余人。书首列名十八人皆遭凌迟处死，刻工、印工、卖书、买书、藏书者尽斩无遗。凡姻亲党戚，仅因一字之连、一词之及，即被缉拿问刑；一人犯案，招致全家男女百口锒铛同缚。杭州城内一时囚系曾达两千余人！



只有告发者吴之荣，大受朝廷褒奖，不但官复原职，还得到庄、朱二家籍没的部分产业，最后竟荣升至右佥都御史。对这一重大案件，无论来自京都的满洲侍郎，抑或浙江各地方官吏，都十分清楚这是场十足的冤狱。然而，上有四大辅臣控制朝权，一意孤行，寻机制造大案，儆戒汉族文人；下有吴之荣等险恶之徒强诬滥咬，人们鉴于松魁等人的教训，不愿追究真情，惟恐招惹祸端。庄氏《明史》案就这样以赃官得势、无辜罹难的结果而告终，从而将康熙初年以四辅政大臣为首的满洲贵族毫无遏制的民族压迫和思想专制推向极端。

庄氏史案的审理结果在全国造成十分恶劣的影响。一时之间，不少无赖、文痞仰承四辅臣压抑汉族士绅的意图，纷纷赴官府告讦、诬陷，不少知名学者因著述中有某些“诋毁”清朝的逆悖之辞而受迫害，此后不久，便先后发生了孙奇逢《大难录》案、沈天甫逆书案、顾炎武《忠节录》案等。

孙奇逢《大难录》案发生于康熙二年（1663）。孙奇逢，字启泰，号锺元，又称夏峰先生，直隶容城人，是当时具有民族气节的著名学者。清兵入关后，他拒绝清廷的征召，率生徒迁居河南辉县苏门山，讲学于百泉书院，著述甚丰，为一代学术所宗。这年，一个贪心的告讦者将孙奇逢所著《甲申大难录》上报朝廷，诬陷此书为纪念亡明而作，文中词语有对清廷欠恭处。随即，主持刊印此书的济南知府李某被抓系狱。次年，孙奇逢亦以八十一岁高龄被押解赴京，对簿公堂。经过对该书的审查，官府认为作者此著仅为纪念死于甲申之役的“忠臣节士”而作，书中毫无犯讳不敬之词。在友人多方营救下，一年后，孙奇逢始无罪获释。无耻告讦者未能得逞，清朝政府也没抓到可以报复的把柄。然而多日身系囹圄，使孙奇逢的心灵受到了难以愈合的创害。



沈天甫逆书案发生在康熙六年（1667）。是年二月，江南人沈天甫指使同伙夏麟奇将一部题为《忠节录》的诗集携至中书吴中莱处，言明该书序言之一为吴中莱之父吴甡所撰。该书署名陈济生编辑，收录黄尊素等南北各地名士的诗篇约一百八十章。诗、序内容多涉及明末清初各地抗清复明活动，悖逆之词比比皆是。陈济生，字皇士，江苏长洲人，明亡前曾官太仆寺丞，并编撰《再生记》《启祯两朝遗诗》等书。吴甡为明崇祯时大学士。夏麟奇手持此书向吴中莱威胁道，若不纳贿银三千两，便将此书上报，依庄氏史案例，定会满门抄斩。吴中莱仔细核对了笔迹，以为此序绝非其父所撰，便向巡城御史告发此事。朝廷立即着人调查此案，发现“书内有名之人共百七十名，内有写序写诗讥伤本朝之人五十余名”。经核查严讯，全书实系沈天甫、吕中、夏麟奇、施明、吴石林、叶大等一群无耻文痞合伙伪撰而成，图谋先将书交给吴中莱，诈骗银三千两；不成，即将书呈送刑部，以图朝廷褒奖三品官衔。这完全是摹仿庄氏史案的制造者吴之荣的故伎。朝廷闻知，立即着刑部严加勘审。闰四月，终于将沈天甫、夏麟奇、吕中、叶大四人斩首示众。



沈天甫逆书案终结不久，山东莱州人姜元衡又告发浦乡知县黄坦、凤阳府推官黄贞麟等撰作“逆诗”《忠节录》，由著名学者顾炎武编辑发刻。此案一发，山东抚院立即将黄坦、黄贞麟、顾炎武等缉捕系狱。顾炎武，字宁人，原名继坤、绛，号亭林，江苏昆山县人。清兵入关，他心怀国恨家仇，参加了江南抗清斗争。失败后拒绝征召，义不事清。经过对《忠节录》一书的审查，发现该书虽有“悖逆”内容，但却是将沈天甫伪撰《忠节录》去除原序目及沈天甫状文中已披露内容后抄撮凑成，此《忠节录》即沈天甫伪撰之《忠节录》，与顾炎武无任何瓜葛。在对原告严加拷问后，真相再次大白。原来姜元衡系受顾炎武的仇家、山东地主谢长吉唆使而诬告，为的是借朝廷之文网，置顾氏于死地。此案并累及南北文士三百余人。案情虽已查明，然而顾炎武却困身狱中达半年之久。为此，他的朋友李因笃、朱彝尊等人四出求援，多方疏通，方将顾炎武解救出狱。同案之人也都在画供之后始行放归。一场牵连数百人陷于冤狱的文字案就这样不了了之。

从表面上看，无论孙奇逢《大难录》案或沈天甫《忠节录》案，其发生都是因无赖寻机敲诈银钱、希图骗取褒奖而陷人以罪，但就其本质而言，这些案件的出现，则是四辅政大臣压迫汉族学者文人的政策表现，是庄氏史案的余波。由于这些案件的恶性上升，严重破坏了社会秩序的稳定，一些官员先后上疏，对此加以激烈批评。康熙六年（1667），御史田六善上疏说：近见奸民捏成莫大之词，逞其诈害之术。在南方者，不曰“通海”则曰“逆书”；在北方者，不曰“于七逆党”则曰“逃人”。谓非此不足以上耸天听、下怖小民。有鉴于此，清朝政府规定：“以后如有首告实系谋反、逃人等事，即予审理，情实者据事奏闻，情虚者依律反坐。毋得借端生事，株累无辜。”[7]

在寻找借口对汉族士绅严厉打击的同时，对于汉族人民的武装反抗斗争，四辅政大臣也变本加厉地予以血腥镇压。顺治十八年（1661）五月，山东发生了于七领导的胶东农民起义。受其影响，登州、莱州、宁海州、胶州湾一带农民纷纷响应。四辅政大臣立即派员前往镇压，斗争持续了一年多，胶东大地遭清军残酷血洗，沿海居民被强迫迁入内地，各旗兵马分驻登州、莱州、胶州三处。同时大肆搜捕“于七党”，仅莱阳一县被杀农民即达数百人。凡与于七有往来者，皆系于狱，当地士绅被牵连者亦达数十百家。浙江按察使宋琬，因受到族人宋一炳“与逆贼于七通谋”[8]的诬告，也被械送刑部狱中，直至康熙八年（1669），“公（宋琬）投牒自讼，冤始尽白”[9]。四辅政大臣的酷政导致汉族人民，尤其是知识分子与清朝统治政权更加严重的隔阂和对立。直到清除鳌拜集团之后，经过康熙皇帝许多耐心细致的工作，这些矛盾才逐渐缓和下来。

## 二、换地之争

为了满洲上层贵族的共同利益，四辅政大臣把持下的清朝政府对广大汉族人民毫不犹豫地采取了一系列强硬的统治政策，然而，这只是康熙初年政治的一个方面。另一方面，则是在原来就矛盾重重的满洲上层贵族集团内部发生了日益尖锐的争执和冲突，并引发一场惊骇朝野的换地之争。



长期以来，黄、白旗之间一直存在着较深的积怨，这种积怨的根源，大约要追溯到四十年前皇太极进行的一次改旗活动。

努尔哈赤时期，努尔哈赤自将两黄旗，由皇太极将正白旗，杜度（后为豪格）将镶白旗。皇太极即位后，为巩固自己的地位，对努尔哈赤时期各旗在满洲政权中的地位重新调整，将原来的两白旗改为两黄旗，并置于自己控制之下；将原来的两黄旗改为两白旗，由阿济格、多尔衮、多铎分别统领，同时改变了八旗的装饰和排位次序。

从那时起，原来的两白旗由普通旗上升为皇上旗，尽管当时尚属弱小，但为其后来的发展奠定了基础；而原来地位高贵的两黄旗却因努尔哈赤去世改为两白旗，实力和地位都被削弱，不仅在政治上丧失了原有的优势，在物质分配上也开始受到限制。因而，自天聪年间起，两白旗，尤其是努尔哈赤遗部的正白旗便与皇太极属下的两黄旗结下了不解之怨。

崇德八年（1643），皇太极去世，为争夺最高权力，黄、白四旗之间又一次进行了较量，并且发生了“两黄旗大臣盟于大清门”、誓立帝子的事件。多尔衮摄政期间，两白旗的政治地位再度上升。顺治七年（1650），多尔衮死后，为了壮大皇室力量，消弭长期以来的黄、白旗矛盾，顺治皇帝将正白旗收入上三旗，正白旗在八旗中的优越地位再度得到确认。尽管如此，随着顺治皇帝的去世和分别出身黄、白旗两个政治集团的四辅政大臣的上台，黄、白旗间的矛盾再度激化，以鳌拜为首的两黄旗势力再次向以苏克萨哈为首的正白旗发出挑战，要求重新分配入关后黄、白旗各自得到的土地。

入关之初，为确保在中原的稳固地位，同时出于旗兵供给、旗民生活的实际需要，清朝政府于顺治元年、二年、四年三次大规模圈地，分予各旗。当时土地是以八旗左右翼次序实行分配，但由于摄政王多尔衮居住在永平府，因而将镶黄旗应得之地分给正白旗，将右翼之末的保定、河间、涿州等二十多处土地分给镶黄旗。居住在北京以北一带的正白旗得到了较多的“善地”，从而播下了黄、白旗再次冲突的种子。多尔衮死后，未得到好地的镶黄旗民便开始有不平之论，但由于时隔既久，圈地已停，各旗旗民业已各安其业，不平之论遂被放置不提。这种局面维持了二十多年。

康熙五年（1666）正月，隶属镶黄旗的鳌拜突然提出：“八旗自有定序，镶黄旗不当处右翼之末，当与正白旗蓟、遵化、迁安诸州县分地相易。”[10]从而揭开了这场换地之争的序幕，又一次挑起了上三旗内部的无情厮杀。

四大臣中，索尼虽已年老，对朝中政事并非胸无主见，对鳌拜的日益专横，他也十分厌恶。但这次鳌拜“立意更换”两旗土地，目的还在于打击白旗势力，排斥苏克萨哈，因此，与多尔衮结有旧怨的索尼并不反对鳌拜此举。事事附和鳌拜的遏必隆，明知换地并不符合镶黄旗的根本利益，开始并不赞成调换土地、房产，想阻止鳌拜的行为，但他一向惧怕鳌拜，不敢与他相抵牾，结果还是同意了鳌拜的主张。

得到索尼和遏必隆的支持，鳌拜立即以八旗名义上奏户部，呈请更换土地。大学士、户部尚书苏纳海隶属正白旗，根本反对鳌拜的主张，认为土地分拨已久，且康熙三年曾有民间土地不许再圈之旨，因而以“不便更换”为由将八旗移文驳回。鳌拜明白，这是苏纳海不肯阿附自己，便称旨要议政大臣会议讨论此事，随后，又矫旨派出自己的亲信贝子温齐，以各旗地“沙压水淹，不堪耕种”，“镶黄旗地尤不堪”[11]复奏。鳌拜一伙又据此称旨：“永平府周围地亩未经圈出，应令镶黄旗移住，田亩、房屋应照翼给与，将镶黄旗移于左翼，仍从头换次拨给。至各旗不堪地亩作何分别，圈占之地作何补还，镶黄旗地作何料理，着户部酌议。”[12]

这时，户部对鳌拜换地的做法已无力阻止，只得对其要求逐一重议。四月，户部提出了两议，主张全面编排八旗土地，尤其适度分拨镶黄旗地，同时照顾正白旗利益。鳌拜立即称旨，判定拨给镶黄旗大量土地，其余问题，待镶黄旗迁移事竣后再议。鳌拜急于完成这个换地计划，尽管开始以八旗借口提出，至此务求镶黄旗独占利益的目的已暴露无遗。

尔后即令苏纳海会同直隶、山东、河南三省总督朱昌祚、巡抚王登联一起，前往镶黄、正白两旗所在地，开始办理这起圈换土地事宜。

换地令一出，立即引起朝野的纷纷议论。不仅隶属正白旗的各级官员坚决反对，镶黄旗内也有人不同意这次大迁移。二十年来，旗民大多各安其业，房屋、祖坟、村落都已形成规模，一旦更易，一切都要抛舍；再者，即使镶黄旗之地，原也有肥腴、硗薄之分，只有将硗薄地易为肥腴，才值得一迁，否则，以硗薄易硗薄，甚至以肥腴易硗薄，都是得不偿失。事实上，黄、白两旗的旗民大都一致反对这次圈换土地之举。



圈地令下，各旗民、百姓惶恐不可终日。圈过的土地仍然肥瘠不同，各旗官丁都争厚弃薄，相持不下。镶黄旗章京不肯受地，正白旗包衣佐领下人不肯指出地界。当时已到旧历十月，各旗率领旗民脱离故土，沿村栖住，穷人已冻饿不堪。蓟州、遵化等待圈换州县，一听到圈地令，都抛荒不耕，方圆四五百里，二麦全无播种。丰润、滦州等地，更是“荒凉极目，民地之待圈者寸壤未耕，旗地之待圈者半犁未下。恐明岁春夏青黄不接，无从得食”[13]。至于汉民百姓，更是苦楚不堪，听到圈地之信后，百姓们知旧业难守，粜粮杀鸡，折树为薪，欲迁移却无栖泊之处，处处都是无业流民，不下数十万。这次以换地为名掀起的又一次圈地高潮不仅引起了上三旗内尖锐的冲突，更严重的是造成八旗旗民和汉民百姓极大的不安和困苦。

接到圈丈土地的圣旨后，总督朱昌祚立即前往蓟州，每日率僚属会同户部京官和旗下章京，从城壕边圈起，每一房一地依次圈丈。然而，他在圈地中亲闻目睹了旗民百姓所遭受的痛苦和各旗官丁产生的冤怨，以及这次大规模圈换土地给国家造成的巨大损失和引起的社会动荡，以至于圈丈将近一月，依然“茫无就绪”。不得已，只好于康熙五年（1666）十一月打道回府，亟请停止。他在奏疏中说：“所在惊惶奔诉，哭诉失业者殆无虚日”，“每日据士民环门哀吁：有称州县熟地昔年圈去无遗，今之夹空地土皆系圈剩荒芜洼下；……有称关厢大路镇店房屋所居人民，皆承应垫道、搭桥、摆渡、修塘，以供皇陵运料车辆及一切公差杂役者；有称新经被圈之家，即令搬移别住，无以投奔者；……哀号乞免，一字一泪。”并担心：“京东郡邑，旗下换地兵丁、州县失业穷民，合而言，不下数十万，田地荒芜，粮草尽绝，资生奚赖，岂无铤而走险者？万一地方有事，此臣之责任所关，又安敢畏忌越分建言，不以上闻者?”疏中恳请“断自宸衷，即谕停止”[14]。



与此同时，王登联也在疏中力言“所在田地，极目荒凉”，“妇子老幼，环泣马前”之状，并指出互换圈地后所造成的徭役困难，“乞饬部臣从长酌议，俾两旗各安旧业，畿东亿万姓俱免播迁”[15]。

苏纳海则以屯地难以丈量，希望皇帝明诏禁止。就这样，苏纳海又一次得罪了鳌拜。

一时之间，举朝上下都在议论勘地之扰。风声传入后宫，孝庄文皇后听到后十分生气，在康熙皇帝朝见太后时，她非常严厉地批评了辅臣再次圈地扰民，并提出要立即制止此事。康熙皇帝也很反对这次圈换土地的做法，但对这群一向目无君上的辅臣无可奈何，无力阻止他们的一意孤行。

苏纳海、朱昌祚、王登联不肯遵旨圈地却擅自返京，并上疏停止圈换的举动，大大惹恼了独断专行的鳌拜。恰逢朱昌祚的奏疏于皇太后责备此事之后进上，又事先交苏纳海过目，鳌拜得知后十分吃惊，怀疑是苏纳海暗中指使，决意以严惩来报复这次“抗旨”。他立即下令，差人将三人禁守，并将同去勘查圈丈的三位镶黄旗副都统也囚禁起来。

康熙五年十二月十四日，经吏部、兵部议复：大学士管户部尚书事苏纳海以观望迟误，不尽心于奉旨责成之事，革职交刑部。总督朱昌祚、巡抚王登联，将奉旨已定之事不钦遵办理，妄行纷更具题，亦革职交刑部。刑部议复，以律无正条，拟对三人鞭百，籍没家产。

鳌拜犹不解心中之恨，坚持要处死苏纳海、朱昌祚、王登联三人。索尼、遏必隆都表示附和，但苏克萨哈不同意。

十二月，康熙皇帝亲自召四辅政大臣询问此案。他明白，鳌拜因为苏纳海始终不肯阿附自己，朱昌祚、王登联又备陈旗民不愿圈换地亩之原因而坚决要求停罢，使鳌拜无法达到目的，鳌拜定要置三人于死地而后快。果然，鳌拜亟言三人罪情重大，必置重典，索尼、遏必隆随声附和，惟有苏克萨哈默默无言。

康熙皇帝原本并不支持这次圈换地，因此以不按律为由不允所奏。鳌拜自康熙皇帝处出来，即称旨：“苏纳海若有意见，即应陈奏。既奉差拨地，种种奸巧不愿迁移，迟延藐旨。朱昌祚、王登联身为总督、巡抚，各有专任职掌，拨地事不照所委料理，妄行具奏，又将奏疏与苏纳海看，且疏内不止言民间困苦，将旗下不愿迁移之处一并具题，情罪俱属重大。苏纳海、朱昌祚、王登联俱着即处绞，其家产籍没。”[16]

就这样，苏纳海、朱昌祚、王登联成为黄、白旗之间，满洲贵族首领之间争权夺势、相互倾轧的牺牲品。

以自己一人一旗之私利，即导致朝中三位大臣丧命，鳌拜滥施辅臣大权、草菅人命的凶狠和狂妄更加暴露。对于三位大臣的冤情，索尼和遏必隆当然心中有数，但为了打击对手苏克萨哈、遏制正白旗势力的发展，他们只有借助鳌拜的力量，以巩固自己和两黄旗在朝廷中的优势地位。苏纳海等三人的被杀，引起京城内外乃至八旗内部的强烈不满，“行刑之日，旗民哀之”，京城百姓也都为苏纳海等三大臣感到冤屈，甚至有人专门作诗著文悼念他们。



黄、白两旗的换地之争，以鳌拜为首的两黄旗占据了绝对的优势。三大臣被杀后，鳌拜立即称旨，追论苏纳海族人、隶属正白旗的原任户部尚书英武尔代之罪，严责其当年划分圈地时将镶黄旗应分之地拨与正白旗，并将镶黄旗置于右翼等罪过。尔后，即派巴格等人重新圈拨土地。镶黄旗共迁壮丁四万六百余人，圈拨正白旗旗地及民地二十万三千垧；正白旗迁移壮丁二万二千六百十一人，划拨土地十一万一千八百零五垧。

康熙初年的两旗换地之争，终于以镶黄旗全面胜利、三大臣抗旨丧命而告结束。鳌拜的势力一下子在满洲上层贵族内部得到了前所未有的扩张。他不仅屡屡矫旨，无视皇帝和太皇太后，并且将议政王大臣会议和吏部、户部、刑部紧紧抓在自己手中，成为他谋求权力、打击异己的可靠工具。

然而，事情并没有就此结束，围绕鳌拜与苏克萨哈二辅政大臣之间残酷的角斗不仅没有停止，而且在第二年达到了高潮。

康熙六年（1667）康熙皇帝年已十四岁。三月，首席辅政大臣索尼上疏，提出顺治皇帝十四岁开始亲政，现今皇帝的品行、年龄都与当时的顺治皇帝相仿，所以请皇帝亲秉帝权，由辅臣协助皇帝理政。

索尼上疏，一方面是由于少年皇帝已基本长大成人，有能力亲理朝政；更重要的是，他这个谙于宫廷政治的老人已深深感到朝中正酝酿着一场巨大的政治危机。

作为首席重臣，索尼受到康熙皇帝和太皇太后的信任。康熙四年（1665）九月，太皇太后亲自将索尼孙女、内大臣噶布喇之女赫舍里氏册封为皇后，为康熙皇帝完成了大婚典礼。鳌拜与苏克萨哈得知消息后心怀妒忌，认为“若将噶布喇之女立为皇后，必动刀枪，满洲下人之女，岂有立为皇后之理”？苏克萨哈甚至以“年庚不对”至太皇太后面前阻拦启奏。辅臣遏必隆更加失望，他的女儿钮祜禄氏本与索尼孙女同时选入宫中，遏必隆朝思暮盼，企望女儿有朝一日成为皇后，如今梦想告吹，心中甚是怏怏不乐，阻拦启奏时，他也与苏克萨哈、鳌拜共同前往。结果，非但没有达到各自的目的，反而得罪了索尼，从此，原来曾受过多尔衮白旗无情打击的索尼对苏克萨哈更加嫌恶。因而当鳌拜多次矫旨，不择手段地挑起换地事端，擅杀三大臣以打击苏克萨哈时，索尼心怀宿怨，默许姑息，借鳌拜之手压制白旗，同时也报复了苏克萨哈。

然而他又对鳌拜的日益放肆张狂不无忧虑：一场流血的换地之争使鳌拜一跃而为四辅臣中最具实力的强硬人物；遏必隆对鳌拜只是唯唯诺诺，随声相附，从无主见；苏克萨哈原本便与鳌拜事事相忤，如今更是旧隙添新仇，势不两立；加之自己年老力衰，身染重病，担心一旦自己不行，这种表面上的辅臣联合秉政的局面便无法维持下去。因此，索尼及时地提出由康熙皇帝亲理朝政。

索尼的担心并非没有道理。换地之争，鳌拜每每称旨、矫旨，借康熙皇帝打击异己，独揽朝政，以致原来稍事平息的黄、白旗之间的矛盾冲突日趋尖锐，变得难以调解。从此四辅臣根本无法正常坐在一起共同理政，这一切都迫使这位青年皇帝下决心走上亲政的道路。



康熙六年（1667）七月，康熙皇帝“躬亲大政，御太和殿，文武官员上表行庆贺礼”，辅政大臣仍行佐理。

此前，索尼已于六月病逝，辅政大臣只剩下三人。鳌拜目中并无这个刚刚亲政的皇帝，他靠自己的亲信和黄旗的支持，仍紧握辅政大臣的权力，不愿归政。他执意要将康熙皇帝变成听凭自己摆布的傀儡。他要借康熙皇帝的手，除掉苏克萨哈这个心腹之患，除掉自己独掌政权的最后障碍。

苏克萨哈本为一刚愎自用的草莽武将，平日意气凌轹，朝中大臣对他多有畏惧。四大臣中，他是惟一出身于正白旗者，黄、白旗间的旧日隔阂，经过康熙初年换地之争日益加深，在他和索尼、遏必隆及鳌拜之间已形成不可逾越的鸿沟，两黄旗的三位大臣对他始终藐视，加之他曾对索尼孙女被册封之事公开表示不满，平日与鳌拜更是动辄反目，在满洲上层贵族统治者眼中，他不过是一个得太皇太后宠爱的粗人。

鳌拜在圈地之议遭苏克萨哈、苏纳海、朱昌祚、王登联阻止后恼怒之极，以为苏纳海隶属满洲正白旗，朱昌祚隶属汉军镶白旗，“与苏克萨哈系一体之人，将他灭戮，削去苏克萨哈一手一足”[17]。苏纳海、朱昌祚、王登联的论罪，使苏克萨哈的势力大大削弱，他深深感到，自己已无力与鳌拜相抗争，但他仍不愿向鳌拜妥协，多次“自行启奏”，要求皇帝早日亲政。

七月十三日，苏克萨哈上奏疏，自言“才庸识浅，蒙先皇帝眷遇，拔擢内大臣。……不意恭奉遗诏，臣名列于辅臣之中。臣分不获死，以蒙昧余生，勉竭心力，冀图报称。不幸一二年来身撄重疾，不能始终效力于皇上之前。……伏乞睿鉴，令臣往守先皇陵寝，如线余息，得以生全，则臣仰报皇上豢育之微忱可以稍尽矣”[18]。苏克萨哈的本意是表达自己交回辅臣大权、归政于皇帝的心愿。然而，事与愿违，苏克萨哈为此付出了最大的代价，因为他的这一行动不啻将了鳌拜一军。恰在此前，遏必隆也多次表示要归政于康熙皇帝，从而使得鳌拜陷入进退失据的境地。一旦皇帝批准了苏克萨哈的请求，鳌拜与遏必隆也将面临交出辅政大权的结局，多年来他精心编织的专权美梦，结党营私、打击异己开创下的局面都将付诸东流。他当然不甘心，决定彻底除掉这个对手。

苏克萨哈的奏疏是康熙皇帝宣布亲政的第七天呈上的，当时朝纲政务尚未清理，年轻的康熙皇帝尚无法运用自己的权力。苏克萨哈选择这个时机拂袖而去，无疑是一种不明智的做法，不仅康熙皇帝无法理解，朝野上下也多有责备之声，形势一下子变得十分糟糕。

鳌拜随即称旨发难：你们受先皇帝遗诏，辅政七年，现在我正要用你们出力，苏克萨哈却奏请守陵，以度余生，不知有何逼迫之处？在这里又有何无法生存的问题？

苏克萨哈及其子孙、兄弟立即尽遭拘捕系狱，鳌拜又授意亲信班布尔善绞尽脑汁，网罗罪名。在遏必隆的马圈里，这伙人经过多次密谋，终于拼凑出二十四大罪状，并借议政王会议之名呈奏康熙皇帝。这二十四条罪状中，有些确系苏克萨哈平日所犯之罪，如藐视少年皇帝等，但绝大部分显系强行编织，夸大其辞，牵强附会，断章取义。议政王大臣会议提出，苏克萨哈“怀抱奸诈，存蓄异心，欺藐主上，种种任意诡饰之罪甚大”，应将苏克萨哈革职，凌迟处死；其子内大臣查克旦不行劝阻，革职，亦凌迟处死；其余如一等侍卫塞黑里、郎中那塞、苏克萨哈之侄图尔泰俱革职；苏克萨哈之子、孙、亲弟之子等，无论已到岁数、未到岁数，“皆斩立决”，其家产籍没，妻孥一并交内务府，“苏克萨哈如有侄孙，并家产，一并籍没为奴”[19]。另有苏克萨哈之心腹白尔黑图等三人亦拟革职，斩立决。



康熙皇帝明白，鳌拜怨恨苏克萨哈，一向同他争辩是非而积以成仇。这累累“罪状”，无非要借机罗织罪名，置苏克萨哈于死地。因此，康熙皇帝以“核议未定”为由，不批准议政王大臣会议的奏请。

由于翦除仇人十分心切，鳌拜急不可耐地向康熙皇帝施加压力。他在皇宫院子里肆无忌惮地揎臂喊叫，迫使这个政治经验尚不丰富的皇帝同意了他们的请求。苏克萨哈被处绞刑，他的四子十二孙尽遭杀戮，家中妇女、幼儿发遣为奴。

如果说一个屡建功勋于皇室，深得顺治皇帝、太皇太后信赖的朝廷重臣，仅以一纸辞呈便招致杀身灭族之祸，那么这与康熙初年发生在中原大地上的各起文字狱实在不无相像之处，只是这场发生在满洲上层贵族集团内的冤狱更具有明显的政治色彩罢了。苏克萨哈之死再次显现出：一方面，一股与皇权抗争的势力在极力控制刚刚亲政的康熙皇帝，迫使这位青年皇帝下最大的决心将其翦除；同时，随着苏克萨哈之死，满洲贵族内部的分裂日趋表面化并愈加尖锐，权臣擅政的基础已被破坏殆尽，在宫中曾经占主导地位的贵族保守势力被大大削弱，彻底实行封建皇权专制的条件已逐渐成熟。



七年前，由顺治皇帝和孝庄文皇后精心筹划的辅臣政治，终于因其自身潜在的无法调解的矛盾和日益残酷的自戕而走上绝路。随之而来的，是长达五十四年的康熙皇帝亲政的新时代。

## 三、擒拿鳌拜

康熙皇帝在登基七年后，终于亲操政柄了。然而此刻他的心中早已失去了当年的平静，摆在他面前的是一堆未了的难题和令人担忧的隐患。

几年来，四辅臣把持朝政，几乎取代了皇帝的权力，使入关以来建立的尚显稚弱的封建皇权变得更加衰微，取而代之的是满洲上层贵族集团，地位尤其特殊的上三旗各派势力益发严重的倾轧、争斗和对权力毫无遏制的追求。朝廷中，皇帝形同虚设，辅臣间刀斧相加，各派势力分门立户，朋党丛生。对中原地区，辅臣们始终以维护满族旧制为宗旨，实行一系列压迫人民、反对汉化、坚持异族统治的强硬政策，以至到康熙六、七年间，全国各地天灾人祸接踵而至，刑狱繁兴，怨声载道。西南、南和东南边隅，吴三桂、耿精忠、尚可喜三藩各拥重兵，割据一方，分庭抗礼的野心日益彰明；台湾诸岛，郑氏大军已公然占据，自成政权，劝民力农，修武办学，开口通商；西北部则有蒙古准噶尔上层指挥的叛乱大军的威胁。



千头万绪之中，康熙皇帝首先要考虑的只能是亲理朝纲，然而他已经明确地感觉到，这并不容易做到，辅臣们仍在对抗。这一切都预示着紫禁城要发生一场始料未及的大事情。

早在康熙六年（1667）年初，在四辅臣中最具有协调作用的索尼已预感到自己不久于世，提出请皇帝亲政。康熙皇帝对这个始终忠于皇室的四朝老臣倍加褒扬，并谕吏部，要求对这个身染重病且又年迈的首席辅臣“特加恩宠，以示酬庸之典”[20]。索尼因而被晋一等公，与前所授一等伯并世袭，并一再得旨嘉奖。三个月后索尼病逝，谥号“文忠”，赐葬有加礼，鞍马二匹、银二千两，仍加祭四次，几个儿子也分别承袭世职、爵位或被晋封。

七月，位居索尼之次的苏克萨哈被鳌拜及其朋党借康熙皇帝之手处以绞刑，遂使鳌拜一伙“今日归政于皇上，明日即将苏克萨哈灭族”[21]的预谋得逞。在康熙皇帝左右，如今只站着鳌拜和遏必隆两位辅政大臣。遏必隆依然唯唯诺诺，尽管他明知自己往日助纣为虐，为自己今后的出路感到担忧，但他眼见鳌拜不肯归政于皇帝，自己也不敢将已写就的辞呈奏本奉上。只有鳌拜，依然恃权任气，骄横跋扈，对已亲政的康熙皇帝争执顶撞，甚至高声质问，多次越权矫旨。康熙初年，孝庄文皇后为皇帝择妃立后，鳌拜曾与苏克萨哈一同前往太后面前阻拦启奏，反对将噶布喇（索尼长子）之女立为皇后。康熙五年（1666），鳌拜因换地之争中苏纳海、朱昌祚、王登联拂逆己意，恼怒之至，坚持对三大臣施以重刑。康熙皇帝知鳌拜因苏纳海始终不肯阿附而欲泄私恨，不准其请。鳌拜根本不听，出门便矫旨，将三大臣处绞。索尼死后，他更加事事凌驾于各辅臣之上，"班行奏章，鳌拜皆前列"[22]；有时甚至将旧日奏稿呈上皇帝，强迫康熙皇帝顺从己意。当着皇帝的面，他常常高声呵叱部院大臣，施威震众，甚至拦截奏章，从来无视君臣之礼。为杀掉苏克萨哈，他气势汹汹，又争又吵，对康熙皇帝进行要挟，迫使康熙皇帝改变自己的决定，满足其凶险报复之心。甚至在康熙八年（1669）的新年朝贺典礼上，他竟然身着黄袍，仅顶戴与皇帝有所不同罢了。

数年来，他依仗自己的权势培植亲信，打击异己，以部臣对自己阿谀奉承与否来决定亲疏去取。他虽位居四辅臣之末，却谙于争权夺势，终于将朝廷大权操于自己一人之手。他网罗亲信，广植党羽，专用奸佞之徒，在朝中纠集成一股欺藐皇帝、操纵六部的势力。

辅国公班布尔善处处阿附鳌拜，在朝中利用手中掌握的权力擅改票签，决定拟罪、免罪。他追随鳌拜，结党行私，康熙六年（1667），他密切配合鳌拜戮杀了苏克萨哈，并精心为其罗织了二十四大罪状。由于他帮助鳌拜翦除异己有功，被擢为领侍卫内大臣，拜秘书院大学士。

正白旗副都统玛尔赛曾跟随鳌拜之弟穆里玛平定李自成农民军余部李来亨，在宫中一向与班布尔善一起谄媚鳌拜，深得赏识，被擢为工部尚书。户部尚书苏纳海被诛后，鳌拜一心欲将自己的党羽塞入户部，便不顾户部已奉旨补入尚书的事实，援顺治年间曾设满洲尚书二员旧例，迫使康熙皇帝同意将玛尔赛补为户部尚书，又命其兼任正白旗蒙古都统。玛尔赛在户部，与尚书王弘祚常有矛盾，不能独断专行，心中不满，大学士班布尔善便借一次户部失职过失之机，单独票拟，将王弘祚革职，清除出户部，为玛尔赛泄私愤。康熙八年（1669）正月，玛尔赛病故，鳌拜又请康熙皇帝予以封谥，康熙皇帝没有同意，鳌拜竟擅自谥其为“忠敏”。



鳌拜一门更是显赫于世，他的弟弟穆里玛为满洲都统，康熙二年（1663）授靖西将军，因镇压李来亨农民军有功，擢阿思哈尼哈番，威重一时。巴哈也是鳌拜的弟弟，顺治帝时便任议政大臣，领侍卫内大臣，其子讷尔都娶顺治女儿为妻，封和硕额驸。鳌拜的儿子那摩佛官居领侍卫内大臣，班列大学士之上，其后又受袭二等公爵，加太子少师。鳌拜的侄子、姑母、亲家都依仗他的职位得到高官厚禄，甚至跻身于议政王大臣会议。

鳌拜将自己的心腹纷纷安插在内三院和政府各部，一时间“文武各部，尽出其门下”[23]，朝廷中形成了以鳌拜为中心，以穆里玛、塞木特等人为主力的党羽集团。凡事在家与亲信定议后方才施行，甚至将各大臣、衙门各官奏上已经康熙皇帝批准的奏稿，也要带回家去另议，并商量对策。

对部臣，鳌拜向来以其对自己的追随与否决定亲疏去取，“相好者拔之，不相好者陷害之”[24]。凡拂逆己意的，定要加害报复。大臣费扬古一直与鳌拜不合，他的儿子、侍卫倭赫及侍卫西住、折克图、觉罗塞尔弼四人一同在御前值勤，对鳌拜也不表示敬畏之意。鳌拜因此深深恼恨，伺机加害。康熙三年（1664）四月，倭赫与其他三人在景山、瀛台值勤，曾私骑御马，又用御弓射鹿。鳌拜侦知，立即以此降罪四人，倭赫、西住、折克图、塞尔弼因此小事惹来杀身之祸。鳌拜仍不罢休，又诬费扬古“守陵怨望”[25]，将他连同儿子尼侃、萨哈连一同处以绞刑，只有幼子色黑以“不知情”免死，被流放至宁古塔。折克图之父、西住之兄、塞尔弼之同祖兄都以子弟所犯罪重大，不即请旨治罪，分别革职、鞭责。鳌拜并下令籍没费扬古家产给予他的兄弟都统穆里玛。一次鳌拜的马被窃，他不仅捕杀了窃马贼，连御马群牧长也一并杀掉。为独揽朝政，鳌拜甚至控制议政王大臣会议。康熙六年议苏克萨哈罪时，鳌拜担心大学士巴泰提出相反见解，根本不让他知道此事。蒙古都统俄讷、喇哈达、宜理布在议政时与鳌拜意见常相左，鳌拜便下令不许他们再参与开会议政。

康熙六年（1667）六月，内弘文院侍读熊赐履应诏上万言书，亟陈康熙初年以来朝政得失，影响国计民生[26]。熊赐履首先分析了康熙皇帝登基以来的政治、经济、社会生活等形势，指出全国百姓已经相当贫困，以至逃难不止。官府催征，

“私派倍于官征，杂项浮于正额”，“蠲征则吏收其实而民受其名，赈济则官增其肥而民重其瘠”，而造成这种状况的正是吏治腐败。地方推举人才，仅以催科为政，视表面乖巧定优劣，甚至以送礼薄厚确定人选。朝中大臣对此不加鉴别，知情也不举发，以致使无耻之徒久窃威权。并认为必须首先甄别督抚，“督抚廉则监司廉，守令亦不得不廉；督抚贪则监司贪，守令亦不敢不贪”。因而必须坚决清除地方的“贪污不肖者”。

对整顿朝纲，熊赐履作了详细的论述。他指出：康熙元年以来，“国家章程法度，其间有积重难返者，不闻略加整顿，而急功喜事之人又从而意为更变，但知趋目前尺寸之利以便其私，而不知无情之弊已潜滋暗伏其中”；朝举夕罢，“以致盈庭聚讼，甲令游移”；对“职业隳废而士气日靡”“学校废弛而文教日衰”“风俗僭移而礼制日废”等朝廷弊政作了综合分析，尤其对“各衙大小臣工大率缄默依阿，绝少实心任事之人，甚至托老成慎重之名，以济尸位素餐之计；树议者谓之疏狂，任事者目为躁竞，廉静者斥为矫情，端方者视为迂腐”表示担忧，要求康熙皇帝亲自“立振颓风”，申饬朝中大臣“是则曰是，非则曰非，汉官勿以阿附满官为工，堂官勿以偏任司官为计”，以使朝纲得以整肃。对尊教兴学、提倡礼制等，熊赐履也提出一整套见解和措施，同时恳请康熙皇帝躬行节俭，熏陶德性，崇儒重道，举行经筵，学习传统治国理论。

熊赐履的奏疏清晰地分析了辅臣擅政以来国家政治的利弊和前途，立即受到朝野的注意和高度称许，康熙皇帝对此也十分重视。然而鳌拜等却以熊赐履的奏疏语皆有所指，心中十分厌恶，因而在朝见康熙皇帝时，提出要治熊赐履妄言之罪。康熙皇帝不准其请，批评鳌拜道：这是朝臣在讲国家政事，于你并没有伤害。不久又将熊赐履擢升为内秘书院侍读学士。其后熊赐履又数次上疏进谏，建议康熙皇帝召见儒臣，讲求治道。鳌拜对熊赐履益发不满，即下令传旨，责令熊赐履说明“积习隐忧”“未厌人望”之事实所在；又传旨严饬熊赐履“不能实在指陈，妄行冒奏，以博虚名”，并以“所陈无据”为由，下部议处，降二级调用。同时，鳌拜又以此为借口，要求康熙皇帝申禁言官，不得上书陈奏。然而，这时的康熙皇帝已逐渐成熟，他一面驳斥了鳌拜废禁言官的奏请，一面将被鳌拜擅降二级的熊赐履官复原位。一年以后，熊赐履升任翰林院掌院学士兼礼部侍郎。



对于鳌拜的专横跋扈，朝野贵族、部臣早已有目共睹，十分反感。康熙皇帝亲政以后，他仍贪恋权柄，迟迟不愿归政于康熙皇帝；仍旧恣意妄为，下至侍卫，上至辅臣，凡不合己意，便设法谋害打击，乃至论诛籍家、子孙连坐，使部臣敢怒不敢言。亲政的康熙皇帝对此更是厌恶之至。熊赐履对朝政直言不讳的批评和要求康熙皇帝崇尚汉族礼仪的建议，对鳌拜等人提出公开的指责，使年轻的皇帝决意摆脱辅臣的纠缠和控制，开始对朝廷政治进行冷静的考察与反思。熊赐履奏疏案标志着康熙皇帝的亲政进入一个新阶段。

年仅十六岁的康熙皇帝此时已深感鳌拜处处“欺朕专权”、另有所图了。为真正实现全面亲政，他必须从辅臣政治的阴影下彻底走出来。一方面，他认真地总结八年辅臣当朝时期清廷统治路线的利弊得失；另一方面，开始有计划地做好彻底清除鳌拜集团的准备。

康熙皇帝采取一系列汉化政策，加强皇权统治地位。他首先恢复了八股文取士的传统科举制度。康熙二年（1663），为抵制汉制，清朝政府停止了以文会试，并减试一场，以三场考试改为两场，改用策论表判。康熙七年（1668）七月，重新恢复旧制，以笼络人才，招揽汉族地主知识分子。康熙八年（1669）四月，康熙皇帝亲自至太学释奠儒学先师孔子，讲解《周易》《尚书》，此为清朝皇帝之创举。为整顿吏治，他重新恢复京察大计，严格审查各地督抚、要员，诏谕各省督抚不论满汉，挑选贤能者推用，革去不称职者，并重新限定各省督抚举荐属员额数。为纠正各地官吏扰民之弊，康熙皇帝甚至停派巡仓御史，并下诏清理各地刑狱，释轻囚，减重罪。在经济上，康熙皇帝施行发展经济、改善民生的政策。他下令查处前明废藩房屋、田产，变价出售给原来的佃户，同时加强了对矿山、关榷、山林的管理。在军事上，康熙皇帝一面笼络三藩头目，对他们分别进爵加封，一面认真筹划对策。在宫中，三藩问题与河务、漕务被并列为朝政三件大事，“夙夜廑念，曾书之宫中柱上”[27]。



与此同时，鉴于鳌拜作恶多年，树敌过多，促使各种反对势力开始集结到康熙皇帝一边，康熙皇帝也开始了清除鳌拜的准备工作。考虑到顺治皇帝的顾命大臣名重一时，且多年以来鳌拜一直致力于网罗亲信，纠集势力，宫廷内外多置耳目，公开缉拿恐不免激起事端，因此，寻找有利的时机和选择适当的方式，是这场决斗的关键。早在康熙六年（1667）七月，为了对鳌拜加以迷惑，康熙皇帝对遏必隆“于所有一等公外，授为一等公；鳌拜于所有二等公外，授为一等公”；“遏必隆原所有一等公，命其子法喀袭替”；“鳌拜所有二等公，命其子那摩佛袭替”。康熙七年（1668），加鳌拜太师，其子那摩佛加太子少师。康熙八年（1669）春，鳌拜称病，要康熙皇帝前往探视慰问。康熙皇帝带着随从和托走进鳌拜府中，来到他的床前。和托看到鳌拜面色略带惊慌，忙一步上前，揭开卧席，见席下藏着锋利的腰刀。康熙皇帝见状笑着说，刀不离身，这是满洲的习惯，没什么值得大惊小怪的。说罢回到宫中，便立即将皇后的叔父索额图召进宫内。

索额图，满洲正黄旗人，索尼第三子。初为侍卫，康熙七年（1668）授吏部右侍郎。从康熙八年（1669）五月起，康熙皇帝多次以下棋之名召其商讨对策。索额图召集了一群身强力壮的少年，在宫中练习布库游戏，这是一种男孩子们比角斗气力的游戏。每次练习，康熙皇帝都在一旁观看，即使鳌拜入奏进宫，也不做回避。鳌拜以为康熙年少贪玩，每与众少年相嬉戏，心里十分坦然，并不在意。即将采取行动之前，康熙皇帝不露声色地以各种名义将鳌拜亲信派往外地。康熙八年五月十六日（1669年6月14日），鳌拜因事入奏，康熙皇帝对这些少年们说：你们都是我的左膀右臂和心腹卫士，那么你们是敬畏我呢，还是敬畏鳌拜呢？大家齐声道：我们只敬畏皇上！康熙皇帝便将鳌拜罪恶一桩一桩讲给这些卫士，命令这群小将立刻上前将鳌拜拿住。一个欺上凌下、作恶多端的权臣，最后竟被一群少年卫士抓获归案。

一个十六岁的青年帝王，不顾凶险的形势，凭着他过人的聪敏、沉着、果敢和才能，以令人难以置信、迅雷不及掩耳的速度，干净利落地清除了这个不可一世的权臣，完成了清朝历史上这一惊人之举。据今人推测，这一重大决策，康熙皇帝很可能自行做出，而未向太皇太后或其他大臣透露。他以坚定的意志，在两年的时间里，有计划、有步骤地实现了自己的理想，以一个真正的皇帝身份去统治这个强大的、统一的封建帝国。直到很久以后，康熙皇帝这场漂亮的决斗仍被人们作为传奇故事颂扬。在满族中，人们将青年康熙皇帝描绘成具有超人智慧和组织能力的神奇人物，每年宫中都要演出这部智擒鳌拜的短戏，以纪念这次皇权对贵族权臣的胜利。



擒获鳌拜的当天，康熙皇帝亲自列举鳌拜集团的种种罪恶，并下令刑部勘捕鳌拜及其同党。他严厉斥责鳌拜“通同结党，以欺朕躬”，“恐身干物议，闭塞言路”，“凡用人行政，欺朕专权，恣意妄为”，“上违君父重托，下则戕害民生，种种恶迹，难以枚举”；并指出：“遏必隆知而缄口，将伊等过恶未尝露奏一言，是何意见？阿南达负朕隆宠，每进奏时，称赞鳌拜为圣人。着一并严拿勘审！”[28]

康亲王杰书等奉旨勘问鳌拜，凡列罪三十款，其中包括欺君擅权、引用奸党、结党议政、聚贷养奸、巧饰供词、擅起先帝不用之人、杀苏克萨哈、擅杀苏纳海、更换旗地、奏阻立后、谬用济世、禁止科道陈言、违旨擅谥、旧疏呈览、呵叱大臣、逼令他人迁坟等，皆属罪行严重。康熙皇帝亲自参加了审讯，所列俱为事实。诸大臣以其所犯之罪重大，拟将鳌拜革职立斩，并连诸子、兄弟，发妻子为奴，籍没家产。在事实面前鳌拜已无话可说，只求康熙皇帝开恩免死。他脱下衣服，露出为建立和巩固清政权多年血战留下的处处伤痕，恳求康熙皇帝从轻发落。康熙皇帝对这个身历三朝的老臣不忍加诛，只准了革职、籍没、拘禁。其子巴哈、赵布太、那摩佛都一并免死，革职拘禁。鳌拜之弟穆里玛、侄塞本得则被削职处斩。

另一个辅政大臣遏必隆，虽身居辅臣，却处处顺服鳌拜，经康亲王杰书等勘问，也以“不行纠核”“藐视皇上”获罪，其中有妒忌册立皇后，对鳌拜不行劝阻、不予争执，致苏克萨哈被杀等，凡二十一款。遏必隆自知罪责难逃，表示“今皇上如杀则死，如留则生”。议政王大臣会议，以其“欺君误国”“审问时不以实供”，提出应拟“革职”“立绞”、妻子为奴。康熙皇帝则以其“并无结党之处”免死，仅革去太师及公爵[29]。

与此同时，对鳌拜党羽，康熙皇帝则根据不同情况，分别加以处理。大学士班布尔善、尚书阿思哈、噶褚哈、太必图、济世等人，都以“倚附权势”“结党行私”“表里为奸，擅作威福，罪在不赦”被处死；其他多数党羽，如苏尔马、阿南达等人，皆从轻处置，或“免死，宽其籍没”，或“从宽免死，照旧留任”。康熙皇帝发布诏谕，告诫这些党羽、随从和依权附势的内外文武官员：“自后务必洗心涤虑，痛改前非，遵守法度，恪共职业。”康熙皇帝以惩重宽轻、区别对待的方法加以处置，既惩治了奸党，也分化瓦解了鳌拜集团的势力，最大限度地保证了中央政局的稳定[30]。

康熙皇帝这位青年君主，在亲政两年后，彻底翦除了鳌拜集团这股保守反动的贵族势力，成功地向世间展示出政治上早熟的帝王特有的气质和胆魄，为清朝政府强化和发展皇权赢得了时机，扫清了道路。一场发生在满洲统治集团内部惊心动魄的夺权之战就这样以皇权的彻底胜利而告终结。

擒拿鳌拜、掌握全部中央政权后，康熙皇帝又采取各种措施，清除鳌拜多年擅权所造成的各种严重后果。

首先是着手平反苏克萨哈等人冤案。为此特颁诏称："苏克萨哈奉皇考遗诏辅政，虽系有罪，罪止本身，不至诛灭子孙后嗣，深为可悯。其白尔黑图等并无罪犯，因系族人，连坐诛戮，殊属冤枉。"下令恢复苏克萨哈二等子爵，发还其家产，令其幼子苏常寿承袭。案内各革职官员恢复原职。



当年七月康熙皇帝又下诏谕，昭雪苏纳海等人冤案。他说：朕阅处分原任户部尚书苏纳海等原案，并无大罪，鳌拜等但以为拨地等待迟延，遽行拿问，多端致文诬陷，不按律文，任意将无辜处死。原任总督朱昌祚、巡抚王登联于拨换地时，见民间旗下困苦，因有地方之责，具疏奏文。辄以为非其职掌，越行干预，亦不按律文，冤枉处死。伊等皆国家大臣，并无大罪，冤死深为可悯，理应昭雪。后追谥三人，分别为"襄愍""勤愍""悫愍"，并各荫其子入国子监读书，各任官职。同时，对鳌拜执政期内枉杀、擅免之官员，也命吏部等分别考察昭雪、补用、恢复原官。

其次，对四大臣辅政时期的一系列错误政策和路线，也进行了较大程度的纠正与调整。第一是恢复内阁制度，废除内三院，建立正式的辅助皇帝处理政务的机构，班居六部之上，大学士兼殿、阁之衔，同时恢复了翰林院的独立地位。第二是开始整顿吏治，惩治贪官污吏。对鳌拜专权期间，全国水旱频仍、盗贼未靖、贪官污吏肆行朘削，以致百姓财尽力穷、日不聊生的严重局面予以揭露，并要求各级官吏必须时时注意民间疾苦，务须“纪己洁清，摒绝馈受”；对不思尽职、唯图利己、嘱托行贿、苟图幸进者，今后一律从重治罪，决不姑贷。他还下令恢复官吏甄别考察制度，颁布了管理官员的有关条例。大学士、尚书及三品以上官吏，自陈优劣；三品以下官员，由吏部会同督察院详加甄别。在外各总督、巡抚，由吏部、都察院查明任内功过、称职与否，详加明奏。同时要求加强监察作用，纠举交通近侍、妄行干求、诬陷他人之徒，弹劾惩创贪虐官吏，并从中央及各省中清除、降处了一批不称职的高级官员。

第三，开始着手调整对广大汉族人民的政策。其中最重要的便是下令永停圈地。康熙八年（1669）六月颁布命令，称：“自后圈占民间房地，永行停止，其今年所已圈者，悉令给还民间。……至于旗人，无地亦难资生，应否以古北等口边外空地拨给耕种，其令议政王贝勒大臣确议以闻。”并令新满洲以官庄余地拨与耕种，指圈之地仍归民有。至此，入关以来这项扰民特甚的败政终于停止下来，其他各项工作也都逐渐纳入正轨。在康熙皇帝的率领下，清朝政权开始进入了一个向上发展的新时期。

## 四、御门听政

早在康熙六年（1667）七月，康熙皇帝亲政之初，即开始御门听政。康熙八年（1669）五月清除鳌拜集团后，康熙皇帝掌握全部政权，为将国家治理纳入正轨，康熙皇帝以御门听政为主要方式，将全副身心投入国家事务的处理之中。通过这些活动，整个国家由危转安，由乱入治，清朝统治也进入了健康发展的新时期。

御门听政，即皇帝亲自到宫中一定场所，聆听各部院大臣启奏本部院要政，提出垂询和裁决争议，与大学士、学士一起讨论呈上的折本，发布谕旨，对重要国事做出决定等。最初，康熙皇帝御门听政的场所是乾清门，因称御门听政。后根据具体情况和季节变化，乾清宫东暖阁、懋勤殿、瀛台勤政殿以及畅春园澹宁居、南苑东宫前殿也都分别成为他听政的场所。如康熙早年，每逢夏日常避暑瀛台，因而听政地方就改在瀛台勤政殿。康熙二十六年（1687）以后，康熙皇帝常驻畅春园，因此，这里也成为一个主要听政地点。至于御门听政的时间，一般都安排在早晨，故又称“早朝”。无论盛暑祁寒，康熙皇帝都坚持“昧爽视朝，无有虚日”[31]。



平定三藩之乱以前，政务繁巨，军情急迫，康熙皇帝对御门听政，十分重视，每天未明求衣，辨色视朝，“惟恐有怠政务，孜孜不倦”。同时，对各部官员也严格要求：“今部院官员分班启奏，偷惰安逸，甚属不合。嗣后满、汉大小官员，除有事故外，凡遇启奏事宜，俱着一同启奏，朕可以鉴其贤否；其无启奏各衙门官员，亦着每日黎明齐集午门前，俟启奏毕同散。都察院堂官及科道官员，无常奏事宜，俱着每日黎明齐集午门，查满、汉部院官员有怠惰规避者，即行题参。”[32]有时康熙皇帝需要到太和殿视朝，接受文武升转官员谢恩、外来各部族进贡行礼，便先动身视朝，“赐茶毕，回宫，少顷，御乾清门，听部院各衙门官员面奏政事”[33]。每逢需要到中和殿视享太庙祝版的日子，也总是一俟完毕，即回宫照常御门听政。遇到重要事件，康熙皇帝甚至一日数次临御乾清门。康熙十八年（1679）七月末，京城地震，是日早朝后，康熙皇帝又于下午再次传旨内阁、九卿、詹事、科道满汉各官齐集，并召大学士、学士入乾清宫，面奉谕旨。

三藩叛乱平定之后，紧急政务相对减少，应臣下之请，康熙二十一年（1682）九月，康熙皇帝对御门听政时间做了重要调整：(一)“自今以后，朕每日御朝听政，春夏以辰初刻，秋冬以辰正刻，启奏各官，从容入奏。”(二)“九卿、詹事、科道原系会议官员，仍每日于启奏时齐集午门，如有年力衰迈及偶患疾病，俱向本衙门说明，免其入奏齐集。”(三)“各衙门及部院司属官员俱停其每日齐集，着各赴本衙门办事。每月常朝，仍应照旧行。”[34]

康熙皇帝在京期间，御门听政坚持不辍；外出巡幸，鞍马劳顿之余，也坚持处理政务，因此热河避暑山庄和各处行宫，也都成为他召见臣下处理政务的场所。每逢康熙皇帝离开京城，各部院便将奏章集中送至内阁，由内阁遣使专程转送。康熙皇帝若驻跸南苑，则一日汇送一次或间日汇送一次；若远行外地，则三日一次递送至行宫。康熙四十五年（1706）六月，他率皇太子、诸皇子北巡，经常于辰时准时御行宫，与扈从大臣马齐、学士恩丕、黑寿一起，处理吏部、礼部、刑部等部门递奏的折本。逢到清晨出门巡游、骑射，召集扈从学士发落当日递到的奏章的时间便安排在下午或晚间。外出回京，也不顾一路劳累，次日一早便御乾清门听政。康熙五十四年（1715）二月，他巡查霸州等地，二十六日回到南苑，当日下午申时，即“御行宫，召满汉大学士、学士、九卿、大臣入”，商奏朝中大事。他三次东巡，六次南巡，也是这样做的。总之，从他亲政之日起，至其去世前半个多世纪的时间里，除因生病、三大节、重要祭祀之日、祖先忌辰以及宫中遭遇丧葬变故，康熙皇帝不得不暂停御门听政外，一生中几乎无日不坚持听政。因此，虽然御门听政并非康熙皇帝独创的君王理政形式，但在中国古代历史上，像他这样将御门听政定为常制、注重实效、不搞形式主义、数十年坚持不辍的皇帝实在屈指可数，明、清以来更是绝无仅有。康熙皇帝利用御门听政之机，确实解决了大量实际问题，大大提高了行政效率。



按照惯例，每天清晨，各部院尚书、侍郎等奏事官员皆须赶至听政之处，将本部日常事务上奏皇帝。有些问题康熙皇帝当时就做出决定，令有关部门具体贯彻执行；遇到重要问题，康熙皇帝要当面询问细节，征求各方见解，命有关部门再作调查、商议。如康熙四十五年（1706）四月十二日，大学士等会同户部奏上有关钱价甚贱，需要平抑之事。康熙皇帝当即做出和平收买，并将贩钱抬价者治罪的决定。同年十月，为拿获贩卖大钱人贩一事，刑部侍郎鲁瑚与九门提督陶和气发生争执，在康熙皇帝听政时面奏请旨。康熙皇帝让二人充分述说理由后，严厉批评刑部“真为悖谬”，并将此案交给都察院办理。

除口奏外，许多重要、复杂或需要保守机密的事，各部要具本奏上，待面奏完毕，由大学士们处理。其他如九卿、詹事、科、道、三法司诸官吏，有时也参加听政时的面奏，其中尤以“九卿”最为活跃。九卿，即吏、户、礼、兵、刑、工六部尚书，加上都察院左都御史、通政使和大理寺卿的合称，他们有时为各地的重要事情面奏汇报，更多的是准备回答皇帝的有关询问，或奉皇帝的旨意一起商讨有关公务。

康熙四十五年（1706），为治理黄、淮，在分工、筹款、官吏管理等方面，康熙皇帝与九卿存在很多分歧，并在御门听政时进行了多次争论。对九卿们提出的“河务重大，需饷繁浩，应开捐纳条例”，康熙皇帝反复劝谕，说现在国库里银钱十分充足，如果不充足，怎么能减免各省应纳的钱粮呢？康熙皇帝还批评九卿“毫不谙练河务”，指出：我去年视察高家堰，见堤坝再不预先修治，一定会出大问题，便命令张鹏翮开工修治。而张鹏翮却坚持说根本不会有事，一直拖着不办。如今修河，应以高家堰工程为重，如果高家堰溃决，则黄河也难保坚固。由于康熙皇帝对治河颇有经验，对河工利病也胸中有数，因而说服了九卿，使得自己的意见得以顺利执行。

有时经过争论，康熙皇帝也发觉自己意见并不完全正确，最后采纳臣下意见，改变自己原先的决定。如对九卿会议提出“祈皇上亲临河上，指授方略”的要求，皇帝开始断然拒绝，声明：我屡次巡察途经河道，对此治河工程非常清楚。有些地方虽然没有经过，但从地图上也早已十分熟悉，随时可以拍板定夺。我几次南巡，发现走小路十分扰民，所以没有必要亲自前往。然而九卿一再坚持，申明利弊，说皇帝不亲临指示，就不敢动工，工程也不能善成。十二月，经过通盘考虑，康熙皇帝终于同意亲自前往视察。这场争论，从康熙四十五年（1706）正月初十开始，至十二月二十七日结束，整整进行了一年。九卿或面奏，或递折，直陈己见，从而大大提高了中枢决策的准确程度，对国务治理起到了良好的作用。

与各部院衙门官员面奏政务相比，参与朝政更多的、对康熙皇帝听政影响更大的，是皇帝身边的内阁大学士、学士们。每天各部官员启奏完毕，陆续退下后，他们留在案上的奏章由内阁侍读学士取走，接着便由另一位读本满学士捧来当时需要大学士、学士们面奏的本章，也称折本。折本是康熙皇帝事先选出，需要与大学士、学士们商酌的各部进呈之本章，重要性和机密程度都高一些。这些本章大多已经学士们作了初步批示，即经过了“票签”。御门处理折本，就是皇帝与大学士们一起切磋票签的内容。经过商讨和修改，确定出最后的票签结果，由康熙皇帝用朱笔批出。如康熙二十二年（1683）十一月十七日御门听政，待部院官员退下后，康熙皇帝与大学士、学士们开始商议折本，先后议了为吏部题补翻译汤古忒、为广东督粮道蒋伊捐纳加级事等六件折本。康熙五十四年（1715）二月二十六日，皇帝与大学士温达、松柱、学士周士璁等先后议论时政，处理折本达十八件之多。

大学士们请旨诸事大多由康熙皇帝决断定夺。一次大学士们捧折面奏请示户部奏销前一年湖南钱粮之事，康熙皇帝问道：所奏钱粮数目是不是确切？大学士明珠回答说：我核对过，是相符的。康熙皇帝仍不放心，问道：户部钱粮浩繁，很容易蒙混，经常在销算当中出问题。你们传我的话，要户部务必严加清查，除却弊病隐患。如果不改，定要严加查办！

对官员们的升转任命，康熙皇帝则非常注意听从大学士们的意见。每逢有吏部或九卿推荐官吏，康熙皇帝总是让大学士们充分发表意见，以决定去取；有时一时无法议定，便下令有关部院或九卿再作商议。一年，户部侍郎、贵州按察使、浙江按察使、山东布政使等都出现员缺，吏部报上拟升转名单，康熙皇帝并未指点，而是下令："着以开列人员问九卿，各举所知。"对吏部所开山东等九省学政名单，康熙皇帝也实事求是地对学士们讲：直隶地区，我已点过；江南等地学臣紧要，这本折子里开列的人员我不大认识，请向九卿去问询。但对各部部议及大学士们票签的错误，康熙皇帝却丝毫不加迁就。康熙二十五年（1686）七月，康熙皇帝在处理翰林官外转奏章时问询大学士们的意见，大学士明珠说，就依如吏部所议吧。康熙皇帝听后大为不满，批评道：这是你们顾及情面的话。现在的翰林官，有的不善书法，不能写文章，不能读断史书，只知饮酒下棋，这样的人一旦重用，使无才之人反受宠幸，怎样去教育后人？一定要降谪一两个人来儆戒他们。于是当即指示大学士、学士们带着谕旨到翰林院、吏部去质询、追问。晚上，大学士们回到康熙皇帝御榻前汇报，吏部与翰林院承认在本部调用任命事宜上有疏误之处，大学士们完全接受康熙皇帝的批评。通过这些事务的处理，康熙皇帝不但解决了不少实际问题，而且也掌握了各地、各部门的薄弱之处，对加强皇权、防止权臣擅政起到了重要作用。

作为康熙皇帝长期坚持的一种处理政务的主要方式，御门听政对于康熙时期清朝政局的健康发展发挥了重要作用。从清除鳌拜集团到平定三藩之乱，十数年时间里，局势一直十分严峻。当时，吴三桂为首的三藩叛乱集团盘踞南疆称兵作乱；东南沿海，又有郑成功遗部割据台、彭、金、厦，对抗清廷；西北，准噶尔汗噶尔丹不断向东扩张，严重威胁着清政权；北方，沙俄势力也不断向黑龙江流域发动侵略。多难兴邦，面对内忧外患，康熙皇帝充分利用御门听政，使朝廷上下协调一致，克服了一个又一个困难，战胜了一个又一个对手。如在平定三藩之乱的八年中，不少情况下，都是康熙皇帝利用御门听政及时做出各种决定，并及时贯彻执行，从而取得了平叛战争的胜利。尔后，他又抓住三藩平定、郑经病死的有利时机，于御门听政时授姚启圣为福建总督、施琅为福建水师提督，并做出“进取台湾事情，关系重大，着该将军、总督、巡抚、提督同心，速乘机会灭此海寇”的重要决策，终于顺利收复台湾，在完成祖国统一大业中做出了重要的贡献。可见在整个国家由危转安的过程中，御门听政有着举足轻重的作用。



其次，对于当时社会由乱入治，御门听政也发挥了重要作用。由于战争的破坏，三藩叛乱平定之初，民生凋敝，恢复经济、发展生产是当务之急。为此，康熙皇帝经常在听政时与九卿、大学士们一起商讨赋税、制钱、平抑粮价等有关国计民生的重大问题，并先后就此作出许多规定。如康熙二十四年（1685）三月，根据大学士们的建议，他在听政时亲自指定苏赫、龚佳育、胡昇猷等“颇谙钱粮事务”的官员重修《赋役全书》。同时，鉴于河患严重，为了堵住决口，保证漕运通畅，他更是经常在御门听政时向启奏的大臣们询问各地水利工程情况，并利用六次南巡之机，多次视察河工，并就此做出各种决策，使黄河治理大有改观，出现了四十年安澜的局面。

在国家整顿治理过程中，各级官员，尤其是中央各部主要官员起着重要的作用。因此，康熙皇帝在御门听政时，不只处理日常事务，还借机考察官员、整顿吏治，并以此增进各级官员们同自己的感情联系。他首先将官员是否认真按时启奏视为勤勉与否、贤良与否的重要标准。因此，他对朝奏时偷惰安逸的官吏严加训斥，对启奏诸臣，也时时要求他们注意民生利病。如康熙二十二年（1683）二月初六，江西布政使石琳奏上本省要政时，多举琐屑事情。康熙皇帝严厉批评道：你身为地方大吏，应举有关民生利病应该革除的大事奏告，怎能用这种琐事来搪塞呢？对一同入奏的山西、陕西、湖广等地布政使、按察使的汇报，康熙皇帝较为满意，详加询问，“奏章多全览，有问至再三者”，并告诫身边的官员说，布政使、按察使身为一方大吏，所奏必须与国计民生相关。同时，对各部官吏，康熙皇帝也鼓励他们讲实话，讲真话，反对说空话。他指出：“科、道为朝廷耳目之官，每览章疏，实能为国有裨政事者甚少，草率塞责者甚多”，“卿等必有至公之论，以佐朕意。卿等但有所见，即直言，不可隐讳……务求知无不言、言无不尽，方称其职。今每见直言谠论者不过几人，徇私好名者不可胜数。”[35]一次，大学士郭棻上朝时缄默不语，康熙皇帝对此甚为反感，批评他说：国家任用你，就要你对国家有益，你既然任大学士之职，遇事就应秉公尽言，说得对当然好，说得不对又怕什么？像你们这样随声附和，对国家又有什么用呢？

对于各级官员，康熙皇帝不只使用，而且也处处表示关心，以增进君臣之间的感情交流。他认为君臣只有经常在一起商讨国事，才能上通下达，共同筹划，才能避免前明君臣阻隔、依赖宦官而至亡国的悲剧再度上演。他问大学士马齐：前代君王不接见诸臣，所以诸臣也见不到君王，君臣之间怎样通气呢？马齐回答说：明代皇帝向来无接见诸臣之例，即使接见，也不许说话。康熙皇帝慨叹道："为人君者若不面见诸臣，则政何以理焉？"[36]他除了与诸部臣、大学士讨论重要政务外，"即小事，必向大学士、学士、九卿问之"，有时也通过问询他们的家境来联络感情，体恤下情。出于对康熙皇帝的感戴之情，不少臣下对工作尽职尽责，"凡有上谕，一字未妥，必行改正，不肯草草放过"，甚至敢于与他争论，不让地步。他对大臣的这种"执拗"总是十分赞许，对大臣们说：你们都是议政大臣，应该各抒己见，直言无讳，即使有小差错，我难道还会因为议政而加罪于你们吗？一次，他发现自己批阅奏章出现两处误差，就对大学士们说：你们拆封，见到错误就应指出来。你们若能指出我的错误，我只有高兴，还会责备你们吗？像汉朝那样，一见灾异，即杀大臣，真是荒谬！辅佐君王的人，如有过失，应该君臣共同承担，哪里可以只推卸给大臣们呢？

对臣工们的身体和家庭生活，他也极表关心。有时出巡在外，见到扈从学士、部臣因病不能处理奏章，他便让御医为其治疗、护理。夏天炎热，他几次临时改变启奏时间，或改为间日一次，免老病者前来面奏等。康熙五十三年（1714）六月，康熙皇帝出巡塞北，感到天气炎热，便诏谕扈从文武大臣、官员：早朝时，吃完祭肉就散朝回去，老年大臣暂免朝奏，有事随时召见。巡守人员可脱帽，穿短衣衫，“热甚，解衣露体，亦无妨也。朕出时亦不必遽着衣帽。弓匠、箭匠等除该班外，无事免到”。“报上递来事件，并无紧要处，每限傍晚时到。今值酷暑，驿递人马交困，应着少缓，限于次日日出前到，俟暑退后，仍照常行。”[37]这样，终其在位期间，君臣关系一直颇为融洽密切。对工作，各级官员普遍任劳任怨；对康熙皇帝，他们也倍加爱戴，并十分关心他的健康。康熙皇帝生病期间，宣布暂停御门听政，而各部院官员“俱赴左门请安”，这使康熙皇帝十分感动。他曾十分动情地对大臣们说：“君臣谊均一体，分势虽悬，而情意不隔。安危欣戚，无不可相告语者。堂陛之义，固宜如是也。”[38]御门听政中，他对大臣们的“感情投入”的确得到了回报，大大增加了广大臣工对他的向心力，他的统治也因此进一步巩固下来。

---

1 《清圣祖实录》卷一。

2 《清圣祖实录》卷二。

3 精奇尼哈番：满语，清代爵位名称。“精奇尼”汉译为“切实”“正副之正”，“哈番”汉译为“官”。顺治四年（1647）议定改称世职“昂邦章京”为“精奇尼哈番”，相当于公、侯、伯、子、男中的子爵。

4 拖沙拉哈番：亦作拖沙喇哈番，汉文意为云骑尉。

5 《清圣祖实录》卷一。

6 《清圣祖实录》卷三。

7 《清圣祖实录》卷二十一。

8 王培荀:《乡园忆旧录》卷二。

9 《宋廉访琬墓志铭》。

10 《清史稿》卷三十六《鳌拜传》。

11 《清圣祖实录》卷十八。

12 《清圣祖实录》卷十八。

13 王锺翰点校:《清史列传》卷六《王登联传》。

14 王锺翰点校:《清史列传》卷六《朱昌祚传》。

15 王锺翰点校:《清史列传》卷六《王登联传》。

16 《清圣祖实录》卷二十。

17 《明清史料》丁编。

18 王锺翰点校:《清史列传》卷六《苏克萨哈传》。

19 《清圣祖实录》卷二十三。

20 王锺翰点校:《清史列传》卷六《索尼传》。

21 清国史馆:《满汉名臣传》卷五。

22 清国史馆:《满汉名臣传》卷五。

23 《清圣祖实录》卷二十九。

24 《清圣祖实录》卷二十九。

25 《清圣祖实录》卷二十九。

26 熊赐履:《经义斋集》卷一《应诏万言疏》。

27 《清圣祖实录》卷二百七十五。

28 《清圣祖实录》卷二十九。

29 《清圣祖实录》卷二十九。

30 《清圣祖实录》卷二十七。

31 《康熙起居注》,康熙十六年十二月三十日。

32 《康熙起居注》,康熙二十一年五月二十九日。

33 《康熙起居注》,康熙十六年八月十五日。

34 《康熙起居注》,康熙二十一年九月二十一日。

35 《康熙起居注》,康熙十八年八月二十九日。

36 《康熙起居注》,康熙四十五年十一月初八日。

37 《康熙起居注》,康熙五十三年六月十三日。

38 《康熙起居注》,康熙十八年十二月初五日。

# 第三章　发愤

康熙皇帝童年不受重视，即位之初，又因四辅臣专权，一直没有受到正规教育。因此，亲政之后，尤其是清除鳌拜集团之后，文化知识和理政实际需要之间的矛盾十分突出。为了实现“天下乂安”的宏伟抱负，清除鳌拜集团之后不久，在处理繁忙政务的同时，康熙皇帝开始发愤学习，从而将自己造就成为一个极有作为的君主。



## 一、经筵日讲

在康熙皇帝发愤学习的早期阶段，经筵、日讲是一个主要的学习方式。作为中国封建社会君主自我教育的两种基本方式，经筵和日讲的主要内容是被尊为经典的几部儒家书籍和有关历代王朝兴废陵替的一些历史著作。其中儒家经典如“四书”“五经”，基本上都成书于封建社会前期。由于这些书籍的作者或传授者都是儒家阵营中一些最为杰出的思想家，因而其中所阐发的治世思想，对于封建君主施政有着普遍的指导意义。正因为如此，封建统治者经过长期的选择，将其确定为社会的正统思想；宋朝以后，又将儒家经典作为帝王自我教育的主要教材。至于有关历代王朝兴废的历史著作，则更为封建君主临政治国所必需。因此，凡是有政治责任心的君主，无不对其加以重视并将其作为自我教育的重要内容。在中国封建社会中，一些封建君主即曾通过努力学习儒家经典和历史著作并将其用于实际政治而取得成功，成为千古称颂的明君。可见，学习儒家经典和历史著作，对于帝王自我教育和治国理政都有着重要意义。



早在康熙以前，作为一个新兴的封建政权，清朝统治者即注意学习儒家经典和历史著作。入关前，清太宗皇太极曾先后设立文馆、内三院，致力于儒家经典和历史著作的翻译、学习和应用；入关以后，多尔衮和顺治皇帝也相继对此表示重视。从顺治十四年（1657）始，顺治皇帝还仿效历代帝王先例，专开经筵，于仲春、仲秋请学问渊博的高级官员为自己讲解儒家经典。尽管当时这些活动仅仅处于开始阶段，但对于争取汉族知识分子的合作、加速统一进程，无疑发挥了积极的作用，对于康熙时期经筵日讲的全面开展也产生了重要的影响。

顺治皇帝去世后，中央政权中保守势力的抬头延缓了自皇太极以来清朝统治者学习儒家经典的进程。康熙皇帝即位时，清朝政权已基本上确立了对全国的统治，兼之以当时康熙皇帝本人年龄尚幼，正宜结合其早期教育，及时举行经筵日讲，使其比较系统地学习各种治国经验，以便日后挑起管理国家事务的重任。有鉴于此，康熙皇帝即位半年之后，工科给事中王曰高首先疏请举行经筵大典，“以光盛德，以端化源”[1]。尔后，康熙二年（1663）四月和康熙四年（1665）三月，又相继有福建道御史王鼐、太常寺少卿钱綖等提出了大致相同的要求。但由于顺治皇帝去世后上三旗四辅政大臣掌权，基于固有的民族偏见，特别是为了保持自己的既得权益，以四辅政大臣为代表的满族勋旧将重用汉官、仿效明制视为对“祖制”的背叛。在这一保守思想指导下，对这些要求全然不予理睬。这样，几年之中，不但由顺治时期开始的经筵活动被无形地搁置起来，而且连一个宫中正式教读师傅也没有给康熙皇帝配备。



康熙六年（1667）七月，康熙皇帝开始亲政。这时，举行经筵日讲，以学习传统治国思想和方法的问题就愈显现实和迫切，不少臣下又为此纷纷上言，要求亟开经筵、日讲。如康熙皇帝亲政数日之后，吏科给事中蔺挺达即上疏，要求“敕下礼部，详议讲读之规”，“慎选老成清正之臣，以充讲读之任，使之朝夕侍从，尽心启沃”，于听政之暇，取“五经”“四书”及《资治通鉴》等书，“讲贯紬绎，寒暑无间”[2]。次年三月，福建道御史李棠奏请“亟开经筵，以光典礼”[3]。五月，贵州道御史田六善亦疏请康熙皇帝于听政之暇，“日取汉、唐、宋、元四代史册亲阅数条，凡一切用人行政、黜陟赏罚、理乱兴衰之故，反复讨论，庶圣德日新，大智日广”[4]。康熙八年（1669）四月，兵科给事中刘如汉也疏请“先行日讲，次举经筵，选择儒臣，分班进讲”[5]。可以说，举行经筵、日讲已成为臣下们的普遍要求。然而，这时康熙皇帝虽名义上已亲政，但实际大权仍操于以鳌拜为代表的原辅政大臣之手。为达到长期专权的目的，他们把以开发康熙皇帝智力、培养其治国能力为目的的经筵、日讲视为对自己权力的威胁，采取了不予理睬的顽固态度。对在议开经筵、日讲活动中态度积极、影响较大者，还枪打出头鸟，予以惩处。如康熙六年六月，康熙皇帝亲政前夕，内弘文院侍读熊赐履上疏康熙皇帝，要求他宜乘青年时期，选择道德、学问都出类拔萃的知名学者，作为自己的老师，“证诸六经之文，通诸历代之史，以为敷政出治之本”[6]；康熙七年（1668）九月，他再次上疏，指出“讲学、勤政，二者不可偏废，而在今日尤为切要”[7]，并要求康熙皇帝将此事提到君德成就、天下治乱的高度加以重视。因为他对经筵、日讲态度积极，且将其意义也阐释得十分深刻，鳌拜等人极为愠怒。他们利用手中的权力，摘取其奏疏中涉及辅政大臣的只言片语，指为语含讥讽，企图借此加罪。这样，尽管康熙皇帝已经步入青年时期，但由于鳌拜等人的无理阻挠，经筵日讲却仍像康熙皇帝亲政以前那样一直未能施行。因为治国方向不明确，至康熙八年时，虽除台湾外，整个中国大陆皆已统一在清朝政权控制之下，但因在中央是鳌拜专权，地方上又是三藩割据，兼以各级官吏竞相贪污，人民生活极为痛苦，民族矛盾和阶级矛盾都十分尖锐，整个国家仍处于一片混乱之中。

康熙八年（1669）五月，康熙皇帝经过周密布置，一举翦除了专权擅政达八年之久的鳌拜集团，全面控制了中央政权。为了真正挑起管理国家事务的重任，学习儒家经典和历史知识以取得治国经验刻不容缓。于是，在亲掌政权之后不久，集中力量清除鳌拜弊政的同时，他即注意到经筵、日讲问题。康熙九年（1670）十月，他下令礼部为经筵、日讲做准备工作。几天之后，礼部遵旨议覆：经筵、日讲均照顺治十四年（1657）例，于明年开始举行。同时，根据康熙皇帝的指示，选拔讲官、撰拟讲章等项工作也在紧张的准备之中。康熙十年（1671）二月，经康熙皇帝批准，首先任命了一批通熟儒家经典和各种历史知识的满、汉官员担任经筵讲官，在他们之下，又从翰林院选出十人充当日讲官员。当年二月，首开经筵；四月，初行日讲。这样，在清除鳌拜集团之后不到两年，康熙皇帝即开始了自己的经筵、日讲活动。

康熙皇帝五岁读书，有着强烈的求知欲望。即位之初，又面临内而辅政大臣专权，外而兵戈不休、社会混乱的历史局面，于是，儒家经典和一些历史著作中所描述的尧舜盛世成为这个青年君主所憧憬的目标。为了从儒家经典和历史著作中汲取营养，学习传统的治国理论和治国方法，康熙皇帝从一开始，即对经筵、日讲，极为重视。

首先是热情主动，持之以恒。长期以来，对于经筵、日讲，历代君主多持敷衍态度。对于经筵，因系礼仪活动，不得不参加；对于日讲，则以君主视政事之忙闲自行决定为由而百般推托，偶尔有个别君主一生之中进行几次日讲，便被史臣翊为盛事。康熙皇帝却一反历代君主之所为。就经筵而言，自康熙十年（1671）二月至其去世，半个多世纪里，除因巡幸、出征偶未举行之外，从未停止；就日讲而言，虽然这一活动开始不久便已在数量上超过了历代君主，但康熙皇帝仍只嫌其少，不嫌其多，为了争取更多的学习时间，他一再要求打破惯例，增加日讲次数。康熙十一年（1672）闰七月，伏期刚过，因秋季经筵尚未届期，日讲活动无法开展。为此，康熙皇帝指令讲官："方今秋爽，正宜讲书，尔等即于本月二十五日进讲。"[8]康熙十二年（1673）二月，他又要求讲官改变间日进讲旧例，每日进讲。他说："人主临御天下，建极绥猷，未有不以讲学明理为先务。……向来隔日进讲，朕心犹为未足。嗣后尔等须日侍讲读，阐发书旨，为学之功，庶可无间。"[9]当年五月和康熙十四年（1675）十一月，他又先后指示打破寒暑停讲惯例，"学问之道，必无间断，方有裨益，以后虽寒暑，不必辍讲"[10]；"天气犹未甚寒，仍令进讲"[11]；康熙十四年（1675）底，又指示讲官不必于次年春季经筵后始行日讲，"着于正月二十日后，即行进讲"[12]。随着日讲活动的开展，康熙皇帝的热情愈益高涨。先是巡幸南苑期间，以讲官侍从，日讲于南苑东宫前殿；后来又发展到万寿节祭祀之前的斋戒日期和因病不能御门听政的空闲时间也不辍讲。同时，为了争取日讲能收到较好的效果，对于日讲时间的安排，康熙皇帝也颇费心思。三藩叛乱期间，因军务紧急，康熙皇帝一般是起床后不及用膳即御门听政，尔后再行日讲，以致日讲之时已近中午，饥肠辘辘，影响学习。后来三藩平定，台湾统一，紧急政务减少，为了提高日讲效果，从康熙二十二年（1683）八月始，康熙皇帝特将日讲安排在御门听政之前。一般情况下，每日上午均为日讲和御门听政时间，偶尔当日没有启奏本章而不行御门听政，也不辍讲。个别时候，因为政务较少，日讲、御门听政之后，时间尚早，还一日两讲。他自己说："读书以有恒为主，积累滋灌，则义蕴日新。每见人期效于旦夕，常致精神误用，实归无益也。”[13]正是这种热情主动的学习态度和持之以恒的学习精神，使得康熙皇帝虽然起步较晚，但在效果上却大大超过了历代君王，在十五年的时间里，系统地学习了“四书”、《尚书》、《易经》、《诗经》等儒家经典和《通鉴纲目》《资治通鉴》等历史著作，创造了日讲近九百次的纪录，使之成为康熙前期康熙皇帝学习文化知识的主要方式。

与此同时，为了搞好日讲，康熙皇帝对讲官也十分尊重。日讲之初，由于康熙皇帝知识未开，讲官进讲一度是康熙皇帝学习儒家经典和历史著作的关键环节。为此，日讲之前，日讲官须预选内容，撰写讲章，缮成正副两本，将正本呈给康熙皇帝；日讲时，为了照顾康熙皇帝的接受能力，又须对内容详加解释并阐发其中义理，还须设法启沃其联系实际政治。从始至终，负担相当沉重。对此，康熙皇帝予以全力合作。日讲时，常常要求讲官不必忌讳，大胆讲解，偶有失误，也予以谅解。对于讲官本人，也体恤备至，日讲之后，每赐御制书画卷轴以示慰劳；寒暑令节，也常赠给貂裘、表里、纱缎、果品之属以联络感情；遇有优缺，从速升转；如有疾病，还遣医诊治并赐药物；去世之后，又遣使吊唁致赙，赠予美谥，录用子孙。康熙皇帝的这些行为使得日讲官员普遍地感激涕零，实心报效，从而使经筵与日讲都收到了较好的效果。

其次是认真踏实，重视质量。日讲之初，康熙皇帝态度极为认真，每次日讲后，都坚持课下复习。他说：“人君讲究学问，若不实心体认，徒应故事，讲官进讲后，即置之度外，是务虚名也，于身心何益？朕于尔等进讲之后，仍再三阅绎，即心有所得，犹必考证于人，务期道理明澈乃止。”[14]又说：“自幼读书，凡一字未明，必加寻绎，期无自误。”[15]这足可看出他早年日讲课后用力之勤。后来，随着文化知识的逐渐提高，他又给自己提出了更高的要求。康熙十四年（1675）四月，他向讲官提出：“日讲原期有益身心，加进学问。今止讲官进讲，朕不复讲，则全循旧例，渐至日久将成故事，不惟于学问之道无益，亦非所以为法于后世也。自后进讲时，讲官讲毕，朕仍复讲，如此互相讲论，方可有裨实学。”[16]从此以后，约有两年时间，每次讲官讲毕，例由康熙皇帝加以复讲。



复讲虽能督促康熙皇帝日讲时专心听讲并考察其记忆和理解程度，但就学习方式而言，尚属被动。因此，从康熙十六年（1677）四月开始，每次日讲，均由康熙皇帝先讲，或讲全文，或讲其中一节，然后再由讲官进讲。这样，为了准备亲讲，每天日讲前，康熙皇帝必须预习日讲内容。正是通过这种方式，康熙皇帝逐渐培养起自学能力。同时，对讲官日讲中的过分颂扬之词，如“媲美三王，跻隆二帝”“道备君师，功兼覆载”等[17]，或者谕令删除，或者谕令改撰“劝戒箴规”之词，并一再通令讲官，以后所撰讲章中不得再行出现过分溢美之词，“但取切要，有裨实学”[18]。

再次是目的明确，联系实际。康熙皇帝举行经筵日讲，目的在于汲取治国经验，因此，他在日讲中极为注意思想内容。日讲之初，他虽一度允许讲官注重词句训诂，但同时又要求只以明白书理为限，不得漫无边际，多为援引，以使自已如入迷宫，不知所归。他说："书中义理原自完备，惟在注解明白，加以反复玩味，自然旨趣无穷。若多为援引，反至书理不能豁然矣。""读古人书，当审其大义之所在，所谓一以贯之也。"[19]康熙十六年（1677）以后，他进一步向讲官提出要求，在日讲中以阐释其中义理为主。他对讲官说："卿等每日起早进讲，皆天德王道、修齐治平之理；朕孜孜向学，无非欲讲明义理，以资治道。朕虽不明，虚心倾听，寻绎玩味，甚有启沃之益。虽为学不在多言，务期躬行实践，非徒为口耳之资。然学问无穷，义理必须阐发，卿等以后进讲，凡有所见，直陈勿隐，以不负朕孜孜向学之意。"[20]与此同时，他也十分注重将其思想内容和实际政治相联系。他说："朕每披阅载籍，非徒寻章摘句、采取枝叶而已，以探索源流，考镜得失，期于措诸行事，有裨实用，其为治道之助，良非小补。"[21]

在这一思想指导下，整个日讲活动中，他常常将日讲活动和实际政治结合起来学习；在施政时，也有意识地联系以往日讲内容。其中，仅以日讲活动结合实际政治而言，例子便不胜枚举，如康熙十六年（1677）五月一次日讲后，他即联系讲章内容发表议论："孟子所谓一曝十寒，于进君子退小人、亲贤远佞之道最为透彻，人君诚不可不知。"[22]康熙十七年（1678）九月，在讲官讲授《尚书》时，他又说："朕观高宗命傅说谆谆以纳诲辅德为言，可见自古君臣为一德一心至诚孚感。为上者实心听纳，以收明目达聪之益；为臣者实心献替，以尽责难陈善之忠。然后主德进于光大，化理跻于隆平。后世君臣之间徒尚虚文，中鲜实意，治不逮古，职此故耳。”[23]康熙十九年（1680）四月，在讲授《尚书·吕刑》时即席发表看法：“律与例不容偏废，律有正条，自应从律；若无正律，非比例何以定罪？总之，用律用例，俱在得人。”[24]可以说，在整个日讲活动中，凡与当时政治有关者，康熙皇帝几乎都曾论及。

此外，为了使日讲内容和实际政治联系更密切，康熙皇帝还主动要求增加新的讲授内容。如康熙十五年（1676）十月，他向讲官提出：“每观《通鉴》，事关前代得失，甚有裨于治道，应与‘四书’参讲。作何拣择，撰拟讲章进讲，尔等议奏。”[25]考虑到《资治通鉴》一书部头巨大，讲官提出，朱熹所作《通鉴纲目》一书，内容本乎《资治通鉴》，且又“提纲分目，尤得要领”，“拟从《纲目》中择切要事实进讲。讲章体裁，首列纲，次列目，每条之后，总括大义，撰为讲说。先儒论断可采者，亦酌量附入”[26]。从此，学习与实际政治密切相关的历史知识也成为康熙皇帝日讲的重要内容。不久，因为《通鉴纲目》一书过于简单，不能满足康熙皇帝的要求，根据他的指示，从康熙十九年（1680）四月起，讲官又将《周易》和《资治通鉴》参讲，一直到康熙二十三年（1684），从未中止。与此相一致，结合各种历史经验教训，如外戚专权、母后临朝、权臣专制、宦寺乱政、藩镇割据、异族入侵、人民起义等日讲内容，康熙皇帝发表了更多的议论。所有这些，都对康熙皇帝的思想及其施政产生了十分重要的影响。

日讲之外，为了取得治理国家所必需的知识，康熙皇帝还坚持自学。在自学中，他相当刻苦勤奋。据他自己后来回忆道："及至十七八，更笃于学，诸日未理事前，五更即起诵读，日暮理事稍暇，复讲论琢磨，竟至过劳，痰中带血，亦未少辍。"[27]康熙十六年（1677）十一月，他专选张英、高士奇等人值南书房，辅导自己学习《春秋》《礼记》《资治通鉴》等书，并学习书法、诗词等，从此南书房成为日讲外的另一个重要自学场所。为了督促自学，他在座右铭中自箴："无一日不写字，无一日不看书，义理自然贯通。若划地自限，岂登高行远之意哉！"[28]利用自学，至康熙二十四年（1685）时，他已系统地精读了"关于治道尤为切要"的《资治通鉴》《通鉴纲目》《纲目大全》等书，"不但错误者悉加改正，即阙失者亦皆增补"[29]。

这时，随着他自学能力的提高和年龄的增长，日讲逐渐成为影响他自学的一种形式。于是，康熙二十五年（1686）闰四月，他以每日日讲时讲官均诣讲筵行礼，仪节烦琐，为时良久，有妨其披览载籍为由而下令停止日讲[30]。至此，除经筵因系典礼，仍按期举行外，坚持了十五年之久的日讲活动停止下来。从此，康熙皇帝进入以自学为主的新阶段。

作为康熙皇帝长期坚持的一个重要制度，经筵、日讲对其本人思想及康熙朝政治都产生了重大的影响。概而言之，一是对其本人行为起到了一定的制约作用；二是为其巩固统治提供了丰富的经验；三是为其制定政策提供了依据。所有这些，都对清朝统治的巩固和康乾盛世的到来产生了重要的作用。

在中国封建社会，封建君主拥有至高无上的权力。由于权力的腐蚀，绝大多数君主几乎都将儒家经典中关于君主自我克制的论述撇在一边，生活上穷奢极欲，纵情声色；政治上不是专横武断，倒行逆施，就是贪于晏安，怠于政事，听凭宦侍、女宠胡作非为，从而导致一次又一次的社会大动乱，严重阻碍了社会的进步和发展。所有这些，都给康熙皇帝以极其深刻的教育。他感到，天下治乱，君主本人的思想和行为起着关键的作用："一念不敬，或贻四海之忧；一日不敬，或以致千百年之患。"[31]为了防止历史上多次发生的社会动乱再度重演，保持长治久安，对于儒家经典中的"修身齐家治国平天下"的论述，他倍觉亲切。他曾多次指出："必己德既明，而后可以推以及人。"[32]因此，无论处理国家政务还是对待个人生活，他都能对自己严格要求。在理政活动中，几十年的时间里，他一直是朝乾夕惕，兢兢业业，未明求衣，逐日听政。如逢水旱、地震、星变、日月蚀，还皆加修省。



对于个人生活，他也极力克制自己的享乐欲望，厉行节俭。宫中用度一缩再缩，至康熙三十年（1691）以后，整个皇宫用度"尚不及当时（指明末）妃嫔一宫所用之数"；"至宫中服用，则三十六年之间，尚不及当时一年所用之数"[33]。与此同时，他还企图从制度上约束自己。从康熙十年（1671）九月始，他专设起居注，以日讲官兼摄，逐日记载自己的各种活动，并一直坚持到康熙末年。此外，他还常常自敲警钟："人主势位崇高，何求不得？但须有一段敬畏之意，自然不致差错。便有差错，也会省改。若任意率行，略不加谨，鲜有不失之纵佚者。"[34]正因为康熙皇帝系统地接受过儒家经典的教育，才能从巩固统治的大局出发，自觉地对自己的行为加以限制。就此而言，不能不承认经筵、日讲发挥过重要的作用。

其次，经筵、日讲也为康熙皇帝巩固统治提供了丰富的经验。清除鳌拜集团之初，尽管康熙皇帝已将中央权力置于己手，但由于承四辅政大臣专权之后，内而朝政混乱，外而民生凋敝，兼以三藩各拥重兵，对中央政权呈半独立状态，整个形势依然颇为严峻。对于这个出身满族的青年君主来说，为了对付随时可能出现的各种事端，通过经筵、日讲以取得统治经验是当务之急。对此，当时讲官熊赐履即看得极为清楚，他对康熙皇帝说："人主深居高拱，几务殷繁，若非平时一一讲究明白，到临时方去料理，臣恐虽尧舜之圣，亦难免丛脞之虞矣。"[35]康熙皇帝对此极表赞成，他说："天下之大，待理于一人，断宜读书明理，使万机洞察于中，可以当前立决。"[36]正是从这些思想出发，康熙皇帝才异常积极地投身于经筵、日讲活动中；也正是由于长期坚持日讲，使得康熙皇帝取得了丰富的治国经验。不如此便无从解释这个满族青年君主何以能够完成平三藩、定台湾、服蒙古、败罗刹（俄罗斯）的大业，并将天下治理得井井有条。就此而言，在将康熙皇帝造就成为一个杰出的封建地主阶级政治家方面，经筵、日讲发挥了重要作用。

除此之外，值得重视的是，由于长期坚持经筵、日讲，康熙皇帝对儒学的思想体系和精神实质的理解程度远较其他各代君主更为全面和深刻，因而在施政时，比较注意抓住其基本点及其积极方面作为制定政策的依据，对其消极、过时的部分则加以扬弃，从而也对康熙朝政治产生了积极的影响。作为封建社会上升阶段形成的一种思想，儒家思想的基本特征是在思想上倾向中庸，在政治上主张阶级调和，在治世手段上强调礼制，虽不像法家思想那样激进，对封建政权的建立也不像法家思想那样作用更为直接，但对于封建社会制度的巩固和发展，却起到了包括法家在内的其他各家都无法起到的作用。而且，由于儒家学说形成于封建社会早期，虽对于封建制度极力论证其合理性，但作为封建贵族在野派的一种思想，其中也不乏对封建君主制度的揭露和指责之词。同时，也还提出了一些积极的治世方案，其主要者如“尚德不尚威”的思想，“民为贵，社稷次之，君为轻”的民本思想，“轻徭薄赋”“使民以时”的仁政思想等。应该说，这些都是儒家学说的积极方面。西汉以后，封建统治阶级虽然适时地将儒家思想确立为正统思想，但由于地主阶级日趋反动和最高统治者的腐朽不学，除大乱之后的个别君主曾将这些方案作为临时措施予以实行之外，多数君主不过只是摘其枝叶而忽略其基本内容，更不用说注意到它的积极方面了。和历史上多数君主相反，康熙皇帝在施政中基本上是以儒家学说的基本内容为指导，即此而言，已较以往的君主高出一筹；不止于此，他还颇为注意利用儒家思想的积极方面指导施政。终其在位期间，对于国计民生，他一直极表关心。六十年间，蠲赈不绝，数字过亿；对于吏治，则注意整顿，一再严禁各种额外剥削，如火耗、摊派、杂税等；对于刑狱，则慎之又慎。同时，对于儒家学说中一些明显过时的内容，如井田、封建、车战等，他也并不因是圣人之教而泥古不化，刻舟求剑，强力推行。在他的影响下，继他之后，雍正、乾隆两帝又相继将此奉为国策，一直坚持了一个多世纪，从而有力地推动了经济发展和社会进步，直接促成了康乾盛世的到来。可以说，对于康熙皇帝各项积极政策的制定，经筵、日讲也发挥过重要作用。

我们在看到经筵、日讲对康熙皇帝的思想和政治产生积极影响的同时，也应看到，由于儒家学说从根本上是为巩固封建统治服务的，而且清朝又处于封建社会后期，儒家学说的反动作用日益明显突出，因而，康熙皇帝举办的经筵、日讲也给他的思想、政治带来许多消极影响。其主要者，一是程朱理学的复兴和思想界的反动。明末清初，作为儒家学说的变种，程朱理学早已日暮途穷，在学者中和社会上的市场已越来越小。而为巩固封建统治起见，康熙皇帝却选定朱熹所注各经作为教材，逐日讲解，津津乐道。他说朱熹“文章言谈之中，全是天地之正气、宇宙之大道。朕读其书、察其理，非此不能知天人相与之奥，非此不能措万邦于衽席，非此不能仁心仁政施于天下，非此不能外内一家”[37]，甚至动用行政力量予以提倡。于是知识界从风而靡，程朱理学死灰复燃，使明末清初以来思想界颇为活跃的局面再次沉寂下来并出现长时期的反动。对此，康熙皇帝的经筵、日讲不能不负极大的责任。其次，在施政中，儒家思想的消极部分也产生了较大的影响。即以吏治而论，康熙皇帝对此虽颇用力，但在多数情况下，只以表彰清官为主，对证据确凿的贪官却网开一面，往往从“君德莫大于有容，治道莫尚于能宽”这一传统儒家思想出发，“每事务从矜恕”[38]。这种态度无疑是对贪官的包庇和纵容，从而导致康熙朝后期的政务废弛。所有这些，都和经筵、日讲有着密切的关系，也在很大程度上影响了他的治绩和成就。

## 二、钻研科学

在努力博习经史以学习传统治国理论的同时，根据社会发展的现实要求，康熙皇帝还积极学习与国计民生有关的自然科学知识。这些活动，不但在中国历代帝王中绝无仅有，使得康熙皇帝的政治成就大大超出了他的同行先辈，而且使其在中国自然科学发展史上也有着重要的地位。

早在亲政之初，康熙皇帝即对自然科学产生了浓厚的兴趣。康熙初年，清朝政坛上曾发生一场有名的历法之争。明朝以来，由于长期袭用13世纪下半叶郭守敬制定的《大统历》，误差积累日益严重，交食不验时有发生，节气推算也常有差错。为此，崇祯皇帝采纳大学士徐光启的建议，聘请德国传教士汤若望主持改进历法，并修成《崇祯历书》一百三十七卷。但此历尚未及推行，明朝即已灭亡。清朝入关后，顺治二年（1645），摄政王多尔衮遂将此历改名《时宪历》，颁行于世；同时，将历局与钦天监合并，任用汤若望掌钦天监监印，并谕“所属该监官员，嗣后一切进历、占候、选择等项，悉听掌印官举行”[39]。顺治皇帝在位期间，对汤若望更是宠信有加，尊为玛法（满语“爷爷”）而不称名。利用顺治皇帝的信任，汤若望等积极传教，不长时间，教徒激增，影响迅速扩大，从而引起正统封建儒生的不满。顺治皇帝去世后，四辅臣掌权，对顺治时期的各项政策多所更动。借此机会，康熙三年（1664），新安卫官生杨光先上疏，对汤若望所编新历加以非难和指责。为此，四辅臣将汤若望逮捕下狱，改以杨光先为钦天监监正，吴明烜为监副，废除《时宪历》，改行新历法。然而，由于杨光先无知不学，历法推算连年出错，甚至出现了一年两春分、两秋分的笑话，受到西方传教士南怀仁的批评和攻击。此时康熙皇帝已经亲政，为了弄清是非，康熙七年（1668）十二月，康熙皇帝命议政王大臣等差遣大学士图海等会同监正马祜督同测验立春、雨水、太阳、火星、木星。结果，“南怀仁所指，逐款皆符；吴明烜所称，逐款不合”[40]。康熙皇帝遂下令将杨光先、吴明烜革职，任命南怀仁为钦天监监副，复用《时宪历》。

通过这一事件的处理，康熙皇帝深深感到，作为一个最高统治者，必须通晓科学技术，才能更好地统治全国。后来，他对大臣回忆当时情形时说：“尔等惟知朕算术之精，却不知朕学算之故。朕幼时，钦天监汉官与西洋人不睦，互相参劾，几致大辟。杨光先、汤若望于午门外九卿前当面测睹日影，奈九卿中无一知其法者。朕思已不知，焉能断人之是非？因自愤而学焉。”[41]正是在这种思想指导下，亲政后不久，康熙皇帝即开始学习自然科学知识。

数学是天文历算的基础和工具，为使自己在天文历算上成为内行，康熙皇帝首先刻苦学习数学。中国古代的数学计算一直居于世界先进行列，但自宋、元以后，由于统治者不加重视，数学科学不但发展十分缓慢，而且不少原已发明的计算方法也湮没失传。相反，随着资产阶级的兴起，西方各国数学知识却迅速发展，后来居上。有鉴于此，康熙皇帝遂以供奉内廷的西方传教士南怀仁、安多为师，学习数学。当时，康熙皇帝已经开始经筵、日讲，学习传统治国理论的任务已经十分沉重，但为了掌握数学知识，在三藩叛乱之前两年多的时间里，康熙皇帝仍以极大的热情，“把完成计划内学业以外的时间完全用于研究数学，以浓厚的兴趣连续两年专心致志地投身于这项研究工作”[42]。两年中，康熙皇帝了解了主要天文仪器、数学仪器的用法，学习了几何学、静力学、天文学中的一些基础知识。后来虽因三藩之乱爆发，迫使康熙皇帝暂时中断了学习，但出于对自然科学知识浓厚的兴趣，康熙皇帝“一有空闲时间就练习已经学过的知识”[43]。三藩叛乱平定后，清朝统治日益巩固，中国社会进入和平发展新时期，因紧急政务相对减少，康熙皇帝比以前更加热心地学习西洋科学。为此，除南怀仁、安多外，他又将西方传教士徐日升、张诚、白晋、苏霖等人请入宫中，讲解天文历算及与之相关的《欧几里德原理》和阿基米德几何学。为了消除语言障碍，康熙皇帝还为他们专门配备满、汉教师，辅导他们学习满、汉文字。为使讲课收到满意效果，还下令内廷官员将他们进讲内容整理成稿，由传教士在进讲时口授文稿内容。在进讲过程中，康熙皇帝态度认真，聚精会神，不懂就问，课后还认真复习。法国传教士白晋在《康熙皇帝》一书中曾详细记载康熙皇帝认真学习的情景：

> 康熙皇帝传旨，每天早上由上驷院备马接我们进宫，傍晚送我们返回寓所。还指派两位擅长满语和汉语的内廷官员协助我们准备进讲的文稿，并令书法家把草稿誊写清楚。皇上旨谕我们每天进宫口授文稿内容。皇上认真听讲，反复练习，亲手绘图，对不懂的地方立刻提出问题。就这样整整几个小时和我们在一起学习，然后把文稿留在

身边，在内室里反复阅读。同时，皇上还经常练习运算和仪器的用法，复习欧几里德的主要定律，并努力记住其推理过程。这样学习了五六个月，康熙皇帝精通了几何学原理，取得了很大的进步，以至于一看到某个定律的几何图形，就能立即想到这个定律及其证明。有一天皇上说，他打算把这些定律从头至尾阅读十二遍以上。我们用满语把这些原理写出来，并在草稿中补充和欧几里德与阿基米德著作中的必要而有价值的定律和图形。除上述课程外，康熙皇帝还掌握了比例规的全部操作法、主要数学仪器的用法和几种几何学及算术的应用法。

康熙皇帝令人难以置信地深切注意而且细心地从事这些研究工作。尽管这些原理中包含着极其复杂的问题，而且我们在进讲时，也不够注意礼节，但皇上从不感到厌烦。最初，我们解释的某些证明，皇上还不能理解，这可能是由于证明题本身确实难懂，更确切地说，也许是由于我们还不能灵活地运用适当的词汇清楚地表达自己的思想。不论什么原因，一碰到这类证明题，皇上总是不辞辛苦地时而向这个传教士，时而向那个传教士再三垂问解决。遗憾的是我们往往不能像我们想的那样使皇上把这些问题理解得十分透彻。在这种情况下，皇上就要求我们改日再作解释。当时他约束自己专心致志地听我们讲课的情形，是非常令人钦佩的。有一天，皇上在谈到他自己时，曾经涉及到这个问题。谈到刻苦学习的问题时，他说对于刻苦学习科学知识，他从不感到苦恼，并颇有感触地追述，他从少年时代起，就以坚韧不拔的毅力，专心致志地学习规定的一切知识。

康熙皇帝充分领会了几何学原理之后，还希望能用满语起草一本包括全部理论的几何学问题集，并以讲解原理时所用的方法，进讲应用几何学。同时，皇上旨谕安多神甫，用汉语起草一本算术和几何计算问题集，它应该是西洋和中国书籍中内容最丰富的。

皇上在研究数学的过程中，已感到最大的乐趣。因此，他每天都和我们在一起度过两三个小时。此外，在内室里，不论白天还是夜晚，皇上都把更多的时间用于研究数学。由于这位皇帝特别厌烦委靡不振的、无所事事的生活，所以即使工作到深夜，次日清晨也一定起得很早。因此，尽管我们经常注意要早进宫谒见圣上，但仍有好几次在我们动身之前，皇上就已传旨令我们进宫。这有时只是为了让我们审阅他在前一天晚上所做的算题。因为每当学习到几何学中最有价值的知识时，皇上总是怀着浓厚的兴趣，把这些知识应用于实际，并练习数学仪器的操作。由此可见，康熙皇帝为了独立解决与我们以往讲过的相类似的问题，曾经做出何等努力，实在令人钦佩之至！[44]

随着康熙皇帝学习自然科学知识的日渐深入，他对有关国计民生的各种自然科学知识，如兵器制造、地图测绘、医学、农学等也都产生了广泛的兴趣。为此，他多次表示欢迎懂科学的西方传教士前来中国。在他的授意下，康熙二十一年（1682），南怀仁在致西欧耶稣会士的一封信中呼吁道：“凡擅长天文学、光学、静力学、重力学等物质科学之耶稣会教士，中国无不欢迎。”[45]在康熙皇帝的招徕下，洪若翰、白晋、张诚、苏霖同时来华，供奉内廷。康熙三十六年（1697），康熙皇帝又以法国传教士白晋为使，回欧洲招聘教士。至康熙三十八年（1699），又有马若瑟、雷孝思、巴多明等人来华。即使在清朝政府因教规问题和罗马教皇严重对峙期间，康熙皇帝也没有放松争取西方科学人士来华的努力，并先后授意西方传教士沙国安、德里格、马国贤等致书罗马教皇，要他“选极有学问天文、律吕、算法、画工、内科、外科几人来中国以效力”[46]。

与此同时，康熙皇帝还如饥似渴地投身于各种自然科学知识的学习和试验之中。据白晋、张诚等法国传教士所见，康熙皇帝出巡，经常“利用刚会使用的天文仪器，在朝臣们面前愉快地进行各种测量学和天文学方面的观测。他有时用照准仪测定太阳子午线的高度，用大型子午环测定时分，并推算所测地的地极高度。他也常测定塔和山的高度或是感兴趣的两个地点的距离”[47]。对于和民生攸关的农学，他也极感兴趣并作过深入的研究。他亲自培育过御稻米和白粟米两个优良品种。其中御稻米不仅气香味腴，且生长期短，北方也能种植，南方则可以连收两季。他还做过南北作物移植的试验，北京丰泽园、热河避暑山庄种有南方的修竹、关外的人参，山庄的千林岛遍植东北的樱额（沙果），每到夏天，硕果累累。对医学他也极有兴趣，为了学习有关知识并进行研究，他在宫中专门建立化验室。对一些先进的医疗技术，他还极力加以推广。如他发现点种牛痘对于防治天花极为有效，即在边外的四十九旗及喀尔喀蒙古积极推广。“初种时年老人尚以为怪”，但由于他“坚意为之”，收到了很好的效果。他还冲破封建礼教束缚，谕令西方传教士巴多明将《人体解剖学》一书以满、汉两种文字译出。至于兴修水利、兵器制造、地图测绘等项知识，因为和巩固统治关系极为密切，更为关心。如对治理黄河，他不但于“前代有关河务之书无不披阅”[48]，而且还乘六次南巡之机，实地视察河工，同时又广咨舆情。经过十多年的努力，终于摸索出了一套治理黄河行之有效的好方法，从而改变了黄河连年溃决的现状，出现四十年的安澜局面。对于地理测量，他的态度也十分积极，每次巡幸或出征，都注意携带仪器，进行测量。在此基础上，从康熙四十六年（1707）至五十六年，他组织一批中西学者对全国进行实测，编制了《康熙皇舆全览图》。同时，他也极为重视军事科技的发展，三藩叛乱期间，他曾命西方传教士南怀仁研制、改制火炮，并亲至卢沟桥阅视新炮的实弹演习；三藩叛乱平定后，他仍然重视并下令继续铸造，分别配备在全国各战略要地。由于长期坚持钻研自然科学，在其中一些领域，他还颇有发现。如康熙四十三年（1704）十一月，他根据实测结果，认定据西洋新历推算本月初一日食的时刻略有失误，并怀疑可能是“算者有误，将零数去之太多”[49]；康熙五十年（1711），他又根据实测发现当年夏至是在“午初三刻九分”，而不是西洋历推算的“午初三刻”[50]。总之，终康熙一朝，康熙皇帝对于自然科学的兴趣始终不减。



作为康熙皇帝终生爱好的一项事业，和经筵、日讲一样，学习自然科学也对康熙朝政治产生了一定的影响。首先，通过学习，康熙皇帝使自己在自然科学领域内成为内行，取得主动权，从而在各种政策决策以至具体事务处理中都比较容易分清是非，接近实际，避免或少走了不少弯路。即以黄河治理而言，清朝初年，“决溢之灾无岁不告”[51]，河患成为一个极大的社会问题。虽然国家每次拨出大量帑金修治，但都收效甚微。所以如此，最高统治者对治河规律盲然无知当是一个重要原因。为此，三藩叛乱平定后，康熙皇帝集中精力研究河务，一方面博考前代文献，另一方面又多次前往视察其中关键环节并亲自动手测量。同时，还屡集廷议，综观全局，从而在治河中收到了较好的效果，也产生了巨大的社会效益。其次，康熙皇帝重视自然科学也在一定程度上改变了长期以来封建士人“重道轻艺”的错误倾向。中国历代帝王大多只重视政治、军事和思想，只研究治人，不研究治物；只研究驾驭人类，不研究征服自然[52]。受此影响，封建士人皆以为儒家经典无所不包，兼以“就易畏难，以功名仕宦为重”[53]，从而形成一种顽固的“重道轻艺”的错误倾向，严重阻碍了生产力发展和社会进步。而康熙皇帝却以帝王之尊对自然科学表示重视，努力学习，积极推广，在社会上产生了深远影响。在他的带动下，许多士人投入数学、天文学、医学、水利、工艺等自然科学各领域进行研究，他们有的努力发掘中国古代科学遗产，有的刻意创新，不但大大缩小了中西科技之间的差距，同时对于自然科学的发展和中国社会的进步起到了积极的推动作用。

1 《清圣祖实录》卷四。
2 《清圣祖实录》卷二十三。
3 《清圣祖实录》卷二十五。
4 《清圣祖实录》卷二十六。
5 《清圣祖实录》卷二十八。
6 《清圣祖实录》卷二十二。
7 《清圣祖实录》卷二十七。
8 《康熙起居注》，康熙十一年闰七月十六日。
9 《康熙起居注》，康熙十二年二月初七日。
10 《康熙起居注》，康熙十二年五月初三日。
11 《康熙起居注》，康熙十四年十一月初一日。
12 《康熙起居注》，康熙十四年十一月十三日。
13 《清圣祖御制诗文一集》卷二十六《杂著·讲筵绪论》。
14 《康熙起居注》，康熙十二年三月初四日。
15 《清圣祖御制诗文一集》卷二十六《杂著·讲筵绪论》。
16 《康熙起居注》，康熙十四年四月二十三日。
17 《康熙起居注》，康熙十四年二月十七日。
18 《康熙起居注》，康熙十五年二月初七日。
19 《清圣祖御制诗文一集》卷二十六《杂著·讲筵绪论》。
20 《康熙起居注》，康熙十六年五月二十九日。
21 《康熙起居注》，康熙二十四年二月二十一日。
22 《康熙起居注》，康熙十六年五月十八日。
23 《康熙起居注》，康熙十七年九月初五日。
24 《康熙起居注》，康熙十九年四月初九日。
25 《康熙起居注》，康熙十五年十月二十四日。
26 《康熙起居注》，康熙十五年十月二十六日。
27 清世宗:《庭训格言》。
28 《清圣祖御制诗文一集》卷二十八《杂著·书座右铭四则》。
29 《康熙起居注》，康熙二十四年六月二十日。
30 《康熙起居注》，康熙二十四年六月二十日。
31 《康熙起居注》，康熙十二年十月初九日。
32 《康熙起居注》，康熙十二年七月初八日。
33 《清圣祖御制诗文一集》卷二十六《杂著·讲筵绪论》。
34 《康熙起居注》，康熙十二年十月初九日。
35 《康熙起居注》，康熙十二年七月初八日。
36 《清圣祖御制诗文二集》卷三十九《杂著·阅史绪论》。
37 《御纂朱子全书·序言》。
38 《清圣祖御制诗文一集》卷二十六《杂著·讲筵绪论》。
39 《清世祖实录》卷十一。
40 《清圣祖实录》卷二十七。
41 肖敬孚:《杨公神道表》。
42 白晋:《康熙皇帝》。
43 白晋:《康熙皇帝》。
44 白晋:《康熙皇帝》。
45 石藤末雄:《康熙大帝与路易十四》。
46 《康熙与罗马使节关系文书影印本》

六。

47 《康熙与罗马使节关系文书影印本》六。

48 《清圣祖实录》卷二百零三。

49 《清圣祖实录》卷二百一十八。

50 《清圣祖实录》卷二百四十八。

51 顾炎武:《日知录》卷十二《河渠》。

52 汪茂和:《康熙皇帝与自然科学》,《南开学报》1980年第3期。

53 《清圣祖御制诗文三集》卷十九《三角形推算法论》。

# 第四章　搏斗

清除鳌拜集团之后，康熙皇帝真正掌握了国家政权。数年之中，他早夜孜孜，宵旰勤政，以饱满的热情和旺盛的精力投入到各种国务的处理之中。在他的努力下，清朝政治在不长的时间走上正轨，清朝政权也呈现出健康向上的发展局面。然而，就在此时，镇守云南的平西王吴三桂、镇守广东的平南王尚之信（袭其父尚可喜之职）和镇守福建的靖南王耿精忠却发动了一场遍及大半个中国的武装叛乱。于是，一场生死搏斗便摆在了年方弱冠、稚气未脱的康熙皇帝面前。



## 一、三藩由来

平西王吴三桂、平南王尚可喜和靖南王耿精忠是清初统治者分封的三个藩王，三支势力的形成和发展历经几十年的时间，对于明清之际国内政局的发展也产生了重要的影响。其中，耿精忠的祖父耿仲明和尚可喜、孔有德原为明朝总兵毛文龙的旧部。崇祯初年，袁崇焕诛毛文龙于皮岛，耿仲明与孔有德改隶登莱巡抚孙元化，尚可喜则为广鹿岛副将。崇祯四年（1631），驻守大凌河的明将祖大寿被清兵围困，孔有德受命率部北上赴援，行至直隶吴桥，因兵饷缺乏，发生兵变，孔有德被推为叛乱头目，挥师南下。耿仲明率兵前往招抚，不但未能招抚孔有德，反而自己亦加入了叛军行列。孔有德、耿仲明在登州、莱州一带肆虐一年有余，明朝最后派大兵镇压，孔有德、耿仲明招架不住，遂于崇祯五年（1632）十一月渡渤海前往辽东，投奔清太宗皇太极。次年，镇守广鹿岛的尚可喜也因受到镇守皮岛主帅沈世魁的排挤，愤而降清。



孔有德、耿仲明、尚可喜主动降清，不但给清兵带去了很多人马，而且将明朝先进的火器送给了清兵，明军在火器上的优势很快就丧失；加上他们三人骁勇善战，屡立战功，这使皇太极十分高兴。崇德元年（1636）四月，皇太极就加封他们为王，孔有德为恭顺王，耿仲明为怀顺王，尚可喜为智顺王，极力加以笼络。他们亦不负厚望，成为清兵与明军作战冲锋陷阵的急先锋。

吴三桂出身于明辽东中后所城的一个军官世家，其父吴襄，崇祯初年曾为锦州总兵。吴三桂武举出身，后跟随其舅父祖大寿征战，渐渐有了临战经验。由于其家世关系及舅父祖大寿等人的提携，在官场上平步青云，崇祯五年（1632），他二十岁时，就升为游击，七年后，又被任命为宁远团练总兵，成为一方大将。崇祯十七年（1644）初，明朝政府感到李自成的威胁日益严重，政权岌岌可危，为了对吴三桂加以笼络，特晋封其为平西伯，并命他率兵入卫京师。但吴师未至，明朝已亡。侦知这一消息，吴三桂屯兵山海关，静观事态的发展。恰在此时，入居北京的李自成政权也从东部边境的安全出发，遣将唐通率所部兵力，携犒师银四万两，招降吴三桂。眼见明朝灭亡已成定局，为了继续保持自己的特权，吴三桂立即表示接受招降，并“率兵西进，朝见新主”。但行至途中，遇到从北京逃出来的吴襄的家人，得知其父吴襄被刘宗敏拷打追饷，爱妾陈圆圆亦被刘宗敏霸占。吴三桂顿时暴跳如雷，他原本即见风使舵，此时更是咬牙切齿，以为“大丈夫不能保一女子，何面见人耶”[1]！当即挥师东向，打败唐通，占据山海关，揭起了“复君父之仇”的旗帜，下令三军为崇祯皇帝发丧，并广发檄文，鼓吹“周命未改，汉德可思”，宣称“试看赤县之归心，仍是朱家之正统”，煽动士庶反对李自成政权。同时，他又派人东行乞师，请求清兵入关，共击李自成。在清、吴联军的共同配合下，当年四月底，大败李自成于山海关以外的一片石，尔后又长驱直入，进占北京。鉴于吴三桂在帮助清朝政府进据中原的过程中发挥了重要作用，清兵入关之初，即封其为平西王；当年十月，顺治皇帝进京，又晋封其为亲王。虽然吴三桂最终并未接受“亲王”的封号，但他已位列恭顺王孔有德、怀顺王耿仲明、智顺王尚可喜之上，成为在清朝政府中红极一时的大人物。

虽然吴三桂、孔有德、耿仲明、尚可喜在清朝兴起和入关作战过程中都发挥了十分重要的作用，但出于固有的民族偏见，当时清朝政权的主持者多尔衮仍对他们怀有深深的戒备心理。为了防止他们和南明官员互相来往，别生枝节，入关之初，在将李自成主力部队消灭之后，即令他们收兵回京。不久，又令吴三桂出镇锦州，令孔有德、耿仲明率部回盛京休整，令尚可喜回海城，告谕他们“各厉兵秣马，以俟调遣”[2]。一年多以后，南京福王政权覆灭。与此同时，李自成余部却向清兵发动猛烈反击，形势再度吃紧。这时，清朝政府才又调孔有德、耿仲明、尚可喜率领所部入关作战。顺治五年（1648）四月，又令吴三桂出镇汉中，剿杀当地义军余部。为对其加以笼络，顺治六年（1649）五月，清朝政府又改封恭顺王孔有德为定南王、怀顺王耿仲明为靖南王、智顺王尚可喜为平南王，各授金册金印。随之又给吴三桂及孔、耿、尚“四王”颁布帽顶、服饰的规制，重新制定仪从的规模。而“四王”亦显露其“耿耿忠心”，充当镇压各地反清势力的鹰犬。在不断的征伐剿杀中，吴、孔、耿、尚四王的势力亦一天天壮大。



吴三桂远镇汉中，孔有德会同耿仲明、尚可喜则追击南明桂王政权。但耿仲明因部属陈绍宗、刘养正等藏匿逃人而受到朝臣弹劾，尽管清朝政府对他颇施恩惠，耿仲明还是心存疑惧。他本想多立战功，拼死作战，以消除内心的恐惧，但还是未逃脱干系，还没等到朝中发落，就于顺治六年（1649）十一月，在行军途中自缢身死。摄政王多尔衮似乎有些惊讶，但更多的是愤怒，决定对耿仲明不予祭祀，王爵亦不令其子承袭。耿仲明生前可谓荣华一时，却不得善终，身后亦颇凄凉。顺治八年（1651），顺治皇帝亲政后，方准其子耿继茂袭王爵。

孔有德在征战两广时，开始倒也颇为顺利。顺治九年

（1652）七月，南明的李定国率奇兵围攻桂林，驻守桂林的孔有德因兵少，抵挡不住李定国的攻势，城破，孔有德抱着爱妾痛哭一场，随即放火焚室，自缢身死。至此，清初四位汉姓王只剩下吴三桂、尚可喜了。

相比之下，吴三桂的命运颇佳，再次入关之初，即一手镇压了大同总兵姜瓖的反叛。后又与八旗都统墨尔根、侍卫李国翰先后打败明宗室朱森釜于阶州，败农民军将领于同官。顺治八年（1651）吴三桂进剿四川，初入蜀境，便所向披靡，收取了四川大部。但顺治九年（1652）春，大西军北上反击，刘文秀率军迎击吴三桂，吴三桂连连败退。十月，吴三桂被围于保宁，但不久，他又打败了围城的农民军。次年，乘胜收复了成都、嘉定、叙州、重庆等地。消息传入北京，京城为之欢动。顺治皇帝大加表彰，为吴三桂加俸千两，并将自己的一个姐姐嫁给留在京城中的吴三桂长子吴应熊。吴三桂遂成为国戚，与清王朝的关系更加密切。

吴三桂略定四川后，又奉命返回汉中驻扎。时至顺治十三年（1656），全国形势已趋于稳定，除云贵的永历政权和东南沿海郑成功继续抗清，其他地区已基本统一。顺治十四年（1657）九月，南明政权孙可望因与义兄李定国发生火并，竟携妻子赴长沙，向五省经略洪承畴投诚，将永历政权的所有情况都告诉清军，从而为清廷彻底消灭永历政权提供了绝好的机会。顺治皇帝遂命吴三桂出征贵州、云南，务期一举荡平云贵，以实现清朝的一统江山。

十二月中旬，吴三桂与李国翰由汉中出兵，经四川直取贵州。同时，固山额真赵布泰由广西前往贵州；靖南大将军罗托与五省经略洪承畴自湖南出兵。在三路大军的围攻下，李定国仓促应战，节节败退，北上的路被由川入黔的吴三桂所断，李定国只好护送惊慌失措的永历皇帝逃往云南。顺治十六年（1659）二月，清军三路会师云南，永历帝已成惊弓之鸟，只得再次逃亡。吴三桂率军紧追不舍，由罗次经镇南、永平，强渡澜沧江，在磨盘山与李定国军队遭遇，一场恶战使得李定国丧失大部分主力。吴三桂军虽也受到重创，但从此云南就归于清朝统治。永历皇帝逃往缅甸避难，李定国随后亦撤往缅甸。

云贵收复，吴三桂立了头功。此时除了东南沿海的郑成功外，全国各地都已平定下来。这样，如何安置战功卓著的平西王吴三桂、平南王尚可喜和已故靖南王耿仲明之子、已承袭王爵的耿继茂，成为当朝统治者亟须考虑的问题。



就当时实力而论，三藩之中，吴三桂兵力最强，威望最高，地位也最显。云南虽已经大致平定，但永历皇帝与李定国还在中缅边境，仍然是一大隐患；且土司众多，非由吴三桂镇守，难以弹压。尚可喜与耿继茂当时已驻广东，家口随带。就实力和威望，尚可喜较耿继茂又胜一筹，而广东临海，地处南疆，与郑成功势力又相临近。仔细权衡之后，顺治皇帝决定：命吴三桂驻镇云南，尚可喜驻镇广东，耿继茂镇守四川（次年七月改驻福建）。吴三桂、尚可喜、耿继茂三藩驻地就这样确定下来了。

吴三桂当时四十五岁，在长期的政治、军事斗争中，他的个人利益已经和清廷融为一体，故清廷对他也就一改以前外示优宠而内怀戒备的心理，信任有加，放手使用。十月，顺治皇帝正式下令给予吴三桂以治理云南军政事务的广泛权力，指示吏、兵二部："云南初定之时，凡该省文武官员贤否、甄别举劾、民间利病、因革兴除及兵马钱粮一切事务，俱暂由该藩（指吴三桂）总管，奏请施行。"并告诫内外各衙门不得掣肘，"庶责任既专，事权归一，文武同心，共图励策，事无遗误，地方早享升平，称朕戡乱柔远至意"[3]。这样，凡云南文武官员的任命、升迁和兵马钱粮等一切事宜皆归吴三桂统管，吏、兵二部皆不得干涉。吴三桂就此督掌了云南的人事、民政、军事、钱粮各项大权，只要是吴三桂提名任命的官员，吏、兵二部皆给予安排，授予官职，总督、巡抚皆不得干预。这样，吴三桂就真正成为云南的"土皇帝"。

受命之初，吴三桂倒也不负顺治皇帝厚望。他先后平定了几次土司叛乱。顺治十七年（1660）四月，他又上疏朝廷，请求进兵缅甸，擒获永历皇帝，以绝隐患。八月，顺治皇帝授内大臣爱星阿为定西将军，率部协同吴三桂征讨永历皇帝和李定国。经过一段时间的准备，顺治十八年（1661）九月，吴三桂与爱星阿两路大军向缅甸进发。当时，李定国与白文选虽仍有一定实力，但永历皇帝已落入缅甸人手中，吴三桂一路势如破竹，李定国与白文选连连失败。十一月，吴三桂与爱星阿会师于木邦。十二月，即从缅甸人手中擒获了永历皇帝。康熙元年四月二十一日（1662年6月7日），吴三桂命令将永历皇帝缢死于昆明城外的篦子坡，并杀其太子及华亭侯王维恭等数十人，南明政权最终亡于吴三桂之手。为了清朝政权的发展和巩固，吴三桂效尽了犬马之劳，他本人也因此得以晋爵亲王，从而成为清兵入关之后膺此殊荣的第一个汉人，永历皇帝的鲜血又给吴三桂的王冠增加了一层耀眼的光环。

相比之下，尚可喜驻守广东，耿继茂驻守福建，远不如吴三桂那么令人注目。顺治十八年（1661），尚可喜平定了广东蜑户周玉叛乱，斩首二千余。康熙三年（1664），又平定碣石总兵苏利的谋反，只不过得到例行嘉奖。耿继茂亦颇有战功，在广东时，与尚可喜一同征讨，将李定国由两广赶往云南，肃清李定国在两广的势力。后移镇福建，与郑成功多次交战，康熙元年（1662）招降郑成功族兄郑泰，次年十月，又率兵攻克厦门，并乘胜收复浯屿、金门二岛，屡有捷报上奏朝廷，朝廷给其加俸千两。



康熙元年（1662）十二月，在吴三桂全权掌握云南后，清朝中央政府又锦上添花，将贵州也交给他全权管理。辅政大臣以康熙皇帝的名义指示吏部、兵部说："贵州接址云南，皆系岩疆要地，且苗蛮杂居，与云南无二，其一切文武官员、兵民各项事务，俱照云南例，着平西王管理。"[4]这样，吴三桂掌管的地域又增一省。对尚可喜和耿继茂亦有类似的谕旨。尚可喜在广东、耿继茂在福建也都掌握了当地的人事权、军权、财政权以及地方上的各种权力。他们只对皇帝负责，地方官员不得干预。正是这些特权，为他们保持和发展个人势力创造了条件。

首先，三藩都拥有实力相当的军队。吴三桂在多次征战中，实力越来越强，四方精兵猛将多归其部下。他所领本部五十三佐领一万余甲，又有绿旗兵十营一万二千人，还有前、后、左、右抚剿四镇，总计兵力十万。平南王尚可喜与靖南王耿继茂各有八旗汉军十五佐领、绿旗兵六七千人。其中单是供奉三藩军队所需之粮饷开支，就为中央政府所力不能支。如顺治十七年（1660）时，据户部奏称，合计天下正赋，止八百七十五万余两，而云南一省需银九百余万，“竭天下之正赋，不足供一省之用”[5]。为此，战争结束之后，朝廷曾多次计划裁减三藩军队，但因三藩多方寻找借口予以抵制，终未办成。这样，三藩拥兵自重，不但使中央政府承受着难以承受的财政压力，而且对清朝政权的巩固和发展构成了严重威胁。

其次，操纵地方官员之任免。清朝政府允许三藩在其驻防地区有用人的自由，让其自主其事。但三藩毫无顾忌，借机培植自己势力，甚至直接干涉吏、兵二部之事。吴三桂最为嚣张，康熙二年（1663），他上疏请求在云贵两省的总督、巡抚敕书中撰入“听王节制”四个字，从而使自己的王权具有绝对的权威性，并与清朝中央集权的政治体制发生严重冲突。一次，吴三桂从湖南、四川、北京等地选拔胡允等十人出任云南省从省到地方的各级官吏，引起四川道御使杨素蕴的异议。杨素蕴在奏疏中说：“臣阅邸报，见平西王恭请升补一疏，以副使胡允等十员，俱拟升云南各道，并奉差部曹，亦在其内”，“不胜骇异”[6]。他提出以前之所谓“奉有吏、兵二部不得掣肘之旨”，选用人时，也仅以军前效力显著，或经略五省中“人地相宜”、资历与俸禄相当的酌量题奏，但从未听说过从他省中提取完全不相干的人，以及调现任京官任职云南。吴三桂上疏与其辩论，为自己辩白。朝廷不敢开罪吴三桂，欲处罚杨素蕴，降职他用。杨素蕴一气之下弃官回陕西故里，闭门不出十余年，直到吴三桂叛乱之后，方才再被起用。

经过这一次较量，吴三桂更加肆无忌惮。一方面，他把自己赏识的人从外省调至云南，以充实其实力；另一方面，又把自己的亲信派往他省任职。他直接给吏、兵二部批文，令某为某地官，授某为某参将、游击。他擅自擢黜本省官员、举荐京官，且任意指调他省官员升补滇、黔官缺。吏、兵二部派往云南的官，一旦不合吴三桂的意，则必须撤换，久而久之，竟剥夺了吏部铨选官员的部分权力。后来，吏、兵二部干脆把云南用人权全部交给吴三桂，由他随意调遣。当时人把平西王吴三桂任意题补选任的官员称为“西选”。“西选之官几满天下”[7]，并非夸张之语。



其三，广殖财货，富甲天下。三藩各霸一方，也就各占一方之利。尚可喜、耿继茂早在顺治七年（1650）十一月便攻占了广州。最初是二藩同驻一城，广州百姓深受其害。他们创设“总店”，征收苛捐杂税。“大自盐铁，小及鸡豚，城市乡村，列坐抽剥，有司莫能诘，百姓莫敢言”[8]，肆意搜刮，所得甚多。康熙皇帝说：“广东所有大市、小市之利，经藩下诸人霸占者无算。”“闻藩下所属私市私税，每岁所获银两不下数百万。”尚可喜还垄断对外贸易，并指使下属大搞走私，“其获利不赀，难以数计，然利入奸宄，国课全无”[9]。走私贩私，牟取暴利，“凡凿山开矿、煮海鬻盐，无不穷极其利”[10]。他们还侵夺民田，设立王庄、官庄。耿继茂将广州北郊绵亘五百余里的花山划为自己的庄田，移藩福建后，又占民田千百顷。同时又建立“放马房”与“养马庄”，霸占大片民田。在其牧马场三四里外，不准百姓耕种，以便其养马。尚可喜有一幕僚金光，颇能搜刮，“藩府之富几甲天下，而光之富亦拟于王”[11]。康熙十年（1671），耿继茂死，袭其爵位的长子耿精忠“横征盐课，擅设报船，苛派夫役，勒索银米”[12]，无所不用其极，将各地的珍奇古玩异宝搜罗于自己门下。

和平南、靖南二藩相比，平西王吴三桂更是有过之而无不及。顺治末年，他刚刚率军进入昆明，就把明国公沐天波的七百顷庄田据为己有，称为“藩庄”。康熙六年（1667），他又借辅政大臣鳌拜圈地之机，以兵丁口粮不足，将云南府所辖州县（昆明附近）的卫所公田尽行圈占。同时，又以招徕商旅、资以藩本的方法控制商人，并严格规定辽东的人参、四川的黄连、附子就地采运，由他控制的官府专卖，违犯者处以死刑。他还控制与西藏的茶马贸易，垄断盐井、金铜矿山之利，并自开鼓铸，自制钱币，钱币流通各省，名曰“西钱”。时人描写吴三桂的财富是：“日解饷银，时供粮惹；庄佃三百六，铺税千万两；今朝给银贸易，明日发货市鬻；库仓金银、币帛积之如山，厩圈骡马、豚羊畜之如林。”[13]富甲天下，无人可比。

其四，生活糜烂，崇奢纵欲。凭借政治上的特权，三藩搜刮了数额惊人的财富，过着穷奢极欲的生活。早在尚可喜与耿继茂攻克广州时，他们就役使丁民修建藩府，广采林木。采巨石于高要县的七星岩，不久，高要知县杨雍建内升科道官，上疏力陈广东采买、滥役、私税诸大害，并要求“一省不堪两藩，请移一藩于他省”[14]。这样，耿继茂才被移镇四川，再由四川改镇广西，最后落在福建。耿继茂进福建时，除带去新统官兵及眷属外，还随带戏子十余班、娼妓数千人、打花鼓的千余人，抬轿夫、各项佣工、小匠千余人，和尚千余人，师尼四五百人，络绎搬迁了数月，福州内外民房、寺庵圈占殆尽。王府每日用夫数以万计，省内百姓屡派穷征，备受其苦。康熙十年（1671）耿继茂死后，其子耿精忠袭爵，较其父更加荒淫肆虐，“横征盐课，擅设报船，苛派夫役，勒索银米，久为民害”[15]。尚可喜生活亦颇放纵，肆意建造藩府。康熙十年，他以年老有病，请朝廷由其长子尚之信代父典兵。尚之信所为尤不道，他酗酒嗜杀，生活糜烂，为所欲为，无恶不作。吴三桂在生活上更是穷奢极欲。他大肆建房屋，移镇云南之初，“省城大小衙门悉被逆属（吴三桂部属）占为私第”[16]。他自己占据了南明蜀王刘文秀的故宅，后又将永历皇帝曾居住过的五华山故居加以增修扩建，为平西王府，扩建前后持续了十年多，成为一个占地广阔、规模宏大的宫殿群，五华山周围宫室殿阁衔接，“备极壮丽”，真乃“千门万户，极土木之盛”[17]。后又兴建富丽新奇的“近华浦”（亦称“承华圃”）亭海和安阜园。安阜园亦称“野园”，是吴三桂专为宠姬陈圆圆修建的别墅，耗时三年方成，从闽、粤购来奇花异木，又以古玩、书画装点，其中仅园中的花草树木就达千种以上。园中还有书屋一所，名为“万卷楼”，古今书籍，无不齐备，其中不少孤本，极为珍贵。同时，为了满足自己的享乐需要，他还从江南搜罗美女，以充后宫，几达千人。安阜园落成后，又派专人从江南采买优伶四十余人，个个年方十五六岁。每当宴会之际，素喜歌舞的吴三桂吹起长笛，宫人美女伴以和唱。这表明，三藩已堕落为清初统治阶级中最为腐朽没落的一个集团。

随着势力的日益增长，三藩和中央政府间的矛盾也日益尖锐。就三藩而言，他们不但要保持自己的特权，而且还要进一步扩大这种特权，并使这种特权能够世袭，以惠及自己的子孙后代。就中央政府而言，为了维护国家的统一，对这种半割据状态的三藩也无法容忍，对三藩军事、政治和经济实力不断增长，枝大于本、干大于茎的不正常的局面愈益不放心。由此看来，撤藩之举，势在必行。就是在这样的情况下，康熙皇帝开始了他的撤藩准备工作。



## 二、决意撤藩

康熙初年，由于三藩势力的发展，三藩和中央政府之间矛盾进一步激化。于是，以康熙皇帝为代表的清朝中央政府先后采取各种措施，限制三藩势力的发展，尔后，又在推行这些措施的基础上，正式下达了撤藩令。

随着三藩势力的不断发展，其政治野心也日益膨胀。如耿精忠常与一批奸佞之辈鬼混。这群不逞之徒不断散布谣言，说什么“天子分身火耳”，“火、耳者，耿也。天下有故，据八闽以图进取，可以得志”[18]。鼓动耿精忠训练士卒，以待时变。吴三桂的政治野心也不亚于耿精忠。在和清朝统治集团多年交往中，他深感清朝政府之所以对自己优宠礼遇，是因为自己有利用价值，一旦这些价值失去，即会被一脚踢开。

因此，早在克复云南之初，他即向洪承畴请求自固之术。洪承畴告以“不可使云南无事”，他心领神会，牢记心头。为了防止兔死狗烹的厄运落在自己头上，他死死抓住军权不放，同时极力培植个人亲信。云南民间流传一句俗谚：“滇中有三好，吴三桂好为人主，士大夫好为人奴，胡国柱好为人师。”原来吴三桂在辽东时便“轻财好士”，以招徕“有才之士”为其所用，封藩云南以后，他更加注重收买人心。凡新任官员上任，知县以上者，都要在三天之内拜谒王府，吴三桂也都亲自接见，并详细询问其家世、履历。如此人才华出众，被他相中，便由其女婿胡国柱出面诱其卖身。允者只要在胡国柱出具的卖身文书上签字画押即可。通过这种方式，吴三桂将云贵的官员全都收罗于自己门下，日益培植自己的势力，以为永久之计。

此外，三藩还各自利用子侄入侍京师，探听朝廷意图。三藩率兵南征之际，吴三桂的长子吴应熊，尚可喜的七子尚之隆、长子尚之信，耿继茂的二子耿昭忠、三子耿聚忠先后都被留在京师，充当皇帝侍卫。表面上朝廷对这些入侍子弟都给以优厚的地位，并招为额驸，以示笼络，实际上这是朝廷控制三藩的砝码，是人质，使三藩不敢轻举妄动，从而忠于朝廷。三藩亦将计就计，入侍子弟都成为他们探听朝廷意图的耳目。吴三桂还派去一心腹胡心水为吴应熊出谋划策。胡心水在北京买通许多朝臣，以便为吴三桂说话，并专心刺探密事，与吴应熊一道时刻注意朝廷的举动，凡大小事，他们都“飞骑报闻”[19]。尚氏、耿氏子弟亦无不如此，是故三藩尽管在千里之外，但京师的情况却无不尽知。

随着三藩与朝廷之间矛盾逐渐尖锐，不少朝臣先后上疏朝廷，要求收回赋予他们过多的权力，对其势力加以裁抑。顺治十八年（1661），四川道御史杨素蕴最早揭发吴三桂擅自用权，“有碍国体”。康熙七年（1668），甘肃庆阳府知府傅弘烈参劾吴三桂，直言吴三桂“必有异志，宜早为防备”[20]。后来中城御史李棠也上疏参劾吴三桂。但都以证据不足或越职言事的罪名遭到处罚。杨素蕴被迫闲住，傅弘烈充军广西，李棠也被革职查办。但是，削弱三藩的权势，就在这些遭到惩处的大臣呐喊声中开始。首先是裁兵裕饷，削弱三藩军权，分散其实力。早在顺治十七年（1660），有人建议裁减云南绿营兵五分之二，以节约兵饷。吴三桂借口边疆未靖，兵力难减，于是“倡缅甸水西各役以自固”[21]。康熙初年，朝廷开始调散吴三桂党羽，先后将云贵总督赵廷臣调任浙江总督，调张勇为宁夏总督，王辅臣为固原提督，马宁为山东提督，李本琼为贵州提督，吴得功为湖广提督，严自明为广东提督，刘进忠为潮州总兵，王进功为福建提督。这些人都是吴三桂的心腹将领，朝廷把他们逐一调离云南，翦其羽翼，削弱其实力。吴三桂曾精心建置的“忠勇营”“义勇营”，是其王牌军队。康熙四年（1665）一月，朝廷重新调整两营将官的任命，并改换其驻防地，将“忠勇”右营总兵官刘之复调为贵州大方总兵官，“忠勇”前营总兵官李如碧调任贵州水西总兵官，云南“义勇”中营总兵官王会为广罗总兵官，“忠勇”后营总兵官塔新策为贵州定广总兵官。康熙五年（1666）二月，以增设云南开化镇总兵官为名，裁去“忠勇”中营总兵官缺，所属官兵归并至归化镇统辖。几经折腾，“忠勇”“义勇”两营实力锐减，竟名存实亡。康熙六年（1667），左都御史王熙又奏请裁饷，认为“直省钱粮大半耗于云、贵、闽、广之兵饷”[22]，既然贵州、云南等地已平定，就应裁撤士卒，减免军饷，以减轻财政负担。疏上，部议令平西王与督抚、提镇酌筹裁汰，“省额饷百余万”[23]。

裁兵以削弱其实力，而更重要的是限制藩王的权势。康熙二年（1663），随着西南的安定，清廷决定收缴吴三桂的“大将军印”。事先，清廷遣内大臣对住在京师的吴三桂长子吴应熊说：“他日永历在缅，边方多故，故予若父将印，重事权也。今天下大定，据之不还何为者？”[24]言辞之中颇有责备之意。吴应熊赶快告知其父，吴三桂只得立时交还了大将军印，但他内心怏怏，对朝廷更为不满了。



过去，凡吴三桂题请官员任职，兵部、吏部直至皇帝无不应允，大约从康熙五、六年之交开始，吴三桂所题补各官多不予批准。当时吴三桂在京师的耳目胡心水刚刚死去，这使他摸不清朝廷情况。其女婿胡国柱和重要谋臣、参赞机务的方光琛遂对吴三桂进言：“朝廷已怀疑王，王应当想个自全之计。”[25]吴三桂遂于康熙六年（1667）五月上疏清廷，疏言自感“两目昏瞀，精力日减”，请求辞去总管云贵两省事务。吴三桂想以此试探朝廷的态度，并企图使朝廷解除对他的疑心。年方十四、刚刚亲政的康熙皇帝览疏后立即批示：“王久镇岩疆，总理两省，勋劳茂著，倚毗方殷。览奏，知两目昏瞀，精力日销，皆因事繁过瘁，深轸朕怀。云贵两省事务应作何管理，着该部（吏部）议奏。”[26]至此，吴三桂总管云贵两省的权力被朝廷收回。这一打击非同小可，吴三桂所剩权力无几，仅剩个高贵的亲王名号。城府颇深的吴三桂闷闷不语，他的部属方光琛等人也沉不住气了，着急地问："王还不明白朝廷的意图吗?"而云贵总督卞三元、云南提督张国柱、贵州提督李本琛先后上奏朝廷，谓平西王劳绩显著，苗蛮叵测，不任吴三桂，恐边衅日滋，并联合上奏，要求朝廷仍命吴三桂总管云贵事务。康熙皇帝则答复道："该藩以精力日为销减奏请，故照所请允行。今地方已平，若令王复理事务，恐其过劳，以致精力大损。如边疆地方遇有军机，王自应料理。"[27]不软不硬的几句话，使他们无话可说。

在剥夺吴三桂对云贵事务总管权后，康熙皇帝为了安抚他，康熙七年（1668）正月，将其子和硕额驸吴应熊提升为少傅兼太子太傅；同时还提升耿继茂的儿子耿聚忠、耿昭忠及尚可喜七子尚之隆为太子少师，以图拉拢和安抚三藩。这种软硬兼施、两手并用的政策产生了一定的效果。康熙十一年（1672），吴三桂六十大寿，吴应熊带着妻子和儿子一同来昆明祝寿。吴三桂十分高兴，对部属方光琛等说："可见朝廷不疑我，你们都要谨慎些。"[28]

吴三桂和中央政府之间的关系虽然一度有所改善，但要朝廷彻底消除对吴三桂等三藩的疑忌是不可能的，尤其是在查如龙投递血书案发生以后，朝廷对吴三桂更加疑忌。查如龙原是南明弘光政权的一个官员，三藩之叛前，他窜到云南，煽动吴三桂反叛朝廷。他在上给吴三桂的血书中说："天下督抚、提镇及朝中大臣皆有同心，待王为孟津之会。王，华人也，当年之事出于不得已，今天下之机杼在王，王若出兵以临中原，天下响应，此千古一时也!"[29]虽然查如龙被吴三桂解送京师，凌迟处死，而此事与吴三桂也本无关系，但却让朝廷感到吴三桂的存在总是一大祸根，三藩的存在是一隐患。这样，三藩之撤如箭在弦，时机一旦成熟，就会采取行动。

康熙十二年（1673）二月，尚可喜上疏朝廷，请求归老辽东。这对久思撤藩的康熙皇帝来说不啻是天赐良机。康熙皇帝遂顺水推舟，拉开了撤藩的序幕。为了研究撤藩，康熙皇帝特召集各部大臣及阁臣讨论尚可喜的奏疏。户部尚书米思翰、兵部尚书明珠、刑部尚书莫洛等绝大多数人力主撤藩。大学士图海则坚持"尚藩断不可迁移"。康熙皇帝果断地支持莫洛等人的意见，"决意撤回"尚藩，当即给尚可喜下了一道撤藩谕旨："王……绥戢东粤，镇守岩疆，宣劳岁久。览奏，（王）年已七十，欲归辽东耕种。情词恳切，具见恭谨，能知大体，朕心深为嘉悦。"[30]



尚可喜申请撤藩时，要求由其长子尚之信留镇广州，承袭平南王爵。但吏、兵二部认为：尚之信统兵留镇，将使父子分离，况且藩下将士早年与王同甘共苦，如今因撤藩使他们两地分离，亦不合适，因此应以全迁为便；且父亲健在，无移爵于子的先例，故理当拒绝。尚可喜亦只得服从朝廷的安排，"拜命之后，即缮书称谢，遂陆续题报起程日期、家口、马匹数目"[31]，并着手迁移事宜。

吴三桂、耿精忠获知尚可喜撤藩的消息，颇为惶恐。他们根本没有撤藩的思想准备，尚藩之撤，无异于当头一棒。吴应熊探得朝廷正在讨论尚可喜撤藩时，即迅速派人往昆明报信："朝廷素来就怀疑王，尚藩、耿藩已提出辞职疏奏，而惟独王从没有提出辞职，朝廷对王的疑忌更深了。要快写奏疏，派遣使者送来，还来得及。”[32]此处所谓耿藩辞职，指康熙十年春耿继茂以有病为由提出辞职之事。吴应熊希望其父也赶快效法耿继茂、尚可喜，以图自保。

吴三桂与幕僚商量后，令谋士刘玄初起草辞藩疏，但刘玄初认为不行：“上久思调王，特难启口，王疏朝上而夕调矣。”他认为一旦吴三桂上疏辞藩，康熙皇帝马上就会顺水推舟，将吴三桂调离云南，故此万万不可。而吴三桂却错误地估计了形势，仍然陶醉在自己的功劳簿上，骄横地说：“予疏即上，上必不敢调予，具疏所以释其疑也。”[33]康熙十二年（1673）七月初三日，吴三桂上疏康熙皇帝，自请撤藩。疏中简略地陈述了自己的经历后写道：“今闻平南王尚可喜有陈情之疏，已蒙恩鉴，准撤全藩。仰恃鸿慈，冒干天听，请撤安插。”[34]他只想照尚可喜的样子，表示一下撤藩的意思，在他看来这只不过是官样文章罢了。



七月初九日，靖南王耿精忠也给朝廷上了一份撤藩奏疏：“臣袭爵二载，心恋帝阙，只以海氛叵测，未敢遽意罢兵。近见平南王尚可喜乞归一疏，已奉谕旨。伏念臣部下官兵南征二十余年，仰恳皇仁，撤回安插。”[35]耿精忠入侍北京多年，康熙十年（1671）方才袭爵，他之上疏，亦是为时势所迫，疏词中明白地表露出自己并非心甘情愿。

几天之内，连续收到吴三桂、耿精忠的撤藩奏疏，对康熙皇帝来说正是求之不得，他当即给吴三桂作了批示：“王自归诚以来，克殚忠荩，勠力行间，功迹懋著，镇守岩疆，宣劳岁久。览奏，请撤安插，恭谨可嘉。今云南已经底定，王下官兵、家口作何搬迁安插，着议政王大臣等会同户、兵二部确议具奏。”[36]给耿精忠的批复为：“王祖父以来，世殚忠荩，勠力行间，功迹懋著，及王封镇守，劳著岩疆。览奏，请撤安插，恭谨可嘉。”[37]二十岁的康熙皇帝以其超人的胆识，断然做出撤藩的决定。他深知三藩蓄谋已久，如不早撤，必将养痈成患。他已做好应付意外的准备。

康熙皇帝做出了原则性决定，议政王大臣同户、兵二部则讨论如何搬迁、安插等具体问题。他们很快就对耿精忠搬迁之事做出了一致的决定：耿精忠本人及其家属并下属十五佐领官兵均行迁移。康熙皇帝予以批准。

在讨论吴三桂撤藩时，则出现了激烈的争论。户部尚书米思翰、刑部尚书莫洛和兵部尚书明珠等主张应将吴三桂本人和所属官兵、家口全部迁移，在山海关外“酌量安插”。为保持云南的安定，建议暂遣满洲官兵戍守，等满洲官兵到了云南，吴藩就起程。但以大学士图海、索额图为首的一批大臣认为：吴三桂镇守云南以来，地方平定，总无乱萌。“今若将王迁移，不得不遣兵镇守。兵丁往返与王之迁移，沿途地方民驿苦累，且戍守之兵系暂时居住，或骚扰地方，亦未可定。应仍令吴三桂镇守云南。”[38]他们反对把吴三桂撤离云南，担心云南省会因吴藩之撤而不稳，并因撤迁而带来一些不必要的麻烦。两种意见针锋相对，各持一端，无法达成一致，只好上奏康熙皇帝，由他裁决。

康熙皇帝斟酌再三，仍坚持三藩并撤。他正式下圣旨：“吴三桂请撤安插，所奏情词恳切，着王率领所属官兵、家口，俱行搬移前来。”[39]反对撤吴三桂藩的，很大程度上是担心吴三桂会因朝廷同意撤藩而起兵造反。康熙皇帝对此早有考虑，他说：“今日撤亦反，不撤亦反，不若先发。”[40]并不为撤藩可能带来的后果所动摇。他不是那种瞻前顾后、犹疑不决的人，他洞悉古今历史，深知机不可失，时不再来。于是果断地抓住这个机会撤藩，即使为此付出代价，亦在所不惜。

同年八月，康熙皇帝分别派遣礼部右侍郎折尔肯、翰林院学士傅达礼去云南，户部尚书梁清标赴广东，吏部右侍郎陈一炳往福建，会同总督、巡抚、提督，“经理各藩撤兵起行事宜”。康熙皇帝特别重视吴藩，八月二十四日，在折尔肯等人赴云南前，特将自己所佩之刀每人赐一把，并赐良马各二匹，以重事权。康熙皇帝还给吴三桂写了一道亲笔手诏。其中有言：“王夙笃忠贞，克摅猷略，宣劳勠力，镇守岩疆，释朕南顾之忧，厥功懋焉。但念王年齿已高，师徒暴露，久驻遐荒，眷怀良切。近以地方底定，故允王所请，搬移安插。”[41]

九月，撤藩的诏旨送到云南，吴三桂的希望成了泡影。他本想世世代代永驻云南，如明朝的沐氏永镇滇中，但他万万没有想到，康熙皇帝竟不以其“卓著”功勋而加挽留，反而如此不留情面地下令全撤。他感到几十年征战换来的荣华富贵都将化为乌有，不禁失望、伤心、沮丧、气恼。他的下属们获知撤藩诏书，起初是震惊，继而愤愤不平，皆谓王爷功高不酬，反欲夺滇，是朝廷无义！其侄儿、女婿纷纷向他进言：“王威望、兵势举世第一，戎衣一举，天下震动！只要把世子、世孙（世子系吴应熊，世孙为吴世霖）想法从北京弄回来，可与清朝划地讲和。这就是汉高祖‘分羹之计’也。如果就迁于辽东，它日朝廷吹毛求疵，我们只能引颈受戮。不如举兵，父子可保全。”[42]吴三桂也不甘心就此罢休，于是派心腹李恕、张鏕赴京召还儿子吴应熊。但吴应熊并不想跟从父亲谋反，他想“终守臣节，保全禄位”。他曾多次劝说吴三桂应谨守臣节，安分守己，不愿同李恕等回到云南。形势日迫，李恕等人只能秘密将吴应熊的庶子吴世璠带回云南。吴世璠安然回到昆明，吴三桂稍得安慰，积极策划谋反之事。

为了给朝廷撤藩设置障碍，九月七日，折尔肯一行刚刚抵达昆明的归化寺，吴三桂就暗中鼓动一些人请愿，要求留吴三桂于云南。折尔肯大怒："吴王自请移家，你们谁敢说保留!”[43]他命有司逮捕为首者。这一活动失败后，吴三桂又采取拖延态度。表面上吴三桂待折尔肯、傅达礼很周到，但折尔肯同他商量全藩起程日期时，吴三桂则有意拖延。折尔肯几次催促，他仍不谈搬迁日期，以各种借口敷衍。此时康熙皇帝早已派大臣为其在辽东准备好了安置地，并派户部郎中席兰泰、兵部郎中党务礼等前往贵州，负责办理吴藩搬迁时所需夫役、船只和人马、粮草。十一月四日，吴三桂又上疏朝廷，要求增拨地亩。康熙皇帝也立即准奏："王所属官兵、家口，迁移远来，自应安插得所，俾有宁居，以副朕怀。此所请增赏地方，着速议具奏。”[44]



吴三桂黔驴技穷，只好假意向折尔肯、傅达礼表示，预定十一月二十四日全藩起程北迁，以此迷惑朝廷。与此同时，吴三桂加紧进行谋反准备。他对全国形势做了一番估测，在他看来，朝中宿将多半去世，无人与他匹敌；而自己“才武不世出，地险财富，所属亲军与各营统兵诸将健卒，皆百战之锐，素得其死力。即他直省平日所植党，兵起，当无不从命”[45]。出于这一估计，吴三桂又与他的死党左都统吴应麟、右都统吴国贵、副都统高得捷、女婿夏国相、胡国柱等开始研究谋反方案。有人提出在搬迁途中起兵，“至中原，据腹心，以制指臂，长驱北向，可以逞志”[46]。此方案如果顺利推行，则起兵不久，即可迅速攻入北京。但失去云南这个根本，一旦起事不顺利，将进退失据，后果难测。吴三桂遂加以否决。更多的人主张在云南就地起事，虽然从云南打往北京，需要历经长期艰苦的作战，但根本稳固，无后顾之忧，较为稳妥。吴三桂遂加采纳。大计已定，吴三桂遂密令云贵各要塞心腹将领严守关口，封锁内外消息，不管什么人，只许进，不许出。云南知府高显辰想去交水为夫役、马匹预备途中粮草，半路上竟被吴三桂派人逮捕。

师出应有名。刘玄初认为：“明亡未久，人心思旧，宜立明朝后人，奉以东征，老臣宿将无不愿为前驱。”方光琛则认为，当年吴三桂出关乞师，为时势所迫，世人尚可理解；而永历帝逃往缅甸，必欲杀之而后快，则无法向世人交待。现在立明后人甚易，但不能始终谨守臣节，篦子坡之事，一次犹可，能做两次吗？吴三桂亦为自己仕明叛明、降清叛清之事而担心，遂听从方光琛的意见，自立名号为“天下都招讨兵马大元帅”，并铸成大印。

时间一天天过去，虽然吴三桂定了搬迁时间，但并未有搬迁的举动，钦差大臣折尔肯、傅达礼不免颇为着急。十一月十五日，折尔肯等钦差会同云南巡抚朱国治前去拜谒吴三桂。吴三桂按照惯例不失礼节地摆了一桌丰盛的酒宴，却惟独闭口不谈搬迁之事。彼此话不投机，席间颇有几分尴尬。

朱国治忍不住试探地问："三大人候久，王若无意，三大人自去回旨。"吴三桂听后勃然大怒，他手指着朱国治大骂道："吾挈天下以与人，只此云南是吾自己血挣！今汝贪污小奴，不容我住耶？"[47]"云南是吾自己血挣"一语道出了吴三桂的心思。他积久已来的怨气终于得以爆发。自此，他和撤藩钦差之间的关系形同冰炭。折尔肯与傅达礼商量，决定傅达礼回京复命，折尔肯暂留云南。但傅达礼行不出百里，就为守官所阻，只得返回。形势一天天紧迫，吴三桂谋反如箭在弦，一触即发。



## 三、南国烽烟

康熙十二年十一月二十一日（1673年12月28日）凌晨，东方天际刚刚露出鱼肚白，夜幕还未完全隐去，昆明城内刀枪撞击，人喧马嘶。吴三桂的四镇十营总兵马宝、高起隆、刘之复、张足法、王会、王屏藩和胡国柱、吴应期、郭壮图等已聚集在吴三桂的平西王府中。吴三桂全身披挂，端坐在殿上。殿内灯火通明，刀光闪闪，一派杀气。不久，云南巡抚朱国治率所属官吏亦闻命而来。吴三桂对朱国治说："今日我将推奉朱三太子反清复明，你可跟从于我？"朱国治时刻担心吴三桂谋反，却没想到如此之快，他当即表示拒绝，大骂叛贼。顿时大殿两侧跳出一批武士，将朱国治乱刀砍死。吴三桂当即宣布起兵。一批不愿跟从吴三桂反叛的官员全被逮捕。其中包括云南按察使李兴元、云南知府高显辰、云南同知刘昆等。钦差大臣折尔肯、傅达礼等被拘留软禁。吴三桂自称“天下都招讨兵马大元帅”，建国号“周”，以明年为周元年。同时，吴三桂与三军士卒皆易服蓄发，改穿汉服，一如明朝装饰，择吉日率三军拜谒永历帝陵墓，誓师北伐。颇具讽刺意味的是，十几年前，正是这位平西王从缅甸人手中将永历皇帝俘获，也是他下令将这位南明最后的皇帝缢死于篦子坡。如今吴三桂摇身一变，又成了“反清复明”的“斗士”：一身明臣装束，头裹方巾，身着素服，脑后的发辫已经剪掉，在永历帝陵前亲自酹酒，三呼再拜，恸哭不止。哭声感染了三军，三军同悲，声震如雷。持续八年之久的三藩之叛最终爆发了。





誓师北伐之前，吴三桂又精心炮制了一篇《反清檄文》。此文最初不见于中国史籍，但为日本史籍转载，后方为世人所知。因难得一见，故全文抄录如下：

> 原镇守山海关总兵官，今奉旨总统天下水陆大元帅兴明讨虏大将军吴，檄告天下文武官吏军民人等知悉：
>
> 本镇深叨明朝世爵，统镇山海关。一时李逆倡乱，聚贼百万，横行天下，旋寇京师，痛哉毅皇烈后之崩摧，惨矣东宫定藩之颠踣，文武瓦解，六宫恣乱，宗庙瞬息丘墟，生灵流离涂炭，臣民侧目，莫可谁何。普天之下，竟无仗义兴师勤王讨贼，伤哉国运，夫曷可言？
>
> 本镇独居关外，矢尽兵穷，泪干有血，心痛无声。不得已歃血订盟，许虏藩封，暂借夷兵十万，身为前驱，斩将入关。李贼逃遁，痛心君父重仇，冤不共戴，誓必亲擒贼帅，斩首太庙，以谢先帝之灵。幸而贼遁冰消，渠魁授

首。正欲择立嗣君，更承宗社，封藩割地，以谢夷人，不意狡虏遂尔逆天背盟，乘我内虚，雄踞燕都，窃我先朝神器，变我中国冠裳，方知拒虎进狼之非，莫挽抱薪救火之误。本镇刺心呕血，追悔无及，将欲反戈北逐，扫荡腥氛，适值周、田二皇亲密会太监王奉，抱先皇三太子，年甫三岁，刺股为记，寄命托孤，宗社是赖。姑饮泣隐忍，未敢轻举，以故避居穷壤，养晦待时，选将练兵，密图恢复。枕戈听漏，束马瞻星，磨砺兢惕者，盖三十年矣！

兹彼夷君无道，奸邪高张，道义之儒，悉处下僚；斗筲之辈，咸居显职。君昏臣暗，吏酷官贪，水惨山愁，妇号子泣。以至彗星流陨，天怨于上；山崩土裂，地怨于下。鬻官卖爵，仕怨于朝；苛政横征，民怨于乡；关税重征，商怨于途；徭役频兴，工怨于肆。



本镇仰观俯察，正当伐暴救民、顺天应人之日也，爰率文武臣工，共襄义举。卜取甲寅年正月元旦寅刻，推奉三太子，郊天祭地，恭登大宝，建元周启，檄示布闻，告庙兴师，刻期并发。移会总统兵马上将军耿（精忠）、招讨大将军总统使世子郑（经）等，调集水陆官兵三百六十万员，直捣燕山，长驱潞水，出铜驼于荆棘，奠玉灼于金汤。义旗一举，响应万方，大快臣民之心，共雪天人之愤。振我神武，剪彼羯氛。宏启中兴之略，踊跃风雷；建画万全之策，啸歌雨露。倘能洞悉时宜，望风归顺，则草木不损，鸡犬无惊；敢有背顺从逆，恋目前之私恩，忘中原之故主，据险扼隘，抗我王师，即督铁骑亲征，蹈巢覆穴，老稚不留，男女皆诛！若有生儒精谙兵法，奋拔岩谷，不妨献策军前，以佐股肱，自当量材优擢，无靳高爵厚封。其各省官员，果有洁己爱民、清廉素著者，仍留仕；所催征钱谷封贮仓库，印信、册籍赍解军前。其有未尽事宜，另颁条约。各宜凛遵告诫，毋致血染刀头，本镇幸甚，天下幸甚！[48]

这是一篇欺世盗名的伪作，其巧饰伪装随处可见。檄文开篇就把自己打扮成为“仗义兴师勤王讨贼”的“英雄”，却将其曾首鼠两端、一度投降李自成之事隐而不谈。接着述其不得已借清兵复仇之苦衷，但将其降清的真正目的加以掩盖。所谓“寄命托孤”、哺养明朱三太子之事，更是子虚乌有。三十多年来，他一直为清朝效死疆场，剿灭农民军，擒杀永历帝。所谓“养晦待时，选将练兵，密图恢复”更是弥天大谎！三十多年来，他无时无刻不在为自己永驻云南而努力，只是希望破灭了，然后方打出“复明”的旗号，处处诋毁清朝政府，给自己脸上贴金。吴三桂想玩弄历史、愚弄百姓，但最终自己却被钉到了历史的耻辱柱上。

吴三桂印制了大量的《反清檄文》，派人分送各地，又亲自致书尚可喜、耿精忠，鼓动他们反叛，并向贵州、四川、湖南、陕西等省他原来的部属去信，鼓动他们起兵响应。

吴三桂叛乱，就连其原配夫人张氏都大加反对。张氏得知消息，当即跑到大殿上大哭大闹，痛骂胡国柱等人，责其为无义小人，负恩朝廷。又质问吴三桂，一旦反叛，不正断送了作为“人质”滞留京师的长子吴应熊的性命吗？吴三桂极为狼狈。而他情有独钟的陈圆圆也极力反对他举兵叛乱，甚至拒绝同他一道北上。吴三桂极为不快，大事才刚开始，妻妾就同他闹开了。但事已至此，他骑虎难下，已顾不了许多。

自起兵到北进这段时间，吴三桂又重新部署兵力，选将命官。以郭壮图为留守云南路总管，胡国柱为金吾左将军，夏国相为金吾右将军，吴国贵为金吾前将军，吴应期为金吾后将军，马宝为铁骑总管将军；王屏藩、卫朴为骠骑前、后将军；陶继志、张足法为骠骑左、右将军；王会、高起隆为骁骑左、右将军；线维明、田进学为铁骑前、后将军；范齐韩、廖进中为铁骑左、右将军。同时设立六曹，建立政府机构。以方光琛为吏曹，来度为户曹，钱点为礼曹，韩大任为兵曹，冯苏为刑曹，吕忝子为工曹。以郭昌为云南巡抚。



十二月初一日（1674年1月7日），吴三桂率领二十万人马开始北伐，派吴国贵、夏国相为前驱，兵锋直指贵州，他自率马宝等将随后进发。派王屏藩率部攻取四川、陕西。同时派人赴福建游说耿精忠。来势迅猛，不久，滇、黔、湘、蜀、桂、闽、陕、粤等省纷纷响应，“东南西北，在在鼎沸”[49]。

康熙皇帝派出撤藩钦差大臣后，又委派党务礼、萨穆哈等为吴三桂搬迁置办船只、粮草。几个月已经过去了，还没有确切的消息回来，他焦急地等待着，密切注视着事态的发展。十二月二十一日，党务礼、萨穆哈急匆匆赶回兵部，因连日来马不停蹄，已精疲力尽，两人都说不出话，气喘吁吁，复又昏迷过去。堂吏急忙用凉水灌醒，党务礼睁开眼睛，冲口而出：“吴三桂反了！”这一句话顿时震动了朝野。

吴三桂自傅达礼等钦差大臣到云南后，就禁遏邮传，封锁消息，但他造反的消息还是泄漏了出来。贵州提督李本琛参与了吴三桂叛乱，他给贵州巡抚曹申吉写信约他起兵响应，但信被云贵总督甘文焜截获。此时适逢党务礼、萨穆哈一行到了贵州，甘文焜遂将此消息告知他们。他们遂设法躲过吴三桂的封锁，急驰十一昼夜，将吴三桂反叛的消息送到北京。

康熙皇帝当即召开议政王大臣会议，商讨对策。原先朝臣对是否撤吴藩就分为两派，现在又发生了新的争执。反对撤藩者把吴三桂叛乱归咎于主撤者，大学士索额图力主将“前议三藩当迁者，皆宜正以国法”。敢作敢为、英明果断的康熙皇帝断然否决了索额图的意见，自己承担起全部责任，他说：“此出自朕意，他人何罪？”[50]又说：“朕自少时，以三藩势焰日炽，不可不撤，岂因吴三桂反叛遂诿过于人耶？”[51]他不想像汉景帝那样诛大臣（晁错）为自己推诿过失，他血气方刚，胆识超人，极力保护主张撤藩者。诸臣对此莫不感激涕零，心悦诚服。

在朝廷商讨对策之时，吴三桂兵锋已直指贵州，云贵总督甘文焜急命贵州提督李本琛率部扼守盘江。李本琛早已被吴三桂收买，他以书信试探甘文焜，见甘文焜无意投降吴三桂，遂拒绝接受命令。原来甘文焜与吴三桂早有嫌隙。康熙七年（1668）甘文焜任云贵总督，赴贵州上任，循例拜谒平西王府之际，不走正门，而走旁门，吴三桂以为这是贬低自己，遂避而不见。后吴三桂亲临督府回访之时，又因甘文焜迎见稍迟，疑其报复，自此处处刁难他。甘文焜系文人出身，不懂军事，吴三桂唆使定番苗族土司阿戎作乱，自己以种种借口推脱出兵。吴三桂故意给甘文焜出难题，他觉得文弱的甘文焜战场上一定会畏敌怯阵，或者兵败疆场，这样都逃脱不了朝廷的惩罚。可他估计错了，甘文焜有胆有谋，亲自统兵，平定了阿戎叛乱。以后吴三桂又几次作难，甘文焜都应付自如，遂成为吴三桂的眼中钉。为孤立甘文焜，吴三桂将其左右全部收买。此时吴三桂大兵压境，甘文焜调不动下属，遂令妻妾自缢，他与儿子率十余骑兵奔赴镇远，以图召湖北兵抚守险隘，以使其不出贵州。但镇远守城副将江义也已降于吴三桂，甘文焜不得入城，江义又派兵追捕他，甘文焜寡不敌众，遂与其子一同自刎。康熙十二年（1673）十二月二十八日，吴三桂驰至贵阳，李本琛打开城门，迎接吴军。吴三桂兵不血刃即得了贵阳，传檄而得贵州全境，遂将李本琛任命为“贵州总管大将军”。



康熙皇帝在获知党务礼等人报告后不久，又收到四川湖广总督蔡毓荣更为详细的报告，后来从云贵来的消息一个个接踵而至，有关钦差被扣、云贵总督甘文焜自杀、李本琛叛乱、吴三桂正式称“周王”等事尽皆详知。为迅速给予回击，康熙皇帝果断决定出兵征讨。

广西与贵州相邻，康熙皇帝授广西已故定南王孔有德的女婿孙延龄为抚蛮将军，线国安为都统，命其固守自卫，堵住吴三桂向广西进攻。针对四川状况危急，他命西安将军瓦尔喀“率副都统一员、全部骑兵，选拔将领，星夜赴四川。凡自云南入川的险隘之地，都必须坚守”[52]。接着又派都统赫叶为安西将军，率兵同瓦尔喀等由汉中入川，以护军统领胡礼布为副将军，率署前锋统领穆占、副都统颜布随同出征。康熙皇帝派大将先将吴三桂军队阻遏在云贵，不让其轻易攻取四川、广西，决策英明。再派硕岱率精锐驻守荆州，以固军民之心。同时任命多罗顺承郡王勒尔锦为宁南靖寇大将军，率兵增援荆州。以多罗贝勒察尼、都统觉罗珠满等八人参赞军务，都统范达礼、王国诏、副都统鲁西巴图鲁等十四员大将同往。荆州自古以来就是兵家必争之地，康熙皇帝派重兵据江固守，以遏制叛军北进之路，是稳定战局的重大决策。

又以山东兖州地近江南、江西、湖广，山西太原地近陕西、四川，均属交通要道，遂令副都统马哈达统兵进驻兖州，扩尔坤领兵驻太原，“秣马以待，所在有警，便即时调遣”。又在“距潼关、郧襄皆近”的河南府（府治洛阳）设立新的中转站，命副都统塞格等率兵驻守，“所在有警，俱可策应”[53]。同时，为了更及时地了解军情，康熙皇帝命兵部于原有的驿站外，每四百里置笔帖式、拨什库各一，以速邮传、诘奸宄、防诈伪。这样大大加快了通讯效率，使其能很快了解前方军情和有关情报。西边甘肃五千余里，九日可到京师；荆州、西安，五日可到；浙江，四日可到。吴三桂本以为康熙皇帝不过是个二十岁的小皇帝，未经大事，没有什么可以担心的，后闻知驿报如此神速，也只得长叹：“休矣！未可与争也！”[54]

在调兵遣将、部署兵力的同时，康熙皇帝亦采取政治攻势，尽力瓦解吴三桂的势力。首先，他当机立断下令停撤平南王、靖南王两藩，立即召回前往广东、福建办理撤藩的钦差大臣梁清标、陈一炳，并亲自给尚可喜、耿精忠每人一道手诏，以加安抚。其次，对现任直隶各省原吴三桂属下文武官员进行安抚，概不株连治罪，使其安心职守。其三，将吴三桂儿子吴应熊暂行拘禁，以防止其内外交通，泄漏军情。同时，于康熙十二年（1673）十二月二十六日正式下诏削夺吴三桂平西王王爵，通告全国。诏文如下：

逆贼吴三桂，穷蹙来归。我世祖章皇帝念其输款投诚，授之军旅，赐封王爵，盟勒山河。其所属将弁崇阶世职，恩赉有加，开阃滇南，倾心倚任。迨及朕躬，特隆异数，晋爵亲王，重寄干城，实托心膂，殊恩优礼振古所无。讵意吴三桂性类穷奇，中怀狙诈，宠极生骄，阴图不轨，于本年七月内自请搬移。朕以吴三桂出于诚心，且念其年齿衰迈，师徒远戍已久，遂允奏请，令其休息。仍敕所司安插周至，务使得所，又特遣大臣前往，宣谕朕怀。朕之待吴三桂，可谓礼隆情至，蔑以加矣。



近览川湖总督蔡毓荣等疏称，吴三桂径行反叛，背累朝豢养之恩，逞一旦鸱张之势，横行凶逆，涂炭生灵，理法难容，神人共愤。今削其爵，特遣宁南靖寇大将军统领劲旅，前往扑灭，兵威所至，刻期荡平。但念地方官民人等身在贼境，或心存忠义，不能自拔；或被贼驱迫，怀疑畏罪，大兵一到，玉石莫分，朕心甚为不忍。爰颁敕旨，通行晓谕，尔等各宜安分自保，无听诱胁；即或误从贼党，但能悔罪归诚，悉赦已往，不复究治。至尔等父兄子弟亲族人等，见在直隶各省出仕居住者，已有谕旨，俱令各安职业，并不株连。尔等勿怀疑虑，其有能擒斩吴三桂头献军前者，即以其爵爵之；有能诛缚其下渠魁及兵马城池、归命自效者，论功从优叙录。朕不食言。尔等皆朕之赤子，忠孝天性，人孰无之！从逆从顺，吉凶判然，各宜审度，勿贻后悔。地方官即广为宣布遵行。[55]

此诏一出，无异于给吴三桂判了死刑，将吴三桂几十年来为清朝效犬马之劳所立战功一笔勾销，并明谕要吴三桂首级，充分体现了康熙皇帝沉着果断的性格。就这样，在康熙皇帝的亲自领导下，平定三藩之乱的战争打响了。

康熙十三年（1674）新年伊始，吴三桂正式称“周王”，并废弃康熙年号，改元“利用”。同时自铸货币，名曰“利用通宝”，废除康熙铜钱。尽管他在《反清檄文》中宣称奉朱三太子起事，此时，他已将这谎言抛到脑后。这种做法引起不少明末遗民的不满，以致不少原来对他寄予希望的明朝降将和遗民先后离他而去。如这年下半年，吴三桂向原明朝少卿李长祥问方略，李长祥劝他：“赶快改定为大明名号，以收拢人心，立怀宗（崇祯皇帝）后裔，以鼓舞忠义。”但方光琛和胡国柱等坚决反对，吴三桂遂不采纳，李长祥也徒叹奈何，终于离开吴三桂。后吴三桂获知昔日故友谢四新在安徽徽州，派人秘往徽州延聘，望其帮助自己反清。谢四新乃当时一位通人处士，在辽东时就为吴三桂所敬仰，两人还有过一段交情。但此次谢四新非但不领吴三桂的情，反而作诗讽刺他。诗曰：

李陵心事久风尘，三十年来讵卧薪。
复楚未能先覆楚，帝秦何必又亡秦？
丹心早为红颜改，青史难宽白发人。
永夜角声应不寐，那堪思子又思亲！[56]

这入木三分的讥讽直气得吴三桂破口大骂：“这真是个薄福小人!”

由于吴三桂反叛蓄谋已久，因而叛乱之初军事上一度颇为得手，进据贵州之后，又北上湖南，一路上进军神速，所向披靡，相继攻陷沅江、常德、澧州，接着又攻陷了衡州(今衡阳市)，然后挥师直逼长沙。巡抚卢震已经逃走，副将黄正卿、参将陈武衡将城池献给了叛军。常德、长沙“扼湖湘之险，当水陆之冲”，两城相继失陷，湖南丧失大半，不久，辰州又落入吴三桂之手。三月初，吴应期与张国柱水陆大军齐进，直逼湘北重镇岳州。该城参将李国栋又“私行纳款”，把岳州拱手让给叛军。这样，在短短的三个月内，吴三桂连陷湖南重镇，而清兵“处处无备”，所到之处，诸府、州、县将吏非逃即降。清廷兵部惊呼：“吴三桂反叛以来，湖南绿旗官兵多附贼！”[57]湖南全境遂落入吴三桂之手。



叛军在湖南节节胜利，湖北的一些将领亦纷纷起兵响应。康熙十三年（1674）三月十五日，襄阳总兵官杨来嘉在谷城宣布起兵。十九日，原与杨来嘉合谋的郧阳副将洪福在郧阳反叛。四川方面情况更糟，当年正月吴三桂派部将王屏藩进兵四川，四川提督郑蛟麟与川北总兵官谭弘合谋响应；几乎同时，四川巡抚罗森、总兵官吴之茂也叛附吴三桂。此时康熙皇帝派往四川的各路大军尚未到达，四川已全部纳入吴三桂的控制之下。吴三桂封谭弘为“川北将军”，郑蛟麟为“总督将军”，并命他们一出汉中，一下夔州。陕西、湖北两省都处在危急之中。这样，吴三桂起兵仅三个月，便已占有滇、黔、湘、蜀四省。不久，闽、赣、浙、粤、桂、陕等省又相继叛清。恰在此时，京畿也连续发生几起反清事变，严重威胁着清廷的安全，康熙皇帝又面临着一场严峻的考验。

## 四、变生肘腋



康熙十二年（1673）十二月，吴三桂起兵叛乱的消息传入京师，即在京畿一带引起强烈震动。尔后，因禁旅八旗先后奉调南下平叛，京城空虚，利用这一时机，京畿首先发生了杨起隆之变。

杨起隆系京城人，当他得知吴三桂叛乱，遂诈称“朱三太子”，秘密起事。朱三太子，即明崇祯帝的第三个儿子，明朝灭亡后，下落一直不明。故而清朝初年各地人民反清起事，多以朱三太子为号召。杨起隆亦不例外。经多方联系，杨起隆组织了京城百姓和各级贵族家奴一千余人，相约额前裹白布、身扎红带为标记，定于康熙十三年（1674）元旦之日，以放火为号，在内城一起举事，准备趁各官员入朝时，“各杀其主”，将来建立政权时，被杀官员的官职即由该官的家奴充任。不料即将举事之时消息走漏。康熙十二年（1673）十二月二十一日，郎廷枢的家奴黄裁缝喝醉了酒，胡言乱语。郎廷枢颇觉奇怪，遂趁黄裁缝醉意正浓时诱导出了他的话。原来黄裁缝亦参加了杨起隆的密谋。郎廷枢获知后大惊，当即抓住黄裁缝等三人前去本旗主处告变。同时，正黄旗周全斌的儿子周公直亦来告密，说他的家人陈益正聚集三十多个陌生人在他家里秘密集会，密谋举事。于是正黄旗都统图海、祖永烈迅速点起官兵，亲自率兵前去擒拿。经过一场短暂的格斗，拿获了案犯三十余人。接着下令关闭城门，严行搜查，捕获首要人犯数百人。首犯杨起隆闻风而逃，不久也被拿获，被处以死刑。一场变故就这样迅速地平定下去了。

对于这一重要事件，康熙皇帝十分重视。因为此事就在皇城内，就在皇帝身边，一旦得逞，后果不堪设想，因此，他亲自过问和处理此案件。刑部先审理完案犯，拟将李株、黄裁缝等二百余人按“谋反律”凌迟处死，其亲属自祖父以至子孙，还有叔伯兄弟及其儿子，凡男年满十六岁者，都予以处斩；十五岁以下男子并案犯之母女、妻妾、姐妹及财产都入官。康熙皇帝审核之时，本着从宽处理的原则，改定只将李株、黄裁缝等九人凌迟处死，蔡文以下一百九十四人改为斩首。案犯亲属，康熙皇帝不忍株连过多，一律免罪释放，其家产也免入官，受牵连之人亦不予追究。康熙皇帝的这种宽严结合的处理方法，使得京师很快安定下来。



杨起隆叛乱刚刚平定下去，康熙十三年（1674）四月初，侍卫关保密报河北总兵蔡禄正加紧准备叛乱，以响应吴三桂。蔡禄和襄阳总兵官杨来嘉原都是郑成功的部将，郑成功去世后均率部降清，被从优提拔，授以总兵官。当获知吴三桂在云南起兵，蔡禄内心亦萌生反意，并与起兵反清的杨来嘉书信往来，购买骡马，制造鸟枪，并命士卒以捕鱼为名，身披铠甲，进行军事演习，密图叛乱。当时侍卫关保前来出差，无意中侦知其情，即火速报告康熙皇帝。河北系京畿比邻，一旦举事，必将危及京城。康熙皇帝当即派遣内大臣阿密达率领护军速赴蔡禄驻防地怀庆（今河南省沁阳市）以察其情，并授其全权处理。这样，在蔡禄还没有将士卒鼓动起来之际，阿密达就已率部迅速包围了他的衙署。蔡禄的部下施放箭矢，并发火炮，企图负隅顽抗。阿密达指挥若定，率部冲进衙署，将蔡禄父子及其同谋一并擒获，四月二十四日，蔡禄父子被押解北京。这样，一场叛乱又被扑灭于萌芽之中。

京畿先后发生的两次叛乱，引起朝廷上下的高度警觉。他们感到，吴三桂叛乱已在各阶层人士中产生了十分广泛的影响，而在当时，吴三桂的长子尚在京师，虽已被拘禁，但终究是一大隐患，万一再度变生肘腋，后果不堪设想。而且，清廷对吴三桂的痛恨与日俱增。于是，吴三桂的长子吴应熊便成为替罪羊。康熙十三年（1674）三月九日，兵部尚书王熙上疏康熙皇帝，请诛“逆子”。议政王大臣会议商讨，一致支持王熙的建议，应将吴应熊处死。但这对康熙皇帝来说却是一个难题，吴应熊虽系逆臣吴三桂之子，但又是自己的亲姑父，为清皇室外戚的直系亲属。从人伦而言，康熙皇帝不忍处死吴应熊。最初读到王熙奏疏，他并未表态，甚至还觉得吴应熊是个较称职的大臣。但为了大清江山，为了国家的利益，又不得不处死吴应熊。经过激烈的思想斗争，康熙皇帝最终批准了王熙的奏疏，同意处死吴应熊。

两次叛乱的平定和吴应熊的处死，消除了京师隐患，稳定了人心，但前线军事形势却越来越严峻。十二月，陕西提督王辅臣叛于宁羌，耿精忠又叛于福建，提督郑蛟麟等叛于四川。战火烽起，叛乱席卷全国，南方大部分疆土都落入叛军之手。恰在此时，从京师的北边门户、长城脚下又传来警报：康熙十四年（1675）三月，蒙古察哈尔部布尔尼也趁机兴兵造反。

布尔尼为蒙古林丹汗之孙。清太宗时将林丹汗征服，林丹汗死后，清廷封其子阿布奈为和硕亲王，并将清朝公主嫁给他为妻。康熙八年（1669）九月，因阿布奈“负国家豢养之仁，累失外藩朝贺之礼，情罪重大”[58]，清廷原本想削夺他的亲王封爵，但本着宽大处理的原则，免除阿布奈的亲王爵位，并将其带入京师，爵位由其子布尔尼承袭。布尔尼系清朝公主所生，与清廷系至亲，他虽承袭了亲王爵位，但对清廷的做法深怀不满，不思感恩，反而图谋报复。吴三桂叛乱之后，清廷无暇北顾，且京城八旗兵大部南调平叛，布尔尼的属下自京师告知布尔尼：京城兵力空虚，城门守卫皆少年兵。布尔尼遂积极准备，图谋叛乱，趁机劫回其父阿布奈。从嫁公主长史辛柱设法派他弟弟阿济根至京师告发。康熙皇帝以叛乱还未显露，且京师兵力空虚，想力求安抚，遂派侍卫塞棱等去召见布尔尼兄弟以及巴林、翁牛特部王公等进京朝见。布尔尼内心生疑，不但不进京朝见，反而扣留塞棱，同时煽动蒙古各部造反。三月二十五日，布尔尼和奈曼王扎木山一同叛乱，挥师直逼张家口。



察哈尔系京畿近邻，布尔尼的叛乱对京师安全构成严重威胁。消息传来，康熙皇帝十分忧虑，因为京师的军队几乎全部南下，已无兵可派了，于是求教于祖母太皇太后。孝庄文皇后认为“图海才略出众，可当其责”。康熙皇帝立命信郡王鄂札为抚远大将军，图海为副将军，率师征讨布尔尼。

图海，姓马佳氏，满洲正黄旗人。康熙二年（1663）剿灭李自成余部郝摇旗、李来亨有功，渐渐升迁。吴三桂叛乱后，他被任为户部尚书，专管筹饷。此次受命出征，责任重大。京师无兵，图海遂将八旗家奴组织起来，于四月初五出征。由于图海领兵有方，这支没有丝毫战斗经验的“家奴部队”显示了很强的战斗力。

康熙皇帝看在布尔尼与清廷有血缘关系的分儿上，在鄂札、图海行前，特告谕“当宣布累朝待布尔尼厚恩及朕不忍加诛之意”；而在给布尔尼的敕书中，又特别强调“尔受累朝恩养，又为公主所生，以至戚不忍遽灭，故屡行晓谕，若仍执迷，恐贻后悔”[59]。但布尔尼置若罔闻，依然我行我素。

四月二十二日，图海率军与布尔尼在达禄交战。布尔尼在山谷间布置伏兵，列阵以待。鄂札与图海率家奴兵分头进击，冒着布尔尼的炮火奋勇向前，冲乱了布尔尼的阵脚。布尔尼的部下都统晋津阵前倒戈，反攻布尔尼，布尔尼大败而逃，随身仅三十余骑。此时，科尔沁和硕额驸沙津亦率兵来援，不久，沙津率兵将布尔尼及其弟罗不藏全部追杀。五月，奏捷于清廷，康熙皇帝览奏大喜，重赏鄂札、图海和沙津。布尔尼叛乱就此平定。



布尔尼叛乱的平定，使得京畿和大后方的形势进一步稳定下来。因此，尽管此后一个时期整个形势依然十分严峻，但因大后方安定，国家中枢各机构照常运转，从而为最终平定三藩之叛奠定了重要基础。

## 五、闽广从逆

吴三桂起兵之初，即致书耿精忠、尚可喜和镇守广西的抚蛮将军孙延龄，煽动他们一起起兵，反叛清廷。在他看来，撤藩侵犯了三藩的共同利益，他深信各藩也会像他一样采取行动。因而，在部将马宝要求率兵攻取两广时，他阻止道："两广只须一辩士口舌可下，不烦派兵，我已派人前去游说。"[60]果不其然，康熙十三年二月二十七日（1674年4月2日），孙延龄首先揭起叛旗；三月十五日，耿精忠亦在福建起兵。只有平南王尚可喜断然拒绝，并将吴三桂的来使连同"逆书"一并解往北京，报告朝廷，坚守晚节。但为时不过一年多，康熙十五年（1676）二月，他的儿子尚之信起兵反叛。二藩及广西反叛，使得叛乱进一步扩大到南方绝大多数省份。

广西地接云、贵，是抵挡吴三桂的第一道防线，吴三桂叛乱后，康熙皇帝就封驻守广西的孙延龄为"抚蛮将军"。康熙十三年（1674）二月二十一日，康熙皇帝还特下诏给孙延龄及广西诸位将领，特谕"保固粤西，惟你们是赖"[61]，语重心长，寄予厚望。但六天后，孙延龄就接受了吴三桂的叛书，举起了叛旗。



孙延龄原系定南王孔有德之婿，与孔有德独生女儿孔四贞结婚。其父原是孔有德手下的末弁，降清后，跟随孔有德征伐，升为将官。后孔有德自焚于桂林，孙延龄之父亦战死于阵前。朝廷给予恤典，令孙延龄袭二等男爵，又加一等云骑尉。康熙五年（1666）五月，清廷以其为镇守广西将军，统辖孔有德旧部，驻于桂林。孙延龄因岳父而贵，颇得朝廷恩典，但他不思图报，反而骄纵无忌，擅自任免本省武官，贪污受贿，残害百姓，多为不法之事。御史马大任及孙延龄部将都统王永年、副都统孟一茂等人先后上疏弹劾他。康熙皇帝派兵部侍郎勒德洪前往调查，经查属实，兵部议处应治其罪。但康熙皇帝鉴于孙延龄年纪尚轻，未曾更事，又系少年得志，难免张狂，遂予以宽大处理，免于处分。孙延龄不思自己之过，反对此颇为不满，对部属王永年等人更是怀恨在心，伺机报复。

孙延龄收到吴三桂的信后，认为报复的时机到了。二月二十八日，孙延龄诈称议事，召集诸将于其府中，事先埋伏精兵。议事完毕，诸将准备离座，伏兵齐发，王永年与副都统孟一茂、参领胡同春、李一第等三十余人被杀。之后，他又派兵包围广西巡抚马雄镇的衙署，将马雄镇逮捕并加以囚禁。马雄镇之子马世济星夜逃往赣州，并将广西叛乱情况上报朝廷。

得知孙延龄叛变的消息，康熙皇帝既感惊讶，又极为恼怒，当即削夺其将军职衔，并命广东平南王尚可喜、两广总督金光祖和广西提督马雄共同征剿。但粤兵未至，吴三桂已率兵进入广西，与孙延龄共同夹击驻守柳州的广西提督马雄。马雄难以抵抗，遂与广西都统线国安等先后投降吴三桂。吴三桂大喜，立即封马雄为“怀宁公”[62]，广西遂全部陷落。

孙延龄叛乱不久，耿精忠就在福州举起叛旗。耿精忠是耿藩的第三代王，耿仲明的长孙、耿继茂的长子。从顺治十一年（1654）起就一直留京入侍，康熙二年（1663）方回福建学军事。耿精忠婚配肃亲王豪格的女儿，为和硕额驸，亦系清廷的外戚。康熙十年（1671），耿继茂去世，耿精忠正式承袭靖南王爵。康熙十二年（1673），在平南王尚可喜将要撤藩回辽东时，他被迫上疏请撤藩，但这并非他的本意，他袭藩王不过两年，福建是他的根本所在，他不愿离开福建北迁，对撤藩极为不满。吴三桂约他起兵，他蠢蠢欲动，与部属左翼总兵曾养性、右翼总兵江元勋、参领王世瑜、王振邦、白显忠、徐万耀、蒋得鋐等人多次密谋。康熙十三年三月十五日（1674年4月20日），耿精忠在福州囚禁福建总督范承谟，正式加入反叛阵营，效法吴三桂，蓄发易衣冠，铸钱“裕民通宝”，自称“总统天下兵马上将军”[63]，以曾养性、白显忠、江元勋为将军，其下佐领李似桂、黄国瑞、林芳孙、廖廷云，护卫吕应计、夏季旺，长史陈仪、陈斌等都加授新的职务，分授都督、总兵等官职。

几天之后，这一消息由杭州将军图喇报入北京。康熙皇帝获知后颇为震惊。吴三桂叛乱之初，康熙皇帝曾下令停撤耿藩和尚藩，以示笼络，可没有想到耿精忠不领情，反而步吴三桂后尘，发动叛乱。康熙皇帝毫不迟疑，马上下令削夺耿精忠的王爵，并发出通告予以声讨。讨耿诏书历数清廷对耿藩祖孙三代之恩：“自伊祖以及伊身，受恩三世四十余年。”继而指斥耿精忠世受国恩，不思图报，反而“包藏祸心，潜谋不轨，乘吴逆之变，辄行反叛，煽乱地方，罪恶昭彰，国法难容！今削其王爵，遣发大兵进剿”[64]。与此同时，康熙皇帝任命康亲王杰书为大将军，率师征讨耿精忠；又调定南将军希尔根统兵由江西，平南将军赖塔由浙江，平寇将军根特巴图鲁由广东，三路同时进剿福建。为使各个击破，康熙皇帝又将耿精忠与吴三桂区别对待，征剿的同时，亦派人招抚，对于其“在京诸弟照旧宽容，所属官兵并未加罪”[65]。

尽管康熙皇帝仁至义尽，竭力争取，但耿精忠却毫无悔悟之意，他先是将康熙皇帝派往福建的招降使者周襄绪、陈嘉猷二人扣留，对康熙皇帝的招抚置之不理；同时积极勾结吴三桂，准备联合作战；并遣使渡海，约台湾郑经政权进攻大陆，许以福建南部沿海郡邑割归郑氏政权；同时还策动广东潮州总兵官刘进忠反叛，以扰乱尚可喜的阵脚。

吴三桂、孙延龄、耿精忠相继反叛，忠于清朝政府的藩王只剩下了一个平南王尚可喜。康熙十三年（1674）四月，尚可喜将吴三桂来使连同约他起兵的“逆书”一并解往北京，康熙皇帝对此大为高兴。三藩之中已有两藩叛逆，平南王尚可喜能坚守晚节，不参与叛逆，这对康熙皇帝不能不说是一个极大的安慰，当即予以嘉奖。在以后形势日益恶化后，尚可喜又多次表示忠于朝廷，与叛臣划清界限。耿精忠叛乱之后，由于尚可喜与耿精忠是儿女亲家，耿精忠的妹妹嫁给了尚可喜的长子尚之信，尚可喜次子尚之孝的女儿又是耿精忠的儿媳，因此，尚可喜上疏康熙皇帝：“臣与耿精忠本系姻娅，不能不踌躇于中。窃臣叨王爵，年已七十有余，虽至愚极陋，岂肯向逆贼求功名富贵乎？惟知捐躯矢志，竭力保固岭南，以表臣始终之诚。”[66]康熙皇帝览奏颇为感动，当即优诏褒答：“王累朝勋旧，惟笃忠贞，朕心久已洞悉。近复屡摅猷略，保固岩疆，厥功甚茂。览奏披历悃忱，深为可嘉，着益殚心料理，相机剿御，以副朕倚任之意。”[67]对尚可喜，康熙皇帝已极为放心，并格外倚任，他指令兵部将两广军务全部委托尚可喜办理。

此时闽、桂皆叛，湖南又系吴三桂的部队，尚可喜居于广东，三面皆是叛军，设若三方同时出兵，他势必独木难支，处境危险；而他又年老体衰，疾病缠身，难以应付各种危急之事。他对“生而神勇，嗜酒不拘细行”的长子尚之信颇为担心。以前，他之所以上疏请撤藩，也是想免得受其拖累，坏了一世声名。尚之信嗜酒如命，残暴少恩，虐待下属，尚可喜对此颇为厌恶，他不想把自己的藩王移给这个残暴的长子，让谁来代替他处理藩事，令他颇为忧心。尚可喜最后还是听信了心腹谋士金光的话，尚之信“刚而多虑，勇而寡仁，若以嗣位，必不利于国家，请废他，立次子之孝”[68]。尚可喜思来想去，终于接受了这个意见。康熙十三年（1674）四月上疏清廷，自陈年老体衰，难以处事，提出想让次子尚之孝继承王爵，“臣察众子中惟次子都统尚之孝，律己端慎，驭下宽厚，可继臣职”[69]。



尚可喜最初提出撤藩、让长子尚之信留镇广东时，清廷以无“先例”予以拒绝；而此次康熙皇帝则马上表示同意。康熙皇帝深知，现在形势危急，最重要的是笼络住人心，调动各方面的力量，以对付叛军。康熙皇帝批准了尚可喜的请求，使得尚可喜更加忠心耿耿。

就在尚可喜准备把王爵移给尚之孝时，广东潮州总兵官刘进忠与耿精忠勾结，于四月二十日公开叛乱。自此，尚可喜驻镇的广东亦掀起了叛乱的战火。

刘进忠原是明总兵马得功部将，顺治二年（1645）降清，康熙三年（1664）升任福建中路总兵官，康熙八年（1669）调任广东潮州总兵官。他在福建待了好几年，与耿精忠的关系颇为密切，获知耿精忠叛乱之后，遂派亲信杨希震前往福州，与耿精忠联络。但此事泄漏出来，被驻在城内的续顺公沈端获悉，沈端就与游击李成功、张善继商讨对付刘进忠。四月二十日，双方发生武装冲突，沈端被俘。耿精忠派漳浦总兵刘炎统兵进驻潮州，刘进忠遂与其联合，进攻尚可喜的部队。耿精忠封刘进忠为“宁粤将军”。

尚可喜一面报告朝廷刘进忠叛乱，一面派次子尚之孝统兵讨伐刘进忠。七月，尚之孝相继收复了程乡、镇平、平远等县；尚可喜的另一儿子尚之节则收复了大埔县，进抵三河坝。十月，总兵王国梅在潮州城下同刘进忠部交战，三战皆捷。十一月，尚之节与总兵王国栋、巡抚刘秉权攻破潮州城，歼灭叛军五千余人。刘进忠和耿精忠的部队节节败退。捷报传入朝廷，康熙皇帝当即予以嘉奖。康熙十四年（1675），康熙皇帝为表彰尚可喜对朝廷的忠心，特命进爵亲王。并诏谕吏、礼、兵部，诏谕中对尚可喜给予极高评价，指出他在入关之初，即“殚竭忠忱，替襄大业”；镇守广东以后，“海氛宁静，百姓平安”；而在吴三桂、耿精忠叛乱后，又“益励忠纯，克抒伟略，悉心筹划，数建肤功”[70]。将尚可喜由平南王进封平南亲王，更是礼遇非常，在吴三桂亲王被削除之后，尚可喜是汉人中唯一得此爵位的人。同时又给其子尚之孝加封“大将军”，并指定由尚之孝承袭亲王爵。这全是破例之举。康熙皇帝知道，要朝廷马上派兵去增援广东，一时还颇为困难，因为广东三面皆是叛军，难以成功，故只能寄希望于尚氏父子，使之忠于朝廷，以保住广东这块疆土。

对于朝廷的礼遇，尚氏父子极为感激，他们尽力而为，以求不负厚望，但广东的形势却日益恶化。尚之孝进围潮州，刘进忠几乎抵挡不住了，便请求于台湾郑经。郑经派大将刘国轩、赵得胜、总兵何佑率众万余增援，尚之孝腹背受敌，寡不敌众，退至普宁。六月，高州总兵祖泽清亦叛。祖泽清是祖大寿的第四子，与吴三桂为姑表兄弟，他投降吴三桂后，即与广西叛将马雄、董重民等一道攻陷了雷州、廉州、德庆、电白等县，从西部直接威胁广州。尚氏军队抵挡不住，节节败退。到年底，刘进忠和郑经部将刘国轩又攻破了尚之孝的普宁大营，进而逼近广州。不久，广州的外围地区新会与博罗都落入叛军之手，广州岌岌可危。

当时，尚可喜恰在病中，尚之孝又不在身边，他连章向朝廷告急，请求派援军。康熙十五年（1676）正月，康熙皇帝对广东形势的恶化颇为担心，一方面下诏褒奖尚氏父子，一方面下令从其他地方派兵增援广东，指示兵部："粤省要地，倘有疏失，为害不小。"先后调副都统额赫纳率部分江西兵、平寇将军哈尔哈齐统率三千精锐，紧急增援广东，"如有稽迟，坐以失误军机之罪"[71]。

但在清廷的援军尚未到达广东前，康熙十五年二月二十一日（1676年4月3日），尚可喜的长子尚之信就发动兵变，倒向吴三桂。原来吴三桂对广东亦是志在必得，吴兵已进至湖南，广东足以构成其后顾之忧。吴三桂趁尚可喜的军队节节败退、清援军还未到达之时加紧进攻，攻陷了距广州不过二百里之遥的肇庆，进攻之余，又加紧策反。他知道尚之信对自己身为长子却不能承袭王爵一定心怀不满，遂派人游说尚之信，以答应封其为王、世守广东为诱饵，鼓动尚之信反叛。尚之信对其父极为不满，对其弟尚之孝非常嫉妒。他性情本来就暴躁，现在更经常借酒发疯，肆意欺凌下属；对于尚可喜的谋士金光，他更是恨得咬牙切齿，认为自己未能承袭王爵，全是因为金光给其父出的鬼主意。为了发泄自己的失意、愤恨、恼怒情绪，在吴三桂的引诱下，终于趁机发动了叛乱。二月二十一日，尚之信派兵封锁广州，将其父软禁起来，接管了平南王的权力。吴三桂获知尚之信反叛，大喜，当即封他为“招讨大将军”和“辅德亲王”。两广总督金光祖、巡抚佟养钜、陈洪明也跟着尚之信一同叛投了吴三桂。尚之信当即处死了金光，以雪其心头之恨。

尚可喜当时正病卧床上，闻知兵变，又急又气，大骂“逆子误我”，颤颤悠悠地爬起，寻得一根绳索。征战一生、为清廷立下了不少战功的尚可喜，无论如何也想不到到头来会被自己的儿子逼死。为了留得一世清名，不受叛逆儿子的牵连，他老泪纵横，投缳自尽。幸被左右及时发现，急用姜汤灌醒。虽然活过来了，但此后病情日益加重，当年十月底，即死于广州，终年七十三岁。直到康熙十六年（1677）六月，康熙皇帝方才获知尚可喜去世的消息，不胜悲悼，表示：“平南亲王尚可喜久镇岩疆，劳绩素著。自闻兵变，忧郁成疾，始终未改臣节，遂至陨逝，可悯！”[72]并指示要给予恩恤。

康熙十五年（1676）四月八日，康熙皇帝从江西总督董卫国的奏疏中首先获知尚之信“守其父尚可喜第，倡兵作乱。……总督金光祖、巡抚佟养钜、陈洪明俱降贼”[73]。尽管尚可喜尽力支撑，但广东还是失去了。叛乱的战火燃遍了南国，云、贵、川、桂、湘、粤、闽七省已全为叛军所控制，三藩势力连成一片，台湾郑经亦相机取事。面对严酷的现实，康熙皇帝被迫把防御重点放在江西，他说：“广东变乱，江南、江西殊属可虞。若闽、粤诸贼会犯京口（今镇江市）等处，则江南兵单，难以防御。”因而命令平寇将军哈尔哈齐和额楚速取江西吉安，与将军舒恕等“合兵御闽、粤诸贼”[74]。同时，鉴于陕甘一带也发生重大变乱，为了西北的安定，康熙皇帝不得不调兵遣将，在一个时期内，将主要精力致力于西北地区叛乱的平定。

## 六、陕甘变乱

吴三桂叛乱之后，为了煽动西北的将领和他一道反清，亦频频遣使鼓动。当时镇守平凉的陕西提督王辅臣和镇守甘肃的提督张勇都是吴三桂的旧部，吴三桂满以为只需一纸号令，王辅臣和张勇都会闻风而动，积极响应，因为吴三桂待他们都不薄，尤其是对王辅臣，更是宠遇有加。



王辅臣亦是一员猛将。他系山西大同人，早年参加农民起义，作战英勇，乘一黄骠马，“来则擒人去，莫有撄其锋者”，故有“马鹞子”之称。后来降于大同总兵姜瓖，不久升为副将。顺治六年（1649），英亲王阿济格围攻大同，王辅臣遂降清，隶正白旗汉军。他在战场上英勇无比，勇冠三军，所向锐不可当。后调入京师。顺治皇帝亲政后，非常赏识他的才干，授予他御前侍卫一等衔。顺治十年（1653），跟随经略大学士洪承畴征战河南、广西，洪承畴对他亦颇为赏识。王辅臣对洪承畴更是毕恭毕敬，洪承畴走到哪儿，他跟到哪儿，寸步不离，忠心耿耿。行军时遇有险阻，他必下马，亲手执洪承畴坐骑的辔绳；遇到山涧，他一定背负洪承畴过去。他的忠心令洪承畴极为感动，亲擢他为湖广总兵。云南平定以后，洪承畴回京师，王辅臣留镇云南，遂隶属吴三桂。吴三桂久闻王辅臣的名声，又很赏识他的才干，将他调任平西王藩下为援剿右镇总兵，待他几如子侄。刘献廷在《广阳杂记》中说："辅臣之事平西（吴三桂），无异经略（洪承畴）；而平西之待辅臣，有加于子侄，念王辅臣不去口，有美食美衣器用之绝佳者，他人不得，必赐辅臣。"而王辅臣也如对待洪承畴一样对待吴三桂，尽心尽力，竭诚竭忠。可见彼此的关系是何等密切！康熙三年（1664），王辅臣加衔左都督；康熙九年（1670），适逢陕西提督缺空，清廷以王辅臣勇谋双全，出镇平凉。任命下达后，吴三桂方才得知，颇为惋惜，如失左右手。王辅臣临行前，吴三桂拉着他的手涕泣不止，说道："你到了平凉，不要忘了老夫。你家里穷，人口多，万里迢迢，怎么受得了？"当即赠白银二万两，以做路费[75]。

张勇，系陕西咸宁（今西安市）人，曾为明副将，顺治三年（1646）降清，在陕西、甘肃征战，屡立战功。顺治十五年（1658）随洪承畴征讨贵州，大败桂王都督罗大顺。后随信郡王多尼进征云南，于七星关击败白文选。顺治十七年（1660）授镇守云南临元、广西诸处总兵，次年擢升提督，隶属平西王吴三桂管辖。吴三桂待部下一向优礼，对张勇也极力施恩。康熙二年（1663），张勇又被调回甘肃镇守，次年即加太子太保，镇守甘肃，"威名素著，属番詟服"[76]。

吴三桂以为凭自己往日对王辅臣、张勇的恩情，尤其是对王辅臣的特殊礼遇，他们一定会听命于自己，在西北起兵，开辟新的战场，以造成南北夹击清军之势。但吴三桂万万没想到，王辅臣、张勇非但不从叛，反而予以坚决拒绝。这是因为，虽然吴三桂待他们不薄，但康熙皇帝对他们更是恩重如山。康熙皇帝一向爱才如子，他知道王辅臣、张勇都是智勇双全的猛将，才将他们从吴三桂的藩下调出，委以西北重地，以表示对他们的信任。陕西、甘肃皆属战略要地和边防重镇，自明朝以来，陕、甘就与山海关外的辽东并为北京左右臂膀，战略位置极为重要。康熙九年（1670），王辅臣去平凉上任前，在京进谒康熙皇帝，康熙皇帝对他的眷眷之情，溢于言表。康熙皇帝说："朕真想把卿留于朝中，朝夕得见。但平凉边庭重地，又非卿去不可。"时近年底，康熙皇帝又特让他过完上元节，并亲自请他一道看灯。之后，特命钦天监为他择一吉日动身。临行前，康熙皇帝再次接见他，并赐他一对蟠龙豹尾枪，说道："此枪乃先帝留给朕的。朕每次外出，必把此枪列于马前，为的是不忘先帝。卿乃先帝之臣，朕为先帝之子，它物不足珍贵，惟把此枪赐给卿，卿持此枪往镇平凉，见此枪就如见到朕，朕想到此枪就如同想到了卿。"王辅臣感动得拜伏于地，痛哭流涕，久久不起，说道："圣恩深重，臣即肝脑涂地，不能稍报万一，敢不竭股肱之力，以效涓埃！"[77]王辅臣遂肩负着康熙皇帝的重任，前往平凉上任。

康熙十二年（1673）十二月，王辅臣、张勇和陕西总督哈占都接到了康熙皇帝的特急诏谕："逆贼吴三桂倘有伪札、伪书潜行煽惑，当晓谕官兵百姓，令其举首，向朝廷报告。"[78]不久，吴三桂的信使云南援剿右营标下听用官汪士荣携给王辅臣、张勇的信函和任命札来到王辅臣驻守的平凉。王辅臣没有丝毫犹豫，立即命令拿下汪士荣，把吴三桂给他及给张勇的信、任命札派他儿子王继贞一同解往北京。康熙皇帝获知后大喜，当即将汪士荣处死，并授给王辅臣三等精奇尼哈番世职，将他儿子王继贞加大理寺少卿。不久，四川总兵官吴之茂叛投吴三桂，派人送信给张勇，劝他投降，张勇也将此信连同来使一同送往北京，由康熙皇帝处理。康熙皇帝大加赞扬，“命从优议叙”[79]。

鉴于西北地区连续两次举报叛军策动西北叛乱，康熙皇帝马上警觉起来，当即派刑部尚书莫洛率兵前往陕西。为此，他特加莫洛武英殿大学士，仍以刑部尚书兼管兵部尚书事，兼都察院右副都御史，并兼任陕西经略，“假以便宜，相机行事”，吏、兵二部不得从中掣肘。虽然王辅臣对康熙皇帝表示了忠心，但康熙皇帝对他与吴三桂的关系亦颇清楚，因而在笼络厚待之余，不能不有所提防，故派大将领兵前往。甚至给甘肃提督张勇单独发一道诏旨：“秦省边陲重地，恐奸宄窃发。尔乃封疆大臣，朕所简任，可率所部总兵官固守地方。有为乱者，严行缉治，以副朕倚任股肱之意。”[80]要他注意陕西方面的情况，言辞之中就显露出了对王辅臣的担心。

当时湖南、四川都已落入吴三桂之手，康熙皇帝遂命王辅臣跟随顺承郡王勒尔锦征讨湖南，后莫洛上疏请留王辅臣仍驻平凉，随大军一同进川。王辅臣似乎亦明白康熙皇帝的意图，将他调离平凉，以免生乱。为了消除康熙皇帝的疑虑，他上疏请求入京进见康熙皇帝，“密陈韬略”[81]。大敌当前，康熙皇帝以“边疆要地，正资弹压”，谕告他叛乱平定之后再来京师。王辅臣又上疏说对湘南地形地势很熟悉，请往湖南征战。康熙皇帝先已批准了莫洛的奏疏，决定还是让王辅臣坚守平凉，以与莫洛同攻四川。两次请求都未得到批准，王辅臣内心有些不快；对于莫洛经略陕西，凌驾于其上，他也颇为不满。大军未动，就生嫌隙。他从平凉前往西安，向莫洛陈述征战方略，但莫洛不以为意，显示出轻蔑之意，王辅臣更加怀恨在心。康熙十三年（1674）八月，王辅臣一再要求莫洛给他添马兵，但莫洛先将王辅臣所属固原官兵的好马尽行调走，后来才给他二千“疲瘦茶马”，也大大影响了王辅臣所部将士的心情。经略莫洛率师进攻四川，在陕西汉中与四川保宁交界的地区受阻，四川的叛军又切断了清军的饷道，驻守广元的清援军已缺饷一个月，形势危急。康熙皇帝急令他们后撤。康熙十三年十二月初，莫洛率部至宁羌州，驻南教场，与王辅臣的后营相距只有二里左右。初四日（1674年12月30日），王辅臣的标兵突然向莫洛营地发动进攻，愤怒地呼喊着要粮饷，要好马，箭矢、炮火齐发。莫洛猝不及防，准备反击时，一颗鸟枪子弹飞来，正中莫洛，当场倒地死亡。莫洛所部章京、笔帖式多死于乱阵之中，其标兵和运粮兵二千余人，皆被王辅臣收降。王辅臣杀莫洛，泄私愤，终于举起了叛旗。



定西大将军董鄂随莫洛征讨，撤至沔县，得知王辅臣叛乱，遂退至汉中，急忙飞报康熙皇帝。康熙皇帝览奏，颇为震惊。前不久王辅臣还逮住吴三桂信使，派其子送来京师，现在他儿子还在京师，他怎么突然就叛乱了呢？康熙皇帝稍微理了理思绪，当即召见王辅臣的儿子王继贞。王继贞一进殿，康熙皇帝当头就问一句：“你父亲反了！”然后又把董鄂的奏报出示给他看。王继贞吓得浑身颤栗，哆哆嗦嗦地说：“我不知道，一点也不知道！”康熙皇帝知道王辅臣叛变影响更坏，京师随时都可能受到威胁，为了招抚王辅臣，当即对王继贞说："你不要害怕，朕知你父忠贞，绝不至于谋反，一定是莫洛不善于调解，方有平凉士卒哗变，使你父不得不从叛。你速回去，宣布朕的命令，赦你父无罪。莫洛之死，罪在士卒。"[82]遂放回王继贞。同时又派科臣苏拜携带他的招抚谕旨前往陕西，会同总督哈占商酌，择干练人员，前往王辅臣处招抚。十二月二十三日，康熙皇帝又给王辅臣发去一道长篇敕谕：

近据总督哈占奏称，进剿四川，军中噪变，尔所属部伍溃乱。朕闻之，殊为骇异。朕思尔自大同隶于英王，后归入正白旗，世祖章皇帝知尔赋性忠义，才勇兼优，拔于侪伍之中，置之侍卫之列。继命尔随经略洪承畴进取滇、黔，尔果能殚心抒忠，茂建功绩，遂进秩总戎，宠任优渥。迨及朕躬，以尔勋旧重臣，岩疆攸赖，特擢秦省提督。来京陛见，面加讯问，益悉尔之忠贞天禀，猷略出群，朕心深为嘉悦，特赐密谕，言犹在耳，想尔犹能记忆也。

去冬吴逆叛变，所在人心，怀疑观望，实繁有徒。尔独首倡忠义，举发逆札，擒捕逆差，遣子王继贞驰奏。朕召见尔子，面询情形，愈知尔之忠诚纯笃，果不负朕。知疾风劲草，于今见之。后尔奏请入觐，面陈方略，朕以尔忠悃夙著，深所倚信，且边疆要地，正资弹压，是以未令来京。经略莫洛奏请率尔入蜀，朕以尔与莫洛和衷共济，毫无嫌疑，故令尔同往建功。兹兵变之后，面询尔子，始知莫洛于尔心怀私隙，颇有猜嫌，致有今日之事。则朕之知人未明，俾尔变遭意外，忠荩莫伸。咎在朕躬，于尔何罪？朕之于尔，谊则君臣，情同父子，任寄心膂，恩重河山。以朕之眷眷于尔，知尔之必不负朕也。至尔所属官兵被调进川，征戍困苦，行役艰辛，朕亦悉知。今变起仓卒，情非得已，朕惟加矜恤，并勿致谴。顷已降谕，令陕西督抚招徕安插，并遣尔子往宣朕意。恐尔尚怀犹豫，兹特再颁专敕，尔果不忘累朝恩眷，不负平日忠忱，幡然悔悟，敛戢所属官兵，各归队伍，即令率领，仍还平凉原任，已往之事，概从宽宥。或经略莫洛别有变故，亦系兵卒一时愤激所致，并不追论。朕推心置腹，决不食言，勿心存疑畏，有负朕笃念旧勋之意。[83]



此谕情真意切，将他与王辅臣交往的一桩桩事情娓娓道来，根本不是什么切责的诏谕，而是叙述彼此情谊的私人信件。全篇无一句谴责的话语，处处显示出体谅与宽容。康熙皇帝深知此时再追究莫洛之死已毫无意义，只期望王辅臣能回心转意，使战略位置极为重要的大西北不再掀起叛乱的战火。

一面招抚，一面军事上又严加防备。康熙皇帝下令征调鄂尔多斯蒙古兵三千五百人、归化城土默特兵七百人，前往西安驻守备征。并遣驻守北京的部分八旗兵，“速催起程”，赴西安协守。奔赴西安的各支大军，部分留于西安，其余全部赴定西将军董鄂军前，接应广元、保宁的清军撤回汉中。又调副都统穆舒浑、鄂善和希福率兵驰赴兴安（今陕西省安康市），加强战略要地的防守。

王辅臣接到康熙皇帝的安抚诏书，内心亦颇不平静，想到康熙皇帝对自己恩重如山，读到“谊则君臣，情同父子”时，更是倍受感动，“听闻之下，肝肠寸裂，心胆俱碎，恨不即自灭亡”。惟有向北方“号泣，抚众哀鸣而已”。有感于康熙皇帝的恩情，他表示愿意反正，与吴三桂决裂。

在康熙皇帝安抚王辅臣的同时，吴三桂也大肆拉拢王辅臣。本来吴三桂遣使之后一直盼着西北的好消息，但不久就传来王辅臣派其子将他的信使连同书札解往北京的消息，他当时大骂王辅臣忘恩负义，之后也就不寄予什么希望；不料一年之后，突然传来王辅臣在宁羌起兵的消息。他大为高兴，当即封王辅臣为“平远大将军陕西东路总管”，并拨二十万两白银，由已叛降的秦州知州巴三纲转赠给王辅臣；又指示已入川的大将王屏藩和吴之茂由汉中出陕西应援。

王辅臣上疏康熙皇帝不久，就得到吴三桂的援助，王辅臣遂将康熙皇帝的招抚置之脑后，决心抗拒清兵，依附吴三桂。王辅臣担心，虽然康熙皇帝对他表示友好，但莫洛之死，自己罪责难逃，将来一旦追究，依然难逃惩罚，故此倒向吴三桂。他说降秦州副将陈善，占据战略要地秦州城（今甘肃省天水市），然后毁掉陕、甘两省边界的凤县偏桥，截断清兵粮道，自率旧部回归平凉。吴三桂部将王屏藩又相继攻占了汉中、兴安等重镇，固原、定边、巩昌（今甘肃省陇西县）、阶州（今甘肃省武都县）、文县、洮州、岷州、临洮等地相继叛变，皆为叛军所有。甘肃省城兰州亦被游击董正己策反。康熙十四年（1675）二月五日，王辅臣率部进攻兰州，董正己乘机占领全城。兰州“外控西陲，内接临、巩，为秦中要区”[84]，此城一失，西北震动，各地“土寇蜂起，掠劫乡村”[85]，陕、甘一片混乱。陕西同州（今大荔县）游击李师膺亦据神道岭起兵，连陷洛川、宜川、鄜州等城，葭州、吴堡、清涧、米脂亦先后反叛。

招抚失败，西北叛乱蜂起，一发不可收拾，康熙皇帝忧心如焚。他想驾临荆州，亲自与吴三桂等叛军作战。他对身边的大学士说：“今王辅臣兵叛，人心震动，丑类乘机窃发，亦未可定。前者各将军、大臣不遵指授，互相观望，迁延不进，以致逆贼得据大江之南，渠贼未灭，故又有此变。朕欲亲至荆州，相机调遣，速灭贼渠吴三桂。若吴三桂既灭，则所在贼党不攻自息。”[86]但议政大臣会议认为，皇上乃身关天下，而京师又系根本，故不宜轻出，只可居中运筹，从中调停。康熙皇帝也觉得不无道理，才打消了亲征的想法。



虽然西北叛军很猖獗，但甘肃提督张勇、总兵孙思克、西宁总兵王进宝、宁夏总兵陈福还效忠于清廷。康熙皇帝遂倚重于他们，康熙十四年（1675）三月授予张勇靖逆将军，并谕部臣、总兵以下皆受张勇节制。加孙思克左都督、王进宝都督同知，提升陈福为陕西提督。四月，王辅臣派人携带吴三桂授给张勇的信札，前往诱降，授张勇为“陕西西路总管平远大将军”。张勇奏斩其使，并奏告康熙皇帝。康熙皇帝大喜，马上封他为靖逆侯。王进宝亦拒绝王辅臣的诱降，清廷马上授其为一等阿思哈尼哈番。张勇同叛军作战屡战屡胜，先后收复安定、金县、洮州、河州，在巩昌擒获叛军四百七十三人，后又率部攻克秦州。康熙皇帝屡谕嘉奖，遂下诏：“凡用兵、筹饷一切机宜，均专责任，所属文武各官勿违节制。”[87]张勇遂掌管了陕、甘的军事全权。

就在张勇逐步实施收复计划之时，十二月宁夏发生兵变，陕西提督陈福被乱军杀死，张勇失去了一位得力助手。张勇马上退还巩昌，为了增强实力，当即向康熙皇帝推荐天津总兵官赵良栋，请求将其调任为宁夏提督。康熙皇帝马上予以批准。赵良栋系宁夏人，骁勇善战，以后屡立战功，与张勇、王进宝并称“河西三汉将”。

当时，清军与吴三桂在荆州、岳州隔长江对峙，闽、广叛军亦极为嚣张，吴三桂有意将平凉的王辅臣、东南的耿精忠、尚之信和自己的主力军联合起来，协同作战，共同向北京进军。对此，康熙皇帝看得很清楚，他一方面指令清军堵住从四川方向来的吴三桂援军，一方面加紧对陕、甘叛军的剿灭。对待王辅臣，康熙皇帝依然采取恩威并用、剿抚结合的方式，力图尽快将其平息。他深知王辅臣是陕甘事变的关键人物，明确指出：“底定全陕，惟在速取平凉，逆贼王辅臣一日不灭，则秦省百姓一日不安。”[88]第一次招抚失败之后，康熙皇帝决心用武力解决。他仔细研究了陕西局势，提出：“欲平陕西诸寇，必先取秦州（今甘肃省天水市）。”[89]秦州介于兰州、巩昌、平凉、汉中之间，界近陕西，夺取秦州，就可以切断叛军的联系，在军事上争取主动。

康熙十四年（1675）三月，定西大将军多罗贝勒董鄂率军包围秦州城，攻战几达三月，到闰五月底一举攻克秦州，守城叛将巴三纲逃走。清军趁机收复了礼县、清水、伏羌、西和等县。同时，西宁总兵王进宝率部包围了河西五郡咽喉之地的兰州，叛军与清军展开了激烈的战斗。后城中粮道被断，叛军总兵赵士升困守了两个月后，于六月底率五千多士卒投降。张勇则招降了巩昌，收降叛军一万多人，安插居民十三万五千余人。之后，延安、肤施、保安、定边相继收复。

在清军节节胜利之际，康熙皇帝仍然想招降王辅臣。遂于七月又给王辅臣发去一道招降敕谕，其中说："平逆将军又取延安，兰州、巩昌依次底定。大兵云集，平凉灭在旦夕。"大兵交战之时，百姓多遭杀戮，"以尔之故，而驱百姓于锋镝，朕甚不忍。今复敕尔自新。若果输诚而来，岂惟洗涤前非，兼可勉图后效。"[90]将其罪行概加赦免。不久，王辅臣就回奏康熙皇帝，其中云："皇上念及兵民，概从赦宥，但如何安抚，天语未及，在事兵将，未免瞻顾。"[91]表明王辅臣有点回心转意，但又担心朝廷将来变卦，心存疑惧，故而不敢降。康熙皇帝认为他是"借端推诿，希冀缓兵"，当即指令张勇、董鄂速取平凉。在康熙皇帝的严词督责下，清将董鄂、毕力克图、阿密达等部于八月十五日围攻平凉。

王辅臣叛乱以后，几乎一直驻于平凉，既不南下湖南与吴三桂部会合，也不与四川王屏藩联手。虽然大批清军围攻平凉，但诸军都不敢攻城，只远远驻扎，静观形势。王辅臣也丝毫不把攻城的清兵放在眼里，反而还派兵增援固原、庆阳等处的叛军。庆阳原已被清军招抚，但后又被王辅臣的部将周养民夺回。形势对清军并不十分有利。

吴三桂获知平凉被围后，反而很着急，马上命令四川叛军增援。王屏藩遂率大军进犯秦州，吴之茂率部出四川，进屯单家口等处。吴三桂则遣云贵"猓猓数万到平凉助王辅臣"[92]。川军入陕、甘，而围攻平凉的清军又观望不前，以至贻误战机，陕、甘形势再次恶化。康熙皇帝屡屡下诏切责围城的董鄂，为什么高坐不敢攻取？董鄂胆小怕事，只是敷衍，并不进军。双方相持数月，眼看清军的有利战机就要贻误殆尽，康熙皇帝当机立断，马上委任都统、大学士图海为抚远大将军，授以全权，总辖陕西满汉大军，前赴平凉，剿灭王辅臣。

康熙十五年（1676）二月，图海走马上任，他率领一支数千人的部队驰赴平凉，开始了围攻平凉的战斗。他首先整肃军队，鼓舞士气，明军令，申约束，颁发饷银，士气大振。此时从各路来的围攻平凉的部队已达十万余人，一步步将平凉围紧。诸将勇气倍增，纷纷请命攻城。图海却不同意，说："仁义之师，先招怀，后攻伐。吾奉天威，讨兹凶竖，无虑不克，顾念城中数十万生灵，无非朝廷赤子，遭贼劫持至此，覆巢之下，杀戮必多。俟其向化归诚，以体圣主好生之德，不更美乎！"[93]图海采取困而不攻、围而不战的策略，攻心为上，劝诱其降。图海对王辅臣很了解，王辅臣骁勇善战，作战有方，一旦真刀真枪地干，清军势必损伤很大。因此，他努力贯彻康熙皇帝的招降策略。

平凉城北有一座叫虎山墩的山冈，是平凉通往西北饷道的咽喉，且登临其上，可俯瞰全城，地理位置极为险要，王辅臣派重兵把守。要破平凉，必先得此山冈。图海率部轮番仰攻，战斗极为激烈，清军损失惨重，叛军亦战死两员总兵。在图海的督战下，清军终于拿下了虎山墩，断绝了平凉城的饷道，平凉城遂在清军的掌握之中。清军在墩上安设大炮，轰击城内士卒，王辅臣的士卒惶惶不可终日。当此之际，图海派幕僚周昌进城劝降。

周昌，字培公，荆门人，善计谋。王辅臣手下参将黄九畴、布政使龚荣遇是他的同乡，他们曾屡劝王辅臣投降。周昌事先同他们就有联系，担负着重任冒死进城劝降。平凉城中时已粮尽，王辅臣似乎还想作困兽斗，但抵不住黄九畴、龚荣遇的屡屡进言，终于派一名副将随周昌出城面见图海，表示投降。图海当即奏告康熙皇帝。康熙皇帝览奏大喜，当即批准，对王辅臣依然宽大处理。康熙皇帝履行诺言，恢复王辅臣原官职，加太子太保，并升为靖寇将军，命其戴罪立功。其部下一律予以赦免。

六月六日，图海命周昌携带康熙皇帝的赦诏再次进城抚慰。次日，龚荣遇代表王辅臣向图海献平凉军民册，王继贞及总兵蔡元等上缴吴三桂的札付二纸、“平远大将军印”“陕西东路总管将军印”各一枚及各札文件。十五日，王辅臣亲至图海营中叩头谢恩，彼此且“钻刀设誓，保其无它”[94]，平凉遂顺利收降。

王辅臣接受招降，其他叛军也随风归顺，西北之乱遂迎刃而解，从四川奉命而来的吴之茂马上从秦州退却，王屏藩亦逃往四川，张勇、王进宝等清将跟踪追剿，一路杀败叛军，收复陕、甘许多失地。陕、甘其他地区的叛军相继瓦解，纷纷投降。到八月初，陕西只有汉中和兴安两处叛军，其余皆为清军所据有，西北就此平定。康熙皇帝命图海和王辅臣留镇陕西，以前锋统领穆占佩征南将军印，率陕西、河南满汉各军前往荆州，助剿吴三桂。

西北王辅臣等叛乱的平定，不仅解除了对京师的巨大威胁，而且翦除了吴三桂在西北的羽翼，使其失去一个有力的臂膀。清军很快从西北战场抽身，开赴湖南，从而进一步增强了清军的实力，加速了吴三桂的灭亡。



## 七、艰难相持

康熙十三年（1674）三、四月间，吴三桂攻占湖南，兵锋直抵长江南岸。在他的煽动下，不到一年，孙延龄、耿精忠、王辅臣相继反叛。之后，布尔尼叛于蒙古察哈尔部，尚之信叛于广东。叛乱的烽火燃遍全国，形势对吴三桂极为有利。此时清军还处于紧急调动之中，设若当时吴三桂渡江北进，一鼓作气进军北京，清廷肯定穷于应付，前景难以预料。但吴三桂却驻足长江南岸，企图划江而治，致使清军从容部署，从而出现了数年相持的局面。



吴三桂攻下常德后，就将扣压的清廷钦差大臣礼部侍郎折尔肯、翰林院学士兼礼部侍郎傅达礼放还，通过他们向康熙皇帝提出，要与清朝政府划江而治。吴三桂期待能与康熙皇帝平起平坐，成为独霸江南的皇帝。同时又游说西藏达赖喇嘛，请他从中斡旋。达赖遂奏告康熙皇帝，其中有言："若吴三桂力穷，乞免其死罪；万一鸱张，莫若裂土罢兵。"[95]为静候清廷回音，他驻军长江南岸的湖北松滋，三月不动兵。对此，他的部属十分担忧，纷纷要求北进。吴三桂的重要谋士刘玄初即向吴三桂上书，直陈其战略主张：

> 愚计此时当直捣黄龙而痛饮矣！乃阻兵不进，河上逍遥，坐失机宜，以待四方之兵集，愚不知其为何说也。意

者王特送诸大臣入朝，为王请乎？诸大臣辱国之臣，救死不暇，乌能为王请也？若曰待世子归乎？愚以为朝廷宁失四海，决不令世子返国也。夫弱者与强者斗，弱者利乘捷，而强者利于角力；富者与贫者讼，贫者乐于速结，而富者乐于持久。今云南一隅之地，不足当东南一郡，而吴越之财货、山陕之武勇，皆云翔猬集于荆、襄、江、汉之间。乃按兵不举，思与久持，是何异弱者与强者角力，而贫者与富者竞财也！

噫！惟望天早生圣人，以靖中华耳。[96]

刘玄初的报告将清廷与吴王桂军的优劣弱强做了一个对比。与清廷相比，吴三桂军当然较弱，只能趁清军准备尚不充分时主动进击，方能实现最终目的，直捣“黄龙府”。如心存幻想反而会坐失良机，后果难以想象。但吴三桂就是不予采纳。虽然撤藩时康熙皇帝已经撤掉了他的藩地，但在吴三桂看来，康熙皇帝不过是二十几岁的年轻皇帝，未经战事，没有经验，现在大兵压境，陈兵长江南岸，康熙皇帝有可能会考虑他“裂土罢兵”的建议。



接到折尔肯、傅达礼带回的吴三桂的奏章，康熙皇帝不禁怒火填膺，他本来还期待吴三桂“悔过自新，束身待罪”，对被拘禁的吴三桂长子吴应熊“未忍加诛”，但读完吴三桂的奏章，见其“词语乖戾，妄行乞请，诸王大臣咸以吴三桂怙恶不悛，其子孙即宜弃市，义难宽缓”[97]。此时，恰好杨起隆叛乱刚被镇压，吴应熊终究是个隐患，康熙皇帝遂下令处死吴应熊、吴世霖父子，还毁掉了吴三桂在关外的祖坟。对于达赖喇嘛的求请亦予驳斥：“三桂乃明时微弁，父死流贼，摇尾乞降。世祖章皇帝优擢封王，尚其子以公主，朕又宠加亲王，所受恩典，不但越绝封臣，盖自古所罕有！三桂负此殊恩，构衅残民，天人共愤。朕乃天下臣民之主，岂容裂土罢兵！但果悔罪来归，亦当待以不死。”[98]康熙皇帝将吴三桂视为不共戴天的仇敌，杀掉吴应熊父子，断了吴三桂的后路。

获知其子被杀的那天，吴三桂正在饮酒，一听到此消息，登时脸色大变，双手发抖，酒杯从手中掉了下来，摔到地上打得粉碎。丧子使得这位叛臣也尝到了切身之痛，他老泪纵横，长叹一声，说：“今日真是骑虎啊！”[99]当即“魂迷意乱，气阻神昏”。失望、痛心、愤恨一齐涌向心头。他原想康熙皇帝还会顾及其子与清廷的关系而不致伤害，“初得湖南，还望生得其子”，可如今子孙皆赴阴曹，他似乎有些后悔，但已成骑虎之势，只好拼个你死我活。由于吴三桂几个月驻足不进，给了清廷以充分调动兵力的时间，吴三桂的有利战机已渐渐丧失，康熙皇帝调动的各支大军已抢占了江北要塞。

康熙皇帝的战略是以荆州为中心，西北到西安，东南到京口、江宁一带，重点部署在长江中下游地区。派镇南将军尼雅翰、都统珠满、巴尔布率师由武昌进取岳州、长沙，直入广西；都统宜里布率师驻彝陵，都统范达礼、副都统德叶立率师驻镇郧襄；安西将军赫叶、副将军胡礼布、西安将军瓦尔喀率师由汉中进攻四川；副都统扩尔坤、吴国桢率师驻防汉中；镇西将军席卜臣率师驻防西安，尚书莫洛经略陕西，率大军居中调度；镇东将军喇哈达率师于山东、河南、江南要地驻防；安南将军华善率满、汉官兵，同镇海将军王之鼎在京口水陆驻防；扬威将军阿密达率师同江宁将军额楚防守江宁、安庆沿江险要；平南将军赖塔率师由浙江直攻福建；浙江将军图喇率师驻杭州，兼防海疆；定南将军希尔根、副将军哈尔哈齐率师由江西建昌、广信进兵福建；平寇将军根特巴图鲁、席布率师赴广东，会同尚可喜进剿叛军。[100]

清荆岳大军已抢占江北要塞，吴三桂再想强渡长江、直攻江北就颇为困难。于是吴三桂派大军转攻两翼，一路由四川直奔陕西，一路由长沙东攻江西。同时派重兵把守湖南重镇，扼制清兵南下势头。他以七万兵力、总兵十余人、“倮倮兵”三千驻醴陵、长沙、萍乡诸处，抗拒江西的岳乐部清军。又特派侄儿吴应期率精兵防守岳州。岳州不只是湖南而且也是长江中下游“水陆冲要之地”，它位于洞庭湖畔、长江南岸，洞庭湖与长江一水相连，具有极为重要的战略意义，得岳州可控制湖南之命脉，可断南北东西之交通。岳州是吴三桂立足湖南的一个重要支撑点，故吴三桂派心腹将领、骁勇善战的吴应期把守。同时动用大量人力物力，在岳州城构筑防御工事，加强防御体系，又在澧州、石首、华容、松滋等处驻重兵，与岳州成犄角之势。

从长沙东进江西的吴三桂军力图打通与福建的通路，与耿精忠会合。吴三桂女婿夏国相率师先后攻克了袁州，连陷萍乡、安福、上高、新昌诸县城。吴军在江西一路连下三十余城，康熙皇帝很着急，急命安亲王岳乐为定远大将军，统兵入江西。岳乐系清太祖努尔哈赤之孙，多罗饶余郡王阿巴泰的第四子，曾跟从豪格往征四川张献忠，屡立战功，后袭父爵，有勇有谋。他率师出征，抵达南昌后，陆续攻克了安福、都昌、上高、新昌、抚州、余干、东乡诸县，江西一路报捷，康熙皇帝大为高兴。此时湖南仍是吴军堡垒，康熙皇帝命岳乐率师从江西攻湖南。岳乐疏陈不可，认为："江西为广东咽喉，当江南、湖广之冲，今三十余城皆陷贼。"而吴三桂又于醴陵造木城，增总兵十余人、兵七万、"倮倮兵"三千，固守萍乡等处，"若撤抚州、饶州、都昌诸路防兵尽赴湖南，则诸路复为贼有"。他希望江西完全平定，解除后顾之忧，然后再挥师湖南。康熙皇帝采纳了他的建议[101]。岳乐又趁势收复了广信、饶州、景德镇、浮梁、乐平、泰和、庐陵、永新等县，而且分兵抵御自福建入江西的耿精忠部。不久，岳乐所部围攻萍乡，夏国相死守，清兵久攻不下，双方僵持，进入胶着状态。



康熙十三年（1674）底，王辅臣叛于宁羌。吴三桂西进之师马上进攻陕西，企图与王辅臣会合，共同北进，逼近京师。为配合西北战场攻势，康熙十四年（1675）五月，吴三桂自常德赴松滋，亲自部署和指挥作战。他调来大批战船，分布在虎渡河上游，截住荆州与岳州清军的咽喉。荆州城地势低洼，城南门外五里即是长江，"决江水则荆州之人可使为鱼鳖，不可守也"[102]。吴三桂扬言要决堤灌荆州，致使驻守荆州的清军人心惶惶。但吴三桂真实意图是声东击西，吸引荆州清军，使其不敢轻举妄动，他暗中却分出岳州部分精锐，会同杨来嘉、王会、洪福等人转以攻湖北谷城、郧阳、均州、南漳等县，以打通西北通道，联络王辅臣。但这一北进行动受到清军的有力阻击，清军统帅勒尔锦令贝勒察尼全力抗击北进的吴军，使得吴三桂计谋未能得逞。而从四川进入陕西的吴之茂、王屏藩亦进展缓慢，未能与王辅臣会合。但荆州的压力丝毫未减。

吴三桂久驻松滋，从各地增援部队，致使镇守荆州的清军主帅顺承郡王勒尔锦屡屡向康熙皇帝告急，一再请求增兵。康熙皇帝亦担心吴军水陆并进，攻打荆州，遂下令准备攻岳州的部分清军回师荆州，又命驻山东兖州的护军统领查汉太尽率满、汉官军，河南提督佟徽年选标下鸟枪手三千同赴荆州，皆归勒尔锦指挥。吴三桂调驻守岳州的兵力前往松滋，被清兵侦知，安远靖逆大将军多罗贝勒尚善遂主动提出进攻岳州。



尚善系费扬武之子，顺治二年（1645），跟随多铎南征李自成，后平河南、下江南，皆立战功。顺治十五年（1658），跟随多尼往征云南，在玉龙关大败白文选，渡澜沧江，下永昌，又攻取腾越、南甸、孟村等地，受赐蟒袍、玲珑刀等。康熙十三年（1674）六月，他受命率师前往岳州。尚善和吴三桂有过交情，双方的关系亦比较密切，因此他给吴三桂写了一封信予以规劝。信中将吴三桂身为明将叛明、降清复又叛清、出尔反尔的行为揭露无遗。先是将明后裔要斩尽杀绝，从缅甸将永历皇帝擒回绞死，后又托立明后裔举兵叛清；儿子在云南时不反叛，儿子在京城时举起叛旗，不顾儿子的性命；叛乱而使祖坟被平毁，祖先暴尸野外，于地下亦不得安宁。真乃不忠、不孝、不慈、不义的“小人”！尚善本意还是劝他迷途知返，悔过自新，以求得朝廷宽大处理。吴三桂读此信时或许曾有过一丝犹豫，但已成骑虎之势，岂容后退？

此时，尚善见岳州部分兵力已调往彝陵，请求发荆州绿营兵、京口沙唬船五十，进攻岳州。这时岳乐在江西已做好进攻长沙的准备，康熙皇帝指令岳乐留一部分人马驻守江西，率师速取长沙。尚善认为“长沙、岳州如唇齿相依，若偏攻一隅，未能猝拔”，建议率师攻岳州，以配合岳乐攻长沙，再请康熙皇帝调兵相援。康熙皇帝亦已知吴军从岳州调走一部赴宜昌，故拒绝他增兵的要求，令其“酌量以行”[103]。

康熙十五年（1676），岳乐率师攻克萍乡，进逼长沙。为做好充分准备，他请求康熙皇帝拨调绿营兵，并调二十门南怀仁监造的火炮，派熟悉火器的提督赵国祚兼统绿营兵三千，及屯垦都督陈平率部二千，随其征讨，并带随征战舰七十艘，长沙会战即将展开。康熙皇帝把攻取长沙看作夺取湖南的第一大战役，他指令荆州、岳州的清军将领紧密配合，夹击长沙，同时摆出进攻岳州之势，移兵逼近，一旦有机可乘，并取岳州。

三月一日，岳乐率军自江西进逼长沙。吴三桂对自己腹地长沙极为重视，率诸悍将从松滋增援长沙。岳乐军扎营于长沙东官山之后，自城北铁佛寺后布阵，至城西南，成半圆形，分兵十九路，绵延数十里。吴三桂军出城西布阵，结营岳麓山，横亘数十里。双方兵力皆达十余万。两军对峙，吴三桂先遣大将王绪率部冲入清军营中，清军迅速将王绪部包围起来，奋勇向前，直逼城下。突然，吴三桂伏兵齐发，一队巨象冲入清军阵中，吴三桂的侄儿吴应正、大将马宝、夏国相一齐冲出，清军大乱，伤亡惨重。王绪率将士又从包围圈中杀出，清军腹背受敌，乱作一团。正酣战中，吴应正忽中流矢落马，夏国相力战，把他救起归营。战斗持续到中午，忽降大雨，双方各鸣锣收军，退归营地。吴三桂三路获胜，其余杀伤相当，但其大将吴应正重伤而死。相对而言，清军失利。岳乐遂扎营掘壕，与吴军对峙。

在岳乐进攻长沙之际，三月九日，大将军贝勒尚善亦率水陆大军进攻岳州。吴三桂的水军拥有战船数百只，横列南浔、君山等处迎战。尚善指挥清军英勇作战，击败君山的守军，将战略位置极为险要的君山抢占，击退增援的吴军，缴获吴水军战船五十只。十八日，顺承郡王勒尔锦与诸大将率兵数万人从文村渡过长江，在石首虎渡口焚毁吴军二营，水师逼近太平街。二十七日，又在太平街击溃吴军。此时，因吴军皆调援长沙，岳州一带兵力单薄，故清军连连得手。但清军渡江后迁延不进，给吴军以可乘之机。吴军很快就从松滋增援岳州，勒尔锦又不思迎击，急忙从太平街撤走，又以天热酷暑难耐为由，率部退保荆州。尚善水师也未能切断吴军饷道，吴军岳州之危很快解除，清军失去了一次很好的机会。此后，在湖南战场上，清军与吴军就在长沙、岳州相持。



湖南战场外，还有以耿精忠占据福建，攻取浙江、江西为右翼的东部战场；以王辅臣、王屏藩占据的四川与甘肃、陕西大部分地区为左翼的西部战场。六月，王辅臣接受安抚，归降清廷，吴三桂的左翼瓦解。清军遂集中全部兵力对付湖南的吴三桂和福建的耿精忠。

耿精忠叛变后，将整个福建全都据为己有，并分兵三路进攻：以总兵曾养性出东路，进攻浙江；以总兵白显忠出西路，进攻江西；以藩属都统马九玉出仙霞岭，进攻浙江金华、衢州。仙霞岭地处福建、浙江、江西三省交会处，是重要的战略要地，耿精忠企图占领江西，与湖南的吴三桂叛军连成一片。

康熙皇帝以康亲王杰书为奉命大将军，贝子傅喇塔为宁海将军，会同平南将军都统贝子赖塔、定南将军希尔根共同征剿。杰书系礼亲王代善之孙，顺治六年（1649）承袭多罗郡王，两年以后，加号曰“康”。顺治十六年（1659），承袭和硕亲王，仍号“康”。康熙十三年（1674）九月，他率师进入浙江，驻军金华，与耿精忠展开了争夺战。到年底，耿精忠已占据江浙二十余城。清军则分占南昌、杭州、衢州、吉安、袁州、九江、金华、广信等战略要地。清军先是在江西、浙江与耿军作战，后来逐步向福建推进。



定南将军希尔根从江西进军，与安亲王岳乐联合作战，先后收复龙泉、西塘等地；康熙十四年（1675）四月间，又先后招抚奉新、都昌、冷口、南湖、西湖等地耿军头目九十一人，兵一万九千八百余；招抚赣南宝石寨叛军一万七千九百余人；在铜鼓营、强山、东乡、余干、奉新等地招抚叛军头目九十七人，兵三万三千余人。四月二十五日，岳乐率部在长兴县与邵连登率领的耿军激战，耿军八万多人溃败，清军乘机收复建昌、宁州。

康亲王杰书也在浙江与耿军展开了激烈的战斗。正月，清军在白马、黄塘源等处击败耿军，随后又收复了永康、缙云两县。不久，清军与耿军在处州附近的桃花岭遭遇，清副都统马哈达、总兵官李荣与耿精忠的部将沙有祥发生激战，从上午一直打到傍晚，后耿军游击张汉皋等将领阵前倒戈，耿军溃败，清军乘机收复处州。处州的耿军逃往仙居，清军副都统穆赫林率满、汉官兵分三路冲击，在白水洋与耿部“镇海都督”林冲相遇。耿军约万余人，扎营十三座，与清军大战。清军英勇作战，穆赫林亲自督阵，清兵士气大振，以一当十，耿军溃不成军，败入仙居城内。穆赫林命署护军参领额库纳率军伏于城两侧，令署参领禅拜等率大队人马各架云梯三面攻城。耿军支持不住，开西门逃跑，全被伏兵截杀。此战缴获大小火炮二百五十八门及其他军资不计其数。其他几路清兵亦都有战果，武义、宣平等县皆被平复。

处州系重要战略要地，耿精忠对处州被清兵夺走颇为不安。康熙十四年（1675）四月，他命总兵徐尚朝率部从温州，云骑都尉连登云从龙泉、松溪两路进兵，分别从东南、西南两路夹击，必欲将处州夺回。驻守处州的清军英勇抵抗，击退耿军的进攻。在浙江衢州发生激战，几成拉锯状态。进入五月，耿军严守要隘，重兵把守仙霞关等重要关口，使清军难以攻入福建。天气炎热，于清军不利，遂撤至南昌休整。



耿军见清军后撤，趁机发动攻击，闰五月攻陷武义县，威胁金华。又分三路进攻处州，企图夺回。同时再次攻陷饶州，直接威胁南昌。耿军两次猖獗，康熙皇帝命岳乐速回南昌固守。平南将军希尔根于闰五月二十九日又夺回饶州，围攻处州的耿军亦被击败，清军乘势收复松阳县。八月，康亲王杰书又出奇兵攻克台州、黄岩，进而收复乐清。在永嘉上塘，清军与曾养性部遭遇，阵斩耿军将领六十余员，兵一万有余，击沉耿军战船九只，俘获副将以下军官三十五人，兵卒五百余人，缴获军用物资不计其数，清军将领称此役“大战大胜，从古所仅有”[104]。至十九日，清军又收复青田。

在江西，清军进展比较顺利，五月下旬以来先后收复武义、新城（今黎川县），将军额楚又亲率士卒进攻广信，进至弋阳。耿将蒋德弘率五万兵驻守，额楚率满洲兵和土默特蒙古兵奋勇杀敌，歼敌二万，耿军溃败，广信守军不战而逃。清军趁势招降了泰和、龙泉、永新、庐陵等县。

在清军连连胜利之时，康熙皇帝为了尽快解决福建问题，指令安亲王岳乐、康亲王杰书招抚耿精忠。八月，岳乐派陈廉劝告耿精忠接受招抚。耿精忠托使者回话："我承王（岳乐）差人来，意欲投顺，但我属下人心不一，将我属下人安顿，我差人往王爷处去。我已极王位，反欲何为？我所反者，俱系范（承谟）总督逼反，今仍将范总督留存，俟我何日投顺，面见皇上之时，将范总督作一对头。"兵部认为耿精忠言语之间并无悖谬之词，似有悔罪之心，于是决定继续招抚。康熙皇帝批准"依议速行"，次日即向耿精忠颁发敕谕，其中说："念尔变乱，必有所由，或为逼迫所致，故复下敕书，遣尔弟耿聚忠赍至军前，明谕朕意。尔若即悔罪，率众归诚，当复尔王爵，仍旧镇守，所属人员职任俱各如故，兵民人等照前安插；倘能剿除海寇，共奏肤功，仍优叙加以爵赏。"[105]耿精忠之弟耿聚忠携康熙皇帝诏书奔赴浙江，在杭州与康亲王杰书商量后，前去见耿精忠。耿聚忠行至衢州，却被耿精忠拒绝接见。耿精忠心存疑虑，不愿立即相信康熙皇帝的诏谕。清军与耿军的战斗遂再次展开。

康熙十五年（1676）二月，傅喇塔从黄岩向温州进军，一路连破耿军据点。进至温州，受到曾养性的顽强抵抗，激战数月，不分胜负。康熙皇帝遂采纳浙江总督李之芳的策略，分三路直捣福建耿军老巢，指令李之芳固守衢州、金华；命傅喇塔继续进攻温州；命康亲王杰书从金华移师衢州，进征福建。此时湖南长沙、岳州之战即将展开，而进征福建的清军却迁延不进。吴三桂突然派大将高得捷出醴陵，进入江西，一举攻克地理位置极其险要的吉安。吉安是通往湖南、南康、赣州的交通要道，此地一失，对进攻福建的清军威胁极大，简亲王喇布被迫退往广信，各路清军也被迫延缓进军。康熙皇帝获知吉安失守，极为生气，严辞斥责喇布、希尔根“不思报国，日驻省城，安逸自便”[106]，责令其尽快协力攻取吉安。



这年七月，康亲王杰书、总督李之芳、赖塔等率师抵达衢州，挥师入闽。衢州位于衢江右岸，顺流而下可通金华，溯流而上可至仙霞关，为通往福建的咽喉之地。耿精忠派大将马九玉、林福各率兵万人分驻衢州西、南面，全力阻止清军入闽，双方在此展开激烈的争夺战。八月十五日，赖塔率兵夺得耿军储粮之地大溪滩。马九玉获知饷道被断，登时乱了阵脚，不敢再战，率部逃往仙霞关。康亲王杰书指挥清军紧追不舍，一举收复常山县。马九玉于仙霞关立足不稳，又被清军夹攻，只率三十余骑逃跑。守关耿将金应虎献关迎降，清军长驱直入，大兵杀入福建，势如破竹，耿军闻风而降。此时希尔根在江西已击败耿精忠大将白显忠，白显忠被迫降清。而台湾的郑经亦趁机袭击其后，侵扰兴化（今莆田市）、福州，耿精忠腹背受敌，陷入穷途末路的境地。

清军大兵压境，耿精忠无计可施，又想起了康熙皇帝的招降。恰在此时，康亲王杰书遵照康熙皇帝的意图，又写来一封招降信，劝告他“与其系颈受戮，曷若率众归诚，仍受王爵，保全百万生灵”。耿精忠当即表示“自愿归诚，恐部众不从，致滋变患，望赐明诏，许赦罪立功，以慰众心，乃可率属降”[107]。但在即将归降之际，他又担心被拘禁的总督范承谟揭他叛逆之罪，遂指示党羽半夜逼范承谟自尽，并将范承谟的幕客、生员稽永仁、王龙光、沈天成、从弟范承谱，以及其隶卒五十三人全都处死，将范承谟焚尸，骸骨丢到野外。

九月底，康亲王杰书大军进抵延平（今南平市），守城大将耿继美投降，福州举足可至。耿精忠闻知后大惊，也等不得诏书下来，急忙派一名官员刘蕴祥赶赴延平，献上“总统将军”印。不久，又派儿子耿显祚同之前被扣留的康熙皇帝的使臣周襄绪、陈嘉猷一道前往，迎接康亲王杰书至福州。康熙十五年十月一日（1676年11月6日），康亲王遣侍读学士尹泰携康熙皇帝诏书先到福州，宣布接受投降。十月四日，康亲王杰书率师进入福州城内，耿精忠献上官兵册籍，俯首称降。捷报传到北京，康熙皇帝当即批准：耿精忠仍保留靖南王爵，率所属部众随大军征剿台湾郑经。福建其他叛将随之相继投降，福建遂定。“时东西两巨寇既降，乃得全力办三桂”[108]。

十月，福建的耿精忠部得以收服，但沿海兴化、泉州、漳州一带还被台湾郑经军占领。郑氏军队原本已全部撤往台湾，耿精忠起兵之时，为壮大自己的力量，约郑经重返大陆。台湾郑氏政权一直奉明朝年号，总在寻找机会力图反攻大陆，恢复明朝，见耿精忠约请，郑经及其谋臣认为是千载难逢的机会，遂在康熙十三年（1674）三、四月间，派大将刘国轩率兵数万人从福建沿海登陆，迅速占领了漳州、海澄、同安、绍安、泉州及建宁等处，声势颇为浩大。当时耿、郑联盟，整个福建就属于他们。但耿精忠以盟主自居，向郑经发号施令，封郑经为“大将军”。郑经极为生气，认为耿精忠已食清朝俸禄，乃明朝叛逆，无权封他，遂生嫌隙。不久，又为是否公开尊奉明朝发生争执，终于到了不可调和的地步，致使联盟破裂。郑经随后发布文告，指责耿精忠“建旗之后”颁发指令，俱称“敕旨”，“从不遵大明正统”，全“无旧主之念”，致使“不旬月间，上下解体”。而自己只想“遵照吴王（吴三桂）原檄布中兴大义，惟郑王（郑经）为盟主，复我大明三百余年之基业，澄清东南之半壁”[109]。郑经依然只想恢复大明江山，与吴三桂联合，共扶明代后裔。当时他还不知道吴三桂恢复明室不过是最初起兵反叛的借口和旗号，其实吴三桂早已自称“周王”了。



吴三桂获知耿、郑矛盾，派礼曹钱点前来调解。但不久，郑经亦获知吴三桂的政治意图，对吴三桂也极为不满。其大将刘国轩说：“吾家在海外数十年，称奉明号，今吴号‘周’，耿称‘甲寅’，所以我带兵来是要攻你们两家的。如你们归正，奉明号，我不难进镇江、上南京，否则你们两家都是我的敌国。”[110]钱点不但未能化解耿、郑的矛盾，而且郑氏与吴三桂的矛盾又起，于是联盟集团彻底瓦解了。

广东潮州总兵刘进忠叛乱后，向郑经求援。郑经派大将刘国轩、赵得胜、总兵何佑率众万人支援，郑经的势力遂伸入广东。后郑经声言要借耿精忠的漳州、泉州二府，引起耿精忠的恐慌，严词拒绝，彼此的关系完全破裂。郑经遂派人直取漳州等城，一路攻下了漳州、泉州、汀州、邵武诸府。郑经与耿精忠为争夺地盘不断火并。康熙十五年（1676）六月，郑军在沿海展开猛烈攻势，“将耿逆杀得大败，妻孥财物尽被郑贼抢尽，耿逆数骑残兵逃往邵武去了”[111]。耿精忠被迫从浙江前线抽调建昌、新城之军南下对付郑经。康熙皇帝当即指令康亲王杰书：“耿精忠撤建昌诸贼，其为海寇所逼无疑。我兵宜乘机前进，勿坐失事机。”[112]七月，康亲王杰书遂率师进军福建。耿军前线吃紧，后方又为郑经攻袭，闽地半为郑氏所有，耿精忠只得降于清军。后来，他就会同康亲王杰书共同征伐沿海的郑氏势力。



郑经的军队失去耿军的依托，直接与清军交战，一路溃败。康熙十六年（1677）正月，清军收复了兴化城，二月初，攻克泉州。郑军一路溃败，弃漳州、海澄等城，逃回台湾。副将孙绍芳、漳州知府程梦简都投降清军。福建沿海十余县都被收复，闽地悉平。

康熙皇帝获悉康亲王的捷报，当即下旨嘉奖：“王统官兵，自衢州入仙霞关，直抵福州，剿抚并用，所向克捷，击逐海贼，收复全闽，安辑百姓，克奏肤功，深为可嘉。”[113]西北和福建叛军的平定，使康熙皇帝看到了平叛胜利的曙光。

福建虽然平定，两广战火依然炽烈。在广西，虽然孙延龄和马雄都叛投吴三桂，但彼此矛盾激烈，形同水火，吴三桂想从中调停，但总没有效果。孙延龄对吴三桂阳奉阴违，吴三桂屡屡下令孙延龄增援湖南，孙延龄均以种种借口推辞。吴三桂对孙延龄本来就瞧不起，现在更为恼火，对孙延龄颇存疑心。

确实，孙延龄对自己贸然反叛亦有些后悔，尤其是经过傅弘烈开导后，更增悔意。傅弘烈，江西进贤人。明末流寓广西，顺治十四年（1657）授广东韶州同知。康熙二年（1663）迁甘肃庆阳府知府。康熙七年（1668），他上疏指陈吴三桂图谋不轨，被革职论斩，后下诏减刑，被充军广西梧州。孙延龄、马雄反叛后，梧州知府杨彦溶降于孙延龄，傅弘烈誓死不从，投水自杀，漂流十里，遇救不死，“因思不入虎穴，焉得虎子？乃投身贼地，从中反间”[114]。他招集骁勇士卒，佯附吴三桂，吴三桂封他为“信胜将军”。傅弘烈遂开始与孙延龄交往，从中做孙延龄的工作。孙延龄政治上并无主见，傅弘烈从旁劝导，启发他归顺朝廷。而孙延龄的夫人孔四贞也害怕“叛逆”的恶名会损害父亲一生英名，孙延龄颇惧内，遂受其夫人的影响，归顺朝廷之意日浓。在傅弘烈和孔四贞的劝导下，孙延龄决心归顺。康熙十六年（1677）正月，傅弘烈遣使至赣州致书镇南将军觉罗舒恕：“四贞欲延龄归顺，曾告弘烈，谓无刻不以隆恩豢养为念。若赐敕赦延龄罪，封四贞为郡主，则粤西可定。”[115]舒恕上奏康熙皇帝，康熙皇帝马上指令督捕理事官麻勒吉相机招抚，并授傅弘烈广西巡抚，统大兵进讨。

吴三桂对孙延龄本就心存疑忌，不久又侦知孙延龄即将归顺，内心顿生杀意，决心干掉孙延龄。他派从孙吴世琮赴桂林，率大将马宝、李廷栋、陶志贵、赵天元统兵数万前往，名义上去调和马雄与孙延龄的矛盾。吴世琮到了桂林城外，派人请孙延龄议事。孙延龄不知是计，欣然前往。议事完毕，孙延龄上马准备离去。吴世琮递一眼色，杀手从后面一剑刺中孙延龄，孙延龄从马背上栽下来，当即死亡。吴世琮大军开入桂林，孔四贞上册籍出降。吴世琮对她很客气，不准士卒伤害她，后将她及家属都送往昆明。孙延龄部众仍由孔有德旧将统辖。吴世琮派李廷栋留守桂林。他在离开桂林之前，召见被监禁的马雄镇，好言劝他归降吴三桂。马雄镇怒目圆睁，大斥吴世琮："我是朝廷大臣，义守封疆。我恨不能手刃你们这些叛贼！今志不遂，惟有一死，何必多言！"[116]说得吴世琮瞠目结舌。吴世琮一计不成，再施一计，派人备办了一桌丰盛的酒席，请马雄镇吃饭，再次劝诱。马雄镇一把掀翻了酒席。吴世琮恼羞成怒，将马雄镇妻子儿女全都当着他的面杀了，最后将他处死，暴尸四十余日，抛入野外，方解心头之恨。杀了孙延龄和马雄镇，虽然傅弘烈仍在广西与他对抗，但总体而言，吴三桂控制了广西局势。宁羌王辅臣、福州耿精忠归降后，吴三桂失去了两翼的依托，但控制了广西，总算消除了后顾之忧，吴三桂内心又寻得了一丝慰藉。

但广东的形势却容不得吴三桂乐观。康熙十五年（1676）二月，尚之信发动叛乱后，声明与吴三桂联合，曾使吴三桂兴奋了一阵子，但迟迟不见尚之信行动。尚之信大权在握，拥有数万精兵，却天天沉溺于酒色之中，不问政事，不思进取。吴三桂屡次催令他出兵大庾岭，以开辟新的战场，尚之信都按兵不动，只出库金十万两以佐叛军，用以塞吴三桂之口。尚之信胸无大志，并没有像吴三桂那样有称帝的妄想，只想守住广东自己的藩地，别无他求。十月，耿精忠降清之后，康亲王杰书受命征讨广东。尚之信明白形势已变，跟随吴三桂叛乱，他既未派兵与其合作，也未从吴三桂手中获得什么实质性的好处，他的原则是见风使舵，为争取主动，十二月，他派人携密信，前往和硕简亲王喇布军前“乞降”。

康熙皇帝获知尚之信的密信，当即下敕谕招抚尚之信。信中说：“今览尔密奏，称父子世受国恩，断不敢怀异念，愿立功赎罪，来迎大师。知尔父子不忘报国，念笃忠贞，因事出仓卒，致成变异，朕心深为恻悯。”遂赦免其罪，既往不咎，望其今后戴罪立功，“勉图后效”[117]。次年三月，尚之信再次上疏“纳款”。当时，福州郑经的势力亦得以清除，康熙皇帝乃催康亲王杰书“速进广东”。议政王大臣会议认为康亲王大兵平闽，人马劳顿，一时难以开赴广东，遂责令“镇南将军”莽依图率部入粤。



四月底，莽依图自江西赣南统兵赴粤，一路下南安、南雄，在韶州（今韶关市），假降孙延龄的傅弘烈“迎降”。康熙十六年五月四日（1677年6月14日），尚之信率省城文武官员“归正”，并派其弟尚之瑛到韶州迎接莽依图入城。清兵轻而易举地得到了广东，康熙皇帝获知后大喜。三藩之乱，终于有两藩反正，东南大部分领土又归清朝统治，年轻的皇帝掩饰不住内心的喜悦。为了笼络尚之信，康熙皇帝宣布尚可喜亲王爵位由尚之信承袭，并赐金册。

尚之信归降后，原来跟随他一起反叛的原两广总督金光祖、原高雷总兵祖泽清、潮州总兵刘进忠全都反正，归降清廷，纷纷将吴三桂派来的官员杀死。广东归降，严重威胁着吴三桂的后方，使其处于腹背受敌的境地。

经过近三年的相持，清军终于一一翦灭吴三桂的羽翼，收降了王辅臣、耿精忠、尚之信，在军事上取得了主动权。吴三桂虽然兵力还很强大，但只控制湖南、广西、四川、云南、贵州五省，且各方都有清军大兵压境，几有四面楚歌之势。决战即将展开，吴三桂马上就要走向穷途末路。

## 八、横扫叛逆

从康熙十二年（1673）底到康熙十六年（1677）初，战争持续了三年多，康熙皇帝指挥清军已经从最初的被动状态中摆脱出来，经过一段时间相持，渐已掌握战争的主动权。英明有为的康熙皇帝对西北的王辅臣、福建的耿精忠、广东的尚之信采取剿抚并用的策略，很快使其反正，归顺清廷，使叛逆的势力仍局限在吴三桂控制的湖南、四川、云南、贵州和广西五省。清军形成了对吴三桂势力的逐步包围，从湖南北部的岳州、长沙和南部的粤湘边界，西北从陕西到四川，对吴三桂的势力发动了攻击。对清军来说，战略相持已转入战略进攻。

广东尚之信降清，使吴三桂感到后路有被切断的危险。为了巩固后方，吴三桂派出七员大将统兵三万进至湘粤边界的宜章，分兵进攻乐昌、南安，进而夺取韶州，以控制湘、粤的交通咽喉。康熙十六年（1677）七月五日，吴三桂大将马宝、胡国柱对韶州发起猛攻。康熙皇帝认识到韶州对广东的重要性，韶州一失，广东的局势就很危险，湖南的吴军就可以全力对付岳州、长沙的清军。当即指示镇南将军莽依图和尚之信率军从速增援，暂保韶州，不得丢失。莽依图当即从广州率兵急赴韶州，积极加强韶州的防御，以城北为冲要，修筑土墙，同时派重兵确保饷道的畅通。马宝、胡国柱等虽以大兵包围，却总难以攻占韶州。九月二十四日，马宝等率吴兵万余人渡河攻至莲花山，围攻江宁将军额楚的兵营。额楚指挥士卒奋勇抗击，莽依图率军从城内杀出，击破吴军四座大营，斩获甚众，吴军败走帽峰山。莽依图指挥清军乘胜追击，收复仁化等县，马宝等只得率残部逃入衡州。韶州得定，广东局势亦就此稳定。康熙皇帝命令额楚坚守韶州，莽依图、尚之信会同广西巡抚傅弘烈攻打广西，抄袭吴军后路，使吴三桂首尾难顾。



广西对吴三桂来说极为重要，广西一失，直接牵扯到湖南，甚至云、贵。康熙皇帝的战略方针是令莽依图等清军将领“速赴梧州，同巡抚傅弘烈平定广西。广西底定后，或进取湖南衡湘诸处，或径取贵州，断贼后路”[118]。两者皆可构成对吴三桂的致命威胁。这时吴三桂派从孙吴世琮已杀了孙延龄，得力干将马雄也已经病死，他只得从湖南抽调兵力增援广西，自己住衡州，居中调停。马宝取道宜章进犯广西，傅弘烈、莽依图顿感压力甚大。为消除广西吴军的攻势，康熙皇帝命江宁将军额楚、都统勒贝并平南王尚之信进取湖南与广西交界的宜章、郴州、永州，从后方攻击进入广西的吴军。

莽依图和傅弘烈在广西也加紧攻击。十二月底，他们分别从梧州、封川出发，会师于贺县，次年初，围攻平乐。吴世琮率吴军五千分水陆增援平乐，迅速渡过桂江，攻击傅弘烈和都统王国栋部。清军寡不敌众，被击败。吴军占领河道，使莽依图难以增援，清军因粮饷被阻截而溃败，只得又退回梧州，就饷于德庆。

平乐一战，清军失利，吴军乘机反攻，到康熙十七年（1678）三月，吴军又攻克了广西大部分城镇，清军只守住梧州一府。不久，已归降的高雷总兵官祖泽清在广东高州再次反叛，广东局势也再次出现反复。在此期间，吴三桂在衡州称帝，叛乱近五年了，吴三桂终于圆了皇帝梦。但他的梦尚未醒，即于当年八月一命呜呼。吴三桂的称帝和死去，对广西的局势似乎没有太大的影响，吴军和清军依然激烈地展开争夺战。

鉴于广西形势一度出现反复，康熙皇帝又从其他地方调来兵力。同时，又因平南王尚之信增援广西迟迟不见动静，遂责令尚之信迅速出兵，不得迟延。四月，尚之信奉命与副都统额赫纳率兵击败再次反叛的祖泽清，之后率兵增援广西梧州。

吴世琮率数万吴军追击清军，逼近梧州，先后在贺县、藤县击败清军，傅弘烈只得退保梧州。康熙十八年（1679）正月，傅弘烈、莽依图会同增援的尚之信三路进军夹击吴世琮，吴军大败，清军乘胜追击，一路攻入桂林。后在南宁与吴军大战，将吴军彻底击溃，吴世琮负伤而逃，广西全省得以收复。

湖南一直是清军与吴军的主要战场。广东平定后，清军对湖南采取了南北夹攻之势，北边以长沙、岳州为重点；南边从广东、江西进兵，攻取湖南的吴军据点衡州。

康熙十五年（1676）三月，长沙、岳州大战后，清军因准备不充分，进攻失利。此后，康熙皇帝不停地调兵遣将，持续不断地加强清军进攻岳州和长沙的作战能力。

首先，不断补充清军的军资。吴三桂凭江湖之险，在岳州和长沙广积战船。为了击败吴三桂的水军，清军也就需要很多船只，建立一支强大的水军。康熙十六年（1677）正月，康熙皇帝特命从京口发沙唬船六十只，量配官兵护送至岳州；又命安徽巡抚靳辅送船四十只给岳乐；九月，又下令增造战舰乌船六十只、沙船二百只，特命户部尚书伊桑阿赶江南会同督抚速行督造，到次年三月，已增造乌船一百只、沙船四百三十八只。"岳州贼船仅四十余，我船甚多"[119]。这样，在数量上清军的船只已比吴三桂的多。除增配船只外，康熙皇帝又命从蒙古等地调拨战马给长沙和岳州的清军，充分保证战争之用；并满足岳乐的要求，令兵、工二部派人将新铸红衣大炮二十门送往长沙，给长沙、岳州提供最新式和最精良的武器。

同时，不断地增援部队，加强清军的战斗力。西北平定，康熙皇帝从陕西将都统穆占调往湖南战场，授其征南将军之印，扩编其部队，率兵万人增援湖南。行至荆州，勒尔锦又增拨在荆州的满洲、汉军、蒙古、绿旗兵共六千余人，令其率领赴岳州、长沙。康熙十六年（1677）正月，穆占即抵岳州，随后转赴长沙。二月，讨逆将军鄂鼐统率舟师至岳州。几番调兵遣将，使清兵在数量上与吴军大致相当，在长沙及其附近地区几达十万人马。双方剑拔弩张，决战随时都有可能爆发。

为消除清军对长沙、岳州的压力，吴三桂派重兵攻取醴陵，窥测萍乡，企图切断岳乐的后路。同时早在康熙十五年（1676）二月，吴三桂派另一支吴军，由骁勇善战的高得捷率领，趁清军正攻萍乡、袁州（今宜春市）之时，对吉安发动攻击，几日之内，就攻陷了吉安。吉安对清军极为重要，是清军从江西进入广东的重要通道。康熙皇帝责令清军必须夺回，清大军围攻，高得捷死守，清军难以得志，围攻数月不下。后高得捷病死，吴三桂晋升高得捷部将韩大任为“扬威将军”，由他坚守，独掌吉安兵权。为拔掉吉安这个吴军据点，简亲王喇布受命率江西总督董卫国并十万士卒围攻吉安。吴三桂则派大将马宝、陶继志、王绪率九千吴兵增援，但马宝未能与韩大任联系上，增援失败。清军重重包围，吴军粮饷断绝。在被困二百多天后，康熙十六年（1677）三月二十一日夜，韩大任率残部悄悄出城南门，渡白鹭洲，并发炮击鼓，制造劫营假象，致使清军不敢轻举妄动，韩大任即从吉安杀出重围，一路狂奔，经宁都、乐安等地，处处皆遭清军围堵，难以立足，韩大任愁苦之极，无处安身。清军一面追击，一面又行文招抚。

这年九月九日重阳节，为了驱除心中的烦闷，韩大任与幕僚孙旭等登高望远。孙旭系韩大任心腹，早已看出韩大任的心思，遂趁机说：“如果广东相连福建，平凉犄角汉中，天下事尚未有定。今闻王辅臣倒戈，恐后耿精忠、尚之信相继归诚。没有广东，则湖南腹背受敌；无平凉，则汉中摇动，四川坐以待毙。安危存亡之机，不可不察。”[120]一席话正中韩大任心思。次年正月，清军在江西老虎洞再次将其击败。韩大任遂决定向福建康亲王杰书投降。二月，韩大任率官兵一万五千多人向杰书投降。康熙皇帝特赦韩大任叛逆之罪，命将其驿送京师。随后清兵又招降其部众四万六千多人。吴三桂企图在江西牵制围攻长沙、岳州清军的企图终告失败。

在清军围攻吉安时，为进一步解除吴军对围攻长沙清军后路的威胁，康熙皇帝又从长沙战场将穆占部调往江西乐昌，从江西攻击湖南南部。穆占稍作休整后，即将兵锋直指湖南茶陵。茶陵距衡州很近，从茶陵经洣水入湘江，南行即到衡州。十一月六日，吴三桂进驻衡州。十一月十四日，穆占即领兵自江西永新攻入茶陵。吴军不战而逃往攸县。穆占指挥士卒跟踪追击，在攸县歼敌四千，乘势收复了酃县、郴州、桂阳州、兴宁（今资兴县）、宜章、临武、蓝山、嘉乐、桂阳、桂东、永兴等城。至康熙十七年（1678）三月前后，共收复茶陵等十多座县城，湖南东南部与江西、广东、广西连成一片，清军终于在湖南东南部建立了稳固的据点。穆占驻守茶陵，与衡州的吴军相抗衡。



吴三桂得知吴军在湖南东南部连连失败，颇为恼火。当时他已在衡州称帝，为确保衡州安全，遂调马宝、王绪、胡国柱率精兵数万，于四月进攻永兴。穆占派护军统领哈克三、前锋统领硕岱增援永兴。清军行至距永兴六十里的盐沙岭，遭到吴军重兵埋伏，清军大队人马进入谷中，谷口被堵住，进退两难。吴军在岭上发射火器，猛烈轰击，清军难以施展，约万余人阵亡，统领哈克三、都统宜理布均战死。硕岱率军退入永兴城内。吴军乘机偷袭郴州，郴州城南门外的清军大营被攻破，副都统托岱退入城内。吴军遂大获全胜。康熙皇帝为此忧心忡忡，“现于词色”[121]，甚至下令逮捕硕岱等将领；鉴于他们都还在前线作战，方改为留任，以戴罪立功。但不久吴三桂病死，吴军又都撤回衡州。

吴三桂重兵集于衡州、郴州、永兴、宜章时，康熙皇帝除派穆占等将领驰骋于衡州、永兴、茶陵外，同时指令清军加紧对湘北岳州的进攻。坚守岳州的是吴三桂的亲侄儿吴应期，他虽也是一员猛将，但妄自尊大，不爱惜士卒，反而随意克扣军饷，中饱私囊，致使士卒生怨，不肯为他卖命，不少人投奔清军。吴应期手下有两位水师将军林兴珠和杜辉，原都是郑成功部将，久在海上，精通水战，后都降清，镇守湖南的辰州、沅江一带。吴三桂攻入湖南，他们又相继投降，拜为水师将军，率吴水军坚守洞庭湖。他们扼守洞庭湖口，屡屡击败清军进攻。但吴应期自恃功高权重，对林兴珠傲慢无礼。林兴珠亦不买他的账，两人关系颇为紧张。吴应期则向吴三桂进谗言，谋害林兴珠，吴三桂只得将林兴珠调往湘江防守，由杜辉单独坚守洞庭湖口。林兴珠对此颇为不满，遂借机降清。吴应期则将林兴珠来不及带走的儿子处死，将他的妻子发往云南。杜辉的儿子在清军营中，暗中派人至其父前，劝他归降清军。吴应期知道后，将杜辉及其同谋者一并处死。岳乐针对吴应期猜疑心重，屡设反间计，吴应期一旦听到一丝风声，不容分说，抓住就处死，致使岳州城中人人自危。岳州百姓对吴应期极为痛恨，编出民谣：“吴应期，吴应期，杀了你，献康熙！”[122]

康熙十七年（1678）闰三月，康熙皇帝封林兴珠为侯爵，授建义将军，留在安亲王岳乐军前“剿抚贼党”[123]。林兴珠献破岳州之策，提出水陆联合以困岳州，以一半船只停泊君山，以断常德之道，其他战船泊于香炉峡、扁山、布袋口诸处，沿九贡山陆路立营，以断长沙、衡州之道，阻断岳州陆上交通，这样，岳州吴军可不战而毙。康熙皇帝当即采纳，认为“岳州为湖南咽喉要地，必此地恢复，则长沙、荆州之兵始能前进”，故“击破逆贼，规定湖南，在此一举”。[124]同时嘱咐：水陆大军进攻岳州，既克之日，乘虚速取常德、澧州等城，勿使贼有备。五月十八日，安远靖寇大将军尚善、湖广总督蔡毓荣、提督桑格率水师入洞庭湖，屡次击败吴军水师。同时，康熙皇帝又从荆州、陕西、河南、安庆等地调集军队参加围攻岳州的战斗。



五月，清军大兵已云集岳州，但迟至八月，清军仍无明显战果。不久，尚善病死于军中。康熙皇帝见清军“破贼无期”，内心不免焦躁，他说：“今日之事，岳州最要，不可不速行攻取。”他见诸将迁延不进，又担心满洲兵久驻湖南，不服水土，于是向议政王大会提出：“朕欲亲统六师，躬行伐罪。”康熙皇帝为尽快摧毁吴军在岳州的堡垒，又想亲征。议政王大臣会议以“皇上一身，关天下之重”，否决他亲征的建议，只提出“但宜居中”，“相机调度”[125]。不久，传来吴三桂病死的消息，康熙皇帝遂取消亲征，指令贝勒察尼代行尚善的职务，务必火速夹击，速取岳州。

察尼是多铎第四子，顺治十三年（1656）封贝勒。吴三桂叛乱后，他随顺承郡王勒尔锦南征，参赞军务。此时尚善死于军中，他被命为安远靖寇大将军，规复岳州。但他不善于抓住时机进攻，反而临战怯弱，不敢迎战。九月，清军已从水陆两路将岳州城包围，岳州城内粮饷不继。当时吴三桂已死，其孙吴世璠继立，部下涣散，军心动摇。康熙皇帝命察尼一定要速取岳州，并发江西子母炮一千，调荆州水师营张忠标兵、岳乐军每佐领二三人，及江西总督董卫国军二千五百人赴岳州。在康熙皇帝的严旨督责下，清军加紧了对岳州的围困。十月二十二日，吴水师将军巴养元、姜义率战船二百五十艘进攻陆石口，被清军击败。二十九日，清军进攻岳州，击败吴军万人。吴军粮饷来源已经断绝，多次突围寻求粮饷，都被打退。

清军在加紧进攻岳州的同时也多行招抚，以分化瓦解岳州城内的吴军。康熙十七年（1678）八月，降清不久就被授予侯爵的林兴珠现身说法，以侯爵的身份发布告示，鼓动吴军投降。他在谈完自己不能与鸟兽“一日同居”，故“捐弃妻子，毅然渡湘（江）”，控诉了一段对吴三桂的痛恨之后，指出吴三桂已是穷途末路，危在旦夕，号召被“胁从”的将士、百姓当此“逆贼”危急之秋，当或擒斩“老贼”（吴三桂），“以膺分茅之宠”；或“剪其羽翼，率众输诚”；或投献郡邑，纳土来归，“皆当荣封侯爵”[126]。清军屡屡宣布朝廷招抚政策，致使岳州城内的吴军纷纷投诚。林兴珠之后，有吴军总兵官陈华、李超投诚；继而驻扎高脚庙的吴水师将官陈碧率吴军士卒及家属一千多人投降清军。这样，剿抚并用，大大减少了清军进攻时的对抗力量。

岳州城内粮饷断绝，而外援又不继，吴军无法冲破清军的重重包围将粮草运往城中，将士继续潜逃。至年底城内吴军游击刘鹏率文武官员七十五人接受清军招抚，投降清军；康熙十八年（1679）正月十八日，吴总兵王度冲、将军陈珀率数千人乘船投降清军。岳州城内吴军人心惶惶，守城的吴应期见吴军大批向清军投诚，军心涣散，顿感末日来临，即于十八日下午率数万人出城，放弃岳州，向东南方向逃遁。十九日凌晨，清军在蔡毓荣、桑格等率领下浩浩荡荡开入岳州城。对抗五年的岳州城终于被清军收复。

吴应期弃岳州逃奔长沙，但岳州一失，长沙失去掎角之势，难以坚守。吴应期于正月二十九日烧毁船只，又弃城逃跑，原来驻守长沙的胡国柱也只得撤出长沙。吴应期投向辰州，胡国柱退往辰龙关，两者互相依存，企图力守。但湖南战场形势已发生巨变，各处吴军不战而逃，势如退潮，清军兵不血刃，先得岳州，再得长沙。荆州的清军分两路渡江，一路由署都统多谟克图率领，攻占太平街、虎渡口、松滋、枝江、宜都；一路由顺承郡王勒尔锦率领，攻取澧州、常德。吴军闻风即溃，清军势如破竹。大将军简亲王喇布先后攻下华容、安乡、湘潭，二月七日收复衡山，逼近衡州。驻守衡州的吴国贵、夏国相、马宝已无斗志，又弃城逃跑。十三日，喇布率清军开进衡州，没有逃脱的吴军官员一百余人投降。清军一路南下，又收复了耒阳、祁阳；三月五日，又克宝庆（今邵阳市）。吴军将帅已失去斗志，只一味南逃。这样，湖南除吴应期、胡国柱、王绪等占据的辰州、武冈、新宁外，绝大部分地区都被清军占领，最后剿灭叛军已为期不远了。

## 九、吴逆病死

吴三桂起兵时称“天下都招讨兵马大元帅”，康熙十三年（1674）正月在贵阳又自称“周王”。当时其兵锋所指，无不披靡，好不威风；然而几年过去，他的地盘却越打越小，不但直捣“黄龙府”统一中原的梦想成为泡影，就连和康熙皇帝划江而治的企图也完全落空。而此时清军的攻势却越来越猛。几年来，他奔波于长沙、松滋、常德、湘潭、衡州之间，妄图凭借昔日的威风，将日益颓败的局势挽回，但并无效果。他眼睁睁地看着自己保有的疆土日益缩小，却又无力回天；原来堆积如山的府库也日益变得空荡起来，且筹措无方，无法补充。他愁容满面，无以为计。为了填补自己空虚无聊的胸怀，麻醉自己，鼓舞士气，吴三桂又上演了一幕称帝的丑剧。在他的授意下，众人相率劝进，又让人写了一篇辞藻华丽的劝进表，吴三桂便在众人的“拥戴”下做起了“大周”皇帝。

康熙十七年三月一日（1678年3月23日），是吴三桂选定的黄道吉日，他于这天在衡州称帝。他先命人在市郊雁峰寺侧筑坛，置办御用仪仗、卤簿一应物件。当时战火正炽，来不及建造宫殿，只草草建庐舍万间权且算作宫殿，没有黄琉璃瓦，就用黄漆涂抹。是日清晨，天色晴朗，五色彩云当空，吴三桂大喜，以为得天之许，便策马来到衡山脚下，头戴“翼善冠”，身着朱明帝服，在一片肃穆的气氛中行天子礼，祭告天地，宣布登基。

典礼完毕，吴三桂便乘辇返宫。吴三桂早就听说衡山岳神庙里有一只白色小龟，铜钱般大小，活有百年，当地人以为鬼神之使，奉为神灵，藏在帏中，按时敬祀，用它来占卜吉凶祸福之事，无不应验。于是，他率众来到了岳神庙前，以重金捐祀神灵，把全国山川地图铺放在神座前，将白龟放在地图上，心里默默祝祷。小龟在地图上蹒跚而行，始终不出长沙、常德、岳州之间，然后又回转到云南而止。占卜了三次，都是如此。吴三桂原本高兴的心情顿时黯淡下来。

回到宫中，吴三桂便坐上皇帝宝座，宣布国号“大周”，改元“昭武”，以衡州为都城，改名为“定天府”。封妻子张氏为皇后，封吴应熊庶子吴世璠为太孙。加郭壮图为大学士，仍守云南，设云南五军府、兵马司，改留守为六曹六部；晋升胡国柱、吴应期、吴国贵、吴世琮、马宝等为大将军，封王屏藩为东宁侯，赐上方剑。其余皆按等次晋爵。并造新历，制新币，曰“昭武通宝”。



正当吴三桂大封诸将、百官之际，本来晴朗的天空突然狂风骤起，暴雨狂泄，将吴三桂的朝房毁坏一半，瓦上的黄漆亦被大雨淋坏，肃穆的气氛顿成潦倒之势。吴三桂颇觉扫兴，只得草草结束仪式。

吴三桂本想通过称帝来鼓舞士气，重新打开局面，但并未达到预期效果。老百姓对吴三桂叛乱带来的战争已经厌恶，当时，针对吴三桂的年号“昭武”流传着这样的民谣：“横也是二年，竖也是二年。”以“昭”字横竖都是二笔而编。又有人对“昭武”二字作解释，析“昭”为“斜日”，即“日”旁“刀口”（“召”），意为日已倾斜，接近黄昏，不可久留，斜日居于刀口之侧，主凶兆。谓吴三桂不久即将死亡。“武”字析为“止戈”，止戈即放下武器，战争即将结束。由此断定“贼亡无日矣”！[127]

吴三桂的命运真如民谣所言，他的皇帝梦还未做完，清军已攻到家门口。安亲王岳乐收复了浏阳、平江，征南将军穆占连拔永兴、茶陵、攸县、酃县、安仁、兴宁等十二郡县，直逼衡州。衡州的北面、东面、南面，远则数百里，近则百余里，都布满了清军。为维持“都城”衡州的安全，康熙十七年（1678）六月初，吴三桂调马宝等率数万精兵攻击永兴的清军，给清军以很大的打击，吴三桂的眼前又浮现出一丝曙光。但吴军的胜利不过是昙花一现。六月，吴三桂的妻子、当了三个月皇后的张氏病死。八月，吴三桂又患了“中风噎嗝”之病，年已六十七岁的吴三桂终于不堪风吹雨打，病倒在床。屋漏偏遭连夜雨，一日，吴三桂发觉一条狗端坐在他的几案上，他猛地吓了一跳，以为不祥之兆，精神顿时垮了下来，接着又添“下痢”的病症，医生虽百般调治，终是不得好转。等不到他的孙子吴世璠来到衡州，吴三桂便于八月十七日（1678年10月2日）撒手归西了。在明时叛明、降清后又反清的吴三桂就这样离开了人世，将日益颓败的局势甩给了他的孙子吴世璠。

获知吴三桂病死，康熙皇帝大为高兴，因为吴三桂一死，叛贼群龙无首，易于击败。他立即赋诗一首，以志庆贺。诗曰：

遥天今日捷书来，万里欢声动地开。

从此黎民皆乐业，军威应振凯歌回。[128]

同时，指令诸将乘“渠魁既灭，贼必内变”之机，诸路军乘势进击，一举将叛军平服。

吴三桂突然死去，吴世璠还在昆明。为防止吴军军心动摇和不测事件发生，衡州城门紧闭。过了几日，正在永兴与清军作战的胡国柱、马宝突然接到密令，和吴国贵相继赶回衡州。吴三桂的心腹大将齐聚衡州后，公推吴国贵总理军务，并派胡国柱回云南，迎吴世璠来衡州奔丧。胡国柱抵达云南，向留守的郭壮图表示要护送吴世璠去衡州。郭壮图当即表示反对，以为云南为根本之地，吴世璠不宜轻易出国门。胡国柱百般劝说，郭壮图皆不同意。

康熙十七年（1678）十月，胡国柱将吴三桂的遗体经常德运往贵州、云南。吴世璠迎至贵阳，并在贵阳即位，以贵阳府贡院为行在，定明年为“洪化”元年。给吴三桂上尊号“太祖高皇帝”，其父吴应熊为“孝恭皇帝”。依吴三桂所定官制，各官皆有封赐。在风雨飘摇中，吴世璠当上了皇帝。但吴军大势已去，不久，清军就在湖南战场上横扫吴军，两个月内，收复了湖南大部分地区，清军直捣叛逆巢穴已指日可待了。



## 十、直捣巢穴

吴三桂死去后，将一副烂摊子甩给了孙子吴世璠，时年十四岁的吴世璠无法指挥拥兵自重的诸将，吴军在战场上失去统一指挥，诸将各自为战，终于酿成湖南的大溃败。吴应期弃岳州而逃，几乎将整个湖南拱手送给了清军。而康熙皇帝有条不紊地指挥诸将乘胜一鼓作气，杀向叛军老巢。

康熙十八年（1679）四月以后，吴军在湖南只龟缩在辰州、武冈、新宁等地，湖南绝大部分地区已被清军收复。但吴军仍做垂死挣扎，吴应期牢牢守住辰州和辰龙关。辰州即今湖南沅陵，临近贵州和四川，位于沅江之滨，水陆皆可通贵州。辰龙关乃通云贵的孔道，地势险要，林深路险，为辰州的门户。勒尔锦率大部清军在辰龙关外与吴军对峙，但他迟疑不敢进兵，后又以时当雨季、难以攻战为借口，引兵退还。尽管康熙皇帝屡加申斥，勒尔锦依然畏缩不前。直到七月底，简亲王喇布指挥清军在辰州南的武冈与吴国贵部交火，方打响了攻击吴军在湖南最后据点的战斗。喇布派穆占率部于八月一日收复新宁县，与大将军岳乐会合攻武冈、枫木岭等处，清军四万多人与吴国贵残部二万余人发生激战。混战中，吴国贵中冷炮身亡，吴军失去指挥，遂弃武冈逃回云贵，清军随之收复武冈、枫木岭等地。

康熙十九年（1680）初，大将军察尼指挥清军向辰州发动攻击，派奇兵从间道攻占了辰龙关。三月十三日，清军进抵辰州城下，吴应期、胡国柱料辰州难守，不战而败，逃往沅州，后又退往贵阳。辰州一战，吴军有一万一千士卒投降清军，少数人退往云贵。湖南的吴军至此全部肃清。

早在康熙十八年（1679）六月，为了配合湖南作战，康熙皇帝命在陕西的大将军图海先取兴安、汉中，然后直入四川。王屏藩拥众数万驻守兴安、汉中等地，叛军吴之茂则守松潘，实力相当雄厚。为一举将叛军平定，清军做了几个月的准备，图海分兵四路出击，一路由图海与将军佛尼勒攻击兴安；一路由将军毕力克图与提督孙思克率领，由略阳进击；将军王进宝、汉中总兵官费雅达由栈道前进；宁夏提督赵良栋则经巴都山进兵。十月初，四路同时出击，经过一番激烈的战斗，至下旬，兴安、汉中相继收复。清军乘胜追击，杀入四川。

康熙皇帝获知捷报大喜，下诏嘉奖，特授宁夏提督赵良栋为勇略将军，督令诸军攻取四川，同时催令湖广提督徐治都率水军战船溯江而上，攻取重庆。

十二月，王进宝杀入四川，进逼保宁。次年初，赵良栋挥师逼近成都。保宁由叛将王屏藩、吴之茂、陈君极率重兵固守，王进宝指挥清军与叛军展开了激烈的战斗，打得极其艰苦。康熙十九年（1680）正月十三日，王屏藩率军二万向王进宝进攻，但被打败，四座大营被打破，王屏藩撤回城内。王进宝随即攻破保宁城。王屏藩、陈君极走投无路，自缢而死，吴之茂等十七名将官被活捉。而在此前两天，赵良栋已攻下成都。溯江而上的徐治都到这年二月相继收复了夔州、云阳、重庆等地。清军几路进兵，势如破竹，消灭了四川的叛军，号称天险的四川很快全部收复。这样，清军就从湖南、四川、广西几路同时杀向云贵。

为更快夺取平叛的最后胜利，康熙皇帝又调整了部署，并且严肃军纪，整顿军队。首先严惩了一批临战退缩、不思进取的将领，将坐守荆州、劳师靡饷的大将军勒尔锦解任削爵。勒尔锦是清太宗之兄礼亲王代善的孙子勒克德浑之子，他最先被派往荆州，但畏缩不敢出战。湖南丧失后，尽管康熙皇帝屡屡下诏督战，他依然只是消极坐守。岳州收复后，他率师追击吴应期，但在辰龙关前，又置康熙皇帝的诏谕于不顾，畏缩不敢前进。康熙十九年（1680）初，康熙皇帝令他赴重庆，但他行至途中又擅自返归，还至沅州。康熙皇帝以其“坐失事机”，予以削爵。同时，还将失陷岳州的都统珠满、失陷镇荆山的贝子准达、失陷太平街的前锋统领伊都勒齐、妄报军功的都统巴尔布、贻误战机的辅国公温齐、不奉命赴援的额驸将军华善以及擅离职守托故回京的将军觉罗舒恕、左都御史多诺、兵部侍郎兰布、参赞江西军务阿范等人全都严加治罪。接着到三月，以安亲王岳乐、康亲王杰书久劳于外，战功甚高，将他们调回京师。岳乐在江西、湖南战场屡立战功。杰书则收降了耿精忠，击败了郑经，平定了福建、广东，深得康熙皇帝的嘉奖。岳乐回至京师，康熙皇帝迎于卢沟桥南二十里外，并行郊劳礼。十月十七日，杰书凯旋，康熙皇帝又率王公大臣迎于卢沟桥，并亲制诗篇两首以赐杰书：

卷旆生风壮气扬，早持龙节定炎方。
秋毫无犯民心悦，尽扫欃枪奏凯章。

旄钺才临父老迎，楼船一举海波清。
金瓯已定千年业，铜柱须标万古名。[129]

康熙皇帝这两首诗对杰书给予了极高的评价。康熙皇帝奖罚分明，极大地鼓舞了将士。

把以上将领撤下来之后，康熙皇帝马上选拔新的将领，以贝子彰泰接替岳乐，代为定远平寇大将军，由湖广进军云贵。彰泰是饶余亲王阿巴泰之孙、博和托之子，顺治八年封镇国公，同年晋封固山贝子，翌年袭父爵，仍为贝子。他在征讨吴三桂叛乱时，随大将军贝勒尚善参赞军务，有勇有谋，屡立战功。以湖广总督蔡毓荣为绥远将军，总督湖广全省绿营兵马，节制汉兵先行。又以平南将军赖塔为征南大将军，统率广西满、汉大军及广州的部分精锐，由广西南宁出师，攻取云南。勇略将军赵良栋于康熙十九年（1680）正月末被授予云贵总督，统领四川、陕西满汉八旗和绿营兵，从四川分两路进攻贵州。这样，清军分三路，从湖广、广西、四川同时向云贵进军。

在清军征剿之前，康熙皇帝又颁布招抚令。早在康熙十八年（1679）四月，他即敕谕云贵大小文武官员军民人等：“当时倡叛，罪让吴三桂一人，所属人员均系胁从，今当争先来归，于各路大将军、将军等军前投诚，皆赦其前罪，论功叙录，加恩安插。”[130]同时还分别给胡国柱、马宝、郭壮图、夏国相、吴应期等人发去招抚谕旨，力求争取他们投诚，以减少征剿的压力。剿抚并用，是康熙皇帝平叛一贯的策略，收到了很大的效果，先后收服了王辅臣、耿精忠、尚之信。现在吴三桂死了，其部属群龙无首，各怀心思，康熙皇帝又施招抚妙招，以分化瓦解吴军的斗志。

康熙十九年（1680）九月，万事俱备，清军遂展开剿灭云贵叛军的战斗。十二日，蔡毓荣率先出征，彰泰催大军随后，一路收复了镇远、清平、平越，逼近贵阳。早在清军收复镇远之际，康熙皇帝就告谕诸将：“镇远至贵阳，道平坦，料贼不守贵阳，必据鸡公背、铁索桥诸处。”他告谕诸将“务同心协力，以济大事，速取贵阳，即分兵取遵义”[131]。他时时督责将领，时刻关注前线情况，诸将都极为感奋，拼命杀敌，勇往直前，十月二十一日即抵贵阳城下。吴世璠时正在贵阳，而大将夏国相、高启隆、马宝、胡国柱则在四川，吴世璠与其叔父吴应期、将领刘国炳自觉难以抗拒，趁夜逃回昆明。吴世璠的侍郎郭昌同文武官员二百零二人以及原任清提督李本琛都相继归降清军。清军轻而易举地得到贵阳。十一月，贵州全省基本平定，吴军大多逃回昆明。彰泰、蔡毓荣在贵阳休整月余，康熙二十年（1681）正月，又挥师杀向云南。

赵良栋指挥的四川一路，在康熙十九年（1680）九月正待进发时，郭壮图选派胡国柱、马宝、王会、高启隆、夏国相等将领突袭四川，连陷泸州、叙州、永宁、建昌、仁怀等地。已经降清的叛将谭洪、彭时亨等趁机再叛，致使赵良栋无法南下，只得在四川又与叛军角逐，形势一度还很危急，但对湖广、广西两路并无影响。

进驻广西的赖塔于康熙十九年（1680）十月从南宁出兵，十一月十五日进入云南，与吴将何继祖发生激战。经过近两个月的战斗，终于将其击败，乘势收复安笼所。次年二月，赖塔与何继祖在黄草坝又发生遭遇战，战斗颇为激烈，从早上战至午后，终将吴军击败，夺取十二营，吴军败走，赖塔乘胜收复曲靖府、交水城。这时彰泰军已攻入云南，二月十五日，彰泰部亦至交水城，遂与赖塔所率广西清军会合。两军联合，水陆并进，十九日，进抵昆明郊区四十里外，在归化寺附近立营。

二月二十一日，郭壮图派将军胡国柄等人统兵万余出城三十里迎战，两军厮杀，从早晨战至中午，吴军终于抵挡不住清军的攻击，败回昆明。清军乘胜追击，阵斩胡国柄等将官九员，进抵昆明城下，掘壕围战。吴世璠抗拒不降，并招四川的马宝、高启隆等回援。

康熙皇帝指令四川的赵良栋应将马宝、高启隆部就地歼灭。同时向他们再次发出招抚令。在清军的凌厉攻势下，高启隆、马宝从四川撤军，四川形势马上改观，赵良栋指挥清军从后面追击。谭洪则于四月病死，余众瓦解。四月，四川叛军基本肃清。赵良栋统兵又杀入云南。吴军将领高启隆、杨开运、刘魁、赵玉抵挡不住清军的两面夹击，只好向清军投降。五月，马宝部在云南乌木山被都统希福彻底击败，马宝仅以身免，走投无路之际，想起康熙皇帝的招抚令，只要"悔罪归诚，将尔从前抗拒之罪俱行赦免，仍论功叙录"[132]，七月五日，他与将军巴养元、赵国祚等人到姚安府希福军中缴印投降。九月末，马宝在北京被凌迟处死。



清军围城半年多，吴世璠盼望马宝等人的救援早已化为泡影，但仍不愿投降。清军亦未攻下。九月，赵良栋率军抵达昆明，从水路加紧对昆明的封锁。十月，昆明城内粮尽，赵良栋挥师攻城，彰泰积极配合，仍未攻下，清军遂向城内发射许多招降书，以瓦解吴军斗志。十月二十二日，吴将余从龙、吴成鳌出城投降，并将城中虚实尽告清军。二十八日，吴将线緎、吴国柱、吴世吉等准备发动兵变，以逮捕吴世璠、郭壮图献给清军。吴世璠事先获知风声，在大殿上自刎而死，时年十六岁。郭壮图与其子郭宗汾亦皆自杀。线緎抓住方光琛，于二十九日打开昆明城门向清军投降。三十日，清军开入昆明城内，从而将叛军的老巢捣毁。至此，持续八年的平定三藩之乱的战争结束，康熙皇帝取得了彻底的胜利。

康熙二十年十一月十四日（1681年12月23日）四鼓，捷报传入京师：云南大捷，全省荡平。亲王以下及文武官吏都齐集乾清门庆贺行礼。康熙皇帝极为高兴，但回顾八年平叛的艰苦历程，又心潮起伏，感慨万千，久久难以平静，当即挥毫写了一首诗，以志感慨：

洱海昆池道路难，捷书夜半到长安。
未矜干羽三苗格，乍喜征输六诏宽。
天末远收金马隘，军中新解铁衣寒。
回思几载焦劳意，此日方同万国欢。[133]

康熙皇帝对朝贺的大臣说："朕当速诣孝陵，躬行昭告。"[134]十八日，康熙皇帝赴遵化，谒拜孝陵，将平叛的消息祭告长眠于地下的顺治皇帝。

作为一国之君，在长达八年的平定三藩叛乱的战争中，康熙皇帝承担了艰巨的任务，付出了极大的心血。回想最初撤藩时，支持的只有明珠、莫洛、米思翰等少数人，吴三桂一叛乱，"四方扰乱，多有退而非毁"[135]。当时，康熙皇帝尽管亲政不久，却勇敢地接受吴三桂的挑战。几年之中，为了取得平叛战争的胜利，他身处紫禁城，心系战场，时刻关注着前线，"宵衣旰食，祁寒盛暑，不敢少闲，偶有违和，亦勉出听断，或中夜有机宜奏报，未尝不披衣而起"[136]。在他的英明指挥下，最终平定了叛乱，赢得了胜利，维护了国家的统一，给百姓带来了安宁和和平，从根本上消除了割据残余，大清帝国从此进入一个巩固发展的新阶段。

# 十一、彻底撤藩

三藩叛乱平定之后，采取措施清除叛乱影响以巩固统治便提上了康熙皇帝的议事日程。康熙皇帝结合惩办叛乱罪犯，最终将撤藩变成现实，从而真正实现了国家的大一统。

吴三桂是此次叛乱的发动者，数年来，他将全国人民抛入战争的漩涡之中，康熙皇帝对他恨之入骨。虽然叛乱平定之日，他已死去数年，但康熙皇帝仍下令剖棺戮尸，付之一炬，以其骨灰分发各地，以为为臣不忠者戒。吴三桂的子孙也都被斩尽杀绝。其部下虽大多投降，有的还委以官职，此时也秋后算账，根据情节轻重，分别处死、流放或者革退。同时，吴三桂的平西王藩封也自然而然地被革除。



在严惩吴三桂及其同党前后，对平南王尚之信和靖南王耿精忠，康熙皇帝也都进行了处理。尚之信和耿精忠都曾跟随吴三桂反叛朝廷，后迫于形势又都归顺，见风使舵，力求自保。在平叛期间，为了稳定他们，康熙皇帝继续承认他们的藩王地位。对尚之信，甚至诏谕他承袭其父尚可喜的亲王爵位，成为反叛之后反而获亲王封号的特例。康熙皇帝不过是为形势所迫，才予以笼络。因为康熙皇帝深知，吴三桂不灭，彻底撤藩就难以实现，还不如给归顺的尚之信、耿精忠再次加封，尽可能地信任他们，以减少敌对势力，分化瓦解吴三桂的同盟力量。相对吴三桂而言，尚之信、耿精忠不过是叛乱的附和者与追随者。康熙皇帝分清主次，区别对待，当时撤藩已不重要，重要的是消灭吴三桂，尽快结束战争。

吴三桂死后，战争进入最后阶段，虽然尚之信、耿精忠都在拼命为朝廷卖命，但还是难以消除康熙皇帝的疑心。康熙十六年（1677）四月，耿精忠甚至把自己的儿子耿显祚送到北京去做康熙皇帝的侍卫，用送“人质”的方式表达自己的忠心，但这也丝毫阻止不了康熙皇帝彻底撤藩的决心。

尚之信依然如以往一样嗜酒如命，肆意虐待下属，甚至比以前更加残暴，酒后动辄发怒，拔刀杀人。其部将孙楷归顺清廷后，朝廷赦免其罪，尚之信却将他杖杀；藩下护卫张永祥替尚之信送奏章到京师，奏对称旨，朝廷将他提拔为总兵，尚之信故意从中阻挠，并鞭挞他，以示侮辱；护卫张士选言语稍不慎，触怒尚之信，尚之信竟弄残他的双足。如此种种，致使部下极为不满。而对出兵平叛，尚之信更是极不热心，几次无故拖延不出兵，不听康熙皇帝的调遣。康熙十九年（1680）三月，尚之信的护卫张永祥、张士选赴京告发他“谋叛事”。此时吴三桂已死，吴周政权岌岌可危，康熙皇帝平叛即将取得全面胜利，从情理而言，尚之信再次谋叛，难以想象，但仍引起康熙皇帝的警觉，一之为甚，岂可再乎？康熙皇帝当即命刑部侍郎宜昌阿等人以巡视海疆为名赴广东调查，都督王国栋、尚之信的弟弟副都统尚之璋亦参与揭发。尚之信当时正在广西武宣参与平叛，宜昌阿与王国栋密令总督金光祖、提督折尔肯等赴武宣，将尚之信逮捕。尚之信当时还蒙在鼓里，颇不服气，还上疏自辩。康熙皇帝指示将尚之信押解京师，当庭对质。尚之信对其部属王国栋“恣取资财，肆行无忌”颇为愤怒，指使其弟尚之节与藩下长史李天植将王国栋诱杀。七月，朝廷以尚之信“不忠不孝，罪大恶极，法应立斩，姑念曾授亲王，从宽赐死”[137]。尚之节、李天植被就地正法。原定让尚之信进京对质，亦被取消。

尚之信一死，平南王藩位也就相应被撤去。其所属人员编为十五佐领，分入正黄、镶黄、正白“上三旗”，驻防广东。另三总兵标下官兵，裁去一总兵之官兵，剩下两总兵留镇广州。而堆积如山的平南王府库金银，则全部充作国赋，以济军需。于是，平南王位就此消失。

在裁撤平南王位之前，对靖南王耿精忠已采取了措施。康亲王杰书在康熙十九年（1680）十月回京前一直居于福建，一方面防止郑经，一方面监视耿精忠。耿精忠曾同清军打过许多恶仗，归顺后，康熙皇帝又不得不再次承认其靖南王爵位，但对他的戒备之心始终保持。为防止康亲王杰书撤军后耿精忠再度叛乱，康熙皇帝密令杰书诱使耿精忠请求入京觐见。这样，康熙十九年三月，为了表示忠心，耿精忠请求入觐。康熙皇帝当即批准，命耿精忠部将马九玉为福州将军，管辖靖南王藩属。但耿精忠一进北京，就如入牢笼。

先是耿精忠之弟耿昭忠、耿聚忠共同揭发其罪行，请求严惩。早在康熙十六年（1677）十一月，其藩下参领徐鸿弼、佐领刘延庆、护卫吕应旸等人也联名揭发他“归顺后尚蓄逆谋”的罪行五款：隐瞒“奸党”人名；勾结“海贼”郑氏；与叛将刘进忠言“乞降非所愿”；暗中储藏铅药，待“异日取用”；遣散旧兵归农，令其各携武器，不准留给征剿的清军；还有投诚前杀害范承谟一家人以灭口等。鉴于当时形势，康熙皇帝未予追究，现在则数罪并罚，法司判决将其革去王爵，与其子耿显祚及部属曾养性等俱应凌迟处死。为彻底收捕其余党，解散其部属，直至康熙二十一年（1682）正月，才正式对耿精忠予以处置。耿精忠被凌迟处死，其主要将领曾养性、王振邦等二十余人分别被凌迟、斩首。其家产籍没。靖南王爵也随着追究叛乱的责任和“莫须有”的谋反罪名而就此被削夺。

在此前后，对其他的叛乱分子也先后进行了不同程度的惩处。在惩罚叛乱分子时，既清算了战争的罪责，同时顺理成章地达到了全面、彻底撤藩的目的。从此以后，云南、两广、福建三藩不再存在，代之以驻防的八旗兵、绿营兵。在这场撤藩与反撤藩、叛乱与反叛乱的斗争中，年轻的康熙皇帝取得彻底的胜利。康熙二十年（1681），当胜利的凯歌传遍全国时，康熙皇帝还不过是一个二十八岁的青年。



---

1 刘健:《庭闻录》卷一。
2 《清世祖实录》卷二十一。
3 《清世祖实录》卷一百二十九。
4 《清圣祖实录》卷七。
5 《清世祖实录》卷一百三十六。
6 《清世祖实录》卷一百四十二。
7 刘健:《庭闻录》卷四。
8 ［康熙］《南海县志》卷七《食货志》。
9 ［雍正］《广东通志》卷六十二。
10 佚名:《四王合传·平南王尚传》。
11 纽琇:《觚剩》卷八。
12 《清世祖实录》卷九十四。
13 《明清史料》丁编第十本，页九九一。
14 王锺翰点校:《清史列传》卷五《耿继茂传》。
15 《清圣祖实录》卷九十四。
16 《八旗通志》卷一百九十七《蔡毓荣传》。
17 钱泳:《履园丛话》。
18 佚名:《四王合传·靖南王耿传》。
19 刘健:《庭闻录》卷四。
20 《清史稿》卷二百五十二《傅弘烈传》。
21 魏源:《圣武记》卷二《康熙戡定三藩记上》。
22 清国史馆辑:《汉名臣传》卷五《王熙列传》。
23 李元度:《国朝先正事略》卷四《王文靖公事略》。
24 刘健:《庭闻录》卷四。
25 邓士龙:《平夏录》。
26 《清圣祖实录》卷二十二。
27 《清圣祖实录》卷二十四。
28 孙旭:《平吴录》。
29 小横香室主人:《清朝野史大观》卷五《上平西王血书》。
30 勒德洪等:《平定三逆方略》卷一。
31 释今释:《元功垂范》卷下。

32 刘献廷:《广阳杂记》卷四。
33 小横香室主人:《清朝野史大观》卷五《刘玄初》。
34 《清圣祖实录》卷四十二。
35 《清圣祖实录》卷四十二。
36 《清圣祖实录》卷四十二。
37 《清圣祖实录》卷四十二。
38 《清圣祖实录》卷四十二。
39 《清圣祖实录》卷四十二。
40 《清史稿》卷二百六十九《明珠传》。
41 《清圣祖实录》卷四十三。
42 佚名:《平滇始末》。
43 刘健:《庭闻录》卷四。
44 《清圣祖实录》卷四十四。
45 刘健:《庭闻录》卷四。
46 佚名:《四王合传·吴三桂传》。
47 孙旭:《平吴录》。
48 杜春胜、林信笃编:《华夷变态》卷二。
49 赵翼:《皇朝武功纪盛》卷一《平定三逆述略》。
50 《清史稿》卷二百六十九《明珠传》。
51 《清圣祖实录》卷九十九。
52 《清圣祖实录》卷四十四。
53 《清圣祖实录》卷四十四。
54 《清圣祖实录》卷二百七十五。
55 《清圣祖实录》卷四十四。
56 孙旭:《平吴录》。
57 中国第一历史档案馆:《三藩档案》案字五四九号。
58 《清圣祖实录》卷三十一。
59 《清圣祖实录》卷五十四。
60 佚名:《平滇始末》。
61 勒德洪等:《平定三逆方略》卷三。
62 刘献廷:《广阳杂记》卷三。
63 佚名:《逆臣传》卷二《耿精忠传》。
64 《清圣祖实录》卷四十七。
65 《清圣祖实录》卷四十七。
66 《清圣祖实录》卷四十七。
67 《清圣祖实录》卷四十七。
68 钮琇:《觚剩》卷八。
69 勒德洪等:《平定三逆方略》卷五。
70 《清圣祖实录》卷五十二。
71 《清圣祖实录》卷五十九。
72 《清圣祖实录》卷六十七。
73 《清圣祖实录》卷六十。
74 《清圣祖实录》卷六十。
75 刘献廷:《广阳杂记》卷四。
76 王锺翰点校:《清史列传》卷七十八《贰臣传甲·张勇》。
77 刘献廷:《广阳杂记》卷四。
78 《清圣祖实录》卷四十四。
79 《清圣祖实录》卷四十六。
80 《清圣祖实录》卷四十八。
81 王锺翰点校:《清史列传》卷八十《逆臣传·王辅臣》。
82 刘献廷:《广阳杂记》卷四。
83 《清圣祖实录》卷五十一。
84 勒德洪等:《平定三逆方略》卷十二。
85 《清圣祖实录》卷五十三。
86 《清圣祖实录》卷五十一。
87 王锺翰点校:《清史列传》卷七十八《贰臣传甲·张勇》。
88 《清圣祖实录》卷五十六。
89 《清圣祖实录》卷五十五。
90 《清圣祖实录》卷五十五。
91 《清圣祖实录》卷五十五。
92 《清圣祖实录》卷六十五。
93 钱仪吉:《碑传集》卷四《图海传》。
94 刘献廷:《广阳杂记》卷四。
95 魏源:《圣武记》卷二《康熙勘定三藩记上》。
96 刘献廷:《广阳杂记》卷四。
97 《清圣祖实录》卷四十七。
98 《清圣祖实录》卷四十七。
99 刘健:《庭闻录》卷五。
100 《清圣祖实录》卷四十七。

101 《清史稿》卷二百一十七《岳乐传》。
102 刘献廷:《广阳杂记》卷四。
103 《清圣祖实录》卷五十七。
104 故宫博物院文献馆:《文献丛编增刊》"清三藩史料"(五)。
105 《清圣祖实录》卷五十七。
106 《清圣祖实录》卷六十二。
107 佚名:《逆臣传》卷二《耿精忠传》。
108 赵翼:《皇朝武功纪盛》卷一。
109 故宫博物院文献馆:《文献丛编增刊》"清三藩史料"(一)。
110 孙旭:《平吴录》卷八。
111 故宫博物院文献馆:《文献丛编增刊》"清三藩史料"(六)。
112 《清圣祖实录》卷六十一。
113 《清圣祖实录》卷六十六。
114 王锺翰点校:《清史列传》卷六《傅弘烈传》。
115 王锺翰点校:《清史列传》卷八十《逆臣传·孙延龄》。
116 刘健:《庭闻录》卷五。
117 《清圣祖实录》卷六十四。
118 《清圣祖实录》卷六十九。
119 《清圣祖实录》卷七十二。
120 孙旭:《平吴录》。
121 清世宗:《庭训格言》。
122 孙旭:《平吴录》。
123 《清圣祖实录》卷七十二。
124 《清圣祖实录》卷七十五。
125 《清圣祖实录》卷七十六。
126 中国第一历史档案馆:《三藩档案》案字一三八五号。
127 刘健:《庭闻录》卷五。
128 《清圣祖御制诗文一集》卷三十二。
129 《清圣祖御制诗文一集》卷三十二。
130 《清圣祖实录》卷八十。
131 勒德洪等:《平定三逆方略》卷五十四。
132 《明清史料》丁编第十本，页九八三。
133 《清圣祖御制诗文一集》卷三十五。
134 《清圣祖实录》卷九十八。
135 《清圣祖实录》卷九十八。
136 《清圣祖实录》卷九十八。
137 勒德洪等:《平定三逆方略》卷五十三。

# 第五章　武功

三藩叛乱平定之后，康熙皇帝开始把眼光转向边疆，先后进行了统一台湾、抗击沙俄、亲征漠西等重要军事行动，不但在更广泛的范围内实现了国家的统一，而且成功地挫败了西方殖民主义者侵略中国的阴谋，捍卫了国家的独立，对中华民族的发展做出了重要贡献。



## 一、统一台湾

台湾与大陆隔海相望。很久以前，大陆和台湾之间就存在着密切的联系。清顺治末年，郑成功为坚持抗清斗争，率师渡海赴台，驱逐了盘踞台湾达三十多年的荷兰殖民者，并致力于台湾的开发，台湾社会因此得以迅速进步。但郑氏父子祖孙相继割据台湾，奉明为正朔，也构成了对清朝中央政权的严重威胁。于是，三藩叛乱刚刚平定，康熙皇帝即首先规划统一台湾的军事行动。

康熙初年，中国内地虽然大致统一于清朝政权之下，但由于连年征战，国库枯竭，统治者和广大人民迫切需要安定喘息。尤其重要的是，清朝政权此时尚无强大的水师，也无力发展水师。对海上投诚人员，清朝政府并不信任，更谈不上大胆使用。所以，对五百里风涛之外的台湾，清廷无计可施，甚至对大陆沿海金门、厦门之地也无力恢复。而台湾郑军却由于连年征战，保持着一支具有海战长技的相对强大的水师，敢于同强大的清朝中央政权抗衡。清朝政府除封锁沿海断其接济和利用高官厚禄诱其部属投诚之外，对郑氏只剩遣使招抚一法，仅有一次武力征剿的尝试也半途而废。直到康熙中期，清朝政府建立起与之相抗衡的水师后，这种局面才得以改观。



早在顺治年间，清朝政府为了孤立和瓦解郑氏力量，即采取了严禁出海和内迁沿海居民的政策，称之为海禁。顺治十七年（1660）九月，顺治皇帝批准福建总督李率泰的建议，“迁同安之排头、海澄之方田沿海居民，入十八堡及海澄内地”[1]。康熙初年四大臣辅政，继续奉行此政策。次年六月，海澄公黄梧密陈剿灭郑氏割据势力五策，建议将“山东、江浙、闽粤沿海居民尽皆迁徙入内地，设立边界，布置防守”[2]，将所有沿海船只悉行烧毁，寸板不许下水。清朝政府予以采纳，并派员至江、浙、闽、粤、鲁等省，施行大规模迁界禁海，将各省沿海居民迁入内地三五十里，设界防守，严禁逾越。清廷此举本想割断大陆与台湾郑氏的联系，使其丧失接济，所谓“不用战而坐看其死也”。但清朝政府将沿海岛屿空出，反利于郑军自由出入，天长日久，守边兵将多被郑军买通，郑军照常可以从大陆得到所需物资。而迁界禁海却使清朝政府蒙受重大损失，沿海人民“荡析流离，又失海上鱼盐之利”[3]，土地大片荒芜，百姓流离失所，对外贸易停滞，税收也因之锐减。

在迁界禁海的同时，清朝政府也致力于遣使招抚。康熙元年（1662），清朝政府即在“江、浙、闽、广各设满汉兵、户郎中一员，专司招辑”[4]。恰在此时，郑成功去世，郑袭、郑经叔侄为争延平王位势同水火，兵戎相见。利用这一时机，福建总督李率泰、靖南王耿继茂派人前往厦门招抚郑经。此举正中郑经的下怀。郑经早就担心处于同清军和台湾郑袭集团两面作战的窘境，于是派镇守金门的伯父郑泰和洪旭等人假意与清朝政府谈判，并上缴明朝所赐敕命、印信和“海上军民土地清册”，以取信于清朝政府，“暂借招抚为由，苟延岁月，俟余整旅东平，再作区处”[5]，借以拖延时间。然后郑经亲率大军赴台湾，凭借身为郑成功之子的身份，迅速瓦解郑袭、黄昭等人的抵抗，戡平内乱。台湾初步平定之后，郑经于康熙二年（1663）正月率大军回驻厦门，借口“人众登岸，安插难周”，拒绝履行和谈条件。清朝政府的“招抚”计划彻底失败。

就在清朝政府秣马厉兵之时，郑氏集团内部又起纷争。郑经东进时令其伯父郑泰留守金厦。郑泰辈分颇高，长期为郑氏管理钱粮事务，家财万贯，又率部留守金厦，势力更盛，招致心胸狭窄的郑经的疑忌，而郑泰偏偏又在郑氏政权的继承问题上一度倾向于拥护郑袭，并曾致书郑袭集团骨干黄昭。郑经攻入台湾后发现郑泰交通黄昭的信，顿起杀心。康熙三年（1664）六月七日，郑经设计诱郑泰至自己帐中饮酒，将其缢杀，并派周全斌领兵抄其家。郑泰之弟郑鸣骏、其子郑缵绪被逼无奈，率水陆各镇官员四百余人、兵马万余众、船三百余号入泉州港投降清朝。经此打击，郑氏集团力量大为削弱。

当年九月，荷兰殖民者揆一听说郑成功已死，即刻驾船入福州港进见耿继茂、福建总督李率泰等人，请求投靠清朝，合兵报仇。耿继茂等人大喜，欲乘郑经力量削弱、荷兰人相助之机收复金厦及台湾，遂调全体投诚官兵会同荷兰夹板船，收复了沿海诸小岛。又令黄梧、施琅在石码、海澄督造战船，提督马得功等人于泉州修补战舰，以待会师进剿。十月，清海澄公黄梧、福建总督李率泰、提督马得功分别从海澄、同安、泉州三路猛扑金厦。荷兰殖民者与马得功合舟自泉州出发，担任主攻。郑经采纳周全斌之策，重点攻击清军主力马得功与荷兰殖民者联军。十月十九日，两军相遇于金门乌沙港，郑军人人效力，大败清军，马得功投海而死。但郑经另外两路军队都败于清军，且守护高崎之正镇陈升降清。清军黄梧、李率泰两路得手，郑经不得已退守铜山（今福建东山岛），金厦尽为清军收复。十月二十六日，黄梧劝李率泰以荷兰殖民者为前导，率大军乘胜攻取铜山。李率泰却以提督马得功新丧、穷寇勿追之辞回绝，又重谈招抚老调，希望郑经穷困之时投降清廷，并派人四处招降，借以扰乱郑军军心，使其不战自败。郑经则要求像高丽（朝鲜）那样，不剃发、不登岸才肯归降，否则宁死不从。招抚郑经的计划虽然失败，但清廷扰乱郑氏军心之举却收益颇大。清朝政府由兵部、户部各派郎中两员长驻福建、广东、浙江、江苏四省，专门针对郑军中下级军官进行诱降。清朝政府规定：不问真伪，凡海上武官率众投降者按原衔补官，单身投降者降四级叙用，有立功者降二级叙用。为了安插降官，允许武职改授文官。在清朝政府高官厚禄诱惑下，郑军人心浮动，各思投身之路。康熙三年（1664）春正月，郑经将领林顺在旧友施琅致书相招下统金镇之兵自镇海投诚。二月，守护南澳的护卫左镇杜辉勾通镇海将军王国化从揭阳港投降清朝。据清朝政府管理福建安辑投诚事务户部郎中贲岱疏报，自康熙元年（1662）至康熙三年七月，合计郑氏"投诚文武官三千九百八十五员，食粮兵四万九百六十二名，归农官弁兵民六万四千三百三十名，眷属人役六万三千余人，大小船只九百余只"[6]。郑经见诸将纷纷叛降，自知铜山难守，又恐变起肘腋，遂退居台湾，令周全斌、黄廷二人断后。周、黄二人不想远离故土至荒凉之台湾，也归附了清朝政府。自此，金厦及沿海诸岛尽归清朝政府所有。

郑经自铜山撤兵后，三月七日至澎湖。澎湖为台湾门户，上通浙江、辽东、日本，下达广东、交趾、暹罗，为南北交通必由之路。郑经设重兵于此地，于娘妈宫设立营垒，左右峙各建置烟墩、炮台，令薛进思、戴捷、林陞等将官镇守，以防清军乘胜直捣澎湖。

福建总督李率泰得知郑经遁走，即移舟师至铜山，并加紧实施迁界政策，命令沿海及诸岛屿百姓全部移入内地居住。逢山开挖深、宽各两丈余的大沟，名为"界沟"，又于沟内筑起厚四尺、高八尺的"界墙"。沿沟设置栅栏，每隔五里便在高地修筑炮台，炮台外再置烟墩。每隔二十里设一军营，白天观察敌情，晚上设伏。如遇警报，则各台相继点起烟火，左右相互照应，在烽火的指示下，各营可围歼来敌。五省沿边皆如此，这就是清朝政府所谓迁界政策的具体实施办法。迁界政策虽在一定程度上防止郑经从大陆获得物资和人员的补充，但沿海地区的经济也因此受到严重影响。

眼看沿海诸岛皆平，清军却不乘胜进击，只是严立界限防守，而李率泰又班师回省城，再无渡海攻台之意，施琅等主战将领心急如焚，屡屡与耿继茂、李率泰等分析利害得失：郑经窃据台湾，如不早日剿灭，必会滋长壮大，为沿海隐患。现在当趁其军心不稳、民心不一，又不知我方确切军情之时攻占澎湖，直捣台湾。耿继茂、李率泰以为然，乃与施琅合疏请求进剿台湾。此时荷兰殖民者为重占台湾，也极力鼓吹攻台，并愿为前导。清廷对征台之举犹豫不决，一则此次渡海作战依靠的都是降将，二则清朝政府也逐渐觉察到荷兰殖民者企图重新盘踞台湾的阴谋，在无强大海上力量的情况下，即使攻占了台湾，也只会便宜了荷兰人，所以批文迟迟不发。十月，揆一率荷兰殖民者去普陀，在离普陀去舟山时，突遇“铁莲花”，战船全部沉入海底。十一月，部文总算到达，允许水师提督施琅率众攻台。施琅等人便在泉州、海澄二港修造船只，择日兴师。

康熙四年（1665）二月，郑经得知施琅将攻打澎湖的消息，遂派颜望中率舟师增援澎湖。四月，施琅见准备工作就绪，即率郑氏归降官兵于十六日出港进发，十七日午时，船队驶入澎湖口，突然间“狂风大作，暴雨倾注，波涛汹涌，白雾茫茫”，施琅舟师人仰船倾。船队无法再保持队形，各自飘散至碣石、甲子、南澳、铜山各港，损失严重。经此次挫折，清朝政府下令停止武力攻取，将所有降将调入北京归旗，其部众分散至各省屯垦，并将战舰全部焚毁。海上形势暂趋平静。

台湾郑经利用双方休战这一有利时机着手开发台湾。他任用谘议参军陈永华为勇卫，令其统筹一切。经济上大力发展农业，鼓励诸镇开垦荒地，种植五谷及经济作物甘蔗，教人民新式晒盐法，积极与日本、暹罗、交趾等国通商，台湾经济因此迅速发展，“田畴市肆不让内地”。文化上他严禁赌博，广立学校，修建先师圣庙，又令各社学延师讲学，并在教育发展的基础上建立起初步的科举制度。军事上大力练兵，于农闲时练习武艺弓矢，春秋操演阵法；又令士兵于深山中采伐木料，并与外国通商，购买船料，修葺、建造战舰。为打破清朝政府的经济封锁，他派江胜率军重返迁界外荒无人烟的厦门，并令勿得骚扰沿边百姓。江胜遵命而行，平价交易，沿海内地贫民皆乘夜负货入界交易。台湾因此得到物质接济，清朝政府迁界政策的作用大为降低。

眼见郑氏集团统治渐趋稳定，而清朝政府又无力以武力进攻台湾，为了解决问题，清朝政府再行招抚之计。康熙六年（1667）正月，清朝政府派孔元章两次过台招抚，但因剃发问题，双方僵持不下，未有结果。康熙八年（1669）五月，康熙皇帝擒拿鳌拜之后，又命亲信大员兵部尚书明珠、兵部侍郎蔡毓荣入闽，与耿继茂、总督祖泽沛商讨再次招抚之事。众人商议后，派加兴化知府慕天颜、都督佥事季佺赍诏书往台湾招抚郑经。七月，二人抵达台湾，郑经虽然礼待来使，却不肯接康熙皇帝诏书。商谈中，明珠代表清方做出重大让步，允许郑经封藩，世守台湾。但郑经仍然坚持“如朝鲜例，不剃发，仅称臣纳贡而已”。和谈又告破裂。虽然如此，数年中双方并无战争，直到三藩之乱发生，清、郑双方才又进入战争状态。

清、郑双方谈判，清朝政府尤其是康熙皇帝始终坚持台湾是大陆一部分的立场。他在敕谕明珠的诏书中说：“若郑经留恋台湾，不忍抛弃，亦可任从其便。至于比朝鲜例，不剃发、愿进贡投诚之说，不便允从。朝鲜系从来所有之外国，郑经乃中国之人。若因居住台湾，不行剃发，则归顺悃诚以何为据？”[7]康熙皇帝在坚持大一统论的同时，肯定了台湾是中国的领土，不能与朝鲜同列，这一原则无疑是正确的。郑经幻想凭借海峡，于“版图疆城之外别立乾坤”，不仅走上了背离祖国之路，也是和谈屡屡破裂的根源。



康熙十二年（1673）底，吴三桂、尚之信、耿精忠三藩之乱爆发。早在三藩叛乱前，康熙十二年八月，靖南王耿精忠即已致书郑经，“仰冀会师，共成万世勋业”。郑经见有机可乘，即以船队集结澎湖待变。康熙十三年（1674）三月，耿精忠反叛。郑经应其所请，率众至厦门。当时，清军主力正与吴三桂作战，耿精忠又率主力北上江浙，郑经遂趁机攻占闽海、粤东沿海地区，连占福建泉州、漳州、汀州、兴化（今莆田市）、邵武等府和广东潮州、惠州、广州三府的一些州、县。在政见上，郑经也与三藩不同，仍然坚持抗清复明，在军事上不与三藩配合，只是滞留于福建、广东浑水摸鱼，抢占地盘，大肆盘剥以接济台湾。耿精忠、尚之信二人本就担心郑经染指福建、广东，因而屡次与郑经发生冲突，但为了共同抗清，又不得不忍气吞声。而在东南战场上，清朝政府重点打击对象是耿精忠，对郑经“宜用抚”，因此，战争初期，郑经势力发展到顶峰。康熙十五年（1676）十月，清军在福建转入反攻，康亲王杰书亲率大军自浙江入福建。耿精忠因南部有郑经牵制，无力抵抗，被迫降清，并担任向导，转而攻郑。十一月，郑经连败于乌龙江、邵武两地，闽南沿海、闽北山区纷纷告急。不久，原归降的潮州总兵刘进忠抗命自踞，广东全省尽失。十二月，郑经不得已收缩战线，弃守汀州。康熙十六年（1677）春，清军连陷兴化、泉州、漳州，郑军全线崩溃，郑经不得已退守厦门、金门及附近岛屿。

康熙十六年（1677）五月，康亲王杰书苦于水师无船，后方又不稳固，无力渡海攻郑，便派佥事道朱麟、庄庆祚往厦门招抚郑经，希望趁郑经新败之机，和谈会有所收获。但郑经仍持前议，照朝鲜例。八月，康亲王杰书再派吴公鸿去厦门见郑经，提出可以“如朝鲜故事”，岁时纳贡，通商贸易。但郑经得寸进尺，要求沿海诸岛也必须由郑军把守，粮饷由福建供给。谈判再次失败。短暂和谈后，战事又起。郑经手下大将刘国轩猛攻漳州，屡败清军，围海澄八十三日而破之，遂乘胜北上，下同安，围泉州，分遣诸将攻占南安、永春、德化、安溪、惠安等属邑。康亲王杰书以福建总督郎廷相指挥不力，令其单独入京，代之以署福建布政使姚启圣。

姚启圣（1624—1683），号忧庵，浙江绍兴府人。为人倜傥任侠，富于胆略，善于雄辩。早年中北直隶解元，任广东香山县知县。三藩之乱时投奔康亲王杰书，游说耿精忠降清，甚得康亲王器重，令他掌管大军钱粮。在姚启圣的指导下，清军开始出现转机。

在军事上，姚启圣大力整顿充实绿营兵。过去，镇将诸官多以现役兵力充当伴当、书记、军牢等役，到打仗时能临阵的士兵不过十分之三四，大大影响了战斗力。姚启圣首先从自身及高级将领做起，将各种军役全部革除，另行招募壮丁入伍，以足兵额，军力得以加强。康熙十八年（1679）正月，为进攻金门、厦门，重新恢复福建水师，调镇江将军伯王之鼎为水师提督。四月，康熙皇帝改调在洞庭湖大败吴三桂水军的万正色为提督，并准其携带岳州全部乌船及水手赴闽，并从江南、浙江挑选百艘战船拨入福建水师，建立起足以抗衡郑氏水军的一支海上力量。



政治上，姚启圣首先稳定福建民心，解除民困，实施“安内而攘外”之策。姚启圣一到任，就改变前任总督郎廷相怀疑闽人与郑氏官兵交通的做法，广贴告示，宣布：“海逆蔓延历有年所，漳、泉何地何族无与之为党者？岂可以一人而株连无辜？”[8]下令废除一切歧视、压制海上人员在陆亲属和朋友的政策，不许以此挟嫌陷害，同时广泛搜罗人才，即使属于上述情况，甚至本人曾为郑军而改邪归正者，只要有一技之长，便酌情授予参将、游击、都司、守备之职。民心由是大定。

安定民心的同时，姚启圣还致力于解决民生疾苦，以纾民困。他首先废除名目繁多的苛捐杂税及各种兵役、徭役，相继实施“除口卒”“革排夫铺甲”“减刍役”等关系民生的措施，并抚恤流亡，官给耕牛、种子，令百姓安居乐业。为使民生富裕，他还大力发展商贸流通，“开商市”。

三藩之乱时，福建境内驻有一王、一贝子、一公、一伯及将军、都统若干。按清例，将军、都统以下各开幕府，所统皆是入旗满洲之兵。满洲兵将向来骄横，没有营房居住，便抢占民房；没有兵仗器械，就以民房中所有抵充；缺乏服军中劳役之人，就强迫百姓服役。还奸淫民女民妇，乱捕民众，稍不如意，便施以刑罚，每日都有百姓被杀。满洲兵将虽然骁勇，但不习水战，大量满洲八旗驻闽，于事无补，只会妄生事端，滋事扰民。姚启圣洞察其弊，并于康熙十八年(1679)上疏康熙皇帝，请求裁撤满兵。次年，海澄、金门、厦门平复，姚启圣再次上疏，请求撤还八旗之师，并婉言相劝康亲王杰书班师回京。康熙二十一年(1682)，康熙皇帝下旨，尽撤八旗回京，扰民特甚的一大祸患终于根除，闽人无不欢呼雀跃。

对于台湾郑氏集团，姚启圣也做了大量工作。政治上，姚启圣在遣使招抚的同时，尤其注重策反和招降工作，方法多种多样，效果尤其显著。首先，姚启圣下令保护沿海各地与郑军有乡邻、姻戚关系之人，严禁挟隙陷害，消除郑氏官兵疑惑之心及后顾之忧。其次，姚启圣采纳投诚人员黄性震的建议，在漳州设“修来馆”，不论“官爵、资财、玩好，凡言来自郑氏者，皆延致之。使以华毂鲜衣炫于漳泉之郊，供帐恣其所求，漳泉之人争相传述”[9]。并规定前来投诚的文官照原衔报部补官，武官一律保留现职。士兵及平民头发全长者，赏银五十两，头发短者赏银二十两；愿入伍者立即收入军营，并领取军饷，愿回乡者送回原籍安插。对屡次逃走而又复来者一样对待，不予追问。实施中，姚启圣一丝不苟，注意吸取以往经验，一些细节问题也加以注意。他针对以往对归降者安置不同，致使其重新为盗的情况，注意做到官有俸禄，兵有饷银，归农者有其田，并对不愿去外地屯垦的投诚者也代为题请，尽量安插在界外无主之地。这些措施使郑军官兵纷纷来降，至者如归。据统计，康熙十七年（1678）投诚的郑军将官有一千二百三十七员，士兵一万一千四百三十九名[10]。到次年初，郑军投诚者更是纷至沓来，五镇大将廖瑞、黄靖、赖祖、金福、廖兴及副总兵何逊等人都各自带领所属官兵来归，共文武官员三百七十四员，士兵一万二千一百二十四名。不久，陈士恺、郑奇烈、纪朝佐、杨廷彩、黄柏、吴定芳等人也相继率部投诚。后又有水师五镇蔡中调、征夷将军江机、杨一豹等人率所部十余万人降清。

在策反、招降的同时，姚启圣还辅之以反间计，扰乱郑氏后方。早在姚启圣任福建布政使时，就已派人携重金潜入郑军，广散谣言，扬言郑军某将领将投降，或派人带书信及礼物送予郑氏将领，又故意将此事传播，以引起郑军内部自相猜疑。对郑经派来的间谍，不仅不予以查究，反诱以厚利，为我所用。以上措施收效颇为显著。先是密招郑经嬖人施明良，令其擒拿郑经来归；后又通过郑经的行人傅为霖、续顺公沈瑞，秘密纠合十一镇，准备在台湾发难。虽然以上两次行动都未获成功，但却使郑经惶惶不可终日。康熙十八年(1679)，在郑军任折冲左镇的吕韬秘密交结姚启圣。姚启圣即令他居台暗中策应，在后来的澎湖之战中，此人出力甚巨。

经济上，姚启圣仍循迁界旧例，福建上自福宁下至诏安，驱逐百姓入内地，或十里，或二十里。沿边修筑界墙，以便于守望，凡靠近海边的险要之地，皆添制炮台，星罗棋布，严密查访。但与前不同的是，姚启圣不是消极防御，而是将此作为对抗郑军的一种强有力的辅助手段，加上指挥得当，措施严厉，边将无法私自与郑军往来，郑军也无力突破界墙、深入内地抢夺壮丁及粮食等军用物资。因此，不长时间，郑军供应困顿，物资匮乏，陷入深深的危机之中。

对姚启圣的招抚工作，康熙皇帝给予了大力支持。海澄公黄芳泰原驻漳州，后移汀州，在二州颇有势力。原海澄公黄芳度及其家眷此前被郑军杀害，郑军官兵是以不敢来漳州归顺。为此，姚启圣上疏康熙皇帝，请求迁海澄公黄芳泰出汀州。康熙皇帝立即下旨，命"黄芳泰携家赴京师"[11]。同时，康熙皇帝对姚启圣所做的其他各项工作也都大力支持，授姚启圣兵部尚书衔。这样，不长时期，姚启圣便充实了清军实力，稳定了民心，大大削弱了对手，使清军逐渐摆脱被动局面，转入反攻。

刘国轩攻陷海澄，并分兵攻下永春、德化、安溪诸镇后，正如姚启圣所料，攻势锐减。郑军兵少，每占一地则需分其众镇守各地，势力大为削弱，不得已强迫壮丁入伍，激起百姓怨恨。同时刘国轩又以疲惫之师再攻泉州，但由于清军守将杨凤翔、马长里、马胜及兴泉道王育贤、知府张仲举等齐心协力，率领兵民奋勇抵抗，郑军围攻两月不下。清军趁机调集各路援军，陆海两路齐集泉州。刘国轩自知不敌，遂自动撤围。康熙十七年（1678）九月，清军与郑军交锋于漳州，刘国轩大败，退守海澄，深沟高垒，免战不出。

姚启圣见漳州、泉州及属邑俱已收复，只有海澄一县及石码、镇门尚为刘国轩据守，鉴于郑军防守坚固且又首尾连环，难以攻取，因而连续致书郑经，加以招抚。姚启圣在信中动之以情，晓之以理，言辞颇为恳切。起初，郑经受冯锡范等人蛊惑，以“海澄为厦门门户，不肯北还”，拒绝和谈；经过姚启圣等一再争取，郑经始有和谈之意。为此，康熙十八年（1679），康亲王杰书派遣苏埕再赴厦门，恳请郑经以自己的庐墓、桑梓及黎民涂炭为念，罢兵议和。若果能如此，康亲王杰书表示愿“照依朝鲜事例，代为题请，永为世好，作屏藩重臣”[12]。郑经非常高兴，说：“当先王之日，亦只差‘剃发’二字。今既亲王能照朝鲜事例，不剃发，即当相从，息兵安民也。”[13]和谈之事几告成功。但冯锡范又横出枝节，以海澄为厦门门户不可放弃为由，要求以海澄为往来公所，并按照以往郑成功之例，清朝政府年纳东西两洋饷六万两。苏埕不敢自专，要求郑经派一使者共同前往复命。郑经遂派遣傅为霖为使，谒见康亲王杰书。杰书以地方重务，令其与姚启圣商谈。姚启圣以为寸土之地属于君主，臣子哪敢轻以疆土作为公所？并以康熙皇帝绝无此意为由予以拒绝。这次和谈遂因郑氏得寸进尺又告失败。这样，姚启圣、万正色等人也就不再对和谈寄予更多希望，专力筹备武力攻取金、厦。康熙十九年（1680）二月，万正色在福州督造船只已毕，清军水陆两路势如破竹，先克海坛。郑经慌忙自厦门回窜台湾，厦门守将陈昌、海澄守将苏湛、浯州守将康腾龙相继献城投降，朱天贵亦率文武官员六百余人、水师精锐二万余人、战舰三百余艘，以铜山投降。至此，金、厦及沿海诸岛屿悉平。

经过八年之久的金厦拉锯战，郑经的势力遭受沉重打击，仅率千余人逃回台湾。清军则在战斗中重建了水师，并在实战中锻炼了海战能力，统一的条件日益成熟。

首先，台湾的经济陷入困境，“郑逆猖獗，全仗内地接济”。战前陈永华秉承郑成功遗志，致力于开垦荒田，发展手工业，一时百业俱兴。即便如此，仍有许多重要物资无法解决，甚至连战船、兵器都无法自造。所以郑氏一有机会总要回攻大陆，以取得必需的重要物资。在谈判中，郑氏也一直坚持在闽、粤保留福、兴、漳、泉四府以为“裕饷”之地，或“索海澄为互市公所”。战后金、厦尽失，台湾经济陷入绝境，官兵粮饷都要靠将官辞俸捐资来解决，以至于“内帑空虚，百僚萧条”[14]。

其次，郑氏民心已失。郑经占据闽、粤沿海后，连年征战，郑军人员损伤严重，财用枯竭，遂涸泽而渔，连年在台湾及大陆沿海厉行重税摊派，强抽乡勇为兵。刘国轩攻占泉州之后，兵力不足，遂征调乡勇为伍，“并移乡勇之眷口过台安插，庶无脱逃流弊。……一时安土重迁，百姓怨恨”[15]。为解决公帑不足、军需缺乏，便加重科派民间，“正供之外，又有大饷、大米、杂饷、月米、橹桨、棕、麻油、铁钉、灰、鹅毛、草束等项，最可惨者，又加之以水档、毛丁、乡勇”，“百姓一时怨望，道路侧目”[16]。台湾亦是如此，“倍加输派，百姓怨声载道，欲逃无门”。因此，康熙皇帝平定台湾之举，无疑顺乎民心。

再次，郑氏军队军心已散，纷纷归降。早在郑成功晚年，其兵士已经厌战。郑成功死后，由于清朝政府大力推行招抚政策，郑氏军队纷纷投降。在整个收复台湾的过程中，清朝官员始终重视招抚政策，收效也十分显著，郑军兵员锐减，且无斗志。

在统一台湾的条件日益成熟之时，康熙皇帝也在抓紧准备。康熙十九年（1680），三藩之乱已近尾声，康熙皇帝派兵部侍郎温代前往福建，会同尚书介山、侍郎吴努春及福建总督、巡抚、提督等官员，商议沿海设防及部分撤兵事宜。由于郑经已被逐回台湾，力量衰微，无力再次进犯，仍将大批军队集结沿海已无必要，且成为福建人民的一大沉重负担。众官反复商议，经康熙皇帝批准，福建只留满兵二千，由将军喇哈达统领，分驻厦门、漳州，其余二千四百余名俱撤回京。绿旗兵留督标、提标各五营，兵五千，抚标二营，兵一千五，余俱裁撤。通省防守兵额，留旧时五万一千人，余俱裁汰。水师裁其老弱五千人，留精兵二万。康熙皇帝裁兵之举，不仅能纾民困，安定百姓，使兵精粮足，且能迷惑台湾。八月，康熙皇帝谕令兵部："台湾、澎湖暂停进兵，令总督、巡抚等招抚贼寇。如有进取机宜，仍令明晰具奏。"[17]

就在清朝政府厉兵秣马、捕捉战机之时，郑氏集团却日益腐朽，政治上也走上末路。郑经败回台湾后不思进取，萎靡不振，"就洲仔尾园亭为居，移诸嬖于内，纵情花酒"[18]，以为远处海岛，可高枕无忧，遂于康熙二十年（1681）正月纵欲而死。执掌大权的冯锡范、刘国轩此时背信弃义，刺杀郑经长子郑克臧，拥立年仅十二岁的郑克塽继位。郑克塽幼弱不能任事，事皆决于冯锡范。郑氏内部“彼此猜疑，各不相下，众皆离心”[19]，日愈穷蹙的郑氏集团再生内乱，无异于授人以柄，灭亡之日指日可待。

四月，姚启圣接台湾侦报，知郑经已死，郑克臧被杀，幼子继位，遂上疏康熙皇帝，认为收复台湾时机已到，应会合水陆官兵，乘机直捣敌穴。康熙皇帝就此事与大学士等商议，当即决定：“郑锦（即郑经）既伏冥诛，贼中必乖离扰乱，宜乘机规定澎湖、台湾。总督姚启圣、巡抚吴兴祚、提督诺迈、万正色等，其与将军喇哈达、侍郎吴努春同心合志，将绿旗舟师分领前进，务期剿抚并用，底定海疆，毋误事机。”[20]

康熙皇帝对台政策由招抚到征剿的转变，在朝廷官员及福建高级官员中引起不同的反响。“重臣宿将，至于道路之口，言海可平者百无一焉”[21]。朝廷大员讨论进剿方略时，都认为风涛莫测，难以长驱致胜。在福建前线的宁海将军喇哈达、水师提督万正色也反对武力进取台湾，认定“台湾断不可取”。但康熙皇帝也得到了闽浙地主阶级代表内阁学士李光地、总督姚启圣、巡抚吴兴祚的支持，他们迫切要求武力剿平台湾。为此，姚启圣、吴兴祚联名上疏，向康熙皇帝保举施琅为福建水师提督，以求东南沿海安宁，发展对外经济。

施琅（1621—1696），福建晋江人。原为郑芝龙左冲锋。郑芝龙降清后，施琅往投其子郑成功，为左先锋，深得重用。后因小事与郑成功有隙，郑成功欲杀之，施琅遂潜逃，其父、弟及子侄多人被杀。施琅投清，立志复仇。他长于海战，且熟悉郑氏内部情况，因此自始至终极力主张武力进剿台湾。

早在康熙六年（1667）十一月，施琅就向康熙皇帝上疏，要求尽快解决台湾问题，以免养痈遗患。康熙七年（1668）三月，施琅奉旨入京，再上《尽陈所见疏》，阐述讨平台湾的急迫性、必要性："东南膏腴田园及所产渔盐，最为财赋之薮，可资中国之用"，"倘不讨平台湾，匪特赋税缺减、民困日蹙，即防边若永为定制，钱粮动费加倍，输外省有限之饷，年年协济兵食，何所底止"？台湾孤悬海上，易为"逃逋之窟"，且郑成功诸子中，如有一二人"收拾党类，结连外国，联络土番耕民，羽翼复张，终为后患"。为此，他对敌情加以详尽分析，认为台湾可以武力剿平：台湾"虽称三十余镇，多系新拔，俱非夙练之才，或管二三百者不等，为伍贼兵，计算不满二万之众"。"郑经承父余业，智勇无备，战争匪长，其各镇亦皆碌碌之流，又且不相浃协，贼众散处，耕凿自给，失于操练，终属参差不齐"。施琅还认为，单靠招抚不能彻底解决海患，必须以剿为主，以抚为辅。他指出：台湾兵将"内中无家眷者十有五六，岂甘作一世鳏独、宁无故土之思？但贼众多系闽地之人，其间纵使有心投诚者，既无陆路可通，又乏舟楫可渡，故不得不相依为命"。"如专一意差官往招，则操纵之权在乎郑经一人，恐无率众归诚之日。若用大师压境，则去就之机在乎贼众，郑经安能自主"[22]？当时因条件不具备，该计划被搁置，施琅也羁留北京，充内大臣。直到此时，施琅才重新受到主剿派的瞩目。康熙皇帝不顾众大臣反对，毅然起用施琅替换万正色为福建水师提督。为了抬高施琅并便于同他联系，在施琅的请求下，康熙皇帝派近身侍卫吴启爵随施琅同征台湾。有吴启爵随征，其无异于代表康熙皇帝亲征的钦差大臣，众人自不敢再反对施琅，为施琅专心征剿减去了许多麻烦。施琅离京之前，康熙皇帝特在内廷召见，激励道："平海之议，惟汝与同，愿劳力无替朕命。"[23]表示对其高度的信任。

康熙二十年（1681）十月初六日，施琅抵达厦门视事。因当时处于冬季，飓风时发，舟师不易过洋远征，且准备还不充分，故没有立即出兵，而是抓紧时间整船练兵，以使"船坚兵练，事事全备"，广大官兵"摩拳擦掌，人人思奋"。施琅还派遣间谍，交通过去部众，以为内应。经过一年半的准备，清军水师已有精兵二万余人，战船三百艘，数量上与郑军持平，且质量大为提高，士气旺盛，攻取台湾的条件业已具备。但施琅与姚启圣在作战方向及利用风向等方面发生了矛盾，致使出师日期一再延期。

施琅抵达厦门之初，鉴于康熙三、四年间征台失利的教训，为防止总督、巡抚、提督之间彼此掣肘，上疏康熙皇帝要求专征之权。康熙皇帝经过再三考虑，同意巡抚吴兴祚"不必进剿"，但仍坚持"总督姚启圣统辖全省兵马，同提督施琅进取澎湖、台湾"[24]。然二人意见确实不同，姚启圣主张利用北风，提出十、十一、十二月间尽快进兵。施琅则一反在东北风季渡海作战的传统打法，认为东北风风势太猛，骤发骤息，一战不胜，则舟师易被大风吹散，主张利用西南季风，于明年三、四月间出兵。在主攻方向及出兵地点上，二人意见更是针锋相对。施琅主张从铜山出师，正东航往八罩水道，驶近澎湖时折而北向，利用南风，占据上风头，主攻方向则定为澎湖。施琅认为澎湖是台湾咽喉，如澎湖一下，可控敌出海之路，台湾必不战自溃，如敌不降，可以之为基地，进退两利；且澎湖地势低平，岛屿分散，港湾众多，不易防守，比攻台湾为易；加上澎湖守将为刘国轩，施琅认为“刘国轩最骁，以他将守澎湖，虽败，彼必再战；今以国轩守，败则胆落，台湾可不战而下”[25]。后来的形势发展确如施琅所料。姚启圣则主张兵出两路，同时进攻台湾、澎湖。由于二人意见相左，致使原定康熙二十一年（1682）夏季征台之举又一次延期，反对武力进剿台湾的舆论也因之再起。



康熙二十一年（1682）七月，施琅再次上《决计进剿疏》，说：“（姚启圣）生长北方，虽有经纬全长，汪洋巨浪之中，恐非所长。……今臣同督臣操练水陆精锐官兵，充足三万，分配战舰，尽可破贼。但臣仅掌有水师提督印信，未奉有征剿台湾之敕谕。伏望迅速颁发，以副转睫师期，俾得申严号令，用以节制调度。”[26]康熙皇帝考虑上两次出师延期之事，也认识到总督、提督意见不合，确实对征台不利。但康熙皇帝对此事极为慎重，令议政王大臣会议，后又询之大学士，征求大多数人的意见。最后同意施琅专征，并命令总督、巡抚与之同心协力，催办粮饷，做好后勤工作，保障军需供应。姚启圣等人亦有全局观念，捐建兵船，为平定台湾之役的胜利做出了贡献。

在清军加紧备战的同时，台湾方面也积极筹备防守。康熙二十年（1681）九月，通过奸细，台湾方面得知施琅将出任水师提督；十月间，台湾又破获宾客司傅为霖、总镇周高寿等密通姚启圣之案，查其书信，有“澎湖无备，可速督兵前来，一鼓可得，若得澎湖，台湾即虚，便当起兵相应”之语；同时，奸细也侦得施琅的主攻方向定在澎湖，台湾遂开始重视澎湖设防。当年冬，以武平侯刘国轩为正总督守澎湖，左武卫何祐任北路总督守鸡笼。刘国轩在最易船舰登岸的娘妈宫驻扎，于此地筑城，外加女墙、壕沟，安设大炮，并乘小舰巡视三十六屿，于险要地筑炮台，又将所有战舰全部修整。为使诸将安心御敌，刘国轩将诸将家眷全部送往安平。为加强防御，台湾还不断增加澎湖兵力，至开战前，澎湖兵将已达二万人、战船二百余只。

康熙二十一年（1682）十月，施琅正在平海卫海上练兵，接到康熙皇帝准其专征之旨，便当即宣称利用北风进剿台湾，以混淆敌人视听。至十一月，施琅又对外宣称“北风太硬”，不便进剿，令各镇俱回原地，自统船回厦门。姚启圣不识施琅之计，重谈招抚老调，派人前往招抚。次年正月，郑克塽派人回疏，仍要求仿照琉球、高丽之例，称臣纳贡，不剃发，不登岸。但此时康熙皇帝已下定武力征剿的决心，对其要求予以批驳，并谕令前线督抚诸将，“审察确实，倘有机可乘，可令提督即遵前旨进兵”。康熙二十二年（1683）五月，康熙皇帝得姚启圣奏报，知台湾仍坚持前言，遂急令施琅“速进兵”[27]，武力攻台的大幕拉开。

当年六月上旬，施琅接到康熙皇帝进军令，立即传令各路舟师齐集铜山。为激励士气，十一日，施琅大会诸将，并邀请姚启圣，举行誓师典礼，派拨军事。以蓝理为先锋，首先冲艅破敌。十四日，施琅率大队自铜山出发，顺风直驶澎湖。施琅此次进兵确实起到了出其不意的效果，因为六月多台风，常日夜不止，渡海最忌。刘国轩常与诸将议论：“六月风涛不测，施琅是惯熟海务者，岂敢故犯突然兴师乎?”十五日辰时，澎湖巡哨船发现清军大队，飞报刘国轩。刘国轩惊惧之余，急令各镇将转移大炮，并将大帆船罗列在海岸，以拦截清军，不使其船只靠岸停泊，又调集各路水师，齐集娘妈宫附近守候。

刘国轩虽加紧戒备，但仍心存幻想，希望再次发生施琅前次攻台时遭台风袭击之事，以求不战而胜。这种思想使他丧失了有利战机。当日傍晚，清军从容进泊八罩岛、猫屿、花屿。次日早，施琅督率舟师齐到澎湖，双方展开激战。战斗中，施琅被流炮烧伤右脸，但仍坚持指挥。幸好蓝理率战船分波逐浪来援，冲入重围，发炮、掷火罐，立时击沉敌船一艘，重创两艘，敌兵稍退。恰在此时，蓝理又为流炮余焰击伤，腹破肠流。蓝理以旗幅裹伤而起，对众将士高呼:“今日诸君不可怯战，誓与贼无生还!”战斗益加激烈。不久，金门镇千总游观光乘顺风赶到，发炮击敌，敌军死伤甚多，船方散开，施琅、蓝理等才得以突出重围，撤出外洋。

十七日，施琅督师仍回八罩、水垵澳诸屿整兵备战。为扫除初战不利的阴影，激励士气，施琅为下次大战做了大量工作。首先查定功罪，分别赏罚。蓝理赏银二千两，游观光赏银一千两，余者按有功轻重分赏。将临阵退缩的詹六奇、方却等十二人捆缚，请王令，斩首示众;后在侍卫吴启爵的劝说下，暂时记过，令其戴罪立功。同时，针对开战时清军缺乏组织自乱阵脚之弊，施琅采纳吴英的建议，“以五船结一队，攻彼一只。其不结队者为游兵，或为奇兵，或为援兵，悉远驾观望，相机而应，则无成鲸冲撞之患，又可以各尽其能，奋勇破敌”，并名之为“五梅花”[28]。施琅依计而行。为防止将官临阵脱逃，施琅下令将战船所配坐镇将营备及随征千总、把总等官姓名用大字写在船帆上，以便遥观，知其进退。通过整顿，清军士气再次高涨，且战斗力也大为提高。

二十二日，澎湖大决战爆发。施琅分主力为三股进攻，令其第六子施世骠和都督陈蟒、魏明、副将郑元堂率领战船五十艘为一股，从东畔峙内直入鸡笼屿、四角山，为奇兵夹攻。令其第七子施世骅和总兵董义、康同玉率战船五十艘为一股，从西畔内堑直入牛心澳，做疑兵牵制。施琅亲率大乌船五十六艘居中，分为七股，每股三叠，为主攻战舰。其八十只船分为两大股，以为后援。刘国轩挥师迎战。从一开始，战斗即十分激烈。清军将领朱天贵在尾楼上喊话招降，不幸中炮身亡。林贤身中三箭，兵士伤亡很大，药罐、矢、炮子都打光了，林贤又令将船中铁锅打碎充炮子。危急之际救兵赶到，遂内外夹攻，打退围攻诸船。战斗自早晨七时一直持续到下午四时，炮火矢石交攻如雨，烟焰蔽天。清军的“五梅花”战术大显神威，清军战船利用这一战术互相援助，即使个别船只遭敌围困，亦能救出。而郑军舰只则被一艘艘分割、歼灭，郑军被击沉、焚毁战船百艘。其征北将军曾瑞、水师副都督左虎卫江钦等人阵亡，丘辉、江胜等人自尽。清军缴获各类战船三十五只，杀伪将军、提督、总兵、副将等高级将领四十七员，普通将领二百余人，焚杀及溺死敌兵一万二千余名。刘国轩见力不能及，遂率残部乘三十余艘战船逃回台湾。防守娘妈宫炮城的果毅中镇杨德见孤岛无援，遂卸甲投戈，出海请降。至此澎湖三十六岛尽克。施琅悉令剃发，出示安民，抚恤降众。同时，施琅一面飞报总督、巡抚澎湖大捷，一面派侍卫吴启爵进京向康熙皇帝传送佳音。康熙皇帝闻报大悦，并将所穿之衣赏赐施琅。

澎湖大捷，郑军主力尽失。清军或以武力征剿或遣使招抚，都处于主动地位。姚启圣主张乘胜直捣台湾。也有人劝说施琅察兵攻灭残敌，以报家仇。但施琅不计个人恩怨，从全局考虑，声称彼若能诚心归降，自当上疏康熙皇帝以赦其罪。为表示诚意，施琅对郑军俘虏“弗杀，带伤者济以医药，给以口粮”[29]。有欲归见妻子者，派小船送至台湾。降卒辗转相传，台湾军民“欢声动地，诸伪将伪兵闻之，争欲自投来归，禁之不能止”。同时，为给台湾上层施加压力，施琅派人转告台湾：“速来降，尚可得不死；少缓，即为澎湖之续矣！”[30]



遭澎湖大败，台湾郑氏军队精锐全失，人心浮动，诸人“各怀戒心，市井风鹤”。郑克塽遂召集诸将讨论对策。以冯锡范为首的一派人主张放弃台湾，逃据吕宋，继续反清。此信一出，讹言四起。兵将闻言，恃强妄为，欲大抢而去；百姓闻知，惊恐不安。另一派将领则欲献台降清，淡水守将何祐，早已遣子赴澎湖纳款献台，不待郑克塽下令，已全部撤防。刘国轩认为出逃、死守都是死路一条，他说：“澎湖已失，人心怀疑，苟辎重在船，一旦兵弁利其所有而反目”，则无法保其身家；如果“分兵死守”，又因“众志瓦解，守亦实难”。因此主张“举全地版图以降，量清朝恩宽，必允赦宥”[31]。恰在此时，施琅派曾蜚等人前来就抚，并许保题刘国轩现任总兵，刘国轩投诚之意更加坚定。在其劝说下，郑克塽遂决定归降，派郑平英、林维荣携降表、致施琅书信去澎湖见施琅，表示同意削发称臣，但要求仍居台湾，永为朝廷屏翰。施琅当即予以拒绝，认为“此议未妥。若在未进师扑剿之时，逆孽早来归降，当为题请；今澎湖既得，穷逼之际，始差郑平英等前来就抚，明系诡谲缓兵之计，难以遽信”[32]。施琅知郑克塽年尚幼稚，操纵指挥全在刘国轩、冯锡范，所以令曾蜚等回台湾传谕：“若果能真心投诚，必须刘国轩、冯锡范来臣（施琅）军前面降，将民人土地悉入版图，其伪官兵遵制削发，移入内地，悉听朝廷安辑。”施琅将此事上报康熙皇帝，请旨定夺。郑克塽等人得知施琅态度强硬，不得已再修降表，不再坚持复居台湾，并缴纳延平王印册，武平侯刘国轩、忠诚伯冯锡范印信，以及版籍、土地、人民，以示诚意。七月十一日，差冯锡范胞弟兵官冯锡圭、工官陈梦炜、刘国轩之弟刘国昌等人同曾蜚再赴澎湖纳款。施琅细诘情由，知此次真诚无伪，即率诸将自澎湖前往台湾受降。郑克塽派人至鹿耳门迎接，自己则同刘国轩、冯锡范等文武俱列队，与百姓等齐集海埏，恭迎王师。

施琅登岸后颁布《谕台湾安民告示》，规定官兵不许侵占民居，将官不许役人为仆；乡社樵苏采捕、载运米谷蔬菜出入港澳均听民便。今岁应纳租谷十分酌减其四，并严令禁止台湾乡社犒军伤民。故而清军入台秋毫无犯，受到百姓热烈欢迎，“士民安居乐业，农不易亩，工不闭肆”[33]。十八日，郑克塽率诸官剃发。施琅当众宣读康熙皇帝赦诏：“尔等果能悔过投诚，倾心向化，率所属伪官军民人等悉行登岸，将尔等从前抗违之罪尽行赦免，仍从优叙录，加恩安插，务令得所。”[34]郑克塽等人遥向北京叩头谢恩。由于康熙皇帝的正确指示和施琅灵活具体的措施，台湾官、兵、民等俱各安定，招抚工作顺利完成，台湾才回归到清朝中央政府的怀抱。

在统一台湾的过程中，康熙皇帝起了决定性的作用。康熙皇帝不熟习海战，既不能像亲征噶尔丹那样身赴疆场，也不能像平定三藩之乱那样亲授方略。但他大胆选拔人才，对平定台湾起到了关键性的作用。起用姚启圣，闽粤皆平；拔擢万正色，金厦俱复；而重用海上降将，尤其是重用施琅，才得海疆永平。起初，对海上投诚人员不予信任，弃之不用，从外省增兵，于事无补；后用降兵降将，兵不用增反撤，却大功告成。施琅任水师提督时，有人中伤“去必叛”，康熙皇帝断定施琅不去，“台湾断不能定”，力排众议，放手使用。可见，没有康熙皇帝的信任和支持，施琅建功海宇是不可能的。



康熙二十三年（1684）十二月，郑克塽等人奉旨入京。康熙皇帝对其纳土归诚表示嘉奖，授以公爵。刘国轩首先归诚，特授其为天津总兵官，赏白金二百两、表里二十匹、内厩鞍马一匹，又特赐宅第，以示优眷。其他投诚人员武官一千六百余人、文官四百多人、兵四万余人，俱各予以妥善安置。至此，台湾招抚后事完毕。

台湾统一以后，关于台湾弃守问题，群臣又发生分歧。以李光地为代表的闽粤地主阶级先是支持统一台湾，以便海疆平定，发展工商业；但台湾统一后，他们又怕台湾建制、派兵戍守会加重沿海人民负担，不利于工商业发展，又极力主张放弃，甚至不惜拱手送给荷兰人。施琅经过实地考察，坚决主张驻兵防守。他指出，台湾对于大陆，无论政治、经济、国防、军事上都有着重要作用。台湾“北连吴会，南接粤峤，延袤数千里，山川峻峭，港道迂回，乃江、浙、闽、粤四省之左护”，地理位置十分重要；台湾“野沃土膏，物产利薄，……一切日用之需，无所不有”，自然资源丰富；台湾“人居稠密，户口繁息，农工商贾，各遂其业，一行徙弃，安土重迁，失业流离，殊费经营，实非长策。况以有限之船，渡无限之民，非阅数年难以报竣”。所以弃之不守，不仅对台湾农、工、商业大有损害，实施起来也很困难。台湾若弃而不守，“则该地之深山穷谷，窜伏潜匿者实繁有徒，……纠党为祟，造船制器，剽掠滨海”；且“此地原为红毛（荷兰殖民者）住处，无时不在涎贪，亦必乘隙以图”，因而易成乱薮，重为海疆之患。所以施琅坚称“弃之必酿成大祸，留之诚永固边圉”[35]。除施琅之外，姚启圣、都察院左都御史赵士麟等有识大臣也都先后上疏，反对外弃台湾。

康熙二十三年（1684）四月，康熙皇帝下令设台湾府，隶属福建省。其南路设凤山县，北路设诸罗县，府治设台湾县，澎湖归府直辖。另根据施琅建议，在台湾设总兵一员、副将二员，驻兵八千；又于澎湖设副将一员，驻兵两千。每营设游击、守备、千总、把总等官，与内地编制相同。同时，对于台湾地方官员的选拔，康熙皇帝非常注意，经督抚会疏交荐，康熙皇帝批准，由原任泉州知府、汉军镶白旗人蒋毓英调补第一任台湾知府。康熙皇帝还亲自选任正黄旗参领杨文魁为第一任福建台湾总兵官，并亲加叮嘱：“务期抚辑有方”，“使海外晏安”，台湾商贩众多，“不得因之以为利，致生事端”。在他的关心下，台湾各级官员大多能克勤奉公，关心民疾。从此，台湾的历史掀开了新的一页。

康熙皇帝出兵收复台湾，对台湾和大陆社会的进步和经济的发展都产生了重要的积极作用。

首先，台湾的收复为台湾的开发开辟了广阔的远景，并进一步密切了台湾与大陆的经济联系。郑氏据台时期，为与清政权相抗衡，在台湾强拉壮丁，苛捐杂税，百姓贫困不堪。统一后，康熙皇帝采纳兴化总兵吴英的建议，在驻台士兵中试行屯戍法，士兵半为镇守半为屯田。屯田者，每兵给田三十亩、牛一头。此措施效果显著，使得“兵有恒产，饷可省半”。同时，台湾官吏为激发人民开垦土地的积极性，改革了赋役制度，改变了过去“就田征谷，计口输钱”的政策，代之以内地的一条鞭法，把土地分为上、中、下三等，履亩定税，按等征收；并将原来对高山族不分男女一律征丁税一石的做法改为只征收男丁税，妇女丁税免除。台湾优越的自然条件加上正确的政策，使得福州、兴化、漳州、泉州之民至者如归，趋之若鹜。大量劳动力及先进技术的流入，使得台湾土地开发更为加快，康熙二十三年（1684），全台耕地面积为一万八千四百五十三甲（每甲合内地十一亩三分一厘），康熙四十九年（1710）则达三万零一百零九甲。随着台湾土地的开发，粮食产量逐年增长，“台湾地广民稀，所出之米，一年丰收足供四五年之用”，“漳、泉之民势不得不买，台湾之民亦势不能不卖”[36]。是以台湾居民“肩贩舟载，不尽不休”[37]。台湾私有土地和粮食产量的增多，也推动了甘蔗及其他经济作物的发展。台湾统一之初，仅有榨糖“蔗车”

七十五张。九年之中，又增加二十四张。雍正年间，台湾“三县每岁所出之糖约六十余万篓，每篓一百七八十斤”[38]，大多销往内地。为适应台湾经济的发展，康熙皇帝特命台湾府开炉铸币。台湾向大陆输出粮食、蔗糖的同时也从大陆进口大量所需物资，“绸缎纱罗之属，多来自江浙，棉布之类销用尤广，岁值百数十万金，其布为宁波、福州、泉州所出，商船贸易，此为大宗”[39]。台湾的经济开发及与大陆经济联系的加强，促进了台湾海外贸易的发展，“民内有耕桑之乐，外有鱼盐之资，商舶交于四省，遍于占城、暹罗、真腊、满剌加、渤泥、荷兰、吕宋、日本、苏禄、琉球诸国”[40]。

由于政局安定，经济发展迅速，也有力地推动了文化教育事业的发展。台湾素称土番之邦，文化教育事业几乎为零。蒋毓英到任后，于康熙二十三年（1684）建立台湾府学，不久再建社学三所，离任之前，又建立一所书院。康熙皇帝又采纳福建巡抚张仲举的建议，在台湾增设学校，扩大入学名额。随着文化教育事业的逐渐普及，康熙皇帝又特“准福建台湾乡试，另编字号，额中一名”[41]。

其次，台湾的收复不仅促进了台湾政治、经济、文化的发展，而且也对大陆，尤其是东南沿海的政治、经济、文化的发展产生了重要的影响。明末清初之际，台湾与大陆之间的这场拉锯战持续了四十年，双方往来攻剿搜剔，破坏极大。如漳州城，原为数百年繁华都会，顺治九年（1652）之围被解时，“饿死者十有其三，而就赈者下咽立毙又十有其七。枕藉街衢，横列闾巷，收发骸骨，计七十三万余众”[42]。整个福建省命运也大致相似，“当（郑）成功世，内输官赋，外应郑饷，十室九匮；及耿、郑之变交作，杀掠所至，不知谁兵”。至于清朝八旗，更不亚于其他军队，“居民居，食民食，役其丁壮而渔其妻女”[43]。直到台湾统一，这种破坏才得以终止。且统一台湾之后，清朝政府立即废除迁界政策，并着手开海政策的实施。军事对峙时期，清朝政府为了困顿郑氏，从顺治十一年（1654）起逐步加强海禁，并在沿海局部地区实施迁界。顺治十八年（1661）郑成功退入台湾，清朝政府采纳黄梧的建议，强迫江、浙、闽、粤四省沿海数千里居民一律从海岸后撤数十里，实行全面迁界，片帆不许出海。迁界之后，“滨海居民海、盐、蚕、织、耕获之利，咸失其业”[44]。仅以破坏最大的福建为例，“闽人活计，非耕则渔。一自迁界以来，民田废业二万余顷，亏减正贡约计二十余万之多，以至赋税日缺，国用不足。沿海之庐舍畎亩弃为荒地，老弱妇女辗转沟壑、逃亡四方者不计其数，所余孑遗无业可安，无生可求，颠沛流离，至此已极”[45]，其危害远远超过了一次战争。



康熙二十二年（1683）十月，战争已经结束，康熙皇帝下令展界，并选派吏部侍郎杜臻、内阁学士席柱往勘福建、广东海界，工部侍郎金世鉴、副都御史雅思哈前往江南、浙江勘界，“应于何处起止、何处设兵防守，着详阅确议，勿误来春耕种之期”[46]。行前，康熙皇帝亲加叮嘱：“迁移百姓，事关紧要，当察明原产，给还原主。尔等会同总督、巡抚安插，务使兵民得所。须廉洁自持，勿似从前差往人员所行鄙琐。”[47]诸位大臣不负厚望，克勤奉公，各省居民咸得复业，东南沿海地区的经济逐步得到恢复、发展。

同时，康熙皇帝又立即着手实施开海。“先因海寇，故海禁不开为是；今海氛廓清，更何所待”？康熙皇帝鼓励开海贸易固然有征收商税，以充兵饷、纾民困的想法，但从根本上说，还是为了促进海外贸易发展。他反对税额苛重及征税范围过分琐细，以保护海外贸易的发展，严禁竭泽而渔。康熙皇帝曾谕大学士说：“向令开海贸易，谓于闽、粤边海民生有益。若此二省民用充阜，财货流通，各省俱有裨益。且出海贸易非贫民所能，富商大贾懋迁有无，薄征其税，不致累民，可充闽、粤兵饷，以免腹里省分转输协济之劳。腹里省分钱粮有余，小民又获安养，故令开海贸易。”[48]为此，他严禁多设关口，认为如“给予各关定例款项，于桥道、渡口等处概行收税，何以异于原无税课之地，反增设一关科敛乎”[49]？康熙皇帝还一再告诫征收海税官员，不得“任意加征，以致病商累民”，应“从公征收，无滥无苛”，并要求各关制定则例，以便监督。康熙皇帝甚至还亲自下令：“采捕鱼虾船只，及民间日用之物，并糊口贸易，俱免其税。”[50]对于海外贸易的各种禁令，也进一步放宽，除私贩硫磺、军器照例处分外，其他禁令尽行放开。从此，我国的对外贸易获得了空前的发展。



## 二、抗拒沙俄

康熙皇帝亲政后，面临的局势并不稳定。台湾尚未统一，而以吴三桂为首的割据势力又于康熙十二年（1673）发动了三藩之乱；同时，早在清朝建立伊始就侵入我国黑龙江流域的沙皇俄国又不断骚扰东北边境，严重威胁着我国东北地区的安宁。康熙皇帝励精图治，在平定三藩、收复台湾之后，又开始了抗拒沙俄的正义斗争。他采取军事反击和外交谈判相结合的方针，经过雅克萨之战和尼布楚谈判，沉重打击了沙俄侵略者的气焰，划定了中俄两国在东北地区的边界，使这一地区在较长时期内获得了安宁，为维护我国的主权和领土完整做出了卓越的贡献。

广袤肥沃、丰饶富庶的东北地区是满族世代生活的地方。满族人的祖先肃慎、挹娄、勿吉、靺鞨、女真也世代生活在这片土地上。早在公元前11世纪，肃慎即向西周王朝贡奉"楛矢石砮"[51]，建立了政治联系。以后历经汉、魏、隋、唐各朝，肃慎的名称也被挹娄、勿吉、靺鞨相继取代。这期间，随着该地区社会经济的发展，又出现一些与中央政权并存的地方政权，与内地的交往也更加频繁。从唐朝开始，中央政权在黑龙江及乌苏里江流域设立行政管辖机构。当时靺鞨分为黑水和粟末二大部。唐武德九年（626），唐朝中央政府在黑水靺鞨设立黑水州都督府，开元元年（713），又在粟末靺鞨设立忽汗州都督府（也称渤海都督府。粟末靺鞨亦去靺鞨号，专称渤海）。10世纪初，契丹族首领耶律阿保机在一些汉族地主的帮助下，统一契丹各部，建立辽朝，称黑水靺鞨为女真，从此，女真的名称一直延续下来。以后，辽、元、明各代都在这里设立行政管辖机构。明朝中央政府还派太监亦失哈等先后十次视察该地，并在永宁寺竖立永乐、宣德两座石碑，记载了明朝中央政府对这个地区行使管辖权的实况。

明朝时期，女真之一部建州女真崛起于东北。当时，女真人分为建州、海西、野人三大部，其中以建州女真最为发达。永乐元年（1403），明朝政府在今黑龙江省依兰县一带设置建州卫，同年又设置建州左卫，正统七年（1442）增设建州右卫，合在一起称建州三卫。清太祖努尔哈赤的六世祖猛哥帖木尔就是建州左卫的指挥使，后升为都督佥事和右都督。后努尔哈赤家族世代都担任明朝官吏，为明朝效力。到努尔哈赤时，明朝日渐衰微，努尔哈赤一面做明朝的官吏，一面以费阿拉（今辽宁省新宾满族自治县）为中心，发展自己的势力，逐渐统一女真各部。天命元年（1616），努尔哈赤称汗，以赫图阿拉为兴京，国号大金，史称后金。自努尔哈赤称汗后，着手招抚自宁古塔以东七百余里外，沿松花江、大乌拉江（黑龙江）直至入海处两岸的赫哲和费雅喀各部。天命十一年（1626），努尔哈赤去世，皇太极继汗位，以“善言抚慰，一体共之”的态度继续经营黑龙江流域。经过努尔哈赤和皇太极两代经营，黑龙江、乌苏里江流域各民族先后归附，并向后金、清朝交纳贡赋。索伦、萨哈尔察、虎尔哈、使鹿部、使犬部等每年都要交纳貂、狐、猞猁狲、海豹、水獭等毛皮，其中貂皮是最重要的一项。对黑龙江、乌苏里江流域的居民，清朝政府或将其编入八旗，出则为兵，入则为民，平时生产，战时出征；或将其编为户籍，以村屯或氏族为单位，设姓长（族长）、乡长，分户管辖。顺治元年（1644）清军入关夺取全国政权后，外兴安岭以南的整个东北地区便由盛京总管统辖。顺治三年（1646）改总管为昂邦章京。顺治十年（1653）清朝政府把盛京昂邦章京所辖的松花江、黑龙江、乌苏里江流域，包括库页岛和尼布楚等地，划为单独的行政区，在原设宁古塔副都统之上[52]，增设宁古塔昂邦章京，以加强对这一地区的管辖。

以上事实说明，黑龙江流域、乌苏里江流域自古就是中国的领土，中华民族的祖先世代劳动、繁衍在这块土地上。17世纪30年代之前，这一地区虽有过部族纷争，但从未遭受过外国入侵。随着世界殖民主义的形成和扩张，这种局面被打破了，丰饶富庶的东北地区面临的第一个危险就是沙皇俄国的侵略，这个掠夺成性的帝国试图把全世界都纳入它的版图。因此，从这时开始，中国的东北边疆便遭遇到前所未有的危机。



沙皇俄国本是一个欧洲内陆国家，与中国并不接壤。13世纪前，它还是蒙古钦察汗国的一个属国，13世纪末，才建立起莫斯科公国。最初的莫斯科公国，只占有地处莫斯科河中游的一小片土地，14世纪时发展成为这一带的商业中心，接着通过收买或征服邻近诸侯，逐渐扩展其领地，到15世纪末16世纪初，建立了统一的俄罗斯国家。俄罗斯封建帝国一建立，就开始对外扩张。明嘉靖三十一年（1552），俄国首先吞并喀山汗国，随后又侵占了伏尔加河流域。16世纪末，开始越过乌拉尔山东进，17世纪初，俄国军队已从鄂毕河推进到叶尼塞河，于1619年（后金天命四年）建立叶尼塞斯克，接着又向勒拿河流域推进，于1632年（天聪六年）建立雅库茨克，这两个地方后来成为沙俄侵略我国黑龙江流域的两个重要据点。

俄国建立雅库茨克后，才与中国相邻。此前，俄国人一直居住在东欧平原，对中国的内河黑龙江一无所知。靠近中国东北边境后，才模模糊糊地听说外兴安岭以南有一条黑龙江，那里土地肥沃，矿产丰富。这些传闻刺激着侵略者掠夺财富的欲望，于是在崇德八年（1643），雅库茨克督军戈洛文派出以文书官瓦西里·波雅科夫为首的一支远征军，携带枪支弹药，首次侵入我国黑龙江流域，中国东北边疆从此失去了安宁。

1643年冬，以波雅科夫为首的俄国侵略军跨过外兴安岭，首次侵入我国黑龙江流域。由于缺乏粮食，天气寒冷，情况非常狼狈，到达我国达斡尔族居住的乌姆列坎河口时，他们已经精疲力尽。热情好客的达斡尔人民以十分友好的态度接待了他们，给他们提供食物并向他们介绍了这里的情况，告诉他们这里是中国的国境，达斡尔人每年向中国皇帝交纳贡赋，皇帝也每年两三次派人到这里巡逻。波雅科夫并没有以善举对待达斡尔人的好意，相反，当他们侦知西里姆底河口达斡尔人村庄中有粮食时，便派出一个分队前去抢劫，并以前来迎接的人作为人质。达斡尔人为保卫自己的家园奋起抗击，打死十名侵略军，俄国侵略军兽性大发，在达斡尔人居住区大肆烧杀抢掠，甚至以人肉为食。这年冬天，他们一共吃了五十个人，被达斡尔人称之为“吃人恶魔”。顺治元年（1644）春，波雅科夫等人又向黑龙江下游窜犯，他们在这里烧杀抢掠、无恶不作达三年之久，直到顺治三年（1646）才回到雅库茨克。波雅科夫回到雅库茨克后，大肆吹嘘说，只要有三百人就可以征服黑龙江流域。沙皇阿列克塞·米哈依洛维奇听到后更加野心勃勃，一心要征服这块极为富庶的地方。遂于顺治七年（1650）再次命令哈巴罗夫率军侵入我国黑龙江流域。是年初，哈巴罗夫率部侵入我鄂尔河口达斡尔族首领拉夫凯的管辖区，因兵力有限，不敢深入，于四月返回雅库茨克；两个月后得到增援，遂再次侵入达斡尔族地区。秋天，攻占达斡尔族首领阿尔巴扎住地雅克萨。次年继续在黑龙江流域窜扰，并在达斡尔人居住的桂古达尔村制造了骇人听闻的大屠杀，共打死达斡尔族人六百六十一人，俘虏三百多人，整个桂古达尔村陷于一片瓦砾之中。

沙俄侵略者的兽行激起东北各族人民的强烈愤慨，纷纷拿起武器与侵略者抗争。顺治八年（1651）十月，当侵略者窜到乌扎拉村准备在这里休整过冬时，这一带的赫哲族人一面以简陋的武器抵抗入侵者，一面派人向驻守宁古塔的清军报警。此时清军主力大都入关，留守宁古塔的是清军宁古塔章京海色[53]。海色接到盛京方面的命令后，带领六百名士兵前往乌扎拉村，在当地人民配合下，与沙俄侵略军展开一场战斗。顺治九年（1652）四月三日黎明，侵略者还在睡觉，中国军民已逼近乌扎拉村。但海色老远就放炮鸣枪，战斗开始后，又命令对沙俄侵略者只能生俘，不能击杀，这就束缚了清军手脚，不敢放手消灭敌人，结果转胜为败，战斗失利，清军被迫从乌扎拉村撤退。这次战斗虽然失利，但沙俄侵略军也遭到很大打击，哈巴罗夫不敢再前行，改向黑龙江上游撤退。在撤退过程中，又遭到清军和沿江各族人民袭击，侵略者坐卧不宁，一夕数惊，内部士气低落，陷入进退两难的境地。正在这时，沙皇派来了增援部队，并把哈巴罗夫调回去“报捷领赏”，代之而来的是另一个更加凶残的侵略者斯捷潘诺夫。

沙俄侵略者的屡次侵扰和清军的初战失利，使清朝政府更加认识到这一事件的严重性。为抗击沙俄侵略，保卫边疆安宁，清朝政府于顺治十年（1653）设立宁古塔昂邦章京，以沙尔虎达为首任，并将达斡尔族居民内迁到松花江流域。但沙俄侵略者仍不死心，于顺治十一年（1654）从叶尼塞斯克[54]派兵侵入我贝加尔湖以东地区，占领了尼布楚。由于遇到当地蒙古人、索伦人的强烈反抗，沙俄被迫撤离，其中一部与斯捷潘诺夫会合，沿黑龙江下驶，窜到松花江流域。沙尔虎达分乘战船四十七艘，于松花江和牡丹江合流处包围俄军，击毙斯捷潘诺夫。顺治十五年（1658），沙俄侵略军重占尼布楚，黑龙江流域各族人民和清军英勇奋战，于顺治十七年（1660）全歼斯捷潘诺夫残部，将沙俄侵略势力赶出黑龙江中下游地区，但上游的尼布楚仍被俄军占领。

顺治十八年（1661）康熙皇帝继位之后，沙俄侵略者仍不断向我国塞北地区发动侵略。康熙四年（1665），俄军从东、南两个方向向我边境进犯，向东窜至黑龙江流域，并于本年冬再次占据雅克萨；向南侵占我国喀尔喀蒙古土谢图汗管辖地区——楚库柏兴。同时，沙皇俄国改变了以往流窜式的侵扰，转而采取建立据点、逐渐推进的策略。他们以据点为中心，派兵四处出击，然后再建立新的据点，并不断抢掠我国索伦、赫哲、费雅喀、奇勒尔等各族人民的财物和人口，还策动沿江少数民族败类叛逃俄国。康熙六年（1667）索伦族某部头目根特木尔即在俄人引诱之下叛逃尼布楚，投靠俄方。面对这种严重局面，康熙皇帝认识到，沙俄侵略是中国东北地区的一大祸患，此患不除，边疆不固，祖宗发祥地不安，就会危及清朝政权的统治。因为向来关内有事从关外调兵，若此患不除，便很难发挥这种机动作用；且沙俄侵略得寸进尺，如不加制止，后果不堪设想。因此，康熙皇帝亲政后，即把抗俄作为本朝大事。但在一个时期中，擒鳌拜、废辅政、平定三藩、统一台湾，内部事务已使他殚精竭虑，应接不暇，因此在康熙二十年（1681）之前，康熙皇帝一面敕谕宁古塔将军巴海加意防御，整备器械；一面多次致书沙皇，力争和平解决边境争端。这样，双方开始了长达十多年的交涉活动。



康熙六年（1667）根特木尔叛逃后，根据当时清朝"逃人法"的规定逃人并不因其逃亡而自动改变原来的隶属关系，国家有权追捕，并对窝逃者处以加倍惩罚，康熙皇帝便派人与俄方开始了以"归还逃人，停止边衅"为中心内容的交涉活动。

根特木尔原系游牧于石勒喀河和音果达河一带我国索伦族某部头目。顺治十一年（1654）沙俄人第一次占据尼布楚时，根特木尔率部下与其他各部一起内迁到根河和海拉尔河一带，清朝政府封他为四品官，并将其部编为三个佐领。康熙四年（1665）以切尔尼果夫斯基[55]为首的一伙罪犯窜到我国雅克萨故城旧址，在哈巴罗夫所建故城废址上重建了一座长十八俄丈、宽十三俄丈的长方形城堡，四周围以木墙，墙外有堑壕环绕。雅克萨城堡建成后，切尔尼果夫斯基一伙便四处窜扰，并极力煽动游牧在这一带的根特木尔叛逃俄国。在他的煽动下，康熙六年（1667）根特木尔背叛祖国，逃到尼布楚，随后成为沙俄侵略中国的一支依靠力量。

沙俄重占雅克萨和根特木尔叛逃，使康熙皇帝深感事态的严重性。康熙九年（1670）春，康熙皇帝命宁古塔将军巴海派员赴尼布楚投递文书，对沙俄侵略黑龙江提出质问，要求归还逃人根特木尔，并提议俄方派人前来北京商谈，以和平解决边境争端。尼布楚统领阿尔兴斯基接到文书后，并无和平解决争端的诚意，却想利用外交手段乘机讹诈中国。

四月下旬，阿尔兴斯基指派伊格那蒂·米洛瓦洛夫等十人出使北京，同年夏天到达。康熙皇帝本着和平解决争端的良好愿望，隆重接待了米洛瓦洛夫一行，并赠给衣帽、绸缎等礼物。但俄方根本无意解决事端，会谈开始后，即提出一系列无理要求：对俄国使节要“放行无阻”、俄国商人在中国可“自由经商”、制止中国居民反抗沙俄侵略等。对中国索要逃人之事，则推托须待沙皇批准，不予答复。康熙皇帝当即严正指出：黑龙江一带自古即是我国领土，今罗刹犯我边境，侵占我边城雅克萨，策动根特木尔叛逃，已严重危害了我国主权，本欲出兵讨伐，但念两国关系和使百姓免遭涂炭，和平解决最好。但和平解决的首要前提是俄方归还逃人，停止边衅，只有这样，双方才能永远和好，发展贸易往来。表明了维护主权的严正立场。俄国使团在北京逗留一个月后返回尼布楚。临行前康熙皇帝再次致书沙皇，重申和平解决边境争端的愿望，并令索伦总管孟格德陪同前往。

孟格德到达尼布楚后，即向阿尔兴斯基陈述切尔尼果夫斯基在中国边境恣意妄为、杀害我百姓的种种事实，要求阿尔兴斯基加以制止。当时，阿尔兴斯基也曾表示要对切尔尼果夫斯基的行为加以限制，并答应引渡根特木尔。此后，康熙皇帝又多次命孟格德前去尼布楚，要求俄方就归还逃人问题做出正式答复。但沙俄政府置若罔闻，不加理会，这样，索要逃人问题就被拖了下来。

康熙十四年（1675），沙皇阿列克塞·米哈依洛维奇指派尼果赖·加甫里洛维新·米列斯库再次出使北京，声称与北京商谈所谓贸易问题，实则为了配合武装侵略，进一步窥探中国虚实。尼果赖一行于康熙十四年三月从莫斯科出发，途中听说中国发生了三藩之乱，清朝政府正全力以赴解决内部争斗后，尼果赖更加骄横傲慢，认为沙俄出兵攻占中国的时机已到，因此，他在途经伊尔库茨克时特别会见了根特木尔，向他保证绝不把他交给中国政府，气焰十分嚣张。康熙十五年（1676）二月，尼果赖抵达嫩江流域。



康熙皇帝自康熙九年（1670）致信沙皇索要逃人之后，一直对沙俄怀有高度警惕，且当时正值“三藩之乱”，形势复杂，康熙皇帝对俄国使团的戒备之心更深一层。在获悉尼果赖一行抵达嫩江流域后，即派礼部侍郎马喇前往，临行前特别指示马喇要彻底查明俄国使团来华的真正目的，对我国索要逃人、停止边衅的要求有没有确切答复。马喇到达嫩江后，即与尼果赖进行首次会谈。马喇问道：“上次俄使来京，我国康熙皇帝致书沙皇，要求停止边衅，归还我逃人根特木尔，此次阁下是否带来俄方答复？”尼果赖诡辩说：由于俄国与中国相距甚远，文字不通，我国沙皇并不知国书的内容。马喇当即反驳道：当初米洛瓦洛夫一行来京时，我方已将国书内容告知，随后我国皇帝又命孟格德陪同使团返回尼布楚，并向尼布楚统领阿尔兴斯基做过详细说明，阿尔兴斯基也曾答应过要归还我国逃人根特木尔，为何现在出尔反尔，反说不了解国书内容？尼果赖理屈辞穷。接着双方又就两国关系和递交国书的程序问题发生了争执。康熙皇帝得到汇报后，本着和平解决中俄边境问题的愿望，决定允许尼果赖进京。

康熙十五年（1676）五月初五日，尼果赖一行抵京。康熙皇帝先后在太和殿和保和殿两次接见俄国使团，以茶酒款待，并再派理藩院尚书阿穆瑚琅问来使俄方归还逃人根特木尔一事。但尼果赖乘清朝内部发生三藩之乱之机，向清朝政府施压，不但不对停止边衅、归还逃人问题做出答复，还提出所谓发展贸易的十二项条款，要清朝政府做出答复，其中有“清大皇帝将库存宝石等珍物送来，若大皇帝欲用我何物，则予回敬”；“请每年拨派四万斤左右银子及价值数十万两之生丝、熟丝。若大皇帝欲用何物，则以与该银、丝等值之物品相送；请准许我使臣销售随带之货物，并购买尔处货物”等无理要求，并狂妄提出：“若按我之请求而行，则两国可永相和好。”[56]狂妄无礼之心溢于言表。康熙皇帝对尼果赖一行“行止悖戾”[57]十分不满。七月初一日，尼果赖一行回国前，康熙皇帝特遣理藩院大臣向尼果赖郑重声明：我朝以前多次致书俄国，要求停止边衅、归还逃人，但迄今未得答复。有鉴于此，我朝此次不再函复沙皇，但我方希望俄方做到三点：（一）归还逃人根特木尔；（二）俄方派遣的使节应遵从中国礼仪；（三）停止侵扰中国边疆，保持边境安宁。只有这样，双方才能建立正常的外交和通商关系，否则，我方对于俄方提出的十二条一条也不能接受。再次表明了维护主权、保持边界安宁的严正立场。

尼果赖来华不但丝毫没有解决中俄边境争端，而且看到中国内部事务繁忙，“三藩之乱”又是可乘之机，便屡次鼓动沙皇向中国边境进犯。因此，从康熙十五年起，俄国即屡次在黑龙江流域进行武力扩张。从康熙十五年（1676）到康熙二十一年（1682），俄军以雅克萨为中心，数次侵扰我索伦、赫哲、费雅喀、奇勒尔族居住区，掠夺人口，使其不得安宁，还多次深入我国内地，“纵掠民间子女，扰乱不休”，“子女、参貂抢掳殆尽”[58]。他们还在黑龙江的各条支流上建立了许多新据点。康熙十六年（1677）在精奇里江上游建立结雅斯克；康熙十七年（1678）在西林穆丹河上游建立西林穆宾斯克，在精奇里江口建立多伦斯克；康熙十九年（1680）又在额尔古纳河上建立额尔古纳堡，并劫持当地中国居民首领阿里汗和巴久汗作为人质，强征贡税。

面对沙俄的屡次窜扰，康熙皇帝多次派人前往警告、阻拦，要求俄军停止侵略。康熙十九年（1680）康熙皇帝特派大理寺卿明爱前往卜魁（今黑龙江省齐齐哈尔市），向雅克萨俄军当局交涉，要求拆除俄军所建据点，并警告俄方：多伦斯克原系我朝之地，你们私造庐舍，令人居住，实为不合。如念两国关系，则应将你国之人迁出多伦斯克；如若不然，边境起争，我以众力驱逐尔徒，到时悔之晚矣。但沙俄侵略者不但对康熙皇帝的屡次警告置若罔闻，反而变本加厉，悍然进行战争挑衅。康熙二十一年（1682），盘踞在雅克萨的沙俄侵略者悍然出兵雅克萨城郊，将附近的二十名中国猎户骗进一间屋中活活烧死。同年，以弗罗洛夫为首的六十一名俄国侵略军又从雅克萨下驶，一直窜到亨滚河，在此强建杜切钦斯克冬营。接着，另一批侵略者也在莫克罗舒博夫的带领下闯入亨滚河地区，与弗罗洛夫会合后，闯到黑龙江下游，对当地费雅喀等族居民进行野蛮屠杀。中国军民忍无可忍，被迫还击，消灭沙俄侵略军十多人。当地的费雅喀居民也组织起来参加战斗。

事实表明，面对沙俄的侵略，再三交涉、劝告、抗议都无济于事，不经过激烈的战争，沙俄不会自动撤出中国领土。早在康熙六年（1667），康熙皇帝刚亲政时，就对沙俄侵占我黑龙江流域一事极为重视，经常细细查看其“土地形胜、道路远近及人物性情”，密切关注东北边防建设。但亲政后诸多内部事务使他不可能有更多的精力顾及黑龙江的防务。直到“三藩”叛乱平定后，康熙皇帝才能够集中精力经营东北，进行武装驱逐侵略者的准备。

经过长达十多年的交涉，康熙皇帝深深意识到，对于俄国这样一个侵略成性的封建大国，没有强大的武装、不建立巩固的边防，就不可能在驱逐侵略者的斗争中获胜。因此，他在总结中国军民多年来同俄国侵略者斗争经验的基础上制定了周密的计划，进行了大量细致的准备工作。早在尼果赖出使之前，为加强东北地区边防，康熙皇帝就着手编组“新满洲”。他认为：过去明安达礼、沙尔虎达、巴海等之所以不能追歼敌寇，多因粮饷不继，半途而归，致使罗刹日益骄纵，而索伦、奇勒尔、鄂伦春等族人又“心怀疑贰”[59]。因此决定把军事和屯戍结合起来，把东北各族人民组织起来，加强边疆地区建设，使东北各族成为抵御沙俄侵略的重要力量。鉴于此，他在亲政后加紧编组新满洲的工作。“新满洲”是与

“老满洲”相对而言，一般是指清军入关后编入旗籍的东北少数民族部众。清朝在统一东北的过程中，将东北地区各部落和各族人民陆续编入旗籍，使八旗力量日渐壮大。康熙元年（1662）又宣布对编组新满洲有贡献者按军功授奖：自宁古塔出兵招募新满洲一百户者给头等军功，八十户者给二等军功，六十户者给三等军功，四十户者给四等军功，二十户者给五等军功。康熙皇帝亲政后，继续沿用这一传统方式编组新满洲。

康熙十年（1671），康熙皇帝在“寰宇一统”之后，即启銮北行，到达叶赫，召见宁古塔将军巴海，让他“善布教化”，抚绥宁古塔各族部众，整备器械，加紧东北边防，警惕俄国人的入侵。同年，在吉林将居住在珲春东部烟楚（岩杵）河以东沿海一带的库雅拉人移来，编为十二佐领；康熙十二年（1673），世居松花江下游诺罗河（今挠力河）、乌苏里江和穆棱河等地的赫哲族墨尔折勒氏请求内迁，康熙皇帝谕令宁古塔将军巴海，将其内迁至宁古塔附近，编置四十佐领，以其族人札努喀、布克托为首领，号新满洲。到康熙十六年（1677），由赫哲人和库雅拉人编组的新满洲共达七十八佐领，分布在吉林与宁古塔、盛京（今沈阳市）、锦州、广宁（今辽宁北镇）、义州（今辽宁义县）等地。对于早在清军入关之前就分编佐领的黑龙江中上游地区的鄂温克、达斡尔和鄂伦春人，康熙皇帝将他们重新编组，将鄂温克人的二千三百一十四丁，按姓氏编为二十九佐领，定期进京入贡。康熙六年（1667）康熙皇帝又派理藩院官员绰克托等人将达斡尔未编佐领的一千一百余口编为十一佐领，设头目管辖，并设索伦副都统品级官员统一管理[60]。到康熙十二年（1673），索伦部已有佐领人口达四千五百二十四丁。康熙皇帝不仅组建新满洲，还下令给这些地区的少数民族房屋、土地、耕牛、种子，让他们进行屯田耕种，使各族逐渐从渔猎进入到定居的农业生活，促进了东北地区社会经济的发展。

平定三藩之后，康熙皇帝更加全力经营东北。康熙二十一年（1682）“三藩之乱”刚刚平定，康熙皇帝就率文武大臣扈从等人于二月十五日从北京出发，往谒盛京告祭祖陵，并巡视吉林乌喇（今吉林市）等地。吉林，旧名船厂，自明初即为我国重要造船基地之一。清初以来，因抗俄斗争需要，造船之外更兼以训练水师。顺治十八年（1661）开始设吉林水师营。康熙皇帝即位后，将水师营总管移至黑龙江，吉林仍保留一部分水师，派官管理，训练水军，制造船只。康熙十五年（1676），鉴于吉林水陆要冲的战略地位，康熙皇帝又将宁古塔将军移驻于此，进一步充实水陆官兵。康熙皇帝命宁古塔将军在此“建木为城，倚江而居”，并命修造战舰四十余艘，日夜操练，以抵抗沙俄侵略者。从此，吉林乌喇便成为修造战舰、训练水兵的重要战略基地。康熙皇帝到此，当然要视察战舰整备情况，宁古塔将军巴海将所有大小数百艘舰船和精锐官兵全部集中，排列阵式，供康熙皇帝检阅。但见松花江两岸山川秀丽，江水粼粼，水师船队浩浩荡荡，“貔貅健甲皆锐精，旌旄映水翻朱缨”的壮观场面[61]。康熙皇帝非常高兴，特作《松花江放船歌》，表达了看到水师军容整齐的兴奋心情。康熙皇帝深知，要抗击沙俄侵略，不仅要靠军事装备，还应关心军民疾苦，缓和内部矛盾，使军民上下勠力同心，才能有效地抵抗外敌。因此，他在视察军事装备的同时，还赦免罪犯、蠲免钱粮、革除兵丁无益差徭、询问军民疾苦。康熙皇帝特别告诫将军以下各级官员，要体恤兵丁，时加怜恤。曾经在加强东北边防方面做过重大贡献的宁古塔将军巴海，由于不恤士卒，转年也被康熙皇帝革职。可见康熙皇帝对怜恤士卒是非常注重的。不仅如此，康熙皇帝还认识到，要想抵御沙俄侵略，必须大力发展农业生产。他在告诫官员体恤兵丁的同时，特别指出："吉林乌喇田地米粮甚为紧要，一旦有误，关系不小。宜训民人勤勉耕种，发展生产。"经过康熙皇帝的大力经营，东北边疆实力大为增强，为武装驱逐沙俄奠定了坚实的基础。



东巡之后，康熙皇帝便着手进行武装收复雅克萨的军事准备。首先，他派副都统郎谈、公彭春以猎鹿为名，前往黑龙江地区侦察。康熙二十一年（1682）八月十五，康熙皇帝面谕郎谈、彭春："罗刹犯我黑龙江历年已久，现在情况更加严重，近闻他们已过牛满河、亨滚河，到达我赫哲、费雅喀人居住之所，烧杀抢掠，作恶不已。今派你等前去，一面让宁古塔副都统萨布素率乌喇宁古塔兵及科尔沁兵前往达斡尔、索伦等部，加意防范；一面派人前去尼布楚，以告之捕鹿为名，详细勘察陆路近远、沿黑龙江到雅克萨城下的'居址形势'。若罗刹出战，勿与交锋，当率众引还，朕自有区划。"

郎谈、彭春奉命前往侦察，至年底返回京师后，即向康熙皇帝做了汇报。他们认为：罗刹长期盘踞雅克萨，所依靠的就是雅克萨城堡。只要我们发兵三千人，携带红衣炮二十具，就可以攻取雅克萨。陆路，可以从兴安岭前往，但那里树木丛杂，行军困难，只能轻装前进；水路，可以从瑷珲出发，若沿黑龙江顺流行驶，只需半月就可以到达，若逆流行船，则需三月，所用时间是陆行的两倍。这段时间，我们正好可以用来运输粮饷、军械。因此，他们建议增造小船，以备应用，到来年春天解冻时即水陆齐发，一举攻取雅克萨。康熙皇帝听取汇报后认真分析了当时的局势，认为攻取雅克萨的时机尚不成熟。因为，如果现在发兵，则作战所需之兵源、粮饷需从内地运送，一旦受阻，军队给养困难，难免重蹈前朝粮饷不继、功败垂成的覆辙。因此，康熙皇帝主张调兵永戍黑龙江，建立军事基地，驻兵屯田，做好充分的准备，这样一方面可以以逸待劳，先行阻止俄军进一步入侵；另一方面，将反侵略战争与巩固边防相结合，避免出现前朝那种“我进则彼退，我退则彼进，用兵不已，边民不安”[62]的状况。因此，康熙皇帝制定了永戍黑龙江的详细计划：准备调用乌喇、宁古塔兵一千五百人，造船舰、枪炮，在黑龙江（旧瑷珲，今爱珲县南、江之东岸）、呼玛尔二地建城堡，与雅克萨相对，相机进取；军粮则可从科尔沁十旗及席北、乌喇之官屯中支取，但这些只够支付三年，因此，在往戍黑龙江的军队到达之后，还要即令军兵屯田耕种，以解决军粮接续问题。另外，为了确保军需充足，可在黑龙江城和索伦村之间设一驿站，在军队到达乌喇时，可令索伦诸部接济牛羊。

康熙皇帝将这项计划交由议政王大臣讨论，清廷中有些官员慑于俄国强大，又畏惧黑龙江地区路遥天寒，对往征罗刹心怀疑惧；还有些官员虽然主张出征，但反对永戍，宁古塔将军巴海就是其中之一。他认为应乘俄方积储未备，速行征剿，实际上是想把俄军赶走了事。康熙皇帝力排异议，坚决主张屯兵驻守，并撤换了巴海，另派副都统萨布素、瓦礼祜领兵前往。议政王大臣见皇上主意已定，才一致同意永戍黑龙江。康熙皇帝还采纳了一部分合理意见，对永戍黑龙江的初步计划做了一些修改，将驻呼玛尔改驻额苏里。当年十二月二十六日，康熙皇帝又任命萨布素为首任黑龙江将军，对他负责加强边疆建设寄予厚望。萨布素到达黑龙江后，即在瑷珲筑城。

瑷珲，因瑷珲河而得名，原址在江东，顺治九年（1652）被俄军焚劫，成为一片废墟。康熙十三年（1674）清朝政府派人在此建木城，调吉林水师总督前往督守。但那时所建之城规模甚小，远不能满足永戍的需要。萨布素到任后，请求增派兵丁，重新扩建。康熙皇帝大力支持萨布素的工作，于康熙二十三年（1684）派副都统穆泰率盛京兵六百人去瑷珲协助建城。扩建后，瑷珲城的规模大大增加，周长为九百四十步，合四千七百尺，并设有五门。同年，康熙皇帝因该城地处江东，比较偏僻，与内地联系有诸多不便，遂令迁至下游右岸，在托尔加城旧址另建瑷珲新城。新城规模比旧城还大，周长一千二百步，高一丈八尺，均以排木为城墙，中间以土填实。瑷珲城的建立，大大加强了东北的边防力量，而调兵永戍，则使此地成为重要的抗击沙俄的军事基地。

康熙皇帝深知，要想取得反侵略战争的胜利，必须有充足的粮食，保证军队的给养不致中断，方能彻底驱逐殖民者。为此，康熙皇帝决定沟通东北辽河、松花江、黑龙江三大水系，组成一条纵贯东北三省的水陆联合运输线，以保证粮草、给养源源不断运往黑龙江。康熙二十二年（1683）三月，康熙皇帝先派官员检测辽河和松花江上游的伊屯河（今伊通河）水位深浅，进而又以“瀛台、通州之船载米试之”。经过勘测和试航，形成从南到北的五段联运线：

第一段：从巨流河（辽河中游，养息牧河与辽河交汇处）到辽河上游等色屯（又名邓子村，今属吉林省梨树县境）。在这一段，造船六十艘，每船长三丈，宽一丈，载米一百石，用水手六名，由奉天将军率军兵负责水道疏浚、粮食运输及筑仓收贮事宜。第二段：由等色屯到伊屯门，长达百里。由于不通舟楫，康熙皇帝命理藩院调蒙古兵用车运送。第三段：在乌喇造船百艘，每艘长三丈五尺，由伊屯河下驶，运至伊屯口，筑仓收贮，具体事务由乌喇副都统负责。第四段：用乌喇船厂原有一百三十艘船，承担伊屯口到松花江口，即松花江一线的运输。第五段：在黑龙江准备运粮船八十艘，每艘运丁十五人，共一千二百人。水手由黑龙江将军派一百五十人、八旗猎户六百九十人、宁古塔兵三百三十人组成。

五段联运线的形成，为黑龙江驻屯军队的供给提供了可靠的保证；但这样的运送，每年只能进行一次，所运之粮也只能供前线军队支用两年，而耗用人力却多达数千。为确保黑龙江驻军的军粮供应，康熙皇帝发出“我兵一至，即行耕种”的指示，命令瑷珲、额苏里的驻军就地屯田，自己动手解决吃饭问题。康熙二十三年（1684）康熙皇帝特派户部侍郎萨海前往黑龙江监督耕种；次年，又调盛京兵五百名前去黑龙江守城种地，开垦土地一千五百垧。由于屯田士兵中有许多不长于从事农业的少数民族，康熙皇帝还特派官员前去指导，以使其“耕种有法，禾稼大收”。南北运输线的沟通和黑龙江地区就地屯垦，很好地解决了武装反抗沙俄侵略的粮食供应问题，使武装收复雅克萨的斗争一开始就建立在一个坚实的基础之上。

为保证反侵略战争中情报传递的快捷、准确，康熙皇帝从康熙二十二年（1683）起，开始筹备建设驿站工作。他先派户部郎中包奇、兵部郎中能特、理藩院郎中额尔塞等前往，行前特别叮嘱众人：创立驿站，关系紧要。你等应会同彼处将军、副都统，详细询问熟识地方之人，确议安设。所需粮食物资多为储备，万不可过于俭啬，致使食用之物匮乏。驿站之设，宜从长计议，使其久远可行，不可拘泥于眼前草率完事。原先传递俄国方面的军情，自雅克萨到额苏里，经黑龙江前来，康熙皇帝恐绕道迟延，特令理藩院侍郎明爱率领蒙古兵与索伦兵，筹划自墨尔根（嫩江）至雅克萨之间设立驿站，以奏报军机，避免延误。经过反复勘测，最后确定其路线为：从瑷珲西南翻越小兴安岭至墨尔根，再由墨尔根沿嫩江通过齐齐哈尔直达松花江北岸之茂兴，从茂兴过江即可接上从吉林至京驿站。如果是紧急军情，也可从茂兴转向西南，由蒙古驿马飞驰入喜峰口送往北京。康熙二十四年（1685），包奇等人勘测黑龙江地形完毕回京启奏：自吉林乌喇至黑龙江流域，共一千三百四十里，可设置十九个驿站。康熙皇帝准奏，并做出具体安排：每驿站设壮丁并拨什库三十名，马二十匹、牛三十头；壮丁则由盛京、宁古塔所辖各驿站及柳条边派出。经过永戍、屯田、设立驿站等一系列艰苦努力，武装收复雅克萨的条件已经成熟。因此，从康熙二十四年（1685）起，康熙皇帝终于开始了武力收复雅克萨。

在武力收复雅克萨之前，康熙皇帝于康熙二十二年（1683）七月，再次命理藩院正式照会俄国政府，指出：前我朝派遣官员孟格德曾与你方约定，双方不能收纳逃人，并要你方归还我逃人根特木尔。但你方背弃前约，入我边地，扰害我达斡尔、索伦、费雅喀、奇勒尔等少数民族部众。我方忍无可忍，即命出师，永驻额苏里。你等若离我边境，还我逃人，则双方仍可和平相处；否则，我方亦可擒捉你方往来之人。七月初，清军进驻额苏里后，即与沙俄侵略军发生武装冲突。盘踞雅克萨的一部分沙俄侵略军在梅尔尼克的率领下，分乘六艘船只顺江而下，企图到牛满河地区进行劫掠。行至精奇里江口时，被进驻额苏里的清军截获，俘虏沙俄侵略者三十多名，其余沙俄匪徒四散逃命，又被我达斡尔军民击毙十五人。此役上报朝廷后，康熙皇帝非常高兴，即命乘胜追击，彻底肃清黑龙江中下游地区的俄国侵略者。清军于是从精奇里江沿江而上，平毁了多伦斯克及林宾斯克等侵略据点。当地各族人民也积极配合清军作战，到当年十一月，牛满河地区的奇勒尔族已击杀罗刹十余名，精奇里江流域的鄂伦春族击杀五名，费雅喀人也击杀多名。康熙二十三年（1684）正月，清军在鄂罗舜率领下开始向黑龙江下游进击，招降俄军二十一人，获马枪二十杆，解救鄂伦春人质三人，收复了图古尔斯克和乌弟斯克。其余沙俄匪徒沿黑龙江入海，窜回其老巢雅库茨克。至此，黑龙江中下游及其支流上的俄国侵略据点已基本肃清，康熙皇帝便把目光转向仍被沙俄侵略者侵占着的黑龙江上游地区的据点——雅克萨和尼布楚。

康熙皇帝一直认为“兵非善事”[63]。不管战争的动机如何，造成的结果总是使百姓不得安宁。因此，不到万不得已，康熙皇帝不愿大规模诉诸武力。就在清军击溃梅尔尼克率领的沙俄侵略军后，康熙皇帝又再次召见理藩院尚书阿穆瑚琅，令其致书俄国沙皇，做和平解决边境争端的最后努力。康熙皇帝指出：罗刹无端犯我边境，扰害百姓，肆行抢掠，匿藏我逃人根特木尔，作恶日甚。朕不忍即遣大军剿灭，遂屡行晓谕，希望其能改过自新，速回本地，归还我方逃人。但罗刹至今执迷不悟，反遣所部于费雅喀、奇勒尔等处肆行焚杀，又诱我索伦部众二十余人入室焚死。我方迫不得已，派兵进驻黑龙江、呼玛尔，以抵制罗刹进一步窜扰。今我方正式通知雅克萨、尼布楚等地俄军，若改前过、急回本地、归还我逃人根特木尔，则两相无事；倘若再执迷不悟、留我边疆，则我方必以大兵讨伐。面对清朝政府的多次劝阻、警告，沙俄政府不但置若罔闻，反而蓄意进一步扩大对中国的武装侵略。沙皇阿列克塞·米哈依洛维奇颁发了一道特别诏书，命令从西伯利亚各地召集一千多名侵略军增援黑龙江地区，并决定在雅克萨建立统领辖区，企图把这片领土正式归入俄国版图。为加强雅克萨的军事力量，沙皇还特别指派有作战经验的贵族士官阿列克塞·托尔布津为雅克萨统领，前往指挥。

雅克萨是黑龙江上的交通枢纽，地理位置非常重要，从贝加尔湖方向和雅库茨克方向进入黑龙江，都必须经过雅克萨。顺治七年（1650），俄军首次占领雅克萨，后被我军击退；康熙四年（1665），沙俄侵略军又再次占领该地。从此，雅克萨成为俄国侵略军在黑龙江上的重要据点。因此，收复雅克萨是遏止沙俄进一步侵略的关键一环。康熙皇帝调兵永戍黑龙江后，认为武装收复雅克萨的时机业已成熟，遂于康熙二十四年（1685）正月提出武力收复雅克萨的基本方针：如俄国拒不撤兵，我方即发大兵攻取，随后以雅库次克为界，我方驻兵于黑龙江，在雅克萨设立边防哨所，以确保我东北地区的安宁。为加强攻取雅克萨的指挥力量，康熙皇帝组建了新的前敌指挥机构。黑龙江将军萨布素虽然戍守黑龙江有功，但在前一年康熙皇帝令其进兵雅克萨，"尽割其田禾，令俄人自困"时，萨布素没有执行；而且在其所管辖的地区，"耕牛尽毙，农器损坏"，引起康熙皇帝的不满。大敌当前，康熙皇帝担心其难当重任，故命都统、公彭春统兵，又派副都统班达尔善、护军统领佟宝、副都统马喇及銮仪使、侯林兴珠等参赞军务，侍郎萨海仍令督耕，并命彭春掌管黑龙江将军印务。一切准备就绪，康熙皇帝特命达斡尔副头目倍勒尔前往雅克萨侦察敌情，了解雅克萨兵力部署、城防工事等情况。三月初，倍勒尔回奏："守城俄军不满千人。"康熙皇帝更加坚定了收复雅克萨的决心。

康熙二十四年四月二十八日（1685年5月30日），康熙皇帝下令清军分批开赴雅克萨。但见黑龙江上江风浩荡，波涛汹涌，瑷珲城下旌旗飘舞，号角齐鸣。由满、蒙、汉、索伦、达斡尔、鄂伦春、赫哲各族组成的清朝大军水陆齐发，直逼雅克萨。到五月二十二日，清军全部集结完毕。康熙皇帝本着先礼后兵的原则，命令彭春在城西隔江的小岛上安营扎寨，建立指挥部，同时命令彭春用满、俄、拉丁三种文字致书雅克萨统领，令其撤出雅克萨，返回俄国本土，并提出以雅库茨克为界的议和方案。但沙俄自恃巢穴坚固，拒不撤军，且出言不逊，要以武力相抗。康熙皇帝遂命清军于二十三日分水陆两路列营，准备武装攻取。沙俄得知消息，赶紧于二十四日晨从尼布楚派来援军，但被清军击溃，击毙俄军三十余人，余众仓皇而逃。二十四日夜，清军又将神威将军等火器移置于前，准备强攻。

二十五日黎明，收复雅克萨的战争终于打响。清军副都统雅钦、营门校尉胡布诺等将领设立挡牌土垒，从城南佯攻，牵制敌军火力；副都统温岱、护军参领瓦哈纳、汉军提督刘兆奇在城北架设红衣大炮，向城内轰击；护军参领博里秋、营门校尉乌沙、绿旗左都督何佑率军用神威将军炮从东西两侧夹攻；副都统雅齐纳、镇守达斡尔提督白克率水军屯于城东江面，防止敌人从水上逃遁[64]。准备就绪后，清军四面合围，炮火齐发，雅克萨城内烈焰熊熊，毙伤俄军百余人。二十六日中午，清军堆积大量柴草，准备火烧雅克萨城。沙俄侵略军惊慌失色，遂打出白旗，开城投降。



收复雅克萨的消息经由驿站飞速传到古北口外行在，康熙皇帝得此消息，非常高兴，即传谕诸王大臣："罗刹扰我黑龙江、松花江一带三十余年，占据之地离我朝发祥地甚近，如不速加翦除，边境之民必不得安宁。今蒙天恩，收复雅克萨，朕心甚为嘉悦。朕行仁政，素不嗜杀，可传谕将士，勿杀投降之人，使其还归故土，以示朕柔远之意。"圣旨传到雅克萨，清军即将俄军俘虏七百余人（包括少数妇女、儿童），令其携带武器和财产，送至额尔古纳河口，遣归尼布楚。对于不愿回国的巴什里等四十五人，康熙皇帝传谕将其安置于盛京。雅克萨城内被俄军掠去的索伦、达斡尔人质，也各自发回原地，与家人团聚。

收复雅克萨的战斗，是我国军民为维护国家主权而进行的一场正义之战。在战斗中，虽然我方在武器装备上劣于敌人，但我方军民士气高昂，作战勇敢，康熙皇帝又吸取了前朝轻进的教训，在战前进行了周密细致的准备，因此才取得了收复雅克萨战斗的胜利。

收复雅克萨之后，按照康熙皇帝意图，本应在黑龙江驻兵，在雅克萨设立哨所。早在出征之前，康熙皇帝就意识到在雅克萨城设立哨所的重要性，指出：若不如此区划，纵克取雅克萨城，我方退兵之后，他们又会前来，仍旧是我方边境的大患。收复雅克萨后，康熙皇帝在六月十四日的谕旨中再次告诫百官：雅克萨虽已克取，防御绝不可疏忽。但彭春等人在收复雅克萨之后，并未按康熙皇帝旨意行事，而是将城堡一烧了之，雅克萨周围的庄稼未割，哨所未立，且不待命令即擅自撤兵回瑷珲、墨尔根等地。康熙二十四年（1685）七月，俄军雅克萨头目托尔布津逃至尼布楚后，即与该地督军弗拉索夫计议，率原班人马及增援人员、武器、物资重新盘踞雅克萨，重新筑城，挖掘壕沟，建设炮垒、粮库，并于康熙二十五年（1686）到呼玛尔旧堡窜扰。康熙皇帝得知沙俄重占雅克萨后，立即意识到这一事件的严重性：“今罗刹复回雅克萨盘踞，如不速行扑剿，则沙俄必积粮坚守，一旦其站稳脚跟，我们攻灭它就更加困难。”立即下令黑龙江将军萨布素暂且停止迁移家口[65]，速修战舰，统领乌喇、宁古塔官兵，即刻驰赴黑龙江城，并让其所率黑龙江兵二千人，担当第二次收复雅克萨的主力。四月底，又派副都统郎谈、班达尔善、马喇参赞军务。为避免重蹈第一次收复雅克萨后的覆辙，行前，康熙皇帝特别召见马喇，告诫他说："尔等此行，宜谨慎从事。出征之前要晓谕罗刹，让其速降。如果他们拒不悔悟，则我大兵尽诛之。"又说："如果复得雅克萨城，即可命军士直逼尼布楚，但一定要在雅克萨驻兵，勿毁其城与田禾。"表示了再次收复雅克萨的决心。

康熙二十五年（1686）五月上旬，萨布素、郎谈两路进兵，月底逼近雅克萨城。按照康熙皇帝旨意，萨布素首先命俄俘带信入城，让其迅速投降，如俄军试图负隅顽抗，我们绝不善罢甘休。当时盘踞雅克萨的俄军近千人，有火炮十三门，粮食也较充足，俄军便凭借其势，拒不投降。为防止俄军从尼布楚增援，清军于六月初一日占据了黑龙江上游，扼住了俄军的增援之路。六月初四日，清军开始攻城，经数日激战，歼灭敌人百余名，其中包括俄军头目托尔布津。沙俄侵略者见清军攻势强大，便仰仗其新筑之城比较坚固，撤回雅克萨城内固守。清军便于雅克萨城下挖长壕、立土堑、筑炮垒，准备进行长期围困。时深秋已至，天气渐寒，康熙皇帝非常关心前方进展情况，遂于八月二十五日传谕萨布素，让其将船舰如何收藏、马匹粮草如何储备、一旦敌兵增援如何扑剿等事"详加筹划，密以奏闻"。萨布素遵旨上奏："现已于雅克萨周围三面挖壕筑垒，并在壕外设置木桩鹿角，分批防御；又在城西江对岸另设一军，遏制增兵沿江而来；船舰已备足，藏于离城六七里处的上游港口，现已派军守护，并令其阻击尼布楚援军；军中马匹羸弱者，一半发往黑龙江，一半发往墨尔根，让驻扎在那里的盛京官兵负责喂养。”康熙皇帝得其奏报后非常满意，只是担心盛京官兵不善喂马，贻误战机，遂改令由索伦总管和黑龙江官兵承担。

清兵长期围困，使盘踞在雅克萨的俄军遭受很大打击，城中弹尽粮绝，饥寒交迫，加上坏血病流行，死者无数，八百多名沙俄侵略军只剩下一百五十余人，且大多患病，能站岗放哨的只有三十名士兵和十五名青少年，尼布楚俄军又无法增援，雅克萨实际已成指日可下的孤城。沙俄政府见我国收复失地坚决，雅克萨又大势已去，为避免上游尼布楚遭到冲击，迫不得已改变态度，转而求和。

康熙皇帝一直认为“兵非善事”，诉诸武力实属不得已而为之，因此一贯主张和平解决争端。在武装攻取雅克萨之前曾屡次致书沙皇俄国，要求停止边衅，归还逃人。这本是我国维护主权的正当要求，但沙俄政府把康熙皇帝的不愿动兵看作是不敢动兵，变本加厉，进一步扰乱我边疆人民。康熙皇帝为维护国家主权和边疆安宁，毅然出兵，表现出非凡的胆略和智谋。但康熙皇帝对其他国家的领土、财产并无占取欲望，他的主要精力在于经营自己的国家和政治，抗击沙俄也一向以守土自卫为宗旨。正像一个美国历史学家所说：“康熙不想征服俄国，而是要向俄国证明：自己有力量和俄国进行谈判解决。”[66]早在康熙二十四年（1685）三月，第一次攻取雅克萨之前，康熙皇帝就曾致书沙皇，并提出以雅库茨克为界的议和方案，交由两名俄俘带往莫斯科；第二次出兵雅克萨并使其成为指日可下的孤城后，又于次年七月再次传谕兵部，就雅克萨等地俄军之事再次致书沙皇，并请荷兰使臣转呈，文中丝毫没有乘胜掠夺之意，只是要求俄国迅速撤兵雅克萨，并派使团前来进行划界谈判，使边境永得安宁。可见，康熙皇帝是一贯主张和平的。而此时，沙俄内部正陷于危机之中，沙皇阿列克塞病逝，其弟约翰和彼得并立为沙皇，由其姐索菲娅公主秉政，姐弟之间为争权夺利矛盾重重，政局不稳；且当时俄国正与瑞典和土耳其争夺对波罗的海和黑海的控制权，抽不出更多的兵力再来增援雅克萨。鉴于这种形势，沙俄被迫接受清朝政府的建议，派文纽科夫、法沃罗夫为急使，前来中国谈判。



九月二十五日，文纽科夫、法沃罗夫到达北京，康熙皇帝即派大学士明珠、尚书科尔昆、佛伦等与之谈判。谈判中，文纽科夫等提出：先行解除对雅克萨的围困，待戈洛文使团来华后，再行谈判解决边界问题。康熙皇帝本着一贯主张和平的原则，主动接受单方面撤军，表明了要通过和平谈判解决两国争端的诚意和博大胸怀。九月二十六日，康熙皇帝即命撤雅克萨之围，并允许俄兵出入雅克萨。同年冬，萨布素接到撤围命令，立即执行，并遵照康熙皇帝旨意，对雅克萨城内的俄军进行了人道主义的援助。当时俄军粮食已经告缺，俄军首领杯敦派人前来求食，清军立即给予救济，康熙皇帝还特别指示黑龙江将军萨布素应允许雅克萨城内患病俄兵就医，并允许其回国。康熙二十六年（1687）春，清军又主动后撤二十里，完全停止了对雅克萨的封锁，并允许城内俄兵自由出入，再次表明了康熙皇帝和平解决中俄边界问题的最大诚意。

第二次雅克萨之战结束后，中俄双方便开始了划定疆界的谈判。对于中俄边界问题，康熙皇帝一贯主张和平解决，因此，在雅克萨之战取得胜利的情况下，主动提出双方谈判、划定疆界。关于这一点，康熙皇帝说得很清楚："朕惟念万邦之民皆无兵戎之忧，安居乐业，和睦相处。"因此，雅克萨撤兵之后，康熙皇帝就责成官员积极准备谈判事宜。而沙皇政府虽然迫于形势和压力接受了清朝政府谈判建议，但并没有放弃对中国领土的占有欲望。康熙二十五年（1686）正月，沙俄政府指派戈洛文为全权大使前来中国进行谈判时，就明确指示戈洛文：在谈判中力争以黑龙江为界，即要占领黑龙江的整个北岸；如果达不到这个要求，则可以牛满河、精奇里河为界，占领黑龙江中游北岸；再达不到要求，则以雅克萨为界，但要在牛满河和精奇里江保留中俄两国共同的渔猎场。此外，沙皇还赋予戈洛文广泛的权力，"如果中国人坚持原有主张，毫不让步，不愿根据上述条件缔结和约"，则戈洛文可调动西伯利亚地区的军队，出兵和中国作战。可见，沙俄政府派出使团谈判并不意味着停止侵略，而仅仅是侵略策略和手段的调整。戈洛文使团的组成也恰恰说明这一点。当时戈洛文使团共有官员士兵一千九百余人，包括炮兵、火炮兵、骑兵等，都表明他们在要求达不到时，仍准备采取武力的野心。同年，戈洛文出使中国，次年春，得知康熙皇帝为促成两国谈判早日实现而主动撤军，便对和谈采取了消极拖延的态度，企图策动我国喀尔喀蒙古臣服俄国，以加强在谈判桌上对清朝政府的压力，并因此在我国外蒙地区逗留达两年之久。

喀尔喀蒙古是我国明末清初蒙古三部之一[67]，游牧在东起黑龙江呼伦贝尔、西至阿尔泰山、南起瀚海、北到贝加尔湖一带的广阔土地上。喀尔喀蒙古首领本为元朝宗室，是元太祖成吉思汗十五世孙达延汗幼子格埒森札·札赉尔珲台吉的后裔。达延汗死后，诸子大都迁入内蒙古（漠南蒙古）。按蒙古传统习惯，格埒森札·札赉尔珲台吉留居故地，号所部为喀尔喀，将其部众析为七旗，分别由其七个儿子统领，后形成土谢图汗、札萨克图汗、车臣汗三大部。清太宗崇德三年（1638），喀尔喀三部开始向清朝纳贡，每年贡“白驼一、白马八”，史称“九白之贡”。17世纪中叶，沙俄侵入我黑龙江流域的同时，也不断骚扰我喀尔喀蒙古地区。早在17世纪上半叶，沙皇政府便对喀尔喀蒙古采取了侵略步骤。清太宗崇德元年（1636）沙俄政府先后派人出使阿尔泰汗处[68]，劝诱阿尔泰汗臣服于俄国。17世纪40年代初，俄国殖民者势力越过贝加尔湖后，即于顺治四年（1647）派遣一支“探矿队”，闯到喀尔喀蒙古的车臣部，要车臣汗加入俄国国籍，遭到车臣汗的拒绝。此后，俄国一直没有放弃要喀尔喀蒙古臣服俄国的幻想。到17世纪下半叶，沙俄的侵略势力已直接侵入色楞格河流域土谢图汗管辖地，先后建立起色楞格斯克（即楚库柏兴）和伊尔库茨克等据点。沙俄殖民者的入侵，遭到喀尔喀蒙古土谢图汗的强烈抗议，多次派人去莫斯科交涉，要求俄军撤出色楞格斯克。但沙俄政府置若罔闻，侵略活动一天比一天厉害。清朝政府打响收复雅克萨的战斗之后，土谢图汗与清朝政府密切配合，加紧抗俄斗争，严正要求俄军撤出喀尔喀蒙古。正在这时，戈洛文使团前来中国。

戈洛文使团虽然标榜为和平解决中俄两国争端而来，实际上是一支凶残的远征军。他们在到达贝加尔湖后，即对喀尔喀蒙古各部进行威胁利诱，企图使蒙古各部脱离清朝政府，臣服俄国。这种阴谋遭到土谢图汗和哲布尊丹巴的严词拒绝。戈洛文使团在利诱分化失败后，即对喀尔喀蒙古人民发动突然袭击，借口俄军丢失了牛羊马匹，诬蔑为蒙古人民所为，命令俄军闯入蒙古牧地，大肆烧杀抢掠。喀尔喀蒙古人民不堪欺凌，起而反抗，并派人告之清朝政府。康熙皇帝得到土谢图汗的奏报，一再派人敦促俄国使团进京。在康熙皇帝的一再敦促下，康熙二十七年（1688）二月二十二日，戈洛文才派遣斯捷潘·科罗文至京，安排谈判事宜。沙俄为加强在谈判中的实力，建议谈判在色楞额举行。康熙皇帝为迅速解决两国争端，表示同意，并很快组成以领侍卫内大臣索额图、都统公舅舅佟国纲分别为第一、第二代表的谈判使团，随行人员有尚书阿喇尼、左都御史马齐、护军统领马喇等，率八旗前锋兵二百、护军四百、火器营二百人前往。

康熙二十七年（1688）五月初二日，清朝政府谈判使团从北京出发。行前，康熙皇帝召见了索额图，指出：黑龙江之地最为重要。由黑龙江往下，可至松花江，由松花江往下，可至嫩江，进而南行可到达库尔瀚江和乌喇、宁古塔、席北、科尔沁、索伦、达斡尔等处，黑龙江又与牛满江、亨滚江、精奇里江交界合流，因而地理位置非常重要。况黑龙江自古就是我国领土，我少数民族奇勒尔、鄂伦春、赫哲、费雅喀等长期居住于此，“若不尽取之，则边民终不获安”[69]。并确定谈判的方针和原则：“朕以为尼布潮（尼布楚）、雅克萨、黑龙江上下，及通此江之一河一溪，皆我属之地，不可稍弃于俄罗斯。”而且谈判中一定要其归还我方逃人根特木尔。如俄罗斯接受这个原则，则我方可归还其战俘及招抚者，并与其划定疆界，发展贸易通商；否则，你等即可返回，不便与之议和矣。索额图领受旨意后即率使团出发，行至喀尔喀蒙古地区，正碰上噶尔丹进攻土谢图汗，使团北上道路受阻。康熙皇帝闻报，立即派人召回使团，另与俄使商定谈判地点。

康熙二十八年（1689）四月初五日，俄国信使洛吉诺夫到达北京，康熙皇帝委派索额图与之商谈新的谈判地点，定在尼布楚。此时，噶尔丹已打败喀尔喀蒙古，他违抗中央，发动叛乱的企图已很明显；且噶尔丹为达到称霸北方的目的，不惜引狼入室，屡次派人到沙俄进行活动，以求得支援。康熙皇帝注意到北疆形势的这一重大变化，为避免俄国与噶尔丹进一步勾结，更加希望尽快与俄国达成协议，以制约俄国在北疆势力的发展，同时可以腾出主要精力对付噶尔丹叛乱。因此，在双方商定新的谈判地点在尼布楚后，康熙皇帝迅速组成了新的谈判使团，成员有索额图、佟国纲、郎谈、班达尔善、萨布素、马喇、温达等。此外还随带两名耶稣会士，充当拉丁文译员，即葡萄牙人徐日升和法国人张诚。较前增加了更加熟悉东北边界情况的郎谈、萨布素等人，以使谈判成功有更大保障。康熙皇帝看到噶尔丹进攻喀尔喀蒙古“志不在小”，预见到与噶尔丹战争在所难免，因此指示索额图等人，可以对俄国做出一些让步，以争取早日达成协议。行前，康熙皇帝与索额图等议定了三个划界方案：一是以原属我国的勒拿河（里雅娜江）与贝加尔湖为界；二是以尼布楚为界；

三是让出尼布楚，以额尔古纳河为界。康熙皇帝认为：如果以尼布楚为界，那么俄罗斯要遣使通贡，就失去了栖托之所，俄方很难接受。因此，他指示索额图，要尽量争取以尼布楚为界，如俄国坚持索要尼布楚，则我方可以做出重大让步，以额尔古纳河为界。可以说，康熙皇帝制定的谈判方针是明智的，为避免两面作战，清朝政府必须取得东北边疆的安宁与稳定。而俄国在无力增援雅克萨的情况下，也希望获得和平，以保证它在西伯利亚地区的权益不致进一步受损。因此，它指示俄国使团，可在必要时让出雅克萨。这样，中俄双方就有了一个都能接受的划界方案，即在雅克萨和尼布楚之间的某条线上划定中俄两国边界，为尼布楚谈判的成功奠定了基础。



但沙皇俄国总想获取更大的权益，戈洛文也是个总想利用外交讹诈攫取中国更多领土的野心家。早在清朝使团离京前，康熙皇帝就命索额图通知戈洛文，说中国使团不久即将抵达尼布楚，让他做好谈判的准备。清朝使团于康熙二十八年（1689）四月离京，经古北口、滦河、达里诺尔、呼伦池、渡克鲁伦河、博尔济河、温都河，于本年六月十五日（1689年7月31日）抵达尼布楚。但清朝使团抵达尼布楚后，戈洛文仍逗留于喀尔喀蒙古地区，迟迟不至。索额图再次致函戈洛文，催促他迅速前来会谈。戈洛文却多次对中国使团进行无理责难，指责中国使团带人过多，没有谈判诚意，是准备来打仗的，提出中国使团驻地离尼布楚太近，要求中国使团退往额尔古纳河口。索额图按照康熙皇帝旨意，耐心阐明我方的和平愿望，并严正驳斥了俄方的无理要求，指出我方使团所带仅为侍从和派遣所用之官兵，我们此行是为缔结和平条约而来，不是为了打仗；如我方退往额尔古纳河口，距离尼布楚有千里之遥，如何谈判？经过多次交涉，十八天后，戈洛文才从楚库柏兴姗姗而来，于七月初四日到达尼布楚。

康熙二十八年七月初八日（1689年8月22日）中俄双方开始正式会谈。谈判过程中，戈洛文使团为夺取中国更多的领土，将他们过去制定的前三个方案逐一抛出，漫天要价，并力图推卸战争责任，诬蔑是中国“派兵侵犯沙皇陛下国界”。索额图根据康熙皇帝旨意据理力争，严正指出：鄂嫩河、尼布楚均系我国所属茂明安等部落旧址，雅克萨也系我少数民族头人阿尔巴西故居，后被你等窃据。由于俄方不断对我国实行武装侵略，我国政府不得已才采取自卫行动，以武力收复雅克萨。你等俄军乞降时也曾许诺不再到雅克萨来，不再建城堡，不再寻衅扰乱。但你等背信弃义，出尔反尔，又二次侵占雅克萨。我国政府被迫再次还击，直至你等要求撤围、谈判。这怎么能说是我国挑起争端呢？戈洛文理屈词穷，进而提出要以黑龙江为界的无理要求。索额图当场予以严词拒绝，谈判呈破裂状态。戈洛文见第一个方案不能实现，于是稍微降低要价，企图以牛满河或精奇里江为界，并要求中国赔偿俄国在雅克萨等地所受的“损失”。清朝使团缺乏外交谈判经验，误认为俄国使团已经让步，又希望尽快能达成一个协议，因此，在第二天会谈中，我国使团就做出重大让步，表示愿以尼布楚和音果达河为界。这样就把康熙皇帝的最后划界方案一下子摊了出来，使中国代表团失去了回旋的余地。戈洛文听到中国政府肯于出让尼布楚，异常高兴，但为了获取更多利益，故意纠缠，拒绝中国使团的方案。清朝使团看到最后方案被拒绝，以为谈判破裂，自己已无话可说，便准备返回北京。戈洛文使团一面买通使团中担任译员的徐日升、张诚二人，劝说中国使团继续留在尼布楚，说俄国人将放弃雅克萨；一面在一些问题上讨价还价，迟迟不肯达成协议。中国使团为了早日达成协议，除让出尼布楚外，又做出了许多让步，七月十一日，清朝使团提出在尼布楚以东让出七日路程之地，以石勒喀河至绰尔纳河为界，左侧属沙俄，右侧属中国；七月十二日，清朝使团在黑龙江北岸再让出几十里，退至格尔必齐河为界；七月十三日，清朝使团又提出在黑龙江北岸，以额尔古纳河为界。但沙俄仍不满足，坚持要以雅克萨建城之地划界，并坚持双方可在此共同渔猎。沙俄顽固的侵略政策，遭到清朝使团的严词拒绝，谈判陷入僵局。正在这时，原喀尔喀蒙古所属布里亚特人、温科特人掀起了大规模的抗俄斗争，起义者达到两千人，许多受俄国奴役的喀尔喀部众纷纷来到中国使团驻地，请求将他们带入中国境内，回到中国皇帝一边。俄国使团见势不妙，担心沙俄的殖民统治会全面崩溃，因此才被迫答应清朝政府的要求，双方终于在康熙二十八年七月二十四日（1689年9月7日）达成协议，签订了中俄《尼布楚条约》。条约共有六款：

（一）以格尔必齐河、额尔古纳河、外兴安岭为两国东段边界，以南归中国，以北归俄国。中段边界暂行有效，留待以后再议。

（二）俄人应拆除在雅克萨所建城堡，俄国居民携带其所用之物退入俄国境内，两国猎户人等不得擅越边界。

（三）互不收纳逃人，如有逃人进入，双方均应“械系遣还”。

（四）已在中俄两国定居的双方居民，“悉听如旧”。

（五）自和约签订之日起，双方居民持有护照者，可以过界往来，并可以贸易互市。

（六）双方均应严守条约，避免争端。

条约最后载明：此条约将以满文、俄文、拉丁文在石上刊刻，置于两国边界，作为永久界碑。

两天后，清朝使团离开尼布楚，九月初六日返回北京。索额图向康熙皇帝汇报了谈判情况。康熙皇帝对谈判成功表示满意，并决定在边界地区立碑，以垂永久。碑名为“大清国遣大臣与俄罗斯国议定边界之碑”，刻《尼布楚条约》要点于其上。康熙二十九年（1690）三月初五日，康熙皇帝责成工部咨行黑龙江将军，在额尔古纳河口、格尔必齐河口立碑，碑由高八尺、宽三尺一寸、厚八寸之石二块制成，正面铭刻满文、蒙文、汉文，背面铭刻俄文、拉丁文，正式划定了中俄两国东段的边界。



《尼布楚条约》签订后，康熙皇帝又进一步建立健全管理机构，充实边防力量，加强对边界地区的管理。盛京、宁古塔、黑龙江分别设将军，并在黑龙江的瑷珲、墨尔根、齐齐哈尔、伊倭齐等地新设管理机构，派兵驻防；另外，还在吉林的白都讷、三姓、珲春等地设官驻兵，以加强对边界地区的管理。康熙皇帝除在东北地区继续编组“新满洲”外，还特地在黑龙江地区配备大小战船一百二十艘，担当执行巡边和战斗任务；立定界碑后，还定期派人巡视界碑情况。与此同时，康熙还进一步开发和建设东北边疆。康熙皇帝认为，要想使东北地区真正成为抗拒沙俄的军事基地，必须保证这一地区军需物资的供应，而解决这一问题的根本方法是发展当地生产。因此，康熙皇帝在决定永戍黑龙江时，就指示要军民屯田，这为清军收复雅克萨打下了一个坚实的基础。《尼布楚条约》签订之后，康熙皇帝仍然推行这一政策。经过长期努力，黑龙江驻军粮食达到完全自给，这一措施实际上也促进了东北经济的发展。另外，康熙皇帝在《尼布楚条约》签订后，也加强了对东北地区各少数民族的管理，发展产品交换市场，加强边境少数民族地区与内地的联系。所有这些，都为东北地区的安宁与发展起到了积极的作用。



中俄《尼布楚条约》是中俄两国签订的第一个条约。它的签订具有重大意义。首先，它制止了沙俄在黑龙江地区的进一步扩张，收回了长期被沙俄占领的我国领土雅克萨，并以法律的形式确定了中俄两国在东段地区的边界，使东北边疆地区在较长时期内获得了安宁。其次，特别重要的是，《尼布楚条约》的签订，制止了俄国与噶尔丹分裂势力的进一步勾结。签订条约后，俄国受条约束缚，不敢再声援噶尔丹，这样，清朝政府就可以集中力量去平定噶尔丹叛乱，以统一漠北和天山地区。虽然在《尼布楚条约》中中国方面做出了重大让步，但康熙皇帝以局部利益换取了统一北疆的全局利益，使我国统一的多民族国家得到进一步发展，这种政治作用也是不可低估的。同时，康熙皇帝在抗拒沙俄的斗争中吸取前朝经验教训，提出一系列经营与开发边境地区的重要措施，使东北边境地区的经济和边防力量都得到进一步加强，为东北地区的繁荣和发展做出了卓越的贡献。因此，康熙皇帝经营与巩固东北边疆堪称是一项伟大的事业。

## 三、亲征朔漠

收复台湾之后，清朝政府的统治进一步巩固。恰在此时，在噶尔丹的统治下，厄鲁特蒙古崛起于西北，从而形成了一个与中央政权相对峙的强大的地方政权。为了进一步巩固统一，从康熙二十九年（1690）至康熙三十六年（1697），康熙皇帝进行了平定噶尔丹叛乱的战争。



厄鲁特蒙古是我国蒙古族的一支，元朝灭亡以后，该部迁居漠北，又称瓦剌。明末清初，该部经过长期的内部纷争和互相融合，逐渐形成了准噶尔、杜尔伯特、和硕特、土尔扈特四大部，并迁居新疆一带。四部之中，以准噶尔部最为强大。明末清初，该部台吉哈拉忽拉率本部族南征北战，东拼西杀，成为执厄鲁特各部牛耳的人物。哈拉忽拉死后，他的儿子巴图尔珲台吉继位，在他的领导下，准噶尔部进一步走向强大。他借助西藏黄教的帮助，同宿敌喀尔喀蒙古达成和解，为准噶尔的扩张解除了后顾之忧。他帮助和硕特部占领河套、青海之地，并于和硕特部由乌鲁木齐一带迁入河套、青海之后，趁机填补其走后的空白，又将土尔扈特部未曾迁走的余众及杜尔伯特部并入自己的属下。与此同时，对于远迁伏尔加河下游的土尔扈特部台吉和鄂尔勒克，他也加意笼络，娶其女为妻，并将自己的孙女嫁给和鄂尔勒克的孙子，两部关系大为改善。伴随实力的增长，准噶尔部的政治地位也随之提高。崇祯十三年（1640），巴图尔珲台吉以四卫拉特盟主的身份在塔尔巴哈台与喀尔喀蒙古王公举行会盟，青海和硕特部和伏尔加河流域的土尔扈特部也派人参加，建立了东、西蒙古继元朝之后的又一次空前的联盟，同时也标志着准噶尔部霸主地位被蒙古诸部认可。

巴图尔珲台吉死后，其子僧格台吉继位。这时，为了争夺最高权力及财产，准噶尔贵族集团内部发生了严重分裂。康熙九年（1670）冬，巴图尔珲台吉庶长子车臣台吉在部分准噶尔贵族的支持下发动政变，杀死僧格台吉，自立为台吉。不久，僧格岳父和硕特鄂齐尔图车臣汗亲率大军平乱，处死车臣台吉及其母布鲁特哈屯。因为其时僧格三个儿子策妄阿拉布坦、索诺木阿拉布坦、丹津鄂木布皆在幼年，准噶尔贵族遂将僧格之弟噶尔丹拥立为台吉。这样，西北草原又出现了一位叱咤风云的人物。

噶尔丹（1644—1697）是巴图尔珲台吉第六子、僧格的同母弟。据传说，他降生之时，阿尔泰山顶上曾出现五色祥瑞之光，其状甚为瑰丽奇特。巴图尔珲大喜过望，认为是贵子之兆，其子日后将显名于世，遂倍加疼爱。不久，西藏达赖喇嘛特意派使节至准噶尔，认定噶尔丹为当年尹咱呼图克图的第八世化身。于是，不满十岁的噶尔丹被送到西藏五世达赖罗桑嘉措处学经修法，与第巴桑结嘉措为同窗好友。这段经历及其出生的传说，对他日后继位及继位以后称雄于笃信黄教的蒙古各部起了重要的作用。

康熙十年（1671）初，在达赖喇嘛和第巴桑结嘉措的支持下，噶尔丹回国为君，娶其兄僧格之妻阿奴为哈屯，以巩固自己的统治，并迅速召集僧格旧臣、部众，以及一部分喇嘛，渐次消灭车臣台吉残余势力。不久，又率兵越过天山，征服南疆回部。噶尔丹意欲恢复元朝霸业，兵锋直指中亚诸国，蒙古部再次横扫中亚大陆，从而形成一个与中央政权相对峙的强大地方政权。

面对崛起西北大漠的厄鲁特部，清朝西北边疆已经感到了压力。康熙十六年（1677），靖逆将军张勇、川陕总督哈占、凉川提督孙思克等共同具疏入奏："臣等窃思噶尔丹乃北厄鲁特之雄长，兵马众多，如果兴兵，即内地亦亟宜严加防御。"[70]而当时正值三藩之乱，清朝政府无力西顾，因而康熙皇帝只是谕令守边军队严加防护，对于厄鲁特内部事务概不过问。这样，噶尔丹更加倨傲自大，康熙十八年（1679）九月，噶尔丹竟以达赖五世所赐"博硕克图汗"名义遣使入贡。按清朝定例，从不允许擅称汗号者纳贡。但对于噶尔丹的这种挑衅举动，康熙皇帝仍是容忍，准其献纳。直到三藩之乱平定之后，康熙皇帝才对其越分之举加以裁抑。当时，噶尔丹从获取经济利益的目的出发，每年派遣到北京朝贡贸易的人逐渐增加，"或千余人，或数千人，连绵不绝"[71]，且沿途抢掠塞外蒙古马匹牲畜，践食田禾，捆缚平民，抢夺财物，肆意妄行，引起蒙、汉各族人民的不满。再加上朝贡贸易中清朝政府的巨额支出，促使康熙皇帝改变了过去外藩来使不限人数的定例，规定自康熙二十二年（1683）始，各部只允许遣使二百人入京贸易。入贡人数的多少，不仅直接影响到少数民族各部的经济利益，同时也是政治地位高低的象征。

噶尔丹无视规定，次年又遣使二千人入京朝贡[72]。清朝政府只准许其中二百人入京，余俱遣回。噶尔丹大为恼火，转而向沙俄靠拢。

早在17世纪上半叶，在巴图尔珲、僧格执政时期，沙俄政府即推行扩张政策，不断蚕食准噶尔的游牧地，武装移民，建立据点，同时遣使诱降。只是由于厄鲁特各部的坚决反抗，沙俄政府的侵略企图才未能实现。为与清朝中央政权相抗衡，噶尔丹由其父兄的抗俄政策转变为靠拢沙俄。康熙二十二年（1683）十一月，他派遣一个七十多人的商队前往伊尔库茨克，朦胧地表示支持沙俄对黑龙江流域的侵略。沙俄出于牵制中国及打击反俄的喀尔喀部蒙古的目的，积极倡导建立一个俄国—厄鲁特联盟。沙俄的这一举动，使噶尔丹的野心愈发膨胀，康熙皇帝对噶尔丹入贡人数的限制则加速了噶尔丹同沙俄的勾结。但这并不能说限制人贡人数是噶尔丹投向沙俄的根本原因，这是噶尔丹与清朝政府抗衡为敌的必然结果。在沙俄的鼓动下，为建立自己的西北霸权和补偿在入贡贸易中因限制人数而造成的经济损失，噶尔丹把内讧纷纷的喀尔喀蒙古视为待宰的羔羊。

喀尔喀蒙古位于今蒙古人民共和国，原为成吉思汗第十六世孙格埒森札·札赉尔珲台吉后裔所属。清朝初年，喀尔喀蒙古形成车臣汗部、土谢图汗部、札萨克图汗部三大部。喀尔喀蒙古同清朝联系较早，和清廷的关系也比较密切。顺治十二年（1655），清朝即设喀尔喀左右翼八札萨克[73]。喀尔喀的汗和济农们虽然接受了清朝所赐札萨克，并向清朝政府进“九白之贡”，但喀尔喀并未臣属清朝，清朝政府无权干预其内部事务。

康熙元年（1662），札萨克图汗部发生内乱，不少人畜流亡土谢图汗部。内乱平定后，札萨克图汗成衮多次派人向土谢图汗索要自己的属民。土谢图汗察珲多尔济态度极为蛮横，拒不归还。成衮无奈，两次派人去北京，希望清朝政府出面调停解决。当时康熙皇帝正忙于内部事务，无暇顾及喀尔喀争端。成衮又请达赖喇嘛出面干涉，但土谢图汗无视达赖喇嘛劝阻，仍拒不归还札萨克图汗人畜。成衮别无他策，只好另外寻求强有力的“同情者和支持者”。当时，土谢图汗和噶尔丹已积怨很深。康熙十五年（1676）噶尔丹攻打和硕特鄂齐尔图汗时，察珲多尔济领兵援助鄂齐尔图汗。康熙十六年（1677），察珲多尔济的部下又抢劫了噶尔丹的入京使团。这样，康熙十七年（1678）札萨克图汗成衮以结盟为目的，到达准噶尔。噶尔丹对从天上掉下来的盟友喜不自胜，热情款待札萨克图汗，并与之建立联盟关系，二者矛头都指向了土谢图汗察珲多尔济。



对于札萨克图汗与噶尔丹的结盟之举，康熙皇帝十分警惕。喀尔喀与沙俄及厄鲁特接壤，战略位置十分重要。为防止噶尔丹插手喀尔喀内部事务，保持北疆安定，三藩之乱平定后，康熙皇帝先后向喀尔喀两翼派出使臣，调解两部争端。同时又传谕达赖喇嘛，令其遣使协助喀尔喀两翼议和。康熙二十五年（1686）执政第巴桑结嘉措以达赖五世名义[74]派出噶尔亶西勒图为使，出面调解喀尔喀内部纠纷。与此同时，康熙皇帝也派理藩院尚书阿喇尼等人会同噶尔亶西勒图同赴喀尔喀的库伦伯勒齐尔，与土谢图汗之弟西里巴图尔、札萨克图汗沙喇，以及哲布尊丹巴呼图克图共同举行盟会。会上，阿喇尼代表清朝政府令喀尔喀左右两翼汗、众济农、台吉行抱见之礼，并悬挂佛像，令众人发誓永归于好。同时，阿喇尼又遵照康熙皇帝的旨意劝告他们说："喀尔喀与厄鲁特境相接，强邻洊食，已駸駸乎有不支之势，乃迷而不悟，兄弟阋墙，日寻干戈，内有仇敌……故以七旗之众，一朝破败，而不可救。"[75]经过清朝政府的努力调解，喀尔喀各部出现了团结的局面。康熙二十六年（1687）正月，喀尔喀两翼汗及七旗济农、诺颜、台吉等合疏请上尊号。清朝政府对漠北的控制得到加强。

漠北形势向有利于清朝政府方向发展，使噶尔丹深感不安。为了制造新的争端，当年四月，噶尔丹节外生枝，对清朝政府限制其入贡贸易人数表示反对，又致书理藩院尚书阿喇尼，就喀尔喀左右翼库伦伯勒齐尔会盟时，喀尔喀土谢图汗之弟哲布尊丹巴呼图克图与达赖喇嘛的使节噶尔亶西勒图相见时"抗礼踞座"之事挑动是非。对于喀尔喀各部，也极尽挑拨离间之能事，在致土谢图汗的书信中，他以库伦伯勒齐尔之盟，哲布尊丹巴与噶尔亶西勒图以敌礼相见，甚属非礼，进行诘责。同时又派手下车臣吴巴什至札萨克图汗部进行分裂性会盟。不久，噶尔丹又裹胁札萨克图汗部移师进驻三赫格尔，令右翼诸济农、诺颜、台吉等随札萨克图汗环绕安营，以防土谢图汗来攻；又派遣上千名喇嘛，以佛事活动为名，游历喀尔喀各地，搜集情报。

面对噶尔丹的军事挑衅，土谢图汗察珲多尔济不顾康熙皇帝的劝告，又发动了攻打札萨克图汗部的战争。康熙二十六年（1687）冬，察珲多尔济侦知噶尔丹离开了三赫格尔，次年正月，亲率兵一万，袭杀札萨克图汗沙喇。噶尔丹不知沙喇已死，仍派其弟多尔济札布与沙喇联络，被土谢图汗察珲多尔济执杀，从而使噶尔丹找到了大举进兵喀尔喀的借口。

康熙二十七年（1688）五月中旬，噶尔丹以札萨克图汗沙喇及其弟多尔济札布被杀为借口，率领所部精锐三万人，分兵三路杀向土谢图汗部。此时，土谢图汗部的精锐正胶着于抗俄前线，于是，土谢图汗部陷于两面作战的十分不利的境地。战争开始之初，噶尔丹军队锐不可当，先后打败卫征哈滩巴图尔、车臣诺颜部，收取达尔玛西里诺颜部。和辉特洪台吉罗卜藏之弟根敦额尔德尼洪台吉无力抵抗，不战而逃。噶尔丹遂率军沿杭爱山至土谢图汗部，昆都伦博硕克图率部溃逃。土谢图汗、哲布尊丹巴只好从抗俄前线调土谢图汗长子噶尔丹多尔济率五千士兵自色楞格河回援。噶尔丹多尔济率部在特穆尔之地与噶尔丹部遭遇，几乎全军覆没，仅率三百余人逃脱。此时，噶尔丹得知哲布尊丹巴避居于额尔德尼召附近，便派大将丹津鄂木布、杜噶尔阿拉布坦率兵七千，直取额尔德尼召。噶尔丹则亲率主力渡土喇河，开往克鲁伦河，欲寻车臣汗之子乌默客作战。哲布尊丹巴侦知丹津鄂木布来攻，携土谢图汗妻孥、子媳及喇嘛班弟等九百人连夜南逃。噶尔丹遂沿克鲁伦河东向，前锋几百人与车臣汗部众相遇，大败其军。尔后又趁势越过克鲁伦河，扫荡车臣汗部，并散发檄文，进行招降。迫于噶尔丹兵威，土谢图汗部、车臣汗部亦大多南逃至内蒙境内。噶尔丹则纵马南下，如入无人之境，穿过车臣汗部东隅，迫进呼伦贝尔，离清朝的卡伦只七八日路程之遥。一时之间，漠北烽火处处燃烧，噶尔丹的入侵使得蒙古各部人民陷入了深深的苦难之中。这样，平定噶尔丹叛乱以拯救广大人民于水火的问题便摆在了康熙皇帝的面前。

康熙二十七年（1688）八、九月间，穷蹙无依的蒙古各部人民在哲布尊丹巴呼图克图和土谢图汗察珲多尔济的率领下陆续进入清朝领地。他们一方面乞求清朝政府出兵相助，抗击噶尔丹的入侵，同时又表示投顺清朝政府，以便清朝政府帮助安插纷纷南下的蒙古各部流亡人民。得知这一消息后，康熙皇帝首先指令有关官员对蒙古各部流亡人民予以赈济和安置，以解决其燃眉之急。同时，鉴于战争已经给蒙古各部人民造成极大灾难，康熙皇帝极力主张以和平谈判的方式解决问题。在致噶尔丹的敕谕中，他并不讳言土谢图汗当初起兵攻打札萨克图汗部之过失，同时建议由达赖喇嘛派出一名代表，与清朝政府所派大臣同往蒙古，召集噶尔丹、土谢图汗与蒙古各部共同盟会，会上令土谢图汗自陈其过，各部永议和好。尽管这一建议合情合理，但由于噶尔丹吞并蒙古之后势力空前壮大，兼以又勾结沙俄以为奥援，其真实目的是将漠西、漠北蒙古各部都置于他一人的统治之下，与清朝政府南北分治，因此，遂以各种借口拒绝了康熙皇帝这一合理的建议。于是，为了铲除这股分裂势力，康熙皇帝亲自规划了平定噶尔丹叛乱的战争。

为此，康熙皇帝进行了大量工作。首先是进行侦察，获取各方面的情报。早在康熙二十八年（1689）八月，康熙皇帝即派理藩院尚书阿喇尼以调解喀尔喀与厄鲁特矛盾为名，赴噶尔丹军营之中观察八十余天，获得大量军事情报；不久，温达又从噶尔丹处逃脱的俘虏口中得知，噶尔丹率军万余沿克鲁伦河下游而去。康熙皇帝为得到确切情报，再派尚书阿喇尼前往探听噶尔丹的去向，并授命阿喇尼等："如果噶尔丹尾追喀尔喀而来，即调所备之兵防之，一面迅速上报。"清朝派往噶尔丹处使者、喇嘛商南多尔济亦从克鲁伦河向康熙皇帝奏报："询知噶尔丹前一日驻此，粮尽，杀马为食。"通过大量情报的综合，康熙皇帝对噶尔丹的军事意向、军队调动成竹在胸。



在了解噶尔丹虚实的同时，康熙皇帝还采取孤立、打击噶尔丹而联络其政敌的策略。策妄阿拉布坦是噶尔丹之兄僧格的长子，噶尔丹赐博尔塔拉为其领地，并派他管辖哈密、吐鲁番二城。噶尔丹东进喀尔喀时，又命他为大本营科布多的总管，并负责噶尔丹后方的行政事宜。噶尔丹虽重用策妄阿拉布坦，但他们之间也存在着深刻矛盾。僧格被害时，策妄阿拉布坦年幼，尚不能即位，但策妄阿拉布坦渐渐长大成人，噶尔丹却毫无让位之意，策妄阿拉布坦早已心怀不满。早年，策妄阿拉布坦曾与和硕特部噶勒达玛次女阿海议婚，康熙十八年（1679），噶尔丹不顾其侄婚约在先，仍强娶阿海为妻，引起策妄阿拉布坦的强烈不满。而噶尔丹对羽毛日丰的两个侄子策妄阿拉布坦和索诺木阿拉布坦也早存戒心。康熙二十七年（1688）噶尔丹趁策妄阿拉布坦外出之际，杀死了索诺木阿拉布坦，激起策妄阿拉布坦的强烈反抗。他在其父僧格旧部的支持下，西走喀喇阿济尔干西里，打败噶尔丹亲自率领的追兵，经乌兰乌苏，据吐鲁番城。康熙皇帝得知此消息后，立即派达虎前往策妄阿拉布坦处问寒问暖，并赏赐御用各色缎二十匹。策妄阿拉布坦也乐于与清朝政府结盟，共同打击噶尔丹。因此，噶尔丹与清朝政府开战时，始终背着一个无法解脱的包袱，没有一个巩固的后方。

噶尔丹之所以有恃无恐，敢于和清朝政府作战，重要原因之一就是沙俄的支持；而康熙皇帝之所以在前一阶段不能对噶尔丹采取强硬政策，其根结亦恐在此。噶尔丹由于打击政敌手段毒辣，从而激起内部的分裂，四面受敌，兵源不足。为摆脱这一不利处境，噶尔丹极力靠拢沙俄，频频派出使者寻求援助。出于打击削弱清朝政府的目的，沙俄也积极挑唆、鼓动噶尔丹出兵。公使戈洛文曾下保证说："如果他们博硕克图汗向敌对的蒙古人发动军事进攻，则沙皇陛下可根据博硕克图汗的进攻形势，从色楞格斯克、乌丁斯克、涅尔琴斯克以及其他城市发兵进攻蒙古人。"[76]同时，沙俄也屡次派使者至噶尔丹处活动。康熙二十九年（1690）五月四日，康熙皇帝派往噶尔丹处搜集情报的喇嘛商南多尔济奏报："见厄鲁特与俄罗斯使人同行，厄鲁特自言已请兵二万于俄罗斯矣。"[77]然而，沙俄与噶尔丹之间也存在矛盾，沙俄的惟一目的是获得利益和侵吞土地，但噶尔丹始终不同意臣服沙俄，只要求结盟，这自然不能满足沙俄的胃口。更使沙俄不安的是，一些被武力逼迫而臣服于沙俄的蒙古王公都愿归顺博硕克图汗噶尔丹。沙俄唯恐在支持噶尔丹打击清朝政府的同时，再树立一个强敌，落得偷鸡不成反蚀一把米的下场，因此，同噶尔丹的关系再也无法进一步深入下去，对噶尔丹的支持也仅限于口头承诺。康熙皇帝审时度势，恰到好处地于五月二十三日向沙俄使者提出警告："（噶尔丹）今乃扬言会汝兵，同侵喀尔喀。喀尔喀已归顺本朝，倘误信其言，是负信而开兵端也。"[78]把沙俄置于侵略国的不义地位。而中俄《尼布楚条约》的签订，已使沙俄获得了大片领土和通使贸易的巨大利益，因此沙俄也不敢冒撕毁条约的危险打一场前途未卜的战争。所以，在以后噶尔丹同清朝政府的激战中，沙俄始终作壁上观。

为了打好这一仗，康熙皇帝在军备方面也做了充分准备。康熙皇帝在平定三藩之乱时，统筹全局，亲自指挥，决断迅速而又准确，得益于通过驿站及时掌握前线战况。康熙皇帝深知此事的重要，派人修筑驿站。为了对付凶悍的厄鲁特骑兵，清朝军队都添置了新式火炮。康熙皇帝还命令发太仆寺骆驼一千多头，并修造大车几千辆，为运输粮草做准备。



康熙二十八年（1689）十二月，噶尔丹食用不足，为摆脱窘境，在"达赖喇嘛"的授意下[79]，以追土谢图汗及哲布尊丹巴为名再次领兵东进。次年正月，入土谢图汗部，分兵两路。噶尔丹亲率主力，自吴达岭直扑俄农河上游，攻克喀尔喀驻牧于此的拖多额尔德尼洪台吉及其部众。三月，于俄农河流域征服喀尔喀策妄额尔德尼阿海车臣洪台吉、满珠两礼呼图克图及其属众。尔后，自俄农河南下，在乌尔河上游巴颜乌兰山与阿拉布坦率领的另一支军队会师。

为抗击噶尔丹南下，康熙二十九年（1690）三月，康熙皇帝派左右两路大军，向土喇河、克鲁伦河挺进，以图夹击噶尔丹。右路军由理藩院侍郎文达、都统额赫纳率鄂尔多斯兵一千五百人，喀尔喀兵三千人，呼和浩特、四子部落兵一千五百人。左路军由理藩院尚书阿喇尼及兵部尚书纪尔他布率领，所属有土谢图汗之子噶尔丹多尔济所率喀尔喀部兵一万人，及苏尼特、两乌珠穆沁、两浩齐特、两阿霸垓等部兵。为防备噶尔丹沿克鲁伦河下游入呼伦贝尔，阿喇尼派科尔沁亲王沙津率兵设防于科尔沁之北索约尔济河流域。

噶尔丹与阿拉布坦于巴颜乌兰山会师后休整三日，然后沿乌尔扎河顺流而下，尾随喀尔喀土谢图汗部昆都伦博硕克图。昆都伦博硕克图尽弃其辎重及牛羊，逃入清朝卡伦之内。噶尔丹率军沿喀尔喀河继续南进，六月十四日，进抵乌珠穆沁左旗东北索约尔济山，于其西麓乌尔会河东岸的乌兰之地安营。

鉴于噶尔丹军强大，又知阿喇尼兵力不足，康熙皇帝急忙调遣科尔沁之兵及禁军前去援助，并传谕尚书阿喇尼，只将噶尔丹的军事动向详细奏报，耐心等待战机，不可急躁，单独冒进。同时派遣员外郎阿尔必特祜出使噶尔丹军营，以谈判之名稳住噶尔丹，借以拖延时间，待各路大军聚齐后予以围歼。

尚书阿喇尼骄傲自大，争功心切，不顾康熙皇帝谆谆告诫和右路军、科尔沁及禁军尚未到达，自己率部抢先出击。六月六日，阿喇尼率左路军二万之众，自洮儿河上游出发，沿喀尔喀河右岸直插贝尔湖。然而狡猾的噶尔丹已率众渡过乌尔逊河，沿贝尔湖和喀尔喀河东岸悄悄绕至阿喇尼军队南边。阿喇尼侦知此事后忙又率兵原路返回，直取索约尔济山。六月二十一日，天刚发亮，阿喇尼军快速挺进到乌尔会河，与噶尔丹军相遇。这时，阿喇尼不顾清军连日行军疲劳，即令二百名勇士自正面进攻，又令喀尔喀之兵五百人攻其辎重、子女及牲畜，借以打乱噶尔丹军队的阵脚，再以诸札萨克之大兵攻击噶尔丹营地。但久经沙场的卫拉特士兵训练有素，凶猛异常，遂以两翼之势包抄阿喇尼军进攻部队，连败清军三次攻击，清军损失惨重。噶尔丹趁此时机，命卫拉特军主力从山上绕出，分左右两翼夹击清军。锐气已挫的清军经不起噶尔丹之众如此迅猛的进攻，人员死伤不计其数，阿喇尼率残部勉强突围。

闻知初战失利的消息，康熙皇帝大怒，遂以“违命轻战，以致败绩”之名，革去阿喇尼和纪尔他布之职，降四级调用，以严肃军纪。又派出使者以阿喇尼违旨轻战、非本朝之意等语婉言相劝噶尔丹，设法羁其行动，使其不致远遁。同时迅速调动大军，以图彻底歼灭噶尔丹入侵之旅，从而一手部署了著名的乌兰布通之战。



七月二日，康熙皇帝命两路大军北上歼敌。左翼以其兄裕亲王福全为抚远大将军，皇长子胤禔为副，出古北口；右翼以其弟恭亲王常宁为安北大将军，简亲王雅布、信郡王鄂扎为副，出喜峰口；还有内大臣索额图、明珠、阿密达，都统苏努、拉克达、彭冲、阿锡坦等人随军参赞军务。七月六日，福全率军起程，二十三日于拜察河与马思哈会师，二十四、二十五日，与阿喇尼所率残部会合，二十七日，福全军进驻乌兰布通峰以南四十里的吐力埂河，堵住噶尔丹南下抢掠之路。七月四日，常宁率军由喜峰口出关，沿滦河、库尔奇勒河、四道河上行，与福全军会合。各路大军相会足有十万之众，为噶尔丹军的五倍。此次康熙皇帝吸取乌尔会之役的教训，严令各路大军于巴林旗境内集结待命，不得违令擅进。

乌尔会战役之后，噶尔丹从原阵地后退五日之地，至厄勒冷休整。为防止清军大规模反击，最初噶尔丹及众宰桑皆有乘势退走之意。但在第巴桑结嘉措派出的两个使者济隆呼图克图和伊拉古克三呼图克图的一再鼓动下，噶尔丹利令智昏，挟乌尔会大捷之余威继续南下，并扬言："今虽临以十万之众，亦何惧之有!"[80]企图捞取更多的好处。七月初，噶尔丹自厄勒冷起兵，经乌珠穆沁境，至和尔洪河上游驻扎。此时清军内大臣阿密达部也已驻扎在乌珠穆沁右旗南，遵照康熙皇帝旨意，阿密达在接待噶尔丹来使时假称：圣上特遣皇长子与皇兄和噶尔丹谈判，我们军队不久就要撤回[81]。并派人至噶尔丹处假装谈判，以使噶尔丹确信清朝政府并无开战之意。这样，噶尔丹又再次拔营起程，经敖布喇克、布里图，越兴安山脉，至克什克腾旗境内弼劳古驻扎，主动钻进了康熙皇帝预先布置的圈套之中。

得知噶尔丹进抵克什克腾境，康熙皇帝又进行了紧张的军事部署，他下令改变当初各路大军集结巴林旗之内的计划，命诸军前往克什克腾境内等候。七月二十日左右，各路大军会集于克什克腾境内的土尔埂伊扎尔。大军"凡营盘四十座，连营六十里，阔二十余里，首尾联络，屹如山立"[82]。这时，为了进一步创造聚歼敌人的有利条件，康熙皇帝又再次设计，以和谈为名，将噶尔丹诱致乌兰布通之地。为此，特遣使者告知噶尔丹："博硕克图既近我地，乞近至乌兰布通，应以土谢图汗、哲布尊丹巴界汝与否，各遣贵显大臣定议。”[83]乌兰布通以方圆四千里之地，遍布清朝牧场，牲畜达百余万头，这自然会吊起极端缺乏牲畜的噶尔丹的胃口；同时，乌兰木通距清朝最大练兵场——木兰围场只四十里之遥，清军自然熟悉地形，且物资补给又便宜。故而双方都选中此地。清军一张大网也就悄悄地在乌兰布通张开了。

为了彻底全歼噶尔丹，不留后患，康熙皇帝于七月十四日亲自启驾赴前线，以便亲自制定方略，以图“克期剿灭噶尔丹，以清沙漠”。十六日，康熙皇帝驾至鞍匠屯（今滦平县城），不幸身染感冒，仍不顾群臣劝阻，带病出征；二十日抵达博洛和屯，病情加重，康熙皇帝不得已才同意回京。临行前对前线的进攻、联络、供应等细节都做了具体指示，并为军队增加了炮兵及鸟枪兵五千人。



噶尔丹按先前商谈所定，率部沿萨里克河进军，于七月二十九日抵达乌兰布通。乌兰布通山林深树茂，主峰高六十米，宽三十米，东西长二百五十米，山势险要。山峰东西两侧为面积十平方公里的开阔沼泽地。此山依林阻水，又位于北京通向漠北及俄罗斯的交通要道上，实为兵家必争之地。噶尔丹虽然领兵至此，但对谈判之事仍怀疑虑，遂率部上山，做好迎战准备，在山冈上布阵，将成千上万只骆驼的四足绑住，卧于地上，驼背之上再垒以箱垛，把毡子浸透水，覆于箱垛之上，并将骆驼像栅栏那样排列起来充作掩体。厄鲁特士兵躲在其中，向外施放火铳、弓箭，并用矛、钩刺杀冲近的敌兵。这就是噶尔丹士兵吹嘘的攻不破的“驼城”[84]。

八月一日黎明，福全指挥清军列阵而行，中午抵达乌兰布通。清军隔河列阵，以火器为前列，遥攻山林，声震天地。噶尔丹部众在树林中，隔河以驼城为屏障，向清军施放火铳、弓箭还击。炮轰过后，清军前队兵五千人、次队三千人、两翼军各二千二百人在枪炮的掩护下展开攻击。清军右翼几次推进，都为沼泽所阻，不得已退回原阵地。清军左翼冒死前攻，并在国舅佟国纲、佟国维的率领下绕过湖泊，沿萨里克河冲锋。佟国纲、前锋参领格斯泰、前锋统领迈图均战死于疆场。后续之兵接力强攻，炮火齐发，终于切断驼城，与噶尔丹士兵展开残酷激烈的肉搏战，两军伤亡都很大。清军首先鸣金收兵。八月二日，裕亲王福全重整军队，集中所有炮火轰击山林，然后再次拼死攻山。无奈噶尔丹率众居高临下，据险固守，清兵无所进展，福全遂令收兵暂息。

厄鲁特士兵在清军猛烈的进攻下死伤惨重。噶尔丹也被清军的攻势吓破了胆，并担心长期被围，必将不战自溃，遂令伊拉古克三呼图克图及济隆呼图克图等人下山，与裕亲王福全会晤，表白自己无意进攻清朝，甚至连土谢图汗也不再索取，并要求两军罢战，修礼讲好，还要求寻觅一水草丰茂之地，以等候康熙皇帝的旨意。

福全信以为真，发给噶尔丹印信，并“遣人语内大臣苏尔达等，令盛京、乌喇诸路兵勿与之战”[85]。噶尔丹趁机于当晚率众下山，连夜遁逃。途中恰遇奉命堵截的科尔沁、吉林、盛京联军，但诸路军听从了福全的命令，致使噶尔丹安全逃脱。噶尔丹为了表白心迹，在内大臣吴丹面前跪礼威灵佛像，发誓不再侵夺中华皇帝之喀尔喀与众生灵。然而信誓旦旦的噶尔丹刚刚脱离危险，便于八月九日抢掠了克什克腾旗三佐领，抢走羊两万余只、牛马一千多头。同时为了防止清军追击，又放火焚烧所经大草原。至此，裕亲王福全始知上当，追悔不及，即遣轻骑追击。噶尔丹率众尽弃负驼及无用辎重，轻装北逃。清军追击不及，致使噶尔丹远遁而去。

乌兰布通之役，不仅狠煞了噶尔丹的嚣张气焰，也严重削弱其军事实力，逃遁途中，“牲畜已尽，无以为食，极其穷困，人被疾疫，死亡相继”[86]，得还科布多者仅数千人[87]。虽然如此，噶尔丹却仍不死心，遁回原居地后不久，即开始了继续与中央政权相抗衡的新的行动。



为卷土重来，噶尔丹总结了乌兰布通之战的失败教训，认识到清朝兵多将广，实力雄厚，如果与之正面交锋，势必仍要遭受巨大损失。为此，他改变了以往的战略战术，依靠克鲁伦、土喇等处驻军，如果清朝出兵少，就与之交战；如果清军强大，则移师后退；如果清军班师，则于后袭击。噶尔丹妄想如此不出数年，清朝自然会耗尽财富，以致疲弊。在这一战略思想的指导下，噶尔丹采取了一系列削弱清朝政府、壮大自己的措施。

首先是采取措施切断清朝政府同策妄阿拉布坦和西藏的联系。康熙三十年（1691），策妄阿拉布坦占据伊犁河流域的同时，又派兵裹胁噶尔丹科布多留守人员及其财物。为图自保，防止噶尔丹报复，策妄阿拉布坦派使者达尔汉囊苏赴京，奏报其与噶尔丹的“交恶始末”，以争取康熙皇帝政治、经济、军事方面的援助。为了在噶尔丹的后翼培植起一支强大的牵制力量，以对噶尔丹及其部属造成心理上的压力，康熙皇帝重赏来使，令郎中桑额护送来使回程。噶尔丹则针锋相对，派兵驻扎哈密，占据了从中原通向中亚的咽喉地带。康熙三十一年（1692）康熙皇帝派员外郎马迪赴伊犁回报策妄阿拉布坦。八月十一日，使者及向导一行三十五人行至哈密城郊，噶尔丹指使下属将马迪等七人劫杀。同时，噶尔丹派人至西藏扎什伦布寺恐吓班禅，不准其进京朝觐。

其次是大力争取外援，其中最主要的便是勾结沙俄。康熙三十年（1691）以后，噶尔丹多次派人出使沙俄。次年，噶尔丹的使者阿钦哈什哈又到达莫斯科，献上噶尔丹亲笔信，要求军员、枪支弹药方面的支援。于此前后，俄国托博尔斯克行政长官也曾派马特维·尤金赴噶尔丹处活动，后又连续三次会见噶尔丹。噶尔丹还“潜通中国回子助彼，许得中国后立回子为中国主，彼则取其赋税”。为保证通向西藏道路的畅通与安全，并牵制清朝政府陕甘之兵力，噶尔丹极力拉拢青海和硕特蒙古，在侵入喀尔喀之前，他已将自己的长女布木嫁给青海博硕克图济农之子根特尔，改善了与青海的关系。同时又极力结好西藏第巴桑结嘉措，经其斡旋，青海和硕特各部台吉接济了噶尔丹不少粮食、牲畜等物资，在桑结嘉措的劝说下，策妄阿拉布坦同噶尔丹的关系亦有所缓和。

再次，为了使清朝政府疲于应付，噶尔丹大力实施策反，派奸细投书内蒙古和喀尔喀蒙古贵族，煽动他们叛离清朝。康熙三十一年（1692），噶尔丹派遣使者额尔德尼绰尔济携带自己亲笔信札，散发给内蒙古各贵族王公。又遣使济尔哈朗格隆致书科尔沁土谢图亲王沙津，劝其反叛。康熙三十五年（1696）噶尔丹再次致函沙津：“保证将派给他六万俄国生力军。简言之，若他们能打败满洲人，他们将直接进军北京；

若他们征服了皇朝，他们将伙分地盘。”[88]噶尔丹又派奸细至鄂尔多斯六旗、喀尔喀蒙古车臣汗乌默客旗、赛音诺旗、赛音诺颜部一等台吉阿哩雅旗、郡王善巴旗进行蛊惑，但都被各旗擒获，献给清廷。

再其次是发展农耕，养精蓄锐。乌兰布通之役，噶尔丹人员、物资损失很大，为获取粮食，噶尔丹改变以往游牧习惯，组织部众在科布多地区从事农牧业生产，几年内，科布多地区呈现出“食渐丰足，牲畜繁滋”的景象[89]，经济实力也恢复到战前水平。于是，康熙三十四年（1695），他又向喀尔喀和清朝军队发动了新的侵扰活动。



乌兰布通之役后，在噶尔丹招集散亡、养精蓄锐以图恢复的同时，为了彻底平定噶尔丹叛乱，安定西北边疆，康熙皇帝也在政治、经济、外交等方面做了大量的工作。在政治上，康熙二十九年（1690），康熙皇帝利用乌兰布通之战胜利后的大好形势，召集喀尔喀蒙古各部于多伦会盟，调解喀尔喀各部之间的矛盾，颁赏封爵，实施盟旗制度。喀尔喀从此正式纳入中国版图，在中国北部边疆形成一条新的“万里长城”。同时，鉴于噶尔丹已在乌兰布通之战中受到严厉惩罚，军事实力已大为削弱，为了避免战争，化干戈为玉帛，康熙皇帝还先后向噶尔丹赠送银两，并将原扣留于归化城的商队送回科布多，劝其归降。但这些活动均无结果。

为防止噶尔丹再度入侵，康熙皇帝在军事上也进行了大量准备工作。首先调查蒙古丁口，武装内外蒙古诸旗，增加兵力。康熙三十一年（1692），康熙皇帝令科尔沁贵族将所属锡伯、达斡尔、卦尔察男丁一万四千四百五十六名有偿“进献”，其中一万一千八百五十名可披甲当差者充实上三旗。康熙三十二年（1693），康熙皇帝清理内蒙古人丁，共得二十二万六千二百七十余丁，去掉隶属于各旗王公贵族的三万一千五百九十六丁，余下丁口中三丁抽一，得披甲兵六万四千八百九十一名。喀尔喀诸部编丁也同样进行。同年，安北将军费扬古曾选调蒙古三千六百零五名充甲兵，使清军驻防、从征兵力大为增强。

在扩充队伍的同时，康熙皇帝吸取乌兰布通之战的教训，严格训练将士。乌兰布通之战中清军虽胜，但主将怯战，致使噶尔丹逃脱；士兵训练不精，排列过密，且进退之际颇不协调，是以交战中被杀伤者多，而进攻却不力。所以康熙皇帝对练兵极为重视，恢复八旗兵丁春秋二季的校猎，并每年亲自赴玉泉山检阅八旗将士。清军在康熙皇帝的激励下，秣马厉兵，军队素质和作战能力大为提高。



针对噶尔丹流动作战的特点，康熙皇帝建立起包围漠西的完整的军事体系。康熙皇帝首先加强西部防线，防止噶尔丹窜入青海、西藏。康熙三十一年（1692）十月，康熙皇帝提升甘肃提督孙思克为振武将军，提高其地位。十一月，从京师每佐领中选取八名，驻扎于右卫（今山西省右玉县）。将大同、杀虎口步兵均改为骑兵，以增强对抗噶尔丹骑兵的能力，以建威将军希福坐镇大同。次年四月，康熙皇帝任命名将费扬古为安北将军，坐镇归化（今内蒙古自治区呼和浩特市）。康熙三十四年（1695）七月，在宁夏派兵驻防，升右卫左翼护军统领觉罗舒恕为宁夏将军，以昭武将军郎谈坐镇肃州（今甘肃省酒泉市）。十月，以费扬古为右卫将军兼摄归化城将军事，“西路事柄，应全付与”，形成以归化为中心的西部防线。康熙皇帝又令内大臣明珠、索额图、都统噶尔玛、副都统硕岱赶赴内蒙古中部，调动喀尔喀及内蒙古诸部骑兵，驻扎险要之地。东北地区统归黑龙江将军萨布素统辖，盛京、乌喇、黑龙江及科尔沁之兵约期会于形胜之地索约尔济山，相机进剿。至此，完成了从西到东完整的防御体系。

为了最大限度地孤立噶尔丹，康熙皇帝又尽力割断噶尔丹与西藏、青海之间的联系。康熙三十年（1691）九月，康熙皇帝致书达赖，就其使者济隆呼图克图怂恿、支持噶尔丹入侵喀尔喀之事提出质问：“济隆呼图克图身在噶尔丹营中，并不说和。”[90]而达赖喇嘛早于康熙二十一年（1682）即已逝世，第巴桑结嘉措秘不发丧，独掌大权，致使康熙皇帝对此全不知晓。在质问达赖喇嘛的同时，还派遣使者警告噶尔丹：“达赖喇嘛与我朝往来通使多历年所，西海（即青海）诸台吉不违朕旨，恭顺奉贡，若厄鲁特人等稍犯达赖喇嘛地方及西海地方，朕即立加征讨，断不爽也！”[91]名义上是为保护达赖喇嘛及青海不受侵犯，而其实际目的不表自明。驻牧于阿尔善的巴图尔额尔克济农与噶尔丹友善，其处是青海物资输入厄鲁特的转运站，康熙皇帝自然不能容忍，派兵八千，分两路围截巴图尔额尔克济农，令其迁移。巴图尔额尔克济农率部远遁。



康熙三十四年（1695）八月，噶尔丹率骑兵三万再次东侵喀尔喀，向克鲁伦河以东推进。此次噶尔丹采用新战略，不深入内地，而以流动形式，于外蒙地区四处骚扰。因噶尔丹曾密约科尔沁土谢图亲王沙津反清，为诱敌深入，一举全歼，当年八月，康熙皇帝召见科尔沁土谢图亲王沙津，密令他将计就计，诱噶尔丹深入。沙津依计而行，派属下鄂齐尔以个人名义往告噶尔丹："我科尔沁十旗俱已附尔矣，尔可前来，我当以此地接应。"[92]但噶尔丹十分狡猾，并未上钩，只在克鲁伦河、土喇河一带肆行抢掠，并不南下。于是，为了对噶尔丹再度进犯予以严厉打击，康熙皇帝力排众议，率领大军主动出征，部署了著名的昭莫多之战。

康熙三十四年（1695）十一月初，康熙皇帝接到安北将军费扬古奏报："噶尔丹在巴颜乌兰之地，宜分军进剿。"立即下令三路出兵，大张挞伐。东路军由抗俄名将黑龙江将军萨布素统领，由盛京、吉林、黑龙江兵组成，共六千名，合厮役约一万二千人。盛京、吉林兵于明年三月起程，黑龙江兵四月起程。三省兵定期会师于索约尔济山，然后直趋克鲁伦河。此前康熙皇帝已调内蒙古锡林郭勒、昭乌达、哲里木三盟的骑兵驻乌尔会河，以便策应东路军。

西路军分归化城军与宁夏军两支。归化城军由坚定支持康熙皇帝北进的安北将军费扬古率领，于康熙三十五年（1696）二月十八日起兵。该部下辖右卫兵、大同绿旗兵各五千名，京城增发兵三千四百七十名，合官兵厮役共二万四千二百六十名；另有察哈尔右翼四旗兵八百二十二名、归化城土默特官兵八百五十四名、大同养马护军及鸟枪护军二百八十名、内蒙古乌兰察布盟六旗兵六百名、伊克昭盟六旗兵一千名。喀尔喀蒙古诸部也踊跃参战，仅赛音诺颜郡王善巴旗已达一千五百名，估测归化城军总计在三万以上。配备各种火炮一百门、绵甲七千领、火箭三千只。士兵每人自带八十日口粮。康熙皇帝又令山西巡抚动用正项钱粮，督造运输车一千五百辆，由平阳总兵毛来凤率三千人督运湖滩河朔仓米，于康熙三十四年（1695）十二月十五日先于大部队起行。宁夏军由西安将军博济率西安满洲八旗兵三千人，各带仆从一人。孙思克甘州军一千八百名、潘育龙肃州军一千名、董大城凉州军一千二百名、殷化行宁夏军三千名，共绿旗兵七千名。绿营马兵二人合带余丁或子弟一人。兵各备马两匹、驴一头。孙思克及将军捐造子母炮八十门。此路军共约一万七千人，每人给五月行粮。另派步兵二千人牵驮马运粮，以马兵五百人护送。宁夏军定于二月二十二日自宁夏平罗营出关。



中路大军二月二十三日自京师出发。其中包括京师每佐领预备兵六名、汉军火器营兵二千名，以及随营炮兵、炮手绵甲兵，共八千一百三十名；宣化绿营兵二千名、东北三省兵五千名，后又增调内务府佐领兵二百零六名、察哈尔左翼四旗军八百二十二名、喀喇沁兵五百名、札萨克部兵一千九百九十二名、古北口绿营兵二千五百名。诸部兵包括随军厮役共约三万六千人。中路军另有预备兵八千三百九十二名，尾随主力跟进。康熙皇帝又令获罪人员及情愿效力官员，俱可随军立功，加上厮役，又约一万七千人。中路军每人自带八十日口粮，另发帑金六万两造车五千五百辆，调直隶、山东、河南三省夫役运输军粮物资，另拨喀喇沁兵一千名、翁牛特兵五百人挽运。选派天津总兵岳升龙、怀庆总兵刘国兴领直隶、山东、河南三省马兵五百名负责督运。

三路大军中，中、西两路为主力，而中路大军迟迟不公布统帅。大臣们猜测康熙皇帝要御驾亲征，便纷纷上疏劝阻。康熙皇帝深知噶尔丹非一般贼寇所比，“积寇一日不除，则疆圉一日不靖”[93]，而诸大臣却贪图安逸，逡巡不前。为了激励兵将士气，带动百官，康熙皇帝早有亲征之意。上次乌兰布通之战，康熙皇帝因病中途而返，未能亲临前线指挥，致使噶尔丹漏网，留下今日祸患，康熙皇帝深以为憾，因谕群臣说：“此贼既灭，则中外宁谧，可无他虞。假使及今不除，日后设防，兵民益多扰累。”[94]诸大臣不好再行劝阻，亲征大计始定。为彻底剿灭噶尔丹，康熙皇帝十分重视中、西路大军协调作战问题，令费扬古驰驿来京，商议约定中、西两路大军四月下旬相会于土喇，“若噶尔丹从克鲁伦河而下，与中路军近，西路兵远，则中路待西路之兵；若噶尔丹在土喇，与西路兵近，中路兵远，则西路待中路之兵”[95]。同时，为加强各路大军联系，清朝政府建立多路驿站。为鼓励八旗奴仆疆场奋勇杀敌，还更改了奴仆出户条例。总之，康熙皇帝为此次亲征做了大量准备工作，以图一举全歼顽寇。

康熙三十五年（1696）二月三十日，在康熙皇帝的亲自率领下，中路大军按期起程。行前，他亲率诸王、贝勒、贝子、公、文武大臣等诣堂子行礼，祭旗纛。起行时，大军分为两支，康熙皇帝亲率一支由独石口出关，内大臣所领一支由古北出关，在预定地点会师后，直奔喀尔喀克鲁伦河。

在康熙皇帝亲率中路大军起程之前，西路军已先行起程。按原定计划，中、西两路大军应于四月二十七日会师于克鲁伦河巴颜乌兰，但西路军所行之地路途纡远，且所行之地尽是荒漠沙碛。噶尔丹为防止清军从此处进兵，放火烧荒十余站，因此西路军粮草不济，人马饥乏，行程缓慢。四月十日，康熙皇帝亲率的中路大军已突进至科图，而西路归化城军刚到达翁金，宁夏军至翁金尚有十日之程，造成中、西两路大军无法策应的局面。为此，康熙皇帝率领中路大军且行且止，以待西路大军赶赴目的地，确保夹击成功。在康熙皇帝的督促下，西路军也克服马匹死亡、粮草不足、军队大量减员等重重困难，昼夜兼程北上，终于在五月初抢先进入预定阵地。这时，根据道路里程推算，康熙皇帝确知西路军已经按期到达后，即于五月初七日向噶尔丹军队发动攻击。

当日，康熙皇帝亲率前锋兵将于阵列之前，诸军依次为两翼齐进，兵势盛壮，漫山遍野，队列整齐，无边无际。眼见大队清军从天而降，噶尔丹丧魂失魄，面无血色，不敢迎战，即率所属厄鲁特士兵将器械、甲胄、帐房、病残老幼等尽皆抛弃，连夜溃逃。清军则勇气倍增，在康熙皇帝的亲自带领下勇猛追击。在清军的追击下，噶尔丹一路风声鹤唳，草木皆兵，经过数日奔逃，刚刚摆脱中路大军的追击，又落入了清军西路军预先布置的天罗地网之中，从而发生了著名的昭莫多之战。

昭莫多系蒙语，意为大树林，位于美丽富饶的土喇河上游，即今蒙古人民共和国首都乌兰巴托以南的宗莫德。昭莫多背靠肯特山，南临土喇河，西临汗山，是兵家必争之地，曾经是明成祖朱棣大破阿鲁台的旧战场，因其地有河流流经其间，林木繁多茂密，故名昭莫多。经过两个多月的强行军，五月初，西路大军刚刚到达昭莫多附近，蓝翎侍卫布达所率前哨已与噶尔丹西逃先头部队在三十里外的特勒尔济口遭遇。费扬古得报后紧急行军，先敌一步占据昭莫多的有利地势。根据昭莫多的天然有利地形，费扬古令孙思克率绿营旗兵居中，坚守小山制高点，扼险俯击。京城、西安之满洲官兵，察哈尔右翼四旗、鄂尔多斯六旗、乌拉特三旗、茂明安旗、四子部落旗、喀尔喀右翼旗蒙古兵居东方列阵。右卫官兵、大同绿营兵及喀尔喀善巴、滚布、素泰伊勒登三旗兵在西方沿河布阵。口袋还在布置之中，噶尔丹大队士兵一齐涌至，并立即向清军发动了猛烈进攻。殷化行率部刚登上小山制高点，厄鲁特士兵也几乎同时到达山顶。清军凭借有利地形，从山上用子母炮轰击敌军。噶尔丹下令所属人众舍骑仰攻，一时鸟枪、弓箭齐发，战斗十分激烈。战斗中，肃州总兵潘育龙右腮中弹，鲜血淋漓，坚持不下火线。清兵则身穿绵甲以挡弓矢，以藤牌、拒马木阻敌冲锋，弩铳迭发。噶尔丹兵众伤亡很大，阿奴哈屯、戴巴图尔宰桑、博罗特和卓等先后中炮身亡。双方激战整整一个下午，战事仍呈胶着状态。这时，宁夏总兵殷化行见敌人阵后森林中人畜丛集，却久不出动，断定是噶尔丹后阵妇女老幼、辎重所在，遂建议费扬古出精骑抄袭敌后。费扬古依计而行，噶尔丹部众果然大乱。清军分两路马上反攻，噶尔丹部众力不能支，全线崩溃，“酋长、头目或死或降，噶尔丹仅以身免”[96]。清军则乘夜色急追三十里，斩敌三千级，俘获子女、牛羊、辎重甚多。噶尔丹见大势已去，率领数骑遁走，其精锐丧失殆尽。

五月十八日，康熙皇帝得知昭莫多之战的胜利消息，立即传旨嘉奖西路军将士，同时留费扬古率兵戍边，并负责招降噶尔丹余部，自己则班师回京。康熙皇帝此次亲征，取得了辉煌胜利。

昭莫多之战大败后，噶尔丹势力进一步削弱，原先归附他的部众此时也纷纷脱逃。噶尔丹“困穷已极，糗粮庐帐皆无，四向已无去路，狼狈不堪，目下掘草根为食”[97]。为解决粮食问题，七月噶尔丹令丹济拉率一千五百人抢劫喀尔喀郡王善巴牧地，遭费扬古所率黑龙江兵邀击，大败而回。九月噶尔丹又令丹济拉劫掠清军翁金贮米仓站，与清军祖良璧部相遇，两军激战，丹济拉惨败。自此，噶尔丹再也无力与清军正面交锋，穷蹙已极，不知所往。



噶尔丹处境虽然窘迫，但康熙皇帝深知，只要噶尔丹不死，一有机会，必将东山再起，与清朝政府为敌，西北边患就不会解除。根据昭莫多之战后新的形势，康熙皇帝调整了部署。在东部，因噶尔丹无力侵犯，仅作一般性防御，令黑龙江将军萨布素率黑龙江兵一千驻守科图，余俱撤回；又令大将军费扬古分率萨布素兵五百及一部分蒙古兵往善巴王汛地侦探噶尔丹行迹。同时，康熙皇帝大力加强西北地区力量，并决定二次亲征西北。

康熙皇帝为何如此重视西部地区，对屡败之残敌再启戎行？从当时的形势来看，噶尔丹似乎已成走投无路、坐以待毙的瓮中之鳖。其北是沙俄，在沙俄看来，只有喘息之力的噶尔丹已成不了气候，再不会是自己要挟清朝政府的砝码；而通过中俄《尼布楚条约》，沙俄占地、通商的要求也已达到，自不会收容他，甚至连欺骗之类的安慰话也没有了。其东其南，是清朝的边防军，屡败之后的噶尔丹连碰也不敢碰一下清军。其西，是其政敌策妄阿拉布坦，在噶尔丹东侵喀尔喀时，已尽收其后方基地、妻子、部众而去，自立为汗，并欲擒杀噶尔丹，向康熙皇帝邀功。南疆是回部，过去饱受噶尔丹奴役，昭莫多之战中，清军解放了被噶尔丹囚禁十四年之久的回王阿卜都里什特父子，二人急欲擒杀噶尔丹，回报清朝政府，所以噶尔丹西去之路不通。使得康熙皇帝最放心不下的就是青海蒙古诸部及哈密回部头目额贝杜拉达尔汉白克。

青海蒙古诸部一直依从于西藏喇嘛势力，青海又是噶尔丹交通西藏的必由之路。噶尔丹之所以于乌兰布通之败后还能东山再起，就是由于第巴桑结嘉措的援助，而支援噶尔丹的物资也正是通过青海源源不断地输入的，所以必须切断此路。昭莫多战役之后，康熙皇帝为防止噶尔丹逃奔青海、西藏，已派兵把守额尔古纳、昆都伦、布隆吉尔等必经之地。同时，又于康熙三十五年（1696）八月派理藩院二郎保去青海，向和硕特部诸台吉传达部发印文，告诫他们：如噶尔丹逃来不将其拿获，或抓获而不送，清朝必出兵征讨。但青海诸台吉桀骜不驯，声称遵依达赖喇嘛之言，如此自不会擒拿噶尔丹。哈密回部头目额贝杜拉达尔汉白克先前向噶尔丹纳贡，并多次提供援助，昭莫多之战后，他慑于清朝声威，惧怕康熙皇帝讨伐其罪，乃于九月遣使赴京纳贡归降，并表示协助清军捉拿噶尔丹。康熙皇帝知其并非真心向善。而策妄阿拉布坦于噶尔丹战败后也正崛起西域，并不希望回部倒向清朝政府。所以，康熙皇帝为彻底围困噶尔丹及处理西北各部族之间的微妙关系，防止劲敌再起，决定二次亲赴朔漠。

当然，此次亲征的根本目的还是为了剿除噶尔丹。

康熙三十五年（1696）九月四日，大将军费扬古上奏，八月二十四日在达阑土鲁地方发现噶尔丹踪迹。康熙皇帝即命将军萨布素之兵停止来京，转赴费扬古军前，同时准备再次亲征。为防止大臣劝阻，康熙皇帝事先并不告诉众大臣。起初，他以“往宣化地方行围”的名义率军两千多人自京出发，离京后才陆续增加兵力。在康熙皇帝看来，此行的主要目的是招抚噶尔丹及其属下，只是在有利条件下才实施军事进剿。因此，当康熙皇帝得知噶尔丹在博罗乌纳罕等地过冬、其地距清军汛界只四十日之程时，还急令大将军费扬古不必进兵。康熙皇帝认为，如此时进兵，不仅破坏了招抚计划，同时也只会形成我追敌逃的流动战。而此时正值深秋，如噶尔丹放火烧荒，势必出现比上次西路军征剿更为困难的局面。故康熙皇帝急告费扬古，“不必进兵，至来春青草萌动时，秣马以待，视噶尔丹所往，剿而除之。此际当频遣厄鲁特降人招抚为要”[98]。在招抚中，康熙皇帝采取攻心为上的策略。为此，早在亲征之前，便将陆续来降的暂住张家口厄鲁特蒙古一千五百余人编入上三旗满洲佐领；不愿入旗或迁入内地者也不强留，而是顺从其意，派人送往费扬古军前，各给马一匹遣还原地，并让他们向噶尔丹转达康熙皇帝谕旨，劝噶尔丹归降。对厄鲁特部降人首领也封以高官，丹巴哈什哈、察罕西达尔哈什哈俱授二品，为散秩大臣，梅宰桑、憨都俱授三品官，俄钦为一等侍卫，余俱授职有差。十月七日，康熙皇帝驻跸瑚鲁苏台，又下令将在征剿噶尔丹中俘虏为奴的厄鲁特人男女共三千余人，由国家支帑银，全部赎出，以使其父子、兄弟、夫妇团聚。噶尔丹的部下曼沙受伤被擒，其妻子儿女俱在噶尔丹处，请求回去。康熙皇帝予以应允，并令其与阿旺丹津携敕书同往，谕噶尔丹及其属下人等："尔等妻子、马畜诸物俱已散亡，衣食已尽，势迫无归，况时渐严寒，朕不忍你属下厄鲁特妻子相失，穷困冻饿而死，特遣谕招抚。今重复降敕，尔等若悔前愆，俯首向化，朕一体加恩抚恤，俾各得所，尔部下厄鲁特亦得妻子完聚，咸获生全。朕断不念旧恶……尔等思尚能自存、有能收养尔等之人否？其熟筹之。今已无所归，尔等可速领余众抒诚归顺，朕必令尔等家富身荣，各遂生养。"[99]十月十三日，康熙皇帝到达重镇归化，命一大臣专管厄鲁特部降人之事。噶尔丹手下首领吴尔台扎卜之母和达尔扎哈什哈之妻也被俘，康熙皇帝俱令放回，并特遣专使察哈代一路护送。

对于已同噶尔丹分裂的丹津鄂木布、丹津阿拉布坦各部，则明显与噶尔丹不同，康熙皇帝重在离间他们与噶尔丹的关系。康熙皇帝特命喀尔喀和硕札萨克图亲王策妄扎布的长史马尼图等人携敕书往招，改变了以降人赍送信文的做法，既显示了康熙皇帝招抚的诚意，又使二人觉得受到康熙皇帝特别重视。敕书中称："尔丹津阿拉布坦、丹津鄂木布，前虽附噶尔丹，然皆非倡乱之人。今归降之人，皆云尔等与噶尔丹分析各居，朕嘉尔犹知天道，能自振拔。……敕书一到，着即率尔部落来降，前此依附噶尔丹之咎，朕皆不介意。"[100]为防止二人不降，康熙皇帝还允许二人往投策妄阿拉布坦，但绝不允许二人再有其他选择，否则将派大兵进剿。可见，康熙皇帝对此二人的归顺并不抱多大希望，只是致力于使其彻底摆脱噶尔丹，达到削弱噶尔丹的目的。

康熙皇帝大行招抚，并非放弃武力征剿，他深知噶尔丹不会轻易投降，且此患不除，国无宁日，因而必欲致其死地而后心安。喀尔喀多罗贝勒根敦带青向康熙皇帝表示“愿以擒噶尔丹自效”时，康熙皇帝当即指示：“如擒噶尔丹，不必献俘，即在本处立决。”[101]同时，鉴于噶尔丹局促于库伦伯勒齐尔一带，无粮无室，冬季到来，必将窜至哈密，因命孙思克率所部兵赴肃州，至副都统阿南达处预备，着将军博济于西安兵内未行者选两千名亦赴阿南达处，令其同孙思克一起探听噶尔丹声息，即行剿灭。阿南达依谕令，于西北各路备兵。他设法招抚由青海逃向哈密附近的噶尔丹内弟噶尔丹多尔济，并派人晓谕哈密回人头目额贝杜拉达尔汉白克与噶尔丹多尔济互相配合，不论噶尔丹逃向二者何方，另一方都要出兵相助。又在都尔白儿济、滩纳秦各口布置兵力，探听噶尔丹消息。阿南达亲至肃州，同提督李林隆会商，备绿营兵二千，在额济内、昆都伦等处坐哨探听，李林隆则防守边界。



九月二十二日，噶尔丹果然从库伦伯勒齐尔逃往哈密，康熙皇帝马上向议政大臣宣谕：“今噶尔丹已向哈密前去，当此机会，作速剿灭。”[102]为加强哈密方向兵力，康熙皇帝同大臣商议，调大同前锋兵八百、枪手护军一千前往，以防大军来到之前噶尔丹先行到达，而阿南达兵少不敌。

为便于指挥调度，康熙皇帝由归化城起行，前赴宁夏，十一月五日驻喀林拖会。员外郎二郎保奏称：“阿玉奇台吉发兵一千，以塞尔济扎卜寨领之；策妄阿拉布坦发兵一千，以楚呼郎宰桑领之；额尔克巴图尔亲率兵千许，俱令集于阿尔台吉以内士鲁图地方驻扎，四面设哨，如遇噶尔丹，即执而杀之；如或生擒，即行解送。”这时，濒临绝境的噶尔丹仍旧企图顽抗，并遣其侄丹济拉至清军营中诈降，趁清军麻痹之机，袭掠粮饷。为杜绝类似情况发生，康熙皇帝遣侍郎满丕、郎中桑格往善巴王汛地驻扎，令其经常派人出汛打探消息，“如有声息，即收喀尔喀汛界内，越大将军营安插”[103]。同时拨随征亲兵火器营护军一千、炮手二百四十、前锋二百六十至费扬古军前，严防噶尔丹抢掠喀尔喀诸部，并告诫费扬古：“如有噶尔丹来降之信，若不速撤汛界外喀尔喀，信其降而坐待之，则误大事不浅矣！”[104]以此严防噶尔丹以任何手段获得物资补给。



在清朝政府的军事包围和经济封锁下，噶尔丹走投无路，只得派人请降，以为缓兵之计。十一月二十五日，康熙皇帝于东斯亥召见噶尔丹来使格垒古英，宣谕：“尔还语噶尔丹，令其亲身来降，否则朕必往讨！朕在此地行猎待尔，限七十日内还报，如过此期，朕即进兵矣！”并表示：“粮虽尽，朕必啮雪穷追，断不回师！”[105]与此同时，因噶尔丹已被清军及西北各部族军队合围于一隅之地，死灰复燃已无可能，只待明春出兵征剿。此次亲征，绥服西北各族的目的也已达到，兼以清军粮草已尽，康熙皇帝随即班师回京，二次亲征顺利结束。

二次亲征中，噶尔丹虽遣使乞降，但康熙皇帝并不相信，他说：“噶尔丹乃狡诈叵测之人，其果否来降，未可深信，应仍厉兵秣马，待来岁出师扑剿，务绝根株。”[106]故二次亲征一结束，康熙皇帝即准备再度用兵。

康熙三十六年（1697）春，为全歼敌寇，招徕蒙古，震慑西藏、青海，康熙皇帝第三次亲征漠西。此次出征，康熙皇帝料定噶尔丹穷困已极，不致再度领兵骚扰，因而两次传谕费扬古，不必先行进兵，待他亲到宁夏后再相机征剿。三月下旬，康熙皇帝到达宁夏。这时，闻知康熙皇帝再度亲征，西藏第巴桑结嘉措、青海蒙古各部纷纷上疏请罪。在强大的军事压力下，噶尔丹属下人众亦各离心离德，或纷纷来降，或离噶尔丹而去。噶尔丹内外无依，处境十分孤立，手下不过三百人，每日靠猎杀马驼为食，并处于清军与西北各部的包围之中。利用这一大好形势，康熙皇帝亲自部署两路出兵事宜。一路出嘉峪关，由孙思克、博霁率西安满兵及甘肃绿旗兵两千，带四月口粮，赴布尔吉尔阿南达处，阿南达、李林隆即统此兵前往搜剿。一路出宁夏，由费扬古率喀尔喀蒙古及黑龙江、察哈尔兵，连同各旗蒙古汗、王、贝勒、贝子、公、台吉等情愿效力者，每人各带四月口粮，于郭多里巴尔哈孙之地会合。同时，康熙皇帝再次遣使颁敕，令噶尔丹归降。在进剿噶尔丹事务一一布置就绪后，康熙皇帝料想噶尔丹插翅难逃，不久将会奏凯，而朝中大事繁多，亟待处理，四月七日，康熙皇帝启銮回京。四月十五日，捷报传至行在：三月十三日，噶尔丹至阿察阿穆塔台，因身患重病，力治不愈而死[107]，终年五十四岁。当晚，丹济拉将其遗体火化，携骨灰及噶尔丹之女钟齐海，率三百户来投。康熙皇帝“务期殄灭，穷尽根株”的目的终于实现，平定噶尔丹叛乱取得了最后的胜利。

## 四、怀柔蒙古

康熙皇帝执政期间，面临的国际、国内环境都很严峻。一方面，沙俄殖民主义势力不断东侵，严重威胁着我国北部边疆的安宁；另一方面，厄鲁特蒙古之一部噶尔丹又乘机勾结沙俄叛乱，企图称霸全蒙古。在这种形势下，统一散处于我国北方的蒙古各部就有了特别重要的意义。为了巩固统一、加强蒙古各部与中央政权的联系、遏止沙俄进一步东侵和噶尔丹的分裂活动，康熙皇帝对蒙古各部采取了有效的政治、经济、军事措施，以把蒙古建成戍守祖国北疆的坚强屏障，使之成为较长城更为坚固的防备力量。



在蒙古各部推行盟旗制度，是康熙皇帝吸取前朝经验、加强对蒙古各部的管理、稳定北疆社会秩序的一项重要措施。

盟旗制度的推行，起源于清朝入关前的皇太极时期。皇太极即位后，为在战略上完成对明朝的包围之势，对于蒙古各部，或以武力征服，或以联姻劝降。经过不懈努力，东到吉林、西到贺兰山、南邻长城、北到瀚海的漠南蒙古各部，如科尔沁、翁牛特、郭尔罗斯、杜尔伯特、札赉特和克什克腾等先后归降。为加强对其内部的管理，皇太极将满洲八旗军政合一、兵民合一的组织形式推行到漠南蒙古各部。在内蒙古地区分旗设盟，并设理藩院监督管理，这就是盟旗制度。天聪八年（1634），皇太极派遣大臣赴蒙古地区查看牧地疆界、编审户口；崇德元年（1636）又派大臣前往漠南蒙古“稽户口、编牛录、颁法律、禁奸宄”，以五十家编为一牛录，一牛录之下又设五十名家长，分别造册，呈献朝廷。终天聪、崇德年间，后金政权已在漠南蒙古编置十九旗。每旗从旗下王公贵族中挑选一人，由皇帝任命为札萨克（旗长）。札萨克是世袭罔替的封建领主，又是后金的官吏，代表后金管辖一旗的事务。

为加强对各旗的管理，皇太极还在内蒙古各旗实行会盟制度，在每旗之上设正副盟长各一人。盟不是旗之上的行政机构，盟长不能直接管辖、干预各旗内政，但必须代表理藩院对盟内各旗实行监督。盟长定期召集各旗札萨克聚集到盟所，以“简军实、阅边防、理诉讼、审丁册”[108]。后金政府通过会盟的形式检查各旗执行法令等情况，有效地加强了对蒙古各部的管理，将长期迁徙不时、桀骜难驯的蒙古武力牢牢控制在自己手中。入关后，清朝政府对此政策相沿不变，继续推行。顺治年间，在内蒙古地区又增编了二十四旗，至此，漠南蒙古已达六盟四十三旗[109]。由于盟旗制度对于加强中央对蒙古地区的管理十分有利，因此，康熙皇帝即位后更加奉行不渝，在漠南蒙古地区又增编了五旗[110]，并把这一措施推广到漠北喀尔喀蒙古。

喀尔喀蒙古是元太祖成吉思汗十五世孙达延汗幼子格埒森札·札赉尔珲台吉的后裔，游牧在东起黑龙江呼伦贝尔、西至阿尔泰山、南到瀚海、北到贝加尔湖一带辽阔的土地上。达延汗死后，诸子大都迁入内蒙古，独其幼子格埒森札·札赉尔珲留居故地，号所部为喀尔喀，将其部众析为七旗，“授七子领之”[111]，后形成土谢图汗、札萨克图汗、车臣汗三大部。皇太极在位时，即对其积极加以联络。崇德元年（1636），皇太极遣大臣入喀尔喀，劝其归附。崇德三年

(1638)，喀尔喀三部遣使来朝，朝廷规定其向后金政府呈献“白驼一，白马八”，史称“九白之贡”[112]。同年，赛音诺颜部也遣使来朝[113]，自此，喀尔喀蒙古正式臣属于后金。顺治元年清军入关，控制北疆的力量减弱，车臣汗硕垒乘机诱使内蒙古苏尼特部首领腾机思，于顺治三年（1646）发动叛乱，车臣汗和土谢图汗皆出兵协助。由于清朝政府迅速出兵剿灭，叛乱很快平定。到顺治五年（1648）腾机思向清朝政府请降，车臣汗和土谢图汗也分别上表请罪，清朝政府不念旧恶，允许其再次遣使通贡。顺治十二年（1655），喀尔喀三部及赛音诺颜部均遣子弟来朝，清朝政府为进一步加强对漠北蒙古的管理，即在其地按满洲制度重设八札萨克，分为左右两翼。车臣汗、土谢图汗及赛音诺颜属左翼，札萨克图汗属右翼。自此，喀尔喀蒙古与清朝的关系更加密切。



康熙元年（1662）右翼札萨克图汗所部发生内乱，札萨克图汗旺舒克与其所属罗布藏台吉自相仇杀，旺舒克战败身亡，其兄绰墨尔根自立为汗。因未请示清廷，部众不服，大多投向左翼土谢图汗，从此埋下左右两翼长期不和的种子。康熙皇帝亲政后，面临的就是这样一种形势。因绰墨尔根自立为汗没有经过清朝册封，康熙九年（1670），康熙皇帝下诏废之，由札萨克图汗之弟成衮袭封汗号。成衮袭位后，即向土谢图汗索要本部属民，但土谢图汗却隐匿人丁，拒不归还，随后双方发生冲突。成衮死后，子沙喇继位，与左翼土谢图汗矛盾日深。为此，康熙皇帝曾多次派人进行调解，但因喀尔喀蒙古左、右两翼的矛盾由来已久，土谢图汗与沙喇终至兵戎相见。恰在此时，日渐强大起来的漠西厄鲁特蒙古准噶尔部首领噶尔丹也乘机插手喀尔喀蒙古内部事务，不断向沙喇挑拨离间，阴谋招降右翼，消灭左翼，以侵占喀尔喀牧地。为达目的，噶尔丹不惜与沙俄相勾结。面对这种复杂的形势，康熙皇帝意识到，稳定喀尔喀蒙古、解决两翼纠纷，不仅是安抚蒙古所必需，也是制止噶尔丹与沙俄勾结、防止其在北方进一步扩张的一个关键。因此，康熙皇帝决定，从解决喀尔喀蒙古两翼纠纷入手，在漠北蒙古地区进一步推行盟旗制度，以加强中央对漠北地区的管理。

康熙二十五年（1686），康熙皇帝命理藩院尚书阿喇尼与达赖喇嘛代表噶尔亶西勒图共赴漠北，准备以会盟方式解决喀尔喀蒙古两翼纠纷问题。会盟，是清朝政府在蒙古各部或札萨克之间定期集会，以协调关系、共同商量和解决重大问题的形式。当年八月十六日，阿喇尼召集左右两翼札萨克图汗、土谢图汗及济农、台吉等，于库伦（今蒙古人民共和国首都乌兰巴托市）伯勒齐尔会盟，宣读康熙皇帝谕旨，令其尽释前愆，兄弟、人民各归本札萨克，和谐安居。经过清朝官员的斡旋调停，两翼各汗与台吉均表示遵从康熙皇帝旨意，和睦相处，并在达赖喇嘛代表西勒图及喀尔喀宗教领袖哲布尊丹巴面前共同设誓。此次会盟后，为更加有效地管理蒙古喀尔喀诸部，康熙皇帝将原来的八旗改为十四旗。



但不过一年，此次会盟即因噶尔丹插手喀尔喀事务而宣告失败。康熙二十六年（1687）噶尔丹借口库伦会盟时哲布尊丹巴与西勒图“抗礼踞座”，大为非礼，悍然出兵三万占领札萨克图汗部，唆使沙喇进攻土谢图汗，并令其弟多尔济札布领兵掠夺右翼人畜。土谢图汗亦未禀报朝廷，贸然出兵击杀沙喇和多尔济札布。噶尔丹遂师出有名，于同年率军大举入侵喀尔喀，在特木尔大败土谢图汗后直驱库伦。同时沙俄也与噶尔丹遥相呼应，从乌丁斯克出兵助乱。喀尔喀腹背受敌，处境危险，不仅面临部族纷争的骚扰，还面临沙皇俄国的侵略。为维护国家主权，保护喀尔喀属民，康熙皇帝毅然决定收纳喀尔喀难民，并将其安置在内蒙古的苏尼特、乌珠穆沁、乌喇特等地游牧。



喀尔喀十四旗遭此劫掠，原来的旗众四散离逃，内部秩序混乱；迁入汛界后，又不循法度，与其寄居之地的内蒙古札萨克互相杀掠的事件时有发生。如不定法督察，就会严重影响喀尔喀蒙古与内蒙古的关系；而内蒙古秩序一旦混乱，又会给噶尔丹进一步入侵提供借口。因此，康熙皇帝决定，把内蒙古地区的盟旗制度进一步推广到喀尔喀蒙古。康熙二十八年（1689）康熙皇帝命内蒙古所属科尔沁土谢图亲王沙津、喀尔喀达尔汉亲王诺内、台吉多尔济思札布等率内蒙古各旗所选派的都统、副都统、长史等官员共赴漠北，分三路增设札萨克，收集离散之众，编为旗队，教以法度。在原库伦会盟十四旗的基础上又增置八旗[114]。噶尔丹大举出兵，已使康熙皇帝感到“噶尔丹借端内犯，志不在小”，进行反分裂的民族战争势在必行，而喀尔喀部属长期不和，已给噶尔丹造成可乘之机，长此下去，噶尔丹还会利用这一矛盾大做文章。因此，彻底解决喀尔喀蒙古纠纷、稳定其内部秩序就有了特别重要的意义。为此，康熙皇帝又在喀尔喀蒙古地区举行了一次多伦会盟。



康熙二十九年（1690）清军在乌兰布通大败噶尔丹后，

康熙皇帝派人敕谕噶尔丹，重申喀尔喀蒙古与清朝政府的归属关系，同时决定在多伦诺尔（今内蒙古自治区多伦市）再次举行会盟，由漠南、漠北蒙古共同参加，康熙皇帝亲临主持，以进一步团结蒙古众部，孤立噶尔丹。第二年四月，会盟正式开始。康熙皇帝首先将喀尔喀蒙古的左翼贵族集中于上都（今内蒙古自治区锡林郭勒盟正蓝旗昭苏乃木城）至吐力埂河一带，右翼贵族集中于上都与黑棚交界地方，为进一步消除蒙古各部属之间的摩擦、加强中央集权、重建喀尔喀蒙古封建秩序做准备。

康熙皇帝深知，喀尔喀两翼之间的矛盾关键在于札萨克图汗部贵族与土谢图汗的关系。土谢图汗拒不归还札萨克图汗部属民，在对抗噶尔丹时，又贸然出兵击杀札萨克图汗沙喇，致使两翼之间的矛盾进一步恶化。但土谢图汗率众抗击沙俄侵略，积极对噶尔丹叛军作战，在喀尔喀蒙古腹背受敌、沙俄欲乘机招降喀尔喀难民时，其部宗教首领哲布尊丹巴又首先率众南迁，归服清朝。相比之下，土谢图汗之功远远大于其过。因此，康熙皇帝决定采取恩威并施的策略。



四月三十日，康熙皇帝率领上三旗和古北口绿营兵及下五旗军队到达多伦后，即命土谢图汗与哲布尊丹巴为擅自出兵击杀札萨克图汗具疏请罪。五月初三日，康熙皇帝召见蒙古各贵族，并让土谢图汗和哲布尊丹巴将其大过自行陈奏，以化解札萨克图汗部贵族心中的不满，然后指出：土谢图汗虽有擅自出兵之过，但其能积极抵御沙俄入侵，哲布尊丹巴又能率众来归，故朕不忍治罪，遂命各部贵族对土谢图汗之罪进行商议。各部贵族看到皇帝如此重视，又首先化解了札萨克图汗部贵族的怨气，皆称加彼之罪，于我等无光，一致要求赦免土谢图汗。康熙皇帝遂将已故札萨克图汗之弟策妄札布袭封汗号，又赦免了土谢图汗。然后，康熙皇帝又以赐宴的形式再次召见蒙古王公。宴会上，喀尔喀蒙古各部请求清朝政府按照内蒙古的制度统一管理喀尔喀诸部。康熙皇帝遂命原理藩院尚书阿喇尼等往喀尔喀蒙古分编佐领，拨给游牧地方，在原二十二旗基础上又增编十二旗，至此，喀尔喀蒙古已达三十四旗。康熙皇帝在喀尔喀蒙古增编札萨克的同时，还宣布废除济农、诺颜等称号，除车臣汗、土谢图汗仍留汗号外，其他一律改为清朝爵位。策妄札布封和硕亲王[115]，其余贵族依次授予郡王、贝勒、贝子、公、台吉等品级。会盟之后，康熙皇帝又命阿喇尼等人处理善后事务。噶尔丹势力被消灭后，喀尔喀蒙古回到漠北故土，康熙皇帝据其贵族战功及在战争中支援清朝政府牛马羊等情况，于康熙四十年（1701）又在喀尔喀增置二十旗。至康熙末年时，喀尔喀蒙古已达六十九旗。

康熙皇帝在把盟旗制度推广到喀尔喀蒙古的同时，还不断加以完善。除由中央任命旗长、定期举行会盟之外，还不断完善各札萨克的职责，以确保中央政府的有效管理。

盟旗制度的基础是旗。旗长蒙语名为札萨克，由清朝政府任命，为世袭制。但清朝皇帝也可以不按原来的序次，在同族中选择忠于皇室、军功大、能力高、体质强者予以特别任命。旗长之下设立协理台吉、管旗章京、梅楞章京、参领、佐领、骁骑校、领催、什长（十家长）等八级官员，负责管理旗内各种事务。为加强对各旗贵族的管理，康熙皇帝特于康熙四十四年（1705）在札萨克之下另设族长、副族长各一人，以纠察违法、酗酒、行凶等事。正副族长之下，每百户台吉设大台吉一人、台吉昆都（骁骑校）一人、台吉拨什库（领催）二人、笔帖式一人。其职责为管理贵族，防止利用职权做违法之事。

此外，康熙皇帝还进一步完善各札萨克的职责。其一是比丁（核定人口），这是清朝政府在蒙古地区编定佐领，抽调兵员进行作战、应差的基础，故康熙皇帝非常重视，特于康熙十三年（1674）规定：蒙古各札萨克三年编审一次，隐匿之丁要造入丁册；隐至十丁，要将管旗之贵族、管旗章京、副章京、参领佐领、骁骑校依次罚俸三月、牲畜若干，领催及什长各鞭八十。康熙末年，喀尔喀蒙古全部编旗后，又规定喀尔喀蒙古亦三年比丁一次，届期由理藩院召集各部盟长，下达皇帝旨意，盟长回去后颁给每旗预印空白册档一本，令其将三年内裁、添人丁记载详细，上报理藩院。通过编审人丁，清朝政府有效地控制了蒙古各部的武装力量，成为清朝政府戍守边疆的军事基础。其二是从征，也是清朝中央政府控制蒙古各部武装力量的一项重要措施。因蒙古铁骑骠勇骄悍，是满洲八旗军的重要帮手，因此，康熙皇帝特别加强了中央征调蒙古铁骑从征的权力。一有战事，各旗札萨克必须督率全旗贵族踊跃参加，不得逃避，否则王、贝勒、贝子、公、台吉依次受罚。康熙十三年（1674）又规定：战争交锋时，一旗力战，他旗败遁，要将败遁之旗贵族各抽出一佐领，分给力战之旗；他旗皆战，一旗败遁，败遁之旗的贵族们要革去爵秩，废为庶人，全部佐领、丁口给力战之王；如一旗之内一半攻战，一半败遁，败遁之贵族亦革去爵秩，废为庶人，佐领、人丁尽给予力战之人等等。两年后又规定：奉差出兵，札萨克不将全旗人带往者，即以军法论处。其三是严守旗界。这也是维护蒙古各部秩序、保持清朝边界安宁的一项重要措施。早在皇太极天聪年间，清朝政府就规定，蒙古贵族必须严守旗界，如果越界驻牧，要罚马一百匹、驼十匹。康熙皇帝即位后，严格遵循皇太极这一遗策，在噶尔丹进攻喀尔喀之前，屡次敕谕喀尔喀蒙古车臣汗与土谢图汗，与内蒙古游牧地以噶尔拜瀚海为界，不得越界游牧。如本旗确无草，欲移往邻旗者，则必须提前呈报理藩院，由理藩院委派官员前去踏勘核实，方准实行。康熙皇帝通过这些措施，有效地加强了对蒙古各旗札萨克的管理，对稳定蒙古的社会秩序、加强中央对蒙古各部的控制起到了积极的作用。

会盟是盟旗制度的另一项重要内容。康熙皇帝在位时，会盟的时间间隔分为两个阶段：康熙四十年（1701）以前为三年会盟一次；康熙四十年以后，因噶尔丹叛乱平息，外藩事务甚少，改为五年一次。康熙皇帝通过会盟的方式，调解蒙古各部纠纷，加强中央对蒙古各部的管理。最著名的便是康熙三十年（1691）的多伦会盟。此次会盟中，康熙皇帝通过议罪、免罪的过程，既保护了抗敌有功的土谢图汗兄弟，又平息了札萨克图汗部贵族的不满，结束了蒙古各部长期不和的混乱局面，在喀尔喀蒙古重建封建秩序，对我国北部边疆的安定起了重要作用。

随着噶尔丹叛乱的平定，康熙皇帝对漠西厄鲁特蒙古的管辖也有所加强。对于噶尔丹部下直属归降者，康熙皇帝将其安插在张家口外，编入察哈尔旗分佐领，对其中重要人物授以官爵；对于受噶尔丹诱迫一度为噶尔丹控制的部落，则仿照内外蒙古制度，在原地分旗编队，加强管理。另外，对在反噶尔丹战争中强大起来的策妄阿拉布坦，则仍允许他继续与清朝政府保持朝贡关系。

总之，康熙皇帝对蒙古各部推行盟旗制度，有效地加强了中央对蒙古部落的控制，密切了蒙古贵族和中央政府的关系，稳定了蒙古各部的封建秩序，体现了康熙皇帝以“蒙古部落为屏藩”的思想。

在推行盟旗制度以加强对蒙古各部控制的同时，康熙皇帝还继续奉行清初以来各帝尊崇黄教的政策，从宗教上加强中央政府和蒙古各部人民的联系。黄教为佛教之一支，明朝初年由西藏地区僧人宗喀巴所创，提倡苦行，严守戒律，自服黄衣黄冠，因而人们名之为黄教。黄教兴起后即在西藏地区广泛流传。明万历六年（1578），达赖三世索南嘉措和漠南蒙古土默特部的俺答汗在青海湖东面的仰华寺会面，达赖三世向十余万人讲经传法，此后，黄教在内蒙古兴盛起来。明万历十五年（1587）控制喀尔喀左翼的阿巴岱噶勒照台吉到归化拜见三世达赖，索南嘉措给阿巴岱上“汗”号，阿巴岱回到喀尔喀后即尊崇并推广黄教，到明末，黄教势力已深入漠南和厄鲁特蒙古地区，深得蒙古各部贵族的信仰。清初，为了联络蒙古各部，皇太极即表示要尊奉达赖，信仰黄教。入关后，顺治皇帝还隆重接待了到北京朝见的五世达赖，并特封其为“西天大善自在佛领天下释教普通瓦赤喇怛喇达赖喇嘛”，授以金册金印，进一步奠定了黄教在蒙古和西藏地区的统治地位。康熙皇帝即位后，为了加强中央政府对蒙古地区的控制，一方面继续发展黄教，以表示尊重蒙古人民的宗教感情；另一方面，鉴于西藏第巴桑结嘉措假借达赖五世名义支持噶尔丹叛乱、扰乱喀尔喀蒙古事务的状况，又积极扶助蒙古地区的黄教首领哲布尊丹巴呼图克图和章嘉呼图克图，以削弱达赖喇嘛和第巴桑结嘉措对蒙古地区的控制和影响，使蒙古各部紧紧团结在清朝中央政府的周围。

哲布尊丹巴，喀尔喀蒙古的宗教首领，土谢图汗之弟，顺治六年（1649）改宗黄教。政治上，他坚决拥护清朝中央政府，并与清朝政府一直保持密切关系。长期以来，黄教的惟一中心在拉萨，哲布尊丹巴虽已改宗黄教，但其地位远不及达赖喇嘛派出的代表。因此，当清朝政府为解决喀尔喀蒙古两翼纠纷，在库伦伯勒齐尔会盟，哲布尊丹巴与达赖喇嘛代表西勒图平起平坐时，即被噶尔丹视为“非礼”，并以此为借口大举入侵喀尔喀，同时，沙俄又乘机招降喀尔喀难民。在这关键时刻，哲布尊丹巴毅然率部南下，投奔清朝，他向部众指出：“俄罗斯素不奉佛，俗尚不同我辈，异言异服，殊非久安之计。莫若全部内迁，投诚大皇帝（康熙皇帝），可邀万年之福。”[116]再次表明了他忠于清朝的政治主张。

噶尔丹入侵和第巴桑结嘉措假借达赖之名暗中支持叛乱，使康熙皇帝意识到，达赖的势力已严重危及到清朝中央政权，如不加以削弱，势必会影响清朝政府的统治，因此，在喀尔喀蒙古地区发展黄教、扶持忠于清朝政府的哲布尊丹巴的势力就成为当务之急。康熙三十年（1691）为彻底解决喀尔喀蒙古内部纠纷，清朝政府又举行了多伦会盟，康熙皇帝特封哲布尊丹巴为大喇嘛，令其掌管漠北黄教事务。这既迎合了喀尔喀蒙古信奉黄教的心理习惯，又在拉萨之外形成一个宗教中心。会盟期间，应蒙古贵族“愿建寺以彰盛典”之请，康熙皇帝决定在多伦兴建汇宗寺，由哲布尊丹巴主持宗教事务。在康熙皇帝的感召下，哲布尊丹巴与清朝政府的联系也日益加强，在他回到漠北之前，也就是从康熙三十年到三十四年（1691—1695），哲布尊丹巴每年秋天都要率领蒙古各部贵族到木兰围场朝见康熙皇帝，康熙皇帝也每隔一二年就到蒙古各部巡游一次，以进一步加强中央政府与蒙古各部的联系。后喀尔喀蒙古返回漠北，康熙皇帝又命拨白银十万两兴建库伦庆宁寺，使其成为漠北的黄教中心，哲布尊丹巴的声望也因此日益提高，成为一支独立的活佛转世系统。



章嘉呼图克图，名俄旺曲丹，生于明崇祯十五年（1642），卒于康熙五十三年（1714），为达赖五世的高足。康熙二十七年（1688）章嘉因对第巴桑结嘉措专权西藏不满，离开拉萨返回青海，康熙皇帝慕其学识渊博，特将其迎至京师，居于松竹寺（嵩祝寺）。次年桑结嘉措隐匿达赖五世丧事败露后，康熙皇帝更增强了削弱西藏达赖势力的决心。为进一步限制桑结嘉措及其拥立达赖六世的影响，加强中央政府对漠南蒙古黄教势力的控制，康熙三十六年（1697）康熙皇帝特命章嘉呼图克图移居多伦汇宗寺；康熙四十年（1701）又封其为“灌顶普善广慈大国师”，令其总管内蒙、京师、盛京、热河、甘肃及五台山等地的黄教寺院。从此漠南蒙古也有了自己的活佛转世系统。康熙皇帝在漠南、漠北地区发展黄教势力，建立哲布尊丹巴呼图克图和章嘉呼图克图两大活佛系统，使清中央政府对蒙古各部的宗教控制大大加强。

在分别采取政治和宗教措施以加强中央政权与蒙古各部联系的同时，为了经营和开发北疆，康熙皇帝还十分注意发展生产，关心蒙古人民生计，以推动蒙古地区的经济发展，增强蒙古各部对中央政权的向心力，亦即康熙皇帝所说："形胜固难凭，在德不在险。"[117]

其一是赈济蒙古，安抚人心。蒙古各部属于游牧经济，平时没有积储，一旦遇有天灾，各部生计就会遇到严重困难，人心自然也会不稳。因此，为安抚人心，每遇蒙古各部遭灾，康熙皇帝必大力赈济，使之确无饥寒之虞。如对内蒙古地区，康熙皇帝就多次加以赈济：康熙十年（1671）命将归化城、宣府城的仓粟和礼部太仆寺的马匹牛羊分别救济苏尼特部及四子部；康熙二十年（1681）苏尼特部再次遭灾，康熙皇帝命将其安置于察哈尔牧地，并发放北京仓米二十万石前往救济；康熙二十四年（1685）浩齐特部遭灾，民人多以荒野草根为食，康熙皇帝命发放储粟一千石前往救济；康熙二十七年（1688）内蒙古大旱，草原一片枯黄，牲畜羸弱倒毙，康熙皇帝下令调集喜峰口、古北口、杀虎口、张家口、独石口的储粮，分四路前往救济各旗牧民。对喀尔喀蒙古，康熙皇帝也采取有力措施多次加以赈济。康熙二十七年（1688），喀尔喀蒙古遭受噶尔丹入侵，全部内迁，其部属遭此变化，衣食无靠。康熙皇帝迅速采取措施，救济土谢图汗部众二万余人；次年，又有二万余人陆续到达内蒙古牧地，康熙皇帝同样加以赈济；康熙二十九年（1690）土谢图汗、车臣汗、哲布尊丹巴分别以乏食请赈，康熙皇帝命发放十万石，按人口给予赈济。同时，为了孤立噶尔丹，康熙三十五年（1696）康熙皇帝命从甘肃藩库内拨银千两，赐予受噶尔丹压迫的和硕特部噶尔丹多尔济；对噶尔丹的部众，康熙皇帝也曾拨白银千两救济，对分化瓦解噶尔丹分裂势力起了重要作用。总之，康熙皇帝在位期间，共赈济蒙古四十余次，所有这些，既保护了生产力，增强了蒙古各部对中央政府的向心力，也对稳定边防、安抚人心产生了很大作用。

其二是整顿秩序，发展农业。在消极赈济的同时，为彻底解决蒙古人民生计问题，康熙皇帝还采取措施积极发展农业生产。针对蒙古各部皆是游牧经济，流动性大，兼之噶尔丹入侵之后社会混乱的情况，康熙皇帝首先大力整顿社会秩序，严惩盗贼，规定：如有偷盗马匹或窝藏盗马贼犯调查属实者，均予正法或没身为奴，以示惩戒。另外，还派人告诫蒙古各部贵族减轻剥削，改变杀鸡取卵、竭泽而渔的残暴政策，以缓和阶级矛盾。与此同时，康熙皇帝看到敖汉、奈曼等地区土地肥沃，利于发展农业生产，特于康熙三十七年(1698)，从塞上江南宁夏地区调遣农民来塞外教蒙古各部耕种，改变当地单一的游牧经济，以扩大当地人民的生计来源。在他的关心和支持下，蒙古人民渐习稼穑；同时，不少内地无地之人也前来边疆租种土地。这样，经过汉、满、蒙、回各族人民的共同努力，原来荒沙遍地的不毛之地变成人烟辐辏的农场，蒙古各部的农业生产大为发展。经过康熙皇帝的尽心经营，北疆的农业单位面积产量大为提高，有些地区甚至高于内地。土地的开垦促进了农业的发展，初步解决了当地人民的温饱问题，同时也扩大了边疆地区的粮食储存，对当地经济的发展和北部边防的巩固都有着重大意义。

发展生产、繁荣经济之外，康熙皇帝还设立牧场、训练骑兵，以加强蒙古地区的防御力量。蒙古各部骑兵一向是满洲八旗兵的重要帮手，康熙皇帝要使蒙古各部成为戍守边关的天然屏障，必须训练一支骠勇强悍的蒙古骑兵以及可以用来调动作战的大批战马，因此，设立牧场、训练骑兵成为巩固边防的一项重要措施。终康熙一朝，在蒙古各部设立的牧场共达十几个，为喂养马匹、训练骑兵提供了广阔场地，在巩固边防、繁荣草原畜牧业经济上都发挥了重大作用。首先，为平息噶尔丹分裂势力叛乱提供了大批战马。如昭莫多战役时，需用马匹数量约在十万匹以上，如没有广阔的牧场和大量牧群作为后援，绝不可能取得昭莫多战役的彻底胜利。另外，康熙皇帝还把牧场经营的马、牛、羊群赏赐或借贷给蒙古王公，一方面发展了蒙古各部的畜牧业经济，另一方面对于蒙古王公贵族起到了笼络作用，使他们与清朝中央政府的联系更加紧密。如康熙三十九年（1700），康熙皇帝赐给翁牛特部杜棱郡王良马八百匹，以资生息；次年六月，康熙皇帝北巡至大兴安岭、喀尔喀河一带，又决定从太仆寺马场贷马给蒙古贵族，每名台吉补足十匹，帮助其发展畜牧业生产。总之，康熙皇帝的这些措施，对于巩固边防和发展当地经济都发挥了重要作用。

在康熙皇帝怀柔蒙古的各项措施中，特别值得称道的是他所推行的满蒙联姻政策。

满蒙通婚，是有清一代奉行不移的基本国策，也是清朝政府利用姻亲关系加强对蒙古各部政治控制的一种得力手段。

它初始于后金政权的建立者努尔哈赤。当时，新兴的后金政权与明朝争夺天下，处于明与后金之间的漠南蒙古诸部成为双方争夺的焦点。因此，清太祖努尔哈赤首先于万历四十年（1612）聘漠南蒙古科尔沁部明安之女为妃，后其子代善、皇太极等也先后娶蒙古部落之女为妃，开创了满洲贵族与蒙古王公通婚之先例。天命二年（1617）以后，努尔哈赤开始以满洲贵族之女下嫁八旗内蒙古各部酋长，以进一步笼络蒙古贵族，加强对他们的控制。努尔哈赤死后，皇太极继位，为争取漠南蒙古对后金政权的支持，进一步发展其父创立的满蒙联姻制度。其中，以和科尔沁部蒙古通婚尤为密切，皇太极本人的两位皇后和一位妃子都娶自于科尔沁部，而且在天聪年间，皇太极的兄弟、子侄所娶蒙古女子七人，就有五人来自科尔沁部。因此，科尔沁部成为内札萨克二十四部之首，“每遇征伐，必以兵从之”[118]，与清王朝结成了“与国休戚”的亲密关系。同时，他还把通婚范围扩大到广大的“外藩蒙古”。天聪元年（1627），漠南蒙古敖汉、奈曼等部来归，皇太极予以热烈欢迎，并于天聪三年（1629）以哈达公主下嫁敖汉部酋长索诺木杜棱；天聪七年（1633）又以长女固伦公主下嫁索诺木杜棱之义子班第；崇德四年（1639），苏尼特部来归，次年，皇太极便以郡主下嫁该部酋长。另外，对于曾与自己作对的察哈尔部林丹汗，皇太极在其败亡之后，对其部落也采取了联姻怀柔的手段。天聪九年（1635），皇太极率兵攻打林丹汗，林丹汗败走青海，出痘而亡，其子额哲及其所属一千余户被俘，向皇太极献上传国玉玺。皇太极极力安抚，并将次女许配给他，有力地推动了漠南蒙古全部臣服。

经过皇太极的努力经营，漠南蒙古各部成为后金政权与明王朝争夺政权的重要依靠力量，为满洲贵族入关、统一全国打下了一个坚实的基础。

康熙皇帝即位后，为了经营北疆，继续奉行满蒙联姻政策。为此，他先后将两位科尔沁贵族之女纳入宫中为妃，同时又将自己的四名公主——皇三女固伦荣宪公主、皇五女和硕端静公主、皇十三女和硕温恪公主、皇十五女和硕敦恪公主，一名侄女——恭亲王常宁之女（封固伦纯禧公主）和若干名孙女以及宗室的女儿，陆续嫁到内蒙古草原。不仅如此，针对当时喀尔喀各部内附的新局面，他还将联姻范围扩大到喀尔喀蒙古和厄鲁特蒙古，从而与蒙古各部的王公贵族都建立了不同程度的姻亲关系，使蒙古各部进一步成为清朝政府“结以亲谊，托诸心腹”的依靠力量。

喀尔喀蒙古是遏制沙俄南侵、进取天山南北的战略要地。康熙皇帝为确保漠北、屏蔽漠南，首先注重结好势力雄厚的土谢图汗部。康熙三十六年（1697）康熙皇帝将皇六女和硕恪靖公主下嫁土谢图汗部札萨克多罗郡王敦多布多尔济，并授其为和硕额驸，后又晋升为和硕亲王。康熙五十五年（1716），又将郡主嫁给敦多布多尔济长子根札布多尔济，并授予和硕额驸。此后，康熙皇帝又将孙女、和硕怡亲王允祥之女和硕和惠公主下嫁给土谢图汗察珲多尔济之弟巴图尔珲台吉之孙多尔济色布腾。通过一系列联姻活动，土谢图汗部被牢固地控制在清朝政府手中。对手赛音诺颜部，康熙皇帝亦大加抚绥，赐其部酋长善巴的堂弟策棱、恭格喇布坦兄弟长居京师，在内廷教养，并授策棱为三等轻车都尉。康熙四十五年（1706）又将皇十女和硕纯悫公主嫁与策棱，恭格喇布坦也娶了郡主为妻，同授和硕额驸。对于与准噶尔相邻的札萨克图汗部，康熙皇帝也采取了联姻怀柔的政策，多伦会盟时，即封原札萨克图汗沙喇之弟策妄札布为和硕亲王。康熙四十年（1701）康熙皇帝出巡喀尔喀蒙古东部时，又命策妄札布袭封汗号，赐以牧地，并将县主许配给他，授其为多罗额驸，后又晋升为和硕额驸。

平定噶尔丹叛乱后，康熙皇帝把满蒙联姻的目标进一步推向漠西蒙古。早在康熙六年（1667）厄鲁特蒙古之一部和硕特部即与清朝建立了姻亲关系。当时，顾实汗之弟色棱哈坦巴图尔之孙伊思丹津被众兄弟所逼，只身赴京，清朝政府下诏封其为多罗贝勒，并许其娶县主为妻，授以多罗额驸，并赐其田产、仆属，隶属于内蒙古正白旗。伊思丹津所起作用虽然不大，但显示出清朝政府怀柔西北的决心。噶尔丹叛乱平定后，康熙皇帝进一步怀柔厄鲁特蒙古。当时，准噶尔部在策妄阿拉布坦率领下日趋强大。康熙二十七年（1688）乘噶尔丹攻伐喀尔喀之机返回伊犁，收揽部众，发展经济，经过十多年经营，部众繁盛，势力渐强，策妄阿拉布坦也因此野心膨胀，越来越不愿接受中央政府的命令。为了对付日益强大起来的策妄阿拉布坦，清朝政府必须进一步招徕漠西蒙古各部。阿拉善蒙古是和硕特蒙古的一支，游牧在通向西北的交通要道河西走廊一带，制约着青海、西藏和天山北路，地理位置非常重要。康熙四十三年（1704）康熙皇帝命将郡主下嫁阿拉善蒙古札萨克和罗理（号巴图尔额尔克济农）第三子阿宝，并授阿宝以和硕额驸，在京师赐以宅第，命为御前行走[119]。为应对策妄阿拉布坦的影响和安抚已经归附的准噶尔部众，康熙皇帝还命将宗室之女嫁给准噶尔贵族。噶尔丹之子色腾巴尔珠尔被俘时才十四岁，康熙皇帝没有杀他，授为一等侍卫，康熙四十五年（1706）将阿达哈哈番觉罗长泰之女，照镇国公女例，授为乡君，嫁与色腾巴尔珠尔为妻，并封色腾巴尔珠尔为镇国公婿。噶尔丹侄孙丹津阿拉布坦率部投降清朝后，康熙皇帝封其为多罗郡王，并将皇室之女嫁与其子策零妄布和色布腾札布，封他们为和硕额驸。康熙皇帝在漠北与漠西推行联姻制度，进一步团结了蒙古各部的王公贵族，使他们对清朝政府产生了很大的向心力，对稳定北部边防和西北边疆都产生了重大的影响。



为加强内地与蒙古各部的联系，增强蒙古各部的边防力量，康熙皇帝还在蒙古地区各部设立邮政、驿站、军台。康熙三十一年（1692）清朝政府在乌兰布通战役胜利后，为加强对内蒙古各旗的控制，推进平定噶尔丹叛乱，康熙皇帝特命内大臣阿尔迪、理藩院尚书班迪等赴内蒙古勘测地点，设立驿站。阿尔迪建议在喜峰口外设十五站，古北口外设六站，独石口外设六站，张家口外设八站，杀虎口外设十二站，每站配置兵丁五十名，酌量给予马匹牛羊。康熙皇帝斟酌后决定先设科尔沁、鄂尔多斯两路，后各路驿站也逐步完善。终康熙一朝，在内蒙古地区共设驿站五路：喜峰口驿路、古北口驿路、独石口驿路、张家口驿路和杀虎口驿路。康熙皇帝还在这些驿路上设置军台，以增强边防力量。自喜峰口至札赉特设置军台十六座，自古北口至乌珠木设九座，自独石口至浩齐忒设六座，自张家口至四子部落设五座，自杀虎口至乌喇忒设九座。另外，从归化城至鄂尔多斯亦设立八座军台。对外蒙地区，康熙皇帝在昭莫多战役之前，即命西路大军自杀虎口外设驿站六十处，中路自京师至独石口设驿站四处，独石口外设驿站六十处。两路迤逦而北，直抵赛音诺颜部。大败噶尔丹之后，喀尔喀返回漠北，这些军用临时驿站即改为常设驿站。这些驿站、军台的设立，有效地加强了清朝中央政府对蒙古各部的控制与联系，对蒙古各部边防力量的加强也是一个有力的促进。



康熙末年，漠西厄鲁特蒙古之一部准噶尔在策妄阿拉布坦统率之下又趋强大。康熙五十四年（1715），策妄阿拉布坦进攻哈密，清朝政府与准噶尔战争再度爆发。次年，策妄阿拉布坦又乘西藏内部纷争之机，以护送拉藏汗之子噶尔丹丹衷夫妇（即策妄阿拉布坦之女婿、女儿）回藏为名，率兵六千绕过戈壁，经西藏西北边隘阿里侵入西藏。为了击败策妄阿拉布坦的分裂活动，确保平定准噶尔战争中军情能够快捷传递，康熙皇帝下令在天山南北两路建立军台、驿站，北线经蒙古到达京师，南线经哈密抵达甘肃。康熙五十四年，清军进攻巴里坤，康熙皇帝即命甘肃巡抚绰奇从所属州县调取人马，安设嘉峪关至巴里坤站台；同年，又在阿尔泰地区设立站台七十余座。康熙五十七年（1718）闰八月，康熙皇帝命将军傅尔丹在科布多、乌兰固木筑城围田，设立驿站。这些驿站的设立，为清朝政府彻底解决准噶尔问题奠定了坚实的基础。

除设立驿站外，康熙皇帝还规定了巡边制度，每年春秋两季由领队大臣按一定路线在西北地区巡查边境哨所。为了蒙古地区的安宁，康熙皇帝下令在内蒙古四十九旗之地安设哨所，派兵把守，在喀尔喀所属之地也安设“斥堠”，每年还派大臣两次巡查边境哨所情况，进一步加强清朝中央政府对蒙古各部的管辖。总之，康熙皇帝对北方蒙古诸部，因其教而不改其俗，齐其政而不易其宜，加强了对大漠南北及青海蒙古的管辖与治理，密切了蒙古与清朝政府的关系，实现了康熙皇帝主张的“本朝不设边防，以蒙古部落为屏藩”的政治设想。

在康熙皇帝怀柔蒙古的诸项措施中，木兰秋狝和巡幸避暑山庄也都发挥了重要的作用。木兰围场设立于康熙二十一年（1682），地点在内蒙古昭乌达盟、卓索图盟、锡林郭勒盟与察哈尔蒙古东四旗接壤处，东西三百里，南北近三百里，方圆面积达一万多平方公里。由于木兰围场位于内蒙古的中心地带，北控蒙古，南拱京师，战略地位非常重要，又是清代前期北京通往内蒙古、喀尔喀蒙古、东北黑龙江以及尼布楚城的重要通道，因此，康熙皇帝几乎每年都到这里行围射猎，一则训练八旗子弟骁勇善战的能力；二则利用秋狝时蒙古各部贵族扈从围猎之机，接见蒙古各部上层人物，密切清朝政府与蒙古各部的联系，增进团结，使蒙古王公“畏威怀德”，以达到充备边防、巩固基业的目的。

秋狝的规模很大。从康熙二十二年（1683）开始，康熙皇帝每年派骑兵一万二千人分三班赴口外行围，届时各部官员均须参加，蒙古各部包括青海蒙古、喀尔喀蒙古、内蒙古四十九旗王公贵族、察哈尔八旗蒙古王公官员也都随驾扈从。另外，内蒙古喀喇沁、科尔沁、翁牛特、巴林、克什克腾、敖汉等旗每年还派一千二百名骑兵和百名向导及随围枪手、打鹿枪手、长枪手约三百人协同行围。行围是严格的军事训练，每期二十天左右。在此期间，每天黎明出营，列队形成一个大包围圈，由皇帝、皇太子首先射猎；事毕，将围猎圈缩小，此时皇帝驻马观围，由满蒙王公和各部落射手尽显其能。一日行围结束后，根据猎获情况，论功行赏，然后点起篝火，举行野餐。行围期满时，还要举行盛大的庆功和告别宴会。全过程如行军、出哨、布围、合围、射猎、罢围、驻跸、安营等程序，康熙皇帝都做出严格的规定，违犯者绳之军法，对于队形不整齐、追杀不勇敢者也要严加惩处。目的是要保持满族骁勇善战的本色，使八旗子弟消除骄奢颓废的恶习，增加八旗士兵的作战能力。

一年一度的木兰秋狝还是康熙皇帝加强与蒙古各部王公贵族联系的重要手段。康熙皇帝为加强对蒙古各部的管理、巩固北部边防，必须定期与蒙古各部王公接触，以深入了解情况，增进联系。但蒙古诸部多居于高寒地带，多数人未出痘，到内地之后，往往因为天热，突然出痘死亡，因此，蒙古王公多以入塞为惧。为此，清朝政府规定了蒙古王公定期朝见的“年班”和“围班”制度。凡已出痘的蒙古王公，有免疫能力，每年年末轮流进京朝见皇帝，是为“年班”；没出过痘，没有免疫能力的蒙古王公，则在塞外轮流陪同皇帝打猎，是为“围班”。因此，康熙皇帝每年都在木兰秋狝时接见蒙古王公，对此，蒙古诸部甚为感激。围猎期间，蒙古贵族分班扈猎，星罗景从。秋狝大典结束时，康熙皇帝还特意宴请蒙古王公，赏给大批绫罗茶布、金银瓷器等。康熙皇帝通过这些活动，既展示了清朝的武力，又密切了与蒙古王公之间的感情，对安抚蒙古、巩固边防起了很大作用。

避暑山庄的建立与木兰秋狝有直接的关系。每年一次的秋狝，规模盛大，成千上万的军马长途行军，中途停歇时，需要有固定的储存物资的住所。因此，从康熙四十一年（1702）开始，康熙皇帝便在北京至木兰围场途中建立行宫，热河行宫就是其中之一，康熙皇帝亲笔为其题名为“避暑山庄”。避暑山庄包括宫殿区和苑景区两大部分，总面积为五百六十四万平方米，至康熙四十七年（1708）初步建成，乾隆皇帝时期又进行了大规模的改造和扩建，最后完工。

避暑山庄不仅是康熙皇帝在木兰秋狝时所住的行宫，同时又是康熙皇帝处理民族事务、加强北部边防的政治中心。康熙皇帝除在“围班”时接见蒙古贵族外，还在行宫接见蒙古各部官员。随着蒙古各部相继来归，觐见者日益增多，康熙皇帝每年都要在避暑山庄停留数月甚至半年时间，在口外处理各种民族事务，从而使其成为清朝政府的第二个政治中心。为团结外蒙古，康熙皇帝还在修建热河行宫的同时，在其外围建造了外八庙。这些庙宇绝大多数是清王朝在解决北部、西北部边疆和西藏问题的过程中，供前来承德朝见皇帝的各少数民族贵族王公观瞻、居住而建造的，因此具有强烈的民族色彩。如康熙五十二年（1713）各蒙古王公贵族来承德庆祝康熙皇帝六十大寿，要求修建寺庙。康熙皇帝即命按蒙古式样修建了溥仁寺和溥善寺。后乾隆皇帝体会其祖父意图，分别按西藏寺庙式样和维吾尔族建筑式样又陆续修建了九座寺庙。外八庙很容易让人想起蒙古、新疆和西藏，各族上层人士到承德之后，自然产生一种亲切感。因此，避暑山庄的建立，对于康熙皇帝怀柔蒙古也发挥了重要的作用。

---

1 王先谦:《东华录》顺治朝卷三十四。

2 江日升:《台湾外记》卷五。

3 魏源:《圣武记》卷八《康熙勘定台湾记》。

4 邵廷采:《东南纪事》卷十二《郑成功》(下)。

5 江日升:《台湾外记》卷五。

6 《清圣祖实录》卷十二。

7 《敕谕明珠、蔡毓荣等》。选自厦门大学台湾研究所等:《康熙统一台湾档案史料选辑》。

8 江日升:《台湾外记》卷八。

9 全祖望:《鲒埼亭集》卷十五《会稽姚公神道碑铭》。

10 《吏部尚书吴达礼等题残本》，选自《明清史料》丁编第三本。

11 《清圣祖实录》卷八十三。

12 江日升:《台湾外记》卷八。

13 江日升:《台湾外记》卷八。

14 江日升:《台湾外记》卷八。

15 江日升:《台湾外记》卷八。

16 江日升:《台湾外记》卷八。

17 《清圣祖实录》卷九十一。

18 江日升:《台湾外记》卷八。

19 《清圣祖实录》卷一百零五。

20 《清圣祖实录》卷九十六。

21 李光地:《榕村全集》卷十三《吴将军行间纪遇后序》。

22 以上均见《施琅题为尽陈台湾剿抚可平机宜事本》。选自厦门大学台湾研究所等:《康熙统一台湾档案史料选辑》。

23 施琅:《靖海纪事》卷上《襄壮公传》。

24 《清圣祖实录》卷一百零二。

25 《清史稿》卷二百六十《施琅传》。

26 《施琅题为密陈征台战略师期并请专征事本》。选自厦门大学台湾研究所等:《康熙统一台湾档案史料选辑》。

27 《清圣祖实录》卷一百零九。

28 江日升:《台湾外记》卷九。

29 施琅:《靖海纪事·叙》。

30 杜臻:《粤闽巡视纪略》。

31 江日升:《台湾外记》卷十。

32 江日升:《台湾外记》卷十。

33 江日升:《台湾外记》卷十。

34 《清圣祖实录》卷一百一十一。

35 《施琅题为恭陈台湾弃留事本》。选自厦门大学台湾研究所等:《康熙统一台湾档案史料选辑》。

36 连横:《台湾通史》卷二十七《农业志》。

37 连横:《台湾通史》卷二十七《农业志》。

38 连横:《台湾通史》卷二十七《农业志》。

39 连横:《台湾通史》卷二十六《工业志》。

40 姜宸英:《海防总论》。

41 《清圣祖实录》卷一百三十。

42 江日升:《台湾外记》卷七。

43 魏源:《圣武记》卷八《康熙勘定台湾记》。

44 [康熙]《台湾府志》卷十《艺文》。

45 江日升:《台湾外记》卷七。

46 《清圣祖实录》卷一百一十二。

47 《清圣祖实录》卷一百一十三。

48 《清圣祖实录》卷一百一十五。

49 《清圣祖实录》卷一百一十三。
50 《清圣祖实录》卷一百四十。
51 《国语・鲁语下》。
52 从努尔哈赤时起，清朝政府就在宁古塔设官镇守。崇德元年，皇太极任命吴巴海为镇守宁古塔副都统，从此，宁古塔便成为清朝政府治理黑龙江、乌苏里流域的政治中心。
53 章京：满语官职名，汉语“将军”之义。
54 沙俄早期对我国东北地区的武装入侵主要循两条路线：一路从雅库茨克出发，越过外兴安岭向南推进，波雅科夫、哈巴罗夫及斯捷潘诺夫都是沿这条路线而来；另一路以叶尼塞斯克为基地，向东南方向入侵。
55 切尔尼果夫斯基：俄罗斯籍波兰人。1638年因犯罪充军到叶尼塞斯克。1665年因私愤与当地统领发生冲突，纠集同伙抢劫财物之后逃向黑龙江流域，同年占据雅克萨故城。
56 参见中国第一历史档案馆:《清代中俄关系档案史料选编》。
57 图理琛:《异域录》。
58 佚名:《平定罗刹方略》卷一、卷二。
59 《清圣祖实录》卷一百二十一。
60 清代分布在黑龙江中上游地区的鄂温克、达斡尔与鄂伦春人统称为索伦部。
61 《清圣祖御制诗文一集》卷三十六。
62 《清圣祖实录》卷一百一十九。
63 《清圣祖实录》卷一百一十九。
64 参见袁森坡:《康雍乾经营与开发北疆》，中国社会科学出版社1991年版。
65 第一次收复雅克萨后，康熙皇帝免去萨布素以前“逗留之进”之罪。
66 曼考尔:《俄国与中国》。转引自戴逸:《简明清史》第2册，第92页。
67 明末清初，我国蒙古族分三大部：漠南蒙古、漠北蒙古（喀尔喀蒙古）、漠西蒙古（厄鲁特蒙古）。
68 阿尔泰汗：亦称阿勒坦汗，是喀尔喀蒙古中很强大的一支，势力和名声远达西伯利亚和中亚西亚。
69 《清圣祖实录》卷一百三十五。
70 熊赐履等:《平定朔漠方略》卷一。
71 《清圣祖实录》卷一百一十二。
72 《清圣祖实录》卷一百一十六。
73 祁韵士:《皇朝藩部要略》卷三《外蒙古喀尔喀部要略一》。
74 其实达赖已于康熙二十一年（1682）去世，第巴桑结嘉措秘不发丧，盗用其名行事。
75 熊赐履等:《平定朔漠方略》卷三。
76 苏联科学院远东研究所等:《十七世纪俄中关系》第二卷。
77 熊赐履等:《平定朔漠方略》卷六。
78 《清圣祖实录》卷一百四十六。
79 实则达赖喇嘛早在康熙二十一年已去世，因秘而不宣，外界不知。此事则是盗用达赖的名义所为。
80 《清圣祖实录》卷一百四十七。
81 熊赐履等:《平定朔漠方略》卷七。
82 魏源:《圣武记》卷三附录，马思哈《出塞纪程》。
83 熊赐履等:《平定朔漠方略》卷七。
84 魏源:《圣武记》卷三《康熙亲征准噶尔记》。
85 《清圣祖实录》卷一百四十九。
86 《清圣祖实录》卷一百五十。
87 魏源:《圣武记》卷三《康熙亲征准噶尔记》。
88 《一六九六年张诚神甫第五次随从中国皇帝去鞑靼地区旅行》，张宝剑译，载《清史资料》第六辑。
89 熊赐履等:《平定朔漠方略》卷十三。
90 《清圣祖实录》卷一百五十三。

91 《清圣祖实录》卷一百五十九。
92 《清圣祖实录》卷一百六十八。
93 康熙皇帝:《平定朔漠方略·序》。
94 《清圣祖实录》卷一百七十。
95 《清圣祖实录》卷一百七十一。
96 袁枚:《领侍卫内大臣抚远大将军费襄壮公传》，载《小仓山房文集》卷三十三。
97 熊赐履等:《平定朔漠方略》卷三十。
98 《清圣祖实录》卷一百七十六。
99 《清圣祖实录》卷一百七十七。
100 《清圣祖实录》卷一百七十七。
101 《清圣祖实录》卷一百七十六。
102 《清圣祖实录》卷一百七十七。
103 《清圣祖实录》卷一百七十八。
104 《清圣祖实录》卷一百七十八。
105 《清圣祖实录》卷一百七十八。
106 《清圣祖实录》卷一百七十八。
107 一说为饮药自尽。
108 魏源:《圣武记》卷三《国朝绥服蒙古记》。
109 参见袁森坡:《康雍乾经营与开发北疆》。
110 参见袁森坡:《康雍乾经营与开发北疆》。乾隆时期又在漠南蒙古增编一旗，因此，漠南蒙古共编为六盟四十九旗。
111 张穆:《蒙古游牧记》卷四《喀尔喀四部总叙》。
112 《皇朝开国方略》卷二十二。
113 通常说此时喀尔喀有三大部，不把赛音诺颜部算作独立的一部，雍正三年才自成一部。在此之前，赛音诺颜部一直隶属于土谢图汗。
114 参见袁森坡:《康熙的北部边防政策与措施》，见《清史论丛》第四辑。
115 康熙四十年，又改为札萨克图汗。
116 张穆:《蒙古游牧记》卷七。
117 《清圣祖御制诗文一集》卷八《古北口》。
118 祁韵士:《皇朝藩部要略》卷二《内蒙古要略二》。
119 关于阿拉善蒙古与清朝联姻的时间，文献记载有两种说法：一为康熙四十三年，见《皇朝藩部要略·厄鲁特要略》《蒙古游牧记》；另一为康熙三十四年，见《阿拉善厄鲁特部》。本书从康熙四十三年说。

# 第六章　经世

三藩叛乱平定之后，中国社会进入一个和平发展新时期，康熙皇帝顺应社会发展的大趋势，在巩固边疆、维护国家统一的同时，先后采取各种措施，消除长期以来形成的各种社会矛盾和问题。经过他的不断努力，清朝统治进一步巩固，皇权也进一步得到加强，清朝统治开始进入了全盛时期。



## 一、笼络遗民

康熙皇帝亲政之初，清朝入关虽已二三十年，但不少明朝遗民仍然心怀故国，对于清朝统治采取了不合作的态度。为了化消极因素为积极因素，一个时期内，康熙皇帝做了大量工作，取得了突出的成就，清朝统治也因此而巩固下来。

明清易代之际，面临社会的陵谷变迁，那些曾是明朝臣子的士大夫，不可避免地要进行新的社会角色的抉择。从大的方面讲，他们要在生与死之间表明立场。不少人看到故国沦亡、家园罹难，奋起反抗。他们在“复明”的旗帜下英勇献身，做了千秋雄鬼。其中有人因战斗捐躯，如陈子龙、黄道周、瞿式耜等人，也有人吟咏着“惭无半策匡时艰，惟有微躯报主恩”“洵知世事难争讨，愿判忠肝万古留”[1]的绝命诗句自尽而亡。他们都以“死”表达了对大明王朝的耿耿忠心。

然而更多的人却选择了生。在清朝成为中原实际统治者的现实情况下，原来身为大明臣民的士人也自然地沦为清朝的统治对象。当然，这些人的政治立场并不相同，其中有人甘为清廷顺民，出仕新朝；有的人则对清朝抱敌视态度，身在清朝不忘故明，拒绝与清廷合作。这就是当时士人所谓“出”与“处”的不同。这在清初相当长的一段时间里表现为贰臣与遗民的对立。

当清军铁蹄势如破竹踏进中原、明朝土崩瓦解之时，原在明朝身处要职的冯铨、陈之遴、陈名夏等，被清军的气势汹汹吓破了胆，顾不得“忠臣不事二主”的古训，赧颜降敌，做了新朝的顺臣，他们可称是第一批出仕清朝的士大夫。这些人中，钱谦益的投降求生最为时人所不齿。钱谦益本是明末颇负盛名的文人兼官僚，号称文坛领袖，官至礼部尚书。清顺治二年（1645）在清军兵临南京城下时，他与明忻城伯赵之龙、大学士王铎等三十一人献城投降，做了清朝的礼部侍郎。当时有人编了一段故事说，钱谦益一次游虎丘，穿了一件小领大袖的衣服，有人问他：“您这衣服是什么式样？”他窘迫地说：“小领遵时王之制，大袖乃不忘先朝。”那人连忙正色道：“哦，您真不愧是两朝领袖呀！”[2]甚至他自己都觉得无颜面对故旧亲朋。钱谦益八十寿辰时，有人要为他庆寿，他复信谢绝，内言自己“荣进败名，艰危苟免，无一事可及生人，无一言可书府册，濒死不死，偷生得生”[3]，明显反映出他对自己变节行为的追悔与惭愧的心境。

与迎降的贰臣相对立，更多的士人入清后采取了不与清朝政府合作的态度。他们因长期接受以儒家思想为核心的传统文化教育和熏陶，形成了根深蒂固的华夷之辨观念。从这种观念出发，清朝以“异族”入主中原已属有悖正统，况且清朝统治者又实行残酷的民族压迫政策，这些士人耳闻目睹“嘉定三屠”“扬州十日”等血腥的民族迫害，更增强了他们的民族抵抗情绪。因此，他们在清初选择的是高蹈不仕的处世态度。这就是明遗民。

清初明遗民有各自不同的避世之道。隐身山林和闭门独处是许多遗民的退隐之法。如王夫之改姓埋名，“窜身瑶岗，声影不出林莽”，直至身死，其自题墓碑仍是“明遗民王某之墓”[4]。崇祯年间举人徐枋栖身乡间，“前二十年不入城市，后二十年不出户庭”[5]。明末诸生张盖“筑土室，蔽塞绝人迹，穴而进饮食，岁时一出拜母，虽妻子不得见”[6]。这些人以坚守气节自砺，是典型的遗民。

还有的遗民为抵制清朝的剃发、改衣冠的民族压迫政策，被迫祝发为僧。屈大均有诗曰：“今日东林社，遗民半入禅。”[7]他们本是儒士，对佛教并无兴趣，甚至有人还曾激烈地反对信佛，如吕留良自谓平生最畏惧贵人、名士和僧人，“畏僧甚于狼猰，尤畏宗门之僧”[8]，他曾给朋友写信，要求禁止僧人在金陵附近建寺院，但为避清朝征召，却毅然削发为僧。他在《自题僧装像赞》中对自己的逃禅作了生动的描述和解释：

> 僧乎不僧，而不得不谓之僧；俗乎不俗，亦原不可概谓之俗。不参宗门，不讲义录，既科呗之茫然，亦戒律之难缚。有妻有子，吃酒吃肉，奈何衲裰领方，短发顶秃，儒者曰是殆异端，释者曰非吾眷属。咦！东不到家，西不巴宿，何不袒裳以游裸乡，无乃下乔木而入幽谷。[9]

这些遗民忽儒忽僧，体现了他们在沧桑变革之际顽强守节守志的苦心。

遗民中还有一些人佯狂作痴，使酒骂座，既借以宣泄心中的愤懑，又得以全躯自保。阎尔梅"豁达善谩骂"，屈大均"使酒骂座，若不可一世"。归庄在抗清奔走多年后回到故乡，佯狂终生。他自题其草堂一联云：

> 两口寄安乐之窝，妻太聪明夫太怪。
>
> 四领接幽冥之宅，人何寥落鬼何多！[10]

这些人的佯狂也同样是迫不得已的，阎尔梅所谓"海内误传能骂座，听来原是哭思陵"[11]，正道出他们眷怀故国的隐衷。

无论是采取何种立身行事之道，明遗民的共同特点都是不肯屈节仕清，在隐居中追思故国。他们有的吟诗作赋，有的著书立说，以各种形式寄托自己的政治理想。顾炎武著《日知录》，"意在拨乱涤污，法古用夏，启多闻于来学，待一治于后王"[12]。吕留良、傅山等人的文集都蕴含民族思想。还有不少人带着亡国之痛，专心研究故国之史。查继佐的《罪惟录》、谈迁的《国榷》、张岱的《石匮书》等都是总结明亡教训、阐发民族感情的明史力作。明遗民奉行虽遁世独处，却又不甘颓废的处世之道，积极从事经世致用之学，这对于清朝政府来说无疑是一种潜在的威胁。

清朝统治者为了巩固其政权，自建国伊始就注意拉拢包括遗民在内的广大汉族士人。定鼎中原后，“遣官征访遗贤，车轺络绎”，命各省巡抚、按察使将“境内隐逸、贤良逐一启荐，以凭征擢”。顺治二年（1645）攻取陕西、江南后，又“诏征山林隐逸，并故明文武进士、举人”[13]。顺治十三年（1656）重颁举士之令，对应征之士，顺治皇帝还亲自策试。康熙皇帝亲政后，于康熙九年（1670）、十二年（1673）、十三年（1674）多次诏征山林隐逸，并命地方官到处张贴告示，曰：“凡山林隐逸有志进取者，一体收录。如有抗节不到，终身不得予试。”[14]从顺治至康熙初年的这些征召遗民的措施，虽也起到一定作用，故明进士陆贻吉、于沚，著名文学家吴伟业等都曾改节应征，入仕清廷，但总的看来，大部分遗民仍坚守志节，托词拒征。如关中名儒李颙被荐，“自称废疾，长卧不起”[15]。明末四公子之一冒襄以及故明进士葛世振、吴太冲等都是几次被征，屡屡辞荐。故史书称这些征召遗民的措施“应者实寡”[16]。究其原因，主要是民族矛盾仍很尖锐，广大士人的民族情绪尚未削减。当时流行的两首诗正反映了汉族士人对清廷的敌视和对应征入仕之人的批评：

一队夷齐下首阳，几年观望好凄凉。
早知薇蕨终难饱，悔杀无识见武王。[17]

圣朝特旨试贤良，结队夷齐下首阳。
家里安排新顶帽，腹中打点旧文章。

当年深悔抛周粟，今日翻思吃满粮。

非是一朝偏改节，西山薇蕨已精光。[18]

然而康熙皇帝并未就此放弃笼络遗民的政策，仍在寻找着使遗民改变观念和立场的契机。就遗民本身而言，由于社会形势的变化，康熙皇帝在政治、经济、文化方面所实行的一些较开明的政策所带来的实效，也未尝不使他们心中泛起涟漪。如康熙皇帝重用汉官，宣扬满、汉一体；尊崇孔子，提倡程朱理学；特别是在经济上的一系列恢复经济、发展生产的措施，改变着明末以来凋敝的民生状况。这些都会使他们在内心不断重新审视这个“异族”统治的王朝。汉族士人长期接受的儒家教育不仅有华夷之辨的思想，还有“学而优则仕”“齐家治国平天下”“以天下为己任”等积极入世的思想，因此一旦条件成熟，他们就会改变遁世的生活态度，积极投身到社会现实中来。



康熙十七年（1678），清朝大举诏征博学鸿儒，为遗民转变立场提供了契机。当年正月，康熙皇帝下了一道谕旨：

自古一代之兴，必有博学鸿儒，备顾问著作之选。我朝定鼎以来，崇儒重道，培养人才。四海之广，岂无奇才硕彦、学问渊通、文藻瑰丽、追踪前哲者？凡有学行兼优、文词卓绝之人，不论已仕未仕，在京三品以上及科、道官，在外督、抚、布、按，各举所知，朕亲试录用。其内外各官，果有真知灼见，在内开送吏部，在外开报督、抚，代为题荐。[19]

各地官员和朝中大臣闻旨后陆续荐举士人，其中不少明遗民被列入被荐名单。明遗民又重新面临着“出”与“处”

的选择。此时三藩之乱虽未彻底平息，但清廷已取得决定性的胜利，复明的最后一线希望已在破灭之中。于是遗民队伍发生了清朝入关以来最大的分化，一部分人不改初衷，坚辞举荐；另一部分人则改变遗民身份，成为清廷优遇的博学鸿儒。遗民队伍的分化，标志着康熙皇帝笼络遗民政策的成功。

坚辞举荐的人以顾炎武、黄宗羲、李颙、魏禧、傅山为代表。顾炎武听说有人要举荐他，坚定地说："刀绳具在，无速我死！"[20]使欲荐他的人打消了这个念头。黄宗羲也对欲荐他的掌院学士叶方蔼委婉告以不出之意，又通过门人表明荐其赴征就是促其杀身，叶方蔼只好作罢。李颙、魏禧和傅山则因拒荐不允，被地方官强迫促征。李颙曾多次辞荐，这次又被强行抬其床至行省，最后绝食六日，并以自刎相威胁，才被放归。魏禧也是力以疾辞，被强行送到南昌，巡抚见其"蒙被卧，称疾笃"[21]，乃允其归乡。傅山被强舁至京郊，他称疾卧床，拒不入城，公卿纷纷拜望他，他也不具迎送之礼。

对于辞荐拒征的遗民，康熙皇帝并不责难，只是"叹息不止，以为人材之难"[22]。他还迁就被强征至京的傅山、杜越，不让他们参加博学鸿儒的考试，就授给他们中书舍人的职衔，然后听其归乡。

那些听荐赴征的遗民更受到优遇。据载此次荐到共一百七十人，参加考试的有一百五十三人。康熙皇帝考虑到冬天昼短，怕影响试子的文思，决定让已于康熙十七年（1678）十一月来京的候试人员暂时住下，待来年春暖时节再行策试。在此期间，每人发给月俸银三两、米三斗，使其无饥寒之虞。

康熙十八年（1679）三月初一日，候试人员在体仁阁正式考试。开考前，主考人先在心理上给他们优越感，他说："汝等俱系荐举人员，有才学，原不必考试；但是考试愈显才学，所以皇上十分敬重。"考试中为了不影响思绪，特命撤销监试人员；考试进行一半时，又特赐宴席招待他们，除了美味佳肴，还令大学士、掌院学士各二员陪宴；宴罢再试，不限交卷时间，使他们"从容握管，文完者先出，未完者命给烛，至漏二下始罢"[23]。考试的题目也非常简单，只有"璇玑玉衡赋"和"省耕诗五言排律二十韵"两项。阅卷时也多方迁就，宽大无边。如严绳孙称眼疾，只作了省耕诗一首，康熙皇帝认为"史馆不可无此人"，竟将其列为五十鸿博的二等。朱彝尊、潘耒等人的诗句或不通或违韵，也都一一录用。这说明体仁阁考试不过徒具形式，像严绳孙、朱彝尊、潘耒这样的布衣名士，早就是朝廷网罗的对象，试卷作的如何也就无关紧要了。



此次博学鸿词科共录取一等二十人，二等三十人，统授翰林职衔。其中布衣之士朱彝尊、李因笃、潘耒、严绳孙皆授翰林院检讨，使其居显要之位。还特赐未被录取的布衣孙枝蔚、邓汉仪等七人为内阁中书官衔。遗民在鸿博考试中处处受优待，可见康熙皇帝的真实用心是借此笼络。而遗民的态度也正满足了这一点，史载此次博学鸿词科"隐逸之士亦争趋辇毂，惟恐不与"，最后"与其选者，山林隐逸之数多于缙绅"[24]。试想康熙皇帝当时看着五十位鸿博的名单，大概比当年唐太宗看着新进士鱼贯而过时发出"天下英雄入吾彀中"

的得意之言还要兴奋几分！

同时，康熙皇帝奉行笼络遗民的政策还有一个重要手段就是招徕遗民参加编书修史。康熙十八年（1679）清朝诏开《明史》馆，除以五十鸿博充史官外，还广征遗贤。总裁徐元文又一次力荐黄宗羲，黄宗羲仍以老母在堂须尽孝子之分和个人年迈有疾为由辞荐，朝廷不以为罪，只是令地方巡抚派人到黄宗羲家中抄录他的明史著作，表现出对其明史研究成果的重视。

而万斯同、刘继庄等人虽拒仕清廷，却接受《明史》总裁官的聘请，积极参与撰修《明史》。万斯同曾力辞康熙十七年（1678）的博学鸿儒之荐，次年，《明史》总裁徐元文聘其与修《明史》，他应允前往。徐元文欲援当时史馆之例，授其翰林院纂修官，给以七品官俸禄。万斯同拒绝做官，要求以布衣身份参与史局，结果客居徐元文之府十余年，隐然操《明史》总编之柄，诸纂修官所交草稿，皆由万斯同审核，馆中有关史事的分歧意见，也由万氏定夺。徐元文罢官之后，继任《明史》总裁王鸿绪、陈廷敬等仍聘万斯同居家审定史稿。万斯同虽辞却官衔，力求保持遗民身份，但参与纂修《明史》，客观上无疑是与清朝的一种变相合作。以这种方式笼络遗民正是康熙皇帝的一种手段，这种手段对于逐渐改变遗民的思想似乎比公开给他们官做更为有效。万斯同在与修《明史》期间，住在清朝显要官员的家中，与许多官员有交往，“自王公以下，争相从问”[25]；而且在尚书徐乾学居丧期间，他还受其聘请，纂成二百余卷的《读礼通考》。如果说万斯同参修《明史》还可以视为“以故国之史报故国”

的话，那么纂修《读礼通考》就纯粹是与清朝官员诚心实意的交谊了。

万斯同在参修《明史》期间，还引荐遗民刘献廷一同参修《明史》。刘献廷为了修好《明史》，不辞辛劳，终日在外实地调查，然后将所得见闻与万斯同相印证，为《明史》的纂修贡献了很大力量。

除了《明史》外，清朝官员主持撰修的其他书籍也有不少聘请遗民参加。如康熙二十六年（1687）徐乾学奉诏纂修《大清一统志》，著名地理学家顾祖禹受聘参修，也是以遗民身份居于总裁之府。



康熙皇帝通过召试博学鸿儒和聘请参修书籍等措施，有效地争取到遗民的合作，促使遗民转变了思想，消减了民族畛域观念。这既体现在原为遗民后来入仕清朝的人身上，也体现在始终保持遗民身份的人中。

在放弃遗民身份入仕清朝的人中，严绳孙和朱彝尊的转变最为典型。

严绳孙最初被荐为博学鸿儒时曾极力辞荐，后勉强参试，只作了一半试题就交卷，显然是不想考中，不料仍被康熙皇帝录取，进入《明史》馆。入馆之初，他还表示要效法陶渊明不为五斗米折腰，过了两年被选充日讲起居注官，得以亲近皇帝，从此感恩戴德地表示："感激自奋，不忍以向之狷洁高尚之怀负上知遇"，"凡职所当尽者，罔不夙夜兢兢。"[26]这时的严绳孙不仅已非昨日布衣身份，且思想也完全以忠于清朝、报答康熙皇帝的知遇之恩为立身行事的准则了。

朱彝尊是明万历年间户部尚书兼武英殿大学士朱国祚的

曾孙，清兵入关后，他积极参加秘密抗清斗争，险些牵连进“浙东通海案”，此后客游大江南北，成为著名文学家。康熙十八年（1679）应试博学鸿词科，进入《明史》馆，踏上了仕途。应试前，他曾赋诗云：“爰居本海处，亦复辞烟浔。……寄言鸾凤侣，释此归飞禽。”[27]意即恳求当道释其还乡。应试后被录为一等博学鸿儒，授翰林院检讨之职，感到非常荣幸，自称“以布衣通籍，洵异数矣”[28]。此后他又出典江南乡试、入值南书房，遂对清朝统治者感激不尽，写了许多歌功颂德之作。如康熙二十二年（1683）正月至四月所作《元日赐宴太和门》至《赐鲥鱼》连续十六题计十八首诗，全是所谓“纪恩”诗。他在《明史》馆期间，与伺机辞馆归乡的潘耒等人不同，积极为总裁出谋划策，曾连续七次上书总裁，对纂修《明史》有一定贡献，也表现出他对清朝政权的忠心耿耿。

从多次拒征的著名遗民顾炎武、黄宗羲等人身上，也可看出他们在康熙朝思想由最初的坚决不与清朝政府合作到变相合作的转变。顾炎武曾以“人寰尚有遗民在，大节难随九鼎沦”[29]的诗句策励自己，也确实保持住了晚节，始终未仕清朝。但在晚年显然已改变了对清朝的敌视情绪，康熙十八年（1679）前后，他曾就关辅地方的民生问题致信在清廷居官的外甥徐氏兄弟，信中称清统治者为“庙堂之上”，说自己是以望七之龄，“忘其出位，贡此狂言”[30]。可见他已将解决问题的希望寄托在清朝统治者身上。

黄宗羲对清廷的态度更为温和。他虽拒赴史馆，却同意让自己的儿子黄百家入馆修史；特别是他积极支持弟子万斯同赴京参修《明史》，将自己的史著交给万斯同作为撰修《明史》的参考资料，还赋诗勉励万斯同担负起评定一代之史的重任；他自己则在家接受史馆的咨询，为史馆审定《历志》等史稿。此外他还与清朝官员多有往来，曾执教于清奉天督学、兵科都给事中姜希辙家，又应海宁县令许三礼之请在当地公开讲学。黄宗羲在文章中多次誉康熙皇帝为“圣天子”，甚至希望“同学之士，共起讲堂，以赞右文之治”[31]。

甚至连当初八次拒荐、绝食六日以死辞征的李颙，在康熙皇帝的感召下也改变了态度。康熙四十二年（1703），康熙皇帝西巡至西安，首先问及李颙，希望能见到他。李颙推病不出，但还是让儿子带着自己所著《四书反身录》《二曲集》奏进。康熙皇帝接见李颙之子说：“尔父读书守志，可谓完节。朕有亲题‘志操高洁’匾额并手书诗帖，以旌尔父之志。”[32]一个奏呈著作，一个题赠匾额，可见这时清朝的皇帝与明朝的遗民之间已不那么隔阂了。



正是由于康熙皇帝笼络遗民政策的成功，许多遗民变其初志，或入仕清朝政府，或与清朝政府发生千丝万缕的联系，致使当时遗民关于“出”与“处”的理论也在发生着变化。身为遗民的陆世仪把士人的出处划分为三等境界。第一等：“隐居抱道，守贞不仕，讨论著述，以惠后学，以淑万世。”第二等：“度其才可以有为于时，度其时必能用我，进以礼，退以义，上则致君，下则泽民，功及于一时，德被于天下。”第三等：“不事王侯，高尚其事，躬耕田野，以礼自守。”[33]本来主张隐居不仕的陆世仪，把能够上致君、下泽民的出仕列为第二等，说明遗民在出处理论上更加贴近现实、反映现实了。

另一位具有遗民思想的学者邵廷采更对出仕的遗民持宽恕的见解，他说：

> 於乎，出处之际难矣！士不幸遭革命之运，迫于事会，不获守其初服，惟有爱民循职，苟可以免清议。若汲汲富贵，入而不返，更数十年，面目俱易，则君子羞之。明亡，遁荒之盛，超轶前代，如方密之（以智）、熊鱼山（开元）诸君子，皆托于浮屠；至于章格庵（正宸）之徒，既逃其迹，旋掩其名。下逮绳枢瓮牖，抱遗经不试，穷老无闷者，所在多有。而老亲在堂，门户为重，遭俗蜩沸，寇攘肆横，不得已纡节以应新朝遴辟。洎乎服官临政，和平恺悌，使遗黎得蒙更生之泽，当涂犹见儒者之功，因时顺流，为福匪细。讵谓金仁山（履祥）、谢皋羽外，遂无正人端士声流于后哉？[34]

邵廷采没有以胶柱鼓瑟的节义观来非议遗民的出仕，认为如果出仕者能够造福于黎民，未尝不是正人端士，这也是他面对大量遗民走上仕途的客观现实有感而发的。

总之，清初的明遗民在康熙朝发生观念和立场上的转变，究其原因，除其他因素外，康熙皇帝笼络遗民的政策起到了很大作用。

## 二、消泯满汉

清朝以少数民族入主中原，为了建立自己的统治，入关之初，在血腥镇压汉族人民武装反抗的同时，还在政治上制定各种政策，对广大汉族人民进行残酷的民族压迫。康熙皇帝亲政以后，清朝入关已二十多年，为巩固自己的统治，消泯广大汉族人民的反抗心理、改变原先的民族高压政策问题就提上了日程。

康熙皇帝消泯满汉的政策主要有以下几方面的内容：一是在政治上进一步承袭汉制，二是改变各种民族压迫政策，三是尊重汉族人民的风俗习惯。这些措施的推行，一定程度上缓和了原先十分尖锐的民族矛盾，清朝政府对广大汉族人民的统治也进一步得到了巩固和加强。



满洲政权以少数民族崛起东北，开创之初，有着一套独特的政权构成形式。皇太极即位后，随着形势的发展，满洲政权管辖下的汉族人民成为主要统治对象，原有政权形式逐渐不适应需要，因而先后设立文馆、内三院、六部等机构，削弱八旗旗主权势，仿效明朝，实行中央集权。入关之初，多尔衮和顺治皇帝相继执政，又将中央集权的国家制度进一步加以发展，先后设立内阁、翰林院、十三衙门等机构。这表明，清朝政权仿效明制已经进入一个新的阶段。

入关以后顺治皇帝进行的政治制度改革，引起了包括孝庄文皇后为首的一批满洲贵族的不满和反对。因而，顺治皇帝去世后，他们立刻以“率祖制”“复旧章”为名，通过顺治皇帝遗诏自责的形式罗列了十四条，对顺治皇帝加速“汉化”的所谓“罪行”加以清算。其中最值得注意的是第一条和第二条：

朕自从亲理政务以来，纪纲法度、用人行政，不能效法太祖（努尔哈赤）、太宗（皇太极），因循苟且，采用汉俗，对淳朴旧制大加改变，以致国本未臻，民生未遂。这是朕的一个罪过。

满洲诸臣，有的几代为国尽忠，有的多年为国出力，朝廷应该信用他们，让他们更好地尽忠出力。但是，朕却未予足够的信用，使其空怀抱负，有才莫展。而且，明朝灭亡，很大程度上由于偏用了汉族文臣。朕不但不以此为戒，反而对汉族官员大加信用，甚至连部院印信也曾令汉官掌管，从而使满洲大臣无心任事，精力懈弛。这是朕的一个罪过。[35]

根据遗诏中的这些精神，辅政大臣在康熙皇帝即位初陆续取消了许多入关后借鉴汉族统治阶级的制度和政策，恢复了一些满族原有的统治方式，其中主要包括以下几个方面：

（1）废除十三衙门，罢内官，置内务府。

（2）恢复理藩院与六部并列的地位。理藩院始设于皇太极时期，是清王朝专门管理蒙、回、藏等少数民族事务和与俄罗斯交往事宜的机构。理藩院官员均由满洲和蒙古人担任，与六部同阶，并与六部、都察院并称“八衙门”。顺治十六年（1659），顺治皇帝下令将理藩院改隶礼部之下。这既顺应了汉制，又抑制了满洲、蒙古贵族的特权。因此，顺治十八年（1661）顺治皇帝一死，辅政大臣立即以理藩院隶属礼部不合旧制为由，重新恢复了理藩院与六部平级的地位。

（3）取消内阁和翰林院，恢复内三院。顺治十五年（1658）采用明朝制度，改内三院（内国史院、内秘书院、内弘文院）为内阁，另置翰林院。顺治十八年（1661）皆予取消，仍恢复内三院旧制。

(4) 停止八股文考试。顺治时期沿用明代考试制度，乡试、会试首场考八股文七篇，均由四书五经中出题，称为“制义”；第二、第三场考策论表判。康熙二年（1663）下令废八股文考试，只考策论表判。

我们说，顺治时期借鉴汉族统治阶级的若干制度和政策，有较先进的，也有较腐朽的；满族原有的东西，有比较落后的，也有较新的。在上述几项变动中，有的是一种退步行为，如取消内阁和翰林院；有的则是合理的，如改十三衙门为内务府，恢复理藩院与六部同阶的地位等。但是，不管辅政大臣们的变动是合理的还是退步的，其拒绝汉族王朝政治制度、恢复满洲政治制度的用意却十分明显。这显然不利于社会矛盾的缓和以及清朝统治的巩固。康熙皇帝亲掌政权之后，即刻顺应历史潮流，开始了恢复汉制的政治活动。



康熙皇帝恢复汉制，首先从中央机构入手。清除鳌拜后不久，康熙皇帝下令将内三院复改为内阁，并另设翰林院。其中内阁置满、汉大学士四人，内阁大学士“勋高位极”，“赞理机务，表率百僚”，成为事实上的中枢首脑机关。这些机构的建立一定程度上限制和压抑了议政王大臣的权力，同时也改变了清初以来武臣专权的不正常局面。在中央机构恢复汉制的同时，对于汉臣，康熙皇帝也格外倚任。康熙十六年（1677），他专设南书房，先后吸收数十名文化素养较高、政治经验丰富的汉臣入侍其中，讨论学习之外，也让他们参与咨询政事，因而这一时期汉臣地位进一步提高。同时，又通过打击党争、改革旗务等项措施，进一步限制并打击八旗旗主和满洲勋旧的离心倾向，从而使皇权得到进一步加强。可以说，经过康熙皇帝的努力，康熙时期，清朝政权在治世思想乃至政治制度上都摆脱了关外遗风，清朝统治进一步巩固了。

在政治制度上承袭、仿效明朝制度的同时，康熙皇帝还着手改变清朝入关以来一直推行的民族高压政策。针对当时满、汉民族矛盾仍然十分尖锐的社会现实，康熙皇帝提出了自己处理民族关系的指导思想，即“满汉一家，中外一体”。整个康熙年间，康熙皇帝曾多次阐明这个指导思想。如康熙八年（1669）六月，康熙皇帝曾晓谕户部曰：“朕缵承丕基，乂安天下，满、汉军民，原无异视。”[36]后来他又对有关官员说：“朕统御天下，远近一体，仁育万民，皆欲使之共享安乐。”[37]在这一思想的指导下，康熙皇帝先后实行了许多缓和民族压迫的措施。



第一，严禁圈地，限制满洲亲贵掠夺汉族士民土地的欲望。清兵入关后，为解决大批八旗兵丁的生计，保证满洲亲贵的特权地位，顺治元年（1644）十二月，摄政王多尔衮正式颁布圈地令，称“东来诸王”等无处安置，令户部清查近京各州、县的官田和无主荒田，分给东来诸王、勋臣、兵丁，为杜绝满、汉争夺土地，令“满、汉分居，各理疆界”。但在实际执行中，圈占的范围远远超过最初规定。由于满洲贵族坚持“务必使满、汉界限分明”，满、汉土地应“互相兑换”的圈换政策，许多汉人土地亦被大量圈占，后来更发展到连房屋也在圈占之列，给人民带来了极大的苦难。史称：“圈田所到，田主登时逐出，室中所有，皆其有也。妻孥丑者携去，欲留者不敢携。其佃户无生者，反依之以耕种焉。”[38]顺治二年（1645）十一月，清朝政府又进行第二次大规模圈地，且将圈占的地区扩大到河间、滦州、遵化等府、州、县，下令凡无主之地，俱查明给予八旗旗下之民耕种。顺治四年（1647）正月，清朝政府提出去年八旗所圈之地内薄地甚多，而今年东来的八旗人等又无地耕种，因此宣布近京府、州、县，不论有主无主地土，“并给今年东来满洲”。连续三次大规模圈地，都引起近京地区人民的强烈反抗。顺治四年三月，多尔衮被迫宣布：从今以后，民间田屋不得复行圈拨，“着永行禁止”。“永行禁止”令发布后，大规模的圈地虽然停止了，但零星的圈地却一直不断。由于满族不善经营及农奴怠工，所圈之地很快便由肥变薄，于是圈占之外复行圈换，以坏地换好地。从此，旗地准备圈换而无意经营，民地怕被圈换而不敢经营，严重破坏了社会生产，引起广大汉族人民的强烈不满，加剧了民族矛盾。因此，康熙皇帝亲政后，立即将圈地问题作为当务之急，予以解决。康熙八年（1669）六月，他正式下达永停圈地的谕旨：

> 朕继承祖宗传下来的大业，乂安天下，抚育群生，满、汉军民一视同仁，务求各得其所，乃惬朕心。近年以来，还有把民间房地圈给八旗人等之事，以致百姓失业，衣食无资，流离困苦，实在可怜。今后圈占民间房屋、土地之事要永行停止。今年已经圈占了的，必须全部还给民人。[39]

从此，大规模圈换土地之事确实停止了。但小规模的圈占并未因康熙皇帝的禁令而停息。康熙二十四年（1685）四月，顺天府尹张吉午上疏，要求从该年开始，凡民间开垦的田亩永免圈取。户部讨论后，提出张吉午的请求“应不准行”。由此可以看出，户部仍在支持、纵容圈地。康熙皇帝不同意户部的处理，对大学士说：“凡民间老百姓开垦出来的土地，如果圈给八旗人等，恐怕会伤害百姓的利益和感情，因此今后永远不许圈了。如果旗人有应当拨给土地的，就用户部现存的旗地余田补给。”[40]同月，康熙皇帝发现旗下又圈拨百姓开垦之田四百顷，怒气冲冲地对大学士明珠说：“旗人拨给的土地，为何不在旗地余田里支拨，而要占老百姓开垦的四百顷土地？你把个中缘由问个明白，同户部堂官来向朕当面奏报。”[41]经过康熙皇帝的三令五申，持续几十年的圈地才真正停止。

第二，修订逃人法，制止投充。入关前，满族政权实行的是农奴制生产方式。统治者规定，无地的汉族农民可以投向满族统治者为奴，这就是所谓的投充。入关后，清朝统治者又多次下令，允许丧失土地的汉族人民投旗为奴。于是，随着大规模圈地的展开，大量汉族农民，甚至一些地主丧失了土地，被迫投为旗下奴仆。此外，还有一些汉族地主为了图谋更多的利益，带田投充。一些流氓、无赖浑水摸鱼，暗以他人土地投向满人，满洲贵族及其帮凶趁势逼迫汉人投充为奴。因投充盛行，兼以通过战争掠夺和市场购买，不少满洲贵族都拥有大量奴仆。在满洲贵族的残酷剥削、压迫下，农奴不断逃亡。为了保证满洲贵族对农奴的占有，清朝政府先后多次颁布和修订《逃人法》，对逃人尤其是窝主以及牵连人犯加以严厉制裁。如顺治三年（1646）五月，清朝政府所颁《逃人法》规定：

隐匿满洲逃人不行举首，或被旁人讦告，或查获，或地方官查出，即将隐匿之人及邻右九家、甲长、乡约人等提送刑部，勘问的确，将逃人鞭一百，归还原主。隐匿犯人从重治罪，其家资无多者断给事主，家资丰厚者或全给、半给，请旨定夺处分。首告之人，将本犯家资三分之一给赏，不出百两之外。其邻右九家、甲长、乡约各鞭一百，流徙边远。如不系该地方官首察者，其本犯居住某府某州、县，即坐府、州、县官以怠忽稽察之罪，降级调用；若本犯所居州、县其知府以上各官不将逃人察解，照逃人数多寡治罪。如隐匿之人自行出首，罪止逃人，余俱无罪。如邻右、甲长、乡约举首，亦将隐匿家资给三分之一。（巡）抚、按（察使）及各该地方官于考察之时，以其察解多寡，分其殿最。刊示颁行天下，人人通晓，毋致犯法。[42]

从上述《逃人法》的规定可以看出，该法的特点在于严惩窝主，而轻处逃人。于是地方无赖往往通过旗下奸人冒充逃人，妄指平民为窝主，进行敲诈勒索，甚至竟有将无辜百姓私自填入投充档案，然后指为逃人索诈财物者。汉族地主及普通汉人深受《逃人法》之苦，顺治年间，汉官们纷纷冒死上谏，要求轻处窝家，重惩讹诈。对此，清朝政府不但不予考虑，反而对上疏汉官也严厉惩罚。一时之间，民族矛盾空前尖锐。康熙初年，鉴于原先制定的《逃人法》产生不少弊端，四辅政大臣曾经下令修改《逃人法》，严惩讹诈，轻处窝主。修订后的《逃人法》规定，凡在地方犯罪而逃到京师、卖身旗下希图逃避治罪的棍徒，一律遣回原籍，接受审判；借逃人向富室大户索诈的，抓获审实后即交刑部正法；凡棍徒互相勾结、借逃报仇、诈害百姓者，不管旗人、民人，俱照光棍例治罪；窝主免死，免刺字，停给旗下为奴，流放尚阳堡；窝主的邻右、十家长及当地地方官也免予流放。《逃人法》的修订对广大汉人稍有照顾。但由于此类案件的处理权控制在满洲王公和各地将军之手，这一问题并没有完全解决。康熙十一年（1672）八月，左都御史任克溥上疏，要求将逃人案件审理权就近交予各该督抚处理。他说："按照惯例，在外王公、将军已不管理民事，那么逃人案件也不应该令其审理了。今后直隶各省王公、将军所属逃人，请交与就近各该督抚审理；奉天将军所属逃人，交与盛京刑部审理；宁古塔地方逃人，仍听该将军审理。"康熙皇帝立即予以批准，从而使逃人问题上的满、汉矛盾大大缓和下来。对于这一权限变动，不少满官抵触情绪极大，并经常与汉官发生分歧和争斗。满官主张严行《逃人法》，而汉官则主张宽行。在满、汉官员的争执中，康熙皇帝站在了汉官一方，受到广大汉族地主的拥护。

由于停止了圈地、修订了《逃人法》，大规模的投充也逐渐停止，这对于缓和一度十分尖锐的民族矛盾有很大的作用。

第三，划一满、汉官员品级。清朝入关以后，在中央机构中实行满、汉复职，亦即中央机构的官员，满、汉同职，各占一半。例如内阁中设大学士满、汉各二人，协办大学士满、汉各一人；吏、户、礼、兵、刑、工六部，尚书、侍郎满、汉各一人；都察院，左都御史及左副都御史俱满、汉各二人。顺治初年，满、汉官员虽职务相同，但品级却不一样。满官品级一般高于同职汉官二三级，有的甚至四五级。如满族大学士、尚书、左都御史俱为正一品；汉大学士原为正五品，提高后为正二品，汉尚书、左都御史俱为正二品，相差二级。再如，部院中的满洲郎中为正三品，汉族郎中则为正五品，竟相差四级。这种同职异级制带有明显的民族歧视和民族压迫特征，引起广大汉官的强烈不满。顺治十五年（1658）七月，顺治皇帝下令改革官制，划一满、汉官员品级。但为时不久，辅臣专权，又将满、汉官员的品级恢复到顺治十五年七月改革官制以前。清除鳌拜以后，康熙皇帝把满、汉官员品级划一的问题重新提了出来，令有关方面讨论。康熙九年（1670）三月，议政王大臣等经过讨论，认为满、汉官员的品级“应行画一”，提出“将满洲官员品级照顺治十五年之例，其现在品级仍准存留，以后补授之时照此定例补授”[43]。康熙皇帝立即予以批准。随后又修成《品级考》，刊刻遵行，将满、汉官员品级及提升手续俱行划一。

品级划一以后，康熙皇帝把满、汉官员的其他待遇也等同起来。礼部汉尚书龚鼎孳患病，康熙皇帝因满洲大臣患病皆有遣臣、医治例，也派大臣同御医前往诊视。满洲大臣有丧时遣大臣往赐茶酒，康熙皇帝下令汉大臣亦如之。总之，在康熙皇帝的思想中，满、汉大臣是平等的。因此，“满汉一视”“满汉大臣俱系一体”等语也成了他的口头禅，并付诸实践，极大地鼓舞了汉族官员，逐渐消除了他们心中的民族隔阂，缓和了民族矛盾。

为了调和满、汉民族矛盾，康熙皇帝在承袭汉制、改变民族压迫政策的同时，还十分尊重汉族的风俗习惯，并使满族渐习汉俗，从而逐渐消泯了满、汉民族的差别，为统一的多民族国家的巩固和发展做出了贡献。

“国之大事，在祀与戎”。入关之前，清朝统治者十分重视祭祀。当时，满族主要祭祀形式是祭堂子，即于“静室总祀社稷诸神祇”。每遇有大事，满洲人必祭堂子。如明万历二十一年（1593）九月叶赫等九部来侵，努尔哈赤统兵拒之，战前即先率诸贝勒诣堂子拜祝；万历四十六年（1618）努尔哈赤以“七大恨”告天对明出征前，也诣堂子拜祝。入关后，除继续保持祭堂子之礼俗外，又加上许多汉族的祭祀项目。康熙年间，对最高统治者而言，各种汉族祭祀习俗，如祭城隍、祭孔子、祭禹陵、祭真武东岳城隍、祭历代帝王、祭太岁、祭五岳等，都全面铺开。其祭项之多、祭数之繁，即使是清以前的汉族君主也难以企及。值得指出的是，康熙皇帝还勇敢地承认清对明的继承关系，对明皇陵、王墓一律加以保护，并多次亲祭明孝陵，态度极为虔恭，博得广大汉族人民的极大好感。

缠足本为汉人风俗，起源很早。满族起于东北，本无缠足之俗。皇太极时曾先后多次下令所属地方汉人妇女不要缠足，防止满族妇女沾染此俗。康熙三年（1664）清朝政府重申缠足禁令，并加重处罚措施。这本是好事，因为缠足不但损害了广大妇女的身心健康，而且妨碍生产劳动。但汉族士大夫看惯了三寸金莲的“娇态”，不喜欢粗手大脚板的“凶相”，因此纷纷表示反对禁令。康熙七年（1668）七月，左都御史王熙竟递上奏疏，要求恢复汉族旧俗，放宽民间女子缠足之禁。康熙皇帝明知缠足有害，但为了顺应汉俗，特准其请，宣布废除缠足禁令。此后满族上层妇女亦渐习缠足之俗。

汉族有行乡饮酒礼的习俗。所谓乡饮酒礼，即地方上"年高有德"的缙绅每年以尊贤养老的名义聚会欢宴，共商地方大事——劝善、惩恶、荐举人才等，实际上是地主们干预地方政事的一种方式。满族入关之后，地主经济得到迅速发展，满族缙绅的作用已不容忽视。因此，康熙九年（1670）十一月，顺天府丞高尔位上疏说：

> 乡饮酒礼一节，臣府每年举行两次，照例将汉人中年纪大、有德行的人请到。臣考虑八旗下满洲、蒙古、汉军中也有年纪大、有德行、能作宾介之人，乡饮酒礼一节似宜满、汉一体举行，以昭奖劝。[44]

康熙皇帝准其所请，于是旗下地主也大都加入了乡饮酒礼的行列中。



买良民为奴是满洲旧俗。清军入关前，满洲贵族为扩大农奴制经济，除接受投充、通过战争俘获外，又大量购买良民作为农奴。入关后，这种风俗也被带入中原。四大臣辅政期间，奉差官员及督、抚、提、镇等大小文武官员唯利是图，所到之处，大量买良民为奴，甚至多买用以馈送亲友。这种落后习俗的泛滥，使广大汉族人民深受其害，引起激愤。因此，康熙八年（1669）康熙皇帝下令说："买良民为奴之事以后着通行严禁，如果有人违禁不改，朕必从重治罪。"后康熙皇帝又多次重申买良民为奴的禁令，这对提高汉人地位、争取汉人拥护以及加速满族封建化都起到了积极的作用。

此外，康熙皇帝还下令祭孔时满官同汉官一样斋戒陪祀，满族官员遇父母丧时亦同汉官离任守制，等等。总之，康熙皇帝尊重汉族习俗、消泯满汉隔阂的例子不一而足，从而与顺治初年强令汉人服从满俗的做法形成鲜明对照。

当然，也须指出，康熙皇帝尊重汉族习俗也是有一定限度的。在一些比较重要的习俗上，康熙皇帝就没有让步，最显著的例子是剃发。满洲习俗，男子均将顶发四周边缘剃去寸余，中间保留长发，分成三绺编成长辫一条垂于脑后，名为辫子。与汉人全部束发不同，与蒙古人分作左右两辫也不同。四周剃去的头发，除因父母之丧或国丧外，全不准养长，而应及时剃除，名为剃发，或谓剃头。对于剃头这一条，满人坚持很严，早在入关前，凡投降的汉人及其他族人都须剃发，以为归顺标志。顺治年间，清军攻入江南，广大汉族人民坚决抵抗，发出了“头可断，发不可剃”的呐喊，演出了一幕幕动天地、惊鬼神的民族正气歌。对于这个曾引起广大汉族人民最激烈反抗的剃发习俗，康熙皇帝根本没有触动，剃发令与清朝的统治相始终。

## 三、群力决策

康熙皇帝亲政后，经过不懈努力，政权机构进一步完善和健全，和入关初年的顺治时期相比，清朝政府的中枢决策机构和决策过程也都发生了一些明显的变化。其一是在中枢决策、制订谋略过程中，内阁地位显著上升；其二是清朝兴起以来一直在中枢决策中发挥较大作用的议政王大臣会议等虽继续发挥作用，但康熙皇帝对其控制也进一步加强，而且其地位也有所下降；其三是大学士九卿詹事科道会议在中枢决策中的作用进一步加强。所有这些，不但使康熙皇帝在中枢决策中的主导作用更加突出，而且进一步提高了中枢决策的正确程度，对于康熙时期皇权的进一步加强和政局的健康发展都起到了重要作用。

首先是内阁地位显著上升。顺治十五年（1658）设立内阁后，在中枢决策各机构中，内阁地位即开始上升，不但在上下信息输送中居于枢纽地位，而且在中枢决策中也开始发挥重要作用。仅以在中枢决策中的作用而言，至少在以下两个方面为其他机构所不能替代：其一，代替皇帝票拟中央和地方机构及官员题奏本章的处理意见，经皇帝批准后，于其题奏本章上用朱笔批出，发交有关机构执行；其二，不少重大会议，皆由内阁主持并且是参与的主要成员。顺治皇帝去世后，四辅臣执政，取消内阁，恢复内三院，主要目的就是揽取其中的票拟、批红权力。正因为如此，康熙皇帝翦除鳌拜集团后，为收回失去的权力，首先恢复被辅臣所破坏了的中枢机构——内阁。康熙九年（1670）八月，康熙皇帝下诏复改内三院为内阁，并另设翰林院。十月，设内阁大学士并以大学士管部。次年八月，又大量添设内阁官员。同时，还将内阁大学士、学士品级分别定为正二品或正三品，使其大大高于顺治时期。由于实际位置重要，兼以职位尊崇，内阁恢复后，即在国家机器运转中发挥了重要的枢纽作用，不但在出纳章奏方面承担着繁重的任务，而且在中枢决策的各个重要环节，如票拟、批红、通知或负责召集各种会议，比较、分析各种决策建议并对其加以筛选诸方面均发挥了重要的作用，以至相当长的一个时期中，对于内阁大学士、学士，康熙皇帝倚之如心腹手足，《起居注》《实录》中召集大学士等进行决策的事例也不绝于书。其间虽因具体原因，内阁大学士、学士等不断更换，但作为一个机构，康熙时期的内阁一直居于政权中枢，较之顺治时期，发挥着更为突出的作用。

康熙时期，除内阁因居于政权中枢而在中枢决策中发挥了较大作用之外，入关前后因袭明制并于顺治时期设立的部院会议、不同范围的部院联席会议和由议政王大臣参加的各种会议，也都在中枢决策中各自发挥着较大的作用。其中，一部院自行会议仍是一种主要决策形式。凡地方、中央官员个人或机构所进章奏，大都由康熙皇帝批谕由有关部院衙门自行会议，并将会议结果以题本形式上报，经康熙皇帝批准后贯彻执行。对于一些涉及各部院或对清朝政权生存和发展具有重要意义的问题，康熙皇帝则召集不同范围的部院联席会议和由议政王大臣参加的各种会议予以讨论决策，并在此基础上又衍化出许多新的会议形式，如八旗都统会议、管理旗务大臣会议、满大学士尚书会议等。但经常举行并对政局发展发挥过重要作用的则是议政王大臣会议和九卿科道会议。

议政王大臣会议始于努尔哈赤当政时期，在其后相当长的一个时期中，一直是满族政权中枢决策的主要方式。顺治皇帝亲政后，随着皇权的强化和主要统治对象由满族人民扩展为汉族人民，议政王大臣在国家政治生活中的地位逐渐下降。然而，顺治皇帝去世后政局的变化又给议政王大臣以广泛的活动范围。四辅政大臣执政期间，为了巩固自己的地位，将满族权贵作为自己势力的支柱，采取诸多措施，调整议政王大臣会议的成分和结构。与此同时，单交议政王贝勒大臣会议和由议政王贝勒大臣参加的议政王大臣九卿科道会议也开始增多，且就所议问题来看，绝大多数都是涉及清朝政权生存和发展的重大问题。数年之中，议政王大臣会议和由议政王大臣领衔召集的议政王大臣九卿科道会议几乎成为清朝政府中枢决策中最受重视的一种会议形式。



康熙八年（1669）五月，清除鳌拜集团后，鉴于数年中议政王大臣多为鳌拜私党，康熙皇帝采取措施，对议政王大臣成分重加改组。在不断充实忠于皇室成员如裕亲王福全、索额图、明珠等人的同时，还以保密为借口，下令“诸王贝勒之长史、闲散议政大臣，俱着停其议政”[45]。同时，出于加强皇权的需要，交议政王大臣会议的事件数量和重要程度都有所减少和降低。这表明，在康熙皇帝心目中，议政王大臣已经降为中枢决策中的一般角色。然而，康熙十二年（1673）底爆发的三藩之乱及其后不断的战争使得议政王大臣在中枢决策中的地位重新提高。由于三藩之乱是以反清为号召，民族成分颇为单一的议政王大臣成为康熙皇帝的依靠力量，因此，三藩之乱爆发后，许多王大臣被派赴前线统兵作战或驻防各战略要地。同时，在中枢决策尤其是关于军事决策中，议政王大臣的地位和作用都显然处于其他中枢机构之上。凡有关军事情报，康熙皇帝无不尽快通知议政王大臣；有关军事决策如调兵遣将、军需供应、主攻方向选择以及将士奖惩，康熙皇帝的一些设想，也无不征求议政王大臣的意见，并由他们提出具体建议而后贯彻执行。有时，议政王大臣还根据形势发展，于会议事件之外，特别提出一些建议，以供康熙皇帝考虑。如康熙十二年（1673）十二月吴三桂反叛后，议政王大臣请拘禁吴三桂之子吴应熊；康熙十四年（1675）初，察哈尔亲王布尔尼发动叛乱后，议政王大臣即建议处死其囚禁在京的父亲阿布奈；康熙十七年（1678）吴三桂死后，为了瓦解敌军，议政王大臣又建议以原来投诚之吴三桂部属何毓秀等十人各予职衔前去招抚。所有这些，因为对平叛战争的各项决策有着拾遗补阙的重要作用，均被康熙皇帝采纳。为了充分调动议政王大臣的积极性，有时，康熙皇帝还于交办事务之外，特别要求他们提出建议。如康熙十八年（1679）正月，他即命大学士传谕议政王大臣于会议时献灭寇及应行应革之处；康熙十九年（1680）十二月，又特命议政王大臣商议进军云南“一应事宜，俱应预定移知，详议具奏”[46]。三藩叛乱平定后，在统一台湾、抗击沙俄入侵黑龙江、平定噶尔丹和策妄阿拉布坦叛乱的军事活动中，康熙皇帝以“汉官但能作无实之文、说现成话，至军务大事，并不能尽职”[47]，有关军务，仍多与议政王大臣讨论决定。因而，这一时期议政王大臣与议军机的情况依旧史不绝书。对于康熙时期巩固统一、平定叛乱、抗击外敌入侵，议政王大臣会议发挥了重要作用。

在军事活动中发挥重要作用的同时，在民族、外交、八旗、皇室乃至经济事务的决策中，议政王大臣会议也发挥着重要作用。其中外藩边疆事务，除一般性事务由理藩院处理外，稍涉重要之事务，即由议政王大臣等会议讨论。如康熙二十四年（1685）五月，议政王大臣会议给蒙古王公封号。尔后，噶尔丹东侵喀尔喀，蒙古各部内投安置事宜以及历次会盟，无不经由议政王大臣会议。后来，蒙古事务之外，议政王大臣会议的内容又扩大到青海、蒙古、西藏事务以及西域各部。以边疆事务而言，统一台湾之后，议政王大臣即会议开海，准许民人出洋贸易；打败沙皇入侵后，又受康熙皇帝之命，会议出使俄罗斯谈判人员。以八旗事务而言，康熙二十二年（1683）五月，会议八旗汉军马兵鸟枪手，每佐领增十八人，共三十人演习鸟枪；同年八月，会议八旗贫兵资生之策，并议定由官给资婚娶，分拨房屋土地；康熙二十四年（1685）四月，会议旗人身故，别旗同祖子孙亦可承受家产；康熙二十九年（1690）九月，会议八旗每佐领选护军两名、骁骑校三名演习鸟枪。以宗室事务而言，康熙二十二年（1683）六月，议政王大臣会议闲散宗室及无父幼子俱给以拖沙喇哈番俸米，革职者不给，贫不能度日者，由宗人府月给银四两；康熙二十七年（1688）二月，又会议亲王以下、奉恩将军以上，年至十五，不问贤否，概予封爵。康熙四十七年（1708）九月康熙皇帝初废太子后，皇八子胤禩积极活动谋求皇太子，下五旗不少王公也参加了诬陷废太子的活动。康熙皇帝诏令将胤禩锁拿，交议政处审理；十月，又诏令锁拿下五旗王公布穆巴、赖士、普奇、阿录等人，交领侍卫内大臣、大学士、议政大臣严加质讯。除此之外，康熙二三十年代，议政王大臣还受康熙皇帝之诏谕，或者单独，或与大学士、九卿等联合会议，讨论钱粮蠲免、官员任命及处分、治理黄河等多方面的问题。所有这些，对于这一时期清朝政局的发展，也都产生了重要影响。

议政王大臣会议虽是康熙时期中枢决策的一种重要形式，但为了防止枝大于本，康熙皇帝又采取各种措施，对议政王大臣严加控制。一是将议政王大臣递补、撤换的权力置于己手。如三藩叛乱平定后，为防止尾大不掉，康熙皇帝即以失误军机为由，先后将不少统兵作战的议政王大臣逐出议政处。康熙二十四年（1685）三月，他又以议政处经常泄密，满族、蒙古都统中“不克晓达事务者甚多”，决定仅令其参与商议军事而罢其议政大权[48]。出于同样目的，康熙二十九年（1690）二月，他下令理藩院尚书、左都御史参与议政。康熙四十年（1701）十月，他又下令从向不参与议政的各部侍郎及前锋统领、护军统领中遴选出前锋统领吴达祥等六人参与议政。康熙五十六年（1717）三月，又改变顺治旧例，命大学士萧永藻在议政处行走。同时，对于议政大臣交办事件不妥、唯唯诺诺、逢迎势要，则严加指斥。如康熙二十五年（1686）十月，他指斥议政大臣镇国公哈尔萨“为人钻营，在安亲王及索额图家谄媚行走。在议政处，但遇势要人发一议论，伊辄唯唯听从，不敢更有论说”[49]。康熙二十九年（1690）九月，他又指斥：“闻在用兵处议政大臣及在此处议政大臣内，有静坐不出一言者，与木偶何异？”[50]康熙五十八年（1719）十月，又对议政大臣“凡议政诸事并不留心，俱草率议奏”，而予以严斥[51]。二是限制议政王大臣的权力。通观康熙朝有关议政王大臣会议的史料，康熙皇帝赋予议政王大臣的权力仅是咨询的权力，而无执行权力。就他们讨论的问题来看，除了军务、边疆、外藩、八旗事务之外，其他方面涉及较少；即使涉及，也是与九卿或有关部院共同会议。由于讨论问题范围有限，故军务活动较少时，如康熙四十年（1701）至康熙五十四年（1715）之间，议政王大臣活动就很少。所有这些都使得议政王大臣对政局的影响局限在一定时期、一定范围之内，其权力始终没有膨胀到侵犯皇权的地步。三是康熙皇帝还多次采取措施，降低议政王大臣的地位和影响。由于自清初以来，议政王大臣便势大位尊，处于统治集团核心，因而，大学士以下官员与其讨论政事时，往往下跪。康熙二十七年（1688）二月，康熙皇帝颁谕："朕召大臣议事，如时久，每赐垫坐语。大臣与诸王会议，即行跪语，不合。嗣后凡会议公事，不必向诸王行跪。"[52]康熙二十九年（1690）乌兰布通战役后，不少王公以失机罪被革除议政大臣，议政王大臣中具有王爵者为数寥寥，这时，康熙皇帝又适时将其改称议政大臣，从而进一步降低了议政王大臣的声望和影响。



在康熙时期的中枢决策中，与议政王大臣会议同样发挥过重要作用的是九卿科道会议。九卿即六部加上都察院、大理寺、通政使司共九个机构的主要官员，科道是指六科给事中及各道监察御史；康熙十四年（1675）十一月复设詹事府，其后，詹事府詹事也参与会议。有时，根据讨论问题涉及面及其重要程度，内阁大学士和议政王大臣也参与会议，又称大学士九卿詹事科道会议或议政王大臣九卿詹事科道会议。这种以各部院官员为主体的中央政府高级官员的会议讨论开创于顺治时期，至康熙时期又得到进一步发展，并成为中枢决策的一种基本方式，对康熙时期清朝政局的发展发挥了重要作用。

在辅政大臣执政时期，清朝政府虽循顺治旧例，不断由九卿等会议，但为了集中权力，重要事务往往由辅臣自行决定，或由议政王大臣及议政王大臣九卿科道共同会议决定。在中枢决策中，九卿科道会议仅是一般角色。康熙皇帝亲政后，为了加强皇权，复设内阁。同时，由于随即发生的三藩叛乱，使得军事活动居于国家事务处理中的首要地位，康熙皇帝不得不倚重议政王大臣予以处理，因而，数年之中，凡属重大决策，不是由大学士、议政王大臣共同讨论，就是由大学士、议政王大臣与九卿科道共同讨论。当然，这一时期也召集过一些九卿科道会议，但和其他类型会议相比，这些会议不但数量较少，而且就讨论问题而言，也不是当时压倒一切的首要问题。总的看来，康熙十八年（1679）以前，九卿科道会议无论就决策层次或是就决策内容而言，仍然不居于重要地位。

康熙十八年（1679）以后，平定三藩叛乱进入后期阶段。由于连年战争，行政事务长期废弛，亟须整顿。而此时因复设内阁后经过近十年的发展，以索额图、明珠为首的内阁大学士势力都有较大的扩展。为限制内阁大学士的权势、整顿行政事务，康熙皇帝开始注意到九卿在中枢决策中的作用。从当年开始，康熙皇帝改变大学士单独奏事旧例，下令九卿詹事科道一同奏事，“期于政治得失，互相讨究，虽微员亦得于朕前各抒己见”[53]。同时频繁召集九卿科道会议，共同处理国家政务。大致说来，九卿科道会议包括两个内容：一是求言，如康熙十九年（1680）五月，康熙皇帝以天气亢旱，“集九卿詹事科道掌印、不掌印各官问今有何事当行，何事当革，悉意以陈，毋有所隐”[54]；康熙二十一年（1682）六月，又以天旱，令九卿詹事科道会议应行应革事宜；同年七月，又以“彗星上见，政事必有阙失，其应行应革者，令九卿詹事科道会议以闻”[55]。因是皇帝主动求言，情恳意切，九卿大多畅所欲言，无所顾忌，如九卿分别建议“安插裁汰各省兵丁，令其得所”“暂停台湾进剿”“全复浙省运丁裁扣钱粮”等项建议，随经康熙皇帝批准，六部贯彻执行。由于从这几次求言中切实受益，此后，康熙皇帝便将此作为定制，凡逢旱涝、地震、日月蚀、星变，皆下诏求言，并一直坚持到康熙末年。同时，为了经常听到九卿科道意见，康熙二十四年（1685）六月，又特谕九卿科道：“凡有见闻及应行事宜，当不时入告，以明尽忠补过之意。”[56]



二是对以前决策方式进行修改，将九卿会议作为中枢决策的一种主要方式。这样，康熙十八年（1679）以后，交由九卿讨论的各种事务空前增多，范围也遍及官吏奖惩、条例兴革、钱粮蠲免、科举考试、河工建议、刑狱案件等方面。有时，一些军事事务或外藩事务也交由九卿讨论。平定噶尔丹叛乱后，随着军务减少，议政王大臣会议也相应减少，此后近二十年中，九卿会议决策便成为中枢决策的基本形式，不但在数量上大大超过议政王大臣会议，且因议政王大臣多不谙政务，也没有实际执行权力，即使一些会议由其领衔召开，也并不起什么作用，只是九卿之陪衬。一时之间，九卿几乎成了康熙皇帝的手足，“凡事有应行商酌之处，朕必与大臣等商酌而行”[57]；“即小事，必向大学士、学士、九卿问之”[58]。为使九卿科道对交谈事件认真负责，切实发挥九卿科道会议的作用，他多次告诫九卿科道，不必顾忌皇帝意见，“但欲事得其理”。如康熙二十三年（1684）九月颁谕称：“近见凡朕谕令议奏之事，部院诸臣皆首以‘上谕极是’回奏。朕命诸臣会议者，但欲事得其理，与众意相符否耳，非必以朕言为是，令诸臣遵议也。尔等可将此旨晓谕诸臣，嗣后宜各抒所见，勿复因循陋习。”[59]康熙三十九年（1700）十月又颁谕：“九卿诸臣，但以朕可者可之、否者否之，无一人敢直言者。伊等皆系读书之人，岂不知忠为事君之大义？”“如九卿不肯直言，朕必重惩一二人，彼时，毋谓朕不宽也！”[60]与此同时，他还对影响九卿议事的一些程序性问题予以解决。当时，都察院左都御史李柟曾疏言：“凡有会议，仅于前一日薄暮传知，次日即行齐集。惟主稿者及臣衙门先有科抄揭帖，余皆不详事之端尾。齐集时，止将看语宣读一遍，诸臣仓促，安有良策？大半就主稿者之义，唯唯画题而散，是虽会而未尝议也。”为此，康熙皇帝决定：“自后，内阁于前一日传知，容诸臣略加审度，次日会议。至会议日期，除患病者竟不必列名，有托故不到及请人画题等弊，概行申饬。”[61]从而进一步提高了九卿会议的质量。

作为康熙时期中枢决策的一种基本方式，九卿科道会议对于当时政局的健康发展起到了重要作用。首先，大大拓宽了信息输入渠道。通过向九卿求言和九卿会议，康熙皇帝及时掌握了中央和地方各个层面的动态并及时进行处理，从而避免了小事酿成大祸情况的发生。康熙五十二年（1713）六月，他曾说：“朕历观前史，凡事皆坏于隐匿，明代盗贼情形，俱隐匿不报，追贼已及门，尚然不知也。”[62]正是这些反面教训，使得康熙皇帝注意采取措施，经常求言并召集九卿科道会议，掌握最新事态的发展，并及时采取对策。其次，九卿科道分别负责不同方面的工作，共同会议，能够集思广益，提高中枢决策的正确性，避免盲目性和随意性。康熙十八年（1679）以后，中枢决策失误较少，应该说与此有密切关系。再次，九卿科道共同议事，不但可以注意到问题的各个方面，惟善是从，同时，由于跳出了少数人决策的小圈子，也有效地防止了大臣擅权的弊端。康熙中期以后，康熙皇帝家务事虽连绵不断，但廷臣中却相对平静，并未像前期那样，出现索额图、明珠等大臣相继弄权的现象。就此而言，对于保持政局安定、防止大臣擅权，九卿共同决策也起到了一定的作用。



但也必须指出，由于有关制度并不健全以及康熙皇帝对于一些问题的错误处理，一定程度上影响了九卿科道的积极性。其一是在中枢决策中唯唯诺诺，不负责任。凡是康熙皇帝已有初步处理意见的问题，九卿科道讨论时一般都不持异议。有些问题，康熙皇帝虽未表态，但因事涉满、汉，故讨论中，也大都小心翼翼。如张伯行、噶礼互忤案，是非本来十分分明，但九卿讨论来讨论去，迟迟得不出正确的结论。其他不少会议，因与己无关，只要一二人定议，不管是否正确，“余皆随班画题，竟无一留心任事之人”[63]。这些弊端虽经康熙皇帝多次批评，但因没有制订相应的规章制度，直至康熙末年，也并没有得到根本转变。其二是康熙皇帝对一些事情的错误处理也影响了九卿科道参加决策的积极性。康熙时期，依照顺治时期旧轨，九卿设置，皆满、汉复职。九卿科道会议，由于民族出身和观察问题角度不同，有时出现满、汉两议。对此，康熙皇帝不进行深入调查，即对汉族大臣横加指责。尔后又撇开汉族九卿，时而召集满族九卿议政。另外，康熙皇帝虽多次鼓励九卿议事时畅所欲言，各抒己见，但在发现一些人发言过多时又不能加以容忍。如康熙六十年（1721）六月，他即以吏部右侍郎汤右曾“在九卿会议处颇多言”以及荐举人员过多而将其革退[64]。康熙皇帝的这种态度显然是因为汉族九卿中的一些人触犯了满族贵族的特权地位，或一定程度上侵犯了皇权，但因此也使不少汉族大臣心灰意冷，从而一定程度上影响了九卿参加决策的积极性和中枢决策的正确程度，这对于康熙朝政局的发展，也产生了一定的负面影响。





## 四、打击党争

鳌拜专权时期，康熙皇帝曾深受其苦。亲掌政权之后，开经筵日讲，康熙皇帝颇为系统地学习了儒家经典和各种历史著作，认识进一步提高。在他看来，大臣结党乱政，直接影响着国家的治乱安危，因而，早在三藩叛乱期间，他即多次向臣下极论朋党之害，并反复告诫臣下不得欺罔君上，另立中心，结党营私。康熙十六年（1677）七月，康熙皇帝召见大学士等群臣论朋党之害时指出：人臣为官，“如或分立门户，私植党羽，始而蠹国害政，终必祸及身家。历观前代，莫不皆然。在结纳植党者，形迹诡密，人亦难于指摘；然背公营私，人必知之。凡论人议事间，必以异同为是非、爱憎为毁誉”，“百尔臣工，理宜痛戒”[65]。但事情的发展并不以康熙皇帝的个人意志为转移。就在他一再告诫臣下不得结党营私之际，在他身边，以明珠和索额图为首的两支朋党势力已经开始形成。康熙十八年（1679）七月，北京发生地震，康熙皇帝下诏求言。左都御史魏象枢揭露明珠、索额图二人“植党市权，排斥忠良”。由于当时平定三藩之役正在进行，兼以对明珠、索额图二人植党乱政，康熙皇帝尚不十分了解，因而康熙皇帝只是下诏自我修省，并在修省诏书中略提大臣朋比徇私之事。但二人并未悔悟，而是变本加厉，我行我素。于是，康熙皇帝不得不进行惩治朋党的斗争。



明珠系满洲正黄旗人，康熙五年（1666）授弘文院学士。吴三桂疏请撤藩时，明珠与户部尚书米思翰、刑部尚书莫洛等少数大臣主撤，从而获得康熙皇帝的信任。康熙十四年（1675）调任吏部尚书，两年后授武英殿大学士，累加太子太师，位高权重。三藩平定后，康熙皇帝告谕廷臣，认为以前撤藩，惟明珠等能称旨，因而对他眷顾异常。利用康熙皇帝的信任，明珠大权独揽，招权纳贿，结党营私。大学士勒德洪、余国柱，尚书佛伦、葛思泰，侍郎傅喇塔、席珠，以及李之芳、扩尔坤、熊一潇之辈，皆为其死党。凡会议会推，佛伦把持，余国柱为之附和；阁中票拟，亦为明珠暗中操纵，轻重任意。其他阁臣亦皆承其风旨，极力推荐自己的意中人，如亲朋、同乡、门生等，他们往往互相包庇，徇私舞弊。在地方督抚中，他们也竭力培植自己的党羽。山西巡抚穆尔赛贪酷异常，秽迹显著，康熙皇帝曾向九卿询问其居官情况，大学士勒德洪竟不据实陈奏，企图包庇。康熙皇帝查明真相后极为生气，将勒德洪降二级使用，穆尔赛则拟绞，严重打击了其羽翼，给明珠敲了一次警钟。

索额图系索尼之子，原是康熙皇帝一等侍卫。康熙八年（1669）参与谋除鳌拜，立下功勋，获得康熙皇帝的重用，次年即擢为保和殿大学士。但他秉性贪黩，并为此广植党羽。朝中士大夫非暗自结托，难以升迁；凡会试榜出，索额图即择其有名者，令其拜在自己门下，否则便加以贬抑；与其党羽额库礼、江潢等人暗中讨论国事，随意指斥。对于异己，则不分青红皂白，任意贬斥。翰林院侍读学士顾八代随莽依图规复广西，屡立战功，康熙十八年（1679）京察，掌院学士拉萨哩、叶方蔼以顾八代随征以来能称厥职，以“政勤才长”注考。但索额图因顾八代不是其党羽，竟随意改注为“浮躁”。莽依图对此极为不满，并亲自上书，为顾八代辩护请功[66]。

和索额图相比，明珠表面上为人谦和，轻财好施，招徕新进，但骨子里和索额图并无二致，对不附于己者同样设置阴谋，加以陷害。勇略将军赵良栋以平滇之功居第一，明珠暗中施展手腕，使其不得叙升。为此，赵良栋曾在晋见康熙皇帝时，极言明珠等人阴谋倾害。康熙皇帝不明就里，反说赵良栋器量狭小，宠幸明珠如故。明珠更加肆无忌惮，其党羽亦兴风作浪。余国柱为户部尚书时，汤斌继余国柱为江苏巡抚，江南蠲租，余国柱以部费为名，索金四十万，汤斌坚决抵制，余国柱遂诋毁汤斌。明珠有一仆人，颇受宠幸，凡到各监司，都郊迎，受到极高的礼遇。而到达苏州后，汤斌却遇之不礼，仅派门卒具酒肉款待。明珠获知后颇为恼火，但考虑到汤斌为外官，无法加害。恰好太子出阁读书，于是明珠推荐汤斌回朝任礼部尚书，并辅导太子读书。康熙二十六年（1687）五月，天久不雨，旱情严重，灵台郎董汉臣上书指斥时政，言辞直指明珠。这时，明珠一党欲以当时不许科道官风闻言事的规定处死董汉臣。汤斌却独持正议，他说："汉臣应诏言事无死法。大臣不言，而小臣言之，吾辈当自省。"[67]康熙皇帝觉得汤斌言之有理，赦免董汉臣。明珠、余国柱对汤斌更为痛恨，为了陷害汤斌，他们费尽心机，摘录汤斌在苏州为巡抚时文告中的一语"爱民有心，救民无术"，上奏康熙皇帝，认为这是有意讥讽诽谤。汤斌被传旨诘问，汤斌一片忠心，惟有自陈资性愚昧，乞赐重处。后明珠等人又唆使他人上疏，弹劾汤斌荐人不当，同时还放出言论，说康熙皇帝要将汤斌没入旗籍，引起在京江南士人的一致愤怒。由于他们的诬陷，康熙皇帝对汤斌的印象十分不好，说："朕遇汤斌不薄，而怨讪不休，何也？"[68]在明珠及其亲信的迫害下，这年十月，汤斌病故。明珠、余国柱等人为除去一个眼中钉而弹冠相庆。

对于明珠、索额图植党营私，康熙皇帝亦有所闻，但并未抓住什么把柄，因不准风闻言事的禁令未解，大臣多不敢轻举妄奏。原来从顺治朝开始，鉴于明末科道官及朝臣风闻言事，借机参与党争，危害朝政，遂认为风闻言事无异于党同伐异、假公济私，故而严令禁止。康熙初年，康熙皇帝本着"从来与民休息，道在不扰，与其多一事，不如省一事”的原则[69]，多次重申不准风闻言事的禁令。康熙十八年（1679）八月，又增订风闻言事处罚条例，更使得科道官噤若寒蝉。但随着明珠、索额图结党日益严重，而朝臣又慑于禁令不敢弹劾，康熙皇帝渐渐感觉到有废除禁令的必要。

康熙二十六年（1687）久旱不雨，禾苗干枯，康熙皇帝命日讲起居注官德勒格打卦问卜，得“夬卦”。德勒格即于解释卦辞时，尽揭索额图、明珠植党营私之事，从而引起了康熙皇帝的高度警惕。不久，索额图家人又叩阍告变，康熙皇帝立即派人搜查索额图党羽江潢居处，搜得索额图写给江潢的秘密书信多封，至此，索额图结党情况全都暴露。康熙皇帝立即下令将索额图革职。与此同时，对明珠，康熙皇帝亦密切加以注意。不久，康熙皇帝率朝臣谒陵，于成龙随驾。途中，于成龙将明珠、余国柱结党营私、朋比为奸之事全都禀报康熙皇帝。不久，康熙皇帝又将于成龙的话询问高士奇。高士奇系由明珠推荐入内廷供奉，时正为詹事府詹事，明珠于高士奇有恩，但高士奇亦详细陈述了明珠结党之事。康熙皇帝听后颇觉奇怪，问道：“为什么没有人上疏弹劾呢？”高士奇回答说：“人孰不畏死？”[70]这使得康熙皇帝深感禁止朝臣风闻言事十分不妥，终于认识到“广开言路，为图治第一要务”[71]。经过慎重考虑，康熙皇帝于当年十一月二十日，在乾清门正式向大学士宣布，重新恢复“风闻纠弹之例”。康熙皇帝认为，凡参劾贪官，“其受贿作弊处，因身未目睹，无所对据，恐言事不实，不行参劾者甚多。今间有弹章，亦止据风闻参劾耳”；而风闻参劾，又有禁止风闻弹劾之令，故束缚了朝臣的手足，难以惩治贪官、惩治朋党。现在废除禁令，“再行此例，贪官似有畏惧”。若有挟仇参劾者，一旦审明，“自有反坐之例”。禁令一废，言路顿开。当年年底，山西道御史陈紫芝便闻风而动，上疏参奏上任刚一年的湖广巡抚张汧贪污行贿受贿，矛头所向，直指其后台大学士明珠。与此同时，科道官又提出河务问题，也牵涉到明珠。康熙二十七年（1688）二月，又有御史郭琇直接参劾明珠、余国柱结党营私八大罪，从而把揭露明珠结党营私的活动推向了高潮。

郭琇在疏中谈道：“为特纠大臣背公结党、纳贿营私，仰请乾断，立赐严谴，以清政本事。”然后逐一开列明珠、余国柱结党营私之罪。其主要者计有：罪状一，凡阁中票拟，俱为明珠指挥，其轻重由明珠任意决定。余国柱承其风旨，即使明知有舛错，同官也莫敢驳正。对待皇帝的诘责，亦漫无省改。即如御史陈紫芝参劾湖广巡抚张汧，奏疏内并请议处保举之人，张汧就是由明珠所保荐。康熙皇帝曾面谕九卿，应一体加以议处。而票拟竟不涉及明珠。此皆系明珠暗中操纵所为。罪状二，假托圣旨，市恩立威。凡明珠奉行之皇帝意旨，若称颂贤能，则向大臣说：“由我力荐。”若指斥不善，则又云：“上意不喜，吾当从容挽救。”任意添油加醋，借皇帝谕旨卖人情，以笼络朝臣，借机挟取货贿，拉帮结派。罪状三，结连党羽，满臣则有尚书佛伦、葛思泰，及其族侄傅喇塔、席珠等；汉臣之总揽者为余国柱，结为死党，寄以腹心。余国柱刻意迎合明珠，干了许多非法之事，当时大臣称之为“余秦桧”[72]。其党羽把持会议会推，操纵官吏之升降。罪状四，凡督抚藩臬缺员，余国柱等人无不辗转贩鬻，必索及满欲而后止。因此督抚等官皆贪婪无厌，剥削百姓，是故贪官甚多，此乃“以奉私门之所致也”。罪状五，康熙二十三年(1684)，学道报满之后，应升学道之人率往论价；九卿选择时，公然承风，任意派缺，缺皆预定。由是学道皆多端取贿，士风文教因之大坏。罪状六，靳辅与明珠交相固结。靳辅当时治理河道，每年靡费河银，大半分肥。所题用河官，多出指授，是以极力庇护。罪状七，科道官有内升出差者，明珠、余国柱率皆居功索要；至于考选科道，即与之订约，凡有本章，必须先行请问，由是言官多受其牵制。明珠、余国柱控制言官，使之不得弹劾，以巩固其地位。罪状八，明珠自知罪戾，见人辄用柔颜甘语，百般款曲；而阴行鸷害，意毒谋险。最忌者言官，恐发其奸状。当佛伦为总宪时，见御史李时谦累奏称旨，御史吴震方颇有参劾，即令借事排陷，闻者骇惧[73]。

相传，郭琇上疏弹劾明珠之日正值明珠生日，明珠正在家中大宴宾客。郭琇上疏后即直接登明珠之门。明珠听说郭琇登门求见，当即大喜，马上将他引入宴会厅，满厅宾客都颇诧异。郭琇见到明珠，只长揖并不跪拜，并从袖中拿出奏章给明珠。明珠更为高兴，说：“侍御亦有诗章相藻饰乎？”明珠还以为是给他祝寿的诗文呢！郭琇正色答道：“非也，弹章耳！”明珠还未读完疏稿，郭琇又长揖道：“郭琇无礼，应罚。”当即饮了一大杯酒，放下酒杯即扬长而去。

康熙皇帝读罢郭琇的奏疏，大怒，当即告谕吏部：“今在廷诸臣，自大学士以下，惟知互相结引，徇私倾陷，凡遇会议，一二倡率于前，众附和于后，一意诡随。廷议如此，国是何凭！”[74]当即下令革明珠、勒德洪大学士之职，交与领侍卫内大臣酌用；革大学士余国柱职；令大学士李之芳休致回籍。当时内阁共五名大学士，除王熙外，全部撤换。另，满吏部尚书扩尔坤以原品解任，满户部尚书佛伦及汉工部尚书熊一潇亦解任。之后，康熙皇帝还告诫朝臣："嗣后大小臣工各宜洗涤肺肠，痛改陋习，洁己奉公，勉尽职掌，以副朕宽大矜全、咸与维新之至意。"[75]

开放言路，废除不准风闻言事的禁令，即刻便有大臣弹劾明珠，使得康熙皇帝了解了明珠党羽的内幕，从而及时地进行了清理，并进而保证了朝政的清明。通过此次事件，康熙皇帝更意识到开放言路的必要性。为了创造更方便的条件，他下令进一步放宽限制，允许科道官随时赴畅春园面奏，所言事不限大小，"若必大事始言，则言官难分事之大小，以致进言者少，非所以集众思、广众益也"[76]。对任何人的过失，甚至包括皇帝在内，都可以进言弹劾。康熙皇帝还要求言官"凡事关国计民生及吏治臧否，但有确见，即应指陈。……虽言有不当，言官亦不坐罪。自皇子、诸王及内外大臣官员，有所为贪虐不法，并交相比附、倾轧党援、理应纠举之事，务必大破情面，据实指参。……即朕躬有失，亦宜进言，朕决不加责"[77]。在康熙皇帝的鼓励下，一时间言路大开，对康熙中期以后皇权的加强和政治的清明产生了重要的作用。

明珠罢官后，刑部尚书徐乾学拜左都御史，深得康熙皇帝器重。禀承康熙皇帝意旨，徐乾学讽诸御史风闻言事，台谏弹劾不避权贵，言路顿开。明珠被郭琇劾罢，朝臣皆以为徐乾学暗中主持，于是朝臣又趋之若鹜。徐乾学与徐元文、徐秉义三兄弟皆以鼎甲而位显朝廷，当时号称"昆山三徐”。他们以诗文负重名，轻财好客，广为结交，与朝中汉大臣高士奇、王鸿绪、陈元龙、王顼龄等人诗文往来，互相标榜，在朝廷中又形成一个新的派别。这样，不但明珠死党对他们恨之入骨，不少朝臣也为之侧目。因而为时不久，即有原湖广巡抚张汧上疏控告徐乾学纳贿，尔后左都御史郭琇又上疏弹劾少詹事高士奇与原任左都御史王鸿绪植党为奸，给事中何楷、修撰陈元龙、编修王顼龄依附坏法。郭琇在疏中逐一陈述高士奇等人结党营私、侵吞国帑、剥取民脂民膏的罪行。疏末言："高士奇、王鸿绪、陈元龙、何楷、王顼龄等豺狼成性，蛇蝎其心，鬼蜮其形，畏势者即观望而不敢言，趋利者复拥戴而不肯言。"[78]为此，自己才不避嫌怨，加以弹劾。

对高士奇、王鸿绪、徐乾学等人，康熙皇帝向来颇为器重，但为了尊重舆论，兼以弹章所引多属事实，康熙二十八年（1689）九月，康熙皇帝被迫令高士奇、王鸿绪、陈元龙等人休致回籍。十月，副都御史许三礼又穷追猛打，上疏弹劾徐乾学律身不严，言其"乘修史为名，出入禁廷，与高士奇相为表里，物议沸腾，招摇纳贿。其子树縠不遵成例，朦胧考选御史，明有所悖"[79]；且言："既无好运止，自无好议论；既无好事业，焉有好文章？"康熙皇帝命徐乾学明白回奏，徐乾学惟有乞罢归里。不久，部议许三礼所劾之事不实，遂将许三礼降二级调用。许三礼不服，再次上疏弹劾徐乾学，列其考试舞弊、违禁取利、纳贿置产等九大罪，且牵涉徐乾学之弟徐元文。疏中言："乾学伊弟拜相之后，与亲家高士奇更加招摇，以致有'去了余秦桧（指明珠死党余国柱），来了徐严嵩（指徐元文）；乾学似庞涓，是他大长兄’之谣；又有‘四方宝物归东海，万国金珠送澹人（高士奇字澹人）’之对，京城三尺童子皆知。”且指斥徐乾学“顺之则生，逆之则死，势倾中外，权重当时，朝纲可紊，成例可灭”[80]。康熙皇帝以其所奏多为不实之词，且有借机报复之意，着严饬行。徐乾学亦只得再次乞休。康熙皇帝遂允其所请，命以书局自随，且亲书“光焰万丈”匾额赐之送行。

康熙皇帝除对已形成的朋党予以打击外，还对尚未形成的朋党从制度的层面加以防范。如严禁官员交结内廷近侍人员；督抚司道官员赴任时不得谒见在京各官；京内外官员不得彼此馈送；凡结盟兄弟者，着即正法；外任州、县官必须距原籍五百里以外；凡王、阿哥差人赐属下外任官物件，该督抚即应奏闻；提拔知县，停止督抚保举，以免督抚以此示恩、拉党结派。

在封建社会中，皇权具有至高无上的地位，具有“五独”（地位独尊、势位独一、权力独操、决事独断、天下独有）的特点，因此，朋党与皇权势不两立。康熙皇帝非常重视打击朋党，也正基于此。正如他在康熙三十三年（1694）所说：“夫擢用人才乃朝廷之大权，非为臣者示恩沽名所可擅行之事也。”康熙四十七年（1708）又说：八阿哥妄博虚名，每个人都称颂他，把朕摆在什么位置？“此权岂可轻易假人”？由此可知，康熙皇帝打击朋党的真正原因则是朋党“窃人主之威福，夺天朝之权势”，主观动机还是加强皇权。当然，由于拉党结派者往往只顾自己集团利益，“不以朝廷事务紧要、民生关系重大为念”，且各党争斗，“附己者即为引进，忤己者即加陷害”，不利于统治阶级的内部团结，因而康熙皇帝打击朋党的政策客观上有利于国计民生，有利于减少统治阶级的内耗。

最后需要指出的是，北宋政治家、史学家欧阳修认为，君子有同道之朋，小人有同利之朋，皇帝应退小人之伪朋，而用君子之真朋。南宋的朱熹也认为，诚使君子相朋为善，于国家无害。康熙皇帝似乎也认同这种观点，如康熙十一年（1672），康熙皇帝召见翰林学士傅礼达时说：“人处世间，朋友所以切磋，岂可过绝？若过绝，则失和衷之道矣。”康熙十六年（1677），康熙皇帝召见大学士论朋党之害时又说：“若夫汲引善类，不自负己长，同具敬畏之心，共助国事，是又不可以朋党论也。”应当说，康熙皇帝对朋党的认识还是比较合理的。继康熙之后的雍正皇帝则反对各种性质的朋党，甚至说：若欧阳修生于我朝，朕一定将其严办。这就显得有失偏颇了。

言路开放以后，虽然惩治了朋党，打击了党争，但也产生了一些不良后果。有人借机报复，有人以此相互攻讦，导致是非难分。康熙三十年（1691）以后，康熙皇帝想方设法消除其不良影响，他在广开言路的同时，也注意不为大臣的奏疏所左右，能够抓住问题的实质，不被奏疏的表面现象所迷惑。即如最初御史郭琇参劾河道总督靳辅，言其“治河多年，迄无成效。皇上爱民，开浚下河，欲拯淮扬七州县百姓，而靳辅听信幕客陈潢，百计阻挠，宜加惩处”。不久，户部尚书王日藻又参劾靳辅屯田累民之事。康熙皇帝不因有言官参劾而盲目惩处了事，而是让靳辅与主张疏浚下河的直隶巡抚于成龙辩论，各抒己见，表示：“朕凡事但据理持平，岂顾此辈情面乎？况专擅之人近经黜革，岂更令其专擅乎？”[81]在开放言路的同时，又重视调查、核实事情的真伪。为此，他越来越多地指派亲信暗中调查，进行密奏。因为各级官员多出于自身利益，不肯据实上奏，而言官之论亦多有片面之处，有了亲信密奏，康熙皇帝就可以更为全面地了解事情的真相或全貌，尤其是对相互攻讦的朋党，亲信密奏基本不带偏见，有利于客观、公正地处理问题。于是密折制度应运而生，并成为康熙皇帝维护中央集权统治的得力工具。



## 五、推行密折

为了强化自己的专制统治，中国历代帝王大多采取严密措施，控制各级政权机构中任职的官吏，以杜绝离心倾向。更有甚者，明代帝王还超出常规，设立锦衣卫、东厂、西厂等特务机构，以监视各级臣工。康熙皇帝在位期间，鉴于前明特务机构负面效应过大，易启君臣离心离德之心，故而不再使用，但却继续推行官吏定期考核制度，加强监察机构的权力，允许科道官员风闻言事，以加强对各级臣工的控制。同时还另辟蹊径，创行秘密奏折，开辟信息传输新渠道，加强监察力度，以进一步巩固自己的统治。

首先，按照传统的官吏考核制度，对各级官员进行定期考核。清室入关后，即袭用明朝旧有官吏考核制度，实行京察、大计、军政，分别对京官、地方官和武职官员加以考察，根据考核情况，分别加以升黜。康熙初年辅臣执政期间，曾经停行京察、大计，改行三年考满。这一制度的推行，使得官场风气迅速败坏，“钻营奔走，弊不胜言”[82]。于是康熙六年（1667）正月停止考满，复行京察、大计。康熙皇帝亲政后，进一步废除辅臣执政期间推行的其他官吏考核升黜办法，将其逐步纳入正轨。其中，除康熙二十四年（1685）以后不再进行京察之外，其他传统官吏考核办法都一直坚持到康熙末年，从而进一步加强了对各级官员的控制。

其次，为了加强对各级官吏的控制，康熙皇帝还加大了监察机构的权力，允许科道官员风闻言事。四辅臣执政之初，为了保持政局安定，曾下令：“嗣后科道纠参，应注明身经目击或某人具揭字样。若审系情虚，即行反坐，诬揭之人亦反坐。”[83]这一规定使得不少科道官员噤若寒蝉。康熙皇帝亲政后，本着“从来与民休息，道在不扰，与其多一事，不如省一事”的原则，对于言官解除禁令的要求一度置之不理。康熙十八年（1679）七月，京师地震；同时康熙皇帝也感觉到大学士索额图、明珠等权臣渐有尾大不掉之势，很希望科道官出面弹劾“大奸大恶”之人。因此，在科臣姚缔虞要求废除言事之禁后，康熙皇帝虽未表示同意，但却做出让步：“嗣后科道官条奏，朕先行披览，仍面加详问。”[84]同时也认识到，“广开言路，为图治第一要务”[85]。为此，康熙二十六年（1687）四月，他先是下诏停止御门听政时科道官员侍班，以防其“自恐失仪，心切畏惧，以致亲奏者甚少”[86]；尔后又于同年十一月诏谕复行风闻纠弹之例。禁令一破，言路大开，科道官员一起出动，抨击内阁大学士明珠一伙结党、专权、纳贿诸项不法行为。康熙皇帝了解情况后，对内阁部院大动手术，五位阁臣撤换了四位，部院堂官也大批更换，一时之间政治局面为之一新。由于从开放言路中深获其益，康熙二十七年（1688）六月，康熙皇帝又诏谕“科道官有条陈事，赴畅春园面奏”[87]。康熙三十六年（1697）二月，康熙皇帝与皇太子胤礽发生矛盾，康熙皇帝又诏谕科道官员“大破情面”，“自皇子、诸王及内外大臣官员有所贪虐不法、倾轧党援、理应纠举之事”，“据实指参，毋得畏怯贵要，瞻徇容忍”[88]。同时还要求科道官员纠参内外官员的一切不法行为，“嗣后各省督抚、将军、提镇以下，教官、典史、把总以上官吏贤否，若有关系民生者，许科道官以风闻入奏”[89]。此外，每隔一段时间，或遇日月蚀、地震、星变，康熙皇帝还主动要求言官建言时政应兴应革，言事错误者也不予斥责、处分，仅发还其奏本。康熙二三十年以后言路开放对于纠举各级官吏的不法行为，对于康熙皇帝统治的巩固，都发挥了重要的作用。



再次，通过开辟信息输送新渠道，创行秘密奏折，以进一步加强监察。清朝入关以后，依照明朝旧例，将臣工上行中央的文书分为题本、奏本两种。题本奏报公事，用印；奏本奏报私事，不用印。进本中，部院衙门及京官题本送至内阁，称为部本；京官奏本及外省督抚、将军题奏本章皆送至通政使司，由通政使司呈送内阁，称为通本。内阁收到这两条渠道所进本章后，根据具体情况，然后分别翻译并代替皇帝拟出处理意见，再呈送皇帝审核。皇帝披阅后再发回内阁，交六科发抄，然后分发有关衙门执行；如果发往外省，则由各省驻京提塘官前往有关衙门领出，交驿递发出。

上述两种上行文书，对信息输送虽作用重大，但也有不少弊病。一是题奏本章均有字数限制，于所奏事件无法详细陈述；二是经过机构众多，且须有开载内容提要的帖黄和递送各有关衙门副本的揭帖，极不利于保密；三是在呈送皇帝前，须经内阁票拟，皇帝披阅后，又需由六科发抄。不但程序繁复，影响办事效率，更重要的是还使最高统治者处理国务始终处于被动地位；而对于一些敏感问题，臣下上奏和皇帝下达谕旨都不能畅所欲言，极不利于君主集权，且给内阁大学士弄权留下了空隙。于是，康熙皇帝亲政后不久，一种新的上行文书——奏折应运而生。奏折又称折子、奏帖、折奏，最初只限于满官使用，只是用于请安、谢恩、庆贺之类，和国家政治生活并无关系。大约在康熙二十年（1681）左右，中央官员开始以奏折奏报政事，使用人员也从满官扩大到汉官。其中有的是有关机构和官员主动具折言事，有的则是应康熙皇帝的要求而具折汇报情况。所以使用这种文书形式，一是因其不需经由内阁翻译、票拟而径达御前；二是这种文书不像题奏本章有字数限制，能详尽报告情况。这样，因这种文书形式传递信息快捷、详尽，自其使用后，即有逐年增多之势。这表明作为题奏文书的一种补充形式，奏折得到了统治集团的普遍认可，并有了一定的发展。

康熙三十年（1691）以后，在继续使用奏折的过程中，康熙皇帝进一步发现了奏折的保密性能并因此使其得到更为迅速的发展。按照规定，清代题奏文书，无论通本或部本，都要经过许多机构转递，且因有副本、帖黄制度而极不利于保密；皇帝下达谕旨，也须经过传抄、录副和多重机构转发，始能到达执行机构或官员手中，失密的可能性往往较高。奏折由具奏机构或个人直接面奏皇帝，或封章直达御前，经由皇帝以朱批谕旨形式下达执行机构或官员，这就从根本上堵塞了其传递过程中失密的可能性。因而，从康熙三十年始，康熙皇帝即谕示一些臣工以奏折密陈政事。最初，被赋予这一权力的只是在外任职的少数皇室家奴和个别亲信臣工，如江宁织造曹寅、苏州织造李煦及工部尚书王鸿绪等。如康熙三十二年（1693）六月，康熙皇帝谕示苏州织造李煦："凡有奏帖，万不可与人知道！"[90]康熙四十四年（1705）谕示工部尚书王鸿绪："京中有可闻之事，卿可密书奏折于请安封内奏闻，不可令人知道。倘有泄露，甚有关系。小心！小心！"[91]康熙四十七年（1708）三月，又命江宁织造曹寅："已后，有闻地方细小之事，必具密折来奏。"[92]此类奏折及其朱批谕旨因系君臣、主奴之间秘密来往，往往无话不谈，康熙皇帝既可通过奏折获取地方较深层次的情报信息，也可通过朱批不加掩饰地提出某些具体要求，使得执行官员易于领会和贯彻执行，因而康熙四十年（1701）以后，一些地方官员也被授予密折奏事之权。具奏内容，除"四季民生，雨旸如何，米价贵贱，盗案多少"等"地方情形"外，刺探各级官员隐秘政声也是一个重要内容。如康熙四十九年（1710）十二月，康熙皇帝谕示福州将军祖良璧了解"总督居官如何"[93]；康熙五十二年（1713）七月，又以朱批密谕贵州巡抚刘荫枢"前任提督做官、为人何如？写密折奏闻"[94]；康熙五十年（1711）初，皇储矛盾再度激化，次年正月，康熙皇帝诏令京中大臣，如领侍卫内大臣、大学士、尚书、副都统、侍郎、学士、副都御史等三品以上大臣使用密折纠参“乱臣贼子”“大奸大贪之辈”[95]。

因此类奏折事关机密，康熙皇帝特别注意保密，并制定了几条制度：一是具折人必须亲自书写密折或由自己的子弟书写。对曹寅、李煦、王鸿绪等人，则要求他们“亲手密密写来奏闻”；对贵州巡抚刘荫枢，则谕示：“已后凡奏折，须尔亲手写来。”康熙五十年（1711）又谕：“嗣后满汉文武大臣请安折子，俱着亲自缮写封奏；若自己总不能写者，令各人子弟缮写。其令子弟所写者，将伊弟某人、伊子某人名字注写。若有启奏事件，即于请安折子内具奏。”[96]二是坚持奏折自阅自批，以防泄密。如康熙五十四年（1715）十月，康熙皇帝称：“各处奏折所批朱笔谕旨，皆出朕手，无代书之人。此番出巡，朕以右手病，不能写字，用左手执笔批旨，断不假手于人。故凡所奏事件，惟朕及原奏人知之，若有漏泄，亦系原奏者不密。朕听政年久，未尝轻以语人也。”[97]三是绕过通政使司、内阁，另辟进折途径。凡外省奏折到京，或京官奏折，例应诣“宫门”呈递，以径达御前。如康熙皇帝驻跸畅春园或秋狝木兰，则赴畅春园或热河行宫进折。奏事官员分别由侍卫、太监组成，负责接折并转递御前。有时康熙皇帝还专门召见外省官员进折人员，以核实真伪并询问有关情况。奏折批复后，也不经内阁、六科等机构，而是径交兵部捷报处，由驿递发出，交有关官员执行。由于采取上述诸多措施，康熙时期，虽具折人员一再增加，但奏折传递一直畅通无阻，也很少发生失密情况，从而进一步加强了对各级官员的监察和对全国情况的了解。

在利用奏折加强监察工作的同时，康熙中期以后，康熙皇帝还允许外地将军、督抚、提镇、总兵等高级地方官员和中央部院官员一样，凡遇紧急、重要、疑难事件，使用奏折，绕过通政使司和内阁，直抵御前，请旨处理。由于此类奏折使得康熙皇帝能在地方官员正式题本之前预先了解地方情况，可以预为部署，或就如何决策有一个与地方官员互相商讨的缓冲时间，因而得到康熙皇帝的赞赏和提倡，康熙四十年（1701）以后，遂在地方官员中普及开来。其大致程序是，地方紧急、重要、疑难事务，大多先由督抚、提镇等地方官员具折向康熙皇帝请旨，朱批允准后，再正式具题并咨知关系部院，完成公文批准手续并正式执行。不久，对于一些情况紧急的奏折，如果待朱批允准后再正式具题，将会贻误时机，康熙皇帝则径将奏折交阁部议行或直接敕部遵行，从而使其与题本一样具有正式公文作用。康熙五十年（1711）以后，此类奏折在数量上大有超越中央部院奏折请旨和亲信臣工、家奴奏折之势，并与上述两类奏折一起构成奏折的主要组成部分，对康熙皇帝较快地获取地方信息，对监察工作的加强和中枢决策准确程度的提高，都发挥了重要的作用。

因为密折输送信息快捷，且较为真实，有利于保密，在及时获取信息以及中枢决策中都能处于主动的地位，因此，自密折制度实行之后，在康熙皇帝的心目中，奏折的地位不断上升。为此，他多次谕示臣下具折言事，批评不具折言事的官员，反复强调使用奏折的意义和作用。康熙五十一年（1712）正月，他谕令京中三品以上官员："朕为国为民，宵旰勤劳，亦属分内常事。此外所不得闻者，常令各该将军、总督、巡抚、提督、总兵官因于请安折内附陈密奏，故各省之事不能欺隐，此于国计民生大有裨益也。尔等皆朕所信任，位至大臣，当与诸省将军、督抚、提镇一体于请安折内，将应奏之事各罄所见，开列陈奏。所言若是，朕则择而用之；所言若非，则朕心既明，亦可手书训谕，而尔等存心之善恶诚伪，亦昭然可见矣。”“尔等果能凡事据实密陈，则大奸大贪之辈不知谁人所奏，自知畏惧；或有宵小诳主窃卖恩威者，亦因此顾忌收敛矣。”[98]康熙五十五年（1716）十月，又谕示大学士等：“朕令大臣皆奏密折，最有关系，此即明目达聪之意也。其所奏之事，或公或私，朕无不洞悉。凡一切奏折，皆朕亲批。诸王、文武大臣等知有密折，莫测其所言何事，自然各加警慎修省矣。”[99]康熙五十六年（1717）十一月，他又谕示：“大臣乃朕股肱、耳目，所闻所见，即应上闻。若不可用露章者，应当密奏。天下大矣，朕一人闻见，岂能周知？若不令密奏，何由洞悉？”“令人密奏，亦非易事，偶有忽略，即为所欺。朕听政有年，稍有暧昧之处，皆洞悉之。人不能欺朕，亦不敢欺朕，密奏之事，惟朕能行之耳。”[100]总之，在康熙皇帝看来，密折可使自己不受各级官员的蒙蔽，能随时掌握各级官员的真实动向，一定程度上亦可防止无中生有，蓄意攻讦、诬陷之事，其作用甚至在题奏本章之上。正是基于这种认识，康熙后期，特别是康熙五十年（1711）以后，奏折数量急剧上升，在国家政治生活中发挥了十分重要的作用。康熙皇帝曾不无得意地说：“欲知天下事理，密折胜于微行私访。宋太祖、明太祖皆有易服微行之事，此或假为传闻，以警众人耳。然此等事朕断不行！若如此行，举国臣民，以有汝等仆隶，未有不识朕者，非徒无益，亦于大体有伤。”[101]

经由康熙皇帝提倡，康熙后期，奏折使用范围和数量虽有较大发展，但总的看来，仍然处于早期发展阶段。其一，就输入信息总量而言，主要构成仍是题奏本章，奏折仅居附庸地位。其二，除个别奏折因为内容重要、紧急而交部议行外，多数奏事请旨奏折仍需具题。也就是说，终康熙一朝，奏折并未取得上行文书的合法地位。其三，由于奏折处于始创时期，各种规章制度并不健全。即以接折机构而言，有时是奏事官员，有时又由内阁接折，并不统一。其他如奏折录副、存档、缴批制度也都没有建立。只是到了雍正时期，奏折制度才正式形成，并在国家政治生活中发挥着更加重要的作用。



## 六、改革旗务

八旗制度是清代特有的一种政治、军事制度，在清朝兴起和入关、统一全国的过程中发挥了极其重要的作用。康熙皇帝在位期间，鉴于八旗既是统治全国的依靠力量，同时又在某种程度上影响皇权加强的现实，先后采取各种措施改革旗务，进一步加强了对八旗的控制和管理。

康熙皇帝改革旗务所采取的第一个措施就是增扩八旗规模。作为满洲政权兴起过程中创立的一个重要的军事制度，早在入关之前，随着形势的发展，八旗的规模即不断扩大和完善。以民族成分而言，则于满洲八旗之外另建蒙古八旗、汉军八旗；以兵种而言，则于原来一般八旗军之外另行组建八旗护军、前锋、骁骑等营。康熙皇帝亲掌政权之后，鉴于清朝疆域辽阔及军事技术不断进步，先后进行了扩大八旗兵源、增设八旗兵种、完善八旗驻防等重要活动。

首先是组建“新满洲”，扩大八旗兵源。入关之初，出于军事上统一全国和抵御沙俄东侵的需要，清朝政府即将黑龙江下游一带边疆居民陆续编入旗籍。如顺治时期，驻防在宁古塔（今黑龙江省宁安县）的梅勒章京沙尔虎达带兵到黑龙江下游抗击沙俄侵略时，就开始对“枯尔凯”（虎尔哈）“使犬地方”（即赫哲人居住地）的居民按氏族编组牛录（佐领），后来沙尔虎达又派人到“使犬地方”收取贡赋。康熙皇帝亲政后，面对沙俄加剧东侵、我国东北边疆警报频传的现实，为了打败入侵者，一方面调集官军防守东北，一方面加快对东北各部落和各族人民的收编，组建“新满洲”。康熙十年（1671），康熙皇帝将居于珲春东部烟楚（岩杵）河以东沿海一带的库雅拉人等移来，编为十二佐领；康熙十二年（1673），世居松花江下游诺罗河（今挠力河）、乌苏里江和穆棱河等地的“累世输贡”的赫哲族墨尔折勒氏请求内迁，宁古塔将军巴海遵照康熙皇帝“善布教化”的谕旨，将其内迁至宁古塔附近，编为四十佐领；康熙十六年（1677），在吉林又“将伊撤人等编设佐领二十六员”；康熙五十三年（1714），在三姓（伊兰）将赫哲一千五百三十余丁编为四佐领，在珲春将原在黄岛与海参崴一带捕海獭的库雅拉人编为三佐领。对于编组的“新满洲”，康熙皇帝下令由满洲八旗（“旧满洲”）官兵教以骑射、礼义，并由官员发给籽种、口粮等，屯田耕种。

在编组“新满洲”的同时，康熙皇帝还建立“布特哈（满语打牲之意）八旗”，负责统一管辖分布在从石勒喀河、额尔古纳河到精奇里江口之间黑龙江中上游地区的鄂温克、达斡尔与鄂伦春人（统称索伦部）。康熙初年，清朝政府将鄂温克人二千三百一十四丁按姓氏编为二十九佐领。康熙六年（1667），清朝政府又将达斡尔未编佐领的一千一百余口编为十一佐领。在此基础上，设立了索伦副都统品级官员，实行统一管理，建立了“布特哈八旗”。康熙十二年（1673），布特哈八旗已拥有四千五百二十四丁。康熙二十三年（1684）索伦副都统品级官员升格为都统级，正式定名为“索伦总管”，同时增设一名达斡尔总管。康熙三十年（1691）又增设“满洲总管”，并建总管衙门于伊倭齐，统一管理黑龙江中上游两岸居民。



康熙三十年代后，康熙皇帝因东北兵源紧张，又将编旗范围扩大到居住在黑龙江、松花江等地的锡伯、达斡尔族人和蒙古各部等。康熙三十一年（1692）蒙古族科尔沁部将所属锡伯、卦尔察、达斡尔丁一万四千四百五十六名全部进献，康熙皇帝将其中“可披甲者”（即能披甲作战之人）一万一千八百余名皆分入上三旗（镶黄旗、正黄旗、正白旗），每一百五十人编一牛录，共编为八十牛录。同年，在贝加尔湖东岸游牧的喀尔喀蒙古巴尔虎部不愿投降噶尔丹而南下游牧至张家口外。王大臣讨论后，即要求将巴尔虎人拨盛京等处“披甲吃粮”，康熙皇帝立即同意，将巴尔虎一千二百七十三丁按每百名编一佐领，分驻东北各地。

康熙皇帝扩编八旗规模，既促进了边疆地区社会经济的发展，也为八旗军队补充了新鲜血液，使清朝的军事力量大大增强，从而为平定叛乱、抗击外族侵略、保卫国家的统一和安全奠定了基础。三藩之乱时，东北之兵源源入关；抗击沙俄侵略时，“新满洲”和布特哈八旗成为清朝军队的重要组成部分。

其次是增设八旗兵种，提高其作战能力。这方面突出的例子是火器营和虎枪营的设立。清朝入关后，把八旗分为驻守北京城内的禁卫兵和驻守京外紧要地方的驻防兵。不论是禁卫兵还是驻防兵，起初使用的主要是刀矛弓箭等冷兵器，虽作战勇敢，但威力毕竟有限。康熙三十年（1691）康熙皇帝下令在满洲八旗禁卫兵和蒙古八旗禁卫兵中设立火器营，鸟枪护军，每人各给鸟枪一，八旗各给子母炮五，专司教演火器。以大臣总理，其下设鸟枪护军参领（十六人）、鸟枪骁骑参领（二十四人）、鸟枪护军校（一百一十二人）、鸟枪蓝翎长（每旗满洲二十人、蒙古八人，共二百二十四人）等官，八旗满洲、蒙古每佐领下鸟枪护军七名，炮骁骑一名，组成火器营。虎枪营的设立早于火器营。康熙二十三年（1684），黑龙江将军进上“精骑射、善杀虎之伊彻（新）满洲”四十人至京，分隶上三旗，遂设虎枪营。虎枪营以公侯领侍卫内大臣一人兼总统，其下每旗设总领一人、虎枪长一人，在亲军校、亲军前锋校、前锋护军校、护军骁骑校、骁骑领催及闲散人内选出三百六十人，作为虎枪人。凡遇蒐狩，则虎枪营总领率所属为前导。

再次是完善八旗驻防，将八旗部队派往各地，在全国构成一个完整的八旗驻防体系。八旗驻防，并非始自康熙皇帝。顺治迁都，命和洛会为盛京总管，设左右翼梅勒章京，统领满、蒙、汉八旗兵驻防盛京，并设各城城守官，是为清入关后驻防之始。不久，清朝政府又在独石口、张家口设防御，遣甲兵驻守。顺治二年（1645），复遣八旗兵驻防顺德、济南、德州、临清、徐州、平阳、潞安、蒲州八城，每城设协领一人、章京八人，是为直省驻防所自始。但顺治年间的八旗驻防因兵源不足、军事形势未定等原因，尚未形成体系，只是一些零星的驻防点。到了康熙年间，随着兵源的不断增加、割据势力的渐次消灭，八旗驻防全国以稳定清朝统治既成为必要，也有了可能。于是，康熙皇帝开始构筑八旗驻防的完整体系：



畿辅驻防，康熙十四年（1675）设察哈尔八旗，驻防口外。山海关增设总管一人、防御八人，满、蒙、汉兵七百余人。寻设张家口总管一、防御七，兵一百三十余；独石口、古北口增设防御各二，喜峰口防御二，冷口、罗文峪防御各一，兵多则六十人，少则十二人。

东三省驻防盛京，康熙元年（1662）改盛京昂邦章京为镇守辽东等处将军，梅勒章京二人为副都统，统辖协领、佐领、骁骑校；康熙四年（1665）改辽东将军为奉天将军；康熙十四年（1675）设锦州、义州城守尉各一，佐领、骁骑校各有差，各边门皆置防御一，寻设开原防御三、金州防御一，兵弁各有差；康熙五十五年（1716）设金州驻防水师营，船十号，兵五百，水手一百。吉林，康熙元年（1662）改宁古塔昂邦章京为将军，梅勒章京为副都统；康熙三年（1664）设水师营总管各一员；康熙七年（1668）增宁古塔协领二；康熙十年（1671）以宁古塔副都统一，佐领、骁骑校各十一，兵七百，移驻吉林，又增吉林协领八，佐领、防御、骁骑校各十二，兵六百人，寻复增防御十五人；康熙十五年（1676）移宁古塔将军驻吉林，留副都统于宁古塔，增吉林副都统一人；康熙三十一年（1692）设白都讷协领二人，佐领、骁骑校各三十，防御八；康熙五十三年（1714）设三姓、珲春协领一，佐领、骁骑校、防御有差。黑龙江，康熙初年自吉林移水师营驻守齐齐哈尔，水手一千余；康熙二十二年（1683）设黑龙江将军，原水师营总管等并属之，设副都统二，协领四，佐领、骁骑校各二十四，防御八，满洲兵一千，索伦、达呼尔兵五百，驻瑷珲城；康熙二十三年（1684）设打牲处总管一，副总管二，以索伦、达呼尔壮丁编设佐领、骁骑校，寻于墨尔根城设驻防兵；康熙二十九年（1690）移黑龙江将军驻墨尔根，又增协领四，佐领、骁骑校各七，索伦、达呼尔兵四百余，以副都统一人统兵驻瑷珲，寻设兵千余，驻防齐齐哈尔；康熙三十八年（1699）黑龙江将军又从墨尔根移驻齐齐哈尔；康熙四十九年（1710）设墨尔根副都统一人。

各直省驻防，康熙十三年（1674）增西安右翼四旗满、蒙马甲一千，弓、铁匠十四，汉军马甲等之，江宁马甲一千；后又各增兵二千及弓、铁匠等；增京口步甲千人；康熙十五年（1676）设陕西、宁夏八旗满、蒙领催，马甲、步甲、弓、铁匠；康熙十九年（1680）设福建福州左翼四旗汉军领催、马甲、步甲、铁匠，及满、蒙步甲；康熙二十年（1681）设广东广州镶黄、正黄、正白上三旗汉军领催、马甲、炮甲、弓匠；康熙二十二年（1683）设湖广荆州八旗满、蒙领催，马甲、步甲、弓、铁匠，共二千八百余，寻增至四千人；同年增设西安将军，增设满洲左右翼副都统各一，汉军左右翼亦如之，八旗满、蒙协领各八，汉协领、佐领、防御、骁骑校不等，满、蒙、汉兵共七千，满、蒙步军七百，暨弓、铁匠等；康熙二十三年（1684）续设广州镶白、正红、镶红、正蓝、镶蓝五旗汉军兵，设将军一人，副都统二，协领、参领各八，防御、骁骑校各四十，八旗鸟枪领催、鸟枪骁骑、领催、骁骑、炮骁骑、弓、铁匠共三千有奇，兼置绿旗左右前后四营，将领八，兵三千四百有余；寻于福州、荆州、宁夏、江宁、京口、杭州并分设鸟枪领催、鸟枪骁骑、领催、骁骑各有差，京口步军内兼设鸟枪、弓箭、长枪、藤牌等兵额；同年增设杭州驻防八旗满、蒙、汉兵共三千二百人；康熙三十二年（1693）设山西右卫八旗满、蒙、汉护军、领催、马甲、铁匠共五千六百有奇，以将军统之，设随甲四十八，笔帖式六；康熙三十六年（1697）裁京口绿旗水师总兵，改设京口副将，分左右二营，设游击以下将领八人，兵一千九百人；康熙五十九年（1720）设河南开封满、蒙领催、鸟枪领催，马甲、鸟枪马甲、弓、铁匠；康熙六十年（1721）设四川成都副都统一，协领四，佐领、防御、骁骑校、鸟枪领催、鸟枪骁骑、骁骑暨步军，弓箭、铁匠。

综上所述，康熙时期的八旗驻防基本遍布于全国，从而大大加强了对全国各地的军事控制。

在采取措施增扩八旗规模的同时，鉴于多年来八旗一直是清朝统治者巩固统治的主要依靠力量，入关后由于种种原因八旗兵丁又日渐贫困的现实，康熙皇帝关心旗人生计，采取各项措施，解决旗人贫困问题。

入关之初，八旗生计并不成为问题。清朝统治者对八旗大小官员、士兵，各按规定分拨房屋、土地，发放粮饷。地位最低的披甲人（步兵）也能得到房二间（后改为一间）、耕地三十亩、月饷银二两（一度降为一两）、年米十余石。此外，出征另发“行粮”，每人每月银二两，每日小米八合三勺。钱粮充足，固八旗人的待遇很优越。但因顺治年间战争频繁，八旗兵战时自备器械，负担沉重，兼以八旗子弟养尊处优、入手妄用、生活腐化、不置产业等原因，八旗生计问题逐渐严重。当时国家财政拮据，对此也无能为力，因而八旗贫困化日益加剧，不仅兵丁大量卖地，甚至官员也出卖庄田、奴仆。康熙年间，征战之事渐少，但八旗人不从事生产劳动、不注意节俭等作风却没有改变，而且随着时间的推移，八旗生齿日繁，人口大量增加，官员们又对旗人进行剥削和掠夺，旗人生活困难，被迫举债求生，结果却又陷入高利贷的深渊，不得不用月饷的一半以上支付借款利息，无法自拔，甚至成年娶不起妻，死后没有葬地。于是，康熙皇帝不得不着手解决旗人生计问题。其主要措施有：

（一）增给八旗兵丁粮饷。康熙皇帝亲政初，就意识到满洲甲兵月饷菲薄，“不足养赡妻子家口”，故于康熙九年（1670）三月令户部、兵部议加月饷。随后经两部议准，甲兵每人月增银一两，年增米二斛。康熙三十年（1691）二月，康熙皇帝因口外驻牧的察哈尔八旗兵丁遇事一同效力却未给过钱粮，令“嗣后察哈尔护军校、骁骑校、护军、拨什库，着月给钱粮各二两，甲兵及执事人，并太仆寺收厂人役，着月给银一两，俟其赡足时停支”[102]。八旗兵丁出征作战时，康熙皇帝又下令增给粮饷。康熙二十九年（1690）为了备兵抗击噶尔丹，奉天将军绰克托预给次年二月俸粮和五个月钱粮。九月，战事结束，户部要求扣回预发之饷，并治绰克托之罪，康熙皇帝没有同意。康熙三十四年（1695）八、九月间，康熙皇帝准备征讨噶尔丹，令盛京出兵，“官兵各给粮两月，并给来岁一年俸饷”[103]。

（二）令闲散满洲披甲当差，增派八旗驻防外地。康熙十二年（1673）十二月，康熙皇帝以满洲子弟嬉游、奢侈因而贫困负债者多，提出令各佐领酌量归并余丁，停其家人披甲，令“闲散满洲”即无业的八旗子弟披甲入伍，则满洲人各得食粮，“少资生理”。经大臣讨论，提出具体办法，即满洲、蒙古都统下每一佐领除留一百三十人以上、一百四十人以下外，其余丁另合为佐领，以后新买喀尔喀蒙古之人，停其充入满洲数内。针对京内旗人不断增加、生活逐渐困难的情况，康熙皇帝又增派驻防。康熙四十九年（1710）四月，康熙皇帝以右卫（今山西省右玉县）有空闲官房若干，而京城八旗兵丁“无屋可居者有之”，令右卫添设八旗骁骑二千四百名、汉军火器营兵六百名，“将现在空闲官房拨派居住”。康熙六十一年（1722）三月，京师附近郑家庄建成王府一座及兵丁住房，康熙皇帝临时改变主意，令八旗每佐领下派出一名，满洲编为八佐领，汉军编为二佐领，前往驻防，以解决其住房问题。

（三）救济抚恤八旗贫人。康熙十七年（1678）四月，康熙皇帝下令丈量内务府及诸王大臣田地，有溢额者，给予八旗兵丁作葬地。满洲、蒙古及包衣每佐领给地十五亩，汉军另户兵少，每佐领给地七亩半。康熙二十三年（1684）康熙皇帝又批准议政王大臣建议：旗人兵丁无妻室者，官给资婚娶；无房屋者，令八旗官员有房四十间者，拨一间给予居住；无田土者，以户部所存未分拨田土拨给。康熙三十四年（1695）五月，康熙皇帝又下令在京城之外，按各旗方位，每旗各造屋二千间，给予无屋兵丁居住，每人二间。每遇灾荒，康熙皇帝还及时对八旗之人加以赈济；对年老及出征伤残人员，康熙皇帝也加以抚恤，千方百计改善其处境。



（四）代清旧债，设立官库。康熙三十年（1691）康熙皇帝下令由国家偿还八旗兵丁债务，并规定设立官库，许官银借贷，着大臣管理。这年二月，康熙皇帝谕户部：

> 八旗甲兵，国家根本，当使生计充裕，匮乏无虞。向因剿除三逆（指三藩），久历行间，制办军器，购送马匹，兼之户口日增，费用益广，以致物力渐绌，称贷滋多。朕每念及，深为轸恻。若不大沛恩施、清完夙逋，将愈至困迫，难以资生。今八旗满洲、蒙古护军校、骁骑校及另户护军、拨什库、马甲，并子幼，或无嗣、寡妇、老病、伤残、告退人等，家下马甲，所有积债，尔部动支库银给还。汉军每佐领各给银五千两，令其偿完债负外，余者各该都统收贮，以备公用。……八旗兵丁债负偿完，恐犹有不得已而称贷之事，若向部内借支，事务繁扰。今发帑银，交与八旗，将各旗内部院堂官派

出，会同该旗都统、副都统，视其需用之事借给，于每月银粮陆续扣除。如此，则兵丁不至窘迫，将来可免称贷之累，永有裨益矣。[104]

借了官库银而无力偿还的，康熙皇帝就豁免其欠。康熙三十六年（1697）七月，康熙皇帝下令“免三次出兵八旗兵丁所借官库银两”。康熙四十二年（1703）贷给八旗兵丁银六百五十五万余两，至康熙四十五年（1706）冬，除陆续扣除外，尚欠三百九十五万余两。康熙皇帝考虑到，“若仍行按月扣除，恐各兵营办器用、赡养室家，必有不敷之虑”，乃令“将未经扣取银两，通行豁免”[105]。



这些措施的实行，一定程度上解决了八旗贫困的问题，稳定了八旗军心，对封建统治的巩固大有裨益。但也须指出，作为满族统治者，康熙皇帝视八旗为国家根本，为了保证旗人在国家中的优越地位，并未开放八旗谋生之路，如允许旗人从事其他行业的生产劳动、组织八旗屯田等，只是采取一些消极的措施加以救恤，可谓治标不治本，并不能从根本上解决问题。在封建国家的保护、优容和限制下，旗人依旧是不问生产，生活腐化，八旗子弟更是养尊处优，不学无术，蜕变为寄生虫，这在一定程度上又促进了八旗制度的腐朽，也反过来加剧了八旗的贫困。

增扩八旗规模、关心旗人生计之外，为了加强皇权，康熙皇帝还采取措施压抑下五旗旗主、诸王的权力，并加强对一般旗人的管理。顺治皇帝亲政后，把八旗分为上三旗（镶黄、正黄、正白）和下五旗（正红、镶白、镶红、正蓝、镶蓝），上三旗由天子自将，下五旗由诸王、旗主分将，以加强皇权。但这种改革远远不够，因为下五旗旗主、诸王对于皇权仍有相当的独立性，在国家政事处理中也有较大的发言权。为了防止下五旗旗主、诸王离心倾向的增长，进一步加强皇权，康熙皇帝采取了以下措施。

首先是限制旗主、诸王的特权，禁止其干预地方政事。康熙十八年（1679）八月，康熙皇帝亲自下令，地方官将旗主、诸王等派人扰害勒索地方、干预地方政事者具奏严拿，并“将主使之人究出，从重治罪”。次年十月，康熙皇帝又下令有关部门制定出《旗下人出境干求处分则例》，规定：“旗人私往外省地方，借端挟诈、嘱托行私、犯扰小民等弊者，系平人，枷号三月，鞭一百；系官，革职，鞭一百，不准折赎。失察之佐领罚俸三月，骁骑校罚俸六月。其差遣家仆之人，系闲人，鞭一百；系官，革职。差去之仆，枷号一月，鞭一百。”[106]这个规定对旗人干预地方政事的惩处是相当严的。

其次是寻机削弱宗室诸王的权力。在平定三藩之乱中，康熙皇帝先后派出八名亲王、郡王、贝勒担任大将军。康熙皇帝认为，他们之中“固有尽心王事、已著劳绩者”，但也不乏不实心任事、任意胡为者。胜利后，康熙皇帝对他们加重进行处理：宁南靖寇大将军顺承郡王勒尔锦、扬威大将军简亲王喇布、定西大将军贝勒董鄂、安远靖寇大将军贝勒察尼及贝勒尚善等五人皆削爵，奉命大将军康亲王杰书罚俸一年，只有安亲王岳乐、信郡王鄂札立功受奖。康熙二十四年（1685）安亲王岳乐因隐瞒一外藩蒙古喇嘛，被康熙皇帝革去议政及掌宗人府事，罚俸三年。经过康熙皇帝的打击，宗室诸王参与议政的人数日益减少，在旗内的势力也大大下降。与此同时，康熙皇帝扶植自己的兄弟和皇子，使其参与旗务，加强对下五旗的控制。康熙六年、十年，康熙皇帝分别封皇兄福全为裕亲王、皇弟常宁为恭亲王，并分给佐领，命参与议政。康熙二十九年（1690）七月，噶尔丹进犯至乌兰布通，康熙皇帝废弃以往必派军功勋旧诸王领兵出征的惯例，分任福全、常宁为抚远大将军、安远大将军，带兵两路迎敌。康熙三十五年（1696）二月，康熙皇帝亲征噶尔丹，自将主力中路，下辖八旗大营，其中有四旗命皇子分统。康熙五十七年（1718）十月，康熙皇帝以旗务废弛为借口，令皇七子淳郡王胤祐、皇十子敦郡王胤䄉、皇十二子贝子胤祹分别办理正蓝旗、正黄旗、镶黄旗旗务，并要求其他各旗“效法”。



再次是改革宗室王公袭爵法和旗内都统、副都统补授办法。为了打破宗室王公世袭之例，削弱满洲贵族的势力，康熙皇帝于康熙二十七年（1688）二月下令，亲王以下、奉恩将军以上之子，俟其二十岁时，择其文化素养、武艺程度优者列名引见，请旨授封；只有亲王以下、奉恩将军以上有薨逝者，才准许其一个儿子袭爵，而不用等待年足岁满。康熙三十六年（1697）七月，康熙皇帝又以都统、副都统身负典兵重任，如果只在本旗内选授，则必受其所在旗旗主、诸王的掣肘，办事不得其正，下令“嗣后都统、副都统员缺，应于左、右翼内，不论旗分补授”[107]。通过这些措施，康熙皇帝大大限制和削弱了下五旗旗主、诸王的权势，进一步加强了皇权。

康熙皇帝在位期间，还加强了对普通旗人及其奴仆的管理。清朝入关后，八旗即以北京为基地，建立了另一套政治、经济、军事、司法等系统，不受地方官员管辖。因此，不少旗人为非作歹、作奸犯科，有些豪奴、悍仆更凭借主人的权势和旗人的优越地位肆行不法，欺凌民人，既妨碍了皇权的行使，也造成了严重的社会问题，激化了社会矛盾。为了巩固统治，加强对八旗的管理，康熙皇帝陆续采取了下列措施。

第一，扩大步军统领职权，整饬京城治安。康熙九年（1670）四月，他以京城内外“豪奴纠党，盗劫时闻”，令有关部门研究对策。随即经兵部、都察院奏准：“城内责步军总尉、步军副尉、步军校，城外责令五城御史、司坊官、巡捕营弁，每日巡缉。城外各巷口，照城内设立栅栏，定更后，官员军民等不许行走。犯者照例惩治，并著为令。”[108] 康熙十三年（1674）为解决京城内治安多家管理的问题，康熙皇帝令步军统领提督九门事务，统管内城治安。康熙三十年（1691）二月，康熙皇帝又下令步军统领兼管外城，将巡捕三营归并步军统领管辖，督捕、都察院、五城御史所管事宜俱交于步军统领管理。经此改革后，京师内外“盗贼渐减，官民获安”，治安状况大为好转。

第二，严惩害民庄头及奴仆。清初圈地后，旗人在京师周围建了很多田庄，“设庄头，主征租”。这些庄头及豪奴悍仆依恃其主，武断乡曲，横行不法，甚至殴辱地方官员，气焰十分嚣张，影响极坏。康熙二十一年（1682）二月，新任直隶巡抚格尔古德陛辞，康熙皇帝叮嘱其到任后，对所有凶恶庄头加意严查，务期惩创，“即皇庄亦毋宽宥”。针对这些人有背景、后台硬、地方官员多不敢过问的情况，康熙皇帝于同年七月又命刑部尚书魏象枢、吏部侍郎扩尔坤，会同格尔古德巡察直隶地方，并明确指出："有势要豪强、旗人庄头大为民害者，廉访确实恶迹，指名题参，重加惩处，以警奸徒，用安良善。"[109]为限制不法奴仆，康熙皇帝还令奴主严加管教，否则，奴仆生事，罪及其主。康熙十八年（1679）八月，康熙皇帝对奴仆犯法等事制定了具体、严格的处罚条例。康熙二十四年（1685）十二月，旗人史书辱骂顺天府丞王维珍，为王维珍举首，刑部议将史书枷号一月，鞭一百。康熙皇帝很不满意，令照康熙十八年定例将史书从重治罪，对史书之主康亲王杰书"一并察议"，王维珍则"议叙"，以示鼓励。康熙二十七年（1688）三月，有旗人吴学经等人殴辱职官杜亮采被题参，康熙皇帝又下令对"平日不行严束家奴"的监生吴世英、旗人孙登高进行惩治，吴世英出仕之日罚俸两个月，孙登高鞭五十。康熙皇帝进而下令：嗣后若奴仆有犯殴辱官员者，其家主俱照此例治罪。



第三，将旗人、民人合编保甲。康熙二十五年（1686）二月，康熙皇帝擢于成龙为直隶巡抚，由其治理向称难治的直隶地区。于成龙陛辞时，康熙皇帝对他说："直隶地方弭盗原是要务。若旗下各庄人户不守法度，尔须执法严治，亦不得瞻徇顾忌。"有康熙皇帝的支持，于成龙到任后马上着手治理旗人，上疏要求将旗人、民户合编保甲。于成龙指出，弭盗之方，在力行保甲；民户已编入保甲，惟有旗下庄屯不属州县管辖，故不在保甲之内。这些旗人，统领官远在京师，仅有拨什库在屯，约束不住，故违法者多。因此，于成龙要求将民人、旗人同编保甲，以拨什库与乡长互相稽查。于成龙的建议迅速得到康熙皇帝批准，京师周围的旗人陆续被编入保甲，部分接受州、县的管辖，旗人特权也受到一定程度的限制，稳定了社会秩序，加强了专制主义中央集权。



## 七、四出巡幸

康熙皇帝在位期间，先后进行了为数频繁的巡幸活动。千里冰封的关外，一望无际的漠北，山清水秀的江南，雄浑壮丽的秦中，无不留下了他的足迹。通过这些巡幸活动，康熙皇帝周知民情，兴利除弊，进一步加强了自己的统治，同时也提高了国内各民族对中央政权的向心力，巩固了统一，对当时和此后清朝政局的发展都产生了深远的影响。兹将康熙皇帝影响较大的巡幸活动分别作一介绍，以见其巡幸之概貌。



在康熙皇帝的各种巡幸活动中，最先进行的是巡幸辽东。辽东是清朝先世发祥之地，在清朝政权建立和发展过程中有着极为重要的作用。顺治元年（1644）多尔衮率军入关，清朝政治中心南移，原来的都城盛京被降为陪都，但盛京及整个东北地区依然被清朝统治者所重视。顺治皇帝亲政后，曾想出关谒陵，但因中原战火彼伏此起，这一愿望终未实现。康熙初年，国内局势渐渐平稳，东北边疆却因沙俄东侵而烽火连年，因此，康熙皇帝亲政后，先后采取一系列措施，以加强东北边防，他本人亦于康熙十年（1671）、二十一年（1682）、三十七年（1698）先后三次东巡盛京、吉林，不但巩固了边防，也进一步加强了清朝政府对东北地区的统治。

晋谒祖陵，是康熙皇帝三次东巡的共同主题。东北清朝祖陵有三处，其中清太祖努尔哈赤父、祖陵墓在盛京以东之赫图阿拉，是为永陵。清太祖努尔哈赤陵墓福陵、清太宗皇太极陵墓昭陵皆在盛京。明万历十一年（1583），清太祖努尔哈赤以十三副父、祖遗甲起兵，经过三十多年的征战，始将满洲统一，建立自己的政权。不久为了反抗明朝的压迫，又以七大恨祭天伐明，努尔哈赤与其子皇太极历经萨尔浒、辽沈、松锦等战役，击败明军主力，对于清朝的兴起和发展做出了重要的贡献。康熙十年（1671）清兵入关已近三十年，国内局势平稳，“寰宇一统”，为了告慰两代创业皇帝在天之灵，康熙皇帝首次出关谒陵。他说：“朕缵承隆绪，上托祖宗洪庥，天下底定，仰体皇考未竟之志，躬诣福陵、昭陵，虔修祀事，以告成功。”[110]康熙皇帝拜谒祖陵亦是实现其父顺治皇帝未竟之志。康熙二十一年（1682）三藩叛乱平定后，康熙皇帝再次东巡，除谒陵外，还率群臣至松花江畔，遥向长白山行三跪九叩之礼，以拜谒传说中的始祖布库里雍顺。康熙三十七年（1698），噶尔丹叛乱平定后，康熙皇帝第三次东巡，告祭祖陵，同时亦往开国功臣扬古利、费英东、额亦都之墓奠酒。总之，前后三次东巡，都是选择在国内事务处理获得重大成功之日。通过这些活动，康熙皇帝向列祖列宗和天下臣民表示，自己上不负祖宗期望，下不负臣民拥戴，从而进一步巩固了自己的统治。

拜谒先祖陵寝之外，鉴于当时沙俄东侵，边防危机，亲临东北督察防务，便成为康熙皇帝东巡的另一个重要目的。如首次东巡，拜谒祖陵后，康熙皇帝即“启銮北行”，至叶赫站，召见宁古塔将军巴海，询问宁古塔及瓦尔喀、虎尔哈、费雅喀、赫哲等各族人民风俗情况，告谕巴海说：“朕向闻尔贤能，今侍朕左右，朕益知尔矣。费雅喀、赫哲虽服，然其性暴戾，当善为防之。尤须广布教化，多方训迪，以副朕怀远至意。罗刹（即俄罗斯）虽云投诚，尤当加意防御，操练士马，整备器械，毋堕狡计。”[111]特意指示当加意防备俄罗斯。康熙二十一年（1682）东巡盛京告祭祖陵后，康熙皇帝又率众巡视了吉林乌喇等地。吉林，旧名船厂，自明初以来即为我国重要的造船基地。清顺治十八年（1661）即在此设立了水师营，为水陆交通要地，又是修造船舰、训练水兵的重要军事基地。康熙皇帝驾临此地，检阅水军，督察战备，宁古塔将军巴海将大小几百艘战船和精锐官兵全部集中，排列阵式，接受检阅，场面十分壮观。



此次东巡后，为了加强边境防务，康熙皇帝特地增调兵力。康熙二十二年（1683）他又决定派兵永戍黑龙江，于黑龙江流域的瑷珲、额苏里增兵两千余人，筑城防守，扼制了沙俄士兵的南侵，随后即展开雅克萨之战，终将雅克萨的沙俄围歼。康熙二十八年（1689），中俄双方签订《尼布楚条约》，中俄边界问题遂基本得以解决。康熙三十七年（1698），亦即中俄《尼布楚条约》签订和西北噶尔丹叛乱平息后，康熙皇帝又一次东巡，途中取道塞外，出长城口外适值中秋，他作《口外中秋》一诗。诗云：

荒塞天低夜有霜，一轮明月照苍凉。

不贪玉宇琼楼看，独在遐陬理外疆。[112]

诗中道出了他出巡东北的目的，仍然是“理外疆”之事务。九月，他再次巡幸吉林乌喇地方，接见驻守官员，以效力勤劳、对俄罗斯作战有功，授黑龙江将军萨布素一等阿达哈哈番[113]，授副都统喀特胡拜他喇布勒哈番[114]，并赐御用蟒袍、缀帽，以表彰其在抗击沙俄侵略中的功勋。

谒陵、观兵之外，“问俗”亦是康熙皇帝东巡的一个目的。入关以后，随着政治、经济的发展，不少边远地区的满族人民也纷纷内附，对此，清朝中央政府一概予以欢迎并将其编入旗籍，号为“新满洲”。当时，新老满洲是清朝统治东北的主力，也是其统治中原的后备力量。为表示对他们的关怀之情，康熙皇帝每次东巡，都要对这一带的贵族、官吏、士子、百姓普遍加恩，向盛京将军以下文武官员赐宴，召见老者，抚慰战伤的老兵，赦免罪囚，减免赋税。如第二次东巡时，在盛京拜谒福陵、昭陵后，即谕户部、刑部：“山海关以外及宁古塔等处地方官吏军民人等，除十恶等真正死罪不赦外，其余已结未结一切死罪，俱着减等发落；军流徙杖等犯，悉准赦免；奉天、锦州二府属，康熙二十一年（1682）地丁正项钱粮着通行蠲豁，其官役垫补、包赔等项应追银两，察果家产尽绝，亦并豁免。”[115]巡幸吉林，康熙皇帝发现兵丁役重差繁，劳苦至极，回銮之日，即降特旨革除兵丁无益差徭。尔后东巡，亦无不以体察民情、关心兵民疾苦为务。康熙皇帝的这些活动，对于团结东北地区的满洲贵族、百姓并进而加强其对全国的统治都起到了极其重要的作用。

康熙皇帝的各种巡幸活动中，次数最多的是巡幸塞外。

早在平定三藩叛乱期间，康熙皇帝即开始了塞外之行。康熙十六年（1677），康熙皇帝首次北巡。三藩之乱平定后，康熙二十年（1681）四月，二次巡视塞北，并在塞北蒙古地区建立了木兰围场。此后一直到康熙皇帝逝世，几乎每年康熙皇帝都要到木兰围场。其间只有两年康熙皇帝因故未去，一是康熙二十一年（1682）康熙皇帝东巡盛京、吉林；一是康熙三十五年（1696）康熙皇帝出征喀尔喀蒙古的克鲁伦河，追歼噶尔丹。其余三十八年，康熙皇帝每年都率八旗出塞，到木兰围场举行秋狝大典。可以说在康熙皇帝的各种活动中，巡幸塞外是一项重要的内容。

康熙皇帝所以如此重视塞北巡幸和秋狝木兰，首先是因为它对联络蒙古各部人民、团结蒙古贵族有着重要的作用。蒙古各部居于塞北长城口外，明朝时期，始终是明代北部边防严重的威胁。入关前，清朝政府即与蒙古各部建立了比较友好的关系，入关后，又以通婚等项政策进一步发展了这种关系。为了加强对蒙古各部的控制，巩固边防，康熙皇帝利用巡幸塞外之机，定期与蒙古各部上层贵族接触，以加强对蒙古各部的管理。康熙二十年（1681）四月，康熙皇帝第二次北巡时，喀喇沁、翁牛特蒙古诸部“敬献牧场，肇开灵囿，岁行秋狝”[116]，因此建立了木兰围场。木兰，系满语（Muran），汉语“哨鹿”之意。木兰围场位于内蒙古中心地带，北控蒙古，南“拱卫神京”[117]，具有极为重要的战略地位。它东西相距三百里，南北直径近三百里，周长一千余里，总面积一万余平方公里。围场四周设立四十座巡逻的卡伦，在隘口以木栅和柳条边为界。内部又根据地形的变化，划分六十七个小型围场。这既是清兵打猎习武的猎场，又是康熙皇帝安辑蒙古各部的禁苑。每届秋狝大典时，蒙古王公贵族纷纷赶至围场，分班扈猎，星罗景从，浩浩荡荡；围猎结束，又互相宴请，蒙古各部演奏自己的音乐，并举行摔跤、赛马等活动。康熙皇帝也赏赐他们大量绫罗绸缎、金银瓷器，气氛极为热烈。通过这些活动，既炫耀了清王朝的武力，密切了彼此的感情，又使蒙古王公"畏威怀德"，尽心尽力事奉朝廷。

北巡时，除联络蒙古王公之外，康熙皇帝还致力于调解蒙古各部之间的矛盾，消除不安定因素。康熙皇帝对蒙古各部采取"乱则声讨，治则抚绥"，"宣威蒙古，并令归心"的方针[118]。如康熙三十年（1691）五月，康熙皇帝亲自北巡，会盟多伦，主持喀尔喀三汗、部长、四十九旗札萨克会同大阅，以协调各部之间的关系，明确是非，解决纷争，然后颁爵封赏。多伦会盟结束了长期以来喀尔喀蒙古各部的内部纷争，密切了蒙古各部与朝廷的关系。归途中，康熙皇帝对扈从诸臣说："昔秦兴土石之工，修筑长城，我朝施恩于喀尔喀，使之防备朔方，较长城更为坚固。"[119]

康熙后期，为了更好地处理蒙古事务，除每年秋狝木兰外，还从康熙四十一年（1702）开始，在北京至木兰围场途中建立行宫，热河行宫避暑山庄就是其中之一。避暑山庄始建于康熙四十三年（1704），至四十七年（1708）初步完工，乾隆期间又进行大规模的改造和扩建，最后完工。避暑山庄的建成具有很重要的政治意义。康熙皇帝的孙子乾隆皇帝说："我祖建此山庄于塞外，非为一己之豫游，盖贻万世之缔构也。”[120]越来越多的蒙古事务，康熙皇帝皆在避暑山庄处理。避暑山庄成为康熙皇帝处理民族事务、加强北部边防的一个政治中心。建避暑山庄的同时，康熙皇帝还修建了外八庙，利用宗教来团结外蒙古、青海、新疆、西藏等地的少数民族。总之，康熙皇帝巡幸塞北以及与之相关的一些活动，对于北部边防的巩固，对于促进边疆少数民族和清廷的联系都起到了不可忽视的作用。

其次，康熙皇帝重视塞北巡幸和秋狝木兰，还因为围猎巡狩是一种军事训练，有利于保持满洲贵族和八旗子弟勇猛的斗志。由于承平日久，早在平定三藩叛乱期间，康熙皇帝即发现许多王公贵族怯战。康熙皇帝对此深恶痛绝，三藩之乱平定之后，他处罚了一批作战不力的满洲将领，同时也深深认识到八旗子弟“因承平日久，耽于安乐，不知以讲武习劳为务”[121]，如不加以扭转，势必产生严重后果。因此自康熙二十一年（1682）以后，他每年都派出骑兵一万二千人分三班赴口外行围，以飞禽走兽为假想敌，进行军事演习，行围时，各部院官员必须参加，以“娴习骑射”[122]。每期行围约二十天左右，极其劳苦，这对所有参加者都是一次严格的军事训练，“往来沙塞，风尘有所不避，饮食或致不时”[123]。通过这些活动，磨砺王公贵族的意志，培养其吃苦耐劳的精神，“搏犀兕以作气，冒风雪以习劳”，从而保持满族传统的骁勇善战本色，以摒弃怠惰怯懦之恶习。每次围猎时，康熙皇帝都亲自披挂上阵，勇猛向前。行围中，康熙皇帝要求围猎士卒纪律严明，勇敢追杀。对违纪者、临阵怯懦者严加惩处，对临危不惧者大加鼓励。正是通过这种围猎，八旗贵族、士卒中那种颓废怠惰的习气得以扭转，对于保持八旗官兵的战斗力产生了很好的促进作用。

在康熙皇帝的各种巡幸活动中，东巡盛京、吉林，塞北秋狝木兰之外，六巡江南也是极为重要的巡幸活动。江南地区人烟稠密，物产丰富，为清朝财赋重地，而且文化发达，仕宦于朝者甚多。因此，从清朝初年起，最高统治者即对江南地区极为重视。康熙初年，黄河多次泛滥，直接影响南北漕运，因而康熙皇帝亲政后，曾把河务、漕运与三藩三大事列为头等大事，写成条幅，挂在宫中柱子上。这样，康熙皇帝三件大事就有两件与江南有关。为此，他一方面重用靳辅为河道总督，治理黄河和淮河；另一方面于平定三藩之乱后，从康熙二十三年（1684）到四十六年（1707）先后六次南巡。



康熙皇帝南巡，首先是督察河务。黄河水患，历代皆有，清初愈益严重，黄河泥沙淤积，屡屡决堤泛滥，不但给黄河下游一带广大人民带来极大灾难，而且也严重影响了国家财政收入。康熙十六年（1677）康熙皇帝任命靳辅为河道总督，专任治河之事。为视察黄河治理情况，康熙二十三年（1684）九月，康熙皇帝首次南巡，即在江南总河靳辅陪同下，到达江南（今江苏）宿迁，“相度形势，察视河工”[124]，亲自阅视黄河北堤岸诸险工一百八十里。康熙皇帝充分肯定黄河堤岸的作用，并嘱靳辅加强维修。接着又巡视了宿迁、桃源、清河等地日益增多的减水坝，对其利弊进行分析，指出“虽受其益，亦有少损。倘遇河水泛滥，乘势横流，安保今日减水坝不为他年之决口乎？且水流侵灌，多坏民田，朕心不忍”[125]。此次南巡最远到达苏州、江宁。归途再亲视堤工，历武家墩、高家堰、高良涧闸、周家桥、翟家坝、洪泽湖等地。康熙二十八年（1689）正月，康熙皇帝第二次南巡时，又重点巡视了中河和下河，以及七里闸、太平闸、高家堰一带堤岸、闸坝。巡视前朝臣对靳辅原先治河方案进行非议，几有全部否定之势。经此次巡视，康熙皇帝对靳辅治河方案有了新的认识，再次给予充分肯定。原先本已将靳辅革职，这时康熙皇帝又为他恢复职务，总理河道。康熙三十一年（1692）靳辅终因年老加操劳过度与世长辞，康熙皇帝降旨悼念，下部议恤，赐祭葬。为了完成靳辅未竟之业，康熙皇帝命于成龙接任河道总督。数年过去，成效不大，黄河还是连年决堤，下游地区城廓田庐时遭淹没之患。为此，康熙皇帝又于康熙三十八年（1699）二月第三次南巡，对治河做了具体部署，提出深浚河底、改修清口、拆毁拦黄坝、引水归江等措施。河道总督于成龙年老力衰，力不从心，次年三月即病故。康熙皇帝即将江西总督张鹏翮调任河道总督。张鹏翮尽心尽力，极力贯彻康熙皇帝的治河思想，使治河跨上了一个新台阶。康熙四十一年（1702）各项工程基本完工。九月秋水大涨，黄、淮基本无患，康熙皇帝得报大喜，说："观此，河工大有望矣！"[126]次年正月，即进行第四次南巡，以检查张鹏翮三年来治河之成就。巡视完毕，康熙皇帝基本满意，只是对有些微小的地方提出调整和补充。三月十八日康熙皇帝五十寿辰，他以"四海奠安，生民富庶，而河工适又告成"[127]，特颁诏天下。后张鹏翮又提出将黄河两处急湾浚直，得到康熙皇帝批准。康熙四十四年（1705）二月，康熙皇帝为阅视黄河中河南口改建工程，第五次南巡，以筹度善后之策并了解周围百姓的生活状况。康熙皇帝本着实事求是、防患于未然的思想，又提出几处修改意见，以加强防护，巩固治河成果。当他看到杨家庄新开中河闸口附近堤岸坚固、民居安然，极为高兴，特意赋诗二首，以志其情：

瞬息风帆百里余，往来数次过淮徐。
光阴犹似当年景，自觉频催点鬓疏。

春雨初开弄柳丝，渔舟唱晚寸阴移。
庙堂时注淮黄事，今日安澜天下知。[128]

康熙四十六年（1707）正月，康熙皇帝第六次南巡，进一步对治黄工程进行了布置。看到黄河水患已经得到控制，漕运亦得以畅通，百姓也安居乐业。心情更加愉快，他说："朕自甲子年（康熙二十三年）至今六次南巡，详观河形，一年异于一年。"[129]至此，他即位初年所决心解决的三件大事——三藩、漕运、治河至此都得以解决了。

视察河工之外，体察民情、关心百姓疾苦，亦是康熙皇帝南巡的一个重要内容。康熙二十三年（1684）首次南巡之前，康熙皇帝即告谕全国：南巡目的在于"体察民情，周知吏治"。为防止地方官吏借机苛敛百姓，他特别强调："一应沿途供用，皆令在京所司储备，毫不取之民间"，"如有悖旨私征，一经发觉，定行从重治罪"。他反复申述："朕此番巡历，原以抚恤编氓，问俗观风，于闾阎休戚务期洞晓。凡经过地方，百姓须各安生业，照常宁处，毋得迁移远避，反滋扰累。"[130]以后几次出巡，他都先行告谕。如其二次南巡前，亦发布类似的诏谕："今特取吉南巡，躬历河道，兼欲观览民情，周知吏治。所至沿途供亿，皆令在京所司储偫，一切不取之民间。”“凡经过地方，百姓各安生业，务令廛无度市，垄不辍耕，毋得仓皇惊避，辄滋烦扰。”[131]而且简约仪卫，卤簿不设，扈从者仅三百余人。

康熙二十三年（1684）十月，康熙皇帝初次南巡乘船过高邮、宝应等地，看到百姓田庐多在水中，内心颇为忧虑。遂登岸步行十余里视察水势，并召见当地耆老，详细询问遭灾原因。他对江南江西总督王新命说：“朕此行原欲访问民间疾苦，凡有地方利弊，必设法兴除，使之各得其所。昔尧忧一夫之不获，况目睹此方被水情形，岂可不为拯救耶?”

当年十一月康熙皇帝北返，驻跸江都县邵伯镇时，又命吏部尚书伊桑阿等人往视海口，并告谕说，高邮、宝应等处民间庐舍、田畴被水淹没，系因湖水下海之海口年久沙淤之故，如将其入海故道浚治疏通，可免水患。明示“务期济民除患，纵有经费，在所不惜”[132]。

与此同时，为了减轻人民的负担，康熙皇帝每次出巡皆蠲免灾区钱粮正赋。康熙二十八年（1689），康熙皇帝第二次南巡途经山东，万人空巷，夹道欢迎。康熙皇帝问及连岁收成，得知百姓安业，为此，他特下令免除次年山东地丁正赋。巡行至江南，又蠲免江南省历年积欠，包括地丁钱粮、屯粮、芦银、米麦豆杂税等共二百二十余万两，受到江南百姓极大欢迎。为此，康熙皇帝特赋诗志之：

国家财赋东南重，已志蠲租志念殷。

雨泽何妨频见渥，普天愿早乐耕耘。[133]

抵达杭州，又告谕地方官，民间有“建立碑亭，称颂德意”

者，因其致损民力，因着停止。并告谕各处榷关应恤商惠民，力除积弊。第三次南巡时，见淮安、扬州、高邮、盐城、宿迁等地频遭水灾，考虑百姓生计困难，米价高昂，康熙皇帝遂命截留漕粮十万石，分发受灾的淮扬等十二州县平粜；再截留十万石于扬州、淮安存贮，并写诗志之。其中有言："淮扬皆巨郡……土狭滨众湖。禾麦苟不登，老幼日待哺。恩意宜渥沛，拯救留天储。实惠布州邑，远迩均有无。"[134]同时免除江南、浙江各省州县康熙三十四至三十六年度民间拖欠钱粮，免淮安、扬州府九州县二卫于康熙三十七年（1698）未完成地丁漕项等银十九万两、米麦十一万石。第四次南巡又免除山东受灾歉收二十五州县康熙四十一年（1702）未完钱粮。康熙皇帝通过减免赋税，施恩于江南百姓，从而获得他们的普遍拥护。



督河、察民之外，了解各地吏治情况亦是康熙皇帝南巡的目的。康熙皇帝重视吏治，总是利用一切机会考察吏治。康熙四十二年（1703）康熙皇帝第四次南巡时途经济南，出观趵突泉，御书匾额"源清流洁"四字，借此表明了他的吏治思想。他巡幸江南时，更是将考察吏治看作一项重大的事情。首次南巡，离开江宁返京之际，江南大小文武官员及缙绅士民数十万人于两岸跪送，康熙皇帝告谕总督王新命、巡抚汤斌等官员："尔等大小有司，当洁己爱民，奉公守法，激浊扬清，体恤民隐，务令敦本务实，家给人足。"[135]并写了《示江南大小诸吏》一诗。其中有言：

风俗贵淳庞，纷奢讵能久？

澄清属大吏，表率群僚首。

郡县布慈和，恺悌歌父母。

对“并无善状，且多不谨处”的漕运总督邵甘，命其随至京候旨，不久即将他革职。康熙皇帝第二次南巡返京的第二天，根据南巡中了解的情况，任免了一批高级官吏：令漕运总督马世济以疾原品休致，由兵部右侍郎董讷补之；原河道总督靳辅，实心任事，劳绩昭然，予以官复原职；杭州副都统朱山庸劣解任。第三次南巡时，康熙皇帝发觉老百姓生计大不如前，只因地方官吏私派豪取，或借端勒索以馈送上司，或将轻微易结案件牵连多人，故意拖延时日，索诈财物，督抚知情不但不参劾，反而将行贿官员荐举。康熙皇帝遂告谕大学士九卿等议永革横派，严禁贿赂，以杜绝地方官吏徇私扰民、行贿受贿。第四次南巡时根据所见所闻，康熙皇帝对直隶巡抚李光地、河南巡抚徐潮、山东巡抚王国昌、江苏巡抚宋荦、福建巡抚梅鋗、江西巡抚张志栋、广东巡抚彭鹏、浙江巡抚张泰皆表示满意，认为他们皆是清正为官，忠于职守。而对偏沅巡抚赵申乔、甘肃巡抚齐世武则不太满意，遂加谕告诫。第六次南巡，因总河张鹏翮所行不当，革其所加宫保衔，并将张鹏翮部属阿山革去尚书职务，桑额降五级，刘光美、于淮各降三级。康熙皇帝对违纪者决不宽恕，严惩不贷，一定程度上确保了吏治的清廉。

祭扫明陵，亦是康熙皇帝南巡的一项内容。清兵入关之初，江南人民曾进行了激烈的反抗斗争，为此清朝政府进行了残酷的镇压，致使满、汉民族矛盾十分尖锐。为了缓和民族矛盾，巩固统治，康熙皇帝利用六次南巡之机多次蠲免赋税、增加入学名额，以向广大江南人民普施恩惠。同时，还多次祭扫明孝陵，表示对前朝开国皇帝朱元璋的尊重，以收买江南民心。如首次南巡时康熙皇帝拜谒明孝陵，并亲作祝文，遣学士席尔达祭奠，并对朱元璋大加推崇。他说："夫明太祖以布衣起淮泗之间，经营大业，应天顺人，奄有区夏。"[136]同时也表示要吸取明亡的教训，"兢兢业业，取前代废兴之迹，日加儆惕焉"[137]。且作《过金陵论》，并写怀古诗一首，其中有"治理艰勤重殷鉴，斜阳衰草系情多"之句[138]，以志其追思。康熙三十八年（1699）第三次南巡，祭奠明孝陵之后，康熙皇帝命巡抚宋荦、江宁织造曹寅修明太祖陵，他亲自为明孝陵题写了"治隆唐宋"的殿额。之后，他还要大臣寻访朱明后裔，"授以职衔，俾其世守祀事"[139]。诸臣谨遵其命，竭力寻访，终不可得。九月份，据实上闻。遂命委该地方佐贰官一员专司祀典，以时致祭。



总之，康熙皇帝通过六次南巡，亲授方略，最终解决了黄淮水患，确保了漕运的顺利畅通。同时抚慰百姓，督察百僚，祭扫明陵，消除江南士人与百姓的不满，求得他们的支持，实现了笼络江南地主阶级以加强其统治的目的。尽管康熙皇帝南巡时屡屡告谕官吏不得借机加重百姓负担，他出巡时也力求不以扰民为上，但由于巡幸办差官员营私舞弊、科敛百姓，狂花滥费之处仍然不少，引起了当时一些人的非议。如当时的张符骧，即作《竹西词》《后竹西词》，对第三、第六次南巡铺张奢靡予以揭露。诗称："三汊河干筑帝家，金钱滥用比泥沙。宵人未毙江南狱，多分痴心想赐麻。""欲奉宸游未乏人，两淮办事一盐臣。百年父老歌声沸，难遇扬州六度春。""忆得年时宫市开，无遮古董尽驼来。何人却上《千秋鉴》，也博君王玩一回。”[140]其讥讽之意溢于言表。

康熙皇帝在位期间，总是马不停蹄地在全国四处巡幸。除东巡盛京、北巡塞外、南巡江南外，康熙皇帝还曾东巡曲阜，西巡秦中、五台，并多次巡幸畿甸地区。其中巡幸曲阜是在康熙二十三年（1684）南巡归途之中，西巡秦中是在康熙四十二年（1703）冬，巡幸五台山先后四次（康熙二十二年、三十七年、四十一年、四十九年）。这些巡幸活动也和其他各次巡幸活动一样，增加了康熙皇帝对全国各地风土人情、吏治民生的了解，对于巩固统治起了重要作用。其中对巩固统治起较大作用的是对畿甸地区的巡幸活动。

畿甸拱卫京师，地理位置极为重要，因此康熙皇帝亲政后不久，即走出京城，巡幸畿甸。通过此次巡幸，他发现通州知州欧阳世逢、州同知李正杰庸劣无才，副将唐文耀不娴武事，俱令革职，并追究直隶督抚不行参奏之责。此后康熙皇帝即将畿甸作为了解全国的窗口，并做出各种合乎实际的判断和决策。如康熙三十七年（1698）康熙皇帝巡视天津河堤时，发现山东饥民流徙至直隶者很多，遂命将山东泰安等二十七州县本年度钱粮延至次年征收。康熙三十八年（1699）京畿修治永定河，康熙皇帝常巡视治河工事，并多次指示负责治河的王新命、李光地。后来康熙皇帝南巡时治河策略的提出，就是根据治理永定河的经验。可以说，畿甸是康熙皇帝了解民情的一个窗口，亦是其推广一些政策措施的试点。同时，他经常巡幸畿甸，无形中也强化了京师的防卫，进一步巩固了清朝统治的基础。

综上所述，康熙皇帝从禁卫森严的紫禁城中走出去，从东到西，从南到北，体察民情，访知吏治；督察边防，抗击沙俄；秋狝木兰，联络蒙古；视察河工，施恩江南。这些对于吏治的清明、边疆的稳固、清朝统治的加强，都发挥了不可忽视的作用，也为他的后世子孙治理国家提供了丰富的经验。他的孙子乾隆皇帝就是继承了他的这种作风，先后四巡盛京，六巡江南，并多次北巡塞外。也正是通过康熙、雍正、乾隆祖孙三代一百多年的努力，清朝统治才迎来了自己的全盛时期。



## 八、兴廉惩贪

吏治的优劣直接关系着民心的向背和封建王朝统治的安危，是国家盛衰治乱的关键。历代有远见的封建统治者，为了王朝的“长治久安”，无不注重对吏治的整饬，兴廉惩贪。康熙皇帝深谙治国之道，在兴廉惩贪方面尤其着力，效果也十分显著。

惩贪是整顿吏治的一个主要内容。鉴于明朝灭亡的历史教训，早在入关之初，清朝政府即注重惩治贪污。顺治元年（1644）十月，清朝宣布建都燕京（今北京），大赦天下，但官吏贪赃枉法者不在赦内。顺治三年（1646）清廷颁布《大清律集解附例》，规定有禄官吏（月俸一石以上者）贪赃八十两，处以绞监候；一两以下，杖七十；一两至五两，杖八十；无禄人及月俸不及一石者，贪赃一百二十两，处以绞刑。顺治皇帝亲政以后，严格执行惩贪政策，一些贪官污吏先后被绳之以法。如顺治十二年（1655）陕西布政使黄纪、兴屯道白士麟皆以贪污不法而受到制裁。顺治年间惩贪比较典型的案件是顾仁贪污案。顾仁是当时的一名御史，顺治皇帝派他和其他御史到地方巡行，体访民情，考察官吏。这年七月，顺治皇帝在太和殿和左翼门两次召见这些将行的巡方御史，告诫他们："你们作为皇帝的耳目之官，出而代巡，一定要勤劳用心，洁己率属。如果以为君门万里，就任意行私，贪赃违法，即使是铢两之微，必诛无赦!"然而三个月后，即有吏部书吏章冕刎颈叩阍，讦告顺天巡按顾仁悖旨婪赃，陷害无辜。顺治皇帝马上下令将顾仁押解来京，并会同内大臣亲自审理，结果证明章冕所告属实。于是顾仁被处斩，推举顾仁的大臣王尔禄、龚鼎孳、王永吉和曹溶等人分别被降调。为杜绝贪污，顺治皇帝又下令修改法律条文，加重对贪官污吏的惩罚，规定内外大小官员凡受贿十两、衙役犯赃一两以上者流徙，赃重者分别斩、绞，家产入官。接着又惩办了一批贪官。数年后，凤阳巡抚林起龙两次上疏，提出处分过重，反使贪官畏罪，不吐真赃，流徙也是徒有虚名，故委婉地请求放宽。顺治皇帝很不以为然，指出贪官蠹吏违法害民，屡惩不改，不得不用流徙之法严惩，目的是使人人知道畏惧，省改贪心；与其畏法不招，不如使之畏法不贪。因此，为轸念民生，顺治皇帝表示不怕贪官怨恨，要求仍按已颁条例执行。

虽然如此，由于当时统一全国的军事行动正在进行，以及此后顺治皇帝去世导致最高权力更迭和统治集团内部无休止的争权夺利，政局混乱，惩贪工作受到了干扰，官场中贪风复炽。于是，惩治贪污、整顿吏治的重任便历史地落在了康熙皇帝的肩上。清除鳌拜集团后，经过一个时期的理政实践和对历史经验的学习，康熙皇帝认识到，“致治之本，首在惩戒贪蠹”，对惩治贪污表示了高度重视。为达到惩贪的目的，康熙皇帝下令在纂修的《大清会典》中将“贪酷”列为考核官吏“八法”中的第一条。另一方面则根据政治形势的发展变化，有选择、有重点地开展严惩贪官的各种活动。



三藩叛乱平定之初，康熙皇帝主要处理了侵蚀兵饷及入官财物等重大贪污案件。其中第一个重大案件是宜昌阿、金俊贪污逆产案。侍郎宜昌阿被派往广东查看尚之信家产，伙同广东巡抚金俊侵吞兵饷及入官财物，收受尚之信商人沈上达财贿，计白银八十九万两，并财帛等物。二人恐沈上达事后告发，又将其谋害。案发后经半年多审理，于康熙二十三年（1684）五月结案，宜昌阿、金俊拟斩，郎中宋俄托、员外郎卓尔图等人因与此案有牵连而拟绞，审谳不得实的侍郎禅塔海革职。另一重大案件是蔡毓荣贪污逆产案。蔡毓荣是汉军正白旗人，三藩之乱时任湖广总督，寻授绥远将军，总统绿旗兵，同定远平寇大将军贝子彰泰从湖广方面进军云南。攻克昆明后，蔡毓荣将应入官的吴三桂家财、人口侵吞归己。康熙二十五年（1686）蔡毓荣丑行被揭露曝光，其时他已改调为兵部侍郎。康熙皇帝得知后，立即命将蔡毓荣及其子蔡琳革职拿问，并明确指示有关官员说：“蔡毓荣居官贪酷，品行污秽。……像这样的大恶之人如果还不加惩创，怎么能使其余的人害怕？你们要详加严审，务必搞个水落石出。”但因蔡毓荣行贿范围极广，案情处理困难重重，许多内幕未予揭露，而蔡毓荣本人除上述揭发的问题外，仅供得黄金二百两、白银八千两。康熙皇帝极不满意，但因证据不足，又牵扯太多，所以没有深究。结果蔡毓荣从宽，免处斩，籍没家产，枷号三月，鞭一百，并全家发往黑龙江。刑部官员因徇庇蔡毓荣及其同党，也受到了处罚：满尚书禧佛及满右侍郎敦多礼除经别案革职外，仍予枷号、鞭责等处罚，并发往黑龙江披甲效力赎罪；汉尚书胡昇猷降二级调用，另两位汉侍郎分别免罪和降二级调用。在清理重大侵欺逆产案件的同时，康熙皇帝从康熙二十三年（1684）起，还派人清查各省钱粮，解决和防止督抚侵欺挪移库存银两、以完作欠、蒙混销算诸弊。结果查出广西巡抚施天裔将康熙二十年（1681）、二十一年（1682）存贮仓库银米捏称民欠具题，遂照蒙隐例革职。

康熙三十六年（1697）平定噶尔丹后，康熙皇帝惩治贪污的重点转移到官吏横征科派、激变百姓方面。亲征噶尔丹期间，康熙皇帝曾两次西巡，远抵宁夏，周览山、陕沿边形势，咨询民间疾苦。他发现各地兵民“筑土屋以为居，耕沙碛以为业，生聚之计，甚属艰难”[141]，就告诫川、陕督抚等官员说：“你们是属下官吏的表率，只要你们正己澄源，属下也必定能奉公守职；如果你们品行不端，滥受属员私馈，属员们也必定要向下征索，文则加征无已，武则侵扣月饷，势必至于厉民削兵不止。倘若这样，哪里还能指望百姓过上好日子？”当他得知山、陕百姓交纳的钱粮，“其火耗有每两加至二三钱不等”，山西一省科派达百万两，结果激起蒲州民变时，很是震惊，怒责地方官贪酷、言官隐匿，先后下令将山西巡抚温保、陕西巡抚党爱、按察使纳垒革职。同时，康熙皇帝还让大学士阿兰泰传谕给继任山西巡抚倭伦，不得效法温保的所作所为。不久，康熙皇帝又明确宣布："今噶尔丹已平，天下无事，惟以察吏安民为要务。……朕恨贪污之吏更过于噶尔丹。此后澄清吏治，如图平噶尔丹，则善矣。"[142]巡幸宁夏时，他又以甘肃巡抚郭洪"不赴行在朝觐"为由，将其革职查办。短短半年时间，山西、陕西、甘肃三地巡抚及部分布政使、按察使先后被撤职查办，充分表达了康熙皇帝的惩贪决心。在解释拿贪赃的高级官吏开刀时，康熙皇帝说："一省之事，全在督、抚。督、抚洁己率属，则府、州、县自然遵奉。……州、县之私派，皆由督、抚、布、按科派所致。若止在州、县官，则所害者不过一州一县。但是，如果巡抚与布政使通同妄行，则合省俱受其害矣。"因此对贪赃的督、抚等官员表示，"朕断不姑容"[143]！



继山西蒲州民变之后，广东、云南、山西、直隶、湖南等省又先后发生多起民变。康熙皇帝知道，这些民变大多是因为官吏剥削征索过重、百姓无以为生造成的。因此，尽管这些民变很快被镇压或招抚了，他却没有放松对贪官污吏的打击。他不仅严惩私派激变的官吏，而且为了防患于未然，对于那些虽未激变而居官不善的官吏也予以严惩。如当时山东饥馑，百姓乞食，巡抚李炜竟不奏闻，康熙皇帝以不知抚恤百姓罪将其革职；直隶巡抚沈朝聘以老病令其休致，命原任河道总督于成龙以总督兼直隶巡抚事；云贵总督王继文来京陛见，因未陈奏属官贤否和小民疾苦，被令休致；山西巡抚倭伦包庇属下知府亏空库银仓米，降二级调用，布政使齐世武亦因事降一级调用；四川布政使卞永式征收钱粮每两加派银一钱二分，除送巡抚能泰等人银二万零二百两外，共私吞银二万七千余两，律应拟绞，以病故勿议，能泰拟绞，待秋后处决；原任山西太原知府赵凤诏巧立税规，勒索银两，私吞银十七万四千余两，被拟斩立决。

这些案件的处理，对于各级官吏，一定时期内确实起到了震慑作用。但为时不久，康熙皇帝就发现，贪官污吏像韭菜一样，割去一茬，还会生出一茬，不把它连根拔起，势必生生不已。因此，若不从根本上防治贪污，官吏贪污现象就不能禁绝。康熙三十八年（1699），康熙皇帝又作出规定：各省督、抚等官必须严以律己，清正廉洁，为下属做出榜样；督、抚应不时查考属下官员，禁其贪污害民；地方上应革除的积弊应尽行革除；如督、抚不关心民生，徇庇属员，只要被言官揭发出来，或者被受害人告发，朝廷必将连督、抚一起治罪。此后，他还多次重申这些规定。经过他的努力，康熙中期全国吏治出现了相对清平的局面。

在严惩贪官污吏的同时，康熙皇帝也大力提倡廉洁，表彰清官。

清朝初年，在惩治贪吏的同时，多尔衮与顺治皇帝即已注重表彰廉吏，“树立风声”，因而顺治年间涌现出一批以清廉著称的官吏。掌管刑狱的刑部员外郎毕振姬，被称为“清操绝世”，独居陋室，“布被瓦盆”，官至布政使，“不染一尘，归日一仆一马，了无长物”[144]。魏象枢居京为官，“不随公务，不请客赴席”，每年由妻兄助银百两，加上家中房地租收入，以及从家乡捎来的廉价粮食、土产食品，方维持中等官僚生活。他拒绝门生、弟子送的礼物，恪守京官不与地方官员交结的律令。他的门生、弟子有任学政者，即去信表示，在其三年任期内不通信函。高级官吏如此清廉，中下级官吏之中也不乏清廉者。白登明，字林九，奉天盖平人，隶汉军镶白旗。顺治二年（1645）拔贡，五年授河南柘城知县。白登明在知县任上勤劳理事，“停止增派河夫”，以治绩优异擢为江南太仓知州。他“厘赋税，除耗羡，雪诸冤狱，访察利弊，所摘发辄中”，很得民心。当其死时，“贫无余资，州人醵金以殓”[145]。顺治时期的清廉官吏还有不少，《清史稿·循吏传》载江南即有汤家相、任辰旦、于宗尧等人，“皆与（白）登明相先后云”。



康熙皇帝亲政后，也认识到了表彰清官的积极作用，因而采取各种措施大力表彰清廉为官之人。康熙十八年（1679）十月，以清廉敢言著称的都察院左都御史魏象枢上疏，一次便举荐了十名清廉的官员：原任户部侍郎雷虎，原任户部侍郎班迪，原任兵部督捕侍郎达哈他，原任刑部侍郎高珩，原任大理寺卿胡密色，原任吏部郎中内升宋文运，原任国史院侍读萧惟豫，原任湖广布政使、未上任即告病的毕振姬，原任直隶内黄县降调知县张沐，原任江南嘉定县革职知县陆陇其。康熙皇帝接到奏疏很是重视，立刻宣布将已革退的雷虎授为内阁学士兼礼部侍郎，将已降级的班迪改令随旗上朝。其他诸人，康熙皇帝也下令吏部迅速提出处理意见。第四天吏部送上处理意见：已降革的达哈他、胡密色俱随旗上朝；告假回籍的高珩、宋文运移咨该巡抚，“给文赴部候补”；萧惟豫终养回籍，俟其事完，该巡抚给文赴部候补；毕振姬年老告病回籍，“无庸议”；已降革的张沐、陆陇其着移咨该巡抚，“给文赴部补用”[146]。康熙皇帝概予批准，又特地说：张沐、陆陇其都是被保举的廉能之人，直隶清苑、江南无锡等县最为繁剧难治，把他们用到这些地方，他们的才能就能表现出来。

三藩叛乱平定之后，随着惩贪活动的大力开展，康熙皇帝更加积极地表彰清官。他认为惩贪与兴廉是整饬吏治的两个不可分割的部分，二者相辅相成，缺一不可。为了整饬吏治，他多次下令臣下举荐清官。康熙二十三年（1684）五月，康熙皇帝告谕大学士等人说：“当官以清廉为要，九卿若有所知者，不要拘泥于京内京外、官大官小，俱令举出。”在他亲自过问、督促下，在朝的九卿、科道等各级官员陆续推举出一批清官，包括直隶巡抚格尔古德，吏部郎中苏赫、范承勋，江南学道赵崙，扬州知府崔华，兖州知府张鹏翮和灵寿知县陆陇其。康熙二十九年（1690）吏部准备从现任知县中挑选一些人担任科道官，康熙皇帝以科道官关系紧要，再次令各级官员择贤举荐。这一次荐举的有清苑知县邵嗣尧、三河知县彭鹏、灵寿知县陆陇其和麻城知县赵苍璧。据举荐者说，邵嗣尧、彭鹏等人皆“牧民有声”，“服官廉介”。同时，鉴于地方督抚对于下属官员操守最为了解，康熙皇帝不止一次命他们举荐清官。如康熙四十年（1701）十月，他命内阁移文郭琇、张鹏翮、桑额、华显、彭鹏、李光地、徐潮等地方督抚，命他们推荐道员以下、知县以上、“实心惠民，居官清廉”的名单。对那些真正的清官，康熙皇帝发现一个表彰一个，不仅口头称赞，而且不断提拔，对他们十分倚重信任，始终不渝。

第一位得到康熙皇帝表彰的清官是于成龙。于成龙字北溟，山西永宁人。明崇祯年间副榜贡生，顺治十八年（1661）谒选，授广西罗城知县，时已四十五岁。临行前，他写信给朋友说道："此行绝不以温饱为念，所自信者，'天理良心'四字而已。"罗城地处万山之中，瘴疠盛行，瑶、壮等族杂居，遍地榛莽，县中居民仅有六家，且无城廓廨舍。于成龙到官后，抚循吏民，申明保甲，"与民相爱如家人父子"，被总督荐为"卓异"。康熙六年（1667）迁四川合州知州。时当战乱之后，州中仅存百余人，正赋仅十五两，"而供役繁重"。于成龙"清革宿弊，招民垦田，贷以牛、种，期月户增至千"[147]。后迁湖广黄冈同知，康熙十三年（1674）署武昌知府，以功任黄州知府，不久又升任福建按察使，被荐为"廉能第一"。迁布政使，康熙十九年（1680）擢直隶巡抚。莅任，戒州、县私加火耗馈遗上官；疏请豁除治内水冲沙压地一千八百顷额赋；又以其地夏秋屡被灾，请加赈济；另上疏参劾青县知县赵履谦贪墨。次年于成龙入京觐见，康熙皇帝在懋勤殿亲自召见，誉之为"今时清官第一"，"殊属难得"，勉励他"始终一节"[148]。觐见时康熙皇帝又要于成龙推荐清廉属吏，于成龙以知县谢锡衮、同知何如玉、罗京对上。几天后，康熙皇帝宣布于成龙"历官廉洁，家计凉薄，特赐内帑白金一千两，朕亲乘良马一匹"并御制诗一首。同年年底，于成龙升为江南江西总督，革除加派，剔去积弊，治事每至达旦。他自奉简陋，每天吃粗米青菜，江南人呼为"于青菜"。遇荒年，以屑糠杂米为粥，不仅“举家食之”，并用以待客，说：“如法行之，可留余米赈饥民也。”[149]于成龙也得罪了一些人，他们上疏攻讦于成龙年老昏聩。于成龙自请处分，康熙皇帝特诏留任。不久江苏、安徽巡抚迁调，康熙皇帝又命于成龙兼摄两省巡抚事，表现出高度的信任和倚重。在康熙皇帝的鼓励下，于成龙也更加注意律己率属，清廉为政。他死后四壁萧然，“惟笥中绨袍一袭，床头盐豉数器而已”。康熙皇帝下令赐祭葬，亲自撰写祭文，称赞于成龙“一节罔渝”，“驭下则大革贪风，励己则寒同素儒，虽古廉吏，何以加兹”[150]。“苦节克贞，鞠躬匪懈，真一介之弗取，越数官而弥坚”[151]。后每当康熙皇帝与其他官员谈话时，也常勉励他们以于成龙为榜样，清廉为官。如康熙二十三年（1684）十一月，康熙皇帝让大学士明珠传谕江宁知府于成龙（与江南江西总督于成龙同名、同时之人，见后文）：“务效前总督于成龙，正直廉洁，乃无负朕优眷之意。”[152]

由于康熙皇帝的大力表彰，康熙年间清官不断涌现。继于成龙之后，又有著名清官傅喇塔。傅喇塔，姓伊尔根觉罗氏，满洲镶黄旗人。自笔帖式授内阁中书，迁侍读。康熙十九年（1680）授山东道御史，“有声台中”。康熙二十五年（1686）出为陕西布政使，次年擢左副都御史，迁工部侍郎，调吏部，授江南江西总督。临行时，康熙皇帝叮嘱他说：“你去上任，要洁己行事。前几任江南总督，没有超过于成龙的，你就以他为榜样吧。”傅喇塔到任后清理弊政，黜斥贪墨之徒，断狱尤为明慎。赣县知县刘瀚芳私征银米十余万，并蠹役不法，其上司布政使多弘安、按察使吴延贵、赣南道钟有德等曲为庇护。傅喇塔奏请康熙皇帝，将他们一并罢免。他上疏请求蠲除江宁的房税、廊钞、棚租（统称厘税），得到康熙皇帝的批准。淮、徐闹饥荒，傅喇塔发常平仓米谷赈恤，“灾民赖焉”。他改革芦洲丈量法，以印官代替佐贰官理其事，且定例五年一行，减轻了对百姓的骚扰。历年逋赋，傅喇塔下令量为带征，“由是积困稍苏”。他疏请增加江南乡试的取中名额，经康熙皇帝批准，增加四十名。大学士徐元文、原任尚书徐乾学纵子弟招权罔利，降调侍郎胡简敬在沭阳居乡不法，巡抚洪书杰徇私袒庇。傅喇塔先后上疏弹劾，康熙皇帝分别予以惩治。广东巡抚江有良与巡盐太常少卿沙拜互讦，傅喇塔受命审理，结果二人皆以受贿罪夺官。康熙三十三年（1694）傅喇塔疏请蠲除淮、扬所属州县荒地之赋，户部讨论后不同意，康熙皇帝特命免征。同年闰五月，傅喇塔在任上去世。康熙皇帝接到傅喇塔的遗疏，十分痛心，对大学士等说：“江南江西总督清廉者，自于成龙之后，只有傅喇塔一人。傅喇塔和而不流，能体悉朝廷委用之意，爱恤军民，很是可喜。现在听说他去世了，朕很是痛心，着从优赐恤。”康熙皇帝破例派太仆寺卿杨舒赴江宁致祭，赠太子太保，谥“清端”，予骑都尉世职。当地人怀念清官傅喇塔，在江宁为他建祠。康熙四十四年（1705）康熙皇帝第五次南巡经雨花台，赐傅喇塔祠以“两江遗爱”之匾额。



康熙年间，除两江总督于成龙外，还有一个河道总督也叫于成龙，他清廉为官，亦名著一时。河道总督于成龙字振甲，汉军镶黄旗人，康熙七年（1668）自荫生授直隶乐亭知县，次年署滦州同知，多行善政。康熙十八年（1679）迁同州知州，为两江总督于成龙赏识，“疏荐可大用”。恰逢江宁知府员缺，康熙皇帝即以命之。康熙二十三年（1684）康熙皇帝南巡至江宁，察访得知知府于成龙廉洁，与在京所闻无异，特予嘉奖，赐亲书手卷一轴。康熙皇帝还传谕于成龙：做清官开始容易，坚持下去就困难了。你要善始善终，向前总督于成龙学习，正直洁清，才不负朕对你的一番好意。当月康熙皇帝就超擢于成龙为安徽按察使。十二月返京后，康熙皇帝还专门召见了于成龙的父亲、原任阿达哈哈番的于得水，赐以貂裘披领，奖其教子有方，令其勉励儿子殚心竭力，始终如一。康熙皇帝又用于成龙的事迹鼓舞八旗、汉军人等，要求他们“洗心涤虑，痛除旧习。或子弟官守在外，宜各贻书训勉。果有洁己爱民如于成龙者，朕立行擢用。如犹怙非不悛，国有常法，不能为此辈贷也”[153]。康熙二十五年（1686）二月，授于成龙直隶巡抚。入对，康熙皇帝问：“治理畿辅的工作怎样开始？”于成龙答道：“弭盗为先。奸恶之徒倚仗旗下保护，肆行不法，有司明知而不敢深究。臣到任以后，当依法惩处这些不法之人。”康熙皇帝大为满意，于成龙临行时，特赐白金一千、表里二十端。于成龙到任后采取措施打击不法旗丁和棍徒，兴利除害，为康熙皇帝所重，康熙二十六年（1687）以廉能加太子太保。康熙皇帝幸霸州，于成龙往见，康熙皇帝又令赐白金一千、马具黄鞍辔。湖广巡抚张汧以贪被劾，康熙皇帝令于成龙与副都御史开音布、山西巡抚马齐一起去审理，得实后，论如律。于成龙在治河问题上与河道总督靳辅意见不合，并在治河工程中采取不合作态度。康熙三十一年（1692）他调任河道总督后，始发觉过去错误，乃一循靳辅之法治河，并向康熙皇帝承认错误。廷臣主张对于成龙过去的怀私妄奏加以追究夺官，康熙皇帝仍命留任。康熙三十七年（1698）他以总督衔管直隶巡抚，修浚浑河，康熙皇帝为改河名曰永定。后于成龙复为河道总督，因病请假，康熙皇帝命在任调治，并派医生前去诊视。康熙三十九年（1700）于成龙病故，康熙皇帝赐祭葬，谥“襄勤”。

康熙中期以前的清官，除上面提到的两江总督于成龙、河道总督于成龙、两江总督傅喇塔以外，还有几位也很值得一提。



张鹏翮，字运青，四川遂宁人。康熙九年（1670）进士，选庶吉士，累迁礼部郎中，历任江南苏州知府、山东兖州知府。康熙二十三年（1684）两江总督于成龙逝世后，康熙皇帝令九卿举荐清官。廷臣提出七人，其中便有当时的兖州知府张鹏翮。当年秋，康熙皇帝南巡路过兖州有意访察，发现张鹏翮果然“居官甚善”，从此不断提升，历官河东盐运使、通政司参议、兵部督捕副理事官、大理寺少卿，康熙二十八年（1689）授浙江巡抚。后又迁兵部侍郎、左都御史、刑部尚书、江南江西总督。张鹏翮曾受命从内大臣索额图等勘定俄罗斯界，与傅喇塔赴四川审理陕西巡抚布喀参劾川陕总督吴赫侵蚀贫民籽粒、银两案。事后康熙皇帝对大学士们说：“鹏翮往陕西，朕留心察访，一介不取，天下廉吏无出其右者。”[154]

彭鹏，字奋斯，福建莆田人。举顺治十七年（1660）乡试，康熙二十三年（1684）授三河知县，有政声。康熙二十七年（1688）康熙皇帝巡幸畿甸，召问彭鹏，赐帑金三百，并说："朕知道你为官清正，不受民钱。用这点帑金让你养廉，胜过从老百姓那里盘剥来的数万钱哩！"后他以捕盗不力，多次被议处，积至降十三级，康熙皇帝俱命从宽留任。康熙二十九年（1690）彭鹏以清廉被荐，入京为科道官，直言无畏。康熙三十八年（1699）擢广西巡抚，任上省刑布德，减税轻徭，疏罢非土物上供，并劾罢贺县、荔蒲、怀集、武缘诸贪吏。寻移广东巡抚，卒于任所。康熙皇帝深为悼惜，称其"实心供职，克尽勤劳"[155]，赐祭葬。

郭琇，字华野，山东即墨人。康熙九年（1670）进士，康熙十八年（1679）授江南吴江知县。他材力强干，善断疑狱；征赋用版串法，胥吏不能为奸。居官七年，治行为江南第一。康熙二十五年（1686）为汤斌所荐，授江南道御史，寻擢佥都御史。他疏劾大学士明珠与余国柱等人结党营私，"直声震天下"。不到一年，先后迁太常寺卿、内阁学士、吏部侍郎、左都御史，疏劾少詹事高士奇与原任左都御史王鸿绪植党为奸，给事中何楷、修撰陈元龙、编修王顼龄依附坏法。高士奇等人均被勒令休致。后郭琇因身涉数案，被令休致。康熙三十八年（1699）康熙皇帝第三次南巡，回京后感慨地对大学士阿兰泰等人说："原任左都御史郭琇曾为吴江县令，居官甚善，当地百姓今天还在感颂。郭琇这人有胆有量，可以授为湖广总督，令其迅速赴任吧！"郭琇到任后，请将武昌、黄州兵米改折，江夏等十三州县的故明藩地减赋，江夏、嘉鱼、汉阳三县濒江三百顷有赋无田之赋豁免，皆允行。次年，他又请求清丈田亩，以革除空头粮赋，康熙皇帝亦表同意。康熙四十年（1701），郭琇以病乞休，康熙皇帝始终不允，称："思一人代之不可得，能如（郭）琇者有几人耶？"[156]

由上可见，对于表彰清官，康熙皇帝倾注了大量心血。他令大臣推荐，亲自到民间体访，以求发现清官。在使用时，康熙皇帝不仅口头上予以表扬，物质上予以奖励，并在仕途上不断提升；甚至当清官犯了错误以后，康熙皇帝也予以保护，体现了一个封建帝王整饬吏治的良苦用心，实属难能可贵。

康熙后期，康熙皇帝对兴廉惩贪政策的执行和以前有所不同。具体说就是对表彰廉吏不那么积极，对贪官污吏的惩治也不那么严厉了。



康熙皇帝晚年，发现了杰出的清官陈瑸。陈瑸字文焕，号眉川，广东海康人。康熙三十三年（1694）进士，授福建古田知县，任上均平赋役，民以苏息。调台湾，兴学广教，民知礼让。迁刑部主事，擢郎中，出为四川提学道佥事，"清介公慎，杜绝苞苴"。康熙皇帝下诏批评四川官吏加派厉民，独称陈瑸清廉。寻为福建巡抚张伯行所荐，调台湾厦门道，"在官应得公使钱，悉屏不取"。康熙五十三年（1714）陈瑸被破格提拔为偏沅巡抚。他单骑袱被赴任，僚属竟没有认出他就是新来的巡抚。到任后疏劾当地地方官纵役扰民，条奏"禁加耗""禁馈送"等十事，得到康熙皇帝的嘉勉。次年陈瑸入觐，指出："为官者妄取百姓一钱，就和取百千万钱没有区别。人所以贪取，就是因为用度太多。我初任知县时就一钱不取，也自足用，只是生活俭朴一点罢了。"陈瑸走后，康熙皇帝指着他的背影说："这是个苦行老僧。"不久，陈瑸调为福建巡抚。康熙皇帝称赞他“实系清官”，“国家得此等人，实为祥瑞，宜加优异，以励清操”，寻兼摄闽浙总督。奉命巡海，皆自备行粮，屏绝供亿。雷州海堤毁坏，陈瑸用平时所积贮的公项银两和自己的俸钱助工费修复堤岸。康熙五十七年（1718）陈瑸卒于官，遗疏以所贮公项余银一万三千余两充军费。康熙皇帝得知陈瑸死讯，惋惜地说：“陈瑸居官甚优，操守廉洁。清官朕亦见之，如伊者，朕实未见，恐古人中亦不多得也。……似此不加表扬赐恤，何以示劝？”[157]令追授礼部尚书，凡祭葬、立碑与赐谥，皆照尚书例，并荫一子入监读书。

康熙皇帝晚年表彰清官陈瑸虽然不遗余力，但是揆诸史籍，发现当时像陈瑸这样的幸运者已经很少，能见到的倒是康熙皇帝经常批评那些清官，挑清官们的缺点。如康熙五十二年（1713）五月，他对大学士等人说：“总督额伦特、殷泰，皆朕特用之人。初用时，人不知其善，迨后乃称皇上知人之明，咸以为异。殷泰居官虽甚优，然未免过于严厉，人有怨之者。巡抚张伯行家计饶足，居官甚清，日用之物，一切取给于其家，但于所属官员辄心疑之。自古疑人勿用，用人勿疑，方且欲推心置腹以示人，阴刻何为？”[158]再如康熙四十四年（1705）十二月，康熙皇帝对即将赴任的贵州巡抚陈诜说：“贵州地小易治，虽有苗人，亦无他事，但以文武和睦、安静不生事为要。清官多刻，刻乃清官不足处。属吏贪污，固当参劾；其居官平常者，则须教诲之。边方小省，为大吏者不可显才；若生事显才，便非正理。”

批评清官有严刻等缺点是一个方面，更重要的是康熙皇帝开始认识到自己原来树立的一些清官典型实际上并不清廉，因而多次在公开场合予以揭露，撕下这些所谓“清官”的画皮。如康熙四十四年（1705）三月，康熙皇帝对大臣们说：“张鹏翮自谓清廉，一介不取，一介不与”，“若谓一介不与，尔则有之；一介不取，则未必然。取与不取，惟尔自知之。”可见康熙皇帝对曾被自己誉为“天下廉吏无出其右者”的张鹏翮有了更深刻的了解。再如康熙五十年（1711）康熙皇帝又评价张鹏翮和被称为“操守天下第一”的张伯行说：“今张鹏翮居官甚清，在山东兖州为官时亦曾受人规例。张伯行居官亦清，但其刻书甚多，刻一部书非千金不得，此皆从何来者？此等亦不必深究。而淮盐差官员送人礼物，朕非不知，亦不追求。”



康熙皇帝对待清官的这种态度与其中期以前相比，大有霄壤之别。实际上只要联系一下当时社会、官场的实际，就不难理解康熙皇帝思想上的变化。众所周知，清初官俸极其菲薄，官吏们要维持正常的交往，不是取给于家，就须另有所取。而这另有所取，无非是接受贿赂，肆行贪污。因此，尽管康熙皇帝一再要求官吏不得加派私征，但他也清楚，杜绝加征是行不通的。故而康熙皇帝晚期已开始明确允许官吏少量加派。如康熙四十八年（1709）他就说过：“所谓廉者，亦非一文不取之谓。若纤毫无所资给，则居官日用及家人、胥吏何以为生？”康熙五十四年（1715）十二月，他与即将上任的福建巡抚陈瑸讨论加耗问题，他问：“福建有加耗否？”陈瑸答道：“台湾三县没有。”他又说：“火耗尽禁，州、县无以办公，恐别生弊端”，“清官诚善，惟以清而不刻为尚。”[159]相同的意思，康熙皇帝多次说过。再如康熙五十六年（1717）十一月，他对大学士等人说："凡外吏居官虽清廉，然地方些微火耗，其势不能不取。即如大学士萧永藻之清廉，中外皆知，前任广东广西巡抚时，果一尘不染乎？假令萧永藻自谓清官，亦效人布衣蔬食，朕亦将薄其为人矣。"[160]

康熙皇帝晚年也一改前期的严惩贪污的做法，这一点在噶礼与张伯行互参案中有典型表现。张伯行字孝先，河南仪封人。康熙二十四年（1685）进士，考授内阁中书，改中书科中书。康熙四十二年（1703）授山东济宁道。适逢饥荒，他从家里运来钱米，并缝制棉衣，拯民饥寒；打开官仓，发粟治赈，深得民心。康熙四十四年（1705）康熙皇帝南巡，赐其"布泽安流"榜，不久又提拔他为江苏按察使。康熙四十六年（1707）康熙皇帝第六次南巡，至苏州，对左右说："朕闻张伯行居官甚清，最不易得。"康熙皇帝命当地督抚举荐贤能，张伯行不与。康熙皇帝见了张伯行，说："朕早已了解你了，他们不荐举你，朕荐举你。日后你为官清廉，天下臣民才会知道朕知人善任。"擢福建巡抚，赐"廉惠宣猷"榜。张伯行疏请免赋平粜，建立书院，刻书兴教，遏制佛教势力的发展。康熙四十八年（1709）调江苏巡抚。噶礼，满洲正红旗人，清朝开国功臣何和礼的四世孙。他在康熙三十八年（1699）七月至四十八年四月山西巡抚任内，即因贪婪无厌、加派私征、虐吏害民屡遭弹劾。因其矢口否认，康熙皇帝未加深究，反而错误地对弹劾他的人给予处罚。康熙四十八年，噶礼擢为江南江西总督。到任后他更加肆无忌惮，上任数月即将江苏巡抚、布政使、按察使等官一律劾罢，并与新任江苏巡抚张伯行产生了矛盾。康熙五十一年（1712）正月，张伯行疏参噶礼在上年科场案中做手脚，得银五十万两，徇私贿卖举人程光奎、吴泌等。噶礼不但否认收银，而且反咬一口，摭拾张伯行七罪讦奏。康熙皇帝接疏，令将二人解任，交户部尚书张鹏翮、总漕赫寿审理。张鹏翮等人不敢开罪噶礼，草草审讯后即回奏，称张伯行诬告噶礼，应夺官。康熙皇帝不相信这个结果，斥责张鹏翮等人为噶礼掩饰，加派户部尚书穆和伦、工部尚书张廷枢前去再审。但再审结果仍是张伯行参噶礼各款"皆虚"，而噶礼参张伯行各款倒"俱实"。康熙皇帝还是不相信这个结果，令大臣们再议，"是则是，非则非"，"从实具奏"。经过一番讨论，提出的处理意见是：二人"俱系封疆大臣，不思和衷协恭，互相讦参，殊玷大臣之职，应将噶礼、张伯行俱革职。但地方必得清正之员，方不贻累百姓，张伯行应否革职留任，伏候圣裁。"事情发展到这一步，康熙皇帝也只好睁一只眼闭一只眼，下令将噶礼革职，张伯行革职留任。一桩大贪污案，结果变成了失职案，从轻发落了。

康熙皇帝晚年对贪官污吏的宽容，除上面所说噶礼与张伯行互参案外，例子还有不少，不妨再举一二：

蓝理贪污案。蓝理字义山，福建漳浦人。少桀骜，膂力绝人，三藩之乱时投官军，以功授福宁游击，迁灌口营参将。康熙二十一年（1682）随从提督施琅征台湾，有功，加左都督。后得康熙皇帝召见，破格授为陕西神木营副将，寻擢宣化镇总兵，挂镇朔将军印。移定海，再移天津，开垦水田。康熙四十五年（1706）擢福建陆路提督。次年康熙皇帝南巡，蓝理到扬州迎驾，康熙皇帝对他赏赉有加。但蓝理虽有作战之勇，却无操守之清。康熙五十一年（1712）浙闽总督范时崇、巡抚满保先后疏劾蓝理贪婪酷虐诸状，康熙皇帝派侍郎觉和托、廖腾煃会同督抚审理。十一月觉和托等人奏报说："蓝理霸市抽税，婪赃累万，被害不止一家，流毒已极，应拟斩立决。"[161]康熙皇帝接报后，却以蓝理以前有军功，令从宽免死，调取来京入朝。

户部官员贪污案。康熙四十九年（1710）左副都御史祖允图上疏，参劾户部收购草豆舞弊。经刑部察审，书办胡文思、沈遵泗供称：每年商人领银后有送户部堂官、司官之"公费"，其银数、账册俱存商人金璧处。经传问金璧，交出康熙四十五年（1706）至四十八年（1709）送银账簿，内列堂官希福纳等共六十四名官员，收受"公费"计二十余万两。康熙皇帝闻报，立刻下令将涉及官员革职审问。但第二天康熙皇帝的态度就变了。他对大学士等人说："据刑部所奏，户部亏空办买草豆银两一案干连甚众。大臣官员等不能洁己、革除积弊，今事已败露，诚为可耻。朕昨览此事，终夜无寐，反复思维，姑开以自新之路。见在得赃人员，于未审之前，若将自身所得之银即行赔完，则免其革职拿问。"[162]自然，这又给贪官们开了一条宽大之路。

康熙皇帝前期严行兴廉惩贪，决心大，措施得力，为中国古代封建君主中少见，可以说十分难能可贵。这一点，连当时来华的西方传教士都很佩服。1697年（康熙三十六年）巴黎出版的传教士白晋给当时的法国国王路易十四的奏折中，白晋以无比钦佩的口气写道：康熙皇帝"要求代表君主权力的最高官员和总督必须是不为贿赂收买，不出卖正义的刚直不阿、廉洁奉公的官员”，“如果一个官吏被控有受贿行为，康熙皇帝就会毫不宽容地予以制裁，对任何人绝不留情”，“他是自古以来统治天下的帝王中最为圣明的君主”[163]。因而，康熙前期兴廉惩贪的效果也颇为显著。史载康熙皇帝第一次考察全国官员，就惩治了贪官污吏一百三十三员。而据《清圣祖实录》统计，康熙朝知府以上的官员因贪污罪被流放和处以死刑者达十五人之多，其中判处死刑者十人，从而在一定程度上对贪官污吏产生了震慑作用。康熙皇帝大力表彰清官，也为全国的官员树起了学习的榜样，对整饬吏治同样发挥了积极的作用。康熙年间，“大吏多尚廉能，奉职循理”，上行下效，使直接关系庶民生计的府、县守令中，也出现了一大批廉能循吏。仅《清史稿·循吏传》所载，康熙朝即有二十三人之多，其中有“誓不一钱自污”的知县钱在新、敢于“惩治旗棍”的知州靳让、拒千金之贿而为贫妇昭雪的知县佟国珑等等。因此，史称“康熙间吏治清明，廉吏接踵起。圣祖所以保全诸臣，其效大矣”[164]。吏治清明，一定程度上防止了封建政权的迅速腐朽，广大人民生活也有了一定程度的改善，因而是有积极意义的。康熙年间被誉为中国封建时代难得的盛世，不能不说与兴廉惩贪有很大的关系。因此后人称：“治理蒸蒸，于斯为盛。”[165]

有人说全世界自从有政府以来就有贪污，没有一个政府不是在想用种种办法把贪污治住的。治贪污不外乎四条路子：有一套细致严密、步步设防的规章制度，让人不能贪污；有一套严厉的惩治贪污的条例，使人不敢贪污；有一笔过得去、足以养廉的薪俸收入，使人不必贪污；经过教育，达到一种比较高度的自律要求，使人不想贪污。对照当时的社会，我们认为，康熙皇帝的治贪还是很不够的。

首先，中国古代以人治代替法治，各项规章制度的制定和执行在很大程度上取决于个人的喜怒哀乐，漏洞很大，因而造成了“掌刑名者弄刑名”“掌钱谷者盗钱谷”的通病。可以说，封建制度本身即是孳生贪贿之源，因此，完全肃清贪贿是不可能的。

其实，清朝官员的俸禄一般来说都比较低，不足以维持官吏本人和家属的生活。清制，七品知县俸银为四十五两，总督、巡抚为一百五十至一百八十两。区区之数，难以维持生计，所以那些真正的清官大多过着苦行僧的生活；而且每当国家财政困难时，还要在官吏的俸禄上打主意，要他们减俸、捐俸。地方上存留的公费本属地方办公开支，数额本来就很少，清初因军需孔亟，又一再裁减。康熙皇帝就曾深有感触地说：“从前各州县有存留银两，公费尚有所出，后议尽归户部，州县无以办公。”[166]这样，官吏们不但生活费用无着，办公费用也被克扣，不得不从老百姓身上搜刮，贪污实难禁止。

更重要的是，封建官吏早在读书时就已深受“读读读，书中自有黄金屋，书中自有千钟粟，书中自有颜如玉”的古训熏陶，一旦登上仕途，自然要去寻找“黄金屋”“千钟粟”“颜如玉”，实现自己的“理想”。显然，贪污是其主要途径。因此，不管如何教育，绝大多数官吏也不可能达到比较高度的自律要求，从而不想贪污。作为封建君主，康熙皇帝洞悉官吏们的这种心理，只要不造成什么坏的影响，他都能予以容忍。史称徐乾学兄弟与高士奇等人贪污受贿，康熙皇帝“惟夺其官而已”，并解释说：“诸臣为秀才，皆徒步布素，一朝得位，便高轩驷马，八驺拥护，皆何所来，可细究乎？”[167]

值得一提的是，康熙前期对贪官污吏的惩处比较严厉，因而颇见成效。但即使这样，康熙前期仍没有杜绝贪污现象。康熙晚期对贪官污吏的惩处比较宽松，对官吏们的私征加派也多听之任之。康熙皇帝这样做，一是意识到贪污确实难以禁绝，因而允许官员有“些微”“纤毫”的出格之处，以减少统治阶级内部矛盾，同心协力地巩固封建统治。二是因为康熙皇帝晚年家务闹得不可开交，太子几立几废，诸子勾心斗角，康熙皇帝被搅得焦头烂额，无暇再顾及吏治问题。



康熙皇帝晚年对贪官污吏的宽容，影响相当坏。他允许官吏们有少量贪污，意在养廉，使其不大贪污，这种用心是良苦的。但此例一开，便很难把握，其结果只能限制了廉吏，反而为贪官开了一道门路，从而使吏治更加败坏，“各省库项亏空，动盈千万”[168]。雍正皇帝继位后，虽有心力矫前朝“宽厚”的失策，采取了一些修修补补的措施，也无法解决这令人头疼的贪风流行问题。终清之世，官场之龌龊，一代胜似一代。搜刮的名目越多，贪黩之门也就开得越大，大河浑浊小河脏，上下交错，积重不返，直到灭亡。这大概是康熙皇帝在世时万万想不到的！

1 《甲申传信录》卷三。
2 佚名:《牧斋遗事》。
3 钱谦益:《有学集》卷三十九《与族弟君鸿论求免庆寿诗文书》。
4 《清史稿》卷四百八十《儒林传一》。
5 徐枋:《居易堂集·自序》。
6 申涵光:《张覆舆诗引》。
7 屈大均:《过吴不官草堂赋赠》。
8 吕留良:《吕晚村先生文集》卷八《客坐私告》。
9 孙静庵:《明遗民传》卷七《吕留良传》。
10 归庄:《归庄集》,第577页。
11 阎尔梅:《江若雨招饮即席分韵》诗。
12 顾炎武:《亭林文集》卷六《与杨雪臣》。
13 《清史稿》卷一百零九《选举志四》。
14 《清史稿》卷一百零九《选举志四》。
15 徐珂:《清稗类钞》册十一《隐逸类》。
16 《清史稿》卷一百零九《选举志四》。
17 王应奎:《柳南随笔》卷二《诸生就试》。
18 刘师亮:《汉留史》第六章。
19 《清史稿》卷一百零九《选举志四》。
20 全祖望:《鲒埼亭集》卷十一《亭林先生神道表》。
21 孙静庵:《明遗民传》卷三十七《魏禧》。
22 《清史稿》卷一百零九《选举志四》。
23 《清史稿》卷一百零九《选举志四》。
24 《清史稿》卷一百零九《选举志四》。
25 全祖望:《鲒埼亭集》卷二十八《万贞文先生传》。
26 李富孙:《鹤征录》卷二。
27 朱彝尊:《古意投高舍人士奇》诗。
28 朱彝尊:《腾笑集序》。
29 顾炎武:《亭林诗集》卷二。
30 顾炎武:《亭林文集》卷六《答徐甥公肃书》。
31 黄宗羲:《南雷文定》卷二《董在中墓志铭》。
32 李桓:《国朝耆献类征·儒行》所载《刘泗宗作李二曲墓表》。
33 陆世仪:《思辨录辑要》卷九《修齐类》。
34 邵廷采:《思复堂文集》卷九《陈执斋先生墓表》。
35 《清世祖实录》卷一百四十四。
36 蒋良骐:《东华录》卷九。
37 《清圣祖仁皇帝圣训》卷十七。
38 史惇:《恸余杂记·圈田》。
39 《清圣祖实录》卷三十。
40 《清圣祖实录》卷一百二十。
41 《清圣祖御制诗文二集》卷二《谕大学士明珠》。
42 王先谦:《东华录》顺治朝卷六。
43 《清圣祖实录》卷三十二。
44 《清圣祖实录》卷三十四。
45 《清圣祖实录》卷三十一。
46 《清圣祖实录》卷九十三。
47 《清圣祖实录》卷二百六十六。
48 《清圣祖实录》卷一百二十。
49 《清圣祖实录》卷一百二十七。
50 《清圣祖实录》卷一百四十八。
51 《清圣祖实录》卷二百八十六。
52 《清圣祖实录》卷一百三十三。
53 《清圣祖实录》卷一百二十三
54 《清圣祖实录》卷九十。
55 《清圣祖实录》卷一百零二。
56 《清圣祖实录》卷一百二十一。
57 《清圣祖实录》卷二百五十五。
58 《清圣祖实录》卷二百六十五。
59 《清圣祖实录》卷一百一十六。

60 《清圣祖实录》卷二百零一。
61 《清圣祖实录》卷二百零一。
62 《清圣祖实录》卷二百五十五。
63 《清圣祖实录》卷二百二十七。
64 《清圣祖实录》卷二百九十三。
65 《清圣祖实录》卷六十八。
66 王锺翰点校:《清史列传》卷十一《顾八代传》。
67 《清史稿》卷二百六十五《汤斌传》。
68 《清史稿》卷二百六十五《汤斌传》。
69 《康熙起居注》,康熙十一年十二月十七日。
70 《清史稿》卷二百七十一《高士奇传》。
71 《清圣祖实录》卷一百。
72 《清史稿》卷二百六十九《余国柱传》。
73 蒋良骐:《东华录》卷十四。
74 《清史稿》卷二百六十九《明珠传》。
75 《康熙起居注》,康熙二十七年二月初九日。
76 《清圣祖实录》卷一百四十五。
77 《清圣祖实录》卷一百八十。
78 《清史稿》卷二百七十一《高士奇传》。
79 《清史稿》卷二百七十一《徐乾学传》。
80 《清史稿》卷二百七十一《徐乾学传》。
81 《康熙起居注》,康熙二十七年三月十一日。
82 《清圣祖实录》卷十四。
83 《清圣祖实录》卷一。
84 《清圣祖实录》卷八十八。
85 《清圣祖实录》卷一百。
86 《清圣祖实录》卷一百三十。
87 《清圣祖实录》卷一百三十五。
88 《清圣祖实录》卷一百八十。
89 《清圣祖实录》卷二百零一。
90 《康熙朝汉文朱批奏折汇编》第一册,第6页。
91 《康熙朝汉文朱批奏折汇编》第一册,第277—278页。
92 《康熙朝汉文朱批奏折汇编》第一册,第845页。
93 《康熙朝汉文朱批奏折汇编》第三册,第231页。
94 《康熙朝汉文朱批奏折汇编》第五册,第67页。
95 《清圣祖实录》卷二百四十九。
96 《康熙朝汉文朱批奏折汇编》第七册,第620页。
97 《清圣祖实录》卷二百六十五。
98 《清圣祖实录》卷二百四十九。
99 《清圣祖实录》卷二百七十。
100 《清圣祖实录》卷二百七十五。
101 《清圣祖实录》卷二百七十。
102 《清圣祖实录》卷一百五十。
103 《清圣祖实录》卷一百六十八。
104 《清圣祖实录》卷一百五十。
105 《清圣祖实录》卷二百二十七。
106 《清圣祖实录》卷九十二。
107 《清圣祖实录》卷一百八十四。
108 《清圣祖实录》卷三十三。
109 《清圣祖实录》卷一百零三。
110 《清圣祖实录》卷三十七。
111 《清圣祖实录》卷三十七。
112 《清圣祖实录》卷一百八十九。
113 阿达哈哈番:清初爵位名。乾隆元年(1736)将此爵位改称汉文为轻车都尉。
114 拜他喇布勒哈番:清职官名。顺治四年(1647)改世职牛录章京为拜他喇布勒哈番,乾隆元年改称汉文为骑都尉。
115 《清圣祖御制诗文一集》卷十二。

116 《热河志·围场》。
117 《承德府志》序。
118 《清圣祖实录》卷一百八十。
119 《清圣祖实录》卷一百五十一。
120 乾隆皇帝《避暑山庄百韵诗》碑文序，见杨天在:《避暑山庄碑文释译》，紫禁城出版社1985年版，第107页。
121 《清高宗实录》卷五百七十六。
122 《清圣祖实录》卷一百零六。
123 《清圣祖御制诗文四集》卷二十五。
124 《康熙起居注》，康熙二十三年三月十二日。
125 《清圣祖实录》卷一百一十七。
126 《清圣祖实录》卷二百零九。
127 《清圣祖实录》卷二百一十一。
128 《清圣祖御制诗文三集》卷四十九《杨家庄新开中河得顺风观民居漫咏二首》。
129 《清圣祖实录》卷二百二十八。
130 《清圣祖实录》卷一百一十六。
131 《清圣祖实录》卷一百三十九。
132 《清圣祖实录》卷一百一十七。
133 《清圣祖御制诗文一集》卷四十三。
134 《清圣祖御制诗文二集》卷四十九。
135 《清圣祖实录》卷一百一十七。
136 《清圣祖实录》卷一百一十七。
137 《清圣祖实录》卷一百一十七。
138 《清圣祖御制诗文一集》卷四十。
139 《清圣祖实录》卷一百九十二。
140 张符骧:《百长吟》。
141 《清圣祖实录》卷一百八十二。
142 《清圣祖实录》卷一百八十三。
143 《清圣祖实录》卷一百八十七。
144 《清史稿》卷二百四十七《毕振姬传》。
145 《清史稿》卷四百七十六《白登明传》。
146 《清圣祖实录》卷八十五。
147 《清史稿》卷二百七十七《于成龙传》。
148 《清圣祖实录》卷九十四。
149 小横香室主人:《清朝野史大观》卷五。
150 《清圣祖御制诗文一集》卷二十九《谕祭江南江西总督于成龙文》。
151 《清圣祖御制诗文一集》卷二十九《谕祭江南江西总督于成龙第二道文》。
152 《清圣祖实录》卷一百一十七。
153 《清圣祖实录》卷一百一十八。
154 《清史稿》卷二百七十九《张鹏翮传》。
155 李元度:《国朝先正事略》卷七《彭古愚中丞事略》。
156 《清史稿》卷二百七十《郭琇传》。
157 《清圣祖实录》卷二百八十二。
158 《清圣祖实录》卷二百五十五。
159 《清史稿》卷二百七十七《陈瑸传》。
160 《清圣祖实录》卷二百七十五。
161 《清圣祖实录》卷二百五十三。
162 《清圣祖实录》卷二百四十三。
163 白晋:《康熙皇帝》。
164 《清史稿》卷二百七十七“论曰”。
165 《清史稿》卷四百七十六《循吏传》。
166 李元度:《国朝先正事略》卷十二《陈清端公（瑸）事略》。
167 昭梿:《啸亭杂录》卷一《优容大臣》。
168 《清世宗实录》卷三。

# 康熙传

下

白新良 主编

中华书局

# 第七章　利民

经过明末清初的社会动乱，清朝初年，社会经济凋敝，人民生活十分困苦。这样，在康熙皇帝亲政，尤其是平定三藩叛乱之后，在进一步巩固和加强政治统治的同时，还采取各种措施积极发展生产，恢复经济，关心民生，以致不长时间，耕地面积和人口都急剧增长，生产发展，百业兴旺，整个国家呈现出一片欣欣向荣的局面。



## 一、重农恤商

康熙皇帝在位期间，为了恢复残破已极的社会经济，首先实行了重农恤商的政策，奖励农耕，整顿赋役，扶持工商。经过他的不懈努力，农、工、商业都渡过了几十年来的低谷，进入一个全面恢复和迅速发展的新的历史时期。

明末清初，中国大地经历了长达几十年的战争，社会经济受到严重破坏。即以耕地面积而言，康熙皇帝即位时，全国耕地面积民田为五百四十九万三千五百七十六顷，加上官庄、屯田等，总面积也不过五百八十万顷，较之明万历年间的耕地总面积锐减一百五十万顷。其中山东、河南、山西等地十室九空；江南“田土尽成丘墟”；辽河流域除奉天、辽阳、海城外，到处是荒城废堡，败瓦颓垣；黑龙江北部被沙俄洗劫后，很多居民一贫如洗，不少村落“空无人居”。清朝中央政府所在地的直隶，由于大量圈地，汉族人民整村整村“无田无家”“疾苦颠连”“困于饥寒”[1]。他们或被迫投充入旗，或背井离乡远奔关外，在荒野中结草为庐，甚至“相从为盗”。满族旗内贵族的压迫、剥削，也导致了庄丁的大量逃亡，直隶一带极目荒凉，“地土荒旷”，“连年田禾不收”。于是，恢复生产、发展经济便成为摆在康熙皇帝面前的当务之急。



康熙皇帝亲政后，比较系统地接受了儒家传统的治国思想。通过对历代王朝兴衰治乱历史经验和教训的总结，他认为，“前史之乱率起于饥”[2]，“国家久安长治之谟，莫不以足民为首务，必使田野开辟，盖藏有余，而又取之不尽其力，然后民气和乐，聿成丰亨豫大之休”[3]。在他看来，经济发展、社会安定、统治巩固，样样都离不开农业。在这些认识的基础上，康熙皇帝形成自己的重农思想，并曾专作《农桑论》，以阐发自己的重农思想。文中说：

纵观历史，治理国家的关键在于农桑。古代的圣帝明主，如虞舜、大禹、周公等，都强调重视农桑，不可懈怠。为什么呢？农为人们提供粮食，桑（指纺织业）为人们提供衣服。人们常说：“农事伤则饥之本，女红废则寒之原。”老百姓如果缺吃少穿，怎能安下心来过日子？朕曾经亲行耕耤大礼，以为天下人从事农业带个头；颁行崇俭之令，督促官员们留意。目的是想使天下老百姓都能勤于耕作，加紧纺织，达到令人称颂的淳朴和乐的上古之治。假如百姓们都能知道粮食、布帛的重要性，勤恳劳作，力行俭朴，国家再以道德、精神教化他们，天下就能大治了。因此说，农桑是治理国家的关键。[4]

康熙皇帝的重农思想主张，在其《耕织图序》中有更详细的表述：

朕殚心竭虑，寻求治理天下之途，方知民以食为天。朕曾阅读《诗经》的《豳风》、《尚书》的《无逸》等篇，发现古人对稼穑农桑说得清清楚楚，而且重视有加。西汉时的诏令最能表达出古人的这个意思，说："农事伤则饥之本也，女红废则寒之原也。"因此，"要使老者能得其天年，幼孤者能健康成长，除去农桑，还有什么呢？"朕常巡幸访问，对南北土疆之性、黍稷播种之宜、节候早晚之殊、蝗蝻捕治之法等了然于心。在京听政时，朕总要把这些告诉给大臣们。丰泽园的旁边，朕令人开垦出田地数畦，周围绕以溪水，沟垅井然在目，桔槔之声盈耳，每年收获好谷数十钟。在田垄边上，朕命人栽上桑树，盖上蚕室，浴茧缫丝，恍然如村野农居；农田旁边，朕又令筑起"知稼轩""秋云亭"，以便往瞻农田。古人说："衣帛当思织女之寒，食粟当念农夫之苦。"朕铭记此训，画《耕织图》各二十三幅，每幅作诗一首，以吟咏其勤苦，图诗配合，就把农桑的过程及其间的劳瘁描绘得纤悉备具，惟妙惟肖。朕命人刻板印刷，传诸后世，让子孙后代了解粒食维艰、授衣匪易的道理。朕临此图而生感触，且欲今天下之人都能敦崇本业（指农业），勤以谋之，俭以积之，衣食丰饶，一齐达到安和富寿的程度。这也就是朕嘉惠元元的最终目的。[5]

认识到农业的重要性，康熙皇帝在位期间采取各种措施奖励农耕，恢复和发展残破的社会经济。康熙皇帝奖励农耕的措施，大致有以下几个方面：

第一，废除藩产变价，无偿给予耕种农民。在明末农民大起义的狂飙中，封建地主土地所有制受到毁灭性的打击，各家藩王、戚畹、显贵、豪绅及平时凌虐、盘剥乡民的大大小小的地主，大多遭到农民起义军的镇压，或者逃死他乡，不少土地落到广大农民的手中。这些土地尤以明朝藩王土地为多，分布于直隶、山西、山东、河南、湖北、湖南、陕西、甘肃等八省，共约十七八万顷。清朝政权入主中原后，这些废藩田产的所有权转归国家，垦种者按藩产租额缴租，同时按民田额赋纳粮，负担沉重，积极性不高，垦种效果也不好。为此，早在四大臣辅政时期，清朝政府即陆续将部分地区废藩田产的“加增额赋”或“增租”蠲除。但因藩产名义犹存，一切蠲免只是临时性的，所以不仅未开垦的土地仍然无人问津，即便已经开垦者，也有被撂荒的。康熙七年（1668）十月，清朝政府被迫下令革除“废藩名色”，改变废藩田产所有权，归耕种者所有。然而清朝政府在推行这一规定时又留了一个大大的尾巴，下令农民必须用银钱购买那些已归农民所有的废藩田产。当时广大农民极其贫困，国家正项钱粮都难以缴纳，哪里有银钱购买田地？因此，藩产变价的措施受到人民的激烈反对。为了安定社会秩序、发展农业生产，康熙皇帝决定撤销藩产变价的命令，把土地无偿分给耕种之人。康熙八年（1669）三月初八日，他发布诏令说：

> 以前朕曾根据有关官员题请，派部院会同各地督抚，将直隶各省的废藩田产，按荒熟程度酌情变价出售。现在想到小民购买变价田产之后，还要向国家交纳钱粮，负担太重，因此朕决定不再推行变价之令，撤回派到各地的部员。除已经购买了变价藩产的以外，现在还没有变价的田地由督抚无偿给予原种之人，令其耕种，照常征收钱粮，以副朕爱养民生之意。[6]

这道诏谕彻底肯定了明末农民战争后广大农民夺得一部分土地所造成的土地占有关系的新现实。这种奉旨免其变价、改入民户的废藩田产，就是为后人称道的“更名田”。“更名田”的实行，鼓励了农民继续垦荒和耕种，也培养了一大批自耕农，对于当时生产的恢复和发展，无疑起到了重要的促进作用。

第二，采取各种措施，奖励荒地开垦。连年的战争，使得大量的土地撂荒，无人耕种。顺治年间朝廷虽也采取了一些奖励垦荒的措施，但短时间内效果并不显著。至康熙初年，全国的荒芜田地仍然十分广袤。如四川是李自成、张献忠余部李来亨、李定国等坚持抗清达二十年之久的重要战场。由于清军惨绝人寰的屠杀，一直到康熙十年（1671），还是“有可耕之田，而无可耕之民”，大量耕地撂荒。东南沿海一带人民抗清斗争最为激烈，清朝统治者进行了残酷的屠杀，以致康熙初年江南仍然一片萧条，“人稀者，地亦荒”。此外两湖、两广、云贵、浙闽、江西等地，情况也无不如此。显然，垦荒已是发展社会经济、保障人民生活，进而稳定封建统治的急务。康熙皇帝认识到垦荒的重要性，采取了一系列措施加以提倡和鼓励。首先是官贷牛、种。要开垦荒地，必须具备耕牛、农具、种子等基本生产手段和投资。而明末以来的长期战乱却使大批农民四处流浪，几乎一无所有，开荒牛、种难于计办，以致“每多以人代牛，或手足挖锄，聊度岁月”[7]。顺治年间，清朝政府即下令对流民垦荒而无力者贷以牛、种。但由于当时财政拮据，执行起来相当困难。到了康熙年间，官贷牛、种才更多地见诸实施。康熙四年（1665）五月，清朝政府决定对湖广归州、巴东、长阳、兴山、房县、保康、竹溪、竹山等州、县的流民“酌给牛、种，听其开垦”。康熙六年（1667）八月，清朝政府下令安顿驻扎在河南、山东、山西、江南、浙江等省的投诚官兵开垦荒地，“每名给五十亩，预支本年俸饷，以为牛、种”。三藩之乱平定后，官贷牛、种的情况更多。康熙二十二年（1683）三月，河南巡抚王日藻提出开垦当地荒地的第一条措施，就是把仓储积谷借给老百姓，以为牛、种之费。统一台湾以后，康熙皇帝决定对沿海复业的民人实行官贷牛、种，五年之后“纳还种本”。康熙三十二年（1693）十月，康熙皇帝下令陕西无论有地无地之民，一律给以牛、种银两，以为耕种之资。康熙四十三年（1704）十二月，天津总兵官蓝理奏请招募江南、福建等处无业之民开垦直隶沿海旷地及丰润、宝坻、天津等处洼地，康熙皇帝同意“给予牛、种”。康熙五十三年（1714）十月，为安插甘肃流民，康熙皇帝下令将荒地查出，无业之民给予口粮、种子、牛具，令其开垦。

其次是放宽起科年限。抛荒田地从开垦到成熟，一般都需要二三年甚至更长的时间。农民开垦出荒地后，政府立即起科（征收钱粮），会使农民所得甚少，甚至所获不敷所征，影响农民的垦荒积极性。因此，历代统治者往往放宽荒地开垦的起科年限。清顺治年间，统治者为了鼓励垦荒，先后规定三年起科、六年起科。但由于当时兵火连年，国家财政经常入不敷出，统治者为摆脱困境，总是随时随地颁布新令，加紧催征，所谓三年起科、六年起科也就成了一纸空文。进入康熙时期，随着大规模军事行动的告一段落，放宽起科年限才有了可能。康熙元年（1662）三月，清朝政府允准河南南阳、汝州二府领垦荒田一应杂差“俟五年后起派”。康熙十年（1671）六月，康熙皇帝同意将浙江温、衢、处三府投诚兵丁所垦荒田，比照山东、山西二省之例，三年之后“再展限一年起科”，即四年起科，次年又宽限至六年。康熙十二年（1673）十一月，康熙皇帝又一次对农民做出重大让步，他对户部官员说：“现行垦荒定例，俱限六年起科。朕虑及小民拮据开荒，物力艰难，恐怕催科期迫，反致失业，深为轸念。嗣后各省开垦荒地，俱再加宽限，通计十年，方行起科。”[8]三藩之乱期间，筹饷急迫，上述关于五年、六年、十年起科的政策没有能够得到很好的执行；三藩之乱平定后，康熙皇帝又重新规定了起科年限。鉴于十年起科为时太长，康熙十八年（1679）宣布对开垦的荒田实行六年起科。康熙二十二年（1683）在某些地区恢复三年起科。收复台湾后，康熙皇帝下令对回乡复业的闽、浙等省沿海农民实行五年起科，个别地区如特别困难，也可推迟起科。为使百姓稍得宽纾，康熙皇帝多次指示督抚等地方官不要急于清查垦荒田亩。如康熙四十八年（1709）十月，他对新任四川巡抚年羹尧说：近年来湖广的农民很多迁移到四川垦荒定居，地方逐渐殷实。做巡抚的，如果一到任就要清丈田亩，增收钱粮，就不会得到老百姓的拥护；你要让老百姓们安心生活，钱粮之事可以慢慢地清查办理。这是四川第一要事[9]。因此，当时许多地亩，国家实际上未予征科。正如康熙五十二年（1713）十月康熙皇帝自己所说：



> 如今四川开垦的荒田已经很多了，假如真的按亩征课，那么该省一年即可得钱粮三十余万。朕的意思是国家财政已经充足，就不用加征了。……朕巡幸时，见直隶自苑家口以下以前被永定河冲决之处，如今都已经有老百姓盖房定居了，斥卤之地变成了膏腴肥田。这些地总数不下数十百顷，朕皆未下令起科。又如江南的黄河堤岸到遥堤之间，有二三里远的，也有六七十丈远的空地，早先都种上柳树，以备治河之用，如今当地老百姓已把这些空地尽皆耕种，但是朕也没有下令起科。[10]

朝廷既不急于起科增赋，人民垦荒的积极性自然高涨。康熙时期与顺治时期相比，垦荒有了较大的进展。再次是奖励地主乡绅及在职官员进行招垦。面对土地抛荒、流民四布而国家又一时财政紧张的现实，顺治年间采取了奖励地主乡绅及在职官员进行招垦的措施，即利用地主、官员在地方上拥有的实力，鼓励他们招民垦荒，由国家给以种种政治、经济特权，然后国家再从他们的地租中征取一部分作为赋税。康熙年间，康熙皇帝继续采取这一措施。康熙十年（1671）十月，康熙皇帝同意四川湖广总督蔡毓荣提出的办法：

> 如候选州同、州判、县丞等，及举、贡、监生人员等有能力招徕百姓垦荒者，即授之以署职之衔。其招徕百姓垦荒时不限年数，不拘籍贯，只以百姓户数为准。等到其招满三百户百姓，而且都已开荒种地，方可由地方官出具证明，给予俸薪。实授本县知县、本省现任文武各官有能如数招民开垦者，可允许其不满年限即升职。四川待立功补用的武官，若能如数招民开垦，可照立功之例，立即补用。[11]

对于那些虚报垦荒成绩以图幸进的地方官员，康熙皇帝也制定出详细、严格的措施，从而保证垦荒的正常进行。

第三，重视边疆地区的开发。在大力提倡内地垦荒的同时，对于边疆的开发，康熙皇帝也十分重视。在他的关心下，康熙前期，结合抗击沙俄、保护东北边疆，在黑龙江南北进行了大规模的军事屯田活动。同时，他还派员指导索伦、达斡尔诸部农耕，仅齐齐哈尔、墨尔根、呼兰、黑龙江四城即设官庄一百三十六处，额定壮丁一千三百六十名。康熙后期，随着噶尔丹叛乱的平定，西北边疆各地的屯田活动也次第开展。为了提高边疆地区垦荒效果，康熙皇帝还特别强调因地制宜。他屡屡嘱咐口外地方督官在督耕时要提倡筑高垅以挡御风寒，令他们多向当地人请教，根据早寒的特点种植早熟作物。他多次指示蒙古地方督官引黄河水灌田抗旱。他还根据实践情况，断言塞外之田“大有可耕之望”。陕西、宁夏、哈密等地的水稻种植，也盛始于康熙年间。

第四，提倡和推广优良品种。突出的例子是康熙皇帝对御稻种的培育、提倡和推广。水稻是我国南方主要粮食作物，由于气候关系，北方种植一直较少。康熙皇帝于听政之暇，在宫内的丰泽园（今中南海内）开垦出水田数畦，种上玉田产的稻种，每年九月成熟收割。某年六月下旬的一天，康熙皇帝又照例来到地边视察苗情。其时水稻刚出穗儿，忽然他发现其中一株稻秆高出许多，稻穗也已成熟。康熙皇帝很是惊奇，便将其收藏作种子。次年试种，果然又在六月成熟。从此生生不已，“岁取千百”，终于用“一穗传”的方法培育出早熟新稻种。因其生于禁苑之田，故称之为“御稻米”。“御稻米”色微红而粒长，气香而味腴。由于生长期短，所以适于北方栽种，南方则可一年两熟。康熙五十三年（1714），康熙皇帝首先把一石御稻种发给苏州织造李煦，令其推广，同时试种双季连作。两年后，御稻种又迅速传播到江苏、浙江、安徽、两淮及江西等地，结果获得成功，粮食产量大幅度提高。在北方，康熙皇帝推广御稻种，也取得了满意的成效。



此外，为保证农业生产的进行和农作物的丰收，康熙皇帝还下令限制寺观规模，督促地方官捕治蝗虫。他认为，各地建寺庙，既占百姓田庐，又耗人民资财；建成后，寺庙住持或兼并土地，为害一方；或窝藏罪犯，扰乱地方，弊端种种。故下令“除原有寺庙外，其创建、增修永行禁止”[12]。对于蝗蝻之害，康熙皇帝潜心研究治理的办法，并三令五申要地方官早做防备。

为了恢复残破的社会经济，在奖励农耕的同时，康熙皇帝还着手整顿赋役制度。清初的赋役制度沿自明制，以田赋和丁役作为封建国家的主要收入，称“正赋”。虽然当时清朝政府规定的正赋数额不高，但由于财政紧张，制度不健全，各级统治者在正赋之外又征收各种名目的附加税，有些豪绅也采取各种方式转嫁赋役，广大人民负担仍然十分沉重，生活无法安定，生产很难发展，阶级矛盾十分尖锐。顺治后期，清朝政府曾对赋役制度进行整顿改革，以明朝万历年间的赋役额为标准，编成《赋役全书》；另立鱼鳞册（丈量册）、黄册（户口册），“与《赋役全书》相表里”；征收赋税，则沿用万历时期的“一条鞭法”。为防止官吏、地主作弊，政府向民户颁发“易知由单”（赋役数额通知单）、“截票”（赋役分限完纳通知单）。此外，还设有“印簿”“循环簿”“粮册”“奏销册”“赤历册”“序册”等册籍作为辅助。但因名目繁多、手续繁杂，这些规定从未得到认真执行，地方官吏、土豪劣绅不仅没有戢行敛迹，反而变本加厉地大钻政策空子，肆无忌惮地盘剥百姓，广大人民的负担更加沉重。因此，康熙初年，清朝政府又下令推行总征通解，即将由州、县统一征收的地丁钱粮除扣拨兵饷外，其余通解户部。以此为基础，康熙皇帝亲政后，继续整顿和改革赋役制度。其具体措施有：

第一，编定《简明赋役全书》。从顺治十四年（1657）编成《赋役全书》，到康熙二十四年（1685）的近三十年间，全国户口和土地数字不断变动，《赋役全书》显然已经过时。康熙二十四年二月，户部自言“积弊难除，皆由款项多端所致”，要求改定赋役数额。三月康熙皇帝下令编辑《简明赋役全书》，其原则是“止载起运、存留、漕项、河工等切要款目，删去丝秒以下尾数”[13]。《简明赋役全书》编定前，政府的征收包括存留、起运、漕项、河工、均徭、里甲、土贡、雇募、加银等项，经过康熙皇帝的裁革，百姓的负担大大减轻。

第二，停止刊刻易知由单。易知由单始行于顺治六年，是政府征收钱粮的数额通知单，上面开列上、中、下则及正、杂、本、折钱粮，最后缀以总数。颁行易知由单的目的是把应纳钱粮提前通知民户，使其免遭欺骗。清朝政府还规定，如果经手官吏擅自加派或以完作欠，纳户可凭单及交纳钱粮收据告发，经手官员及州、县官都要受到处罚。康熙初年，继续使用易知由单，弊端因之逐渐增多。直隶巡抚于成龙即上疏揭发说：“直隶赋额刊刻由单，不肖官吏指称纸板工费，用一派十，民受其困。”[14]因而要求停止。康熙皇帝接疏后，下令各省巡抚对此建议进行讨论。巡抚们大多同意于成龙的建议，并认为易知由单的款目与《简明赋役全书》所载相同，实在没有必要。于是康熙皇帝做出决定，除江苏情况特殊，“仍听册报如旧”外，其他各省停止刊刻易知由单。



第三，改革截票。截票又称“串票”或“二联印单”，亦始于顺治年间。截票上开列地丁钱粮的实数，“分为十限，月完一分，完成则截之”，故名。在截票票面中间盖以钤印，就印字中分为两联，官民各执其一。康熙初年，沿用顺治年间颁行的截票，地方奸吏挖空心思贪污自肥，又在截票上打起主意。他们往往借口磨对，将应该发给百姓的一联留住，以完作欠，以多作少，营私舞弊。为杜绝这类事件，康熙二十八年（1689）康熙皇帝下令将二联票改为三联票，规定凡征收钱粮及豆麦等项俱如数登填，一联存州、县，一联给差役应比，一联给纳户作凭据。新的方法还规定，纳税之时如官吏不如实填写，或者不给一联凭据，准许百姓告发，以监守自盗论处。

第四，创立滚单。即使如此严密的制度，官吏们仍然千方百计地私行科派，或令阖邑通里共摊同出，称“软抬”；或令各里各甲轮流独当，称“硬驼”。为清除“软抬”“硬驼”等弊端，康熙皇帝又于康熙三十九年（1700）创立滚单。其具体办法是，每里中或五户或十户合制一单，列上名字，名下注明田地、银米数目及按时应交纳的数额；分为十限，发给甲首，按顺序滚催，自投封柜；一限完后，又依次滚催二限、三限、四限等，停搁不缴者严惩。滚单用保甲连坐法催收赋税，故很有成效。同时滚单比截票更为严密，因而也防止了官吏的私行科派，“民以为便”。

第五，推行均平里甲法。对徭役的摊派，康熙元年（1662）有无锡知县吴兴祚创立“均平里甲法”。具体做法是，在清丈田亩的基础上，将全县的田亩搭配均平，截然画一，共得四百一十四图（里），每图（里）额编田三千亩，每甲以三百亩为准，不论乡绅地主还是贫民百姓，一概编入里甲，按田亩承担徭役，交纳赋税。“均平里甲法”取消了绅户的免役特权，利于均役，因而深受百姓欢迎。此后，各省纷纷仿效。康熙皇帝见此法为人心所向，遂决定向全国推广。康熙十三年（1674），康熙皇帝下令说：“江南有隐占、诡寄、包揽诸弊，都是因为赋役不均平。各地应该根据州、县田地总数与里甲之数均分纳粮服役，不许地主多占、隐役，苦累小民。”

这些措施的采行，主要目的是使百姓易知而官吏不得多取，后来被概括为“催科四法”：“以分限（分期征输）之法纾民力；以轮催（滚单）之法免追呼，以印票（截票）之法征民信，以亲输（自投封柜）之法防中饱。”[15]康熙皇帝对赋役制度的整顿和改革，初步解决了赋役征收中的一些问题。

在采取措施恢复农业生产的同时，对于工商业的恢复和发展，康熙皇帝也十分重视。康熙皇帝即位初，由于经过几十年的战乱，工商业同样是个烂摊子。采矿业被严加禁止，签商召买的现象虽有所禁止，但是强索贱卖、关卡林立的现象却普遍存在。工商业者不仅“有输纳之苦，有过桥之苦，有过所之苦，有开江之苦，有关津之苦，有口岸之苦”[16]，而且由于官吏又有溢额加级的规定，拼命勒索，所以工商业者“不苦于关，而苦于关外之关；不苦于税，而苦于税外之税”[17]。在政府和不法官吏的压榨下，清初工商业一片萧条景象。在东南沿海，曾有十七万人口、工商业繁荣的江阴，在清军大屠杀后只剩下五十三人；机户、染工各有数千的丝织中心苏州，六门紧闭，城中死者枕藉，机工星散，机户凋零；棉织中心松江等镇，布号纷纷歇业。其他地区情况也基本相同，如四川成都的织锦业“锦焚坊尽”，江西饶州的制瓷业“一蹶不振”。康熙皇帝在位期间，为了发展工商业，繁荣经济，提出了“利商便民”“恤商”的口号，先后采取了以下措施：

第一，废除匠籍。所谓匠籍，就是政府为手工业者专立的户籍。元朝把手工业者编为“匠籍”，使之沦为工奴，子孙世承其业。明朝时手工业者的地位有所提高，在籍的工匠除按国家规定每年定期服役外，还可以独立经营自己的手工业，产品也可以自由出售。明朝中期以后，又对匠籍制度加以改革。嘉靖八年（1529），明朝政府下令匠户向政府交纳班匠银，取消工匠轮班服役的制度。清初匠籍混乱，政府无法按籍征收班匠银。因此，顺治二年（1645）宣布除豁直省匠籍，免征京班匠价。但至顺治十五年（1658）全国即将统一之际，清朝政府又下令恢复班匠银。康熙皇帝即位后，面对全国各地匠户逃散、匠籍名存实亡、班匠银无法征收的现实，毅然决定将班匠价银改入条鞭征收。令下之后，各地陆续将班匠银摊入地赋中征收，匠籍也就随之废除。废除匠籍表明手工业者对国家的人身依附关系的进一步松弛，有利于手工业的发展。

第二，禁止官吏苛索商人。封建官吏为了一己之私，往往利用手中的权力对工商业者肆行勒索，从而影响了工商业的发展。为此，康熙皇帝陆续颁布了一些法令，保护工商业者免受不法官吏的盘剥，对违反法令的官吏则加以惩治。他勒石于桥，禁关津口岸杂税；取消官吏征税溢额加级的规定，令税课照常额征收；禁止官吏扰害行户，并以之作为整饬吏治的一条标准；禁止官吏封借商船运兵作战，允许漕船捎带商人货物；停止各地的房号银；官吏扰害商人者，允许商人首告，提倡官吏互相参劾。官吏扰害工商业者被治罪的例子在康熙朝有不少，如康熙六年（1667）有安徽滁州全椒县知县因克扣铺户（杂货铺、布铺、酒铺、猪肉铺）银五十九两零七分而被发配宁古塔；康熙四十二年（1703）山西河东盐院承差景仕诈害商民被参革职；还有恭顺侯吴维华因请征房号银而被下刑部议罪。

第三,一定程度上取消贸易和生产限制。封建社会，一向官营的盐、茶，康熙皇帝也允许一定数量的私贩煎煮，以致当时盐、茶私贩“千百成群，公然开店”。云贵等省，康熙皇帝还允许商人贩卖铅、硝、硫磺。统一台湾以后，他甚至允许商人带火药、兵器出洋。康熙皇帝一定程度上取消贸易和生产限制的措施，在其开海和开矿政策中有更明显的体现。对此，本书另有专节论述，这里不再赘言。纺织业方面，康熙皇帝取消了机户不得拥有百张以上织机的禁令，同意有力者“畅所欲为”，自由扩大生产规模，等等。



第四，统一度量衡。康熙二十三年（1684）康熙皇帝下令统一制钱的重量，规定每钱约重一钱，每钱一串值银一两；康熙四十三年（1704）康熙皇帝宣布废除盛京金石、金斗、关东斗，规定各省一律改用底面平准的升斗；康熙五十八年（1719）下令秤以十六两为一斤，升以十三号砝码为准。这种度量衡的统一规划，一定程度上促进了全国商业的繁荣。康熙制钱，南起云、贵，北至喀尔喀蒙古、黑龙江两岸，皆畅通无阻。内河上下，商贾船行不绝。

康熙皇帝的重农恤商政策推动了农业生产的发展、工商业的繁荣和资本主义萌芽的出现，产生了积极的效果。

首先是农业生产迅速恢复和发展，耕地面积大幅度增加。据《清圣祖实录》等书的数据，康熙年间的全国耕地总面积增长情况如下表：

| 年　　份 | 耕地总面积（顷） |
| --- | --- |
| 康熙二十五年（1686） | 五百九十万余 |
| 康熙三十五年（1696） | 六百万 |
| 康熙五十年（1711） | 六百九十三万余 |
| 康熙五十五年（1716） | 七百二十五万余 |
| 康熙六十年（1721） | 七百三十五万余 |
| 康熙六十一年（1722） | 八百五十一万余 |

这些数据表明，到康熙晚期，全国耕地总面积已超过明万历年间。耕地面积的增加、社会环境的安定，都有力地推动了生产的发展，农作物的单位面积产量也大大提高。例如康熙皇帝推广双季稻连作，使从前只收一季的江南等地变为“两次成熟”，单位面积产量可达二三石，好田甚至可以达到五六石至七八石。同时，棉花、烟草等农业经济作物的种植面积也大大增加。所有这些，不但使广大人民生活有所改善，也使国家的赋税收入大大增加，对社会的进步产生了重要作用。

其次，康熙皇帝的“恤商”“利商便民”政策也使康熙年间的工商业趋于繁荣。当时，不仅出现了一批新兴的工商业城市，如南京、广州、佛山、厦门、汉口、无锡、镇江、扬州、淮阴等，而且南京、佛山、广州的丝织业已与苏州、杭州齐名，苏州、佛山的棉织业也堪与松江媲美。如果说明代工商业及市镇还主要局限于长江中下游和东南沿海地区的话，那么到了清朝康熙年间，工商业及市镇已经扩展到全国，连吉林、黑龙江地区也有了所谓“边外七镇”，宁古塔“商贩大集”，“街肆充溢”，“货物、客商络绎不绝”。康熙时期，随着手工业的发展，分工也日益精细，纺织业中有掉工、摇工、刷工、牵工、打边工、挽花工、织工之分，制糖业中有糖师、火工、车工、驭牛工、剥工、看牛工之分。农业、工商业的发展，使加强商品经济交流成为需要和必然，全国已形成一个巨大的市场，互通有无，彼此促进。商品经济的发展和繁荣，使得康熙年间开始出现了雇佣劳动。苏州丝织业中，“机户出资经营，机匠计工受值”。嘉善县枫泾镇丝织、扎染二坊中所雇染匠“往来成群”。南京、苏州的丝织业中出现了许多由大商人设立的“账房”，拥有大量的原料、织机和资本，剥削雇佣工人。凡此一切，都反映着康熙时期资本主义萌芽已经出现。



康熙皇帝重农恤商政策虽有其积极作用，但也存在着很大局限性。我们说康熙皇帝重农恤商政策的最终目的不过是为了保证封建国家的财政收入、稳定清朝政权的统治，这个出发点也是任何封建皇帝都无法超越的。因而康熙皇帝对这个富有积极意义的政策的执行也不那么彻底。康熙皇帝虽然大呼“重农”，但他奖励农耕却没能坚持始终。康熙后期，富家大户兼并土地、逃避差徭和地方官吏私征明派十分严重。对此康熙皇帝睁一只眼闭一只眼，明知而不加惩治。对于边疆的开发，他也大搞管、压、卡。喀喇沁三旗呈请招募内地民人前往开垦，康熙皇帝限定每年只发印票（许可证）八百张，还规定春去秋回，不得长期居住，更不准与蒙族通婚。在东北，康熙七年（1668）康熙皇帝下令废除顺治十年（1653）颁布的《辽东招民开垦例》，三年后又修筑柳条边墙，严禁汉人开发黑龙江南北，以保护满族祖宗发祥地的龙脉。

在对待工商业的态度上，康熙皇帝的支持也是有限度的。康熙二十年（1681）曾禁革苏州纺织业中的行头，但不久又允许其恢复。由于行会的把持，康熙时期资本主义萌芽未能得到很好的发育。机匠与账房的关系，一定程度上犹如佃户与地主，这仍是封建性生产关系的残余。康熙皇帝又钦差官兵捉拿盐贩，实行禁海、禁矿等。众所周知，封建统治是靠小农经济来维持的。康熙皇帝一方面表示要重农、“恤商便民”，另一方面又要把工商业紧紧束缚在小农生产与家庭手工业相结合的范围内，以避免封建经济的解体和地主阶级统治的垮台。因此，康熙时期工商业中资本主义萌芽的发育依旧是缓慢的。





尽管如此，我们也应看到，康熙皇帝能够在不长的时期内把清初以来残破不堪的社会经济发展起来，使清王朝成为一个经济繁荣、政治统一、国力强盛的国家，特别是在古老的农业经济中促进和保护一些资本主义生产关系萌芽的因素，这本身就证明他不愧是一位圣明之君。

## 二、蠲免赈济

康熙年间，除推行奖励农耕、“恤商便民”等政策积极发展生产外，康熙皇帝还通过大规模的蠲免钱粮、赈济灾荒以及提倡积谷等手段来保障人民生活，稳定封建统治。

所谓蠲免钱粮，就是封建国家把应该向人民征收的赋税减少甚至免除征收，以减轻人民的负担。一般说来，蠲免钱粮建立在封建国家财政充裕或者人民有实际困难、赋税征收难以进行等基础之上。自古以来，有远见的封建皇帝都尽可能地蠲免钱粮，减轻人民负担，以缓和社会矛盾，稳定封建统治。康熙皇帝在位期间，先后在全国蠲免税粮、丁银、逋赋达数百次。这些蠲免大体可以分为灾荒蠲免、逋欠蠲免、巡幸蠲免、战争蠲免和大规模普遍蠲免五种形式。

灾荒蠲免是清朝政府赈济灾荒措施的重要组成部分。中国是一个大国，各地的地理、气候等自然条件很不相同，风、火、水、旱、虫、雨、雹、霜、雪等自然灾害发生的频率很高。中国自古又以农业立国，农业的发展对天气、气候等依赖性很强，而广大农民抵御自然灾害的能力又非常弱。因此，每遇自然灾害，农业收成必受影响，封建政府一般都能及时赈济灾民，并根据受灾的程度分等蠲免田赋。顺治年间，清朝政府规定，受灾八分至十分者，免十分之三；受灾五分至七分者，免十分之二；受灾四分者，免十分之一。应当说，这个蠲免比例是偏低的。因此，康熙年间开始提高蠲免比例。康熙四年（1665）三月，为防止地方官报灾迟误或先征后蠲，使蠲免有名无实，清朝政府决定："以后被灾州、县，将本年钱粮先暂行停征十分之三，等查明受灾程度后照例蠲免，以便百姓得到实惠。"[18]这条诏谕的颁布，使灾荒蠲免的比例最少是十分之三；遇有重灾，则全部蠲免。这年六月，山东部分地区遭受严重旱灾。户部经过讨论，提出：济南、兖州、东昌、青州四府旱灾十分，应照例蠲除十分之三的赋额；登州、莱州二府旱灾七八分，应照例蠲除十分之二。康熙皇帝不同意，下令说："这六府所属地方已经受了重灾，就把本年

（康熙四年）应征的钱粮全部免除，并张榜通告，务必使家喻户晓，人人明白。”此后，曾定加一蠲免之例，即三分之外再加一分，共蠲免十分之四。实际上此例用于受灾七八分者，而受灾九十分者仍行全部蠲免。不久，又重定蠲免比例，即受灾九十分者，全蠲本年额赋；受灾七八分者，于应蠲之外加免二分，也就是蠲免十分之五。有时灾荒严重，影响时间长，田地收获少，一年蠲免不足以解决百姓生计，康熙皇帝就下令延长蠲免时间，或三年，或永远不征收钱粮。康熙七年（1668）十一月，康熙皇帝下令对河南安阳、临漳的水冲沙压地免正赋三年。第二年正月，陕西鄠县山洪暴发，康熙皇帝下令对被冲堆压砂石不能耕种的田地永远豁除赋税。此外，凡水冲沙压及坍江地的赋税，康熙皇帝均下令永远豁免。

对于灾荒蠲免，康熙皇帝要求务必使各阶层都能得到实惠。康熙四年（1665）正月，左都御史郝维纳上了一道奏疏：“山西、山东等省普遍旱灾，皇上发帑赈济，恩惠至为优渥。但是赈济恐怕难及穷乡僻壤，蠲免钱粮才可使所有各处皆得实惠。田有田赋，丁有丁差，以前各地受灾，照例都是蠲免田赋，而不蠲免丁差（钱粮），那些有丁口而没有土地的百姓就不能和有田之人一起霑承皇上的恩泽。因此，臣请求以后将丁银和田赋按同样比例一起蠲免。”郝维纳指出的忽视少地和无地贫民蠲免的漏洞，立即得到康熙皇帝的重视，并责成有关部门迅速讨论执行。在蠲免实践中，康熙皇帝还发现虽然政府按亩免征了一定比例的钱粮，但那些拥有大量土地由佃人耕种的地主们，却依旧要佃户交足租额，因而蠲免的好处不及佃农。于是康熙九年（1670）九月下令：“嗣后征租者

（指地主）照蠲免分数亦免田户（指佃农）之租，使普天之下均得蠲免好处。”康熙二十九年（1690）七月，康熙皇帝又对地主、佃户蠲免的比例做出明确规定：“以后直隶及各省遇有恩旨蠲免钱粮时，七分蠲地主，三分蠲免佃种之人。”这个规定康熙皇帝后来又反复申明，严格执行。

为保证人民得到蠲免的实惠，防止州县官在蠲免时阳奉阴违、蒙上剥下，康熙皇帝于康熙六年（1667）正月采纳山东道御史钱延宅的建议，命各督抚于奉蠲处所，每图（里）取现年里长出据的证明，收存该地方，并分缴部、科查对。对违反规定者，有详细的处分条例：被灾州、县、卫、所，凡是奉蠲钱粮有已征在官、不准充抵次年赋额者，有未征在官却不与扣除应该蠲免的数额而一概混比侵吞者，或者在督抚报灾时先停征十分之三，等到中央批准蠲免比例后却不告谕百姓者，或者止称蠲免起运而不及存留，使百姓仅得蠲免好处的一部分者，或者在易知由单内先行扣除，却达不到中央规定的数额者，州、县等有关官员俱以违旨侵欺论罪；如其上级官员不加检查稽查，道、府俱降三级调用，督、抚、布政司俱降一级调用；如果其上级查出却不行纠参，而被科道官员察纠或其他人揭发出来，则按照徇庇例治罪。



蠲免逋欠，是蠲免多年积欠的赋税钱粮。封建社会里由于生产力低下，广大农民对自然灾害抵抗能力不强，一年到头收获并不很多。而地主的剥削、封建官吏的勒索更使农民所剩无几，简单的生活都难以维持，更谈不上还要向国家交纳赋税了。因此即使是在所谓的治世盛时，有的地方也交不上赋税钱粮。这样的拖欠一年紧接一年，形成逋欠。据统计，顺治年间直隶及各省共拖欠银二千七百万余两，米七百万余石，超过康熙初年银二千五百万两、米六百万石的全年额赋。如此庞大的逋欠数额，民力难以承担。与其催征旧逋，引起新欠，甚至激化社会矛盾，导致农民走上反抗之路，不如蠲免旧逋，以保证当年钱粮的按时征收，安抚广大百姓。但若一下子全部蠲免，又为康熙初年的国力所不逮。因此，逋蠲是逐步、审慎进行的。康熙三年（1664）蠲免顺治十五年（1658）以前各省民间逋赋；次年，又下令蠲免顺治十六、十七、十八三年的积欠钱粮。蠲免了顺治年间的逋欠钱粮，接下来又开始蠲免康熙年间的逋欠。康熙八年（1669）二月，山陕总督莫洛及甘肃巡抚刘斗以连年灾荒、民困至极，请免平凉、临洮、巩昌三府所属州、县、卫积欠银七万八千三百余两，粮十六万三千余石。户部认为各省都有拖欠的钱粮，如果蠲免三府所属地方，则兵饷必然缺额，故不予批准。康熙皇帝对户部的意见很不以为然，指出应分别对待。平凉等三府屡遭灾荒，情况与其他地方不同，应允许地方官们提出的逋蠲要求，但下不为例。这个处理实际上开了蠲免康熙年间逋欠的先例，以后逋欠蠲免遂纷至沓来。

在逋欠蠲免中，很值得一提的是蠲免逋欠漕粮。清代在地丁钱粮以外，又在山东、河南、江南、浙江、湖广等地征收一定数量的米、豆等物，从水路运到京师，以供皇室、贵族、官吏及戍守北京的兵丁之用，称为漕粮。一般说来，漕粮都是当年征收，当年起运，不能有丝毫耽误，也例不蠲免。康熙六年（1667）黄河泛滥，江南桃源县（今江苏省泗阳县）受害尤甚，江宁巡抚韩世琦上疏，请求将该年桃源县的起运漕粮分两年补征带运。次年二月，康熙皇帝批复同意。但因灾荒日益加重，至康熙九年（1670）二月两年期满，非但补征未果，反而越欠越多。新任江宁巡抚马祜遂上疏请免带征漕米。康熙皇帝指出，按惯例漕粮不能蠲免，但该巡抚既称桃源等处屡遭水灾，民生困苦，与别的地方情况不同，遂允准其请，将该地康熙六、七两年未完漕粮一万六千六百四十石蠲免，下不为例。桃源既免，紧接着又有漕运总督帅颜保上疏，要求将受灾的江南高邮等六州、县康熙六、七、八年未完漕米二万八千七百六十九石改折带征。户部经过讨论决定同意。但康熙皇帝认为，高邮等处灾伤与别的地方不同，如将未完漕米仍令带征，“恐小民不能完纳，以致困苦”，故令户部重新研究。户部官员当然理解康熙皇帝之意，遂重新提出处理意见：高邮等地屡遭灾伤，情况特殊，将其康熙六、七、八年未完漕粮全部蠲免。康熙皇帝自然同意。这个口子一开，此后漕粮蠲免也就成了常事。如连年受灾、本年又遭重灾者，地丁、漕粮等一起蠲免。康熙十一年（1672）十二月，江南兴化等五县连年灾荒后又加本年水灾十分严重，康熙皇帝决定：将应征本年地丁银及漕粮、漕项（指通过水运至京师的其他物品）一并蠲免。三藩之乱期间，因急需军饷，对应征及逋欠的蠲免都十分谨慎；但到战争后期康熙皇帝开始对新收复的关键地区进行蠲免，以安定民生，招民复业。康熙十八年（1679）二月，令蠲免江西康熙十六年（1677）以前积欠的钱粮；十月，免湖广康熙十三年（1674）至十七年（1678）“近贼地方”（靠近叛乱的地区）额赋。待平定三藩、抗击沙俄取得胜利后，康熙皇帝更加大力蠲免。康熙二十七年（1688）康熙皇帝宣布，免除各省康熙十七年以前漕项旧欠；次年康熙皇帝下令将江南积年民欠约二百二十余万两概行蠲免，并将遭受水灾的邳州历年逋欠及该年地丁、漕项等钱粮一并蠲免。

巡幸蠲免，是指康熙皇帝巡行各地时实行的钱粮蠲免。康熙皇帝一生中曾多次离京拜谒祖陵、巡视河工、查看边防、体访民情，对御驾所过之地，康熙皇帝多次做出蠲免钱粮的决定。康熙十年（1671）九月，康熙皇帝以寰宇一统告祭福陵（清太祖努尔哈赤陵）、昭陵（清太宗皇太极陵）。前往盛京途中，康熙皇帝下令："山海关外跸路所经，勿出今年、明年租赋。"[19]三藩之乱平定后，康熙皇帝巡幸的次数大增，巡幸蠲免也更多了。康熙二十一年（1682）三月，康熙皇帝以平定三藩再次出关谒陵，宣布蠲所过地区租税；康熙二十三年（1684）九月，康熙皇帝南巡前下令车驾所过之地免赋税一年，经过曲阜时，又宣布免除当地次年租赋；康熙二十八年（1689）正月，康熙皇帝南巡阅视黄河工程，下令免山东地丁额赋，除江南积欠二十余万；康熙三十二年（1693）十一月，康熙皇帝奉皇太后谒孝庄文皇后暂安奉殿和孝陵（清世祖福临陵），回宫后下令免除沿途顺天、河间、保定、永平四府翌年税粮；两年后康熙皇帝巡幸塞外检查边防，再次下令免顺天等四府的第二年地丁钱粮；康熙三十七年（1698）十月康熙皇帝第三次东巡，宣布免奉天当年米豆；次年正月，康熙皇帝在南巡中目睹沿途民生已比不上十年以前，认为是地方官吏恤养不力所致，因而令"截留漕粮，宽免积欠"[20]；康熙四十二年（1703）正月，康熙皇帝第四次南巡，宣布蠲免跸路所经及歉收各省去年逋赋；同年十月，康熙皇帝西巡，下令免除山西、陕西、甘肃的逋赋。大体说来，巡幸蠲免涉及的范围较小，基本上限于康熙皇帝到过的地方；次数相对也少，有时纯粹是主观意志的结果。

战争蠲免，即对战场所在地区或供应战争之需的邻近省区进行的蠲免。康熙朝有影响的战争是从三藩之乱开始的，故战争蠲免也首先从平定三藩之乱后开始推行。但就在三藩之乱期间，康熙皇帝为了争取三藩控制区人民的拥护，已开始战争蠲免。康熙十六年（1677）二月，康熙皇帝下令免除福建当年租赋；不久，其他邻近三藩盘踞地的省份也先后接到了蠲免逋欠钱粮的诏书。只有江西，康熙皇帝怒其“从逆”，“所在背叛，忠义全无”，“以致寇氛益炽，兵力多分，迟延平定之期”，直到康熙十八年（1679）二月才下达蠲免令：“其（康熙）十六年以前旧欠钱粮，着尽行蠲免。”[21]显然，这对安抚百姓、扰乱叛军人心有很大作用，为尽快平定叛乱奠定了基础。三藩之乱平定后，为了减轻受战争波及地区人民的痛苦，稳定社会秩序，康熙皇帝不失时机地蠲免当地钱粮。康熙二十五年（1686）九月，康熙皇帝指出：湖广湖南、福建、四川、贵州“昔年为贼窃据，民遭苦累。今虽获有宁宇，更宜培养，以厚民生”，下令将四川、贵州两省所有康熙二十六年（1687）应征地丁各项钱粮“俱着蠲免”，康熙二十五年未完钱粮“亦着悉与豁除”；湖广、湖南、福建三省所有康熙二十六年下半年、二十七年（1688）上半年地丁各项钱粮，以及康熙二十五年未完钱粮“尽行豁免”[22]。至于云南，康熙皇帝于康熙二十八年（1689）十二月下诏，免其康熙二十一年（1682）至二十三年（1684）民间逋欠钱粮。康熙二十六年康熙皇帝以陕西百姓于“用兵之际，转输馈饷”，令免其当年未完钱粮及次年应征地丁各项钱粮。此后战场转到西北，清军与以噶尔丹为首的分裂势力进行斗争。康熙三十五年（1696）康熙皇帝首次亲征噶尔丹，取得了昭莫多战役的胜利。战后康熙皇帝以数年来宣化所属地方“牧养军马，供亿甚繁，深劳民力”，下令免其明年额赋；当年十二月，康熙皇帝又宣布陕西、甘肃两省的沿边州、县、卫、所，在朝廷大军讨伐噶尔丹的征途中“供亿繁多，闾阎劳苦”，免其明年地丁银米[23]。次年二月，康熙皇帝第三次亲征噶尔丹，下令免除大军经过的岢岚、保德、河曲等州、县的当年额赋；十月，又以山西在几年的征伐战争中有“行赍居送之劳”，免其来年额赋。康熙三十七年（1698）二月，康熙皇帝又下令免除山西去年逋赋。

大规模普遍蠲免，在平定三藩之后着手进行。康熙二十一年（1682）九月，康熙皇帝对大学士等人说：“自用兵以来，百姓供应烦苦。朕以前常说，等天下太平时即宽免钱粮。如今三藩已经殄灭，你们就与户部一起把天下钱粮出纳总数统计出来，奏报给朕。”康熙二十四年（1685）康熙皇帝第一次南巡期间，了解到民间疾苦，“深为轸念”，由经过地方情形推知其他省份也不会有多大差异。三月回京后，他指示大学士等人与户部讨论蠲免直隶各省第二年的钱粮事宜。大臣们经过讨论，汇报说：各省在同一年蠲免，恐造成国家财政拮据，因而请求轮流蠲免。康熙皇帝表示同意，寻令先免直隶全省八府去年未完地丁钱粮六十余万及当年额赋三分之一约五十余万,二者相加，计一百一十万两。此后，康熙皇帝又先后蠲免河南、湖北、直隶、江南、山东、湖南、福建、四川、贵州、陕西等省。轮流蠲免进展迅速，三年之内，“布惠一周”。此例一出，几乎每年都有大规模蠲免。康熙三十年（1691）十二月，康熙皇帝提出来年尽蠲漕粮，令大臣们讨论。大臣们认为，尽蠲漕粮势必要使漕船停运，将使搭乘漕船的其他物资也不能往来，产生“百货价值亦将腾贵”的副作用。因而建议将漕粮照省分府，逐年轮流蠲免。康熙皇帝也意识到自己的疏忽，表示同意该建议，下令除河南第二年漕粮已颁谕免征之外，湖广、江西、浙江、江苏、安徽、山东各省，着自康熙三十一年（1692）始，以次各蠲免一年。康熙三十二年（1693）八月，康熙皇帝下令免除广西、四川、贵州、云南边地四省第二年应征地丁银米。至康熙四十五年（1706），康熙皇帝又于五月、十月分两批蠲免全国各省康熙四十三年（1704）以前逋欠，共银三百八十九万余两，粮十一万一千八百余石。康熙四十六年（1707）十一月，康熙皇帝以江南、浙江旱灾，令免康熙四十七年（1708）两省通省人丁征银共六十九万七千余两，免征同年江苏、浙江、安徽重灾州、县田亩银三百九十三万余两，粮四十八万八千石。康熙四十八年（1709）十一月，康熙皇帝再次做出重大决定，令从康熙五十年（1711）起，三年之内分批普免天下钱粮。

康熙前期、中期对天下钱粮的蠲免，次数多，总量大。康熙四十四年（1705）十一月统计，自康熙元年（1662）以来所免天下钱粮数目共计九千万两有奇，而康熙四十二年（1703）以来的三年间竟达一千六百余万两。到了康熙四十八年（1709）十一月，有关官员又一次做出统计，康熙元年以来所免钱粮共一亿两有余。数额之大，亘古未见。

赈济灾荒，亦即用财物救济发生灾荒地区的百姓。如果说蠲免灾荒是减免对百姓征取的话，那么赈济灾荒则是对灾民的直接给予，两者都是为了帮助灾民战胜灾荒，维持生产和生活。康熙皇帝在位期间，对赈济灾荒一直十分重视；在赈济灾荒的实践中，也留下了不少美谈佳话。

康熙皇帝要求地方官员要及时报告灾荒。他指出："救荒之道，以速为贵。倘赈济稍缓，迟误时日，则流离死伤者必多，虽有赈贷，亦无济矣。"[24]因此对于地方督抚，康熙皇帝要求他们遇灾即报，以便赈济。他不止一次地告诫各地督抚："地方遭受了灾荒，应该立即题报，使朕得以预筹救赈之策。"他还专门做出规定：凡报灾迟延者都要予以惩罚。如康熙三十六年（1697）甘肃自西和至陇西等州、县皆遭受严重灾害，农业歉收，百姓流离失所。作为甘肃巡抚的喀拜对此无动于衷，无视朝廷多次发布的报灾令，"竟不题报"。当年七月，康熙皇帝巡行塞外，得知当地灾情严重，十分气愤，立即下令办赈，并将甘肃巡抚喀拜交部议处，之后又下令将其革职。康熙四十八年（1709）八月，安徽巡抚刘光美疏报凤阳府受灾，已与督臣邵穆布开始救恤。康熙皇帝接报后，突然想起当年上江州、县春灾，刘光美隐匿不报；百姓疾病者甚多，刘光美亦匿不奏闻，下令将其交有关方面察议。九月，吏部提出，刘光美应照溺职例革职。康熙皇帝决定，刘光美降五级调用，调四川巡抚叶九思补安徽巡抚员缺。

提倡迅速报灾，目的是及时赈济。为此康熙皇帝主张简化报灾手续，提高办事效率。康熙三十六年（1697）十一月，康熙皇帝对大学士等人说：各省遭受灾荒的地方，按例先由当地巡抚先行奏闻，待户部讨论后方始检查受灾程度，决定蠲免和赈济事宜。如果说直隶、山东这些靠近京师的地方还能来得及蠲赈的话，那么边远省份经此往返奏请，时间就拖得长了，虽议蠲赈，为时已晚。因此以后凡受灾应奏报的，地方巡抚要把受灾的程度检查好也同时报来，户部把蠲赈的比例、额数也一起讨论，听朕裁决[25]。

有时情况紧急，地方官还没等到中央的指示，就先动用正项钱粮加以赈济。按理不合制度，应受处罚。但康熙皇帝却没有这样做。如康熙十二年（1673）甘肃巩昌府所属部分州、县遭瘟疫，牛马病死很多。春耕在即，急需牲畜，请旨赈灾蠲免已来不及，甘肃巡抚花善急百姓之所急，冒着违制受罚的风险，从该省上年征解银内拨款发给百姓购买耕牛，从积贮屯粮中拨给籽种。四月，花善奏报到达京师。户部官员经讨论，认为民间牛、驴等死亡，没有动用正项钱粮买补的先例；至于动用正项钱粮，按制必须先行题请，而花善却任意违例。因此提议处罚巡抚花善及当地的布政使、道员、知府等有关官员，令赔补擅动银谷。康熙皇帝没有同意，说：银谷既已下发给百姓，有关官员就不要赔补，也不要治罪了。从康熙皇帝的处理中不难发现，他是支持花善等人的，而且也没有下不为例的指示，可见在赈济灾荒问题上康熙皇帝是允许地方官有主动权的。康熙皇帝对匿灾不报者和主动赈灾者两种截然不同的态度，对地方官员来说，无疑是一个重要的信号，使他们对赈灾也采取了积极的态度。因而，康熙年间的赈灾工作做得也很出色。

康熙初年，黄河、淮河屡次决口，河水泛滥，淮、扬一带受灾严重。淮安府所属安东（今江苏省涟水县）、海州（今江苏省灌云县）等九州、县，扬州府所属高邮、兴化等四州、县水患频仍，康熙八年（1669）夏秋又罹淫雨。翌年二月，康熙皇帝令户部“檄行督抚，即发仓粟，赈济饥民”。然而屋漏偏遭连夜雨，淮、扬百姓还未从涝灾中恢复过来，新的灾害又接踵而至。五月下旬，淮河、黄河暴涨，湖水泛滥，百姓的房屋、土地尽被淹没，百里淮、扬顿成一片泽国。江南江西总督麻勒吉上疏要求亟行赈济，但淮、扬所存积谷已为上年赈济用掉，麻勒吉题请暂挪正项钱粮，俟劝输捐纳补还正项。户部经过讨论，以正项钱粮不便动支为由否定了麻勒吉的请求，提出应将凤阳仓存贮及捐输扣存各项银米，交贤能官员散赈，如有不足，则劝谕通省大小官员捐输俸饷。康熙皇帝心急如焚，下令说：“淮、扬百姓连被水灾，深可悯念。着差部院廉能大臣一员，作速前往踏勘。果系被灾已甚，无以为生，即会同督抚，一面将正项钱粮动用赈济。若系次灾，即照部议，将各项粮米赈济，务使民沾实惠，以副朕轸灾恤民至意。”[26]十月，康熙皇帝想到当地百姓室庐多被淹没、夏麦未收、秋播难施的凄惨状况，指出：被灾之民既无耕获，何以输粮？如官府再加催科，百姓则更难以为继。他令户部等有关部门讨论蠲免该地当年应征钱粮。事后康熙皇帝仍悬念不已，康熙十年（1671）三月，差往江南的郎中禅塔海奏事来京，康熙皇帝又关切地询问起淮、扬的情况。禅塔海汇报说：淮、扬等处地方水患未消，人民饥馑流移，前虽行赈济，今仍无以糊口，穷困至极。康熙皇帝听罢“深切悯恻”，谕户部说：“民为邦本，如斯困苦，岂可不速行拯救？今应即行差官前往赈济，或就近截留漕米，或动支何项银两籴米，给散饥民。”四月，户部建议发银六万两赈济淮、扬。康熙皇帝认为百姓当前最急需的是米谷，给银子没有用，遂令截留漕粮六万石及各仓米四万石，遣侍郎田逢吉与贤能司官二人，会同当地督抚主持赈济。对如何赈济，山东道御史徐越建议：“淮、扬饥民，现议赈恤。臣以为当前赈济，应在各府、州、县分设米厂。多设米厂，可使饥民避免奔赴、守候、拥挤等苦。然后按人头发米，大体上每人每天给米一升，三日一放，则一石米可以养活一人于百日，万石米可以养活万人于百日。这样，即使那里有灾民十万，也只需要十万石米。臣请求将部差的贤能司官每府派一员，令其与地方官一起亲自经办赈济事宜，至麦收后停止。”[27]康熙皇帝很欣赏这个办法，令田逢吉等人“速如议行”。此后淮、扬仍不断罹灾，康熙皇帝也不断加以赈济，同时大力治理黄河和淮河，以求从根本上解决问题。



康熙十八年（1679）七月，京师发生严重地震，并波及附近通州、三河等州、县，房倒屋塌，旗民人等死伤甚众。当时平定三藩之役正在进行，灾害牵动着前线每一位八旗官兵的心。康熙皇帝极为重视，下诏求言，并大力赈济。户部、工部提出救济方案：倒塌房屋无力修复者，每间房屋旗人给银四两，民人二两；死亡人口不能收殓者，每名给银二两。康熙皇帝嫌少，令拨内帑银十万两，酌量给发。此外康熙皇帝还下令赈济通州、三河等近京州、县的灾民。由于灾荒，不少饥民流浪到京城，到了冬天，天寒地冻，食不果腹，饥民的处境更为凄惨。康熙皇帝遂下令在五城设厂赈粥。至次年三月，巡视中城御史洪之杰上疏，称饥民自去年冬天流集京师，因五城赈粥，都已存活下来；赈济的限期一宽再宽，到三月底为止，如今期限已到，臣请求将赈济未完的银米酌给饥民，令其回乡。但康熙皇帝认为如今不是麦收季节，如将饥民遣返回乡，仍然衣食无着，流离失所，不能真正解决问题。他下令在五城关厢外添设赈粥厂，再行赈粥两月，等麦子成熟时听其各回乡里。到六月，康熙皇帝"命五城粥厂再展限三月"，并"遣太医官三十员分治饥民疾疫"[28]。对直隶各州县、卫所的赈济，也因"春麦已枯"，展延至秋收。自此每年冬天自十月开始在五城设粥厂煮粥赈灾成为定例。康熙皇帝经常关照增加银米、宽展期限、增设粥厂、修葺五城栖流所诸事。康熙二十八年（1689）直隶旱灾，粮谷无收，康熙皇帝先后下令拨户部库银三十五万两赈济灾民。对八旗护军兵丁特别优待，多给一倍钱粮。不能赡养的庄屯人口共二万二千四百二十八人，每人给米一石，孑身寡妇、退甲护军、拨什库及无马甲只给一两钱粮者，其家口庄屯人口共六万三千七百一十九人，每人亦给米一石。次年正月康熙皇帝考虑春耕在即，又令给受灾州县、卫所的贫民百姓及八旗屯庄人口资助耕牛、籽种，以便及时春播，不违农时。对这次赈济执行的情况，康熙皇帝放心不下，特地派遣侍郎索诺和、阿山、席珠、齐穑、李振裕、李光地、王维珍、徐廷玺等人分四路检查。当他听说"赈过饥民万万，均荷天恩"时，才安下心来。

康熙三十年（1691）陕西西安、凤翔等地旱灾，地方官匿灾不报，致使赈济失时，大批灾民流落他乡。康熙皇帝听说后，立即派学士布喀前往查看灾情，商讨赈济事宜。十二月康熙皇帝下令动支正项钱粮二十万两，由户部侍郎阿山、内阁学士德珠负责赈济灾民。翌年二月因阿山奉差不能尽心，康熙皇帝宣布将其解任。在动用当地钱粮赈济的同时，康熙皇帝令“仍拨给别省钱粮，刻期运送，务使均沾实惠，人获更生”[29]。对于赈济前已流落他乡的饥民，康熙皇帝要求所在省份的督抚董率有司区划赈济，令其各得其所；所在地方官有能酌量资给，使流民回原籍者更好。对隐瞒灾情、防救不力的官员尽行革职。次年四月为吸引流民回籍，康熙皇帝又下令动支户部库银一百万两，解送陕西供军需和赈济。即使在这样的情况下，陕西的情况仍然没有根本好转。康熙皇帝寝食不安，备感焦虑，甚至停止元旦筵宴，以表轸念陕西饥民之情。康熙三十二年（1693）正月，康熙皇帝批准川陕总督佛伦的请求，将西安、凤翔二府额销盐引暂减一半。三月康熙皇帝又以陕西旱荒，遣子胤禔携御制祭文代祭华山。胤禔祭毕回京，奏报陕西已经风调雨顺，麦苗长势很好，流民回原籍者甚多。康熙皇帝略得安慰。七月佛伦等人奏报，西安、凤翔情况已大为好转，雨雪霑足，麦豆丰收，秋禾茂盛，流民回籍者已有二十余万。康熙皇帝这才如释重负。不久康熙皇帝又批准陕西巡抚吴赫的请求，在陕西招徕流民，有地者给予牛、种，无地者一律给银安插。这样一连数年的陕西旱灾终于被战胜了。康熙皇帝对其他地区灾荒的关注和赈济也大体相类，兹不一一列述。

对待灾荒，康熙皇帝不仅仅是蠲免和赈济等被动地去补救，而且提倡积谷，采取备荒的主动措施。康熙皇帝认为，既然自然灾害难以避免，就应在灾害发生前早为之备，以便把灾害可能造成的损失降到尽可能小的程度。康熙四十一年（1702）三月，康熙皇帝对大学士等人说：去年丰收，粮谷多获。如今出现小旱，似乎不会造成多大灾害。然而作为亿兆人之共主，朕不预为其谋行吗？以前朕常常以旱、涝等灾害难以避免，令大臣们各陈奏事宜，以备灾荒。但因当时人自为奏，所以辞多粉饰，不着边际。如今令九卿、詹事、科道官集议，凡有益于时政者俱言无隐，使国家早为之备。[30]康熙皇帝备荒的措施主要有以下几个方面：



第一，严令设仓积谷。居安思危，丰收时不忘灾荒，大力积谷储粮，这是康熙皇帝一贯的思想，也是他反复强调的政策。例如康熙二十九年（1690）七月，直隶各省“霖雨时降，黍苗被野，刈获在即，可望有秋”，康熙皇帝担心“愚民不知爱惜物力，狼藉耗费，只为目前之计，罔图来岁之需”，令督抚严饬地方官吏和平民百姓，务必“及时积贮，度终岁所食，常有余储”。劝谕农民树立积贮以备灾荒的思想，在康熙皇帝的另一段话里也有表现：

民生以食为天。若家藏丰裕，即使发生水旱之灾，也用不着担心。自古耕九余三，重农贵粟，正是藏富于民、经久不匮的重要途径。前几年因连年丰收，粒米充盈，百姓就不知蓄积，恣意挥霍。去年山东、河南一逢岁歉，百姓即缺衣乏食，流离失所。虽然朕一再颁布蠲免赈济，加意抚绥，但被灾之民生计终难得遂。这实在是因为地方官吏平时不以民生为重，没有把朕劝谕积谷之令推行下去。近据奏报，各地雨泽霑足，今年可望丰收。朕恐丰熟之后，百姓又像以前那样不知俭省，妄行耗费，故令各地方大吏督率有关人员晓谕百姓，务必勤俭节约，多积米粮，使俯仰有资，凶荒可备，以副朕爱养斯民至意。[31]

在提倡百姓自己积谷的同时，康熙皇帝还大力提倡地方官府设仓积谷，这是他提倡积谷的主要方面。康熙皇帝提倡地方各级政府设仓储粮，州县设常平仓，村镇设义仓和社仓。这些仓储都由官府出钱修造。然而不法官吏往往借修仓名义，趁机向百姓摊派钱粮，假公济私，违背朝廷备荒安民的宗旨。对此，康熙皇帝想方设法加以堵塞。如康熙二十四年（1685）九月，户部请求将张家口诸处仓廒令地方官设法修造，康熙皇帝说：如果让地方官们想办法，他们势必向百姓加派。修造仓廒之费，就用当地所收税银吧！仓廒建好后，康熙皇帝鼓励百姓收获后量力集输，提倡官吏、地主捐纳，以保证仓里有谷。对各地设仓积谷的情况，康熙皇帝多次下令检查。康熙二十一年（1682）七月，康熙皇帝说："各省常平等仓积贮米数甚属要务。有此积贮，虽遇灾荒也可无虞。朕以前曾有旨令行，如今担心地方官阳奉阴违，执行时有名无实，一旦遇到灾害，便无可奈何。因此，朕令将各省的执行情况逐一检查评议，然后奏报上来。"[32]康熙二十九年（1690）正月，康熙皇帝又说："朕于积贮一事，申饬不啻再三"，"嗣后直省总督、巡抚及司、道、府、州、县官员务宜恪遵各道谕旨，切实举行，使家有余资，仓庾充实。"康熙四十一年（1702）三月，他在谕旨中又反复强调要检查各地的设仓积谷情况："朕亲理机务多年，深知稼穑之事，深感富民之道在于有备。去年冬天北方少雪，今年春天雨水又不足，朕担心蝗蝻趁机孳生，有伤农事。各地官吏都应提前为备。直隶、山东、山西、河南、陕西、江北等地，历年来积贮的仓粮足额与否，该地督抚应查核明白，务必使仓有余储，不出现匮乏的局面。那些所有需要提前准备之事，你们这些督抚都应用心办理，不得失职。如果真能做好设仓积谷的工作，即使年成不好，也可以放心无虞地开仓赈济。至于直隶各省今年的雨水有无、多寡情况，着所在督抚具折奏闻，以纾朕宵旰勤民之意。"[33]

康熙皇帝认为总督、巡抚作为地方大吏，是朝廷各项政令得以推行的关键，因此，"备荒之法，全赖督抚得人"[34]。康熙皇帝屡次下诏谕示，令督抚们做好设仓积谷的工作，并对违令者严加治罪。如前述陕西西安、凤翔发生灾害后，当地地方官即因匿灾不报、备荒不力而被革职。康熙四十二年(1703)七月，山东大雨成灾，康熙皇帝在赈济灾民的同时，宣布："山东有司不理荒政，停其升转。"[35]

第二，提倡粜米平价。所谓粜米平价，就是米贱时买入，米贵时低价卖出；从丰收之地买米，运到歉收之地卖出，以平抑物价，救济灾民。这是康熙皇帝备荒的另一条行之有效的措施。康熙皇帝在位期间，屡次命令各地方官员，丰收之年要出公费购买米谷，待歉收时开仓平粜。康熙四十九年(1710)七月，署理偏沅巡抚、户部右侍郎王度昭上疏说："镇筸自改协为镇之后，兵民聚处，生齿日繁，请酌借帑银三千两，买谷积仓。谷贵之时，平价发粜；秋成谷贱之时，买补还仓，预备赈济。每年将余剩价银，于六年之内补还所借之项。”[36]康熙皇帝表示同意。

在备荒实践中，康熙皇帝还令招商贩粜。康熙三十二年（1693）二月，因西安米价昂贵，康熙皇帝令户部招募各省富商，给以贷款及照验文据，让他们从当地买米运往西安出售。七月，陕西米价下降，遂停止招商贩粜，收回成本。

除官府买谷平粜、招商贩粜两种方式以外，康熙年间用得更多的是截留漕粮及动支京师附近通州仓谷平粜。康熙三十二年（1693）京师歉收，米价腾贵，康熙皇帝令大学士从通州仓每月拨米万石，以低于时价的价格粜卖。康熙四十七年（1708）正月，因江南米价较高，康熙皇帝令漕运总督将湖广、江西起运的当年漕米截留四十万石，分拨江宁、苏州、松江、常州、镇江、扬州六府，交贤能官员减价平粜。康熙四十九年（1710）八月，因福建等处旱灾，康熙皇帝令截留当年起运的镇江漕粮十万石，松江、湖州各十万石，由福建水师船只转运至灾区粜卖。

第三，禁止民间靡费粮谷。康熙皇帝再三告诫百姓，要勤于耕作，也要俭朴过活。为了提倡节约，康熙皇帝在位期间曾多次颁诏禁止民间蒸造烧酒。如康熙三十二年（1693）十一月，康熙皇帝下诏说：“蒸造烧酒，多费米谷。今当米谷减少之时，着户部立即行文直隶巡抚，不准顺（天）、永（平）、保（定）、河（间）四府蒸造烧酒。”[37]酿一碗酒，需用数碗米谷，这在生产力还很低下的清代，康熙皇帝下这样的禁令是可以理解的，也是值得肯定的。

## 三、治理黄河

康熙皇帝在位期间，为了发展社会生产，改善人民生活，除重农恤商、蠲免赈济外，还花极大的力气治理黄河，兴修直省水利，取得很大成就。

宋朝以后，黄河下游河道改折而南，从河南经江苏北部，在淮阴附近与淮河会合，东注入海。元代开通京杭大运河后，其淮阴以北的苏北段运河即借二百里黄河河道。从中游黄土高原一带挟带大量泥沙的黄河水，到了下游，由于河道宽阔，水流平缓，泥沙大量淤积，下游河道渐成为高出两岸平地的“地上河”，全靠人工筑堤束水。一旦年久失修，遇到雨季、汛期，黄河极易泛滥决口。黄河泛滥决口，势必影响淮河、运河。而元代以来，封建国家的经济和政治中心分居南北，每年大量的钱粮必须由运河从南方运到北京等地。为此，清代以前，历朝也都治理过黄河，但由于皆以济运通漕为主要目的，因而治理都不彻底。加上河臣废职营私，长期以来，黄河下游“溃决时闻，劳费无等”，河南、苏北一带水灾连年，民生艰苦，“患有不可胜言者”[38]。

清初为了加强对黄河的治理，自顺治元年（1644）起即沿袭明制，设立河道总督，掌治河渠，综其政令。同时，清朝政府还调发数万丁夫治理黄河。但因措施不力，“旋筑旋决”，黄河为患更甚。据《行水金鉴》和《清史稿》所载统计，顺治在位十八年间，黄河决口即达二十次之多。康熙初年，河道仍无所改观。据统计，仅康熙元年（1662）至康熙十五年（1676），黄河即决口四十五次。黄河为患，既影响了漕运，更给广大人民带来极大痛苦。如康熙元年开封黄练口河决，祥符、中牟、阳武、杞县、通许、尉氏、扶沟七县“田禾尽被淹没”；康熙六年（1667）河决桃源，沿河州、县悉受水灾，“高邮水蓄几二丈”，城门堵塞，乡民溺毙数万。

黄水肆虐，使康熙皇帝十分焦急。早在亲政之初，他即“以三藩及河务、漕运为三大事，夙夜廑念”，“书而悬之宫中”[39]。为了治理黄河，他“反复详考”“从古治河之法”，并经常派人深入灾区调查，以便为治河提供资料。同时他也着手对黄河加以小规模的治理，如康熙七年（1668）十二月，康熙皇帝批准在黄河北岸挑挖引河，分引黄河之水，以图解决清口黄水倒灌问题。康熙十二年（1673）十月，康熙皇帝又下令在清口筑坝，在七里墩建闸，挑浚新河，以保漕道。但就在同年年底，三藩之乱爆发，康熙皇帝必须集中一切人力、物力进行平叛战争，治河之事暂告中断。此后几年，河决不断。至康熙十五年（1676），“河道敝坏已极”，终于酿成一场更大规模的灾难。是年夏天，黄河下游一带阴雨连绵，黄河水势大涨，河水倒灌洪泽湖，“高（家）堰不能支，决口三十四。漕堤崩溃，高邮之清水潭、陆漫沟之大泽湾共决三百余丈。扬（州府）属皆被水，漂溺无算”[40]。除黄河水倒灌致使扬州府受灾外，这年黄河还在宿迁白洋河、于家冈，清河张家庄、王家营，安东邢家口、二铺口，山阳（今江苏省淮安市）罗家口等处多次出现决口，河患已极。面对如此形势，康熙皇帝认识到如再不对黄河加以大规模的全面治理，后果将难以设想。因此尽管平叛战争仍在进行，国家财政拮据，康熙皇帝还是决心抽出部分力量全面治理黄河。康熙十六年（1677）他下令升任安徽巡抚靳辅为河道总督。从此，黄河的治理进入一个新的阶段。

靳辅字紫垣，汉军镶黄旗人。顺治九年（1652）以官学生考授国史馆编修，改内阁中书，迁刑部员外郎。康熙初，自郎中四迁内阁学士。康熙十年（1671）授安徽巡抚，任上“实心任事”，受到嘉奖，康熙十五年（1676）加兵部尚书衔。次年康熙皇帝擢靳辅为河道总督，期望他在全面治理河务方面再出大力，“庶或一劳永逸”。靳辅一上任，“即遍历河干，广咨博询，求贤才之硕画，访谙练之老成，毋论绅士兵民，以及工匠夫役人等，凡有一言可取、一事可行者”，“莫不虚心采择，以期得当”[41]。经过两个多月的调查研究，在幕宾、优秀水利技术专家陈潢的协助下，靳辅心中形成了全面治河的方案，一日而八疏并上。靳辅在奏疏中批评了以往治河仅尽力于漕船经行之地，而以他处决口无关运道而缓视之，以致河道日坏、运道日梗的错误做法，提出对黄河、淮河、运河进行全面治理的完整方案。其要点有：(一）疏下游河道：用二百天疏浚清江浦至云梯关下游河道，并以所挑土加筑两岸大堤；(二）治上流淤垫：高家堰西至清口之小河两旁各挑引河一道，引淮刷黄；(三）培修七里墩、武家墩等临洪泽湖残决堤岸；(四）塞黄、淮各处决口；(五）疏浚清口至清水潭运河二百三十里，并以所挑之土加固东西两堤；(六）规划经费：工程计需银二百一十四万八千余两，预征各地康熙二十年（1681）钱粮的十分之一，俟工成后补还；(七）裁并冗员，调用贤员，严明职守；(八）工竣后，设河兵守堤，计需兵五千八百六十名。

靳辅的经理河工八疏递上后，议政王大臣等表示反对，因为靳辅设计的工程方案不仅需银太多，而且动用丁夫数量也很大，仅第一项工程每日即需十二万三千余人，加上其他各处工程，每日约需二十万人，易生事端。因此议政王大臣建议先选择“紧要之处”酌量修筑，俟以后再大修治。康熙皇帝没有听从他们的建议，而是以河道关系重大为由，令靳辅“再行确议具奏”。靳辅奉旨再作研究，于康熙十七年（1678）上疏，对原来的方案稍作调整和修改：（一）以车运土，且将工期由二百天延为四百天，这样疏浚下游河道每天仅需丁夫三万人；（二）徐州以下河道，就原估土方加筑缕堤（黄河大堤即遥堤内修筑的逼水之堤），并酌量增格堤（遥堤与缕堤之间修筑的横堤），其他各项则维持原案。由于靳辅的治理方案贯彻了康熙皇帝的“一劳永逸”、全面修治的治河思想，因而得到康熙皇帝的大力支持。这年正月，康熙皇帝批准了靳辅的治河方案。二月又决定支给正项钱粮二百五十余万两，限三年告竣。

在康熙皇帝的大力支持下，靳辅的治河方案开始实施，“各工并举”：挑清口、烂泥浅引河四道，挑清口至云梯关河道，创筑关外束水堤一万八千余丈，塞于家冈、武家墩大决口十六处；创建王家营、张家庄减水坝两座，筑周桥翟坝堤二十五里，加培高家堰长堤，山阳、清河、安东三县黄河两岸及湖堰大小决口尽予塞堵；塞堵杨家庄决口，增建高邮南北滚水坝八处、徐州长樊大坝外月堤一千六百八十九丈；塞堵宿迁徐家湾、萧家渡决口。工程至康熙二十二年（1683）四月基本完成，“河归故道”，下游的山阳、高邮等七州县民田，“至是皆出水可耕”[42]。

对靳辅的工作，早就有人反对。康熙十八年（1679）十月请开皂河时，即有左都御史魏象枢表示反对。康熙二十一年（1682）黄河先后在徐家湾、萧家渡决口，又有候补布政使崔维雅上《河防刍议》，条列二十四事，“请尽变靳辅前法”。康熙皇帝派户部尚书伊桑阿、左副都御史宋文运等人带上崔维雅一同前往江南，勘阅河工。伊桑阿等人经过实地考察，认为靳辅所建工程虽然多不坚固，但照崔维雅所说改筑也未必成功。靳辅也反复申辩，说决口在来年必然堵塞。康熙皇帝遂下令恢复靳辅已被革去的河道总督之职，限期竣工。靳辅的工程始得进行下去。

康熙二十三年（1684）九、十月间，康熙皇帝巡幸山东，总河靳辅来朝。康熙皇帝“以黄河屡岁冲决，久为民害，欲亲至其地，相度形势，察视河工”[43]，于十月十八日命驾南巡。康熙皇帝沿黄河、运河南下，一路上检查河工，对靳辅的成绩予以肯定，赐以亲书《阅河堤诗》，并鼓励说：“你数年来黾勉尽力，修治河工，取得了很大成绩，朕已悉知。今后你要益加勉励，使河工早日告成，让百姓们各安旧业，方不负朕委任至意。”在南巡中，康熙皇帝也发现了一些问题。他认为靳辅修建的水坝固然有分泄涨溢的作用，但也存在着“水流浸灌，多坏民田”之弊，希望能做到“黄河顺势东下，水行刷沙，永无壅滞，则减水诸坝皆可不用”[44]。他看到高邮等地方“虽水涸，民择高阜栖息，但庐舍、田畴仍被水淹，未复生业”[45]，心中非常忧虑，开始重视下河和海口工程。

在下游治河取得成效之后，靳辅认识到，“河南地在上游，河南有失，则江南河道淤淀不旋踵”[46]，因而把河工逐渐向黄河中游转移。此为靳辅治河的第二阶段，始自康熙二十四年（1685），迄于康熙二十七年（1688）。这一阶段的主要工程有：筑河南考城、仪封、封丘、荥阳等各处河堤不等；凿睢宁南岸龙虎山减水闸四座；开辟中河。这一阶段的工程尤以中河意义最大。原先漕船出清口入黄河，行二百里始抵张庄运口。靳辅决定在清河县西仲家庄建闸，上自宿迁、桃源、清河三县黄河北岸，由仲家庄闸进入中河，历皂河、洳河北上。于是运河避开了黄河一百八十里的险溜，漕运畅通，“商贾船行不绝”。



就在靳辅进行第二阶段治河的同时，一场关于疏浚海口的争论也爆发了，靳辅因此而被革职。原来康熙皇帝第一次南巡后，不忍高邮、宝应一带民房、田地尽被淹没水中，下令由安徽按察使于成龙管理下河事务，负责疏浚海口，排出高邮、宝应一带的积水。康熙皇帝要求于成龙与靳辅“彼此协同”，“一切事宜均申详靳辅具题”，“如无成效，将靳辅一并议处”[47]。康熙皇帝疏浚海口主张的出发点是好的，但在实际中却不可行。因为下河最低洼处低于海面五尺，若疏浚海口，不仅陆地积水排不出去，而且会引来海水倒灌。对于康熙皇帝的错误主张，于成龙表示赞同，靳辅则大加反对，提出“筑堤束水以注海”。靳、于二人各执己见，议不划一。事情闹到康熙皇帝那里，康熙皇帝先后多次令大臣讨论、到实地调查，试图压靳辅同意疏浚海口。靳辅据理力争，毫不屈服，终于康熙二十七年（1688）三月被革职。

靳辅被革职后，康熙皇帝任命王新命为河道总督，朝野也掀起一股否定靳辅的浪潮，有人甚至要求废弃靳辅完成的工程。在此情况下，康熙皇帝特派学士凯音布、侍卫马武等人前往考察靳辅革职前完成的中河工程。在听取了凯音布等人的考察汇报后，康熙皇帝肯定了靳辅的治河功绩，称："数年以来，河道未尝冲决，漕艘亦未至有误。若谓靳辅治河全无裨益，微独靳辅不服，朕亦不惬于心矣。"[48]不久，兵部尚书张玉书、刑部尚书图纳、左都御史马齐等人又遵旨全面考察靳辅主持的河工。张玉书等人对靳辅的治河成绩也予以肯定，仅对中河略提修改建议，但遭靳辅反对。九卿会议时不敢做主，于是请康熙皇帝再次临视河工，指示修筑，以"折服众论"。康熙二十八年（1689）正月，康熙皇帝第二次南巡，命靳辅、于成龙随行。通过一路上的耳闻目睹，康熙皇帝进一步认识到靳辅的正确，遂于三月回京后宣布："朕南巡考察河工，一路上听到江、淮各处百姓及行船夫役人等齐声称颂原任河道总督靳辅，感念不忘，朕也亲见靳辅所兴工程对河工有所裨益。靳辅实心任事，恪尽勤劳，朕以前对他的革职处理错了，如今就恢复他从前的官衔品级吧！"[49]康熙三十一年（1692）因有人揭发总河王新命勒取库银，康熙皇帝遂命将王新命解任，恢复靳辅的河道总督之职。但靳辅复职不久，即因操劳过度而病倒，十一月竟逝于任上。康熙皇帝十分痛惜，降旨悼念，下部议恤，赐祭葬，谥"文襄"。对于靳辅遗疏提出的各项治河方案，康熙皇帝令有关部门逐一落实。

靳辅去世后，康熙皇帝任命于成龙为河道总督。于成龙遵循靳辅的路子，对河工又做了一些小规模的兴修。康熙三十四年（1695）于成龙因父丧回籍守制，漕运总督董安国继任河道总督。董安国“于河工不亲巡历”，凡事俱委下人，不仅未对治河做出有效举措，反而荒唐地在临近黄河海口的马家港修筑拦黄大坝，致使下流不畅，河工日坏。康熙三十七年（1698）十一月，康熙皇帝撤换董安国，重新任命于成龙为河道总督。此后，治理黄河工程基本上都由康熙皇帝亲自设计指挥。

通过几十年的治河实践，康熙皇帝逐渐认识到“上流既理，则下流自治”，即只有解决黄河水倒灌洪泽湖、淮河问题，黄河下游的冲决泛滥才能避免。带着这一新的治河思想，康熙皇帝于康熙三十八年（1699）二月开始第三次南巡，对治河做了具体部署：（一）深浚河底，即将清口以西的河道浚直，用急流之水冲刷淤沙，达到浚深河床的目的，以使河水低于洪泽湖水面，从而免于倒灌；（二）改修清口，将黄河、淮河之堤各迤东弯曲拓筑，使之斜行旁流，避免黄水倒灌；（三）拆毁董安国修筑的拦黄坝，保持黄河下流的畅通；（四）将高邮一带的湖水、河水由芒稻河、人字河引出归江，减轻下河压力，迅速排出高邮、宝应一带的积水。这次南巡中，康熙皇帝甚至提出使黄河河道北移的设想，以保清水即淮水通流。应当说，康熙皇帝的这些治法和思想已经超过了靳辅。靳辅治河，只重视筑堤束水攻沙，而很少顾及下河百姓利益。康熙皇帝则提出浚直河道急溜刷沙法，而且千方百计治理下河积水，并首次提出使河道北移，从而解决清口一带的水患等，既要治河济运通漕，也要保护民生，体现出一个封建皇帝的博大胸怀。

但是对康熙皇帝的部署，总河于成龙并未从速办理。虽经康熙皇帝传谕催促，但直到康熙三十九年（1700）仍无大进展。康熙皇帝很是不满，气愤地对大学士等人说："靳辅任总河时，河务常治，虽下河之人不无微怨，然不可谓于运道无益。……如今的于成龙，不遵守朕的指示，因而迄今河工仍无头绪。"同年三月，于成龙病故，江南江西总督张鹏翮调任河道总督，河工又进入一个新的阶段。

张鹏翮是康熙皇帝一手提拔起来的官员，虽然治河经验不多，但因能落实康熙皇帝的治河之法，所以取得成功。张鹏翮临行时，康熙皇帝又以第三次南巡时部署的方案叮嘱，令其续完，张鹏翮一一答应。为使张鹏翮不受经费的掣肘，康熙皇帝还令将河工经费直接拨给总河，而不再经过工部这个中间环节。

张鹏翮到任后，遵照康熙皇帝的指示大力治河：拆拦黄坝，挑浚河身，以与上流宽深相同；在张福口开引河，引清水入运抵黄，建河闸以时启闭；疏浚芒稻河使其畅通，并疏浚凤凰桥引河及双桥、湾头二河，皆汇入芒稻河入江；开浚引河、运口，培修河岸堤坝等；在归仁堤五堡建矶心石闸，并于三义坝旧中河筑堤，改入新中河；在高家堰一带增筑月堤及旁边、附近诸堤坝；加筑清河县黄河南北岸戗堤，天妃闸改筑运口，草坝建石坝，改卞家庄土堤为石堤；加筑桃源县卫城月堤，并于邵家庄、颜家庄开引河。这些工程至康熙四十一年（1702）基本完成，并在当年的防汛中发挥了巨大作用，康熙皇帝很是高兴。

为了对张鹏翮三年来所建河工加以验收，康熙四十二年

（1703）正月，康熙皇帝开始了第四次南巡。验收结果，一般都很满意，仅做了一些微小的调整和补充。康熙皇帝奖励张鹏翮的治河之功，赐其御制《河臣箴》《览淮黄成》诗，并赐张鹏翮之父张烺鲐“神清养志松龄”匾额。其《览淮黄成》诗曰：

殷勤久矣理淮黄，几度风尘授治方。

九曲素称天下险，四来实为兆民伤。

使清引浊须勤慎，分势开疏在不荒。

虽奏安澜宽旰食，诫前善后莫金汤。[50]

回京后，康熙皇帝又得意地说：以前一直是黄河水高六尺，淮河水低六尺，不能抵御黄河水倒灌，常发生淤垫，导致冲决泛滥。现在将六坝堵闭，禁洪泽湖水旁流，洪泽湖水位渐高，抵御住黄河水，运河不再有倒灌之患，这是河工告成的原因。三月十八日，康熙皇帝五十寿辰，他以“四海奠安，生民富庶，而河工适又告成”，特颁诏天下，大沛恩赉。

康熙四十二年（1703）秋，张鹏翮又移建中河出水口于杨家楼，逼溜南趋，清水畅流敌黄，于是“海口大通，河底日深，黄水不虞倒灌”[51]。为了实地考察中河南口改建工程，康熙四十四年（1705）二月，康熙皇帝第五次南巡。康熙皇帝视察之后，对张鹏翮的改建表示肯定，同时提醒张鹏翮不要被成绩冲昏头脑。他说：你们见到清口之水流出，就以为大功告成了，而不思防御，假如高家堰六坝之水突然冲决泛滥，那么清口的水势就会减弱，难以挡住黄河之水发生倒灌。因而高家堰是个关键地方，你们要记住，千万不可忽视。

此后张鹏翮与江南江西总督阿山为防治洪泽湖水侵入泗

州、盱眙，想在泗州之西溜淮套开河，使淮水分流，企图以此减弱上流水势。由于这是一项新工程，张鹏翮等人不敢做主，遂请康熙皇帝前往视察定夺。康熙四十六年（1707）正月，康熙皇帝第六次南巡。在实地考察后，康熙皇帝训斥张鹏翮道：昨天朕视察武家墩，还说同意你们开溜淮套。今天朕又乘马从清口到曹家庙细看，才发现这一带地势很高，虽然开凿成河，水也不能直达清口，与你们先前进呈的工程图样迥然不同。而且你们所立的标杆有很多插在坟茔上，如果按照所立标杆开河，不仅要破坏民田庐舍，而且要毁掉许多坟冢，实在残忍至极！然后又指示说："如今淮强黄弱，河工已有大成绩，但善后之策也应亟讲。你们与其开溜淮套无益之河，不如将洪泽湖出水之处再行挑浚，令其宽深，使清水愈加畅流。蒋家坝、天然坝一带旧有河形应再加挑浚，使通运料小河，俾商民船只皆可通行，漕船也可挽运。这才是大有益之事。"康熙皇帝不准开溜淮套的命令下达后，当地百姓"群情欢悦，不胜鼓舞感激"[52]。

第六次南巡后，康熙四十七年（1708）张鹏翮入京为刑部尚书，河道总督换成赵世显。此后黄河又频繁在河南一带决口。尤其是康熙六十年（1721）八月，黄河决于武陟詹家店、马营口、魏家口，大溜北趋，注入滑县、长垣、东明，夺运河，至张秋，由五空桥入盐河归海。康熙皇帝派张鹏翮往勘。不久，决口次第堵住，康熙皇帝另任陈鹏年为总河。次年，马家营又两次决口，但旋即就被堵住。

康熙十六年（1677）以后，在河道总督靳辅的大力修治下，黄河决口的次数锐减，沿河两岸百姓受冲决泛滥之苦的状况大有改观，民生逐渐好转。康熙四十二年（1703）据河臣奏报，经过数十年来的治理，“海口大通，河底日深，去路甚速，淮水畅出，黄水绝倒灌之虞。下河等处洼下之区俱得田禾丰收，民居安晏”[53]。康熙四十四年（1705）二月，康熙皇帝也对大学士等人说：“总河昨日来，问以河工形势，河事已大治矣。从前骆马湖口设竹络坝，湖水大则从坝流入黄河，河水大则溢流入坝内。如今竹络坝只有湖水畅流，黄水并无浸灌，则黄河之深通可知。朕初次到江南时，船在黄河上，两岸人烟树木皆一一在望。三十八年则仅见河岸，四十二年则河去岸甚低，是河身日刷深矣。自此日深一日，岂不大治？闻下河连年大熟，亦从前所未有也。”[54]



康熙年间治河成绩的取得，是与康熙皇帝的重视和努力密不可分的。首先，康熙皇帝亲自研究和考察河性，以科学的态度求取治河之法。为了找到治河的最佳方案，康熙皇帝很注意研究前人的经验和教训，“凡前代有关河务之书”“无不披阅”。同时也十分重视实地考察。通过六次南巡，取得大量第一手资料。他还广泛听取大臣、百姓意见，海口之争中即是典型表现。而且康熙皇帝对河道的考察和研究并不仅限于河南以下地段。康熙四十三年（1704）他派侍卫拉锡等人探视黄河河源，西至星宿海，详考黄河的来龙去脉；康熙三十六年（1697）亲征厄鲁特时，他又顺道考察河道，由横城乘舟，历河套直至包头。康熙皇帝的目的是要把握整个黄河水情的规律。正是这种科学的态度，他才制定出有效的治河方案，因而在治河中点拨指画，无不允当。其次，康熙皇帝任用得人。康熙初年，面对河患日棘，康熙皇帝起用了实心任事的靳辅担任河臣，使得河工稍治。靳辅死后，朝野之间已无擅长治河之臣，委用一般人担任总河，又怕不能很好贯彻已熟于河务的康熙皇帝的意旨，结果非但于事无补，反而会把事情搞糟。于是康熙皇帝选择于成龙、张鹏翮先后担任总河。因为他们虽无治河经验，却能听从指挥，而且更重要的是他们都廉能有为。可以说，靳辅之后的河工，基本上是由康熙皇帝设计，由总河落实执行的。康熙四十六年(1707)二月，康熙皇帝斥责总河张鹏翮道："加筑高家堰堤岸，闭塞减水六坝，使淮水尽出清口，非尔之功；修治挑水坝，逼黄水流向北岸，非尔之功；堵塞仲家闸，改建杨家闸，令黄水不致倒灌清口，非尔之功！"[55]这从一个侧面说明，张鹏翮认真执行了康熙皇帝的治河方案。第三，康熙皇帝在人力、物力上大力支持治河。靳辅治河之初，所需丁夫、银两甚多。尽管当时战事正酣，国家财政拮据，康熙皇帝还是予以批准。后张鹏翮上任时，康熙皇帝又以工部掌管河工钱粮，每借机勒索贿赂，以致河工钱粮亏空每多，而下令将经费直接拨给河臣。至于康熙年间的河道工程，只要合理有益，康熙皇帝都立即批准兴工，其钱粮、丁夫调拨都很及时、充足，等等。

康熙年间，除了对黄河、淮河、运河进行全面治理以外，还对另外一些大河也进行了修浚。其中比较重要的是对永定河的修浚。

永定河原名无定河，是桑干河的下游。源出山西太原天池，伏流至朔州、马邑后变为地上河，汇集众流，经直隶宣化之西宁、怀来，东南入顺天宛平界，经卢师台下，始名卢沟河，下汇凤河入海。无定河因流经大同后汇合浑水向东北流注，故又名浑河，《元史》称其为“小黄河”。其上游出山西高原，“汇边外诸水，挟泥沙建瓴而下，重峦峡峙，故鲜溃决”，至北京以西四十里石景山而南，进入下游，“地势陡而土性疏，纵横荡漾，迁徙弗常，为害颇巨”[56]。

尽管无定河时常溃决改道，但历代统治者却很少重视过，“从古未曾设官营治”。顺治八年（1651）无定河由永清徙固安，与白沟汇合。次年决口始塞。到顺治十一年（1654）无定河由固安西宫村与清水汇合，经霸州东，出清河；又决九花台、南里诸口，“霸州西南遂成巨浸”。



康熙皇帝亲政初，三藩、河务、漕运等事孔急，未能腾出精力来治理无定河。后三藩平定，靳辅又在黄河中下游治理中取得巨大成绩，康熙皇帝于是重视起无定河，开始了对无定河的修浚。康熙三十一年（1692）康熙皇帝以河道渐次北移，永清、霸州、固安、文安时常遭受水灾，而采用了直隶巡抚郭世隆的建议，疏浚永清东北的无定河故道，“使顺流归淀”。康熙三十七年（1698）康熙皇帝又以保定以南诸水与浑水汇流，势不能容，时有泛溢，御驾亲临，实地考察。为了全面修浚无定河，康熙皇帝任命治理黄河已稍有经验的于成龙以河道总督衔兼直隶巡抚。于成龙到任后疏筑兼施，自良乡老君堂旧河口起，经固安北十里铺、永清东南朱家庄，会东安狼城河，出霸州柳岔口三角淀，达西沽入海，浚河计一百四十五里，筑南、北堤岸一百八十余里，使浑水改注东北，从而大大治理了无定河。康熙皇帝对此大加赞扬，亲赐无定河名为永定河。此后永定河虽时有决口，但大势已定，

“无迁徙者垂四十年”，很少造成大灾害。

康熙皇帝并非仅仅重视黄河、无定河等为患较大的大河的治理，对于各省水道，因其与当地经济发展、人民生活密切相关，也没有忽视，“举凡直省水利，亦皆经营不遗余力”[57]。兹举其大端：在北方，康熙九年（1670）修郿县（今陕西省眉县）金渠、宁曲水利；康熙十二年（1673）重修城固五门堰；康熙三十八年（1699）令直隶巡抚李光地察勘漳河、滹沱河故道，在大名、广平、真定、河间等地，凡两河经行之处，悉开浚疏通，由馆陶入运河；康熙三十九年（1700）康熙皇帝巡视子牙河堤，命于阎、留二庄间建石闸，随时启闭；康熙四十三年（1704）挑杨村旧引河，文安、大城、青县百姓“皆称便”；康熙四十八年（1709）疏浚郑州东赵迄黄河涯口新庄之间的贾鲁河故道，在东赵建闸一，在黄河涯口筑草坝、石闸各一；同年康熙皇帝批准甘肃巡抚舒图的请求，令引黄河之水入唐渠，解决唐渠渠口高于渠身、水势不畅的问题，以利灌溉。在南方，康熙十九年（1680）疏浚常熟白茆港、武进孟渎河；康熙二十三年（1684）修五河南湖堤坝；康熙二十七年（1688）修徽州鱼梁坝；康熙四十八年（1709）从江苏巡抚于准之请，下令丹阳练湖的下湖之地禁止佃种升科，改蓄水为湖，以资灌溉；康熙五十七年（1718）又以沛县连受水灾，康熙皇帝下令挑浚荆山口十字河淤垫，并在十字河上筑草坝等。所有这些都使各地水道变害为利，不但保障了民生，对各地经济发展也起到了重要的推动作用。

## 四、开矿禁矿

康熙年间，康熙皇帝在矿业政策上有开和禁的摇摆。具体地说就是康熙初期禁矿，康熙中期开矿，到康熙晚期又禁矿。矿业政策的这种变化，绝非康熙皇帝一时喜怒的产物，而是有其深刻的社会原因。

矿业作为关系国计民生的重要生产部门之一，为铸作农具、兵器、货币和部分日用品提供原料，在中国封建社会中有着悠久的历史。但由于中国古代以农业立国，奉行“重本（农业）抑末（工商业）”的国策，因而历代帝王多能重视农业生产的发展，而对工矿商业则基本上缺乏主动积极精神；而且，封建统治者还认为开矿“有伤风水龙脉”，迷信开矿会带来风、雨、雪、雹、地震等自然灾害，给人以“天罚”；另外，矿场一开，矿徒群聚，往往又会成为反抗封建统治的隐患。因此，清代以前各朝，对矿业无不采取非常谨慎的态度。比较而言，禁矿更多一些。



清朝入关之后，为巩固和发展其在全国的统治，在财政经济方面尽一切努力减轻人民的赋役负担，奖励垦荒，恢复并发展农业生产。对于矿业这个“末”还没有顾及，只是因袭明代之旧。明代开矿，尤其是万历年间明神宗朱翊钧派出大批太监为矿监税使，以开矿、征税的名义到各地横征暴敛，为非作歹，结果闹得工商业萧条，民怨沸腾。明神宗死后，朝廷收回矿监税使，各地矿厂也次第封闭。顺治年间，清朝政府还没有制定自己的矿业政策，只是因袭明末的禁矿。如顺治元年（1644）清朝政府下令“开采山东临朐、招远等处银矿”，但到顺治八年（1651）即下令停止开采；浙江山阴县有人“采石烧灰”，地方政府援引明代崇祯年间之例，“严行重禁”。

康熙初年，开矿问题依然没有提上朝廷的议事日程，顺治年间的禁矿政策依然生效。例如康熙十一年（1672）六月，康熙皇帝以京师德胜门外的新煤窑三十三座、旧煤窑十座，“正当都城来脉，风水所关”，下令封闭，“限一月内，拆毁填平”[58]。浙江山阴县，康熙十年（1671）又有人采矿，当地政府令“永禁开采”；康熙十三年（1674）又有人结伙开凿久已封禁的陈家岭官山，次年官府宣布“照旧严禁”；康熙十七年（1678）有人借修大能仁寺之名开凿应蒙山，官府又予禁止。



当然康熙初年也不是不分青红皂白地禁绝开矿，其禁矿政策的执行表现出一定的弹性，在一定条件下，康熙皇帝也适当开禁。金、银、铜、铁等矿，为铸造货币、日用器皿等所必需，实不能停。因此康熙十四年（1675）定开采铜、铅之例，下令“凡各省产铜及黑白铅处，如有本地人民具呈愿采，该督抚即委官监管采取”[59]。次年，遣官监视山西应州边耀山煎炼矿银，康熙十九年（1680）定各省开采所得金银四分解送户部、六分抵还工本例，“又试采陕西临潼、山东莱阳等银矿”[60]。可见，康熙初年的矿业开采限于金、银、铜、铅等极少数的几个矿种，且矿场皆由官营或派官监督，并加以高额征课，使开矿无利可图。这样，清朝政府既达到补充财政经济的目的，又限制了矿业的发展，因而在总体上并没有违背其禁矿政策。

随着国内形势的安定、社会经济的恢复和发展，禁矿政策越来越显示出其不适应性。众所周知，在中国封建社会，民间的商品交易流通中主要使用铜钱，由于禁矿，铜的开采不多，钱价日贵。清初定例每一串钱值银一两，但由于钱日少而贵，银一两仅值钱八九百文。铜钱愈少便愈贵，严重影响国家财政经济和人民生活的安定。同时，要恢复和发展经济，也需要大量的铁等矿物打制农具等。于是开矿问题，在平定三藩叛乱的战争已取得决定性胜利时，终于摆到了康熙皇帝的面前。

康熙十八年（1679）三月二十二日，康熙皇帝在太和殿前策试贡士马教思等人。康熙皇帝共提了三个问题，即吏治不清的原因是什么、民间垦荒为何无大成效以及怎样才能解决铜不足用的问题，令贡士们加以思考，“详切敷陈，勿泛勿隐”。其中，关于铜不足用，康熙皇帝说道：“自昔九府圜法，所以便民利用。鼓铸之设，其来久矣。迩以铜不足用，铸造未敷，有以开采议者，有以禁民耗铜议者。果行之，可永利乎？或二者之外别有良策欤？”[61]这些被康熙皇帝誉为“留心经济”的贡士，实际上都是熟读八股文之人，他们远离社会实际，更提不出什么有效的办法。与此同时，户部等有关部门也遵旨在想办法。十月，户部等衙门经讨论，提出了《钱法十二条》，其中第八条为“开采铜铅”，即“凡一切有铜及白黑铅处所，有民具呈愿采，该地方督抚即选委能员监管采取”[62]。这年，清朝政府又修改征课办法，规定：“各省采得铜、铅，以十分内二分纳官，八分听民发卖，监管官准按斤数议叙。上官诛求逼勒者，从重议处。如有越境采取及衙役扰民，俱治罪。”[63]由此可见，民间开矿虽然还有诸多限制，但征课减少，开采人有十分之八可以发卖，有利可图。这是康熙皇帝对民间开矿的一个鼓励，也表明康熙皇帝的禁矿政策已被撕开一个缺口。

三藩之乱后，云贵总督蔡毓荣在《筹滇十疏》中提出开矿问题，得到康熙皇帝的批准。当时历经战乱，云南一片凋敝景象，兵饷不继，赋税无多，“兵食仰给他省”。蔡毓荣认为，云南矿产资源丰富，且有悠久的开矿历史，如果顺势开矿，利国利民。因此主张在云南开矿，“是以理财而兼弭盗之一法也”。具体办法是“听民开采，而官收其税”，即放弃禁矿政策，使民间得以自由开采矿物，既可解决官营矿场资金不足、经营管理不善等问题，又可使国家、百姓都得到开矿之利，一举多得；所采矿物“每十分抽税二分”，低额征课，以便鼓励民间开采；地方官要督促开矿，有功者朝廷予以奖赏，即“得税一万两者，准其优升；开矿商民上税三千两至五千两者，酌给顶戴，使知鼓励”。康熙皇帝的批准，使开矿政策首先在云南实行起来。

康熙二十三年（1684）九月，康熙皇帝又批准管理钱法侍郎陈廷敬等人的奏请，下令“开采铜斤，听民自便，地方官仍不时稽察，毋致争斗抢夺，藉端生事，致滋扰害”[64]。其具体政策是：（一）铜铅矿听凭民间开采，开采所得十分之八听凭民间自由买卖，十分之二交纳于官府。（二）铜铅矿先由矿地主人报名申请开采，如本地人无力开采，允许本州、县人开采，允许雇邻近州、县工匠使役。如有人越州、县开采铜铅，及衙役扰民，皆照光棍例治罪。（三）各省铜铅矿处，令道员总管，府佐分管，州、县官专管。道厅官所收税铜铅，每十万斤记录一次，四十万斤加一级；州、县官税得铜铅五万斤纪录一次，二十万斤加一级。各地照此定例议叙；如有官吏诛求逼勒以图加级者，从重议处。后来，铁、锡等矿也基本照此办理，只有金、银矿略有不同，仍然是“官收四分，给民六分”的比例。

康熙皇帝的“任民采取”的开矿政策，有利于调动商民投资矿业的积极性，有力地推进了矿业的开发。开矿之后，云南省的矿业（包括铜、锡、铁、铅、金、银等矿）的开采，首先由凋敝迅速转入发展。当地的“嗜利之徒”“游手之辈”纷纷具呈申请，外地的富商大贾也慕名携资入伙，迅速开矿。官府不甘落后，也派亲信之人携资前往有矿之地，招集峒丁，着手开采，全省呈现出繁忙的开矿景象，各种矿物都得到了开采，除金、银、铁、锡五金矿厂林立外，还有白铜、朱砂、水银、乌铅、底母、硝磺等厂散布各地。矿开最盛时，云南一年可上缴税银八万余两。接着，广东、广西、四川、湖南、贵州等省因为开矿政策的施行，矿业也相继发展起来。从此矿物产量急剧增加，清朝政府所收矿税不断上涨，矿厂的规模也在发展中迅速扩大。据不完全统计，康熙二十三年（1684）全国只有大型矿厂九座，次年即增至二十九座，康熙四十六年（1707）达到五十五座，康熙五十一年（1712）竟达到六十六座。矿业的发展增加了国家的财政收入，对整个社会经济的恢复和发展也起到了推动作用。



康熙中期以来的开矿政策，使清朝的矿业进入了一个空前的重大发展时期。但是，从康熙后期开始，禁矿政策又逐渐被提上议事日程，开矿一变而为禁矿。

康熙四十三年（1704），康熙皇帝发布了一道上谕：开矿事情对各地没有什么好处，以后再有申请开采的，都不批准了。这道上谕是康熙皇帝针对各地矿徒聚众滋事，从而威胁清朝政府统治而发布的，它是康熙皇帝禁矿政策的前奏。此后，不仅新矿不准开，一些已开之矿也陆续遭到封闭或限制。康熙五十二年（1713）五月，康熙皇帝从四川提督康泰的奏疏中得知，四川一碗水地方聚集万余人开矿，虽有官兵驱逐，但随逐随聚，地方政府无计可施。康熙皇帝指出，这些偷开矿厂之人皆系无房可住、无田可耕的贫苦百姓，倘若一下子禁其开矿，他们如何过活？因此，他令该地方文武官员与九卿等会商办法，既使穷民获有微利、养赡生命，又不会聚众生事、妄行不法。经九卿讨论，康熙皇帝批准，旋即出台了新的矿业政策：（一）云南督抚雇本地人开矿及商人王纲明等在湖广、山西各雇本地人开矿照准；（二）其他各省所有未经开采或初开采的矿厂严行禁止；（三）各省穷民已开采而赖以度日的矿厂不禁，但要由地方官查明姓名，登记在册；（四）越境开采或本地富人霸占矿厂者，即行重处。这次重定的矿业政策，核心是限制和禁止包括地主、商人和贫民在内的民间采矿业，加强官府和皇商（王纲明）对矿业的管制和垄断，实质上是对康熙十八年（1679）以来的“任民开采”政策的否定。它的出台标志着康熙年间禁矿政策制定的完成。康熙五十四年（1715）又有云南地方官请开银矿。朝廷未议之前，大学士李光地奏道：“矿徒聚之极其容易，如将来矿物开尽，这些人又如何疏散？”李光地还未说完，康熙皇帝已是同意，竟连点了四次头。于是，云南开银矿之事未得批准。这道谕旨是对康熙五十二年（1713）制定的禁矿政策的进一步肯定。

康熙后期的禁矿政策迅速得到了执行。康熙四十四年（1705）六月，户部题复陕西道御史景日昣奏疏，以商民何锡奉部文在广东海阳县仲坑山开矿，聚众几至十余万，“强梁竞争，时时有之”，建议敕下督抚会查开采情况，酌议停止，永为封禁。正好何锡本人以该山开采日久、矿口愈深、所得矿砂价银不敷工费具呈恳罢，康熙皇帝遂立即批准封闭这个商民兴办的最大的矿厂。康熙五十年（1711）康熙皇帝以湖南产铅地山深谷邃，且与贵州、广东相接，苗、瑶杂处，“开采不便”，下令永为封禁。康熙五十三年（1714）康熙皇帝宣布河南有矿地方停止刨挖。次年康熙皇帝又下令：“广州等府属有矿山聚集多人，着严行封禁。如有文武官员不执行此令者，即将其严拿议处！”康熙五十七年（1718）康熙皇帝又宣布停开四川省的各个矿厂。此后，广西矿厂也被封闭。作为国家铸钱重要来源的云南铜、铅等矿，在禁矿中也未逃过厄运，康熙四十九年（1710）到康熙五十八年（1719）之间，康熙皇帝以开太、羊脚迹等五厂“洞门荆棘，不便开采”，令严行禁止。



在封闭矿厂的同时，康熙皇帝还控制矿物销售，以限制矿业的发展。康熙四十四年（1705）云贵总督贝和诺废止余铜“听民自售”的旧制，改行“放本收铜”，即开采所得除十分之二缴税外，其余十分之八矿铜禁止私卖，均由官设铜店统一收购；收购中，官府通过加长秤头、压低铜价额外榨取，从中牟取暴利。矿民无利可图，纷纷另谋生路，很多矿厂陷于半开半闭状态，或被迫关闭。

康熙后期的禁矿政策是有其深刻背景的。众所周知，康熙后期地主阶级对广大人民的剥削日益加重，百姓生活无着，或往周边垦荒，或到城市、海外谋生，或入山采矿，或铤而走险，举行反抗封建剥削和压迫的起义。康熙四十六年（1707）到康熙六十年（1721）间，全国相继发生了江浙地区的抢米风潮、福建泉州的饥民暴动、江西兴国等地的佃户抗租、河南宜阳的亢珽起义等，规模都在千人以上。这些反抗斗争虽不久即被清朝政府先后平息，但都不同程度地打击了清朝统治，使康熙皇帝寝食不安。为了消除穷民群聚、易生变乱的隐患，稳定清朝统治，康熙皇帝不得不下令禁矿。可以说，防止矿徒变乱是康熙皇帝禁矿的根本原因，至于“洞门荆棘”“开采不便”等不过是借口罢了。



康熙后期的禁矿政策是对中期开矿政策的倒退，虽然在一定程度上、一定时期内可以起到稳定封建统治的作用，但从历史发展上看，是消极保守的，也不利于清朝统治的真正巩固。首先，禁矿政策导致矿业衰落，影响了国家财政和社会经济的发展。我们还以云南铜矿为例，由于民营矿厂大多被封闭，铜产量大为下降，雍正元年云南全省铜产量仅十余万斤，课银不过二万余两，较之康熙四十四年（1705）税课八万两，竟减少了四分之三。至于铅、锡等矿厂，被禁者更多。这些铜、铅、锡等矿物与国家财政、社会经济的紧密关系自不待言，其开采之禁无疑影响了国家财政，妨碍社会经济以更大的速度发展，从而使中国逐渐由先进转为落后。其次，禁矿也激化了社会矛盾。禁矿措施的实行，使很大一部分穷苦矿民失业，生活难以为继。因此，他们只得转入地下状态，进行所谓“私挖”“盗矿”。对这些“私挖”“盗矿”之人，清朝政府又加以驱逐、镇压，因而激化了社会矛盾。到了雍正时期，一些地方大员为了缓和激化的社会矛盾，也一改态度，纷纷要求开矿。

综上所述，康熙皇帝的矿业政策经历了由禁到开再到禁的变化。我们肯定康熙皇帝开矿对清朝社会、经济发展的推动作用，也不能忽视其禁矿的消极影响。康熙皇帝的开矿禁矿与其开海禁海一样，其最终目的都没有超出巩固封建统治这个狭隘范围，这是由其历史和阶级局限所决定的。



## 五、开海禁海

康熙年间，清朝政府曾有一个禁海、开海、禁海的政策变化过程，对于当时和此后中国社会的发展都产生了重要的影响。

康熙前期，清朝政府一直推行海禁政策。所以如此，既是对明朝以来政策的继承，同时也是清朝建立和巩固政权的需要。明朝建立后，对周围邻国采取友好的政策，不断派遣使臣互相访问，建立起正常的外交关系。为了进行对外贸易，明朝在沿海城市设立了市舶司，外国商船须持明朝政府颁发的“勘合”（贸易凭证）才准许贸易。明朝政府为了独占对外贸易，同时防止流窜海上的元末农民起义军张士诚、方国珍残部勾结倭寇对内地进行骚扰，从洪武时期开始，就屡次下令禁止民间入海“通番”，“禁濒海民私通海外诸国”，“严交通外番之禁”[65]。明代中期，倭寇问题日益严重，给中国沿海地区造成极大破坏，明朝政府随之推行更严厉的海禁政策。嘉靖年间，明朝政府一再下达命令，禁止民间与“番夷”贸易，不得私造大船卖往海外，违者严惩不贷。嘉靖二十六年（1547）朱纨至浙闽防海，下令“革渡船，严保甲，搜捕奸民”[66]，不但禁止民间出海贸易，连下海捕鱼等活动和沿海之间的交通也被阻断。终明一代，禁止开海虽有弛张程度的不同，但防禁之令一直坚持未废。清军入关之初，以郑成功、张煌言为代表的福建、台湾等东南沿海一带的抗清力量十分活跃。顺治十三年（1656）郑成功率军攻台州，取芜安，克连江。顺治十五年（1658）郑成功、张煌言联军北上，由闽入浙，从舟山经崇明至江阴，取芜湖，破瓜洲，纳降于镇江，陈兵于南京城下，一时声势大震，东南动摇，连驻守在杭州的清军将领也考虑过投降，朝廷也有过迁都的议论。为防止郑成功势力不断从海上进攻，继明之后，清朝政府继续严厉执行禁海政策。顺治十三年（1656）清朝政府发布《申严海禁敕谕》，规定从天津至广东沿海岸线各省，一律严禁商民船只私自出海，有与郑成功、张煌言贸易者，不论军民，“俱行奏闻处斩”；文武官员不行“盘诘擒缉”者，皆革职重治，地方保甲通同容隐、不行举首者，皆处死；“不许片帆入口、一贼登岸”[67]。这道敕谕颁布后，效果并不理想，大陆与海外的贸易往来仍在进行，只不过采用了隐蔽的方式。于是顺治十八年（1661）又决定逼迁沿海居民，尽毁沿海民房、物资和船只，即所谓“立界移民”，又称“迁界”。迁界是禁海政策的扩大和补充，其目的是制造出一个无人区，以作为隔离地带，将其作为实现彻底禁海的重要措施。迁界令下达后，闽、浙、粤、江沿海到处挖界沟、筑界墙、设烟墩，派旗兵警戍，界内外严禁通行，出界寸步即以违旨罪逮杀。沿海人民被赶出世代居住的家园，“挈妻负子载道路，处其居室，放火焚烧，片石不留，民死过半”[68]，处境十分凄惨。

康熙初年，清朝与海上郑氏政权的军事对峙仍在继续，因而禁海政策仍然在施行，其具体做法为：

第一，加强海防，展开对海上抗清势力的军事进攻。为了消灭海上郑氏政权，早在郑成功入据台湾之初，清朝政府即在东南沿海屯驻重兵，并不断发动进攻。三藩之乱中，耿精忠刚刚投降，康熙皇帝即派户部郎中布詹到浙江巡视海防。布詹临行前，康熙皇帝指示说：“浙江沿海地方关系紧要，尔等前往详察，设立巡海官兵，如额兵单弱，分防不敷，即酌议增设。”[69]对于海上的抗清力量，清军则展开进攻。顺治十八年（1661）五月，广东水师经过几次行动，在交阯（今越南北部）兵的配合下，消灭了“海贼”邓耀。康熙二年（1663）十月，靖南王耿继茂、福建总督李率泰、水师提督施琅又率兵出海，攻克被郑军占领的厦门、金门、浯屿等地。

第二，严禁与海外进行贸易。康熙前期，对于顺治年间颁布的禁海令，朝野上下都严加执行，稍有违犯，处理极为严酷。康熙元年（1662）扬州府海门县知县董常裕因“私给船批，有违界限”，被控违反“海禁新例”，判“知情故纵”[70]，以同谋论罪处斩。康熙十一年（1672）商人陈瑞等人分头置买丝绸、绉纱、药材等物准备出洋贸易，陈瑞以谋叛罪被“拟绞立决”。禁海政策不仅断绝了沿海百姓的生路，也使封建政府的收益大大减少。康熙十二年（1673）福建总督范承谟在奏疏中说道："自迁界以来，民田废弃二万余顷，亏减正供约计有二十余万之多，以致赋税日缺，国用不足。"[71]因此，康熙十七年（1678）九月，平南王尚之信上疏，要求开放海禁，允许百姓造船出海贸易，官兵借以利用商船作战，解决军费不足的问题。康熙皇帝明确表示反对，说："今若复开海禁，令商民贸易自便，恐奸徒趁此与贼交通，侵扰边海人民，亦未可定。海禁不可轻开。"至于军费不足，康熙皇帝说："其鼓励地方官员捐助造船，以备征剿之用。"[72]对于外国的贸易船只，康熙皇帝也严格按章办事。康熙七年（1668）三月，康熙皇帝令兵部、礼部等讨论外国船只除进贡"方物"（土产）外，将货物在边界处所贸易有无定例的问题。大臣们经过审查，汇报说：《大清会典》中没有外国船只在规定贡期以外来华贸易的条款，只有康熙二年、三年特准荷兰、暹罗（今泰国）各一次，遂于康熙五年下令永行停止。因此，大臣们建议："嗣后非系贡期，概不准其贸易。"[73]对于大臣们的建议，康熙皇帝的态度是"从之"。

第三，妥善安置内迁的沿海百姓。顺治年间的迁界带有残暴的强制性质，百姓迁到内地后，当地官员很少顾及他们的死活，因而内迁之人遭遇十分凄惨。康熙皇帝即位后一改态度，下令对内迁的沿海百姓做妥善安置。清朝政府谕令地方督抚要关心内迁之人的生计，"务须亲身料理，安插得所，使小民尽沾实惠"[74]，各地对内迁的百姓，要给以土地、房屋等，免除他们原来应交纳的粮赋。

禁海政策的实施，人为地制造出许多惨绝人寰的悲剧，给当时社会经济的发展造成极大的破坏。因此禁海政策实施期间，不仅广大人民仍在偷偷地与海外贸易，而且地方的大员们也纷纷要求开放海禁。康熙二十二年（1683）全国形势陡然发生变化。是年六月，清兵攻克澎湖，七月，台湾郑氏政权的首领郑克塽、刘国轩、冯锡范等宣布投降，两岸对峙局面宣告结束。这样，清朝禁海、迁界等法令便失去了前提。康熙皇帝适应形势发展的需要，顺应广大人民的心愿，及时下令开放海禁。

这年八月，清军在福建水师提督施琅的率领下入台受降。八月十七日，福建总督姚启圣即上疏，要求恢复沿海各省迁界，“上可以增国课，下可以遂民生，并可以收渔盐之利于无穷”。因台湾问题尚未彻底解决，康熙皇帝未予准行。两月之后，福建巡抚吴兴祚再次上疏，要求将广州七府沿海的土地招民垦种。康熙皇帝见时机已经成熟，立即批准。他对大学士等人说：“前因海寇未靖，故令迁界。今若展界，令民耕种采捕，甚有益于沿海之民。其浙、闽地方亦有此等事。尔衙门所贮本章，关系海岛事宜甚多。此等事不可稽迟，着遣大臣一员，前往展立界限。”[75]十一月，他派吏部侍郎杜臻、内阁学士席柱二人驰驿南下粤、闽，主持展界工作，并派工部侍郎金世鉴、副都御史雅思哈往勘江南、浙江海界。行前，康熙皇帝叮嘱说：“迁移百姓甚为紧要，应察明原业，各还其主。可传谕各督抚，务令安插得所。”杜、席二人先到广东，自钦州防城开始，沿海由东而北，历经七府、三州、二十九县、六卫、十七所、十六巡检司、二十一台城堡砦，给还民地二万八千一百九十二顷，使三万一千三百余人回到原籍。

后又到福建，自福宁州西的分水关开始，沿海而北，历经四府、一州、二十四县、四卫、五所、三巡检司、五十五关城镇砦，给还民地二万一千零一十八顷，又使四万零八百人回到原籍。康熙二十三年（1684）五月，杜、席二人完成任务，两省滨海居民“咸得复业”。同时，江、浙等省的展界复业工作也基本完成。

展界是开海的必要准备，开海是展界的必然继续。展界完成之后，康熙皇帝即积极主张开放海外贸易。康熙二十三年（1684）四月，江、浙展界事毕，康熙皇帝立即同意允许两省沿海商民出海贸易、捕鱼。但闽、粤两地督抚却以种种借口，不开海上贸易。对此，康熙皇帝一针见血地指出：之所以如此，都是总督、巡抚自图得利所致。在他的直接干预下，七月，闽、粤两省也废止了出海贸易的禁令。其时，距离出兵收复台湾还不到一年。

康熙皇帝的立即开海，是经过认真斟酌的审慎决策。首先，既将沿海之民迁回故里，就不能不给予他们谋生度日的生存条件。康熙皇帝在与席柱的谈话中说：“百姓乐于沿海居住，原因是海上可以贸易、捕鱼。”他认识到，“海洋为利薮，海舶商贩必多”，因此顺应需要而利导之，则官民相安；否则，昔时之弃土，必酿为新的动乱场，展界后的沿海居民将仍无宁日。其次，康熙皇帝也十分明白，在实行禁海的二十多年中，明郑氏集团以及驻守广东的平南王尚可喜父子等一直借机进行公开的或秘密的海外贸易，以大力扩展经济和军事力量。郑氏既降，尚氏亦败，清朝政府不能不着手收回此一重要的利源，而坐视督抚、提镇等地方军政长官借禁海名义以“自图便利”。第三，康熙皇帝清晰地看到，实行开海贸易，不但对沿海省份有益，而且还具有全局性的积极意义。对此，他晓谕大学士等人说：“向令开海贸易，谓于闽、粤边海民生有益。若此二省民用充阜，财货流通，各省俱有裨益；且出海贸易非贫民所能，富商大贾懋迁有无，薄征其税，不致累民，可充闽、粤兵饷，以免腹里省份转输协济之劳。腹里省份钱粮有余，小民又获安养，故令开海贸易。”[76]康熙二十三年（1684）十一月，康熙皇帝明确宣布：“各省先定海禁处分之例，应尽行停止。”[77]

海禁一开，创建一个面向海外贸易的海关也就成为当务之急。康熙二十三年（1684）八月，户部尚书梁清标题请派该部司员宜尔格图和吴世把二人为收税郎中，驰往广东和福建主持筹建海关事宜。康熙皇帝特批准给予敕书，以重其职责。宜尔格图、吴世把提出，应立刻在广东和福建两地设立专门衙门，以管理海关事务。这一提议当即得到康熙皇帝的同意。起初，宜尔格图和吴世把计划按照内地税关模式筹建海关，康熙皇帝表示反对，说：“宜尔格图等人主张给予各关一定款额，在桥、路、渡口等处概行抽税，与朕恤商裕民之意不合。而且概行抽税，就和在原来没有税课的地方增设一个关口抽税一样，恐怕会扰害民生。”因此，“朕认为，只应将出入海上进行贸易的船只抽税。”对于海关监督（即海关主管人员），康熙皇帝下令由户部选派，受户部管理，同时也受地方总督、巡抚的管辖监督，从而形成了对海关的双重管理制度。



对于关税问题，康熙皇帝的着眼点在于惠商和有利于开拓对外贸易。开设海关之初，户部官员即根据康熙皇帝的指示拟定《开海征税则例》。则例规定:"福建、广东新设关差,只将海上出入船载贸易货物征收,其海口内桥津地方贸易船车等物停其抽分。"[78]康熙二十八年(1689)三月,康熙皇帝又专门传旨,规定采捕鱼虾船只、民间日用之物及百姓赖以糊口的贸易都要免税。福建、台湾之间进行贸易的船只,澳门陆上贸易改走海上的船只,康熙皇帝下令都只收一次税。对于那些滥征欺隐、重困商民的关吏,康熙皇帝坚决惩处,绝不留情。

对外贸易方面,康熙皇帝也采取过一系列积极措施。康熙十四年(1675)四月,他指示福建总督王国安对外国贡船上随带来贸易的货物应予免税。次年二月,康熙皇帝又批复户部尚书扩尔坤等人的题请,准减免各国来广东商船税额的十分之二。另外,康熙皇帝还规定江南、浙江、福建、广东四海关按照统一的税率和计税方法办事,外国船只在四海关中的任何一关交了进口税后,其他三关不得重复征税。

康熙皇帝的开放海禁,顺应了形势的需要和广大人民的心愿,促进了生产的发展和人民生活的改善。迁界移民,使沿海地区的广大百姓流离失所,生活无着,在闽、粤等地造成大片无人区,土地荒芜,生产凋敝,因而破坏了生产的发展,给广大人民带来极大痛苦。开海以后,百姓回到故土,垦辟土地,生产和生活很快就有了改观。史称开海之后,"民悉复其业","一岁菑,三岁畲,渐次垦辟,至无旷土"[79],沿海人民欢欣鼓舞,"感戴皇仁于世世"。

开放海禁也极大促进了我国东南沿海地区贸易及中外贸易的迅速发展。施琅于康熙二十四年(1685)三月奏报:"海禁开放以后，沿海内外多造船只，飘洋贸易，捕采纷纷，往来难以数计。”当时，北自锦州、天津，南至粤东，东达台湾，船只往来十分频繁。对外贸易方面，中国和世界各国的经济往来也有大幅度增加。史载，仅在康熙二十五年（1686）二月，停泊在广东海面上的西洋船只就有二十九艘之多。再据日本长崎交易所的统计，到日本进行贸易的中国船只，康熙二十三年（1684）为二十六艘，康熙二十四年（1685）为八十五艘，康熙二十五年（1686）为一百零二艘，康熙二十六年（1687）为一百三十六艘，康熙二十七年（1688）达到一百九十四艘，五年之间竟增加了五倍多。与其他各国之间，贸易也有不同程度的增加。众所周知，康熙时期的中国官私手工业都处在上升的发展阶段，不仅丝织、陶瓷、冶铁业的产品都需要输出，而且农业中的食糖、茶叶也是畅销商品，迫切要求外销。而随着国内市场的扩大、商品货币交换的增加，亟须输入白银、铜斤以及各方面的科学技术。康熙皇帝的开海政策适应了这种形势，也带来了良好的效果。因而，后世史家认为：“自康熙中年开禁以来，沿海之民始有起色，其船由海关给执照稽出入，南北遄行，四时获利。百余载来，共沐清晏承平之泽。”[80]



但开海政策执行了三十年之后，康熙皇帝又来了个一百八十度的大转弯，宣布实行禁海。康熙五十五年（1716）十月，康熙皇帝提出了禁海问题。第二年正月，兵部等衙门遵照康熙皇帝的旨意，会同来京陛见的广东将军管源忠、福建浙江总督觉罗满保、广东广西总督杨琳等人议定了禁海的规定，下发执行。于是，开海一变而为禁海。

从开海到禁海，这个变化似乎过于突然，又让人难以理解。今天的人们很难想象出以雄才大略著称的康熙皇帝会一下子从开放走向闭关，从而把中国引向锁国之途。但只要仔细分析一下当时的社会环境，我们就不难理解这个政策的变化。

首先是“海寇”猖獗。早在开海政策实行不久，沿海便发现海寇的踪迹。其中有“奸徒”杂入商贩，出洋劫掠；或者本身实系商贩，因资本亏折而结伙肆行抢夺；还有的则是走投无路的百姓，为生活所迫而到海上谋生。但最初的海寇数量少，力量弱，一旦发现，立即就被扑灭，并未构成威胁。康熙四十二年（1703）以后，形势有所变化。由于内地阶级矛盾激化，大批无业游民逃入海岛，海寇势力进一步增强，且散布于从山东到广东广袤的沿海地区。面对日益严重的海寇问题，康熙皇帝曾想到是否禁海的问题。但他从镇压镇筸红苗事件中得到鼓舞，立即打消了禁海的念头，决定派内阁学士常授前去招抚。通过调查，康熙皇帝发现山东海寇都来自南方，因令常授以擒获的海寇为引导，以广东新会县沿海一带为重点，由福建、浙江依次向北招抚。常授按照康熙皇帝的计划行动，很快奏效。康熙四十三年（1704）九月，常授疏报仅在广东沿海就招抚了阿保位等二百三十七名。然而招抚只是暂时缓解矛盾，并未能彻底消除海寇产生的社会原因。因此，招抚了旧海寇，新海寇又产生了。康熙五十年（1711）前后，海寇势力进一步扩大，活动范围越过山东，到达锦州等地。在长期的剿抚过程中，康熙皇帝逐步摸到了海寇的活动规律：来自大陆，抢劫之后仍需回大陆过冬；靠大陆及商船、渔船补充粮食、火药及其他物资。而沿海一带的清兵欺侮百姓则有余，剿捕海寇却不力，无以保证沿海地区的安全。在不得已的情况下，康熙皇帝再次想到了禁海，以断绝海寇的人员和物质补充，消除海寇之患。

其次是东南海疆潜在危机的日益增加。清军入关之初，便有许多义不事清的明朝遗臣及避乱难民相率流亡到南洋各地。康熙皇帝统一台湾后，又有一些不愿降清的志士仁人乘船从台湾逃到吕宋或转至爪哇、马六甲等处。开海贸易后，沿海商民纷纷出洋，“冒风涛、蹈覆溺而不顾”，相引而往外国，且多一去而不归，引起康熙皇帝的警觉。加上台湾之人时与吕宋地方人互相往来，更使得康熙皇帝不安，非常担心他们互相联合，反对清朝统治。他曾忧心忡忡地说：“海外有吕宋、噶喇巴等处，常留汉人，从明代就开始了，这是海贼产生的渊薮”，“台湾人与吕宋人时时往来，要预为防备。”不久，清朝政府就发布了南洋禁航令，规定中国商船不准再往南洋贸易。这是康熙皇帝禁海政策开始实施的具体体现。



再次是西方殖民主义的威胁。开放海禁后，迅速发展的海外贸易和康熙皇帝对外的宽容态度，很快引出了两个明显的后果：一是海外华人急剧增加，二是外国传教士的活动日益猖獗。康熙皇帝认识到西方近代科学的先进性，并虚心学习，实践运用。受此影响，最初他对传教士也采取了友好态度。但他不可能预知传教士带来的近代科学的背后蕴藏着何等丰富的内涵，更不了解西方传教士与西方殖民主义者之间的密切关系，一厢情愿地希望西方科学能长久地为封建制度服务。这两种不同层次的文化系统在日益接近和交流中，摩擦与冲突也就不可避免。当这种摩擦和冲突威胁到清朝统治利益的时候，作为封建卫道士和国家利益代表者的康熙皇帝必然会改变政策，采取一系列的限制和防范措施。康熙四十三年（1704）、五十四年（1715），罗马教廷两次派人到中国颁布禁约，要求所有教徒不许敬孔祭祖，也不许用“天”字，并摘除康熙皇帝为教堂题写的“敬天”匾额，否则“依天主教之罚处之”。康熙皇帝本来对当时天主教在华的一些传教活动已深有疑虑，对于教廷忽视中国国情、藐视他这位最高权威的禁约更是不满。他多次对传教士面加申斥，甚至拘禁其中的一些人，将另外一些人驱逐回国，宣布禁止天主教的传播。同时康熙皇帝也宣布紧缩对西洋的贸易，加严对西洋来船的限制。前事不忘，后事之师，康熙皇帝精熟明史，对明代西方殖民者与传教士勾结起来侵犯中国之事尤其了然于心。而当时东南沿海警报频传，更加深了康熙皇帝对西方殖民者的怀疑和警惕。康熙五十五年（1716）十月，他就不无忧虑地说：“千百年以后，西洋诸国恐怕要成为中国之患”，所以“国家承平日久，务必要安不忘危”。康熙皇帝认为，开海贸易、宽容传教士，客观上助长了西方殖民者的势力。因此，开海政策必须改变。

康熙后期的禁海，与顺治以来的禁海并不一样，它不是一切禁绝、片板不许下海，而是区别对待，内外有别。其总的原则是：中国商船同东洋贸易照旧，同南洋吕宋、噶喇巴贸易禁止；外国商船前来贸易照旧，地方文武官员严加防范；禁止向国外卖船、运米出境和人员留住国外。这也就是前面提到的南洋禁航令。康熙皇帝的这次禁海并不是为了断绝对外贸易，而是为了割断内部敌对势力与外部殖民势力的联系，防止国内与侨居国外的反清力量结合，以保证清朝的安全。

根据这个南洋禁航令，康熙皇帝陆续提出一系列禁海措施，由有关部门讨论落实。

第一，加强对商船、渔船及有关人员的管理。禁海之前，康熙皇帝就已下令，商、渔、巡哨之船均各明刻类别、标号等字样，商、渔船上之人各给刻有身份的腰牌，以便稽查管理；渔船出洋时不许装载米、酒，进口时不许装载货物，违者严加治罪。禁海之后，对船只和有关人员的管理进一步严格。康熙五十六年（1717）正月，康熙皇帝对内阁学士星峨泰说："你们曾出江南海差，海船一年造了多少，应令登记入册，出洋时，官府将在册的造船人名与船只字号逐一查对，才不至于有隐匿。"不久，康熙皇帝又批准了兵部会同福建、广东、广西地方官拟定的一个更为详细的规定："嗣后洋船初造时，报明海关监督，地方官亲验印烙，取船户甘结，并将船只丈尺、客商姓名、货物往某处贸易，填给船单，令沿海口岸文武官照单严查，按月册报督抚存案。每日各人准带食米一升，并余米一升，以防风阻。如有越额之米，查出入官，船户、商人一并治罪。至于小船偷载米粮、剥运大船者，严拿治罪。如将船卖与外国者，造船与卖船之人皆立斩。所去之人留在外国，将知情同去之人枷号三月。该督抚行文外国，将留下之人令其解回，立斩。沿海文武官员如遇私卖船只、多带米粮偷越禁地等事隐匿不报，从重治罪。并行文山东、江南、浙江将军、督抚、提镇，各严行禁止。"[81]

第二，在海坛（今福建省平潭岛）、南澳（今福建省南澳岛）等处，阻截私往南洋贸易的船只，并加强海防力量。康熙五十六年（1717）下令：“凡商船可以往东洋贸易，往南洋吕宋、噶喇巴等处贸易则不准，须在南澳等处将其船截住。令广东、福建沿海一带水师各营巡逻稽查，违禁者逮捕严惩。”对于沿海的海防力量，康熙皇帝更是给予充分的重视。康熙五十七年（1718）二月，康熙皇帝批准福建浙江总督满保等人的建议，令对福建、浙江沿海的炮台、城寨进行修理，加以补充，添拨兵丁，修造营房，“分防巡守，以固海疆”。同月，康熙皇帝还批准了广东广西总督杨琳的奏请，在广东沿海地区“据高临险，相地制宜，修筑炮台城垣，添设汛地，建造营房，分拨官兵，以靖海洋”[82]。对修好的炮台、城寨、营房及水师船只，康熙皇帝还下令由道、府督率各州官员经常检修，各营将领督率汛防弁员谨加看管，以利作战。次年，康熙皇帝还批准了山东巡抚李树德的奏疏，下令将山东沿海不紧要炮台的兵丁撤添到紧要之处，将不紧要炮台改为烟墩，充实海防。

第三，对沿海各省之间往来商船、渔船实行盘验和护送。在禁海令发布后，各省就遵谕派兵船护送沿海的商船、渔船。但来往台湾、厦门的商船、渔船，因护送之船贪图省时，往往从各地“直走外洋”，而不按规定到厦门接受检查、登记，因而漏洞较大。针对这种情况，康熙皇帝下令：“凡是去台湾之船，必须到厦门盘验，由官府一起护送，经澎湖入台湾；由台湾回大陆者，也须盘验护送，从澎湖到厦门。凡往来台湾之人，皆须持有当地官府颁发的证件才能载渡，否则不准载渡，违者严加惩治。”堵住中国商船、渔船前往南洋之路，但占据澳门的“彝人”（葡萄牙人）往南洋贸易却不在禁例，澳门“彝人”于是钻了空子，用他们的船夹带中国人驶往南洋。澳门“彝人”破坏海禁的行为被地方官发现后，康熙皇帝特地又发了一个补充规定，令各省督抚严饬地方文武官员巡查，“如有澳门彝人夹带中国之人并内地商人，偷往别国贸易者，查出照例治罪。如该管官盘查不实，徇情疏纵，从重治罪”[83]。



康熙皇帝的禁海政策，对暂时防止海寇泛滥、中外反清力量的集结以及西方殖民势力的侵略、巩固清朝统治不无意义，但也须指出，它对我国沿海地区的经济发展也十分有害，客观上导致了当时社会矛盾的激化。康熙皇帝的禁海虽然没有断绝对外贸易，但却使中外贸易受到很大限制。中国商人和渔民已不能自由外出，外国商人虽然能自由来华，但也不能与中国商民直接接触，而是在严密监视下，由洋行等中间机构代办；而且出口的商品也有严格限制，除禁止硫磺、军器、火药、钢铁、粮食、马匹、书籍出口外，后来生丝也被列入禁项。因此，禁海对我国东南地区商品经济的发展及沿海人民的生活都产生了消极影响。史称禁海之后，福建地方“土货滞积，而滨海之民半失作业”[84]。后来台湾爆发了朱一贵起义，也与禁海之后民人不能任意往返以致生活无着有关。同时，康熙皇帝的海禁政策也影响了此后各朝的对外政策，导致了闭关自守，造成了近代中国的落后。康熙一朝，是清代海疆政策形成的初始阶段。此后雍正、乾隆、嘉庆、道光各朝虽各有发展，但以海治海、以汉治汉的基本方针始终未变，同时防夷、御夷之策日趋严密，最终形成以禁、防二字为主的海防政策。其实施的结果，在抵御和延缓海上殖民者入侵的同时，也与西方世界相对隔离，扩大了距离，错过了发展资本主义的大好时机，造成了后来被动挨打的局面。

当然，我们并不是把近代中国的落后完全归因于康熙皇帝，实际上，近代中国的悲剧是整个封建制度结出的苦果。崛起于白山黑水之间的满族统治者，在积极吸取儒家传统文化的同时，不可能游离于封建社会闭关自守的治边思想之外，加上西方殖民者咄咄逼人的态势、清朝前期主要精力用于北部和西部边防，东南保守防御型的海疆政策是难以逆转的。因此，康熙皇帝的禁海也是可以理解的。





---

1 《雄县新志》“赋役篇”所引旧志。

2 《康熙政要》卷二十一。

3 《清圣祖实录》卷四十四。

4 《清圣祖御制诗文一集》卷十八《农桑论》。

5 《清圣祖御制诗文二集》卷三十二《耕织图序》。

6 《清圣祖御制诗文一集》卷一《谕户部》。

7 《明清史料》丙编第十本《广西巡抚于时跃揭帖》。

8 《清圣祖实录》卷四十四。

9 《清圣祖实录》卷二百三十九。

10 《清圣祖实录》卷二百五十六。

11 《清圣祖实录》卷三十六。

12 《清圣祖实录》卷二百四十八。

13 《清史稿》卷一百二十一《食货志二》。

14 《清圣祖实录》卷一百三十七。

15 福隆安等:《乾隆会典》卷十《户部·田赋》。

16 张廷玉等:《清朝文献通考》卷二十八《征榷三》。

17 魏源等:《皇朝经世文编》卷二十八《户政》。

18 《清圣祖实录》卷十四。

19 《清史稿》卷六《圣祖本纪一》。

20 《清圣祖实录》卷一百九十三。

21 《清圣祖御制诗文一集》卷八《谕户部》。

22 《清圣祖实录》卷一百二十七。

23 《清史稿》卷七《圣祖本纪二》。

24 《清圣祖实录》卷一百二十一。

25 《清圣祖实录》卷一百八十六。

26 《清圣祖实录》卷三十三。

27 《清圣祖实录》卷三十五。

28 《清史稿》卷六《圣祖本纪一》。

29 《清圣祖实录》卷一百五十四。

30 《清圣祖实录》卷二百零七。

31 《清圣祖御制诗文一集》卷八《谕户部》。

32 《清圣祖实录》卷一百零三。

33 《清圣祖实录》卷二百零七。

34 《清圣祖御制诗文三集》卷三《谕户

部》。

35 《清史稿》卷八《圣祖本纪三》。

36 《清圣祖实录》卷二百四十二。

37 《清圣祖实录》卷一百六十一。

38 《清史稿》卷一百二十六《河渠志一·黄河》。

39 《清圣祖实录》卷一百五十四。

40 《清史稿》卷一百二十六《河渠志一·黄河》。

41 靳辅:《靳文襄公奏疏》卷一《河道敝坏已极疏》。

42 《清史稿》卷二百七十九《靳辅传》。

43 《康熙起居注》，康熙二十三年十月十八日。

44 《清圣祖实录》卷一百一十七。

45 《清圣祖实录》卷一百一十七。

46 《清史稿》卷一百二十六《河渠志一·黄河》。

47 《清圣祖实录》卷一百一十八。

48 《清圣祖实录》卷一百三十五。

49 《康熙起居注》，康熙二十八年三月二十一日。

50 《清圣祖御制诗文三集》卷四十六《览淮黄成》。

51 《清史稿》卷一百二十六《河渠志一·黄河》。

52 《清圣祖实录》卷二百二十八。

53 《清圣祖御制诗文三集》卷五《谕工部》。

54 《清圣祖御制诗文三集》卷七《谕扈从大学士马齐、张玉书、陈廷敬》。

55 《清圣祖实录》卷二百二十八。

56 《清史稿》卷一百二十八《河渠志三·永定河》。

57 《清史稿》卷一百二十九《河渠志四·直省水利》。

58 《清圣祖实录》卷三十九。

59 张廷玉等:《清朝文献通考》卷三十《征榷五》。

60 刘墉等:《清朝通典》卷八《食货八》。

61 《清圣祖实录》卷八十。

62 《清圣祖实录》卷八十五。

63 张廷玉等:《清朝文献通考》卷三十《征榷五》。

64 《清圣祖实录》卷一百一十六。

65 《明太祖实录》卷七十、卷一百三十九。

66 张廷玉等:《明史》卷二百零五《朱纨传》。

67 《敕谕沿海督抚镇申严禁海事》，厦门大学台湾研究所等:《郑成功档案史料选辑》，第169页。

68 海外闲人:《榕城纪闻》。

69 《清圣祖实录》卷八十二。

70 《黄册》康熙元年卷，右副都御史张尚贤题本。

71 魏源等:《皇朝经世文编》卷八十四《条陈闽省利害疏》。

72 《清圣祖实录》卷七十七。

73 《清圣祖实录》卷二十五。

74 《清圣祖实录》卷四。

75 《清圣祖实录》卷一百一十二。

76 《清圣祖实录》卷一百一十六。

77 《清圣祖实录》卷一百一十七。

78 张廷玉等:《清朝文献通考》卷二十六《征榷一》。

79 施琅:《靖海纪事》，陈迁鹤序。

80 魏源:《复蒋中堂论南漕书》，载《魏默深文集》。

81 《清圣祖实录》卷二百七十一。

82 《清圣祖实录》卷二百七十七。

83 《清圣祖实录》卷二百七十七。

84 方苞:《方望溪先生全集》卷十《广东副都统陈公墓志铭》。

# 第八章　文治

康熙皇帝在位期间，军事、政治、经济各个方面都取得了重要成就，同时，对于文化教育事业，他也倾注了不少心血，做出了重要的贡献。



## 一、设馆修史

康熙时期，国内政局长期安定，社会经济也得到了迅速的恢复和发展。这样，康熙皇帝又先后采取各种措施振兴文化教育事业。其中，对当时和后世影响颇大的是设馆修史的活动。

康熙皇帝自幼就喜欢读书，亲掌政权之后，仍是“听政之暇，无间寒暑，惟有读书作字而已”。他自称：“一刻不亲书册，此心未免旁骛。”[1]因此终日手不释卷。他五十一岁时还能够做到“目前陈列诸书，欲稽考某卷某处，但指令近侍取之，亦即可得”。他读书学习的范围很广泛，举凡经史典籍、诸子百家、历数、律吕、佛经道书，及至自然科学的书籍，无所不读。但他认为最为有用的是经书和史乘，因为“经史俱关治理”[2]。在史乘方面他涉猎甚广，不仅经常阅读，还注意深入地探讨。他在论述吕后称制时指出：“后人谓陈平、周勃之对吕后，若能与王陵同持正论，未必吕后之意不可回。此盖事后论人，恒见其易耳。吕后以悍鸷之威，当称制之日，欲王诸吕，气凌群臣，此岂平、勃诸人口舌所能争乎？是以君子论事，又当观其世也。”[3]反映了他联系历史条件考察事件发展趋势的见识。在分析明朝灭亡时认为：“有明天下，皆坏于万历、泰昌、天启三朝。愍帝（崇祯）即位，未尝不励精图治，而所值时势，无可如何。明之亡，非愍帝之咎也。”[4]此言也体现了他着眼于历史发展之“时势”的分析问题的方法。正是由于康熙皇帝意识到史学的重要，在他执政期间，敕撰了许多史籍，为了保证撰史的质量和进度，对重要史籍不惜花费许多人力物力，设馆纂修。其中比较突出的是记注和编纂当代史以及撰修《明史》。

中国自古就有记注当代史的传统，顾炎武所谓“古之人君，左史记事，右史记言，所以防过失而示后王。记注之职，其来尚矣”[5]。记注制度至宋代已相当完备：“书榻前议论之词，则有时政记；录柱下见闻之实，则有起居注；类而次之，谓之日历；修而成之，谓之实录。”[6]清朝继承了这套传之已久的制度并在康熙年间有所发展，设立了一系列记注当代史的机构。这些机构主要有起居注馆、实录馆和方略馆。根据康熙皇帝的指示，他们先后开展了纂修当代史的活动。

起居注是专门用以记载皇帝言行的一种载籍。清朝入关后，大臣屡有奏请设起居注者，均未获允准。康熙皇帝亲政后，于康熙九年（1670）始置起居注馆于太和门西廊。起居注官随侍皇帝左右，“君举必书”，同记注“先载起居，次谕旨，次题奏，次官员引见”。凡内外各衙门所奉谕旨及题奏本章，皆抄送起居注馆，以便记注。起居注属内廷秘籍，每年例由翰林院会同内阁诸臣将上年“起居注册”看封储库，连皇帝自己都不许索阅。正是由于有此规定，康熙皇帝数度对起居注官产生怀疑和不满，终于在康熙五十七年（1718）三月以“今观记注官内，年少微员甚多，皆非经历事体之人。伊等自不暇，岂能详悉朕之言”[7]等为借口宣布撤销起居注馆。所以今存《康熙起居注册》记事起于康熙十年（1671）秋九月初一日康熙第一次东巡，迄于康熙五十七年三月。此后起居注一度付阙，至雍正皇帝即位后，才又恢复了起居注制度。

实录专记一位皇帝统治期间的朝廷大事，主要根据官方档案以及起居注等资料编成。一般是后继皇帝为其前任皇帝设馆敕纂实录。康熙六年（1667）九月康熙皇帝就设馆为其父顺治皇帝纂修了《世祖章皇帝实录》，至康熙十一年（1672）五月告竣，缮成满洲、蒙古、汉文各一百四十六卷。此外，康熙皇帝还开创了清代重修实录之风，于康熙十二年（1673）秋七月设馆重修顺治年间修成的《太宗文皇帝实录》，至康熙二十一年（1682）九月完成。同年十月又设馆重修崇德年间撰成的《太祖高皇帝实录》，至康熙二十五年（1686）二月完成。两次改修前朝所修实录，都宣称是为了使之“文极雅训”，其实不过是为了掩盖清朝先世曾臣服于明朝的事实，粉饰清朝开国的历史。

康熙皇帝在编纂当代史方面的一个创例是每于军事行动结束后就设方略馆，“纪其始末，纂辑成书”。方略馆设总裁、提调、收掌等官，馆内设文稿、誊录、纂修、校对等四处以及书、纸二库，以分办各项事务。康熙朝编纂的《方略》很多，如康熙二十年（1681）平定了三藩的叛乱，于第二年设方略馆，纂修《平定三逆方略》六十卷。该馆还先后编定《平定察哈尔方略》上下卷，记康熙十四年（1675）平定察哈尔布尔尼的叛乱始末；《平定海寇纪略》四卷，记康熙二十三年（1684）接受郑克塽投诚并收复台湾的经过。康熙二十四年（1685）雅克萨之战打败了俄国侵略者，又决定编纂方略，历经四年纂成《平定罗刹方略》四卷。康熙三十六年（1697）平定噶尔丹叛乱，又纂修了《亲征平定朔漠方略》四十八卷。



除以上三项外，康熙朝设馆始撰、未彻底完成的当代史还有：康熙二十九年（1690）四月设国史馆，以大学士王熙为监修总裁，大学士伊桑阿、阿兰泰、梁清标、徐元文为总裁，另委副总裁、纂修官以及誊录、翻译等多名。不知何故，这次规模浩大的撰修本朝史的活动，只撰成一些功臣传记便不了了之。另外还有康熙二十三年（1684）五月开《会典》馆，康熙二十四年（1685）开《一统志》馆，均有成书撰就，但这些书因记事止于当时，又多次被后续各朝所续修改撰，所以现今所见《大清会典》和《大清一统志》已非当日面目。

除了记注和纂修当代史外，康熙朝还进行了一项浩大的史学工程——撰修《明史》。

兴朝为前朝修史，这是自唐代以来形成的史学传统。清朝在入关第二年，即顺治二年（1645）即宣布开馆纂修《明史》。当时倒也煞有介事地任命了内三院大学士冯铨、洪承畴、李建泰、范文程、刚林和祁充阁六人为总裁，任命学士詹图赖、宁完我等七人为副总裁，命郎廷佐等九人为纂修官。但真正的撰史工作并未展开，因为当时大局未定，战事频仍，朝廷根本无暇顾及此事，而所委之人又多系贰臣，无心编纂旧朝史事，客观上资料亡散、遗献无征等等，都不可能成就一代之史。朝廷匆忙宣称设馆修史，不过是为了宣示明朝已运倾祚移，清朝则确立了天命所归的正统地位。因此，终顺治一朝，史稿"仅成数帙"[8]，撰史工作无形中处于搁置状态。总裁冯铨反而利用职务之便，将《明实录》中熹宗天启四年（1624）的一段记载偷走销毁了。因为冯铨降清前是明朝阉党魏忠贤的党羽，这部分记载中有不利于他的内容。

康熙四年（1665）重开明史馆，山东道御史顾如华曾奏请博集私家记载，广征弘通之士，由满、汉总裁共襄其事。但不知何故，史馆仅以满文迻译《实录》，其他无所成就。

《明史》真正大规模设馆撰修是在康熙皇帝亲政以后。康熙十八年（1679）三月，康熙皇帝从给事张鹏所请，命内阁学士徐元文为监修，翰林院掌院学士叶方蔼、右庶子张玉书为总裁，再次开馆撰修《明史》。此次开馆规模之大远远超过前两次，当时所录用的博学鸿儒一、二等计五十人，悉数尽充《明史》撰修官，此外又补充了右庶子卢君琦等十六人。因种种原因未参加博学鸿词考试的姜宸英、黄虞稷、万言、黄百家等人也被网罗入史馆。

以五十鸿博为主体的史馆人员，在内东华门外的史馆内投入撰史工作。首先进行分工，全体人员分为五组，抽签决定每组和每人所撰的具体篇目。在此后的三年中，他们将明代三百年历史分三段撰写，康熙十九年（1680）正月至二十年（1681）六月，撰洪武至正德各朝；康熙二十年六月至二十一年（1682）四月，撰泰昌、天启、崇祯三朝；康熙二十一年四月至二十二年（1683）正月，撰嘉靖、隆庆、万历三朝。

为了体例的完善和记事的确当，史官们还不断研讨，互相观摩。例如对是否设立《道学传》，就有彭孙遹、朱彝尊等七八个人发表了自己的见解。方象瑛描述他撰史时的情形说："顾从事此中，俱极甘心，事业考之群书，是非衷之公论，文章质之同馆诸贤，据事叙述，其人自见。虽不敢希信史，然职掌所存，或者其无负乎！"[9]其他史官也同样兢兢业业，如潘耒分工撰《食货志》，将自洪武至万历朝的《实录》认真阅读，其中关于"食货"的内容共抄出六十余册，密行细字，每册多至四十余页，少者亦有二十余页。又如馆臣所抄严嵩、张居正、周延儒事迹，均有五百余册；关于魏忠贤的生平资料则达上千页之多。汪琬在馆仅六十日，就撰出史稿一百七十五篇。可见史官们在《明史》馆确实是勤勉任事的。



经过三年努力，纂修者分拟之稿大部分完成，陆续交由总裁审阅。《明史》最早之初稿多于此时修订，其后数十年间，又在此基础上进行了增删改易工作。

《明史》馆总裁在最初几年屡有变易，但徐元文居职最久，出力也最大。他在康熙二十一年（1682）曾一度因拜都御史罢史职，至康熙二十三年（1684）重领《明史》监修官，遂延聘布衣明史学家万斯同居于其家，请其删定诸纂修官所拟史稿。经过十二年时间，至康熙三十年（1691）徐元文病卒，万斯同删成史稿四百一十六卷。康熙三十三年（1694）王鸿绪、陈廷敬为《明史》总裁，王鸿绪也延聘万斯同，继续删定《明史》列传部分。又经八年的辛勤工作，至康熙四十一年（1702）万斯同客死王鸿绪京邸，史稿已成四百六十卷。万斯同所删定的史稿为《明史》最后成书起了决定性作用。

康熙四十年（1701）以后，旧时史馆诸人相继凋逝，修史工作又呈停滞状态。康熙四十八年（1709）王鸿绪因附和阿灵阿等人奏议改立皇太子事被免官，回家时将史馆草稿全部携去，竟无人过问。王鸿绪在家将万斯同删定的史稿和以前馆臣所拟史稿又重新作了增损改易，于康熙五十三年（1714）进呈《明史》列传部分二百零五卷，于康熙六十一年（1722）又进呈本纪、志、表计一百零五卷，两次所呈共三百一十卷。此即后世所谓《横云山人明史稿》。至此，《明史》基本完成了。虽然《明史》最后定稿是在雍正十三年（1735），但自雍正元年最后一次开馆，因雍正帝刚即位，与其政敌斗争激烈，无暇顾及《明史》纂修之事，以致撰修人员互相掣肘，史事无所进展，最后仅稍为变动史稿的篇目次序、改窜一些字句，然后在纪、传之后缀以赞辞，就定稿奏呈了。因此雍正年间的再修《明史》，不过是为康熙年间大规模撰修《明史》做了简单的收尾工作，《明史》的主要撰修工作是在康熙朝完成的。

康熙朝能够基本完成《明史》，除了其他原因外，康熙皇帝的重视是一个重要原因。首先从修史的机构和人员上予以充分的保障。康熙十八年（1679）所征博学鸿儒悉数充《明史》馆，皆授翰林侍读、侍讲、编修、检讨等职，给官衔与俸禄，使参加修史成为一种荣誉。对于未获博学鸿词之征或辞征的姜宸英、万言、黄百家、黄虞稷等人也给予俸禄和官职，礼聘修史。特别是像万斯同、刘献廷等人，客居总裁官邸，不食朝廷俸禄，对清朝表现出一定的抵触情绪，康熙皇帝也不怪罪，听其以布衣身份参修史事。至于史馆监修、总裁，一旦遇事缺任，及时予以递补。康熙年间，《明史》馆总裁屡有变更，任其事者有徐元文、叶方蔼、张玉书、李霨、汤斌、徐乾学、王鸿绪、王熙、陈廷敬、张英、熊赐履等十余人。且所委之人大多能胜任史职，具体组织撰史活动，而不是像前朝一般的史馆总裁徒事虚文，挂名而已。

其次是康熙皇帝屡屡亲自过问修史进程和修史中的问题。如康熙二十二年（1683）八月，康熙皇帝问学士牛纽、张玉书、汤斌等人："尔等所修《明史》如何？"牛纽奏曰："嘉靖以前已纂修过半，万历朝事迹甚多，天启朝《实录》有残缺，崇祯朝无《实录》，今就所有邸报编纂事迹，方可分作纪、传。所以万历以后，成书较难。"康熙皇帝指示道："时代愈近，则瞻徇易生。作史昭垂永久，关系甚大，务宜从公论断，尔等勉之！"[10]康熙二十二年（1683）十一月，康熙皇帝又与大学士李霨做了与上述内容基本相同的谈话。[11]

对于修史中遇到的具体史实的细节问题，康熙皇帝曾多次涉问。如康熙四十二年（1703）四月指出："此书所载杨涟、左光斗死于北镇抚司狱中。闻此二人系在午门前受御杖死，太监等以布裹尸出之。至于随崇祯殉难者，乃太监王承恩，因此世祖章皇帝作文致祭，并立碑碣。此书载太监王之心从死，明系错误。”[12]康熙五十二年（1713）四月，又对李自成兵临京城时，是城内迎献还是城外攻取，以及张献忠三个养子的情况作了指示。[13]

康熙皇帝对于《明史》撰修问题的重视，固然促进了《明史》的完成，但也使《明史》较其他正史更具官方色彩，其蕴含的历史观点和史学思想更符合封建正统规范。

康熙皇帝曾多次指示撰修《明史》务须公正。康熙二十二年（1683）八月，他强调《明史》“务宜从公论断”[14]；当年十一月再次指出“史书永垂后世，关系甚重，必据实秉公，论断得正，始无偏颇之失，可以传信后世”[15]；康熙三十一年（1692）又谕群臣曰：“作史之道，惟在秉公持平，不应胶执私见，为一偏之论。”[16]康熙皇帝再三强调秉公持正，不执私见，其用意并不是要真实地反映历史，而是告诫史臣，《明史》的论断必须遵循封建统治阶级所公认的正统观点，任何个人见解都不得与清廷的整体利益相违悖。

史臣们正是体会到康熙皇帝的真实意图，所撰史稿也就不敢触及清廷忌讳，无论记事还是论断，都不敢越雷池一步。例如清朝以“异族”入主中原，最忌“胡虏”之类文字，《明史》中对所有涉及此类文字的文献都删除不录。明太祖朱元璋在元至正二十六年（1366）八月与张士诚作战时发布《平伪周榜》，至正二十七年十月北伐时有《谕中原檄》，都是非常重要的历史文献，只因前者有“胡运难以立功”，后者有“胡虏无百年之运”以及“驱逐胡虏，恢复中华”等言，竟将两文摈弃不录。又如清人本是女真支属，居于建州，因名建州女真，在明朝曾接受爵秩，前后朝贡百年不辍。清朝入关后，认为这段史实不够体面，所以自称其发祥地为满洲，禁称建州卫；称自己为满族，禁称女真。《明史》撰修者因此不敢涉及清朝起源以及清朝入关前的问题，以至于连清军进入中原的事都不敢提，甚至引起康熙皇帝的追问，仍寻找托词，不愿载入[17]。再如清朝入关后，明朝的遗绪如南京的弘光、闽粤的隆武、两广滇黔的永历等南明政权，继续活动了十七八年。清廷不承认这些政权的正统地位，所以《明史》对这些政权的历史也语焉不详。至于《明史》一再宣扬程朱理学、鼓吹忠孝节义，更是与康熙皇帝推崇程朱理学、确立其为官方哲学的统治政策丝丝入扣。



总之《明史》在修撰过程中受到康熙皇帝的严密控制，这种控制一方面对史官认真撰史起了一定的督促作用，为《明史》的撰成提供了人员、资料等方面的有利条件；另一方面也制约了《明史》的思想内容，使其完全合于封建正统思想的规范。

尽管如此，《明史》作为二十四史中最后一部史书，仍不失为有价值的传世之作，清人赵翼曾评价说："近代诸史，自欧阳公《五代史》外，《辽史》简略，《宋史》繁芜，《元史》草率，惟《金史》行文雅洁，叙事简括，稍为可观。然未有如《明史》之完善者。……盖阅六十年而后讫事，古来修史未有如此之日久而功深者也。惟其修于康熙时，去前朝未远，见闻尚接，故事迹原委多得其真，非同《后汉书》之修于宋、《晋书》之修于唐，徒据旧人记载而整齐其文也。又经数十年参考订正，或增或删，或离或合，故事益详而文益简。且是非久而后定，执笔者无所徇隐于其间，益可征信，非如元末之修宋、辽、金三史，明初之修《元史》，时日迫促，不暇致详而潦草完事也。”[18]赵翼的评价，除了说《明史》“无所隐徇”被认为有吹捧当朝官修史书之嫌外，其他几点还是比较中肯的。

《明史》的价值主要体现在两方面。其一，在体例上，它完善了纪传体体例，如为了适应明代阉祸猖獗、农民起义频仍、少数民族地区矛盾多故的客观情况，创设了《阉党传》《流贼传》和《土司传》。鉴于朱元璋罢除宰相制后，六部尚书及左、右都御史地位提高，特设《七卿年表》。此外如《历志》增加插图、《艺文志》只载明代所著之书等，也都是特例。其二，在内容上，除了清廷忌讳之处，一般记载都能做到丰富翔实，有的内容是《明实录》所不载的。其记事的可信程度，从总体上看也超过其他许多明史著作，这得益于当时撰者如朱彝尊、潘耒等人的精心考辨和万斯同的严慎核实。



## 二、尊奉程朱

康熙皇帝亲掌政权之后，为了加强对思想领域的统治，经过一个时期的摸索，将程朱理学确定为正统哲学思想。这一政策不但对当时社会发展起到了重要的作用，也对此后中国社会的进步也产生了重要的影响。

西汉中期以后，儒家思想即被封建统治者尊为正统思想，一千多年中对于维护封建统治发挥了重要作用。清朝以少数民族政权崛起东陲，为了建设和巩固政权，学习汉族传统治国理论为势所必需。因而从皇太极时期开始，清朝政权即推行崇儒重道政策。入关以后面对汉族人民已经成为主要统治对象的客观现实，清朝政权又将崇儒重道政策进一步铺开。顺治二年（1645）清朝政府封孔子为“大成至圣文宣先师”。顺治九年（1652）九月“临雍释奠”大典隆重举行，顺治皇帝勉励太学师生笃守圣人之道，“讲究服膺，用资治理”[19]。顺治十四年（1657）九月、十月，顺治皇帝又首开清代帝王经筵日讲之先河，谕令儒臣进讲儒家经典。但因顺治皇帝过早去世以及之后四辅政大臣执政时期的政策变化，清初以来一直奉行的崇儒重道政策出现了反复。于是，全面贯彻崇儒重道政策的重任便落在了康熙皇帝的肩上。

早在亲政之初，康熙皇帝即开始重新推行崇儒重道方针。康熙八年（1669）四月，康熙皇帝采纳汉官建议，于宫中致斋后，率领诸王、大臣亲临太学释奠孔子，在孔子位前行三跪六叩头礼。亲奠完毕，又至彝伦堂，听满汉祭酒、司业以次讲《易经》《尚书》。听讲后，康熙皇帝说：“圣人之道，如日中天。讲究服膺，用资治理，尔师生其勉之。”[20]不久，康熙皇帝擒拿鳌拜，排除了推行崇儒重道政策的重大障碍，崇儒重道政策得到了全面贯彻。首先，康熙皇帝大力举行经筵日讲，积极学习儒家经典。通过学习，康熙皇帝深感儒家学说博大精深，对于修身、齐家、治国、平天下有着重要的现实意义，因此对儒家学说的创始人孔子、孟子等人极表佩服。康熙前期，除多次举行祭孔活动之外，康熙二十三年（1684）

十一月，康熙皇帝在首次南巡后又驾幸曲阜，诣孔子庙，入大成门，行九叩礼；至诗礼堂，讲《易经》；上大成殿，瞻孔子像，观礼器；至圣迹殿，览图书；至杏坛孔子讲学处，观孔子手植之桧树；入承圣门，汲孔井水尝之；询问发掘《古文尚书》的鲁壁遗迹，诣孔林墓前酹酒，并亲为大成殿书“万世师表”匾额，留曲柄黄盖。同时康熙皇帝再次下令“天下学宫崇祀先儒”，并亲自撰文盛赞孔、孟，进一步抬高儒家学说的地位。康熙二十六年（1687）康熙皇帝亲作《至圣先师孔子庙碑》《孟子庙碑》文，御书勒石。康熙二十八年（1689）四月，康熙皇帝又亲作《至圣先师孔子赞》并序、《曾子赞》、《子思子赞》、《孟子赞》。康熙皇帝宣扬孔孟之书把“道统”与“治统”统一，流传后世，以为治理国家之用，即所谓“皆为万世生民而作也”，“如日月之光昭于天，岳渎之流峙于地”[21]，作用非常大，影响极其深远。可见，康熙皇帝对儒家学说的尊崇和对孔孟等人的吹捧，已经达到无以复加的地步，大大超过了前此的任何一位封建帝王。

长期以来，孔子、孟子一直是汉族人民尤其是汉族士人心目中的圣人，作为一个少数民族皇帝，康熙皇帝对孔、孟如此尊崇，对于缓和满、汉民族矛盾，无疑起了重要的作用。但孔、孟距离康熙皇帝生活的时代已十分遥远，而且自从汉武帝“罢黜百家，独尊儒术”之后，尤其是宋、明以来，儒家内部也发生了分化，形成了不同的思想流派，笼统地提倡崇儒重道和现实政治关系并不密切，对清朝政府加强对人民的思想统治作用也不直接。经过一个时期的摸索，康熙皇帝又将崇儒重道发展成为尊奉程朱理学，从而进一步加强对广大人民的思想统治。

程朱理学又称道学，北宋时由周敦颐、邵雍、张载、程颢、程颐等人创立，南宋时朱熹集其大成。程朱理学是一个比较完备的客观唯心主义体系，认定“理”先天地而存在，把抽象的“理”（实指封建伦理准则）提到永恒的、至高无上的地位；为学主“即物而穷理”。与朱熹同时，有陆九渊一派的主观唯心主义，宣扬“心”是宇宙万物的本源，为学主张“明本心”，和程朱派对立，是当时儒家学说的另一流派。由于程朱理学更合于统治者的需要，因而从南宋后期开始即被尊为官方哲学，历经元、明，相沿不改。明代中期以后，王守仁弘扬陆九渊之学，宣扬“致良知”，把“心学”发展到顶峰。王学产生后，很快风靡全国，几欲取程朱理学地位而代之。明末清初，程朱理学和陆王心学并行。清朝入关之初，清朝统治者忙于统一全国，只笼统地崇儒重道，还无暇裁定朱、王之争。康熙即位后，随着崇儒重道国策的推行，康熙皇帝越发认识到程朱理学对巩固封建统治的重要性，开始提倡程朱理学。



康熙皇帝尊奉程、朱的思想，很大程度上是受了儒臣熊赐履的影响。熊赐履笃信朱学，“读孔孟之书，学程朱之道”，自康熙十年（1671）二月至康熙十四年（1675）三月一直充任日讲官。他以朱熹注《论语·学而》篇的讲解，开始了康熙一朝的日讲。此后，熊赐履始而隔日进讲，继而每日入宫，向康熙皇帝讲“读书切要之法”，讲“天理人欲之分”，讲“俯仰上下只是一理”，讲“本然之性与气质之性”，讲“辟异端、崇正学”，讲朱熹的知行观，斥王守仁的“知行合一”

说。在熊赐履等人的影响下，康熙皇帝逐渐接受了程朱理学，并开始将其奉为官方哲学。康熙皇帝尊奉程朱理学的措施，大体有以下几个方面。

第一，把程、朱看作孔、孟正传，大力宣扬程朱理学。康熙皇帝认为，程、朱以前，“虽汉之董子（仲舒）、唐之韩子（愈）亦得天人之理”，但却“未及孔孟之渊源”，没有得到儒家学说的精髓；到了北宋，邵雍“玩索河洛之理、性命之微，衍先天后天之数，定先甲后甲之考，虽书不尽传，理亦显然矣”；周敦颐“阐无极而太极，复著《通书》，其所授受，有自来矣，如星辰系乎天而各有其位，不能掩也，光风霁月之量，又不知其何似”；程颢、程颐“充养有道，经天纬地，聚百顺以事君亲”；朱熹“集大成而继千百年绝传之学，开愚蒙而立亿万世一定之规，穷理以致其知，反躬以践其实”，这才得到孔孟正传；因此，只有程朱理学才是治国的学术，“非此不能知天人相与之奥，非此不能治万邦于衽席，非此不能仁心仁政施于天下，非此不能外内为一家”[22]。为了宣扬程朱理学，康熙皇帝亲作《理学论》，提倡“学者当于致知格物中循序渐进”，走程朱之路；下令将朱熹从孔庙东庑“先贤”之列升到大成殿“十哲”之列，“以昭表彰至意”；给程朱的祠堂及讲学的书院赐匾、赐物。

在提倡程朱理学的同时，康熙皇帝还排斥陆王心学，其典型例证则为康熙皇帝与崔蔚林的争论。崔蔚林是当时的一位朝臣，信奉王守仁的心学，曾撰《大学格物诚意辨》讲章一篇进呈。康熙十八年（1679）十月，康熙皇帝将崔蔚林召进宫，就朱、王之学进行辩论。在对“格物”范畴的阐释中，崔蔚林依据王守仁的学说，主张“格物是格物之本，乃穷吾心之理也”，并进而对朱熹学说提出质疑，认为“朱子解作天下之事物，未免太泛，于圣学不切”。当康熙皇帝转而论“诚意”，指出“朱子解‘意’字亦不差”时，崔蔚林又表示反对，说“朱子以意为心之所发，有善有恶。臣以意为心之大神明、大主宰，至善无恶”。康熙皇帝准备不足，无言以对，只得暂时中止了辩论。十天之后，经过周密的准备，康熙皇帝对崔蔚林的主张进行了反驳，说:“天命谓性，性即是理。人性本善，但意是心之所发，有善有恶，若不用存诚工夫，岂能一蹴而至？行远至迩，登高自卑，学问原无躐等，蔚林所言太易。”这里，康熙皇帝用的武器仍是程朱理学。



第二，刊刻程、朱之书。为了提倡程朱理学，康熙皇帝不遗余力地刊刻程、朱之书。《性理大全》是明朝永乐年间纂修的收录程、朱等人的理学著作及有关性理的语录的一部官书，影响颇大。康熙皇帝“见其穷天地阴阳之蕴，明性命仁义之旨，揭主敬存诚之要，微而律数之精义，显而道统之源流，以至君德圣学、政教纪纲，靡不大小兼该，而表里咸贯，洵道学之渊薮、致治之准绳”[23]，乃命儒臣对其重加补订，并亲为作序，刊行全国。后来为了宣扬朱熹之学，康熙皇帝令熊赐履、李光地等人录章摘句，收集朱熹的一句一字，编成《朱子全书》，并亲为之制序，刊行全国。康熙皇帝还下令修《周易折中》，“上律河洛之本末，下及众儒之考定，与持论之不可易者，折中而取之”[24]。康熙六十年（1721）康熙皇帝又以《性理大全》等书繁杂矛盾，下令节编性理诸书，成《性理精义》。在为《性理精义》作的序中，康熙皇帝叙述了自己对程朱理学的崇奉态度及该书的编纂经过：

> 朕自冲龄以来，六十多年间，未尝一日放下过经书。唐虞三代而后，历代圣贤相传授受，言性而已。到了宋代，学者们才提出性理这个名词，使人了解尽性之学即学习圣贤之道，不外乎遵循理的规定。朕敦好典籍，对于理、道等有关论述尤为留意，而且在位日久，玩味愈深，体之身心，验之政事，越发认识到其确然不可易。前明纂修《性理大全》一书，可谓广备。但其搜取太繁，重复较多，各地流行的性理之书不下数百种，而相互矛盾者比比皆是，很不利于程朱之学的传播。于是朕命大学士李光地将程、朱之书加以诠释进览，授以意指，省其品目，撮其体要，既使诸儒之阐发不杂于支芜，又使学者的披寻不苦于繁重。至于图象律历、性命理气之源，前人所未畅发者，朕亦时以己意折中其间。这样，编成了这部《性理精义》，颁示天下。读此书者，当明了此意。[25]

康熙皇帝如此热衷于刊刻程、朱之书，在中国古代帝王中也是少见的。

第三，重用理学名臣。康熙皇帝既尊奉程、朱，因而也重用那些讲程朱理学的所谓理学名臣。较早受到康熙皇帝重用的当数熊赐履。熊赐履因为在康熙皇帝开始举行的经筵日讲中提任讲官而深得康熙皇帝之心，康熙十四年（1675）迁内阁学士，寻破格授武英殿大学士兼刑部尚书。次年，熊赐履以诿咎同僚而被夺官。康熙二十三年（1684）康熙皇帝南巡，熊赐履迎谒，召入对，御书“经义斋”榜以赐。康熙二十七年（1688）熊赐履起为礼部尚书，后授东阁大学士兼吏部尚书，预修《圣训》《实录》《方略》《明史》等书，并充总裁官，五次主会试。

康熙朝最得到重用的理学名臣是李光地。李光地字晋卿，福建安溪人。康熙九年（1670）进士，选庶吉士，授编修。三藩之乱时，李光地蜡丸上书，有功朝廷，授内阁学士。康熙二十五年（1686）授翰林院掌院学士，直经筵，兼充日讲起居注官，教习庶吉士。历官兵部侍郎、工部侍郎、直隶巡抚、吏部尚书兼直隶巡抚等，康熙四十四年（1705）拜文渊阁大学士。李光地幼承家教，从小即研习性理之学，“非程朱不敢言”，其理学“宗朱子而能别白其是非”。其时康熙皇帝“潜心理学，旁阐六艺，御纂《朱子全书》及《周易折中》、《性理精义》诸书，皆命（李）光地校理，日召入便殿研求探讨”[26]。由于和康熙皇帝的特殊关系，李光地在康熙皇帝面前说话也相当有分量，江宁知府陈鹏年、桐城贡士方苞皆因事论死而最终获免，噶礼、张伯行互讦案后张伯行得以复官，都是李光地出力的结果。

除此之外，康熙年间得到重用的理学名臣还有“笃守程、朱”的汤斌，有“专宗朱子、不容一语出入”的陆陇其，有以“崇程朱为己任”的张伯行，还有魏象枢、张廷玉、蔡世远等等。

在采取各种措施提倡程朱理学的同时，为了使其切实发挥社会作用，达到修身、齐家、治国、平天下的目的，康熙皇帝还提倡真理学，反对假理学。

对于真理学和假理学，康熙皇帝有过明确的区别。康熙二十二年（1683）十月，康熙皇帝对日讲官张玉书等人说：

“日用常行，无非此理。自有理学名目，彼此辩论，朕见言行不相符者甚多，终日讲理学，而所行之事全与其言悖谬，岂可谓之理学？若口虽不讲，而行事皆与道理吻合，此即真理学也。”[27]也就是说，那些行事合乎封建伦理道德的理学家是真理学，而那些挂着理学家招牌、行为却不守封建伦理道德的人是假理学。故而康熙皇帝曾反复提倡真理学，要求言行相符。康熙三十二年（1693）四月，康熙皇帝谕大学士等人：“翰林官以文章为职业。今人好讲理学者，辄谓文章非关急务。宋之周、程、张、朱何尝无文章？其言如是，其行亦如是。今人果能如宋儒言行相顾，朕必嘉之，即天下万世亦皆心服之矣。传谕翰林官知之。”[28]康熙四十三年（1704）六月，康熙皇帝谕示起居注官揆叙等人：“君子先行后言，果如周、程、张、朱勉行道学之实者，自当见诸议论。若但以空言而讲道学，断乎不可！”[29]对于真理学，康熙皇帝也大力引用。康熙二十三年（1684）六月，康熙皇帝以学士汤斌“曾与中州孙钟元（奇逢）相与讲明道学，颇有实行”，以前典试浙江时又“操守甚善”，是个真理学，下令补授江宁巡抚。康熙五十二年（1713）九月，康熙皇帝令大学士李光地传谕九卿：“有明于性理实学之人，令各举所知。”康熙六十年（1721）三月，康熙皇帝与大学士等人谈到刚进行过的会试，认为其中可能有弊，因为一些“真才实学”者未被取中，“如举人王兰生学问，南人中或有胜彼者，若直隶人则未能及之。前《周易折中》《性理精义》《朱子全书》，魏廷珍、王兰生等在朕前昼夜校对五年，不遗一字。读书人少全读性理者，王兰生甚为精熟，学问亦优，屡试未中，或文章不佳，抑别有故耶？”[30]因此，康熙皇帝赐王兰生进士，“着一体殿试”。

康熙皇帝反对假理学的言论俯拾皆是，如康熙四十三年（1704）四月，他晓谕大学士等人：“夫道学岂易言哉？孔子曰：‘先行其言，而后从之。’人之品行，必始终不易，朕始信之。若徒托之空言，而无实事，则亦何益之有？”[31]对那些假理学之人，康熙皇帝更是予以抨击、排斥。众所周知，康熙皇帝提倡理学是为了巩固封建统治，而那些所谓的讲理学之人却大多只以理学为敲门砖和护身符，真正目的无非是为自己捞好处，求一已之私利。因此，这些所谓的理学家往往是当面一套，背后又一套；嘴上一套，行动上又一套，大搞两面派。对于这些人，康熙皇帝尤其痛恨。第一个遭到康熙皇帝抨击的假理学是崔蔚林。崔蔚林与康熙皇帝辩论朱熹、王阳明，使得康熙皇帝很是愠怒，加以崔蔚林言不顾行，居乡颇招物议，且文义荒谬，康熙皇帝对他更加反感。康熙二十一年（1682）六月，在与近臣等议及崔蔚林官职升迁时，康熙皇帝鄙夷地指斥崔蔚林的所谓道学未必是实，“为人不甚优”，“居乡亦不甚好”。两年后，崔蔚林自觉在朝中无法立足，疏请告病还乡。康熙皇帝决意借机对其加以惩治，乃谕大学士等人：“崔蔚林乃直隶极恶之人，在地方好生事端，干预词讼。近闻以草场地土纵其家人肆行控告，又动辄以道学自居。焉有道学之人而妄行兴讼者乎？此皆虚名耳。又诋先贤所释经传为差讹，自撰讲章甚属谬戾。彼之引疾乃是托词。此等人不行惩治，则汉官孰知畏惧？”[32]后来康熙皇帝在谈到假理学时，还是没有忘记痛斥崔蔚林：“从来道德、文章原非二事。能文之士，必须先明理；而学道之人，亦贵能文章。

朕观周、程、张、朱诸子之书，虽主于明道，不尚辞华，而其著作，体裁简要，析理精深，何尝不文质灿然，令人神解意释？至近世，则空疏不学之人借理学以自文其陋。如崔蔚林，本无知识，文义荒谬，岸然自负为儒者，真可鄙也！”[33]

那些所谓的理学“名臣”，实际上也多言行不一。对于这些人，康熙皇帝也一个个予以鞭挞羞辱。康熙三十三年（1694）闰五月，他又对大学士等人发表谈话，将那些所谓的理学“名臣”集中加以揭露和抨击：

> 初四日，召试翰林官于丰泽园，出《理学真伪论》，此亦书籍所有成语。熊赐瓒（熊赐履之弟）见此，辄大拂其意，应抬之字竟不抬写，不应用之语辄行妄用。原任刑部尚书魏象枢，亦系讲道学之人。先年吴逆（三桂）叛时，着议政王大臣议奏发兵。魏象枢云：“此乌合之众，何须发兵？昔舜诞敷文德，舞干羽而有苗格。今不烦用兵，抚之自定。”与索额图争论成隙。后十八年地震时，魏象枢密奏：“速杀大学士索额图，则与皇上无干矣。”朕曰：“凡事皆朕听理，与索额图何关轻重？”道学之人，果如是挟仇怀恨乎？又李光地、汤斌、熊赐履皆讲道学之人，然而各不相合。李光地曾授德格勒《易经》，李光地请假回籍时，朕召德格勒进内讲《易》。德格勒奏言：“李光地精熟兵务，其意欲为将军、提督。皇上若将李光地授一武职，必能胜任。”反复为李光地奏请。尔时朕即疑之。德格勒又奏：“熊赐瓒所学甚劣，非可用之人。”朕欲辨其真伪，将德格勒、熊赐瓒等考试。汤斌见德格勒所作之文，不禁大笑，手持文章堕地，向朕奏云：“德格勒文

> 甚不堪，臣一时不能忍笑，以致失仪。”既而汤斌出，又向众言：“我自有生以来，未曾有似此一番造谎者，顷乃不得已而笑也。”使果系道学之人，惟当以忠诚为本，岂有在人主之前作一等语，退后又别作一等语者乎？今汤斌虽故，李光地、德格勒现在也。又熊赐履所著《道统》一书，王鸿绪奏请刊刻，颁行学宫，高士奇亦为作序，乞将此书刊布。朕览此书，内过当处甚多。凡书果好，虽不刻，自然流布；否则，虽刻何益？道学之人，又如此务虚名而事干渎乎？[34]

这里康熙皇帝把理学“名臣”们“挟仇怀恨”、倾危同僚及“务虚名而事干渎”的丑行暴露于光天化日之下，从而揭开了这些人的伪装。



不过对于这些假理学“名臣”，康熙皇帝只是在其丑行败露后予以惩治。因为康熙皇帝笃信理学，又要提倡理学，所以还得任用这些在当时的社会上有着很大影响的人。而这些人在丑行被揭露之后，也大多能敛迹戢行，孜孜于理学，言行相顾，躬行实践。因而总的来说，康熙年间还是重用这些所谓理学“名臣”的。

康熙皇帝崇儒重道，由尊孔到尊朱，提倡真理学，对当时社会和后世都有很大的影响。第一，争取了广大汉族士大夫和百姓的支持，促进了清初统一局面的形成。众所周知，中国古代一直以儒家学说治国，宋、明以来，程朱理学更成为官方正统哲学思想。清朝入关之初，首先是把主要精力放在统一方面，清军所到之处，大肆屠杀反抗异族统治的汉族人民，激起尖锐的民族矛盾和社会矛盾。在文化事业上，清初统治者还拿不出一套争取汉人的政策和措施，所用官员也大多是一些投降的前明官吏，广大的封建士大夫也基本上还站在清朝政府的对立面。康熙年间，在军事形势大体稳定的情况下，提倡儒学，尊奉程、朱，从而顺应了广大汉族人民的信仰心理，对缓和他们的反抗和对立情绪有很大好处。更重要的是，康熙皇帝尊奉程、朱的政策赢得了广大封建士大夫的支持，大批封建士人通过科举考试、“博学鸿词”特科等进入仕途，从而心甘情愿地为封建统治服务。这些确实促进了清初的统一大业。

第二，康熙皇帝尊奉程、朱，完成了对社会凝聚力的选择，从而为清朝统治的巩固奠定了基础。历史唯物主义认为，任何一个社会要寻求自身的发展，都必须具有凝聚全体社会成员的力量。康熙年间，尤其是康熙中后期，及时地以程朱理学来维系人心、稳定社会，无疑对封建国家经济、文化方面的恢复和发展产生积极的促进作用。

当然，也必须指出，康熙皇帝尊奉程、朱的政策尽管有其积极意义，但消极影响也很大。首先，它导致了理学的进一步衰颓。我们知道，无论是程朱理学，还是陆王心学，到了明末清初之际，都已衰颓不堪，面临绝境。康熙皇帝尊奉程、朱，实际上就是用官府的力量强行把程朱理学规定为统治思想，令广大人民遵守封建伦理道德，并不是提倡把程朱理学作为一个博大精深的思想体系去研究、发展，而只是将其归结为僵死的封建伦理教条，从而导致了理学的进一步衰颓。其次，它所带来的文化专制主义，最终铸成了思想界的万马齐喑。明末清初既是一个“天崩地解”的时代，也是一个思想界活跃异常、成就卓著的时代。其间，既有鲜明反对君主专制的黄宗羲，也有提倡经世致用的顾炎武，还有主张物质世界统一于元气本体的唯物主义一元论者王夫之，等等。但到了康熙年间，大力实行尊奉程、朱的政策，“言不合朱子，率鸣鼓而攻之”，强行统一思想，从而扼制了人们思想的发展，摧残了齐放的百花。其后，雍正、乾隆两朝对这一政策奉行不渝，把封建文化专制主义引向极端，终于酿成思想界万马齐喑的历史悲剧。



## 三、振兴教育

在封建社会，教育事业对于巩固封建统治起着重要的作用。就积极方面而言，教育为各级封建官僚机构源源不断地输送大量统治人才；就消极方面而言，教育也能消泯广大人民群众的反抗思想。因而，康熙皇帝对教育事业一直十分关心，使当时的教育事业呈现出蓬勃发展的景象。

康熙初年，清朝统治虽已大体巩固下来，但经过长期战乱的破坏，教育事业仍然是一片凋敝景象，“所在屠灭，郡邑为墟”，“文学诸生，谋生犹恐不给，奚暇诵读”[35]？各地学舍普遍废坏，师席久虚。教育事业的凋敝产生了严重的后果。当时，不仅各级政府机构中官吏奇缺，不得不借资前明降官和捐纳官员，致使官吏素质低下，而且由于长期未在广大百姓中进行教化，也为清朝政府统治人民造成了极大的困难。据时人所见，当时各地的普遍情况是：“丰稔之岁，则相与赌博酣歌，沉湎荒淫，流荡而忘返；饥凶之年，则但见鸠形鹄面，扶老携幼，逃散而无归，人民流离，田地荒芜，盗贼窃发，狱讼繁兴。”[36]面对这种情况，康熙皇帝感到，广大百姓就像一座活动频繁的火山，如果不及时向他们灌输封建伦理道德观念，一旦火山爆发，后果将不堪设想。因此，康熙皇帝在位期间广设学校，倡建书院，整顿科场，重视八旗教育，使得教育事业走出了明末清初以来的低谷，进入了一个新的发展阶段。

长期以来，各种不同类型的学校一直是教育事业的主要机构。振兴教育，首先须从学校入手。有鉴于此，早在亲政后不久，康熙皇帝即亲作《学校论》，对学校在教育事业中的地位予以高度重视。他说：

治理天下，没有比正人心、厚风俗更重要的，而其根本在于推行教化。学校是推行教化、将百姓纳入统治轨道的地方，因而古代家有塾，党有庠，术有序，国有学。人生到八岁，自王以下至于庶人之子弟，都要入小学；到十五岁，则入大学。因此，自家至于国莫不有学，自天子至于庶人莫不学，自幼至于长莫不皆学。凡学以《诗经》《尚书》《礼记》《乐记》为本，干戈（按：古代武舞）羽籥（按：古代文舞）为文，父子君臣、长幼尊卑等伦理道德从此而出。……教化是天下大治之本，而学校则是教化之原。……务其本而不求其末，尚其实而不务其华。以内行为先，不汲汲于声誉；以经术为要，不屑屑于文辞。倘能如此，就符合圣人化民成俗之道了。[37]

在这一思想的指导下，康熙皇帝从修复、增设各地学校入手，开始了振兴教育的活动。

清初继承明制，在中央设立了国子监和各级儒学。虽然这些地方儒学与明代后期一样，已经不具教学职能，只是朔望、春秋举行尊孔典礼，岁科两试造具生童名册以及办理本地诸生举优出贡等活动的管理教育的官僚机构，但因这些机构在地方教育中起着领导、监督的作用，影响不可低估。因此康熙年间，康熙皇帝在顺治年间普遍恢复各地儒学的基础上，又在一些边远地区及新设州、县继续增设儒学。如康熙四年（1665）清朝政府宣布设奉天各府、州、县等儒学，照顺天例，为京府大学；辽阳、宁远、海城为中学；盖平、铁岭、广宁为小学。康熙二十六年（1687）康熙皇帝下令，直隶怀来、永宁、保安三卫仍各设学，由保安州学、延庆州学兼摄。康熙二十八年（1689）康熙皇帝又令贵州贵筑县照例设学，由新贵县学官兼摄。



针对各地府、州、县学普遍不具备教学职能的现实情况，为了普及初级教育，从康熙二十年代开始，康熙皇帝即积极提倡各地兴办义学。康熙四十一年（1702）他还特命在京师崇文门外设立义学，颁赐御书“广育群才”匾额；五城各设一小学，延请塾师教读，“有成材者选入义学”，计义学、小学每年廪饩共三百两，于府、县按月支给。康熙四十年代以后，在他的倡导下，义学又普及到边疆省份及内地各省的穷乡僻壤。如康熙四十四年（1705）他下令贵州省各府、州、县设立义学，将土司承袭子弟送学肄业，以俟袭替，其族属人等并苗民子弟愿入学者，亦令送学，该府、州、县复设训导，躬亲教谕。次年又议准贵州省府、州、县、卫俱设义学，许土司生童肄业，颁发御书“文教遐宣”匾额，奉悬各学。康熙五十二年（1713）宣布在全国大办义学，推广普及教育，“各省府、州、县令多立义学，延请名师，聚集孤寒生童，励志读书”[38]。此后康熙皇帝仍然很关心各地的义学，不时督促。康熙五十四年（1715）他下令畿辅地区的穷乡僻壤皆立义学，并要求直隶巡抚遍示庄村，使百姓皆知皇帝“崇文好学深意”。康熙五十九年（1720）康熙皇帝又批准广西土属共十五处各设义学一所，并令该地巡抚选择本省品学兼优的举人贡生，每属派发一员，作为义学教员，“教读土属愿学子弟”。



在积极提倡汉族平民教育的同时，康熙皇帝对八旗子弟的教育也十分重视。清朝入关后，大批八旗子弟进入京城等地。为此，顺治元年（1644）分八旗为四处，各立官学，是为八旗官学之始。顺治九年（1652）顺治皇帝又下令每旗各设宗学，令宗室子弟读书其中。康熙年间，又继续增设不少八旗官学，主要有：

**景山官学**　康熙二十四年（1685）四月，康熙皇帝晓谕内务府：“今见内府佐领人员善射及读书善文者甚少，可专设学舍，选可教之人，令其学书习射，优者录用，劣者罢黜。学舍应立于朕常见之处，俾习学之人黾勉肄业。”[39]后有关方面议定设立景山官学，建于北上门两旁，共给官房三十间。设满官学三房、汉官学三房，满书每房设教习三员，汉书每房设教习四员，挑选内佐领内管下官学生三百六十六名入学。肄业生员内有愿为教习者，选择移送令教习三旗（按：指满洲、蒙古、汉军各旗）子弟；将内廷执事人员、闲散人员内老成而堪为师长者，不分满洲、蒙古、汉军人员，挑选九名教习满书；满洲教习食执事俸米，汉教习给银米、衣服等物，六年期满，分别勤惰，议叙授官。

**盛京左、右两翼官学** 盛京（今辽宁省沈阳市）是清朝的“发祥重地”，清朝入关后以其为留都，并设立了与首都北京基本对应的一套政权机构。顺治年间，在各地设立学校的同时，盛京所属府、州、县也各设立了学校。康熙三十年（1691）三月，清朝政府决定，“盛京左、右两翼各设官学二处，将彼处俊秀幼童，各旗选取十名，每翼四十名。满学各二十名，教读满书，习马步箭。汉学各二十名，教读满、汉书，习马步箭。交与盛京礼部堂官，不时稽查操演。如盛京有各部衙门笔帖式、乌林人缺出，照例补用。满学设满文助教各一员，汉学设通满、汉文助教各一员，俱由吏部考授。其汉学，令奉天府尹于盛京生员内，择其才学优长者各二名，令其教读。学舍由盛京工部拨给。”[40]康熙皇帝对此表示同意。



**墨尔根两翼学校** 康熙三十四年（1695）二月，康熙皇帝又应黑龙江将军萨布素等人之请，在墨尔根（今黑龙江省嫩江县）地方两翼各立学校，设教官一员，“新满洲诸佐领下，每岁各选幼童一名，教习书义”[41]。

其次，对各级教官和广大生徒，康熙皇帝也一再下令严加管理。在各级教官中，学政是掌管一省教育的最高官员，康熙皇帝尤其重视。各省学政皆由他亲自选拔任命，还多次要求他们实心任事。他规定，新补学政一经领敕，次日即须赴任；各省旧任学政考试完毕后，必须在十一月内报满到部，如违定限，即题参处；学政考试迟延、限内不能完结者，降一级调用；各省学政要对所有士子负责，秉公办事，不得营私作弊、考试不公，从而导致“真才沦弃，文治不光”，否则督抚等官即行纠参，严加治罪。对于“士子观法所系”、直接影响受教育者的其他各级教职官员，康熙皇帝也做出各种规定，严格要求。康熙十八年（1679）题准，学政于官员贤否，遵照敕谕，例应考檄文到，各府、州、县掌印官照旧式备造僚属履历，及以前荐奖戒饬缘由，填注考语事实。教官更分年力、志行、学识、教规四款，内有贤、不肖之尤者，别具揭帖，限一月内送阅，案临，再造新任及改节改过者，季冬续报，并将任内作兴学校事迹备申报夺。康熙四十三年（1704）康熙皇帝针对直省教职官内“不谙文学者甚多”，责问“如此何以训士”，下令有关部门拿出解决办法。经讨论，决定“嗣后教职由部选后，赴抚臣考试，其考居一、二、三、四等令其赴任，五等令归学习，六等革职”[42]。康熙皇帝还下令学臣要对教官加以考试，评定优劣，“如全无文理者”，即行题参。

为了培养合乎封建统治所需要的端人正士，对广大就学士子，康熙皇帝更是十分重视，要求他们先品后学。康熙九年（1670），康熙皇帝颁行圣谕十六条，令士子作为立身标准：“（一）敦孝弟以重人伦；（二）笃宗族以昭雍睦；（三）和乡党以息争讼；（四）重农粟以足衣食；（五）尚节俭以惜财用；（六）隆学校以端士习；（七）黜异端以崇正学；（八）讲法律以儆顽愚；（九）明礼让以厚风俗；（十）务本业以定民志；（十一）训子弟以禁胡为；（十二）息诬告以全良善；（十三）戒窝逃以免株连；（十四）完钱粮以省催科；（十五）联保甲以弭盗贼；（十六）解仇忿以重生命。”康熙四十一年（1702）正月，康熙皇帝又专门发布了一道《训饬士子文》，对在学诸生提出要求：

国家建立学校，原为兴行教化，作育人才。朕临御以来，尊师重儒，关心学校，近来又慎选学使，厘剔弊端，立志使风教修明，贤材蔚起，国家蕃兴。但是近来士习不端，儒效罕著，大失朕之所望。其中原因，固然是内外臣工未能很好地奉行重教政策，但你们这些学生积锢已久、猝难改易却也是原因之一。如今朕亲作训言，再加警饬。你们听着：从古以来求学之人即先立品行，然后再到文学、学术、事功，源委有叙。你们幼闻庭训，长列宫墙，朝夕诵读，宁无讲究，一定要身体力行，砥砺廉隅，敦孝顺以事亲，秉忠贞以立志。穷经考义，勿杂荒诞之谈；取友亲师，悉化骄盈之气。文章归于醇雅，毋事浮华；轨度式于规绳，最妨荡轶。学子轻薄，自古受讥。如果行已有亏，即使读书又有什么用？如果居心不善，行已多愆，或者散布流言蜚语胁制官长，或者隐粮包讼出入衙门，或者唆拨奸滑欺孤凌弱，或者招朋呼类结社邀盟，这样的人，为纲常名教不容，为乡党不齿，即使侥幸逃脱法律惩处，他的内心又能无愧吗？况且乡试、会试乃抡才大典，事关重大，士子倘有真才实学，又何必担忧困不逢年？但你们中的一些人，却沽名钓誉，暗通声气，夤缘诡遇，不顾身家，又有的窜改籍贯，希图考中，气焰十分嚣张，种种弊端，深可痛恨！士子中选之始，尤贵品行端正。如果中选伊始就巴结贿赂，便已是作奸犯科，那么以后败检逾闲又何所不至？又如何指望其秉公持正、为国家建立功勋？朕关心你们，故不惮反复。这个训言颁到后，你们务必共体朕心，恪遵明训，痛改前非，争自濯磨，积行勤学，以图上进。假如能金榜题名，不仅你们自身荣耀，即使是你们的祖、父也跟着光宠。逢时得志，还有什么其他的要求呢？倘若你们还把朕的训言视作空文，玩愒弗儆，毁方跃冶，自暴自弃，则是你们冥顽无知，终究不能遵奉教义，既负国家栽培，又得罪过，王章具在，朕也不能宽免你们。从此以后，从中央的国子监到各地方的乡间学校，学臣师长都要传集诸生，多方董劝，以副朕怀。否则，职业弗修，咎亦难逃，到时不要说朕没有先说。你们这些士子都要听好。[43]

再次，康熙皇帝还多次驾幸太学，下令修建校舍，敕谕优恤诸生，关心教育事业的发展。皇帝驾幸太学，主要是督促诸生，以示其重视教育。史籍之中记有康熙皇帝多次驾幸太学，训示诸生。如康熙八年（1669）四月丁丑日，康熙皇帝幸太学，行礼、听讲毕，指示国子监师生“讲究服膺”“圣人之道”。翌日，他又进一步指示国子监官员：“今行辟雍释奠之典，将以鼓舞人才，宣布教化。尔等当严督诸生，潜心肄业。诸生亦宜身体力行，朝夕勤励。若学业成立，可裨任用，则教育有功。其或董率不严，荒乃职业，尔等系师生，难辞厥咎。尚其勉之，毋怠！”[44]

康熙皇帝非常关心士人的学习环境，在位期间多次下令修葺破旧的校舍。康熙二十二年（1683）八月，工科给事中许承宣题请修葺天下学宫，“以崇文教”，康熙皇帝表示同意。康熙四十一年（1702）正月，康熙皇帝下诏修葺国子监。

康熙四十四年（1705）十一月国子监落成，康熙皇帝又赐书“彝伦堂”匾额。

对于在学诸生，除给予成例规定的经济、政治待遇，使他们安心读书外，康熙皇帝还发布一些诏谕优恤诸生。康熙九年（1670）题准，嗣后生员如果犯事情重，地方官先报学政，俟黜革后治以应得之罪；若词讼小事，发学中责惩，不得视同齐民，一律扑责。康熙二十二年（1683）覆准，各省学租有发给贫生，将所余以充兵饷；有竟不给发者，嗣后令各直省督抚给发廪生、贫生，以助膏火之费。康熙二十七年（1688）又下令，嗣后学田租赋除通稽各学田原额若干、每年额租若干，先造清册报部外，每年终将用过某费若干项、赡过贫生某某若干名，详开旧管、新收、开除、实在，造册报部；如册报隐漏迟延，赈贫虚名无实，及教官、学霸、豪强之家私据侵占者，查出按法追究。



振兴教育的第二个方面，是他对书院建设十分热心。

中国书院兴起于唐代后期，南宋以后迅速发展，且历经元、明而不衰，对于教育事业和学术文化的发展都发挥了重要的作用。最初书院多为私办，与政府设立的学校并行。南宋以后，由于官学腐败，封建统治者遂把眼光转向书院，书院也逐渐与科举挂钩。至明代后期，官设学校徒具形式，书院成为为科举考试输送高级人才的主要教育机构。

明末清初，长期的社会动乱使得全国的书院遭受严重破坏，或毁于兵火，或并于寺庙，存者为数极少。为了笼络汉族知识分子，从顺治二年（1645）起，清朝政府在占领区内连年开科取士，于是一些地区的书院开始恢复并新建了一批书院。至顺治九年（1652）全国修复和重建前代书院已有十四所，新建书院也有十一所。但由于当时满、汉民族矛盾十分尖锐，为了防止汉族士人利用书院讲学进行反清活动，同时又鉴于明末士大夫借书院讲学互相结党攻讦抨击时政、削弱朝廷统治的历史教训，顺治年间清朝政府的书院政策表现出极大的摇摆性。顺治九年（1652）清朝政府向天下学宫颁行卧碑，对士子严加约束，并下令“各提学官督率教官、生儒，务将平日所习经书义理着实讲求，躬行实践。不准别创书院，群聚徒党，及号召地方游食无行之徒空谈废业”[45]。既限制书院，清朝政府下令每乡设立一所社学，择“文义通晓、行谊谨厚者”为社学教师，以满足人们的文化要求。在清朝政府的强力压制下，当时有相当一批旧有书院被改为社学，敢于创办书院者寥寥无几。尔后随着统治的逐渐巩固，清朝统治者关于书院的禁令才有所松动。顺治十四年（1657）顺治皇帝从偏沅巡抚袁廓宇之请，下令修复衡阳石鼓书院。受此影响，全国书院数量开始回升。但因时当大乱之后，经济残破，兼之清朝统治集团内部斗争激烈，往往朝令夕改，因而终顺治朝，全国书院呈现出十分凋敝的局面。以修复和重建前代书院而言，不过六十一所，至于新建书院，也仅有四十五所。

康熙初年，随着战争的结束，教育事业有了初步的发展，一些有识之士开始自发地兴办书院，并先后在社会上产生了较大的影响。而此时清初以来政府所提倡兴办的社学却走上了绝路。它们大多“不过择一老缝掖督市肆十数童稚，于黉宫廓宇殿阁之间，句读《千（字）文》、《百（家）姓》而已”[46]，既不能实现统治者宣传儒学的愿望，又不能满足广大士人的文化需求。为此，康熙二十五年（1686）康熙皇帝下令提学查革各地社学；同时，康熙皇帝也将目光转向了几个世纪以来的传统教育机构——书院。

早在三藩叛乱期间，康熙皇帝即为吉林宁安满洲学房赐名“龙城书院”，并为其书匾“龙飞胜地”。三藩叛乱平定后，康熙皇帝对各地书院建设的态度更为积极，“特命各省并建书院”。为了推动各地书院建设，他先后向各地有名书院赐匾、赐书，几十年中前后不下十余处。如康熙二十五年（1686）为江西白鹿洞书院、长沙岳麓书院御书“学达性天”匾额，并颁赐《十三经》《廿一史》及日讲各经解义十六种。康熙三十三年（1694）为河南开封游梁书院御书“昌明仁义”匾额。康熙四十一年（1702）为京师金台书院（时为义学）御书“乐育英才”匾额。次年为云南昆明书院御书“育才”匾额，为山东历城白雪书院御书“学宗洙泗”匾额。康熙四十四年（1705）为苏州文正书院御书“济时良相”匾额，为杭州崇文书院御书“正学阐教”匾额。康熙五十五年（1716）为杭州敷文书院御书“浙水敷文”匾额，并赐《古文渊鉴》《渊鉴类函》《周易折中》《朱子全书》等；为福州鳌峰书院御书“三山养秀”匾额并赐经书；为福建龙溪南溪书院御书“文山毓哲”匾额。康熙五十六年（1717）为江西铅山鹅湖书院御书“穷理居敬”匾额。康熙五十八年（1719）为河南开封大梁书院御书“两河文教”匾额，为江西南昌豫章书院御书“章水文渊”匾额。康熙六十一年（1722）为江苏苏州紫阳书院御书“学道还纯”匾额。康熙某年，为江苏扬州安定书院御书“经术造士”匾额。

在康熙皇帝的带动下，各省督抚纷纷采取行动，或亲自在省城建立书院，或“发金置田”，檄令属下州、县建立书院。其主要者，如康熙十年（1671）安徽巡抚靳辅应安庆士绅之请，下令修复当地培原书院，改名“修永”，“仍命府学教授劝课生童，讲贯理学”[47]。康熙二十一年（1682）两江总督于成龙建江宁虹桥书院，“檄上江各士，肄业其中”[48]。第二年广西巡抚郝浴建桂林新华亭书院，“属提学道召集生徒，月给廪饩，肄业其中”[49]。康熙二十四年（1685）云贵总督蔡毓荣、浙江巡抚赵士麟分别建立昆明（育才）书院和杭州敬一书院。上行下效，知府以下各级官员亦闻风而动，置办学田，招收生徒，延聘名师，建立书院。如康熙二十年（1681）安徽池州知府喻成龙建池州池阳书院，“集六邑诸生，肄业其中，置田七百余亩，以为供膳，讲诵极盛”[50]。其中一些官员还利用政余亲赴书院讲学，如汤斌、张伯行皆曾亲临东林书院。有些官员，对当时知名学者非常倾慕，为提高本地书院声望，卑辞重礼，千方百计邀请他们至辖内书院讲学。如康熙初年直隶内黄知县张沐请孙奇逢主讲于内黄，浙江海昌知县许三礼邀请黄宗羲讲学于海昌。之后又有常州知府骆钟麟师事李颙，并将其迎至辖内，“主东林讲席，继讲于江阴、靖江、宜兴，兴起甚众”[51]。一时间全国出现了兴办书院的热潮，书院数量进一步增长，流风所及，甚至僻处海隅的台湾和少数民族散处的边远地区也先后建立了多所书院。如自康熙二十二年（1683）收复台湾后，至康熙末期，几十年间向无书院的台湾也先后兴建了西定坊书院（康熙二十二年）、镇北坊书院（康熙二十九年）、弥陀室书院（康熙三十一年）、竹溪书院（康熙三十二年）、崇文书院（康熙四十三年）、东安坊书院（康熙四十四年）、高雄屏山书院（康熙四十九年）、海东书院（康熙五十九年）等八所书院。再如康熙四十七年（1708）著名学者李来章谒选广东连山，“创连山书院，著学规，日进县人申进之，而瑶民之秀者亦知向学，诵读声彻岩谷”[52]。

由于康熙皇帝的提倡，康熙年间的书院得到了很大发展。总计康熙一朝，全国新建书院凡五百三十七所，修复或重建前代书院二百四十八所。两者相加共达七百八十五所，成为自明嘉靖朝以来百年中少见的一个书院迅速发展的时期。



在极力振兴教育的同时，对于与教育密切相关的科举考试，康熙皇帝也十分重视。

科举考试是选拔人才的主要手段，是教育目标的实现。清代科举考试始于顺治时期，但由于当时尚处清朝科举实行之初，其中不尽合理之处很多。且科举考试直接关乎应考士子一生荣辱浮沉，故科场舞弊现象也十分严重。这既不利于封建统治集团选拔到合格统治人才、实现教育的目的，也不利于鼓励广大士子认真读书学习，普及教育。因此，康熙时期，康熙皇帝先后采取各种措施，整顿科场。

首先，康熙皇帝改革了考试制度。

康熙年间，康熙皇帝在试卷形式的改革方面迈步较大。由于经济、文化发展不平衡，清代在进行科举考试时，对各地士人要求也不一样。会试时为了照顾贫穷落后地区及边远省份的考生，特将全国分为南卷、中卷、北卷三个区域，各摊一定名额，分别录取。顺治年间，因云、贵等省未经平定，而将诸省应试的中卷分入南卷之内。康熙皇帝即位后，因“各处省分俱全”，下令仍将浙江、江西、福建、湖广、广东五省及江宁、苏、松、常、镇、徽、宁、池、太、淮、扬十一府及广德一州为南卷，直隶及山东、山西、河南、陕西四省及奉天等处为北卷，四川、广西、云南、贵州四省和庐、凤、安庆三府及徐、滁、和三州为中卷，“其南、北、中卷中式额数，照赴试举人之数均派”[53]。三藩叛乱期间，云、贵、川、粤等省先后叛乱，“道路梗阻，赴试无人”，康熙皇帝遂令将中卷分并到南、北卷内。三藩之乱平定后，为尽快录取云、贵等地士人，振兴当地教育，康熙皇帝于康熙二十四年（1685）正月下令恢复中卷。其后在执行过程中，南、北、中卷又各分出左、右，十分繁杂；而且庐、滁等文化发达地区隶属中卷，划分也不合理。康熙皇帝遂又进行了相应的改革。康熙三十八年（1699）十二月，左副都御史梅鋗上疏说，会试定例，分南、北、中卷，后又于南、北、中卷之内各分左、右，“以致阅卷者不尽衡文，只算卷数，以定中额”[54]。请仍照旧例，止分南、北、中卷，概去左、右名色。九卿议覆，应如所请，并提出将江南庐州等府、滁州等州旧系中卷者俱归南卷；其云南、贵州、四川、广西四省，去其中卷名色，每科云南定为“云”字号，额中二名，四川定为“川”字号，额中二名，广西定为“广”字号，额中一名，贵州定为“贵”字号，额中一名；康熙三十九年（1700）会试，恩诏加额，应将云南、四川各加中二名，广西、贵州各加中一名。康熙皇帝表示同意。此外，康熙皇帝还别出心裁地设立官卷。原来在考试中，大臣们往往利用职权营私舞弊，录取自己子弟，堵塞了贫寒士子的入仕之路，影响其读书积极性。康熙皇帝遂于康熙三十九年（1700）六月，对大学士、九卿等说："考取举人、进士，特为得人耳。若行贿夤缘而得之，则出身之本源不清，而欲冀他日之为忠臣良吏，得乎？今朕意欲凡系大臣子弟另编字号，令其于此中校阅，自必选择其文之优劣。大臣子弟既得选中，又不致妨孤寒之路，如此则于考试一事大有裨益。尔等议奏。"[55]七月康熙皇帝又以当年会试为例，说："观九卿所议考试一事，科道亦不心服。况今年会试所中，大臣子弟居多，孤寒士子未能入彀，如此欲令人心服，得乎？"[56]在康熙皇帝的一再督促下，大臣们于十一月提出具体办法，即"嗣后直隶各省乡试，在京三品以上，及大小京堂、翰林、科道、吏、礼二部司官，在外督、抚、提、镇及藩、臬等官子弟，俱编入'官'字号，另入号房考试，各照定额，每十卷，民卷取中九卷，官卷取中一卷，不必分经，其副榜亦照此算取"[57]。

在改革试卷形式的同时，康熙皇帝还改革试卷内容，下令科场出题不拘忌讳。清代科举仍用八股文，其题皆出自"四书"。封建时代忌讳特别多，考官们为了保住自己的禄位，出题时小心翼翼，尽择"冠冕吉祥语"。一般士子为了登上金榜，也瞅准了考官们的这种心理，不孜孜于学而整日揣摩估猜，以求侥幸。因此康熙五十二年（1713）十月，康熙皇帝下令："今后闱中题目应不拘忌讳，庶难预作揣摩，实学自出。"[58]

此外康熙皇帝还下令延长科举出榜时限，以保证阅卷。

康熙后期，随着生产的发展、社会秩序的安定，参加科举考试的士人也越来越多，考官因出榜期限紧迫，往往草草阅卷，粗粗定等，因而常常“遗失佳卷”，不利于教育的发展。康熙五十年（1711）十月，九卿遵旨议奏：“直隶各省生员、举人额数屡增，赴考士子较前倍众，因揭晓期迫，考试官不能细心遍阅，草率录取，以致遗失佳卷。嗣后会试揭晓宽于三月十五日内；乡试揭晓，大省宽于九月十五日内，中省宽于九月初五日内，小省宽于九月初五日内。直隶、江南、浙江乡试人数倍于他省，照会试例，加入房官二员。”如此，“限期既宽，主考官、阅房考官之荐卷外，余卷亦令遍阅，庶不致遗失佳卷”[59]。九卿的建议得到了康熙皇帝的批准。



其次，康熙皇帝严明考试纪律，严惩科场作弊者。

早在顺治年间，清朝政府即对科举考试做出详细规定；康熙年间，又对现存规条不断加以补充、完善。如康熙二年（1663）题准，直省各学臣三年内只应考试童生一次，乡试后报满；凡前任学臣已经考过一次者，毋得再考；如有前任学臣考试未完、缘事离任者，许新学臣将未考州、县生童接考，以应乡试；如有违例重考者，听该督抚题参。康熙十年（1671）覆准，嗣后学政案临各府，于考试招覆之日，提调官即对明坐号、姓名，将州、县、府原取本卷解送学政，与所取之卷逐一磨对，傥文气、笔迹稍涉可疑，即行按究。康熙十二年（1673）覆准，顺治十八年（1661）经科臣疏请，并岁、科为一考。今三年内，童子入学，府学止二十名，大学止十五名，中学止十名，小学止七八名。据直省学政所报文册，各学生员三年内每学援纳事故黜革等项，约三四十名至百名不等。三年内为时甚久，仅行考试一次，储才不广，督责不勤。应仍照旧例，三年岁、科两考，满洲、蒙古、汉军照汉人例一体考试。康熙二十七年（1688）规定，各学武生于考校文生后踵行考取。康熙四十一年（1702）覆准，乡试之年，遇新任学政于本年到任者，即将岁考一、二等生员册送科举，以应本年乡试，仍于乡试后补行科考；生员补廪增、童生入学，均照定例，将试册速行送部。嗣后各省学政，因乡试期近，科考未遍，题请以岁作科者，均照此例。

除了制定这些考试规条以外，康熙皇帝还针对考试中出现的问题，随时加以解决。如康熙十八年（1679）二月，都察院左都御史魏象枢条奏学道考试十弊：“（一）童生府考无名，径取入学（二）额外滥取童生，拨发别学；（三）私查印簿某卷某号即某人，以便贿卖；（四）解部册籍迟延，更改等第；（五）先开六等革单，吓诈保等银两；（六）将文童充武童，入学后夤缘改武为文；（七）将生童远调考试；（八）纵容教官，包揽通贿；（九）曲徇情面，孤寒弃斥；（十）将额外滥取童生，混附生员册内报部。”[60]康熙皇帝表示禁此十弊，“嗣后考核学道，俱注‘剔除十弊’具题”。康熙五十三年（1714）十月，监试御史倪满等人条奏科场四款：“（一）顺天乡试，举子入闱，俱穿拆缝衣服、单层鞋袜，只携篮筐、小凳、食物、笔砚，其余物件不许携入，则夹带文字之弊可杜。（二）举子入闱，任意接谈，往来行走，嗣后应添设营官一员，八旗每翼添设参领一员、章京二员，一体入闱，坐明远楼前，汉人责令营官稽查，旗人责令参领等稽查，务令举子照卷面字号押进号舍，不许私从栅栏外出。至代作、传递、夹带等弊，每由号军顶冒入闱。嗣后号军务选正身，每十名以一人为号头，将号军面用印记，造册送入。（三）向来乡、会试，举子交卷领签照出，止于申、酉二时，今则彻夜交卷，恐滋弊窦。嗣后应遵旧例，天晚不准收卷，即行封门，则诸弊自然肃清。（四）贡院号舍七千四百有奇，今科投考举子七千四百九十余人，恐致不敷。查贡院左右尚有闲地，请交顺天府酌量添造。至贡院四周围墙，多系土筑，请用砖砌，棘闱自然严密。”康熙皇帝批复：“倪满等所奏甚是。着九卿会同议奏，其各有所见，应增款项议增。”[61]康熙六十年（1721）康熙皇帝又敏锐地指出，房考官预做手脚为科场中“弊之最大者”，下令“仍着原派巡察左右都统、副都统等入场，照旧巡察”[62]。

康熙皇帝不仅严申考试纪律，而且对违犯规条、科场作弊者予以严厉制裁。康熙年间惩处科场弊案不少，兹举几例：

**顺天己卯乡试案** 康熙三十八年（1699）八月，顺天正、副考官李蟠、姜宸英主持顺天乡试时“考试不公”，且防范疏漏，连代请之人都混入考场，事后为人参劾。康熙皇帝令九卿磨勘中式举人试卷，并对参劾之疏提出处理意见。九卿讨论之后，只提出将李蟠、姜宸英等人革职。康熙皇帝对这个处理意见大不满意，指出：“此案若照议完结，仍不知儆。着将所取举人通行齐集内廷复试。如有托故不到者，即行黜革。其考官等处分，俟复试后具奏。”[63]

**江南辛卯乡试案** 康熙五十年（1711）江南乡试后，即有江南正考官、副都御史左必蕃上疏，称中式举人吴泌等“不通文义，外议沸腾”，请将吴泌等或提至京师复试，或交督抚严审。同时江苏巡抚张伯行也递上奏疏，报告有数百人抬拥财神直入学宫，“口称‘科场不公’等语”。康熙皇帝令由张鹏翮会同两江总督、江苏、安徽巡抚在扬州地方彻底详察，严加审问，并将左必蕃及副考官赵晋解任，发往质审。审问结果，竟挖出一个以赵晋为首的作弊团伙。康熙五十二年（1713）正月，康熙皇帝对干连人犯严加制裁：副考官赵晋贿通关节，大干法纪，原拟斩监候，现照顺治丁酉科场例，改斩立决；呈荐吴泌的同考官、句容县知县王曰俞原拟流三千里，查其通同作弊，也改为斩立决；夤缘中式的吴泌、说事通贿的俞继祖等人，照原拟绞监候；呈荐程光奎的同考官、山阳县知县方名原拟绞监候，因其明知程光奎作弊，试后又向程光奎索要谢钱，改为斩立决；试前在贡院内埋藏文字、入场抄写而中举的程光奎，照原拟绞监候；请人代笔而中举的徐宗轼、夹带文字入场而中举的席玕，并照原拟枷责；左必蕃作为专任科场之官失于觉察，革职。



**福建辛卯乡试案**　康熙五十年（1711）福建乡试作弊案也被揭露出来。经审问，作弊属实，至康熙五十二年（1713）正月做出判决：贿通关节的同考官吴肇中斩立决；夤缘中式的王汤三、说事通贿的林英绞监候；正考官、检讨介孝瑹，副考官、工部主事刘俨，皆失于觉察，革职。

**浙江丁酉乡试案**　康熙五十六年（1717）浙江乡试又出现作弊并被揭露，康熙皇帝派礼部侍郎王思轼等人前往调查。至康熙五十八年（1719）五月，调查、审问明白后，康熙皇帝做出处理：浙江正考官、编修索泰应允侍读学士陈恂的嘱托，将士子陈凤墀中式，陆续借陈恂银一千五百两，拟斩监候，秋后处决；请人作文、夤缘中式的陈凤墀及营谋关节的陈莘衡、陈恂拟绞监候，秋后处决；陈凤墀之父陈文炽，往陈恂之子陈钰家取回关节，陈钰接受银两转付，俱拟绞监候，秋后处决；士子费我功央求其岳父陈恂营谋关节，但未能中式，杖徙；代陈凤墀作文的段志闳照律例枷责；索泰等人所得银两，及费我功所许银两，俱追取入官；同考官、知县洪晨绂照例革职，副考官、检讨张懋能降二级调用。至此，此案方才了结。

再次，康熙皇帝还对八旗子弟参加科举考试做出特殊规定。康熙初年时，曾规定不许八旗子弟参加科举考试，康熙六年（1667）九月，康熙皇帝一改政策，“复命满洲、蒙古、汉军与汉人同场一例考试，其生童于乡试前一年八月内考试”[64]。但八旗子弟是清朝军队的主要后备力量，令其习文与试，势必使其懈弛武备，不利于封建统治，尤其是战争期间，这种矛盾表现得更为明显。因此，康熙十五年（1676）十月当平叛战争进行正酣之时，康熙皇帝下令嗣后将旗下子弟考试生员、举人、进士暂令停止。然而要提高八旗子弟的文化素质，更好地为封建统治服务，保住以满族为主体的国家政权，势必还要在八旗子弟中提倡习文，鼓励他们参加科举考试。因而当大规模战争平息后，八旗子弟习文与试的禁令也渐渐取消。康熙三十六年（1697）十月，康熙皇帝甚至下令：“嗣后八旗宗室子弟有能力学属文，奋志科目，应令与满洲诸生一体应试。”[65]此外，为了照顾八旗驻防兵子弟的教育，康熙皇帝还允许其在所驻省份入籍考试。康熙十一年（1672）九月，四川湖广总督蔡毓荣上疏，认为

“川、湖二省移驻弁兵既经安插，即同土著。伊等子弟有读书者，似应准其入籍考试”[66]。蔡毓荣的建议得到康熙皇帝的批准。

康熙皇帝广设学校、倡建书院、整顿科场的各项措施，对当时社会产生了积极的影响。首先，它对普及教育、提高全民族的文化素质具有不可忽视的作用。面对清初以来教育凋敝的现实，康熙皇帝大加振兴，从而使各地义学纷起，书院林立。以书院为例，北宋时只有七十多所，至南宋为四百多所，明朝嘉靖年间书院最多时达到五百多所。但到了康熙年间，新建、修复以及重建书院激增到近八百所，如加上顺治年间已经修复和建立的书院，则康熙年间的书院总数已近千所，且分布于大江南北、长城内外。书院林立，无疑对普及教育、提高全民族的文化素质有很大帮助。其次，康熙皇帝振兴教育还对巩固国家统一、发展社会经济起到十分重要的作用。通过推行教育，儒家学说得到广泛传播，从而为巩固国家统一、发展社会经济提供了较好的思想基础。另外，康熙皇帝重视八旗教育、兴办八旗官学、允许八旗子弟参加科举考试，对于八旗子弟学习汉族先进文化也产生了积极的推动作用，并先后培育出像纳兰性德那样著名的诗人和文学家，为民族文化的繁荣做出了重要的贡献。

当然，康熙皇帝振兴教育也有其严重的局限性和消极影响。最突出的是，康熙皇帝把教育与科举紧紧相连，教育的内容又是程朱理学的一套，教育的目的是选拔官吏。因而，康熙后期，原来空前活跃的思想界沉寂下来，封建士人整天死啃“四书”“五经”，讲究理气、性命，写作八股文，从而严重束缚了思想文化的发展。再者，康熙皇帝提倡的教育，其内容说到底不过是儒家学说，各种自然科学知识并未得到重视，甚至被排斥在教育范畴之外，这很不利于中国社会的进步，对中国近代落后于西方无疑产生了一定的影响。

## 四、编修群籍

出于对民族传统文化的热爱和理政的需要，康熙皇帝在位期间，先后组织编修了为数浩瀚的典籍。据《清史稿·艺文志》统计，由他组织编纂的书籍有：

经部：《日讲易经解义》《周易折中》《日讲书经解义》《书经传说汇纂》《诗经传说汇纂》《律吕正义》《春秋传说汇纂》《日讲四书解义》《康熙字典》《钦定音韵阐微》《韵谱》等。

史部：《明史》（未完成）、《太祖实录》（重修）、《太宗实录》（重修）、《世祖实录》、《平定三逆方略》、《亲征平定朔漠方略》、《历代纪事年表》、《太祖高皇帝圣训》、《太宗文皇帝圣训》（续成）、《世祖章皇帝圣训》、《月令辑要》及《图说》、《皇舆表》、《方舆路程考略》、《清凉山新志》、《刑部则例》、《大清会典》、《御批通鉴纲目》、《通鉴纲目前编》及《外纪》和《举要》、《通鉴纲目续编》等。

子部：《圣谕》《朱子全书》《性理精义》《历象考成》《数理精蕴》《星历考原》《选择历书》《佩文斋书面谱》《广群芳谱》《渊鉴类函》《骈字类编》《分类字锦》《子史精华》《佩文韵府》《佩文韵府拾遗》等。

集部:《清圣祖文初集》及《二集》和《三集》、《避暑山庄诗》、《古文渊鉴》、《全唐诗》、《唐诗》及《附录》、《四朝诗》、《全金诗》、《佩文斋咏物诗选》、《历代题画诗》、《千叟宴诗》、《历代赋汇》及《外集》《逸句》《补遗》、《历代诗余》、《曲谱》等。

总计康熙朝编修书籍共六十余种,一万余卷。这一成就,虽和其孙乾隆皇帝相比略逊一筹,但却远远超过了前代所有帝王以及清代的其他皇帝。康熙年间编修的书籍,不但数量众多,而且还以门类齐全和内容广泛著称于世。如果说在他亲掌政权之初,由于战争较多和政务繁忙,使他出于政治上的考虑,不得不将所修书籍局限于日讲各经解义以及前朝正史、本朝实录、圣训的话,那么,康熙三十年代以后,随着国内政局进一步安定、社会经济迅速发展和清朝统治的巩固,这一局面开始打破,并先后出现了不少有名之作。其中在继续编纂一些说经之书的同时,康熙皇帝又另辟蹊径,组织学者编修《康熙字典》,不但开辟了清人治学新方向,而且由于该书有着普遍的使用价值,在社会上也产生了广泛的影响;史部书籍的编修,也于原来正史、实录之外,别开生面地以方略、地志、会典编修为重点,对当时大一统的政治形势和当代史的各个方面加以广泛的探索和研究;以子部书籍而言,成绩尤为辉煌,不但内容涉及社会思想、自然科学、文学艺术等许多领域,而且在学术成就上也较之前代同类著作大有超越;至于集部书籍,成就也相当可观,尤其值得称道的是《全唐诗》和《全金诗》的编修和刊刻,既对前代文化成就进行一番总结,也对清代学者治学产生深远影响。康熙皇帝的这些成就，不但为繁荣、发展民族文化做出了重要贡献，而且也为他的个人形象增添了一层夺目的光彩。于此选取其中影响较大者略作介绍，以见康熙皇帝修书的大致情况。

**《康熙字典》** 这是康熙年间编修的一部重要的字书。康熙四十九年（1710）三月，康熙皇帝对大学士陈廷敬等人提出编修字学书籍的设想：

朕留意典籍，编定群书，这些年来，如《朱子全书》《佩文韵府》《渊鉴类函》《广群芳谱》等书都已修纂，先后告成。至于文字之学，也是很重要的，应该编修出一部书来。明人梅膺祚的《字汇》失于简略，张自烈的《正字通》则征引繁芜，内多舛驳。加上四方风土不同，南北声音各异。宋司马光的《类篇》分部或有未明，南朝沈约的《声韵》后人不无批评，明朝洪武年间乐韶凤等编的《洪武正韵》虽然对前朝字书多有辩驳，可惜又流传不广，故而世人仍多用《声韵》。朕曾经参阅诸书，用心考证，发现蒙古、西域以及海外诸国多用字母，地方不同，声音迥异，难以混一。大抵天地之元音发于人声，人声之象形寄于点画。如今，朕打算编修一部汉文字书，使其详略得中，归于至当，增《字汇》之阙遗，删《正字通》之繁冗，以垂示永久。你们斟酌讨论出式例，具奏上来。[67]

根据康熙皇帝的指示，成立了编书机构，以张玉书、陈廷敬为总阅官，凌绍雯、史夔、周起渭等二十七人为纂修官，“悉取旧籍，次第排纂，切音解义以《说文解字》《玉篇》为主要依据，并参考《广韵》《集韵》《韵会》《正韵》，其余字书有一音一义可以采用的，也尽入其中。至于诸书引证不能详备的，又从经、史、百子以及汉、晋、唐、宋、元、明以来诗人文士的著述中旁罗博证，广泛征引，使其言之有据。”[68]这项工程历时五年，至康熙五十五年（1716）完成。康熙皇帝为之作序并钦定书名为《字典》，后人遂称其为《康熙字典》。《康熙字典》在中国语言文字学史上占有重要的地位，它吸收了历代字书的有益成分，融汇总合，并加以补充发展，达到封建时代字书发展的顶峰。《康熙字典》的突出特点是收字多，计四万七千零四十三字，超过封建时代的任何一部字书。在辨形、注音、释义、引例等方面，也都比以前的字书更为完备、细密、允当。在体例编排方面，《康熙字典》采用了《字汇》《正字通》两书行之有效的部首检字法，并将部首及部中之字均按笔画为序，查阅较为便捷。正如康熙皇帝在给该书写的序中所说：“古今形体之辨，方言声气之殊，部分班列，开卷了然，无一义之不详、一音之不备矣。”



**《渊鉴类函》** 这是一部侧重于检查文章词藻的类书，计四百四十五卷，康熙四十年（1701）由张英、王士祯等人纂修而成，康熙四十九年（1710）由康熙皇帝亲为制序刊行。清代以前已编有不少供人搜求词藻的类书，但有些书因系一代所修而内容多有重复，有些书又因分撰于各代而内容互不衔接。到了明代，俞安期对古代一些类书删除其重复部分，将唐人编成的《艺文类聚》《初学记》《北堂书钞》《白氏六帖》四部类书合编，并酌增杜佑《通典》、韩鄂《岁华纪丽》中的一些内容，编成二百卷的《唐类函》。《唐类函》虽然解决了唐代类书中内容重复的问题，但却没有解决与此后成书的各种同种类书的重复和衔接问题。因此，康熙皇帝以《唐类函》“皆唐辑也，既缺宋以来书，而唐以前亦有脱漏者”，乃命张英等人“逖稽旁搜，溯洄往籍，网罗近代，增其所无，详其所略；参伍错综，以摘其异；探赜索隐，以约其同。要之不离乎以类相从”[69]。具体地说，《渊鉴类函》以《唐类函》为基础，进一步将收书范围扩大到唐代以前及唐代以后至明嘉靖年间（1522—1566）以前的各种类书、正史、诸子、文集，并分别将新收各书的有关内容按部补入《唐类函》之中，从而使该书成为在时间上通贯古今、在内容上也远较同种类书更为丰富的一部大类书。在部属分类上，该书大体沿袭《唐类函》旧例，变动不大，但在每部之内的体例安排上却较《唐类函》更为完善。原本《唐类函》仅将各部之下有关条文按《艺文类聚》《初学记》《北堂书钞》《白氏六帖》的先后顺序排列，最后殿以诗文。《渊鉴类函》对此重新加以编排，而“以释名、总论、沿革缘起居一，典故居二，对偶居三，摘句居四，诗文居五”[70]。在《释名》《总论》中，先引《释名》《说文解字》，以使读者通训诂、明涵义；次以朝代为序，列经、史、子、集等书典故，对偶、摘句则不受时代限制，诗文按体裁分类编入。由于该书对前此同种类书的成果做了一次清理和总结，因而具有较高的价值。正如康熙皇帝在该书的序中称道的：“夫自有类书，迄于今千有余年，而集其大成，可不谓斯文之少补乎？学者或未能尽读天下之书，观于此而得其大凡，因以求尽其始终条理精义之所存，其于格物致知之功、修辞立诚之事，为益匪浅鲜矣。”

**《佩文韵府》** 这是一部专门汇辑诗词歌赋中的词藻典故的类书，共四百四十卷，康熙五十年（1711）由张玉书等人纂修成书。在此之前，宋、元之际阴时夫所著《韵府群玉》、明代凌稚隆所著《五车韵瑞》都是将诗词歌赋中的词藻典故汇辑起来并按韵编排的类书，但两书的共同缺点是疏漏不全。此后，明代杨慎编《韵藻》、清初朱彝尊编《韵粹》分别对阴时夫、凌稚隆二书进行增补，惜内容仍不完备。《佩文韵府》便是以《韵府群玉》和《五车韵瑞》为基础并参考其他同类著作又加增补而成的一部大类书。关于《佩文韵府》编修的原因、经过，康熙皇帝说："朕万几在御，日昃宵分，未遑自逸；时当燕闲，不辍问学，群经、子、史，诵其文而晰其义矣。以至百家之书，凡可以裨世教、励民风者，修明补正，罔使阙遗。尝谓《韵府群玉》《五车韵瑞》诸书，事系于字，字统于韵，稽古者近而取之，约而能博。是书之作，诚不为无所见也。然其为书简而不详，略而不备，且引据多误。朕每致意焉，欲博稽众籍，著为全书。爰于康熙四十三年夏六月，朕与内直翰林诸臣亲加考订，证其讹舛，增其脱漏，或有某经、某史所载某字、某事未备者，朕复时时面谕，一一增录，渐次成帙。犹以故实或未极博，于十月复命阁部大臣更加搜采，以裒益之，既有原本、增本，又有内增、外增。将付剞劂矣，名曰《佩文韵府》。随于十二月开局武英殿，集翰林诸臣合并详勘，逐日进览，旋授梓人，于五十年十月全书告成，共一百零六卷，一万八千余页，囊括古今，网罗钜细。韵学之盛，未有过于此书者也。书成，诸臣请序。朕念自初至今，经八年矣，历寒暑之久，积岁月之勤，朕于此书，政事之暇，未尝惜一日之劳也。朕又尝谕诸臣，从来著一大书，非数十年之功不能成。今数年以来，所成大部书凡十有余种，若非合众人之力，岂能刻期告竣？故念先后预事诸臣，皆命列名其中。兹序《佩文韵府》，因备记编撰之始末，遂及修集诸书之大指，以见成书之不易如此。”[71]

在编排体例上，《佩文韵府》仍沿袭《韵府群玉》《五车韵瑞》之遗规，按韵部次序收录字、词；同音之字，则按平、上、去、入的次序排列；每韵部所收之字，先标音训，尔后于此字之下收录尾字和它相同的词语、典故若干条，并注明所据书目。所收的词语典故，凡采自《韵府群玉》《五车韵瑞》两书者，均于其前加“韵藻”二字，列于最前面；凡新增的词语典故，则于其前加“增”字，列于所收两书条目之后；所收词藻、典故，皆按二字、三字、四字的次序排列，其中各条之下的例证，又以经、史、子、集四部为序；如果一条词藻、典故同见于数书，则先引早出之书，而将其他各书的例句依次注于其下。所引之对语、摘句，附于该条典故之最后，并将“对语”“摘句”四字各加方框，但不再指明所收词语的出处。该书刊行后，因发现尚有不少字、词遗漏，康熙五十五年（1716）又编纂了《佩文韵府拾遗》一书，对《佩文韵府》起到了拾遗补阙的作用。由于该书在汇辑诗词歌赋的典故方面对前人的成果进行了一次系统完整的总结，因而成为清代前期修成的一部非常著名的类书。

**《骈字类编》** 二百四十卷，康熙五十八年（1719）命词臣吴士玉等人编纂，雍正四年（1726）由雍正皇帝制序刊行，是一部和《佩文韵府》互为经纬、相辅而行的类书，作用和性质也大体相同。但在编书体例上，该书仍按以类相从的旧例，按事类分为天地、时令、山水、居处、珍宝、数目、方隅、采色、器物、草木、鸟兽、虫鱼等十二门，另附“人事”一门作为补遗。对于每字之后所引的与此字相同的各条词语，也都齐句首一句，犹似现在的各种词典的排列方式。此外，它和《佩文韵府》不同之处还在于，它不像《佩文韵府》那样，对二字、三字、四字词语兼收并蓄，而是仅收两个字的合成词。有《佩文韵府》和《骈字类编》两书并行，读者可以随时以不同方法查出有关词语的典故出处。而且该书对于所引各书词语皆一一注明其书名、篇第，这也是该书超出《佩文韵府》的地方。因此该书和《佩文韵府》一样，都是清代前期类书修纂中的重要成果。



**《子史精华》** 一百六十卷，康熙六十年（1721）命词臣吴士玉等人编纂，雍正五年（1727）刊印行世。该书是将子、史两部古籍中可“资考证、广学问”的有关资料加以汇集而编成的一部类书。在我国古籍中，子、史两部书籍数量最多，内容也极为丰富，要查某事、某物见于某书都很不方便。清代以前，不少学者曾对这两部分古籍中的名言进行摘录，编成了一些类书，但多不尽如人意。如庾仲容的《子抄》、马总的《意林》简略不详，钱端礼的《诸史提要》疏陋寡绪，杨侃的《两汉博闻》、林钺的《汉隽》偏举不全，即洪迈的《经子法语》《诸史精语》及吕祖谦的《十七史详节》亦未为善本。而明人所辑更是琐碎，自郐无讥。《子史精华》对前人的同种类书进行了增编改造，分三十类、二百八十子目，“自天文、地理、帝德、王功、礼乐、兵刑之大，人伦日用之常，以及九边之殊域，二氏（指佛、道）之异教，方术技艺之巧，草木鸟兽之蕃”[72]，名言隽句，采掇靡遗；以大字标其精要，分注详其首尾，原原本本，条理秩然，繁简得中，剪裁有法。因而后人赞曰："守兹一帙，可以富拟百城于子、史两家，诚所谓披沙而拣金、集腋而为裘矣。"[73]确实，《子史精华》为后人查阅子、史古籍中的各种资料提供了方便。

**《全唐诗》** 九百卷，是康熙皇帝下令编修的一部唐诗总集。唐代是我国诗歌发展的黄金时期，诗人辈出，诗歌总量难以数计。其中各个作家的诗歌专集和唐人诗歌总集，唐、宋以后即有人动手汇辑，但后人编汇的这些唐人诗集都有一个突出的缺点，即收集不够完备。至明代胡震亨编成《唐音统签》一千零二十七卷，清初季振宜编成《唐诗》七百一十七卷，采集宋、元以来所刊刻、传抄的唐人别集，并搜求遗佚，补辑散落，成为网罗面较广的唐诗总集。《唐音统签》一书的体例以初唐、盛唐、中唐、晚唐断限，每一诗家的诗作则按体排比；季振宜的《唐诗》多依照原集本次序。康熙皇帝喜读唐诗，又以胡震亨、季振宜之集虽初具规模，但多舛漏，遂决定重新编定一部更为完备的唐诗总集——《全唐诗》。《全唐诗》的修纂始于康熙四十四年（1705）三月，成于第二年十月。当时参与编纂的有彭定求、杨中讷等十人。康熙皇帝在该书的序中谈到了《全唐诗》的编纂情况：

诗至唐而众体悉备，亦诸法毕该。故称诗者必视唐人为标准，如射之就彀率、治器之就规矩焉。盖唐当开国之初，即用声律取士，聚天下才智英杰之彦，悉从事于六义之学，以为进身之阶。则习之者，固已专且勤矣。而又堂陛之赓和、友朋之赠处，与夫登临燕赏之即事感怀、劳人迁客之触物寓兴，一举而托之于诗。虽穷达殊途，悲愉异境，而以言乎摅写性情，则其致一也。夫性情所寄，千载同符，安有运会之可区别？而论次唐人之诗者，辄执初、盛、中、晚，岐分疆陌，而抑扬轩轾之过甚。此皆后人强为之名，非通论也。自昔唐人选唐诗，有殷璠、元结、令狐楚、姚合数家，卷帙未为详备。至宋初，撰辑《（文苑）英华》，收录唐篇什极盛。然诗以类从，仍多脱漏，未成一代巨观。朕兹发内府所有全唐诗，命诸词臣，合《唐音统签》诸编，参互校勘，搜补缺遗，略去初、盛、中、晚之名，一依时代分置次第。其人有通籍登朝、岁月可考者，以岁月先后为断；无可考者，则援据诗中所咏之事，与所同时之人系焉。得诗四万八千九百余首，凡二千二百余人，厘为九百卷。于是唐三百年诗人之菁华，咸采撷荟萃于一编之内，亦可云大备矣。[74]

《全唐诗》的编纂对于研究我国唐代的历史、文化和文学，无疑有很大的参考价值。首先，该书继承了以前的各种唐诗汇辑本的成果，并在此基础上相当完备地搜罗了唐代三百年间成集的或零星的篇章单句的诗歌，使后人能概见唐诗的全貌。其次，《全唐诗》中所作校订也有一定的参考价值。《全唐诗》以明人胡震亨《唐音统签》、清初季振宜《唐诗》为蓝本，而胡震亨、季振宜二人不仅藏书丰富，又都是精鉴名家，他们对唐人诗歌的校勘用功甚深。《全唐诗》既以此二书为前资，又据当时内府所藏善本校补，因而其校订确有一定价值。

**《历象考成》** 四十二卷，论述历法之书。康熙皇帝对自然科学，尤其是天文历算有着浓厚的兴趣和极深的造诣，“万几之暇，留心律历算法，积数十年博考繁颐，搜抉奥微，参伍错综，一以贯之。爰指授庄亲王（胤禄）等率同词臣，于大内蒙养斋编纂，每日进呈，亲加改正，汇辑成书，总一百卷，名为《律历渊源》”[75]。《历象考成》即为其第一部。中国古代很重视天文历法，而推求天文历算之学，古法无征。所可考者，汉《太初历》术、明《大统历》术等。明朝后期，利玛窦等西方传教士进入中国，带来近代天文历算学。但由于当时朝廷中对“法祖”“法外”存在分歧，西方的近代天文历算学未能被中国统治者接受。清初，西方的天文历算之学“累译而至”，“其术愈推愈精”，与中国的历算学不合，而且西洋人“自秘其学，立说复深隐不可解”[76]。强烈的民族自尊心促使康熙皇帝决定以自己的力量找出推算之法。他下令诸臣“详考法原”，终成此书。《历象考成》上编十六卷，题《揆天察纪》，阐明理论；下编十卷，题《明时正度》，详述方法；附表十六卷，备运算之用。该书“集中、西之大同”，采用了丹麦天文学家第谷的体系，在编纂和精度上都比明代徐光启吸收了西方天文知识编成的《崇祯历书》有所提高，在中国天文学史上有一定地位。

上述书籍之外，还有一部《古今图书集成》也值得重点介绍。《古今图书集成》原名《古今图书汇编》，共计一万卷，署名为“雍正三年蒋廷锡等奉敕撰”，但是真正编纂者却是康熙年间的著名学者陈梦雷。陈梦雷字则震，又字省斋，晚号松鹤老人，别号天一道人，顺治八年（1651）生于福建侯官（今福建省福州市）。自幼聪敏好学，十二岁时中秀才，十九岁时中举人，康熙九年（1670）进士，选庶吉士，任翰林院编修。陈梦雷虽少年得意，但一生却历尽坎坷。走上仕途之后，曾三次受到封建统治集团内部政治斗争的牵连而被囚禁或遭流放。第一次是康熙十二年（1673）返闽省亲时，适逢盘踞福建的靖南王耿精忠举兵反清。陈梦雷因拒不受伪职，被拘于福建僧舍达五年之久。第二次是在三藩叛乱平定以后，清朝政府错以附逆罪将陈梦雷下狱，不久减死，谪戍奉天。十六年后康熙皇帝东巡，陈梦雷蒙恩召还，侍皇三子胤祉读书。但二十多年后，康熙皇帝去世，在诸子角逐中获胜的雍正皇帝胤禛一上台便对政敌大打出手，陈梦雷又以七十一岁高龄再次被流放塞外，最终老死于流放之地。



长期囚禁与流放生涯虽然使他在仕途上极不得志，但与宦海隔绝的客观环境却给了他读书治学以较为充裕的条件。尤其是康熙年间流放奉天期间，他在极为艰苦的环境中坚持读书，著述不辍。与此同时，他还热心当地教育事业，执经问业之士接踵而至。在此期间，他先后著成《周易浅述》八卷、《盛京通志》、《承德县志》、《海城县志》、《盖平县志》等书。这些书籍的纂修，锻炼了他搜集材料、分部划类等整理和编纂文献的基本技能，而长期的教学实践也使他进一步熟悉了治学的门径。因此，这一时期是他学识和能力成长的重要时期，也是他以后从事编纂《古今图书汇编》的重要准备时期。

康熙三十七年（1698）康熙皇帝东巡，陈梦雷献诗称旨，蒙恩召还，命侍皇三子诚郡王胤祉读书，赐宅城北，安置家属。陈梦雷从任职起，即“掇拾简编，以类相从，仰备顾问”，也就是对古代典籍按类加以整理，准备进讲。恰在此时，康熙皇帝有意要编修大型类书。因为在他看来，《三通》《衍义》等书详于政典，没有草木虫鱼等内容；《类函》《御览》等类书但搜词藻，又没有集天德王道等大道理，因而编修一部包罗万象、通贯古今、条理分明的大类书，“以宣扬圣朝文治”，就成为迫切的任务。于是皇三子胤祉将陈梦雷作为修书人选推荐给康熙皇帝，当即蒙谕允。康熙皇帝对陈梦雷的工作“指示训诲，钦定条例”，并亲幸其第，御书“松高枝叶茂，鹤老羽毛新”联句相赐[77]，以示鼓励。

康熙皇帝的重视和关怀，使陈梦雷受到极大的鼓舞，他迅速地将原先为“仰备顾问”而收集材料的工作进一步扩大为编纂一部大型类书的活动。为表示这部新修类书囊括了古今书籍的全部知识，陈梦雷为之取名《古今图书汇编》。从康熙四十年（1701）十月开始，陈梦雷正式编修《古今图书汇编》。他独自一人承担编选任务，从胤祉处领银雇人缮写。经过数年不分昼夜、废寝忘食的劳动，到康熙四十五年（1706）四月全书初步编成，计三千六百余卷。初稿修成后，陈梦雷把它进呈给胤祉，希望由康熙皇帝决定其去存分合，并要求利用内府藏书、江南别本等对所收内容加以校订、增补。但康熙末年，诸皇子为争夺皇位继承权拉党结派，斗争甚烈，康熙皇帝无暇顾及此；且《古今图书汇编》初稿过于浩博，它虽称三千六百余卷，但“若以古人卷帙较之，可得万余卷”[78]，对这样一部大类书进行校订，显然需要很长时间。更重要的是，康熙五十一年（1712）太子胤礽再次被废，与胤礽关系密切的胤祉和陈梦雷都受到一定牵连，因而该书的校订、出版也被推迟。不久雍正皇帝上台，胤祉被贬守护康熙皇帝陵墓景陵，陈梦雷被第二次流放。雍正皇帝下令把《古今图书汇编》改名为《古今图书集成》，令尚书蒋廷锡等人重加编校。蒋廷锡等人对其中的类目名称和卷数作了一些改动，而内容却大都因袭陈氏之旧，然后宣布定稿。雍正四年（1726），由雍正皇帝作序，将《古今图书集成》付印。在印本上，记的是蒋廷锡等“奉敕撰述”，陈梦雷的功劳被完全抹杀。

经过雍正朝改定的《古今图书集成》，全书凡万卷，另有目录四十卷，内分六汇编、三十二典、六千一百零九部。六汇编是历象、方舆、明伦、博物、理学、经济。其中历象汇编包括乾象、岁功、历法、庶征四典，凡一百二十部，计五百四十四卷；方舆汇编包括坤舆、职方、山川、边裔四典，凡一千一百八十七部，计二千一百四十四卷；明伦汇编包括皇极、宫闱、官常、家范、交谊、氏族、人事、闺媛八典，凡二千九百八十七部，二千六百零四卷；博物汇编包括艺术、神异、禽虫、草木四典，凡一千一百二十部，计一千六百五十六卷；理学汇编包括经籍、学行、文学、家学四典，凡二百三十五部，计一千二百二十卷；经济汇编包括选举、铨衡、食货、礼仪、乐律、戎政、祥刑、考工八典，凡四百五十部，计一千八百三十二卷。在全书层次安排上，部是最基层的单位，每部之下又包括汇考、总论、图表、列传、艺文、选句、纪事、杂录、外编等项，汇考记述大事，征引各种古书，以详细介绍该部内容之源流；总论采录经、史、子、集各书对该内容的议论；图表则根据内容需要，分列图、表加以说明，但并非每部都有；列传记述人物生平；艺文则采集与该部内容有关的诗文辞赋等；选句多择俪句、对偶，供吟诗作文时借鉴；纪事收录不见于汇考的琐细小事；杂录收不宜收进汇考、总论和艺文的材料；外编则收录前述各项不好安排的荒唐无稽之事。《古今图书集成》所收内容，多将原书整篇、整段抄入，并一一注明出处，标示书名、篇目和作者，以便读者核校原书。全书总计约一亿六千万字，规模仅次于《永乐大典》，而远在其他同种类书之上，是一部名副其实的集古今图书之大成的中国古代的百科全书。

由于《古今图书集成》对古典文献进行了一次分门别类的全面清理和总结，因而在中国古代图书事业史上有着重要的地位和影响。首先，由于该书收书范围甚广，遍及经、史、子、集，而且收录过程中，又多是不加删节的整篇、整段抄录，因而保存了大量原始资料，为古典文献的保存和流传做出了贡献。其次，该书体例完善，分类详细，也为学者治学提供了极大的方便。该书中的每一个类目，几乎都是一门专史的资料汇编。如历象汇编集中了古往今来天文学知识，其中的乾象典汇集了有关天、日、月、星、风、云霞、雾、虹霓、雷电、雨、露、雪、霜、火、烟等方面的材料，历法典则记录了自古以来历法沿革的历史，庶征典则专记历代以来的各种灾异。方舆汇编大致以历朝疆域、迁都、州郡设置之沿革和山川河流、各地矿产、边塞各族以及邻近各国的情况为主要内容；明伦汇编则记载了自古以来不同身份的人，包括帝王、后妃、太子、公主、文臣、武将等的活动情况；博物汇编之禽虫、草木二典，专记与动植物有关之事。对这些不同方面的专门资料，学者可以根据自己的治学方向，阅读其中的有关典、部，了解其大致沿革，然后再由该书中注明的出处寻检相关书籍，以作进一步研究。因而，它不但可以作为专史资料汇编使用，而且可以作为治学的向导，起着资料索引的作用。再次，《古今图书集成》在辑佚和校勘等方面也有重要的作用。由于《古今图书集成》成书较《永乐大典》晚了近三个世纪，因而未被《永乐大典》收录的有明一代和清初的不少佚书赖此得以保存。如明末宋应星的《天工开物》是学界周知的古典科技名著，但清朝中叶以后，此书隐而不闻，以至《四库全书》及《揅经室集》皆未收录。近代以后，该书始由日本翻刻本稗贩回来，但日本翻刻本不仅误字很多，且图画粗劣，已失宋氏之真。学者陶湘因思及《古今图书集成》一书曾有引用，遂据该书所载临摹重印，使《天工开物》得复旧观。新中国成立后，明崇祯十年原刻本《天工开物》已由北图访得，此书再也不算是佚书，但将原刻本和后出的《古今图书集成》本、日本菅生堂翻刻本相比较，《古今图书集成》本更近于原刻本。此外，明末科学家徐光启生前曾著有《农遗杂疏》一书，其中收有《甘薯疏》《芜菁疏》等农学专著数种。此书清初尚存，分见于徐乾学《传是楼书目》和《明史·艺文志》。但后来该书失传，迄今尚无发现，而在《古今图书集成》博物汇编草木典卷五十四里，却载有徐光启的《甘薯疏序》，使读者由此可以窥见《农遗杂疏》一书的一鳞半爪。非惟如此，该书对辑录明初以前的一些已佚著作和文章也有一定作用。如嘉庆、道光年间著名学者张金吾曾至吴兴鲍氏知不足斋，借读朝廷颁赐的《古今图书集成》，先后从中发掘出金代遗文多篇，并将其录入《金文最》一书。此外，该书成于清初，所录各书内容由于使用了较早的版本，多存古籍原貌，而没有像乾隆年间修书时因忌讳多端而对古籍肆加改窜的情况。因此，在校勘此后流行的一些古籍时，《古今图书集成》一书也有重要的作用。

《古今图书集成》虽然有着极高的价值和作用，但也存在明显的缺陷和不足。一是作者未阅“秘府之藏”，因而并未将清初传世之书悉行收录。试将该书和《永乐大典》相比较，该书成书虽晚三个世纪，但其分量尚不及《永乐大典》的一半。这说明，《永乐大典》中半数以上的书籍内容未被《古今图书集成》收录，这不能不说是该书编修中的一个严重缺陷。在《永乐大典》未佚之前，两书同行于世，各有侧重，互相补充，可使学者得知古往今来全部著述的概貌；而在《永乐大典》散佚之后，其中不少有价值的书籍也随之亡佚。我们不能不为当时编修《古今图书集成》时虽有可能但却没有使用《永乐大典》中的材料而感到极度惋惜。二是由于该书正式编修时间较短，又系由陈梦雷一人主持，所雇书手在抄录有关篇章、段落时，脱漏、错误之处不少，而陈梦雷本人也未来得及校核改订，原稿便被夺走并仓促刊印成书。尽管如此，该书仍不失为现存类书中一部规模最大、用处最广、体例也最完整的类书。

康熙皇帝编修群籍取得了巨大成就，但也不可避免地存在着不足。康熙皇帝主持编修的典籍虽内容涉及诸多方面，但由于阶级局限和个人识见局限，却没有编修过话本小说、充满反清色彩的诗文以及治河之书等。康熙皇帝编修群籍，一方面是为了标榜其稽古右文，更主要的却是要借此达到统一人们思想、巩固封建统治的目的。因而，在编修成的群籍中，程朱理学之书占了很大份额，其他经部、史部、子部、集部之书也无不贯穿着维护封建统治的目的。同时，对流行于社会下层的民间文学和话本小说，对反对清朝民族压迫和封建专制统治的“明季末造野史”和“国初人伪妄诗文”，康熙皇帝不但不予编修刊印，反而严厉禁毁。在位期间，他两次下令查禁“坊肆小说淫辞”，屡兴文字狱以镇压撰著、刻印带有反清色彩诗文的人。对于治河之书，康熙年间曾有人要求编修，康熙四十年（1701）三月河道总督张鹏翮请求将康熙皇帝有关治河的谕旨敕下史馆，纂集成书，使后人“永远遵守”。康熙皇帝认为治河应因时、因地制宜，不可用定法束缚后人，而且治河尚未取得彻底成功，汇编谕旨不应太急，故而宣布“纂书之务，着不必交翰林院，即令张鹏翮编辑呈览”[79]。由于康熙皇帝反对，编辑治河谕旨成书之事未能得行，有关治河之书，以后再也无人敢提。我们认为，康熙皇帝反对编辑有关治河谕旨的动机是可以理解的，但作为治河颇有成效的康熙朝，将有关谕旨加以汇编，进而对治河工作进行回顾和总结，也可以给后人留下一些经验和教训；而且，由于反对汇编治河谕旨，致使无人敢再提编修治河之书，从而在编修的群籍中留下了一段空白，更是令人遗憾！



---

1 《康熙起居注》，康熙十二年十月初二日。

2 《清圣祖实录》卷八十九。

3 《清圣祖御制诗文二集》卷二十六《杂著·讲筵绪论》。

4 章梫：《康熙政要》卷十九。

5 顾炎武：《日知录》卷十八《记注》。

6 《宋史》卷四百四十五《汪藻传》。

7 《康熙起居注》，康熙五十七年三月

初三日。

8 杨椿:《孟邻堂文钞》卷二《再上〈明鉴纲目〉馆总裁书》。

9 方象瑛:《明史分稿自序》。

10 王先谦:《东华录》康熙朝卷三十二。

11 王先谦:《东华录》康熙朝卷三十二。

12 王先谦:《东华录》康熙朝卷六十四。

13 王先谦:《东华录》康熙朝卷九十。

14 王先谦:《东华录》康熙朝卷三十二。

15 王先谦:《东华录》康熙朝卷三十二。

16 王先谦:《东华录》康熙朝卷四十九。

17 王先谦:《东华录》康熙朝卷六十四。

18 赵翼:《廿二史札记》卷三十一。

19 《清世祖实录》卷六十六。

20 《清圣祖实录》卷二十八。

21 《清圣祖御制诗文一集》卷十九《日讲四书解义序》。

22 《清圣祖御制诗文四集》卷二十一《朱子全书序》。

23 《清圣祖御制诗文一集》卷十九《性理大全序》。

24 《清圣祖御制诗文四集》卷二十二《周易折中序》。

25 《清圣祖御制诗文四集》卷二十一《性理精义序》。

26 《清史稿》卷二百六十二《李光地传》。

27 《清圣祖实录》卷一百一十二。

28 《清圣祖实录》卷一百五十九。

29 《清圣祖实录》卷二百一十六。

30 《清圣祖实录》卷二百九十一。

31 《清圣祖实录》卷二百一十六。

32 《康熙起居注》，康熙二十三年二月初三日。

33 《清圣祖实录》卷一百二十。

34 《清圣祖实录》卷一百六十三。

35 ［嘉庆］《四川通志》卷八十。

36 《安庆府志》卷六，康熙十四年修。

37 《清圣祖御制诗文一集》卷十七《学校论》。

38 《钦定大清会典事例》卷三百九十六《礼部·学校·各省义学》。

39 《清圣祖实录》卷一百二十。

40 《清圣祖实录》卷一百五十。

41 《清圣祖实录》卷一百六十六。

42 《钦定大清会典事例》卷三百六十九《礼部·学校·教职考核》。

43 《清圣祖御制诗文三集》卷二十五《训饬士子文》。

44 《清圣祖实录》卷二十八。

45 陈梦雷等:《古今图书集成·选举典》卷十七。

46 ［光绪］《畿辅通志》卷一百一十四;纪昃:《广陵书院月课记》。

47 《安庆府志》卷七，康熙六十年修。

48 ［嘉庆］《江宁府志》卷十六。

49 陈梦雷等:《古今图书集成·职方典》卷一百四十。

50 ［光绪］《安徽通志》卷九十二。

51 江藩:《国朝宋学渊源记》卷上《李中孚》。

52 《清史稿》卷四百八十《儒林一》。

53 《清圣祖实录》卷一。

54 《清圣祖实录》卷一百九十六。

55 《清圣祖实录》卷一百九十九。

56 《清圣祖实录》卷二百。

57 《清圣祖实录》卷二百零二。

58 《清圣祖御制诗文四集》卷三《谕大学士松柱、李光地、萧永藻、王琐等》。

59 《清圣祖实录》卷二百四十八。

60 《清圣祖实录》卷七十九。

61 《清圣祖实录》卷二百六十。

62 《清圣祖实录》卷二百九十一。

63 《清圣祖实录》卷一百九十六。

64 《清圣祖实录》卷二十四。

65 《清圣祖实录》卷一百八十五。

66 《清圣祖实录》卷四十。

67 《清圣祖实录》卷二百四十一。

68 《清圣祖御制诗文四集》卷二十二《康熙字典序》。

69 《清圣祖御制诗文三集》卷二十一《渊鉴类函序》。

70 张英等:《渊鉴类函·凡例》。

71 《清圣祖御制诗文三集》卷二十一《佩文韵府序》。

72 吴士玉等:《子史精华序》。

73 《四库全书总目提要》卷一百三十六子部《〈子史精华〉提要》。

74 《清圣祖御制诗文三集》卷二十《全唐诗序》。

75 《律历渊源》序。

76 《四库全书总目提要》卷一百六十子部《〈御定历象考成〉提要》。

77 李桓:《国朝耆献类征》初编卷一百一十六《陈梦雷传》。

78 《松鹤山房文集》卷二《进汇编启》。转引自谢国桢:《明清笔记谈丛·陈则震事辑》。

79 《清圣祖实录》卷二百零三。

# 第九章　晚景（上）

康熙五十年（1711）后，康熙皇帝进入了他的晚年时期。尽管和绝大多数封建皇帝一样，由于长期身居高位，不察下情，其晚年时期政事逐渐废弛，吏治也大不如前，对于一些事务做出了错误的处理，但作为中国历史上少见的一个英明君主，在主观思想上，他始终以历史上的名臣诸葛亮“鞠躬尽瘁，死而后已”为座右铭，从而在发展生产、关心民生、维护统一等方面都做出了重要的贡献。



## 一、普免钱粮

三藩叛乱平定之后，中国内地长期处于安定的政治局面，兼以康熙皇帝政治、经济政策都颇为得当，社会经济迅速发展，国家财政状况空前良好。至康熙五十年（1711）左右，国家蠲免赈恤总额已在一亿两以上，但国库存银仍常年保持在五千万两以上。这是自明朝万历初年张居正改革以后，中国经济发展中的一个少见的好时期。在这种情况下，康熙四十九年（1710）康熙皇帝从关心民生、发展生产的一贯思想出发，普免天下一年地丁钱粮，从而在蠲免活动中迈出了更大的步伐，并将康熙时期多种蠲免赈恤德政推向了最高潮。

康熙四十八年（1709）十一月，康熙皇帝首先提出普免天下一年钱粮的设想。他说：我朝自入关至今已经六七十年，由于长期处于安定局面，人口增长迅速，而新开田地却相对有限。这就是说，原先一人所有田土，现在却要养数家之民，老百姓怎能富裕？因此，我想将康熙四十九年应征地丁钱粮统一安排，分作两年开支之用，而将康熙五十年天下应征钱粮一概蠲免。如因蠲免数过大，各省用度不足，还可直接由国库存银拨给。对此，直接掌管天下钱粮的满洲尚书希福纳担心影响国家开支，认为天下应征钱粮除各省每年必要开支外，解送中央政府的约一千三百余万两，其间又要扣除京城官吏、贵族、军队俸项和各衙门开支九百余万两，所余不过一二百万两。如一次普免数量过多，官吏、军队和各衙门公费都将成为问题。针对这种忧虑，康熙皇帝解释说：今年朝廷曾普免江浙地丁钱粮不下八百万两，数目并不算小，国家开支并未受到什么影响，数目再大一些，看来也不会有什么问题。希福纳解释说，今年所以蠲免江浙八百万两而国用未显不足，是朝廷将各省原欠未缴钱粮六百万两催缴入京，才渡过了这个难关。见希福纳固执已见，康熙皇帝转问户部汉尚书张鹏翮，你的想法如何？感于康熙皇帝爱民心切，张鹏翮回答道：皇上普免天下钱粮，实为非常之举，但此事关系甚大，当与大学士、九卿商议后再拿出办法。康熙皇帝见他口气有缓和，便让他们尽快商议，告知以结果。几天后有关官员遵旨回奏，为贯彻康熙皇帝指示，又照顾国家财政开支实际情况，提出自康熙五十年（1711）起，三年之内将各省地丁钱粮分批蠲免一周。当即为康熙皇帝批准。康熙四十九年（1710）十月，康熙皇帝颁诏天下：自明年始，于三年内将全国地丁钱粮“普免一周”[1]，并决定于康熙五十年首先蠲免直隶、奉天、浙江、福建、广东、广西、四川、云南、贵州地丁钱粮及历年积欠九百五十六万余两。因蠲免钱粮系以土地为计算依据，恩惠“但及业主，而佃户不准沾恩”[2]，应兵科给事中高遐昌之请，当年十一月，康熙皇帝又下令：自此为始，“嗣后凡遇蠲免钱粮，合计分数，业主蠲免七分，佃户蠲免三分，永著为例”[3]。康熙五十年十月，下诏轮免山西、河南、陕西、甘肃、湖北、湖南六省次年应征地丁钱粮及历年积欠一千零十五万余两。康熙五十一年（1712）十月，又下诏轮免江苏、安徽、山东、江西四省康熙五十二年（1713）地亩人丁银及历年旧欠银一千二百三十四万八千余两。这是有史以来最大规模的蠲免。由于受惠面遍及全国各阶层，“率土均得实惠”，不但大大减轻了广大人民的经济负担，起到了保护生产力的重要作用，而且有力地促进了社会经济的发展。正因为如此，几十年后他的孙子乾隆皇帝也将此作为重要国策，奉行不渝，六十年中利用各种礼庆之机，五次普免天下钱粮，三次普免天下漕粮，成为康乾盛世的重要标志之一。

就在普免各省地丁钱粮次第进行之时，康熙五十一年（1712）二月，康熙皇帝又做出“滋生人丁，永不加赋”的重要决定。康熙时期，征收赋税时仍沿前明旧例，地税、丁银分征。这种赋税征收方法虽执行较久，但却并不合理。一是贫富负担不均。田多者往往丁少，而丁多者则往往田少，蠲免田赋，地主可从中捞取实惠，而贫民则必须缴纳丁银，从而使贫者愈贫，富者愈富。穷民为了逃避缴纳丁银，往往不报人丁，因而，康熙以前，政府往往不能掌握真正的人口数字。康熙皇帝出巡时也多次发现，“一户或有五六子，止一人交纳钱粮，或有九、十丁，亦止二三人交纳钱粮”，而其余人丁对国家并无差徭。二是无法堵塞官吏贪污途径。当时人口增长迅速，必须逐年造册，而各级官吏为了行私，对上尽量少报，征收丁银时则按数征收，并将差额归于自己，对富户甚至还以致贿多少，而将人丁银转嫁到一般百姓身上。三是不利于社会安定。为了逃避丁银征收，不少贫民四处逃亡流徙，据史书记载，仅康熙四十六年（1707）至四十八年（1709），即发生十数次小规模人民起义。人丁管理中的这种现象不但使国家无法摸清人口真实数字，也严重影响社会治安。为此，康熙五十一年（1712）二月康熙皇帝决定实行“滋生人丁，永不加赋”。他对大学士、九卿宣布，自今而后应令各省督抚再行征收丁银时，将现今钱粮册内有名丁数冻结，不再增征，此后所生人丁概不征收钱粮，“再行编审时，止将增出实数查明，另造册题报”[4]。他还一再宣称他的目的只是在于查知天下人丁实数，而不再加增钱粮。这一政策推行之后，各省申报人丁逐渐增加，至康熙六十一年（1722）全国人丁达二千五百三十九万，接近实际丁数，不但有利于社会秩序的稳定，而且对于赋役制度由地、丁双轨征收向单纯以地征收创造了条件。正是在此基础上，雍正皇帝进一步简化赋税完纳手续，实行摊丁入地，从而使赋税负担进一步合理化了。

康熙皇帝下令普免钱粮和“滋生人丁，永不加赋”使全国各阶层人民普遍得到实惠，他也因此得到广大臣民的竭诚拥护和爱戴。因而，康熙五十二年（1713）三月，康熙皇帝六十寿诞届期，虽然他早就规定不准臣民搞上尊号、建碑亭之类的庆典，但广大臣民出于对他的真诚爱戴，仍然自发地搞起了各种庆祝活动。全国臣民的爱戴使得康熙皇帝极为感动并受到极大鼓舞，因而，在此次普免天下钱粮之后，康熙皇帝在蠲免钱粮、施惠于民方面又继续推出了新举措，不仅小规模蠲免赈恤从不间断，而且遍及数省的大规模蠲免也不时进行。如康熙五十六年（1717）全国普遍丰收，无灾可免，康熙皇帝想来想去，只有各省旧年带征一项尚为民累，为此他谕令户部说，近年人民家计虽然稍稍宽松，但旧年积欠分年带征，仍然使不少百姓以一年收入纳两年之粮。他下令将涉及直隶、安徽、江苏、浙江、江西、湖广、陕西、甘肃八省带征地丁屯卫银二百三十九万八千余两，以及安徽、江苏所属带征漕项银四十九万五千余两、米麦豆一百一十四万六千石之半普行蠲免[5]。康熙五十七年（1718）、五十九年（1720），又因两次征讨策妄阿拉布坦，将陕西、甘肃、山西等省地丁额赋及历年积欠分别蠲免，计其总数又不下四百余万石。据统计康熙在位六十一年中，蠲免赈恤总数当在一亿五千万两左右，几乎相当于全国五年总收入。这一数字不只在他以前的少数民族出身的皇帝中绝无仅有，而且在中国历代帝王当中也是极为罕见的。

## 二、偶兴文狱

康熙皇帝虽是一代英主，对于社会的发展做出了重要的贡献，但到了晚年，由于皇储之争、太子立废以及诸子争储夺嫡，平空给他制造了不少的烦恼。因而在考虑和处理一些问题时，便失去了往日的理智、冷静和灵活，并做出了十分错误的处理，其中一个十分典型的事例是康熙五十年（1711）至五十二年（1713）对戴名世《南山集》案文字狱的处理。

如前所述，康熙朝文字狱始于康熙元年（1662）的庄廷鑨《明史》案。当时清朝统治虽已大致确立，但是明朝残余势力仍在各地活动，为了建立和巩固统治，四辅政大臣对有关历史著作中涉及满洲先世的记载严加禁毁，涉及人员也残酷镇压，这虽在一个时期内起到明显的震慑作用，但对于消除满、汉民族矛盾却未起任何作用，且不利于清朝统治的巩固。因而康熙皇帝亲政后，即刻大幅度地改变了四辅政时期的文化政策和民族政策，笼络遗民，调和满、汉，皆不遗余力，并且收到明显的效果。虽然如此，面对民族压迫的客观现实，汉族人民的反抗仍时有发生。如康熙四十七年（1708）先后发生浙江大岚山张念一、朱三等起兵反清事件，虽然不久即遭镇压，并于山东拿获改名王老先生的朱三太子，但这些事件也给康熙皇帝以极深的刺激，因此，戴名世《南山集》案发生时，康熙皇帝便一反常态，对其进行了极为严厉的处理。

戴名世（1653—1713），安徽桐城人，字田有，一字褐夫，号药身、忧庵。早年贫困好学，酷爱历史，利用在籍教书余暇，先后搜集大量史料，著成有关明末桐城地方史事的《孑遗录》一书。同时又拟撰写一部明史著作，在搜集材料的过程中，他曾仔细看过同乡人方孝标的《滇黔纪闻》一书。方孝标原名方玄成，因避讳康熙皇帝御名，以字行。顺治六年（1649）进士，历官内弘文院侍读学士，两充会试同考官。顺治十四年（1657）江南乡试科场案，方孝标与其父方拱乾皆受牵连，流放宁古塔，后释归。因顺治时方拱乾曾在皇帝面前为吴三桂说过好话，吴三桂不忘旧情，故于此时特邀方孝标南访云贵。方孝标一路游山玩水，刚到贵州，恰逢吴三桂叛乱，被拘留。为逃出虎口，方孝标假装疯癫返回安徽原籍，后又将这段经历、见闻取名《滇黔纪闻》，刻入已著《钝斋文集》。戴名世读过该书六七年后，他的一个学生余湛先遇见名叫犁支的和尚。这个和尚原是桂王宦官，后桂王被害，他便削发为僧，改名犁支。戴名世得知此事，马上赶赴余家，但犁支已经离去，未能会面。戴名世便请余湛先将与犁支谈话内容详细整理，经过和方孝标的《滇黔纪闻》对照，他发现《滇黔纪闻》一书有些记载未必准确。为此，康熙二十二年（1683）时，他专门写了一封《与余生书》给余湛先，对犁支所述南明史事给予高度重视。他在信中说：从前南宋灭亡之际，只据有区区几个海岛，存在时间又十分短暂，而元修《宋史》仍然予以详细记载。明朝灭亡后，弘光帝占有南京，隆武帝占有闽越，永历帝占有两广、云贵，地盘不下数千里，前后达十七八年之久，势力和影响都不下于汉昭烈帝刘备占据四川和南宋赵昺盘踞海岛，而其事迹至今没有记载，几乎湮没不闻，实在令人痛心。我自己虽有志撰成此段历史，但既无书籍，又每天为衣食而奔波，材料无法搜集；而有身份的士大夫们又一心想往上爬，当大官，谁也不关心这些。您知道犁支在什么地方，我十分希望您将他找来，与我共同探讨此事。十几年后，戴名世受聘于浙江学政姜棣幕中，得其资助，于原籍南山冈买房一所、田五十余亩，并于康熙四十一年（1702）迁居于此。当时，戴氏门人尤云鄂将平时所抄戴名世文章百余篇以《南山集偶钞》为名刊印行世，《与余生书》也收入集中。康熙四十四年（1705）长期处于极度贫困中的戴名世时来运转，以五十三岁之老秀才中顺天乡试第五十九名举人。到五十七岁时更是吉星高照，连中会试第一名进士，殿试第一甲第二名榜眼，授翰林院编修，到京供职。岂知伴君如伴虎，就在他踌躇满志之时，一场奇祸正向他逼近。康熙五十年（1711）十月，都察院左都御史赵申乔上疏康熙皇帝，参奏戴名世“妄窃文名，恃才放荡”，并指责他在中举前“私刻文集，肆口游谈，倒置是非，语多狂悖”。此奏一上，康熙皇帝大为吃惊。三年前，浙江、山东诸处的朱三太子、王老先生等反清复明案件记忆犹新，而今就在自己身边，竟然还有人在为南明政权唱挽歌，争正统，诋毁本朝，在他看来，这不是“悖逆”大罪又是什么？因而立即降旨：“这所参事情，该部严察审明具奏。”[6]于是，刚刚正式提任翰林院编修不过两年的戴名世立即被投入监狱。

随着案情审查的深入，牵连人数越来越多，戴名世本人“罪行”也愈加严重。首先是将戴案和吴三桂叛乱挂上了钩。戴名世在《与余生书》中提到《滇黔纪闻》作者方孝标时，因为他是同乡先辈且做过内弘文院侍读学士，因而只称方学士而不名。而在吴三桂政权中担任重职的方光琛恰好也是安徽人；更为巧合的是，吴三桂叛乱平定后，方光琛及其八个子孙都被清朝政府处死，独有一名叫方学诗的儿子缉拿未获。在满文中，方学士与方学诗是一个词，因而康熙皇帝便将《滇黔纪闻》的作者方孝标误认为是一直没有缉获的方光琛之子方学诗。戴名世敢于使用叛乱分子方学诗著作中的材料并发表相同的观点，自然是罪不容诛。尽管在朝不少汉大臣都知道，方孝标原籍桐城，与原籍歙县的方光琛同姓不宗，而且方学士和方学诗更是风马牛不相及，但面对这场风波，躲都躲不及，谁还肯冒杀头之险向康熙皇帝说明真实情况？这样一来，戴案性质也就大大升格。其次，方学士既然就是长期缉拿未获的方学诗，又怎能容忍他的亲属逍遥法外？于是方孝标之子方登峄、方云旅、方世樵及其族党便被一齐拘拿进京。再次，既然戴案性质如此严重，竟然还有一些有名人士如汪灏、方苞、方正玉等敢于为之作序，并为其出资刊刻行世。于是，与戴名世通书信的余湛先、有关序文作者及为其刻书之人共一百多人都被牵连进案中。经长期审讯，康熙五十一年（1712）正月，刑部拟议："察审戴名世所著《南山集》《孑遗录》内有大逆等语，应即行凌迟；已故方孝标所著《滇黔纪闻》内亦有大逆等语，应剉其尸骸；戴名世、方孝标之祖、父、子、孙、兄弟、伯叔兄弟之子，年十六以上者，俱查出解部，即行立斩；其母女妻妾、姊妹子之妻妾、十五岁以下子孙、叔伯兄弟之子，亦俱查出，给功臣家为奴；方孝标归顺吴逆，身受伪官，迨其投诚，又蒙恩免罪，仍不改悖逆之心，书大逆之言，令该抚将方孝标同族人，不论服之已尽未尽，逐一严查，有职衔者尽皆革退；除已嫁之女外，子女一并即解到部，发与乌喇、宁古塔、白都讷等处安插；汪灏、方苞为戴名世逆书作序，俱应立斩；方正玉、尤云鹗闻拿自首，应将伊妻子一并发宁古塔安插；编修刘岩，虽不曾作序，然不将书出首，亦应革职，佥妻流三千里。”康熙皇帝提出修改意见，他说，汪灏长期在内廷参与修书，且已革职，从宽免死，但应令其家口入旗。方登峄之父方孝标，曾为吴逆学士，吴三桂之叛，系伊从中怂恿，伪朱三太子一案，亦有其名，今又犯法妄行，方氏族人不可令其留于原籍，应将其没入旗下为奴，或即行正法，方才允当。根据他的意见，刑部等又反复审拟，康熙五十二年（1713）二月，经康熙皇帝批准，将戴名世从宽免其凌迟，即行处斩；方孝标诸子方登峄、方云旅、方世樵俱从宽免死，并其妻子充发黑龙江；其他干连人犯，俱从宽免治罪，没入旗下为奴。至此，这场轰动一时的文字狱大案方告结束。

从康熙皇帝对戴名世案最后处理的情况看，似乎康熙皇帝已经发现戴名世《与余生书》中之方学士并非参加吴三桂叛乱的方学诗。尽管如此，他仍将错就错，对戴名世及桐城方氏族人进行严厉处理，这除说明他讳言己过外，还表明尽管几十年中他极力表白自己不分满、汉，为天下之共主，而其基本立场仍然牢牢地站在满洲权贵一边，谁若敢于否认入关后满洲政权的正统或者对此说三道四，就必然受到严厉惩罚。无可讳言，这是康熙皇帝一生中的一大失误，但是在其实际执政时期，以文字罪人并予以严厉处理的文字狱案仅此一起，和后来雍正、乾隆两帝滥兴文字狱相比较不值一提。

就此而言，和康熙皇帝一生成就相比，对戴名世《南山集》案的错误处理，尚为小疵，并无损于康熙皇帝的整体形象。



## 三、遣使绝域

康熙五十一年（1712），在康熙皇帝次第普免天下钱粮并宣布“滋生人丁，永不加赋”之后，他又办了一件有功于民族团结和祖国统一的大好事，即派遣专使探视旅居国外近一个世纪的土尔扈特部人民。



土尔扈特是厄鲁特蒙古四部之一。明末以前，该部一直和准噶尔、和硕特、杜尔伯特三部一起居住在准噶尔地区。明崇祯初年，该部因无法忍受绰罗斯部贵族的压迫和控制，在首领和鄂尔勒克的率领下，离开世代居住的塔尔巴哈台一带地方，几经辗转之后，定居于伏尔加河下游一带。在旅居国外近一个世纪中，面对异国殊俗，土尔扈特部人民无时无刻不在思念自己的祖国，并且不顾山险路长，一直和中央政府及留居原地的厄鲁特各部保持着密切关系。崇祯十三年（1640），和鄂尔勒克带领他的儿子书库尔岱青从数千里之外回到塔尔巴哈台，参加准噶尔部台吉巴图尔珲主持的厄鲁特与喀尔喀各部的王公会议。在这次会上，他和各部首领共同制定了有名的《蒙古厄鲁特法典》，调整了蒙古族各部的关系。和鄂尔勒克还和准噶尔部建立了通婚关系，他把女儿嫁给了巴图尔珲台吉，而孙子朋楚克又娶巴图尔珲台吉之女为妻，从而使两部之间的关系得到改善和加强。康熙初年，朋楚克之子阿玉奇刚刚登上汗位不久，就遣使向清朝纳贡。在厄鲁特台吉噶尔丹向中央政府发动进攻时，阿玉奇汗坚决站在清朝政府一边，一方面将自己的女儿色特尔札布嫁与策妄阿拉布坦为妻，在厄鲁特内部建立反对噶尔丹的统一战线，另一方面遣宰桑多尔济札布以所部千人驻防阿尔泰，与清军协同作战。康熙三十六年（1697）噶尔丹叛乱平定后，阿玉奇汗又从万里之外专程遣使入京祝捷。然而，继噶尔丹之后，策妄阿拉布坦又割据西北，从而严重阻碍了土尔扈特部人民与中央政府的往来。康熙三十八年（1699）阿玉奇遣使进京朝贡，返回途中，使臣被策妄阿拉布坦杀害。康熙四十三年（1704）阿玉奇之侄阿拉布珠尔偕母进藏熬茶，归途计划取道准噶尔，又被策妄阿拉布坦所拒绝。阿拉布珠尔无路可走，只好遣使北京请求内附。康熙皇帝对其十分同情，赐封为固山贝子，并划给他们嘉峪关外一带地方作为游牧地区。面对这种形势，身居异域的土尔扈特部人民焦急万分。为此，他们被迫答应沙皇彼得一世借兵三千与瑞典作战的要求，以巨大的民族牺牲为代价，换取经过俄罗斯领土，假道西伯利亚向清朝中央政府朝贡的权利。康熙五十年（1711）阿玉奇汗所遣使节萨穆坦等八人历时两年到达北京，面见康熙皇帝，倾诉了对祖国的依恋之情。

萨穆坦等人的到达使得康熙皇帝深受感动。为了表达对远离祖国、寄居异域的土尔扈特部人民的关怀之情，决定派遣侍读学士殷扎纳、内阁侍读图理琛代表清朝政府前往探望。康熙五十一年（1712）五月二十日，殷扎纳、图理琛一行三十多人离开北京，取道喀尔喀蒙古进入俄罗斯境内。由于沙皇政府的阻挠，致使使团在中俄边境俄国一方滞留五个多月，才得到允许借道的通知，使团才得继续前行。他们渡过贝加尔湖，穿过西伯利亚，通过寒带的森林和沼泽，行程一万多里，历尽千辛万苦，终于到达欧洲里海北部的大草原。康熙五十二年（1713）十一月中旬，使团一行行至土尔扈特与俄罗斯相邻的重镇萨拉托夫，并将使团到达的消息正式通知阿玉奇汗。

闻知祖国亲人即将到达的消息，土尔扈特部人民异常激动，十分高兴。阿玉奇汗立即“传集其部落，修治毡帽衣服，预备供给”[7]，并派台吉魏正等人前往迎接。康熙五十三年（1714）正月，殷扎纳、图理琛一行踏上土尔扈特部游牧地，阿拉布珠尔的父亲、阿玉奇汗的哥哥纳札尔玛穆特因感念朝廷厚待他的儿子，早已在伏尔加河畔恭候，并向使团献上马匹、礼物。一路上，使团受到了隆重接待。阿玉奇属下台吉、喇嘛都备办宴席跪迎使团。六月初，使团进入阿玉奇汗驻地玛努托海时，阿玉奇汗特地举行了隆重的欢迎仪式。先由殷扎纳、图理琛宣读康熙皇帝圣旨，问候阿玉奇汗，传达朝廷遣归阿拉布珠尔的决定，递交了康熙皇帝赏赐阿玉奇汗的礼品。阿玉奇汗则“陈列筵宴，排列牲畜”[8]，热情款待来自祖国的亲人。此后十几天里，为了表达对使团的深情厚谊，阿玉奇汗的妹妹鄂齐尔图车臣汗之妻多尔济拉布坦及其所属喇嘛、阿玉奇汗的妻子达尔玛巴拉、长子沙克都尔札布、幼子策零敦多人等也都分别设宴款待使团一行，向使团赠送大量礼品。席间他们对祖国亲人前来探望表示由衷的感谢，询问祖国政治、经济各方面的情况，倾诉了土尔扈特人民对祖国的深切思念之情，还对沙俄政府暗中阻挠使团行程进行了揭露。十几天的时间里，使团一行和土尔扈特部人民都沉浸在亲情相聚的幸福之中。

在圆满完成使命之后，当年六月中旬，殷扎纳、图理琛一行起程回国。基于对祖国人民的无限深情，阿玉奇汗举行隆重欢送仪式的同时，又再次遣使随同使团进京朝贡。然而，由于沙俄政府的无理阻挠，阿玉奇派出的朝贡使者刚刚走到喀山，即被扣留并被迫返回原地，这一愿望未能实现。但土尔扈特部人民对祖国的深情厚谊以及沙俄当局的阻挠、破坏情形却由殷扎纳、图理琛一行带回北京。尽管土尔扈特部人民长期旅居国外，清朝政府却一直视其为自己子民，并以各种形式与其保持联系。图理琛本人也以出使见闻著成《异域录》一书，以地理为纲，日月附见，记述了俄国及土尔扈特所居之地的山川、民风、物产，并绘有地图，翔实地记述了使团与俄国交涉、和阿玉奇汗等人的往来情况，从而加深了中央政府和广大士庶对土尔扈特部人民的了解和关心。与此同时，沙俄政府阻挠土尔扈特部人民与中央政府互相来往的无理行动也更加激起了土尔扈特部人民的无比愤慨和对祖国的无限思念之情。半个多世纪后，长期蕴蓄、积攒的这种民族情绪终于得到了爆发。乾隆三十五年（1770），土尔扈特部十数万人发动了反俄大起义，并在渥巴锡汗的率领下彻底摆脱沙俄控制，浩浩荡荡地踏上了返回祖国的征程。在回国途中，他们击退了沙俄军队的追击，战胜了哈萨克、布鲁特等部的骚扰，克服了给养缺乏、疾疫流行等许多难以想象的困难，终于在乾隆三十六年（1771）六月进入中国境内并受到了清朝政府的热烈欢迎和妥善安置，从而实现了他们长期以来要求返回祖国的美好愿望。



## 四、出兵安藏

康熙五十五年（1716）以后，已年过花甲的康熙皇帝身体状况愈来愈差。康熙五十六年（1717）秋冬之际，又连续大病七十多天，双脚浮肿，行走困难。就在此时，继噶尔丹之后割据准噶尔地区的策妄阿拉布坦却向内地发动入侵，同时又乘西藏政局混乱之际派兵偷袭西藏，置卫藏于自己控制之下。面对这一严峻形势，已经进入迟暮之年的康熙皇帝又像一头雄狮一样投入捍卫祖国统一的正义斗争。



策妄阿拉布坦是准噶尔台吉僧格之子、噶尔丹之侄。噶尔丹在位期间，为了巩固自己的政治统治，视僧格诸子如眼中钉、肉中刺，必欲斩尽杀绝而后快。在噶尔丹的打击下，策妄阿拉布坦尽失属地、牛羊，率少数亲信四处奔窜。为了求生，不得不和清朝中央政府结成统一战线，共同对付噶尔丹。因而噶尔丹败亡之后，清朝政府以“噶尔丹遗众畀策妄阿拉布坦”，令其在阿尔泰山以西住牧。乘此有利时机，策妄阿拉布坦控制了准噶尔全境。随着势力的增长，其政治野心也开始膨胀，并做起了称霸西域的美梦。他先是于康熙三十九年（1700）出兵青海，尔后又与原先共同反对噶尔丹的土尔扈特部反目成仇，阻挠其使者入藏熬茶、进贡北京，并唆使土尔扈特汗阿玉奇之子率众一万五千人投降自己。经过十几年的准备，康熙五十四年（1715）他又派兵两千向驻守哈密的清朝军队发动进攻。对此，康熙皇帝一面遣使责问其兴兵犯界之罪，同时增戍驻边部队，兴办西域屯田，积粮练兵，严阵以待。眼见清朝边界防守严密，无隙可乘，策妄阿拉布坦诡计多端，遂以护婿返藏为由，出兵奔袭西藏，使得政局一直十分混乱的西藏又燃起了新的战火。

西藏位处我国西南边陲，俗尚喇嘛教。明朝末年，在当时政界领袖藏巴汗噶玛丹迥旺波的支持下，红教势力炽盛，而黄教却处于异常艰难的境地。这时，在厄鲁特各部的共同支持下，崇祯十四年（1641）信奉黄教的和硕特部顾实汗率兵入藏，俘获藏巴汗，控制了西藏政权，黄教也因此得到了复兴。为了借助政府支持扩大黄教的传播，早在清朝入关之前，顾实汗即遣使盛京，建议清朝政府将达赖五世“延至京师，令其讽诵经文，以资福佑”[9]。顺治九年（1652），由于顾实汗的极力促成，达赖五世一行三千多人来到北京，受到顺治皇帝的隆重接待，并特封达赖五世为“西天大善自在佛领天下释教普通瓦赤喇坦喇达赖喇嘛”。顾实汗死后，他的儿子达延汗、孙子达赖汗世居西藏，执掌藏政。康熙四十年（1701），达赖汗长子丹增旺杰继位，他的兄弟拉藏贝鲁起而杀死其兄丹增旺杰，夺据汗位，是为拉藏汗。

顾实汗祖孙、父子长期专擅藏政，引起了达赖五世及其执政官第巴桑结嘉措的强烈不满。为了摆脱控制，康熙二十一年（1682）达赖五世圆寂后，第巴桑结嘉措匿丧不报，并以达赖名义继续发号施令。直到十五年后，由于人们的普遍怀疑和清朝政府遣使诘问，这一西洋镜才被拆穿。第巴桑结嘉措被迫拥立仓央嘉措为六世达赖喇嘛，并以第巴身份继续控制达赖喇嘛。为了达到长期专擅藏政的目的，他视拉藏汗如仇敌。康熙四十四年（1705）拉藏汗纠合蒙古各部进军西藏，打败桑结嘉措，并将其处死，从而重新掌握了西藏政教大权。由于六世达赖喇嘛仓央嘉措系为自己的政敌桑结嘉措所拥立，年长后又耽于酒色，放荡不羁，不守佛门清规，于是拉藏汗上书清朝政府，历数桑结嘉措叛逆经过，并提出要求，恳请清朝中央政府废黜仓央嘉措，批准由他寻认的波克塔胡必尔汗即伊希嘉措为达赖喇嘛。由于在噶尔丹叛乱时期，桑结嘉措曾经盗用达赖五世名义不遗余力地支持噶尔丹，因此，对拉藏汗的这些请求清朝政府予以批准，同时为了表彰他的功绩，还特派护军统领席柱、学士舒兰前赴西藏，封他为“翊法恭顺汗”。那个被拉藏汗废黜的原六世达赖喇嘛仓央嘉措，也于康熙四十五年（1706）解往北京途中病死。

长期以来，在蒙藏广大人民心目中达赖喇嘛是至高无上的宗教首领，因而拉藏汗的废立活动引起广大僧俗人士普遍不满。他们纷纷上书康熙皇帝，指责拉藏汗所立的伊希嘉措是“假达赖喇嘛”。康熙皇帝看到西藏事务复杂，拉藏汗一人难以处理，为了稳定形势，康熙四十八年（1709）康熙皇帝派侍郎赫寿驻扎西藏，监临达赖喇嘛并协助拉藏汗处理藏中各种事务。康熙五十一年（1712）康熙皇帝又册封另一黄教首教班禅五世罗桑意希为“班禅额尔德尼”，以安定人心。然而康熙皇帝的这些努力并没有收到什么成效，康熙四十九年（1710）前后，以察罕丹津为首的青海各部台吉，在里塘寻找了新的达赖喇嘛的转世灵童噶桑嘉措，并将其迎至西宁塔尔寺，要求康熙皇帝予以册封。虽然康熙皇帝未予批准，但青海蒙古各部的这种做法却使局面更加复杂，也使拉藏汗处于极为被动、孤立的地位。

就在蒙藏僧俗、贵族卷入真假达赖喇嘛之争而“彼此争论讦奏”之时，东进无路的策妄阿拉布坦却抓住机会，认为这是称霸青藏的好时机。于是他一面暗中与西藏喇嘛联络，煽动西藏百姓反对拉藏汗；一面又表示愿意与拉藏汗联姻，希望将女儿博托洛克许配拉藏汗长子噶尔丹丹衷为妻，以麻痹拉藏汗。最初拉藏汗颇感疑惑，长期“阻止其子前去成婚”。但由于其子噶尔丹丹衷成婚心切，兼以由于真假达赖之争也使拉藏汗在内政、外交上都极觉孤立，为了联络盟友，康熙五十三年（1714）拉藏汗允许噶尔丹丹衷去伊犁完婚，从而完全钻进了策妄阿拉布坦布置的圈套。因为拉藏汗在政治上完全依赖清朝中央政府，因而康熙皇帝得知后，从关心的角度出发，对这一政治婚姻可能导致的后果十分担心。他对侍卫说，拉藏汗的一个儿子前往策妄阿拉布坦处娶亲，一个儿子又远在青海，控制西藏仅剩下他一个人，实在是太危险了。即使中央政府全力帮助，在万一发生不测事件时，也会因相距遥远，救援不及。历史的进程完全证明了康熙皇帝预见的准确性。就在康熙皇帝说这番话两年之后，康熙五十五年（1716）十一月，策妄阿拉布坦以护送噶尔丹丹衷夫妇返回西藏为词，出兵六千，由其表弟策零敦多卜率领，越过天山，取道叶尔羌，昼伏夜行，到康熙五十六年（1717）七月，经过十个来月的长途行军，这支军队突然出现在藏北高原。驻守阿里地区的藏军统领康济鼐立即飞报拉藏汗。如果这时拉藏汗能调动军队积极防御，尚不失为以逸待劳。但由于长期的麻痹情绪，他非但对严峻的现实视而不见，反而认为准噶尔军队是送子还藏而毫不戒备，甚至还率领眷属臣工到当雄避暑游玩，每日张宴享乐，致使准噶尔军队顺利突破西藏边境防线，并迅速深入腹地。直到这时，拉藏汗才慌了手脚，一面仓促调动卫、藏兵员前往达木北部布防，一面派遣专使赴西宁向清朝政府告急。然而一则因为时间过于仓促，临时调集之军队未经训练，不堪战阵；二则因为长期以来的蒙藏矛盾，不但蒙藏军队不能协同作战，而且各支军队内部也矛盾重重，离心离德，叛变时有发生，战斗力大为削弱，无法继续抵抗。十月间，不得不自达木退却，固守拉萨。为了保住最后这个阵地，拉藏汗一面扩充军队，对军队编制和将领配置重新加以布置，一面令人突出重围，向清朝政府乞援。然而，由于几个月来败报迭传，拉萨城内军民早已成为惊弓之鸟，根本无法抵抗准噶尔军队的进攻，而向清朝政府乞援，也是远水不救近火。十月下旬，准噶尔军队分四路包围了拉萨城，此时原被拉藏汗杀害的第巴桑结嘉措部下许多喇嘛或者逾城出降，或者四出活动，造谣惑众，瓦解军队斗志。这样，十月三十日，策零敦多卜下令发动总攻，仅用一夜时间便攻克全城，拉藏汗被杀，从而使西藏处于准噶尔军队的占领之下。

杀死拉藏汗后，策零敦多卜又乘势囚禁了拉藏汗拥立的达赖喇嘛伊希嘉措和班禅五世罗桑意希，同时进攻前藏各地，继续在更大范围内烧杀抢掠，并组成了以达克咱为第巴的亲准噶尔政权，企图长期霸占西藏，进而窥视青海、四川和云南等地。准噶尔入侵军队的强盗行径严重伤害了西藏广大僧俗人士的切身利益，囚禁达赖、班禅的罪恶行径也引起广大蒙藏人民的强烈愤慨，同时也严重破坏了国内各民族的团结和全国政局的安定。为了维护国家的统一和国内各民族的团结，康熙皇帝毅然调兵安藏，进行了平定策妄阿拉布坦叛乱的战争。

由于路途遥远，清军信息不灵，康熙五十六年（1717）七月，驻守巴里坤的靖逆将军富宁安才得知准噶尔军队入藏的确实消息，随即报告康熙皇帝。这时康熙皇帝还不了解策妄阿拉布坦的真实意图，他估计准噶尔军队有可能是攻打拉藏汗，扩大控制领土；也有可能是帮助拉藏汗，侵犯青海。为此他令理藩院尚书赫寿致书拉藏汗，劝其警惕策妄阿拉布坦入侵，同时又警告其不得帮助策妄阿拉布坦侵扰青海，尔后又下令调拨军队增戍成都、西安，同时下令西陲戍边哨卡注意侦察，报告敌情。当年九月他又派遣侍卫色楞至青海，并告诉他，如拉藏汗被策零敦多卜打败，就要青海各台吉一体同心，协力征讨；如拉藏汗与策零敦多卜联合进兵青海，则要团结青海各蒙古共同抗敌。十月下旬由于青海亲王罗卜藏丹津的报告，康熙皇帝得知了策零敦多卜侵犯西藏的确实消息，遂又派都统和礼前往云南，护军统领温普前往打箭炉，“预为防备”；令青海各台吉速行领兵防御，并令内大臣策妄诺尔布、将军额伦特、侍卫阿齐图统兵驻扎形胜之地，松潘之兵亦令驻扎形胜之地，以便哨探，“万一有事，相机而行”[10]。

康熙五十七年（1718）二月，拉藏汗第三次向清朝政府求救的奏疏历时半年之后才到达康熙皇帝手中。奏疏云："臣世受圣主洪恩，不意恶逆策妄阿拉布坦发兵六千，与我土伯特兵交战两月，虽并无胜负，而敌兵复又入招（拉萨）。臣见在率兵守护招地，但土伯特兵少，甚属可虑，若将喀木、卫藏之地被伊据去，将使黄教殄灭。为此恳求皇上圣鉴，速发救兵并青海之兵，即来策应。"[11]至此西藏情况大明，康熙皇帝决定立即出兵救援，并下令暂停向准噶尔地区发动进攻，而由侍卫色楞率领八旗、绿营及土司军队二千余人征剿西藏。色楞得到进兵命令，即刻率军出发，并于五月十三日到达青藏交界处之穆鲁斯乌苏。在他看来，"准噶尔残害西藏，彼地人民悬望我师，如望云霓"，而准噶尔军队"散处无纪"，战斗力不强，由他统率之清军已"二千有余，器械坚锐，马肥饷足"，如俟额伦特所率后续部队到达，"恐需迟时日，口粮告罄，进退两难"。因而在不了解地理和敌情的情况下继续前进，深入藏地。得知这一消息，康熙皇帝下令总督额伦特统率后续部队"作速进兵策应"[12]。六月十八日，额伦特率兵自穆鲁斯乌苏出发，追寻色楞。八月初，两军会合于西藏那曲。由于轻敌冒进，进入那曲后，清朝军队即刻陷入策妄阿拉布坦军队的包围之中。清军数次突围不成，弹尽粮绝，终于在当年九月中旬全军覆没，此次援藏之役最后失败了。

援藏之役失败，康熙皇帝并未气馁，而是认真总结教训，积极准备，对盘踞西藏的策妄阿拉布坦军队进行更大规模的军事讨伐。鉴于前次进兵仅以偏师轻兵冒进而导致失败的教训，康熙皇帝对军事进攻战略重新加以部署。首先是于康熙五十七年（1718）十月任皇十四子胤禵为抚远大将军，率领京师八旗精锐开赴西宁，统一调度各路军队。在当时全国臣民心目中，皇十四子胤禵是最有希望成为皇储的一个人选，而在当年底胤禵自京起程时，康熙皇帝又特准其使用正黄旗旗纛，这就无异于向敌我双方宣布，此次出征相当于御驾亲征，从而增强了全国臣民和出征将士的必胜信心，对于策妄阿拉布坦和盘踞西藏的准噶尔军队无疑也是一个巨大的心理压力。由于前线一切事务均由胤禵亲自指挥，亲自向皇帝负责，兼以胤禵本人年轻气盛，有勇有谋，故而不但沿途军纪严明，且大军到达后又大力整顿军纪，裁汰老弱病残，严厉惩罚贪污粮饷、怯阵不前的中下级军官，并对军队加强操练，不长时间，军队战斗力大为提高，同时也彻底扭转了前线将领之间因事权不一而彼此掣肘、互相推诿的局面。其次是增加进剿部队，改前次两路进攻为三路进攻。由于康熙五十七年之役清军兵微将寡，而且只是两路进攻，以致敌人以逸待劳，从容布置，使清军大败，所以在任命胤禵为抚远大将军总管全部进剿事宜的同时，康熙皇帝还制定了三路进军的新的作战方案。其南路自四川出兵，进攻西藏。为此，他以四川巡抚年羹尧为四川总督，兼管军民，并调拨江宁、荆州驻防满兵进驻成都，听候进川命令。同时，为了扫清南路进军障碍，还先行派兵招抚原属藏地的里塘、巴塘两个重要据点。中路则以平逆将军宗室延信率领，由青海直向藏北。两路之外，另以原固守西部边陲的振武将军傅尔丹、靖逆将军富宁安、祁里德等统率的军队为西路，俟南、中两路进藏时，向准噶尔本土发动进攻，使其首尾不能相顾。再次，对于选择总攻击的时间，康熙皇帝也改变了原先轻率出兵的做法，从这年十月任命抚远大将军后，一直取持重态度，直到一年多以后，各项准备工作全然就绪，方下令三路同时出师。在布置军事进攻时，康熙皇帝还改变了原先单纯军事进攻的做法，非常注意发动政治攻势，争取蒙藏广大僧俗人士的同情和支持，孤立入侵敌军。鉴于拉藏汗拥立的达赖喇嘛伊希嘉措难孚众望，在蒙藏广大僧俗人士中引起普遍的不满，并拥立噶桑嘉措为达赖五世转世灵童，而伊希嘉措又处于策妄阿拉布坦控制之下，因而康熙五十八年（1719）四月，他首先令噶桑嘉措撰拟告示，在藏东、藏北各地广为散发，宣布“准噶尔人背叛无道，混乱佛教，贻害土伯特生灵，上天圣主目不忍睹，扫除噶尔丹人，收复藏地，以兴黄教，使土伯特众生太平如恒。特派皇子封为大将军，不分畛域，率领大军，至西宁驻扎。……大兵所到之处，凡土伯特人众，皆一改顺从，妥为辅助，仍旧安居，断不致有所骚扰”[13]。几个月后的九月，康熙皇帝又下令将噶桑嘉措“封为达赖喇嘛，给予册印，于明年青草发时送往藏地，令登达赖喇嘛之座”[14]。这样一来，就使出兵安藏和顺应蒙藏广大僧俗人士的宗教感情紧密结合起来，故而这一决定不但得到了广大蒙藏人民的热烈拥护，而且也使策妄阿拉布坦失去了军事抵抗和政治反击的任何理由。

此外，鉴于初次进藏失败在广大臣民中投下的深深阴影，康熙皇帝还花费极大的精力鼓励民心士气。康熙五十八年（1719）九月康熙皇帝刚刚做出派兵护送噶桑嘉措入藏、“令登达赖喇嘛之座”的指示不过一个多月，被策妄阿拉布坦进攻西藏和上次清军败北吓破了胆的青海蒙古各部台吉即怂恿噶桑嘉措上疏康熙皇帝，提出“各处俱有禅床，皆可安设，若为我兴兵，实关系众生”[15]。很明显对于康熙皇帝册封由他们寻认的转世灵童做达赖喇嘛，他们拥护，但要他们随军进藏，那几乎是拿脑袋开玩笑。对此，康熙皇帝认为，“倘新胡必尔汗与青海台吉等意同，此新胡必尔汗不可送往；青海台吉等若无此意，必将新胡必尔汗送往，安设禅床，广施法教。令土伯特之众诚心归向，则策零敦多卜自当畏势逃遁”[16]。由于康熙皇帝的坚持，才使青海蒙古各部丢掉畏难情绪。同时对广大官员以为“藏地遥远，路途险恶，且有瘴气，不能遽至，宜固守边疆”的看法，也反复加以批驳。他指出，策妄阿拉布坦目前无理侵犯西藏，如果不予讨伐，势必进一步侵犯云南、四川、青海、甘肃等内地，那时想固守边疆也是办不到的。同时他还以清朝开国以来以至他亲自指挥的平定三藩、征剿噶尔丹等几次重大战役为例，说明怯敌不战，必然影响整个战局，只有敢打敢拼，不怕困难，才能夺取最后胜利。他说，策妄阿拉布坦军队“步行一年有余，忍饥带饿尚能到藏，我兵顾不能至乎？今满汉大臣咸谓不必进兵，朕意此时不进兵安藏，贼寇无所忌惮，或煽惑沿边诸番，将作何处置耶”？因此毅然决定：“安藏大兵，决宜前进！”由于他的反复解释和鼓励，广大官员、将士和青海蒙古各部台吉进一步了解了此次战役的意义，破除了畏难情绪，这对整个战役的胜利起到了重要的作用。

经过一年多的准备，康熙五十九年（1720）四月，进藏战役拉开了序幕。南路、中路分别从成都和西宁同时出师，北路靖逆将军富宁安、祁里德、阿喇纳也兵分三路，向策妄阿拉布坦控制的准噶尔地区发动进攻。短短十几天清军攻克吐鲁番，并一度深入准噶尔腹地，到达乌鲁木齐，先后歼敌、俘敌数千。就在策妄阿拉布坦手忙脚乱准备迎击之时，南、中两路数万大军分别由四川、青海进入西藏。其中南路军一万人由定西将军噶什图统领，由于经过长期准备，兼以上年已经招降里塘、巴塘等重要据点，藏东乍丫、叉木道、嚓瓦等地也闻风归顺，不战而降，因而八月初已进抵藏东重镇拉里。八月初四又由拉里出发直向拉萨，一路上连败敌军。包括策零敦多卜任命的第巴达克咱在内，先后投降，"王师所至，望风响应"，进军十分顺利，不过二十天光景，清军便进入拉萨。此刻噶什图等统兵将领"传西藏之大小第巴头目并各寺庙喇嘛聚集一处，宣示圣主拯救西藏民人至意，随将达赖喇嘛仓库尽行封闭，西藏附近重地扎立营寨，拨兵固守，截准噶尔往来行人及运粮要路"[17]。还将与策零敦多卜串通一气的一百多名喇嘛加以囚禁，并处死其中五名罪大恶极者，拉萨形势立即安定下来。与此同时，由平逆将军延信统帅的中路大军一万二千人护送噶桑嘉措，进军途中也不断取得胜利。因该路是进藏正路，故策零敦多卜将主要兵力布置于此，以防清军进攻。在中路军南下途中，曾先后发生三次大战。八月十五日清军进至扎卜克河，当夜敌军来犯，被清军击败。二十日清军行至扎齐嫩郭尔地方，敌兵二千余人夜半前来袭营，清军严阵以待，敌兵见不能取胜，只好溃退。二十二日师至扎绰马喇，当夜黎明时分，贼兵千余人又来劫营。清军立即予以反击，"枪炮矢石齐发，贼兵伤者死者甚众，余贼皆望风而遁"[18]。三次大规模进攻被粉碎后，眼见大势已去，策零敦多卜率残敌遁回伊犁。九月八日平逆将军延信率兵护送达赖六世噶桑嘉措自达木向拉萨进发，与噶什图会师。一路之上广大僧俗人士“罔不踊跃欢欣，男女老幼，襁负来迎，见我大兵，群拥环绕，鼓奏各种乐器”，同时历数准噶尔入侵以来“父子分散，夫妇离别，掳掠诸物，以致冻馁种种扰害，难以尽述”的滔天罪行，并对康熙皇帝出师平叛表示深深的感谢。九月十五日满汉大臣、蒙古各部首领、西藏黄教上层喇嘛、贵族齐集布达拉宫，为六世达赖喇嘛噶桑嘉措举行十分隆重的坐床典礼，同时将拉藏汗所立之达赖喇嘛伊希嘉措解送北京。至此，出兵安藏之役取得了完全的胜利。



当年十月，南、中两路捷报相继传至京师，经过两年的辛苦经营，才取得如此重大的胜利，康熙皇帝异常振奋，立即下令将“在事将军以下、兵丁以上，俱着从优议叙”；同时为了巩固西南边疆，防止准噶尔再度入侵，康熙皇帝还对善后事宜进行了部署。康熙六十年（1721）二月，在平藏大军陆续撤还的同时，康熙皇帝决定留驻满蒙八旗和绿营军队四千人常年戍防西藏，由公策妄诺尔部署理定西将军印务，统辖驻藏部队，额驸阿宝、都统武格俱参赞军务。同时着手组建西藏地方政府。由于大军入藏过程中，空布地方第巴阿尔布巴首先投诚并随大军一起进剿，阿里地方第巴康济鼐与准噶尔为仇，准噶尔入藏，始终未降，准噶尔逃离时，又截其归路，因而授此二人为贝子；另一第巴隆布奈亲身归附，也被授予辅国公。次年春，根据康熙皇帝指示，于此三人之外，又加上达赖喇嘛的强佐（总管）扎尔鼐，皆号噶卜伦（政务官员），而以康济鼐为首席噶卜伦。这些部署不但对此后数十年西藏地方的安定起到了重要作用，而且也消除了长期以来青海和硕特蒙古对西藏事务的影响，改变了第巴独掌政权的局面，调动了西藏各地贵族的积极性。尤其值得重视的是，由于新政府官员皆由中央政府直接任命，使得西藏地方政府和中央政府之间的联系大大加强，为此后雍正、乾隆两帝相继经营西藏奠定了重要的基础。为纪念安藏之役维护祖国统一和安定西南边疆的重要意义，各部蒙古王、贝勒、贝子、公、台吉以及西藏各部酋长于康熙六十年（1721）九月合词呈请在拉萨立碑，“以纪盛烈，昭垂万世”[19]。康熙皇帝特允其请并亲制碑文。碑文中，康熙皇帝回顾了西藏地方政府和清朝中央政府八十年间互相往来的密切关系，批判了桑结嘉措匿丧不报造成的严重后果，声讨了策妄阿拉布坦入侵西藏“肆行奸诈，灭坏达赖喇嘛，并废第五辈达赖之塔，辱蔑班禅，毁坏寺庙，杀戮喇嘛，名为兴法，而实灭之”的滔天罪行[20]，歌颂了在清朝政府统一领导下各族人民出兵安藏的重大功绩，最后还展望了国内各民族团结统一的美好前景。三百多年来，作为康熙皇帝出兵安藏的历史见证，这座丰碑一直屹立在西藏拉萨布达拉宫前。

和统一台湾、抗击俄罗斯入侵、征剿噶尔丹、绥抚蒙古等重要历史事件一样，出兵安藏也是康熙皇帝一生中的一个重要成就。虽然此事发生在他的晚年，在处理此事的过程中，疾病、立储等事都严重地折磨着他的身体和精神，使他做出了一些错误的决策，使清军蒙受了一些损失。然而，为了国家的统一和国内各民族的团结，他毫不气馁，不顾病魔缠身，排除种种干扰，像一个战士一样勇猛地投入了战斗。战斗锻炼了他的身体和意志，随着胜利的到来，他的身体健康也一度神奇般地得到恢复，长期以来因立储引起的烦恼也一扫而光，因而，康熙六十一年（1722）春，在京城内外士庶百姓共庆安藏胜利的日子里，他也以无限开朗的情怀写下了欢迎平藏大军凯旋的诗篇：

去年藏里凯歌回，丹陛今朝宴赏陪。
万里辛勤瞬息过，欢声载道似春雷。[21]

## 五、镇压起义



由于年迈，再加上十几年来的储位之争使得康熙皇帝伤透了脑筋，因此对于民生利弊，他也失去了往常的关心。几年之中，不少地区吏治迅速腐败，人民生活急剧恶化，阶级矛盾日趋尖锐。正是在这种背景下，康熙六十年（1721）台湾爆发了一场由朱一贵领导的遍及全台的农民大起义。

台湾和大陆一衣带水，土壤肥沃，物产丰富，康熙二十二年（1683）统一台湾后，闽、粤一带不少失地民人冒险渡台，从而促进了台湾经济的迅速发展。但是由于距离全国政治中心极远，康熙后期，较之内地，台湾吏治也尤为腐败。“文武官员平日但知贪婪肥己，剥削小民，空冒军饷”[22]，胥役票差敲诈勒索，“比内地更炽”。仅每年收纳出入台湾船只的“挂验陋规”至少有白银数千两[23]。其他各种苛捐杂税也“重复征输”，多如牛毛；至于田粮定额，更是高于内地数倍。其中台湾知府王珍尤为人民切齿。康熙五十九年（1720），凤山县知县出缺，由王珍兼摄县事，但却把政事交给其次子办理。征收钱粮时，每石要折银七钱二分，比原已较内地加倍征收的高额田赋又加出两三倍。同时，王珍父子还借各种名目如狱讼、樵采、使用耕牛向广大人民苛索。这样长期郁积人们心头的积愤再也无法压抑，纷纷议论“官府短长”，反抗意识普遍增长，人民反抗斗争的时机愈益成熟。这时，朱一贵开始了农民起义的组织工作。朱一贵（1689—1722）原籍福建长泰，康熙五十三年（1714）移居台湾，先在台湾府充当衙役，后佃地为生。他擅长饲鸭，早晚牧放鸭群都编队出入。性情慷慨，喜欢结交江湖朋友，凡造访者，无不“烹鸭具馔”，人号“小孟尝”，在当地群众中有着极高的威信。眼见台湾各级贪官污吏横行霸道，康熙六十年（1721）春，他和好友黄殿等十余人一起结拜，密谋反清，并认为“欲举大事，此其时乎”[24]！为了动员群众，朱一贵以明朝后裔相号召，经过一个多月的准备，康熙六十年四月十九日（1721年5月14日），他们纠集当地一千余人，削竹为枪，在乌山头竖旗举事，旗上大书“激变良民大明重兴大元帅朱”字样，主动向当地官军发动进攻，同时和先期在台南起事反清的杜君英等共结联盟。一场轰轰烈烈的农民起义就这样爆发了。

闻知起义爆发情况，台湾镇总兵欧阳凯立即派右营游击周应龙率兵前往镇压。周应龙在率兵前进途中纵兵大掠，激起各乡三万余人义愤，起义军不但未被扑灭，势力反而迅速壮大，并于四月二十七日大败周应龙于高雄赤山，周应龙狼狈而逃。与此同时，清南路营参将苗景龙也被义军擒杀。一时之间台湾府内“哗然大震，文武各遣家属宵遁，先后驾舟出鹿耳门，士民相率逃窜”。三十日，台湾镇总兵欧阳凯硬着头皮率军一千五百人出城驻扎，准备与义军决战。但属下兵丁却闻风丧胆，一夜之间，镇兵自行惊散。次日，在两军决战时，清军百总杨泰阵前倒戈，刺杀欧阳凯，清军阵容顿时大乱，接着起义军在混战中又杀死清军台协水师副将以下十余人，清军大败，溃不成军。朱一贵、杜君英乘胜攻占台湾府城，分发府库金银，缴获大批军火，士气大振。与此同时，台湾各地农民也纷纷起义响应。于是，除北路淡水营外，全台都处于义军控制之下，朱一贵义军骤增至三十万人。五月初三日，朱一贵被拥为中兴王，国号大明，建元永和，命军民蓄发，一切礼仪、服饰均仿明朝制度。在登极典礼上，他又分封军师、太师、国师、国公、将军、侯、都督、尚书、辅驾大将军四十余人，其余文武官员不计其数。为防清军卷土重来，朱一贵专派骁勇善战的郑定端、苏天威带兵三千、炮十尊，分守安平和鹿耳门两处。为了进军大陆，又派人前赴澎湖侦察情况并发布反清檄文，文中豪迈地宣称他将率众“横渡大海，会师北伐，饮马长城，捣彼虏廷，歼其丑类，使胡元之辙复见于今”[25]。消息传到大陆，漳州、泉州一带山僻穷民“嚣嚣偶语，四处有揭竿聚众之谋”；有产业的人家则惊恐异常，为了躲避战乱，有的从乡下迁往城里，有的又从城里跑到乡下，一片惶惶不安的景象。



闽浙总督觉罗满保闻知起义军占领全台消息后，立即于五月初八日飞折密奏康熙皇帝，同时紧急集结军兵，驰赴厦门，招募丁壮上千人，以防起义军进攻；又紧急部署，调兵遣将，委派南澳总兵官蓝廷珍会同福建水师提督施世骠，率领水陆军队进驻澎湖，并于六月十三日入台作战。六月初三日，满保的奏折到达北京，康熙皇帝得知后，在同意军事进剿的同时，特命兵部传谕闽浙总督觉罗满保，对起义人民进行政治招抚。六月上旬，清军一万二千人分乘六百艘兵船向台湾进发，形势突然变得对起义军不利起来。

就在此时，起义军内部发生了朱一贵和杜君英之间的内讧。早在朱一贵起义前一个多月，杜君英即在台南发动起义并竖起了“清天夺国”的大旗。起义过程中，由于各路起义军相继加入，杜君英成了南路起义军的领袖，声势“更甚于朱一贵”。因此，攻克台湾府城后，他就想立自己的儿子杜会三为王，但因朱一贵在起义军中威信极高，他的目的没有实现，这使他十分不满。因此，凡事骄横自专，四出烧杀抢劫，不听约束。朱一贵忍无可忍，派兵前去讨伐，虽然打败了杜君英，但也严重消耗了起义军，同时也给清朝军队反扑以可乘之机。六月十六日，蓝廷珍、施世骠率师进抵鹿耳门。守护炮台的义军“左正”苏天威一面请求援兵，一面拼力抗拒。不幸炮台火药堆中弹爆炸，起义军伤亡惨重，鹿耳门、安平港先后失守，起义军被迫退保台湾府。几天后，清军登陆后部署完毕，开始分南北两路向台湾府城发动进攻。在全副武装的大队清军面前，起义军虽拼死作战，但因武器落后，损伤惨重，失去了主动出击的能力。六月二十三日，朱一贵被迫率领残部撤离府治，向北转移。正在此时，康熙皇帝的招降书也到达军前。根据康熙皇帝“与其大肆剿灭，不如稍看形势，招降为要”的指示，清军对起义军进行招降。在清朝军队政治招降和军事围剿的双重打击下，朱一贵部下约有十分之九先后降清，起义军处境更加恶化。闰六月初，朱一贵率残部逃至诸罗，旋被当地地主武装设计擒获。其他北路、南路各支起义军，或被清军军事消灭，或被政治攻势所瓦解。九月中旬，伏匿于罗汉门山下的起义军领导人杜君英、陈福寿先后出降，朱一贵起义最终失败了。

起义失败后，根据康熙皇帝的指示，清朝政府对起义军领导人进行了凶残的报复，主要领导人朱一贵、李勇、吴外、陈印、翁飞虎、王玉金、张阿三均照谋反律凌迟处死，多位领导人的祖父、父、子孙、兄弟，同居之人，期亲伯叔、兄弟之子及其嫡族以至幼子，皆处斩立决。母女、妻妾、姊妹、子之妻妾也都解至北京，给功臣之家为奴，所有财产入官。杜君英、陈福寿虽系主动投降，也照谋反律，与家庭子侄处以斩立决，母女、妻妾分别给予功臣为奴，财产入官。同时，为了加强镇压力量，还规定台湾常驻水师二千、陆军二千，由总兵一人、副将二人统领，并另于澎湖驻兵二千，互相照应。所有兵丁俱从内地调入，“不可令台湾人顶补”[26]。还另从北京派赴台湾巡台御史一员，以便中央政府及时了解台湾情况。此外鉴于此次起义的直接导因是知府王珍以下一批贪官污吏对人民的无厌盘剥，为了缓和人民的反抗情绪，康熙皇帝下令将原知府王珍剖棺枭首，下令将“平日并不爱民，但知图利苛索，及盗贼一发，又首先带领家口弃城退回澎湖”的台厦道梁天煊、同知王礼、知县吴观城、朱夔等人发往台湾正法示众[27]。虽然如此，终康熙之世，台湾人民的零星反抗斗争仍然时有发生，一直到雍正皇帝即位之后，方才平定下来。

为了反抗清朝政府的民族压迫和地方官员的残酷剥削，

朱一贵率领人民揭竿而起，进行斗争，完全是一种正义、革命的行动，而康熙皇帝始则下令镇压，后又对起义领导人进行血腥屠杀，充分暴露了他的反动的一面。无可讳言，这是他一生中一个大污点，必须予以揭露并进行深刻批判。



## 六、千叟盛宴

康熙六十一年（1722），康熙皇帝已六十九岁高龄，超过了清朝建国以来的所有帝王。就在位时间而言，也跃居两千多年来各代帝王之首。前代帝王所竭力追求而很少能够实现的《尚书·洪范》中记载的寿、富、康宁、攸好德、考终命等所谓“五福”，对康熙皇帝而言，都已变成现实；而且他在位期间，国家由乱而治，不独幅员辽阔，超迈汉、唐，政局长期安定，人口增长，经济发展迅速，文化繁荣，中国社会出现了少有的太平盛世局面。于是，为了庆祝即位甲子重逢，康熙六十一年（1722）新正之际，康熙皇帝举行了有名的“千叟宴”。



此次举办千叟宴，大致取法于九年前臣民自发举办的康熙皇帝六旬万寿庆典。康熙五十二年（1713）三月，康熙皇帝六旬万寿届期。为了表示对康熙皇帝的爱戴之忱，当年三月初，在他巡幸畿甸返京途中，沿途百姓为之“庆贺、保安、祈福者不计其数”[28]。几天后又有各省年老官员、士庶纷纷进京，叩祝万寿。三月十七日，万寿节前一日，康熙皇帝奉皇太后自畅春园回宫途中，各省年老官员、士庶夹道罗拜，欢迎御辇，不少高年老人还向他跪献万年酒。身历此境，康熙皇帝十分感动地停辇慰问，将随身所携食品和寿桃遍赐祝寿老人和各级官员。次日万寿节，各种庆典进入高潮。先是由康熙皇帝率领群臣向皇太后行庆贺礼，尔后至太和殿升殿，王以下文武百官及致仕给还原品官员行庆贺礼。仪式结束后，又由八旗兵丁、各省耆老、士庶齐集午门外、大清门内叩祝万寿。之后康熙皇帝奉皇太后至畅春园，各省耆老、士庶则分集各处诵经跪送。同时颁诏天下，宣布恩款条例，并大赦天下。为了答谢各省耆老对自己的爱戴之忱，三月二十二日和二十三日，康熙皇帝分别召集汉大臣、官员、士庶人等以及八旗满洲、蒙古、汉军大臣官员、护军兵丁、闲散人等年过九十者四十人，年过八十者六百三十人，年过七十者三千二百一十七人，年过六十五者二千八百五十八人，总计六千七百四十五人大宴于畅春园。宴会开始后，凡八十岁以上老人，均令人扶至御座前，由康熙皇帝亲视饮酒。同时还让他的十几个皇子全部出动，主持向与宴老人颁赐食品。十岁以上二十岁以下的皇孙和宗室子弟则执爵授饮。宴会结束后各赐白金，资送回乡。几天后，又召集八旗满洲、蒙古、汉军年在七十岁以上老妇齐集畅春园太后宫门前宴饮，由皇太后和康熙皇帝亲视颁赐茶果酒食。宴会结束时，令诸皇子率宗室子弟各赐衣饰彩缎、素珠银两。整整十几天，和全国臣民一样，康熙皇帝一直沉浸在无限幸福之中。对这一动人场面，康熙皇帝很长时间都难以忘怀。因而，康熙六十一年（1721）正月初二、初六两天，他又先后两次召集八旗满洲、蒙古、汉军和汉人文武大臣官员及致仕、退斥人员年在六十五岁以上者一千零二十人，大宴于紫禁城内乾清宫前，命名为“千叟宴”。届时鼓乐齐鸣，一千多位老叟一齐向康熙皇帝行三拜九叩大礼，然后各自入席。席间，为表示对与宴老人的关怀之情，康熙皇帝特命诸王、贝勒、贝子、公及闲散宗室等人授爵劝饮，分颁食品。康熙皇帝回忆几十年来自己走过的艰辛而又不平凡的历程，面对瑞雪飘舞、国泰民安的大好局面，展望大清王朝无限美好的发展前景，不觉文思泉涌，即席挥毫，成《御制千叟宴诗》一首，满、汉大臣官员也都分别依御制诗韵各赋诗篇，纪其盛况。其御制诗云：

百里山川积素妍，古稀白发会琼筵。
还须尚齿勿尊爵，且向长眉拜瑞年。
莫讶君臣同健壮，愿偕亿兆共昌延。
万机惟我无休暇，七十衰龄未歇肩。[29]



1 《清圣祖实录》卷二百四十四。
2 《清圣祖实录》卷二百四十四。
3 《清圣祖实录》卷二百四十四。
4 《清圣祖实录》卷二百四十九。
5 《清圣祖实录》卷二百七十五。
6 《清圣祖实录》卷二百四十八。
7 图理琛:《异域录》卷下。
8 图理琛:《异域录》卷下。
9 《清世祖实录》卷二。
10 《清圣祖实录》卷二百七十四。
11 《清圣祖实录》卷二百七十七。
12 《清圣祖实录》卷二百七十九。
13 《抚远大将军奏议》，中国社科院历史所清史室:《清史资料》第三辑。
14 《清圣祖实录》卷二百八十五。
15 《清圣祖实录》卷二百八十六。
16 《清圣祖实录》卷二百八十六。
17 《清圣祖实录》卷二百八十九。
18 《清圣祖实录》卷二百八十九。
19 《清圣祖实录》卷二百九十四。
20 《清圣祖实录》卷二百九十四。
21 《清圣祖御制诗文四集》卷三十六。
22 《台湾事件残档》，《明清史料》丁编第八本，第799页。
23 兰鼎元:《鹿洲初集》卷二。
24 《台湾事件残档》，《明清史料》丁编第八本，第799页。
25 连横:《台湾通史》卷二十。
26 《清圣祖实录》卷二百九十五。
27 《清圣祖实录》卷二百九十四。
28 《清圣祖实录》卷二百五十四。
29 《清圣祖御制诗文四集》卷三十六。

# 第十章　晚景（下）

作为一代英主，康熙皇帝一生始终奋进不已，内除鳌拜集团，果断决定撤藩，并进而平定三藩之乱、收复长期割据的台湾，先后平定噶尔丹、策妄阿拉布坦的叛乱；外则抵御沙俄帝国的侵略，维护了国家的领土和主权；此外，大力赈灾蠲欠，发展生产，治河惩贪，编修群籍，无论文治还是武功，皆足堪彪炳青史，前此帝王均望尘莫及，康熙皇帝的子孙也引为骄傲，可以说，他是中国历代帝王中的佼佼者。然而，在选择接班人亦即建储问题上，他却蹈袭前人窠臼，屡屡失误，从而大大影响了他晚年的心境、身体和成就。然而可贵的是，在屡遭挫折之后，康熙皇帝勇于面对现实，并进行了极其艰难的探索，对这一问题的认识也达到了新的高度，为清朝政权的进一步巩固做出了重要的贡献。



## 一、摹古立储

康熙十四年（1675）六月，平定三藩之役正在进行之际，年仅二十二岁的康熙皇帝竟出人意外地传谕，要立赫舍里氏皇后所生的刚刚周岁的儿子胤礽为皇太子[1]。同年十二月十二日，他派遣官员告祭天地、太庙、社稷。次日，亲御太和殿，举行册立典礼。十四日，在诸王、贝勒、文武大臣进表祝贺之后，又正式颁诏天下，将此事告知四海臣民。当时，平定三藩的战事正在紧张地进行着，康熙皇帝本人也春秋正富，为何如此紧锣密鼓地将建储行动付诸执行呢？如果对当时的形势加以认真分析，则不难看出，康熙皇帝的这一决定是数年来经筵日讲中受到儒家经典濡染影响的结果，其目的是进一步加强刚刚确立不久的康熙皇帝的皇权。



儒家经典是记载中国进入阶级社会之后以至封建社会早期政治和历史的著作。为了保证早期国家中最高统治者一家一姓的长期统治，在权力分配和最高权力延续问题上，总结出了国君在位期间公开建储的基本方式和立嗣以嫡不以长、立嫡以长不以贤的建储基本原则，并大致为此后历代王朝所遵行。清室先世出身少数民族，且以八旗立国，因而入关以前，在选择储君问题上并没有遵循这些原则，而是皇帝在位时不预立皇太子，于皇帝去世后由八旗旗主公推新君。这种政治体制必然会引起贵族集团内部争夺最高权力的斗争并影响皇权的加强。因而，努尔哈赤死后，出现了诸王争国、皇太极夺位自立的情况。皇太极去世后，又出现了黄、白旗两个政治集团在争夺最高权力斗争中的尖锐对立和摄政王多尔衮专权的局面。顺治皇帝亲政后，天子自将上三旗，居重驭轻，从而改变了八旗旗主拥立新君的旧体制，使得康熙皇帝得以顺利即位。但是，上三旗势力的增长，在皇权更迭之际，也构成了对皇权的威胁。原来为皇帝所控制的上三旗却以拥立之功反过来控制了皇帝，出现了太阿倒持的局面。在学习儒家经典中关于建储的论述、回顾本朝开国以来最高权力更迭的历史之后，康熙皇帝豁然开朗。他感到前朝旗主各自为政固然是皇权削弱的原因，但在最高权力更迭之际授受制度不健全，又何尝不是在为旗主专权、大臣擅政创造机会！为了使今后最高权力更迭之际皇权的连续性和稳定性得到保证，一定要按照儒家经典论述，于君主在位期间预立储君。正是出于这种心理，康熙皇帝清除鳌拜集团之后，在嫡长子胤礽刚满周岁、对三藩用兵军务繁忙的紧要时刻，颁布了皇太子的册命诏书。其目的很明确，就是将最高权力的延续权力也置于自己之手，以进一步加强皇权。

为了把皇太子胤礽培养成为异日的孝子贤君，康熙皇帝倾注了大量的心血。自从册立胤礽做皇太子起，作为父亲的康熙皇帝便开始成为胤礽的启蒙老师，亲自给皇太子讲授“四书”“五经”[2]。随着胤礽一天天长大，康熙皇帝讲授的内容也一步步深化，依然是“煦妪爱惜，亲加训谕”[3]，不仅讲授努尔哈赤、皇太极、顺治皇帝等先辈创业的艰难，而且也讲守成之不易，偶尔康熙皇帝还现身说法，以自己作为样板讲授。此外，康熙皇帝还讲战场上两军对垒、排兵布阵之法。一言以蔽之，“大凡往古成败，人心向背”，康熙皇帝皆“事事精详指示”[4]。同时，鉴于自己政务十分繁忙，为了加强对皇太子的教育，皇太子年龄稍长，康熙皇帝即为其聘请当时名儒、曾为自己经筵讲官的张英、李光地、熊赐履、汤斌等人为其辅导。几位大臣受命后尽心启沃，从而使年幼的胤礽得以系统地接受了儒家传统思想教育。在皇父和师傅们的严格要求下，胤礽进步很快，八岁时已通晓满、汉两种文字，并能流利地背诵“四书”，几年后，又能左右开弓，娴熟骑射，成人之后更是身材魁梧，举止大方，仪表不凡。这时，康熙皇帝又开始让他帮助处理朝中政务。由于他处事认真，恪尽职守，不仅康熙皇帝颔首称善，就是满朝文武大臣也个个赞不绝口。

康熙皇帝明立皇太子，以至太子成人后内则助上从政，外则巡幸扈从，不能不说是进一步加强皇权、限制权臣擅政的有力措施。平定三藩后，康熙皇帝在内政外交方面事事顺手，边防征伐，战绩大著；内政治理，臻于至治，出现了入关后从未有过的全盛局面，这显然是和明立皇太子之后统治集团核心的稳定有着直接的关系。有鉴于此，康熙二十年（1681）以来，康熙皇帝竭尽全力巩固太子的地位，维护太子的权威，对于藐视皇太子、固守满族旧俗的臣工，不管他们职位多高、权力多大，也严加打击，毫不留情。为了将皇太子培养成人并巩固其储君地位，康熙皇帝已经到了竭尽全力的地步。



然而，就在康熙皇帝极力维护皇太子地位之时，随着皇太子年龄的增长和开始从政，他和皇太子之间的矛盾也开始产生，并不断发展、激化。正是这些矛盾的存在和发展，使他饱尝公开建储的苦果，并最终导致康熙皇帝废掉自己亲手扶植起来的皇太子。

康熙皇帝和皇太子之间的矛盾有着深刻的根源。皇、储矛盾，并不是某一个朝代所特有的现象，而是封建社会中封建统治者之间不断进行的权力和财产再分配斗争的必然产物。虽然统治者经过长期摸索，总结出了公开立储及嫡长子继位的传统制度，并将此载入儒家经典，以对最高统治集团中不同身份的人们加以约束。但因受利益驱使，在中国历代王朝历史上，子弑父、弟弑兄的事例不胜枚举，以嫡长子身份袭位者为数寥寥。作为中国历史上的一个王朝，清朝当然也不会例外。不立储则罢，一旦设立储君，必然爆发皇、储之争。康熙皇帝立储后十几年的时间里，皇、储矛盾并没有发生，不过仅仅是皇太子年龄幼小之故；一旦皇太子长大成人并开始从政，必然会在保住和争夺最高权力问题上爆发皇、储之争。除了历史根源之外，清朝政权的特殊情况也使皇、储矛盾找到了生存和发展的土壤。清室先世出身少数民族，并无立储传统，而是于旧君去世后由八旗旗主共同拥立新君。康熙皇帝立储，在满族政权历史上是一个创举。虽然如此，但到康熙时期，八和硕贝勒共治国政的习惯势力和心理观念仍然存在。所以，康熙皇帝颁诏册立胤礽为皇太子后，各级满族贵族，尤其是分到下五旗的康熙皇帝的其他儿子，从心理上不能接受这一现实，致使胤礽成为众矢之的，他们到处散布谣言，飞短流长。与此同时，在康熙皇帝面前，他们也不放过任何一个机会，对皇太子加以中伤。而康熙皇帝立储时既未注意吸收先朝经验，不让皇太子参与朝政，又先后分封诸皇子为王，并使他们也都参加国家事务的管理。这样，随着皇太子年龄增长和开始从政，以及诸王的陆续受封，皇帝与储君、储君与诸王之间的矛盾便势不可免地爆发出来。

康熙二十九年（1690）康熙皇帝和皇太子胤礽之间开始

发生摩擦。是年七月，康熙皇帝亲统大军北征噶尔丹，为了部署乌兰布通之役，康熙皇帝昼夜忙碌，突然生病，于是急召留居京城的皇太子胤礽和皇三子胤祉前来侍疾。按照常理，关键时刻，听到父亲生病，胤礽应当心急如焚，但他在见到康熙皇帝后，却毫无忧戚之意，谈笑如常。这使康熙皇帝十分不满，当即令其先回京师。为此，康熙皇帝开始对皇太子礼仪制度加以裁抑。康熙三十三年（1694）康熙皇帝率诸皇子祭奉先殿，先令礼部拟定礼仪。按照前此旧章，皇帝与储君之间的礼仪有着明显的不同，其表现就是皇帝的拜褥在门槛之内，储君的拜褥在门槛之外。但这一次，礼部为了讨好胤礽，拟定皇太子拜褥也放在槛内，与皇帝相同。康熙皇帝得知此事，马上谕令礼部尚书沙穆哈将胤礽的拜褥移于槛外。沙穆哈听后面露难色，因为如果遵旨办理，害怕皇太子不满，秋后算账；不遵旨办理，又显属违旨。为求脱身事外，他向康熙皇帝提出将此旨载入档册，其意在若将来一旦有人究问此事，可备查考，表明此事与自己毫不相关，自己只是遵照康熙皇帝的旨意执行而已。康熙皇帝洞其肺腑，勃然大怒，立刻下诏罢免其礼部尚书之职。前此，为了树立皇太子在全国臣民中的威信，康熙皇帝为皇太子专门制定了威严的服饰、仪仗、器用，和皇帝规格相差无几。每年万寿节、冬至、元旦及皇太子千秋节，诸王、贝勒、文武大臣除向自己行三跪九叩大礼外，还要再赴东宫，向皇太子行二跪六叩大礼。康熙皇帝制定这种特殊的皇太子礼仪制度，意在为其日后袭位打下一个良好的基础。可是，自从康熙三十三年以后，因为发生了皇、储矛盾，康熙皇帝又一改初衷，再也不许皇太子胤礽搞特殊化了。

康熙三十五年（1696）以后，康熙皇帝和皇太子胤礽之间的矛盾进一步发展。康熙三十五年、三十六年（1697），康熙皇帝亲统大军三次西征噶尔丹，其他成年皇子全部随师出征，胤礽以皇太子之故受命留守京师，不仅“代行郊祀礼”，而且“各部院奏章，停其驰奏御前，听太子处理。事重要，诸大臣议定，启太子”[5]。应该说，这是康熙皇帝对皇太子胤礽的最大信任。但康熙皇帝刚刚离开京城，一些宵小之徒就乘势攀龙附凤，向皇太子身边靠拢；而胤礽为了扩大羽翼，也对此持来者不拒的欢迎态度。康熙皇帝还京后，了解到其手下之人倚仗主子权势，狐假虎威，任意妄为，不禁大怒，当下不由分说，即刻将“太子左右用事者置于法”[6]。此后不久，康熙三十七年（1698）康熙皇帝在和皇太子胤礽失和的情况下，又封皇长子胤禔、皇三子胤祉为郡王，皇四子、皇五子、皇七子、皇八子俱为贝勒。就康熙皇帝大封诸皇子的本意而言，未必想以此作为易储的准备，但诸皇子的受封及陆续从政，却无疑使他们拥有了竞争储位的政治资本，从而形成了康熙季年争储的几支主要势力，这必然使原已因父子之争而失宠的胤礽感到极大的威胁。这样，康熙皇帝和胤礽之间的矛盾便带有了浓厚的政治色彩并且进一步激化起来。

康熙皇帝裁抑太子仪仗及惩戒太子党，其本意是教育皇太子，使他知所遵守和知所不可逾越，分封诸子也并无易储之意，但其客观效果却使皇太子胤礽和康熙皇帝之间的心理距离愈来愈远。失望之余，康熙皇帝决定拿皇太子的亲信索额图开刀，以挽救皇太子。康熙四十二年（1703）五月，他诏令逮捕索额图，并对他“议论国事，结党妄行”之罪进行了揭露，指斥其为“本朝第一罪人”，严加囚禁[7]，不久，索额图即死于囚所。同时康熙皇帝还诏令拘禁索额图之子及案情牵连人物，又决定党附皇太子的“诸臣同族子孙在部院者皆夺官”[8]。此番清洗使得经营多年的太子党顷刻之间基本瓦解。对此皇太子胤礽心中十分难过，但又无可奈何，怨望之意时见辞色，在接人待物时也变得冷酷无情，自暴自弃。康熙四十七年（1708）夏，他在随同康熙皇帝北巡塞外期间，对诸王、贝勒、大臣官员稍不顺眼，动手就打；外藩蒙古向康熙皇帝进献马匹，看到哪匹好，下手就夺；对康熙皇帝，他也极不尊重。北巡塞外期间，皇十八子胤祄病倒。眼看病势愈来愈重，康熙皇帝心情十分沉重，而皇太子胤礽却无任何关爱之举。康熙皇帝自是不悦，对他加以责备。胤礽听罢，反而“忿然大怒”，态度极为恶劣。尤使康熙皇帝感到问题严重的是，胤礽还每夜逼近行宫布城，从裂缝中向内窥视，使得康熙皇帝“昼夜戒慎，不得安宁，不知今日被鸩，或是明日遇害”[9]。于是康熙皇帝心头郁积多年的对皇太子失望不满的怒火再也压抑不住，康熙四十七年九月初四（1708年10月17日），在北巡返京途中，康熙皇帝颁诏，将皇太子胤礽拘禁并当众宣布其罪状。同日下令搜捕索额图之子格尔芬、阿尔吉善及其他太子党，情节严重者立即正法，枭首示众；其他大臣如杜默臣、阿进泰、苏赫陈等人，因罪行稍轻，也都流放盛京。尔后又率众急行进京。九月十六日进京当日，即召集诸王、贝勒、九卿、詹事、科道官员齐集午门内，宣谕拘执胤礽。十八日又为此遣官告祭天地、太庙、社稷。二十四日正式颁诏，告知天下，废黜胤礽，同时将胤礽本人由上驷院临时拘禁地移至咸安宫。至此，积累将近二十年的皇、储矛盾终于公开爆发，并导致康熙皇帝第一次废黜皇太子。



## 二、诸子争储

对康熙皇帝来说，皇、储矛盾的公开爆发是他的大不幸；可是对于康熙皇帝的其他皇子，皇太子胤礽被废，则又是他们的大幸。真是天赐良机，使他们拥有了争夺储位的机会！于是，为了争夺已经空缺出来的储位，他们一个个如同脱缰的野马，或者摩拳擦掌，赤膊上阵，或者暗施伎俩，玩弄阴谋，在康熙皇帝的心理创口上撒上一把又一把的盐巴和辣椒粉。在这一活动的初期阶段，最为活跃的是皇长子胤禔和皇八子胤禩。

皇长子胤禔生于康熙十一年（1672），比胤礽大两岁，因系庶出之子，故未立为皇太子。因此从他懂事时起，即将太子胤礽视为眼中钉、肉中刺，但因势单力孤，只能待机而发。其后随着年龄不断增长，康熙皇帝令其参与国务处理，他在国家政治生活中的地位开始上升。康熙皇帝三征噶尔丹时他皆被委以重任。康熙三十七年（1698）康熙皇帝特封他为直郡王。随着政治地位的上升，胤禔争夺储位的野心重新开始膨胀，经常飞短流长，造谣中伤，攻击皇太子胤礽。康熙四十年（1701）以降，康熙皇帝和皇太子胤礽之间的矛盾不断激化，这时，胤禔为了使康熙皇帝尽快废黜皇太子，大搞阴谋手段，找了一个名叫巴汉格隆的蒙古喇嘛，用旁门左道法术镇魇皇太子。康熙四十七年（1708）康熙皇帝在巡幸塞外期间拘禁皇太子，因为胤禔在诸皇子中年龄居长，即令他赶到自己身边，担任宿卫任务。这使胤禔大喜过望，产生错觉，以为时来运转，储君之位向自己招手了。殊不知，知子莫如父，康熙皇帝早就看透了胤禔的心思，在宣布废黜胤礽的同一天即明白宣谕："朕前命直郡王胤禔善护朕躬，并无欲立胤禔为皇太子之意。胤禔秉性急躁愚顽，岂可立为皇太子?"虽然康熙皇帝如此明谕，但胤禔却仍不死心，不断玩弄新的手法，企图使康熙皇帝回心转意，重新考虑。他一方面向康熙皇帝表示，我们兄弟等人，"嗣后同心合意，在皇父膝下安然度日"[10]，以骗取康熙皇帝的好感；另一方面又对废太子胤礽落井下石，于拘禁废太子胤礽时，向康熙皇帝提出："胤礽所行卑污，大失人心"，"今欲诛胤礽，不必出自皇父之手。"[11]对于废太子属下人等，他也利用康熙皇帝委派自己看管胤礽之机，肆行凌虐迫害。同时考虑到皇八子胤禩在诸皇子及满汉大臣中声望较高，是自己竞争储位的一个劲敌，他还向康熙皇帝揭发"相面人张明德曾相胤禩，后必大贵"，以使康熙皇帝的建储天平向自己一方倾斜。经康熙皇帝指派亲信调查审理，张明德为胤禩看相一事属实，张明德遂被凌迟处死。但胤禔的这些险恶居心也被康熙皇帝看穿，并当着诸皇子之面对其严加斥责："似此不谙君臣大义、不念父子至情之人，洵为乱臣贼子，天理国法，皆所不容!"[12]半个多月后，胤禔指使蒙古喇嘛巴汉格隆镇魇废太子胤礽的恶行也被揭发出来。康熙皇帝大怒，随即派遣侍卫纳拉善等搜检胤禔府邸，结果在十几处都挖出了镇魇物件，堪称铁证如山。胤禔之母惠妃得知胤禔的种种不端行为后十分恐惧，害怕康熙皇帝怪罪自己教子无方，为免受牵连，也向康熙皇帝揭发胤禔的不孝之举，请求治之以法。真可谓众叛亲离。胤禔的丑恶嘴脸暴露无遗。故而当年十一月初康熙皇帝计划再立储君时，首先即将胤禔排除在外，随即又下诏将其革除王爵，严加拘禁。康熙四十八年（1709）正月，康熙皇帝决定再立胤礽为皇太子时，考虑到胤禔年龄居长，能量大，活动范围也大，遂诏令对已在拘禁之中的胤禔进一步严加拘禁。当年四月，废太子胤礽复位一个月后，康熙皇帝布置了具体看守方案：第一，委派八旗章京十七人看守胤禔。这都是足堪信任之人，至于每日需用几人看守，须由十七位章京会议决定。如果值班章京不严加看守，即将看守者族诛，“断不姑宥”。第二，再派贝勒延寿、贝子苏努、公鄂飞、都统辛泰、护军统领图尔海、陈泰，“每日二员，不断看守”。至于如何安排护军看守，“着伊等公议”。另外，尽管负责的六位大臣有贝勒、贝子、公等，职衔、品位有高低之别，但在看守胤禔问题上，大家职权平等，“并无率领之人，俱系一体看守”，即不能一个人说了算，应执行集体决议。第三，由于胤禔“生性暴戾，乃不安静之人”，康熙皇帝又增派领侍卫内大臣等“不时巡察”，负责监督[13]。至此，胤禔退出历史舞台，一直处于监禁之中，直到雍正十二年（1734）死去。

皇太子胤礽被废之初，和皇长子胤禔一样觊觎储位甚力的还有一个皇八子胤禩。他生于康熙二十年（1681），生母是良妃卫氏。康熙三十五年（1696）他刚刚十六岁，即跟随康熙皇帝西征噶尔丹。以此之故，康熙三十七年（1698）他十八岁时即被封为贝勒，成为当时受封皇子中年龄最小的一个。他为人聪明，善于联络，康熙皇帝对他颇为宠爱，许多臣下也对他怀有好感。胤礽被废除四天之后，康熙皇帝便令胤禩领内务府总管一职，管理皇室事务。按照清朝常规，每当皇室内部发生诸如皇帝、皇太后去世等重大变故时，皇子或皇帝的兄弟才会受命主持内务府工作，因而这一任命使得胤禩产生错觉。在他看来，胤礽被废，胤禔被斥，而自己却被任以显职，这不是天赐良机吗？于是他加快了争储的步伐。而且由于他结交甚广，在康熙皇帝初废皇太子时，形势也一度对他极为有利。在他周围集结了一批王公大臣，如皇九子胤禟、皇十子胤䄉，皇十四子胤禵等。其中领侍卫内大臣阿灵阿系遏必隆之子，袭封一等公，他认为胤禩的生辰八字是庚戌己丑丁未壬辰，与前代帝王相同，因而忠心拥护胤禩。揆叙为明珠之子，因其父支持胤禔、攻击胤礽而遭到康熙皇帝的打击，故而改换门庭，拥护胤禩。康熙皇帝的哥哥裕亲王福全也曾称赞胤禩“心性好，不务矜夸”[14]。此外散秩大臣鄂伦岱、贝勒苏努、满族首席大学士马齐、汉人户部尚书王鸿绪、内务府苏州织造李煦等也都党附于皇八子胤禩，形成所谓皇八子集团。由于胤禩集团骨干多，影响大，气焰极为嚣张。

为了实现自己的争储野心，胤礽被废之初，胤禩以收买人心为主。他接任内务府总管后，负责审理前任内务府总管凌普贪赃枉法一案。凌普原为胤礽的乳母之夫，在他担任内务府总管期间，凭借皇太子的权势广收贿赂，其不法行为早已招致众人的愤恨，故胤礽被废之后，凌普也跟着锒铛入狱。胤禩接手此案后，认为这是收买人心的好机会，因而有意重罪轻处。胤禩的得意算盘是，这样从轻处理，不仅凌普对自己会感激涕零，而且胤礽手下的其他人也都会认为自己宽宏大量。由于胤禩在对凌普的处理上过于宽容和“心慈手软”，康熙皇帝甚觉不解，直到皇长子胤禔在他面前提及相面人张明德曾为胤禩看相，说他“丰神清逸，仁谊敦厚，福寿绵延，诚贵相也”[15]，日后一定大贵，康熙皇帝才顿时醒悟。联想到胤禩在清查凌普家财一案中的反常做法，康熙皇帝气愤地说：凌普贪婪至极，获取暴利，此皆人所共知，但时至今日，清查一案仍未了结，你们想如此蒙蔽朕躬，朕一定要砍掉你们的脑袋！八阿哥胤禩到处活动，妄博虚名，将朕所赐恩泽俱归功于自己，这简直是又出了一个皇太子！如果有人胆敢称赞八阿哥好的话，朕当即杀了他，朕的皇权岂容他人染指、践踏！

这样，由于胤禔的揭发，康熙皇帝一下子看清了胤禩的丑恶嘴脸，胤禩的所作所为与胤禔相比，是一暗一明，然而胤禩的计谋更加阴险，手段也更为狠毒。这使康熙皇帝感到这些皇子们过去就串通一气，联手对付胤礽；现在胤礽被废了，他们下一步的计划又会是什么呢？如果胤禔与胤禩二人“聚集党羽，杀害胤礽，其时但知逞其凶恶，岂暇计及朕躬有碍否耶”[16]？想到这些，康熙皇帝不寒而栗。为此，康熙皇帝对他们再次严加指斥，并以胤禩“柔奸性成，妄蓄大志……其党羽早相要结，谋害胤礽”等罪名，下令“将胤禩锁拿”，交予议政处审理[17]。不久，又革去其贝勒爵位。于是，胤禩的争储活动刚刚起步，便也遭到了严重的挫折。

如上所述，康熙皇帝册立皇太子导致皇、储矛盾已是一误；为此，在册立皇太子三十三年后，他下令废掉皇太子，没想到又出现了诸子争储的反常局面。这样，为了平息诸子争储的火焰，康熙皇帝又急不可待地决定再次立储。然而就在此时，由于他的错误决策，诸子争储的局面非但没有结束，反而使一大批朝臣也卷了进来。康熙四十七年（1708）十一月十四日，康熙皇帝召集满汉文武大臣齐集畅春园，面谕曰：朕的身体近来渐觉虚弱，人生难料，不知哪一天要闭上这双眼。但大清江山关系甚大，想来想去，找不到合适的代理人。皇太子关系甚大。你们都是我所信赖的大臣，现令你们共同商议，于诸皇子中举荐一人。大阿哥胤禔所行甚为乖谬，就不要举荐他了。除此之外，随便你们推举哪一个皇子，我都同意。但是在讨论中不得互相瞻顾，私下探听，同时，要注意让汉大臣畅所欲言。尔后，康熙皇帝又补充道：讨论此事，大学士马齐不必参加。

根据康熙皇帝的指示，文武大臣分班列坐，开始正式讨论。由于事关重大且出于突然，不少满汉大臣都认为："此事关系甚大，非人臣所当言，我等如何可以推举？"就在此时，保举胤禩的铁杆分子们一个个却活跃起来。先是领侍卫内大臣阿灵阿站起来说："刚才面奉谕旨，一定要推荐一个皇子。"随即鄂伦岱、揆叙、王鸿绪等人也群起附和，"私相计议"，"与诸大臣暗通消息，写'八阿哥'三字于纸，交内侍梁九功、李玉转奏"[18]。不一会儿，梁、李两内侍传出康熙皇帝谕旨："立皇太子之事关系甚大，你们应该认真讨论。八阿哥没有管过政事，近又获罪拘禁，而且其母家又出身微贱，不宜立为皇太子，你们还要对此认真考虑。"诸大臣见状，赶紧向梁、李两内侍说："此事甚大，本非臣等所能定。诸皇子皆聪明过人，臣等在外廷，不能悉知。臣等所仰赖者，惟我皇上。皇上如何指授，臣等无不一意遵行。"这样，康熙皇帝要求文武大臣推举皇太子，却又因难以推举，不得其人，了无结果而告终。

康熙皇帝始而令群臣推荐皇太子，继而又对推荐人予以否定，使得原来局限于皇室内部的矛盾进一步扩大到康熙皇帝和廷臣之间。由于众多大臣推举正在拘禁中的皇八子胤禩，这无异于向康熙皇帝显示了一次皇八子集团的阵容，如果让这种人做皇太子，岂不是自己又树立起一个强大的对手？因而此次会议之后，康熙皇帝便放下其他事情，一意追查推举胤禩的幕后主持人。查问结果，认定荐举胤禩为皇太子的策划者是其舅佟国维和大学士马齐。由于他们两人"默喻于众"，其他大臣"畏惧伊等"，方才"依阿立议"[19]。康熙皇帝遂对他们加以严厉斥责：胤禩尚在拘禁之中，其母又出身微贱，如今你们串通一气，阴谋拥立胤禩这样的人，用意究竟何在？难道是因为胤禩庸劣、不学无术，立他之后，你们就可以控制他，将他玩弄于股掌之上吗？如果这样，那么立皇太子之事，就应完全根据你们的意志决定，而不是由朕的旨意来决定了。据此，康熙皇帝对马齐等人做出处理决定，因为他"任用年久，不忍即诛"，"着即交胤禩，严行拘禁"[20]；"其同族职官及在部院人员俱革退；世袭之职，亦着除去，不准承袭。”之后不久，康熙皇帝又发现和中央离心力较大的下五旗王公也参加到这场争储活动之中来，于诸皇子之间“肆行其谗谮交构，机谋百出，凡事端之生，皆由五旗而起”[21]。这就更使康熙皇帝感到整个问题的严重性。为了防止这种混乱的局面进一步发展，结束诸子争储，避免使下五旗王公坐收渔翁之利，康熙皇帝决定再立胤礽为皇太子。

从胤礽于康熙四十七年（1708）九月被废至四十八年（1709）三月复出，是什么原因促使康熙皇帝在短短的半年时间，来了个一百八十度的大转弯，从而改变了对胤礽的看法呢？



首先，康熙皇帝对胤礽认识的逐渐转变是胤礽得以复出的一个重要的原因。康熙皇帝初废胤礽之时，简直是怒不可遏，废斥后的第六日，他说：“今皇太子所行若此，朕实不胜愤懑，至今六日，未尝安寝。”[22]但由于胤礽被废，皇、储对立暂时消失，一些事件的陆续发生及事件真相的渐次揭露，促使康熙皇帝前思后想，痛定思痛，从而对胤礽的认识逐渐发生变化。其一是康熙皇帝废掉皇太子之初，皇太子申诉：“皇父若说我别样的不是，事事都有，只弑逆的事，我实无此心。”[23]康熙皇帝听后，立即下令将胤礽项上的锁链解除。这些表明康熙皇帝也觉得自己与胤礽之间的关系尚未达到父子彻底决裂绝情的程度，前此自己确实过分看重了胤礽弑逆一事。其二是皇太子被废后，在诸皇子争储过程中，由于互相攻讦，他们对胤礽暗中迫害、造谣中伤的一些丑行逐渐暴露，也使康熙皇帝感到他们为胤礽罗列的多项罪状，“其中多属虚诬”[24]，尤其是胤禔镇魇皇太子胤礽事发后，康熙皇帝更将前此胤礽的一切不仁不孝的反常行为与之相联系，认为皆是胤禔加害所致。如废掉胤礽的当月，他即对内大臣、大学士、翰林官员等人说："近观胤礽所行之事，与众人大有不同，白天多沉睡不醒，夜晚才吃饭饮酒，而且喝几十大觥也不醉。每对越神明，则惊恐万状，不能成礼；一遇阴雨雷电，则灰心失望，不知所措；不安寝处，忽起忽坐，语言颠倒，如同患了狂躁之病症，又仿佛像有鬼物附体。"[25]十月十七日，当在胤禔府邸中搜查出一系列镇魇物件时，康熙皇帝说："朕从前将胤礽所做诸恶事，皆信以为实"，如今看来，"吾儿实被魇魅使然，这是确切无疑的了"。[26]从此，康熙皇帝开始同情、怜悯胤礽，并开始反思自己废弃胤礽所采取的行动了。为此，他万分追悔，思想负担十分沉重。日有所思，夜有所梦，他梦见已故祖母孝庄太皇太后远他而坐，一言不发，"颜色殊不乐"；他还梦见胤礽生母赫舍里氏欲言又止，面露难色，似乎想向自己倾诉胤礽的受冤情形。因而一个时期内他的精神几近崩溃，饭不甘味，寝不安席，而且无日不伤心落泪，身体也一天天消瘦下去。十月十九日在朝臣极力劝说下，康熙皇帝离开紫禁城，去南苑行围，途中又回忆起昔日"皇太子及诸阿哥随行之时，不禁伤怀"。于是康熙皇帝再也支撑不下去，二十三日就病倒了。大臣们不敢拖延，当即护驾返回宫中。回宫后，尚未得到安歇，康熙皇帝就传旨召见胤礽。父子相见，谁也没说什么，可是康熙皇帝却觉得病势减去了不少。不大工夫，康熙皇帝就令内侍传话给等候在外的大臣们，告之召见胤礽一事。他说："朕刚刚召见了废太子，从今以后，大家就不要再提以往之事了。胤礽现在安养于咸安宫中，每当朕想念他时，还可以随时再召见他。那样的话，朕胸中便不会有郁闷之感了。”这样，废弃皇太子之后，康熙皇帝与胤礽之间父子关系的重新弥合，使得胤礽复位得以成为可能。

其次，初废太子后诸皇子之间的争储活动导致了康熙皇帝重新立储。初废太子后，康熙皇帝并无尽快重新立储之意。为此，他告诫诸皇子：“诸阿哥中，如有钻营谋为皇太子者，即国之贼，法断不容！”然而他的这些话尚未落地，胤禔、胤禩等人的争储活动即已公开化。不久，又使外戚、贵胄以及不少朝臣也卷入其中，从而严重影响了政权机构的正常运转。为了平息诸皇子争储斗争的硝烟烈火，康熙皇帝认为必须迅速再立储君。至于立谁为太子，在他看来，胤礽仍是最合适的人选，最起码他的嫡长子身份就是堵塞众人之口最有力的理由。因为嫡长子继承大统的原则在中国已经实行两千多年，长期以来，嫡长子本身就是正统的象征，惟此一条就可以得到臣民的认可和拥戴。出于这种考虑，康熙皇帝决意复立胤礽为皇太子。

可是，作为君王废掉皇太子时没费太多周折，然而一旦想让胤礽复出，可就不像初立时那样容易了。怎样使人感觉不到自己是在出尔反尔？怎样使这个弯子转得自然？康熙皇帝颇费踌躇。经过反复思考，他想了这样一个方法：先将自己的意图含蓄地透露给个别在朝中威望素著的大臣，由这些大臣向在朝大学士、九卿吹风，然后再由康熙皇帝出面征求立储意见，由臣下奏请胤礽复位，自己再俯顺舆情，予以准奏，这样对自己、对胤礽、对廷臣都显得光彩体面。为此，康熙四十七年（1708）十一月十四日前，康熙皇帝特召曾经做过胤礽师傅的大学士李光地进宫，询问皇太子胤礽的病情，如何医治，方可痊愈。李光地回答：徐徐调治，天下之福。李光地的回答使得康熙皇帝非常满意，随即于十四日令诸臣推举新太子人选，同时还特别谕令不要推举皇长子胤禔，以堵塞参与会议的廷臣无嫡立长的传统思维方向；不许大学士马齐与会；谕令汉大臣畅所欲言，以突出李光地的号召力，并有意使汉大臣中建储立嫡的思想占据上风。然而，出乎康熙皇帝的预料，皇八子集团重要成员却乘此时机私相计议，胁迫其他大臣共同推举胤禩。而被康熙皇帝视为知己的李光地，为了少惹是非，竟然未向任何人透露康熙皇帝召见的内情，以至众大臣不知所归，缄口不语。情急之下，康熙皇帝令内侍梁九功、李玉当众传谕李光地："前几日，皇上召你入内殿，你曾有陈奏，为何今日一言不发？"李光地答道："那一天，圣上问臣废皇太子之病如何调治方可痊愈。臣曾奏言，徐徐调治，天下之福。臣未将圣上召见之事透露给其他人。"[27]至此，在场的大臣们恍然大悟，原来康熙皇帝已经意有所属，是想让臣工推举废太子胤礽，只是运作中间出了问题，众大臣不明皇帝意向所在，致使康熙皇帝处于十分尴尬的境地。

十一月十四日会议虽使康熙皇帝处境尴尬，但最后却使文武大臣明白了康熙皇帝的建储具体意向。这样，十五日，康熙皇帝又召科尔沁达尔汉亲王额驸班第、领侍卫内大臣、都统、护军统领、满大学士、尚书等人入宫，当众谕曰："皇太子胤礽前因被人魇魅，以致本性沦丧。因此，朕将他召至身边，加意调治，今已痊愈。朕原来在书上看到过魇魅之事，并不完全相信，今天才知道魇魅竟然可以使人真性泯没啊！”诸大臣异口同声奏道：“皇上对废太子病源了解得一清二楚，如今治疗已经痊愈，这实是国家之福、天下之福。请求皇上拿出主意，颁示谕旨。”[28]康熙皇帝遂令人当众宣读朱笔御书，其大略曰：“从前拘执胤礽时，朕并未与人商议，只认为理所当然，即将其逮捕拘禁，全国臣民都认为朕之所为正确。如今每每想起，总是有点放心不下。对其罪状深入查核，有的符合，有的又全不符合。何况其所患心疾已经逐渐好转，不但诸臣觉得可惜，朕也觉得可惜。现在他日渐痊愈，这是大家的福气。现在朕派人对他尽心护理，也经常加以教诲，使之不离朕身边。现在朕并不计划匆忙复立胤礽为皇太子，只是想让你们知道此事就可以了。朕可以向大家明确表示，胤礽对大家绝不会有报复的念头。”[29]



这是一份平反诏书，无异是胤礽复出的前奏曲，康熙皇帝要胤礽复位的意向已经极为明确。次日，康熙皇帝又召胤礽、诸皇子、科尔沁达尔汉亲王额驸班第、领侍卫内大臣、都统、护军统领等人入宫，进一步为胤礽辩解：“今观废皇太子，虽曾有暴怒殴打大臣之事，但并未致人于死，亦未干预国政”，“凡此等事，皆由胤禔魇魅所致。”康熙皇帝说完，随即当众释放胤礽，并让胤礽表示一下自己的态度。胤礽遂在众大臣面前表示：“皇父谕旨至圣至明，凡事俱我不善”；“我如记人之仇，不改正自己过错，天理不容！如今我也不再怀有任何非分之想。如果你们还希望让我当皇太子，那是万万不可的！”[30]

由于胤礽获得了新生，康熙皇帝心情特别愉快，不无感慨地说："朕遍览史书，自古以来，凡是遭废斥的太子，没有一个得到善终；然而，废弃皇太子的人君于事情过后也没有不后悔的。自从囚禁胤礽之后，朕心中每天都不能平静。特别是朕生病以后，更加想念胤礽，每召见一次，胸中疏快一次。"[31]尔后，又当着众人之面语重心长地对胤礽说：朕现今释放你，你应当感念朕恩；有人说你不好，你不要与之为仇。大凡规劝过你的人，就是你的恩人；对你阿附顺从的人，恰好正是陷你于非的人。列祖列宗留下的江山基业，你要百倍爱惜。殷商元老伊尹曾经放逐不理朝政的国王太甲，结果太甲悔过自责，尽改前非，成为一代明主。有过何妨？改了就好。今日在场的各位大臣都是我所简用，足堪信任，你要一心一意地依靠他们。你如果遵照朕这番话办事，固然是朕的福气，也是你的福气，亦是大家的福气。朕只希望你洗心革面，改弦易辙，努力学习性理诸书，以提高自己的道德修养。如果仍不悛改，重犯错误，那就是不可救药，自趋死路了[32]。

胤礽的复出使得最高统治集团各方的矛盾暂时得以缓解，康熙皇帝的心理压力顿时减轻，病情也迅速好转。康熙四十八年（1709）二月，复出后的胤礽又第一次随同皇父巡幸畿甸，开始参加朝廷中的活动。康熙皇帝看到再次立储的时机已经成熟，遂于同年三月初九日，遣官告祭天地、宗庙、社稷，复立胤礽为皇太子。次日又命大学士温达、李光地为正使，刑部尚书张廷枢、都察院左都御史穆和伦为副使，授胤礽皇太子册宝。同日以礼部尚书富宁安为正使，礼部侍郎铁图为副使，授皇太子妃册宝，复封其为皇太子妃。

其实，在康熙皇帝看来，胤礽并非理想的皇太子人选，只是因为形势所迫，他才不得已重新恢复其皇太子的地位。按照康熙皇帝的标准，皇太子最起码应具备以下三个条件：一要忠于皇父，不能另立中心；二要为人仁义，将来为政清明；三要孝友为怀，关爱皇父，友于兄弟。胤礽起初就是因为不具备这三条最基本的标准，才有了被废太子那段难忘的经历。然而，康熙皇帝面对诸子争储，心急如焚，在并没有做好充分准备的情况下，就急令众大臣举荐新太子，结果又出现了新问题，即众大臣保举皇八子胤禩。情急之中，康熙皇帝全盘托出自己的想法，胤礽才得以复出。之后，为使复出后的胤礽不再与自己在根本利益方面发生冲突，康熙皇帝先后采取了一些防范措施。



第一，为充分体现立废皇太子之权在于皇帝而不在于诸臣，对揣测上意、条陈保奏之人坚决打击。囚禁之中的胤礽被康熙皇帝频繁召见之后，朝中一些势利之徒开始揣摩康熙皇帝的心理，以为废太子有复立的可能，遂各上密折，加以保举。对此，早在康熙四十七年（1708）十一月初，他即表示："不少情况，外间小人不知内情，见朕召见废皇太子，即揣度与再立储君有关，因此而向废皇太子献殷勤，而条陈保奏，这些都十分错误。凡事都由朕来决定，那些依附废皇太子之人，不必高兴；不依附废皇太子之人，也不必担忧，朕自有主意。"[33]这次讲话表明，康熙皇帝绝不会让大权旁落，也不允许有人再依附胤礽，日后结成帮派，威胁皇权。因此，究竟立谁为皇太子，臣下不得插手干预，惟有康熙皇帝一人定夺。然而，充任风宪官的都察院左副都御史劳之辨却对康熙皇帝的讲话置之不理，于当年十二月上疏保举废皇太子胤礽，要求康熙皇帝从速颁布新诏，收回废太子的原来命令，敕令礼部选择吉日早正东宫，布告天下，以使天下人人尽知圣人举动，仁至义尽，大公无私。[34]当即遭到康熙皇帝的严厉斥责："将朕下旨已行之事作为己功，行事甚为奸诡。"[35]随即命革其职，逮赴刑部笞四十板，逐回原籍。劳之辨不仅自讨没趣，而且连乌纱帽都给丢了。

第二，胤礽此次复出是带有附加条件的，地位很不稳固。虽然康熙皇帝将胤礽的不法行为视为胤禔镇魇所致，因此对他有所原谅，但胤礽从前纠集党羽、威逼皇权的行动，康熙皇帝却记忆犹新。只是因为康熙皇帝重病缠身，兼之以出现了胤禔、胤禩争夺储位的新问题，康熙皇帝甚为无奈，方才"将不可册立之胤礽放出"[36]。为此，康熙皇帝在让胤礽复出填补空缺储位的同时，还多次对他加以告诫，警告他："如不改正过失，再犯以前已经犯过的罪行，无异于自暴自弃，自趋死路。"[37]康熙皇帝之所以这样讲，其目的仍是不想再为自己树立一个对立面。另外，胤礽复位东宫后，康熙皇帝对他仍不放心，每有巡幸，必令其随从，"使不得须臾离侧"，不使他有单独活动的机会，以免再发生什么变故。

第三，抬高诸皇子地位，限制储君权力。重立胤礽为皇太子的同时，康熙皇帝还大封诸皇子。封皇三子胤祉、皇四子胤禛、皇五子胤祺为亲王；皇七子胤祐、皇十子胤䄉为郡王；皇九子胤禟、皇十二子胤祹、皇十四子胤禵为贝子。康熙四十八年（1709）十月，又正式册封胤祉为诚亲王、胤禛为雍亲王、胤祺为恒亲王、胤祐为淳郡王、胤䄉为敦郡王。

由于诸皇子政治地位提高，使他们更有资本与胤礽进行斗争。所以康熙皇帝大封诸子，从某种意义上来说，也是为了限制储权。

但是胤礽复位之后，皇权与储权的斗争又重新开始，原先的太子党又重新集结在胤礽周围，侵吞康熙皇帝的权力。其党徒有步兵统领托合齐、兵部尚书耿额、刑部尚书齐世武、都统鄂缮、迓图、副都统悟礼等人，大学士嵩祝也倾向于胤礽。康熙皇帝对此深有察觉。康熙五十年（1711）十月，康熙皇帝在御临畅春园大西门内箭厅时对诸王、贝勒、贝子、公及文武大臣说："今国家大臣有为皇太子而援结朋党者，诸大臣皆朕擢用之人，受恩五十年矣，其党附皇太子者，意将何为耶?"并召鄂缮、耿额、齐世武查问，但他们都矢口否认结党。康熙皇帝不容他们抵赖。因为耿额原为索额图的家奴，康熙皇帝气愤地说："索额图之党竟不断绝，俱欲为索额图报复"，"若不惩治，将为国之乱阶矣!"[38]当场下诏将鄂缮、耿额、齐世武、悟礼锁拿审问。不过，在这次审问中，康熙皇帝并没有抓住他们结党的确凿证据。次年四月，户部书办沈天生等人串通户部员外郎伊尔赛，包揽湖滩事例额外多索银两案发后，词连齐世武、托合齐、耿额等人曾涉嫌太子党一案。康熙皇帝下诏令宗人府、内阁会同刑部详审，并特别谕示："若或巧辩，尔等即行刑讯。"结果查出齐世武受贿三千两，托合齐受贿二千四百两，耿额受贿一千两。为此，康熙皇帝对他们做出严肃处理，与主犯沈天生、伊尔赛一样，俱拟绞监候，秋后处决。与此同时，也开始对胤礽进行指责："诸事皆因胤礽。胤礽不仁不孝，徒以言语、货财嘱此辈贪得谄媚之人潜通消息，尤无耻之甚！”[39]皇、储矛盾又重新激化起来。

与此同时，储君与诸皇子之间的矛盾也重新激化。由于胤礽有过一次被废前科，在全国臣民中的形象已大大降低，因而在他复出之后，有意争储的各个皇子又都把矛头对准他，使他重新成为众矢之的；同时，由于他们刚受册封，地位提高，更不将太子放在眼里；此外，胤礽有过险被夺嫡的遭遇，故对众兄弟格外戒备，时刻提防。因此，他们彼此之间的裂痕远比过去加大了。可想而知，由于诸皇子明里暗中不断活动，胤礽的皇太子地位根本不可能稳固。尤其是诸皇子利用康熙皇帝对胤礽尚存疑虑，更是抓住这一时机不放。他们的党羽也蠢蠢欲动，为其主子站脚助威。如皇八子党人揆叙利用自己的家财，并串通阿灵阿，“合谋买嘱优童下贱，每于官民燕会之所，将二阿哥（即胤礽）肆行污蔑”[40]。所以，当时苏州、扬州等地都有“东宫虽复，将来恐也难定”的预言。被罢斥回江南老家的王鸿绪也说：“我京中常有密信来，东宫目下虽然复位，圣心犹在未定。”[41]各种各样的舆论严重影响了康熙皇帝的视听和决策，怎么能使康熙皇帝对胤礽产生良好印象呢？

再次，重新拥有权力和地位的胤礽，也不会审时度势，并没有吸取先前失败的教训，仍摆皇太子的派头，不仅常派家奴到各省富饶之区勒索贡物和美女，而且在饮食、服御、陈设方面，较之康熙皇帝“殆有倍之”，稍不满足，就向康熙皇帝诬告当事人。康熙皇帝出于“感悦其心，冀其迁善”的目的，凡其“欲责之人，朕无不责；欲处之人，朕无不处；欲逐之人，朕无不逐”，只是胤礽“所奏欲诛之人”，由于康熙皇帝施行仁政，而“朕不曾诛”[42]。如此一来，朝中臣工大都首鼠两端，莫衷一是：如若曲从皇太子，逢迎结党，被康熙皇帝访知，马上就会大祸临头；如若“倾心向主”，不肯曲从于皇太子，储君继位后也会遭到惩罚。因此，朝臣中流传着“两处总是一死”这句话[43]。所以胤礽的胡作非为，不仅严重影响了康熙皇帝的权威，而且还导致政出多门，政局出现混乱。

结果胤礽复立为皇太子不过三年时间，康熙皇帝就再也不能容忍了。“自释放皇太子以来，数年之间，朕之心思用尽，容颜清减。”康熙五十一年九月三十日（1712年10月29日），康熙皇帝以胤礽“自复立以来，狂疾未除，大失人心，祖宗宏业断不可托付此人”，将胤礽拘执看守[44]。十月下诏禁锢废太子胤礽于咸安宫。十一月十六日以再废太子事遣官告祭天地、太庙、社稷。从此，胤礽第二次成为阶下囚。

胤礽两次被废给了康熙皇帝以极深的教训。如果说在初废太子之际，康熙皇帝尚将此事简单归结为胤礽个人的“不仁不孝”，那么康熙五十一年（1712）再废太子之后，康熙皇帝已经意识到皇帝与储君、储君与诸皇子之间的矛盾和斗争，实际上是一场权位之争，这时的康熙皇帝已经发现，皇、储之间的矛盾所以不能根除，其根本原因就在于三十多年前自己所定的建储制度不完善，从而导致皇、储对立，储权侵犯皇权。此后，已经年逾花甲的康熙皇帝不仅更加关心自己身后继嗣的人选问题，而且更多地考虑采取什么样的方式册立合适的皇太子，通过什么方法处理好皇权和储权的关系。

## 三、艰难探索

康熙五十一年（1712）十月，胤礽再度被废后，康熙皇帝本人处境也十分被动。太子两立两废，变来变去，使得广大臣工对他的各种决定的正确性产生了怀疑，大大影响了自己的威信；同时，由于太子再度被废，诸皇子争夺储位的斗争又有复起之势。而就当时争夺储位颇用力的几个皇子看来，哪一个也不是理想的人选。如果勉强凑合，将其中一个立为皇太子，除了将会再给自己树立一个对立面之外，还可能引起更多的矛盾，决不会产生什么好的结果。面对这种形势，康熙皇帝极觉困惑，内心十分痛苦。为此，他前思后想，自己在立储过程中，究竟是什么地方、哪个环节出现了问题？怎样才能摆脱目前的困境？为什么太子幼小时是那样可爱，年龄一大，开始从政就变了模样？为什么一废太子，诸皇子就将平时温良恭俭让的行为弃置一旁，急不可耐地参加到争储活动之中来？为什么太子被废之后即显得既仁且孝，而一旦复出，就又变成一副凶恶嘴脸？由本朝而上溯前朝，他又发现，皇帝和储君的矛盾带有普遍性。为什么公开立储、立嫡立长见之儒家经典而人们却往往不遵守？是儒家经典不适用于实际政治，还是人心不古？如果说它不适用于实际政治，为什么两千年来帝王、士大夫以下皆奉为圭臬？如果说是人心不古，为什么在儒家经典产生之前及其产生的同时代，违犯儒家经典规定而行弑逆篡位之事又史不绝书？他对这些问题进行了极其艰难的探索。同时，为了防止自己的威信进一步下降，并制止诸皇子之间的争储斗争再度重演，康熙皇帝一反以前的立场，对于立储一事表示了相当消极的态度：禁言立储，并且不立皇太子。

虽然如此，眼见老皇帝年逾花甲，身体一日不如一日，臣下建言立储者还是大有人在。如康熙五十二年（1713）二月，再废太子不过四个月，左都御史赵申乔陈奏，“皇太子为国本，应行册立”[45]；康熙五十六年（1717）五月，又有大学士王掞密疏请立皇太子，“密折凡数千言”[46]；同年十一月，康熙皇帝重病之中，大学士王掞及御史陈嘉猷等人又再次上疏，请立皇太子。不久要求立储的队伍进一步扩大到了大学士、九卿，康熙五十七年（1718）正月，大学士、九卿等缮折具奏“皇太子系天下根本”，“现今题奏之事，即可命皇太子在皇上左右，禀承皇上谕示，赞襄办理，候圣躬大安，再亲几务”[47]；二月，又有九卿、詹事、科道等一般官员以立储一事缮折请旨；康熙六十年（1721）二、三月间，大学士王掞及监察御史陶彝等十二人又乘康熙皇帝在位六十年寿诞之际提出：“建储一事，尤为巨典，恳皇上独断宸衷，早定储位。”[48]而且由于受传统立嫡立长建储观念的影响，其中不少人的立储目标仍然是废太子胤礽。如康熙五十七年（1718）正月，康熙皇帝重病之中，翰林院检讨朱天保即在其父、原工部右侍郎朱都纳的唆使下公开上疏，请复立胤礽为皇太子。

对这些建言立储的臣工心理加以分析，大致可分为两种情况：一种是受传统立储观念影响过深，眼见康熙皇帝年老多病而又迟迟不立皇太子，对于大清王朝的未来前途表示忧虑。如康熙五十七年（1718）康熙皇帝大病之中八御史上疏请立储；康熙六十年（1721）三月，监察御史陶彝等十二人上疏请立储，大致都属于这种类型。另一种情况则是窥伺时机，进行政治投机。有的大臣看到康熙皇帝年迈体衰，余日无多，建储一事必定作为头等大事日夜加以考虑，因而千方百计地刺探消息，投其所好，以上疏请立储为名，推举在他们看来是康熙皇帝的意中人做皇太子，以博他日之荣华富贵。康熙五十二年（1713）春癸巳科会试考题为“放太甲于桐宫”。太甲是商汤之孙，即位后纵欲败度，大臣伊尹谏之不听，遂将其流放于桐。三年后太甲悔过，伊尹复将其迎归，授之以政，从而成为一代明主。看到这个题目，一些人欣喜若狂，自以为已经猜测到并洞悉了康熙皇帝的内心隐秘：原来康熙皇帝两废太子胤礽并非真废，而是他的一种教育方式，尔后再行传位啊！在这种投机心理的支配下，康熙五十六年（1717）和五十七年，大学士王掞、翰林院检讨朱天保先后上疏，请立皇太子。其中王掞奏疏虽颇含蓄，但康熙皇帝一看就知其意之所在；而朱天保的奏疏则不加任何掩饰，“请复立胤礽为皇太子”，并称其“圣而益圣，贤而益贤”[49]。

而此时此刻，已经吃尽了立太子苦头的康熙皇帝再也不想立皇太子了。最初对于臣下建言者，他还正面加以开导和解释，向他们介绍历史经验，说明不立太子比立太子天下更太平，立太子关系重大，必须慎重从事。同时他还注意到立太子之弊，认为如立太子，太子地位特殊，必然会产生骄纵奢侈恶习。再有，由于在皇帝之外另立中心，也影响国家事务的处理。如康熙五十二年（1713）在左都御史赵申乔疏奏立太子时，他就解释说：“宋仁宗三十年未立太子，我太祖皇帝并未预立皇太子，太宗皇帝亦未预立皇太子。汉、唐以来，太子幼冲，尚保无事；若太子年长，其左右群小结党营私，鲜有能无事者。……今众皇子学问、见识不后于人，但年俱长成，已经分封，其所属人员未有不各庇护其主者，即使立之，能保将来无事乎?”“建储大事，朕岂忘怀？但关系甚重，有未可轻立者。昔立胤礽为皇太子时，索额图怀私倡议，凡皇太子服御诸物俱用黄色，所定一切仪注几与朕相似，骄纵之渐，实由于此，索额图诚本朝第一罪人也。”“今欲立皇太子，必能以朕心为心者方可立之，岂宜轻举？……太子之为国本，朕岂不知？立非其人，关系匪轻。”[50]后来，康熙五十七年（1718）大学士、九卿疏请立储，他又诏令他们“裁定太子仪仗”，显然即使再立皇太子，也要对其权力、仪仗加以限制。再后来，康熙皇帝越来越倾向于不立皇太子，臣下建言立储者，不是寻找借口拖延不办，就是加以申斥，甚至还施以处罚。如康熙五十七年春，康熙皇帝因为身体不好，连遗诏都已预先公布，惟独对于立太子一事却绝口不提。这时继大学士、九卿之后，又有九卿、詹事、科道以立储事缮折请旨。对此，康熙皇帝非但不予采纳，反而指责臣下将立储大事视同儿戏，于皇太后丧期之中“乃将大庆之事渎请”[51]。康熙六十年（1721）三月，大学士王掞及监察御史陶彝等十二人再次建言立储，康熙皇帝又大发雷霆，指斥王掞“意欲动摇清朝”，并威胁他们说:“朕并无诛戮大臣之意，大臣自取其死，朕亦无如之何。”[52]尔后又将王掞之子王奕清以及其他所有建言者一并作为额外章京发往西陲。

对于怀有个人动机而疏请立储者，康熙皇帝更加不能容忍。康熙五十七年（1718）春，翰林院检讨朱天保在其父朱都纳唆使下上疏要求复立胤礽为皇太子。事发后康熙皇帝亲加刑讯，了解到他们“希图侥幸，取大富贵”，即刻将朱天保、戴保正法，其父朱都纳等人犯永远枷示，“伊等妻子，俱入官”[53]。对于大学士王掞，因为职位尊崇，不便加诛，康熙皇帝也一再追问其奏疏是否泄露于人，是否有意进行政治投机，并利用一切机会对其本人甚至其先祖都加以指斥。同时针对这些建言臣工提出的“命皇太子在皇上左右，禀承皇上指示，赞襄办理”的建议，他也严词拒绝，明白表示：“天无二日，民无二主，天下之事，岂可分理乎？”[54]对于臣下普遍关心的他身后的具体继嗣人选，他也只是笼统地表示：“朕万年后，必择一坚固可托之人，与尔等做主，必令尔等倾心悦服，断不致赔累尔诸臣也。”[55]但他所定的储君究竟是谁，十来年的时间里，他一直没有公开。

总之，在处理臣下建言立储问题上和处理其他问题大大相反，康熙皇帝的态度一直十分固执，甚至还给人以专横之感，但不可否认的是，由于他的这一态度，和康熙五十一年（1712）前皇、储矛盾，诸子争储所导致的混乱局面相反，整整十年的时间里，政局反而安定下来。可以说通过与臣工传统立储观念的斗争，康熙皇帝逐渐意识到以前立、废太子各种做法的错误，并就此进行了艰难的探索，萌发了秘密立储的思想火花。只是由于时代和环境局限，他的这些思想火花未臻成熟。然而雍正皇帝继位后，却将这一可贵的思想火花捕捉过来，并将其加以发展，制定了颇为健全的秘密立储制度，从而为清朝统治的长治久安和中国古代立储思想和制度的发展都做出了重要的贡献。

康熙五十一年（1712）再废太子后，在康熙皇帝禁言立储并进行艰苦探索的同时，由于康熙皇帝年已老迈，面对已经空缺的储位和即将空缺出来的皇位，诸皇子无不垂涎三尺，并再次积极投入营求储位的争斗之中。不只原先争储斗争中失利的废太子胤礽、皇八子胤禩如此，即使原先未曾公开营求储位的皇三子胤祉、皇四子胤禛、皇九子胤禟、皇十四子胤禵也都先后参加到这一行列中来。鉴于康熙皇帝一再禁止诸皇子营求储位，他们活动大多十分秘密。其中废太子胤礽是这一队伍中的重要成员。康熙五十四年（1715）准噶尔台吉策妄阿拉布坦兴兵内犯，康熙皇帝以富宁安督兵往讨。胤礽得知此事后，即在囚所用矾水写信，通过为其福晋看病的医生贺孟頫转交正红旗满都统、公普奇，希望他出面向康熙皇帝保举自己为大将军，率兵西征，以图东山再起。与此同时，因此前哲布尊丹巴呼图克图曾经说过他“灾星未脱”，因而他也经常打听哲布尊丹巴何时来京。当年十一月，他的这些活动被揭发出来，康熙皇帝即刻将贺孟頫处斩监候，普奇照前拘禁。其后又利用一切机会对胤礽多次加以指责，表示无意再立胤礽。他说：“二阿哥两次立为皇太子，教训数十年不能成就。朕为宗社及朕身计，故严行禁锢。所以不杀者，恐如汉武帝之后悔，致后人滋以口舌也。朕并无可悔之处，见今时常派人探视，赉赐嘉物，其子朕为抚养，凡此皆父子私情，不能自已，所谓姑息之爱也，人何得以此生疑也？”[56]因此尽管胤礽活动甚为积极，又担任储君多年，有着一定的影响，不少大臣也为他复出四处奔走，但三十多年来，他的所作所为早已使康熙皇帝伤透了心，他的谋求恢复储位的活动最终仍以失败而告终。

初废太子之后，皇八子胤禩曾是争储斗争中的主要角色。后来虽因遭到康熙皇帝的打击而有所收敛，但是，康熙皇帝再废太子又给他注射了一针兴奋剂。在他看来，他有被廷臣推举为皇太子的光荣历史，胤礽再度被废，储位当非他莫属。因此，康熙皇帝再废太子之初，他就试探着问康熙皇帝："我今如何行走，情愿卧病不起。"[57]初废太子后，康熙皇帝本来是为了防止胤禩争夺储位而将胤礽复立为皇太子，现在胤禩又存此非分之想，康熙皇帝当即对他严加指斥："尔不过是一贝勒，何得奏此越分之语以试朕乎？伊以贝勒存此越分之想，探视朕躬，妄行陈奏，岂非大奸大邪乎？"[58]为图报复，在康熙皇帝外出打猎时，胤禩不但不赶赴随行侍候，反而遣人向康熙皇帝进上"将毙之鹰"，把康熙皇帝气得要死，对他进行了更加严厉的公开指责，说他是"辛者库贱妇所生，自幼心高阴险"；再次废掉太子之后，"仍望遂其初念，与乱臣贼子等结成党羽，密行险奸，谓朕年已老迈，岁月无多，及至不讳，伊曾为人所保，谁敢争执？遂自谓可保无虞矣"。康熙皇帝还将胤礽和胤禩作了一番比较，说："二阿哥悖逆，屡失人心，胤禩则屡结人心"，"此人之险，实百倍于二阿哥也！"并因此担心，"朕恐后日必有行同狗彘之阿哥，仰赖其恩，为之兴兵构难，逼朕逊位而立胤禩者。若果如此，朕惟有含笑而殁已耳。"[59]他气愤地表示："自此朕与胤禩父子之恩绝矣！"同时他还对胤禩本人及其党羽分别打击和处罚，将胤禩的奶公雅齐布夫妇捕拿正法，胤禩手下太监冯进朝等人也被当众夹讯。康熙五十四年（1715）正月，康熙皇帝又以胤禩"行止卑污，凡行走处俱懒惰不赴”而停发他及其属下护卫官员的俸银俸米[60]；同年十一月，又以胤禩与其门客何焯往来诡秘，超逾常格，将何焯的翰林院编修并进士、举人头衔一概革去[61]。在康熙皇帝的打击下，胤禩争储的活动由公开转入秘密。他依靠死党，到处拉拢人，并散布自己生辰八字是庚戌、己丑、丁未、壬辰，与前代帝王相同，有君主福分。虽然如此，但由于康熙皇帝对他一直极为厌恶，因而不但在考虑立储对象时将他排除在外，而且还对他防范备至。尽管他活动十分积极，但也只是无望的努力。

随着形势发展，在康熙皇帝的严厉打击下，胤禩集团开始发生分化。原先皇九子胤禟、皇十四子胤禵都支持胤禩争储并为此而四处奔走。康熙五十二年（1713）再废太子后，眼见胤禩一再遭到康熙皇帝打击，争储无望，同时他们自己也都长大成人，野心膨胀，从而开始了各自营求储位的活动。如太子再废之初，胤禟即对其亲信何图说：“我初生时，有些奇处，妃娘娘曾梦日入怀，又梦见北斗神降。虽然如此，我心甚淡。”并要求亲信为他物色人才，说：“人材难得，你该为我留心。”[62]康熙五十六年（1717）十二月，皇太后病重，康熙皇帝忙得焦头烂额，胤禟却装病不参加护理，暗中继续做着他的皇帝梦，对他的亲信、西洋人穆经远说：“外面的人都说我和八爷（胤禩）、十四爷（胤禵）三人里头有一个立皇太子，大约在我的身上居多些。我不愿坐天下，所以我装了病。”[63]同时他还收买太监陈福、李增，暗中伺察康熙皇帝动静，并令穆经远代表自己向四川巡抚年羹尧送荷包，说：“胤禟相貌大有福气，将来必定要做皇太子的，皇上看他也很重。”[64]他的门客、礼科给事中秦道然也常在外面散布他的主公“为人宽宏大量，慈祥恺悌”[65]。虽然如此，由于他年纪轻，在争储斗争中起步较晚，势力很小，影响也不大，因而更多的情况下，他是附和胤禩、胤禵，企图在他们当上皇太子或者继位为君后，自己能捞取较多的实惠。

在康熙皇帝再废太子后争夺储位的斗争中，值得注意的是皇十四子胤禵。胤禵生于康熙二十七年（1688），与皇四子胤禛同母。康熙初废太子时，他的年龄不过二十，只是胤禩的一个附和者。再废太子后，眼见原先有望立为储君的胤禔、胤禩，不是遭到囚禁，就是受到指责，他心中萌发了希望之火并进行了谋夺储位的活动。为了争取在朝官员的支持，他礼贤下士，广泛联络，对于一些有影响的人物，如大学士李光地的门人陈万策，他还“待以高坐，呼以先生”，因而在当时社会上博得了“十四爷礼贤下士”[66]的声誉。康熙五十七年（1718）策妄阿拉布坦入侵西藏又给了他一个崭露头角的机会，当年十月，康熙皇帝任命他为抚远大将军，率兵西征。为了扩大影响，对敌方形成心理压力，胤禵率军出发前，康熙皇帝亲往堂子行告祭礼，尔后，又于出师之日在太和殿向胤禵授大将军敕印，并命其乘马出天安门，诸王及二品以上文武官员齐至德胜门军营送行。同时，康熙皇帝还特准他“用正黄旗旗纛，照依王纛式样”[67]，在军中称“大将军王”。自康熙初年以来，从来没有一个皇子膺此殊荣，因而，原先他的一党胤禩、胤禟皆认为储位非他莫属，个个兴高采烈，欣喜若狂。其间，胤禟还多次前往胤禵家，向他祝贺并赠送银两，嘱其“早成大功，得立为皇太子”。胤禟还对他的亲信秦道然等人称赞胤禵“才德双全，我兄弟内皆不如，将来必大贵”；“十四爷现今出兵，皇上看得很重，将来这皇太子一定是他”；又说：“十四爷若得立皇太子，必然听我几分话。”胤禵本人也自居不疑，他说：“皇父年高，皇太子这个差使想来是我的。”为了及时掌握京师动静，以便采取行动，临行前他还对胤禟说：“皇父年高，好好歹歹，你须时常给我信儿。”[68]到达西北军营后，胤禵继续招贤纳士，数次派人礼聘著名学者李塨。同时，出于对自己前途的关心，他还通过陕西临洮知府王景灏的安排，请来算命人张瞎子为自己算命。张瞎子当面奉承他的命相是“元武当权，贵不可言，将来定有九五之尊运气，到三十九岁就大贵了”[69]。胤禵更加高兴，特地赏银二十两。康熙五十九年（1720）胤禵督率大军入藏，建立了卓越的功勋。但在次年回朝入觐时，康熙皇帝并未将他册立为皇太子，而是令他再回军营，继续经营西疆。胤禵本人“立了大功，早正储位”之愿未遂，甚觉不悦。其党人也颇感失望，并说：“皇父明是不要十四阿哥成功，恐怕成功后难于安顿他。”[70]所有这些史料证明，再废太子之后，皇十四子胤禵也参加到争储斗争之中，且是其中最为积极的一个。



在当时诸皇子争夺储位的斗争中，还有一个不大引人注意的角色是皇三子诚亲王胤祉。康熙初废太子之前，他即开始盛邀康熙皇帝至他府邸进宴。但当时，他和皇太子胤礽关系较好，大约不会有什么非分之想。盛邀康熙皇帝赴宴，一是作为年长皇子看到父亲心境不好，为其抒心开怀，以尽人子之情；二是如有机会，也为康熙皇帝和胤礽父子之间矛盾做些调和工作。康熙五十一年（1712）再废太子，前此，皇长子胤禔即已拘禁，在当时诸皇子中，胤祉以齿序长，按照传统建储观念，有嫡立嫡，无嫡立长，皇太子自然非他莫属。大约出于这种心理，他也“希冀储位”，“以储君自命”[71]。但是他实在有点大意，更兼又是一个文化人，康熙五十二年（1713）康熙皇帝开馆畅春园蒙养斋，命他负责编修律吕、算法诸书，他就一头扎进书堆之中。他的这种态度，虽然得康熙皇帝欣赏，但却耽误了不少时光，使得他在争储斗争中成为最小的一支势力。尔后在他发觉这一问题时，又派属下孟光祖打着他的旗号，到山西、陕西、四川、湖广、广西等省活动，向各地官员赠送礼物，进行拉票活动。因为方法过于笨拙，不久便被察觉。康熙皇帝虽然气恼，但如果依例处理，那么他的所有成年儿子就没有一个好人了。兼之胤祉平素尚颇老实本分，康熙皇帝原谅了他，只将孟光祖处死了事。虽然如此，他的这个把柄却被他的政敌胤禛死死攥住不放，在胤禛即位后，即以此作为主要罪状，将他圈禁至死。

上述诸皇子虽皆希冀获得储位并都参加了康熙末年的争储斗争，然而他们大都急功近利，志大才疏，不但没有切实可行的行动方案，而且举止张狂。和他们相比，皇四子胤禛则大有超越。在诸皇子争储斗争十分激烈之时，他的活动积极程度绝不亚于他人，但是“善用兵者隐其形”，他的一切活动都十分秘密，不仅康熙皇帝始终未能察觉，就是其他皇子也被蒙在鼓里。同时他还制定了一套谋夺储位的详细的纲领、计划、策略和措施，分别从几个方面入手，没有任何漏洞。一俟时机成熟，这个平时“静若处子”的雍亲王即刻“动如脱兔”，从而在诸皇子角逐储位的斗争中获取了最后的胜利。他的这些活动，本书将以“雍正继位”为题专节介绍，此处不再赘述。

综观再废太子后的政局，可以看出，一是康熙皇帝对自己以前立储活动中的错误做法有所认识并加以修正，禁言建储，不立皇太子。这些都标志着经过多次挫折之后，康熙皇帝的立储思想达到了一个新境界、新高度，但是由于受时代局限和传统建储观念影响过深，他的这种新认识还颇为模糊，不能彻底解决现实问题。二是诸皇子谋夺储位的活动有加无已，而且大多还是秘密进行，令人很难彻底查清。于是，繁忙的国务处理、艰难的理论探索以及时刻提防诸皇子的暗中非法活动，成为康熙皇帝最后十年活动的主要内容。所有这些都使原已因立、废太子而受到严重创伤的康熙皇帝的心理和身体进一步受到伤害。早在初废太子之后，康熙皇帝即“六夕不能安寝”，后来又连病数月，虽经多方调治，身体有所恢复，但由于日夜忧心，至康熙五十年代初，行年尚未到六十，却已须发皆白，身上病症也越来越多。康熙五十年（1711）五月，康熙皇帝北巡塞外，即自京师抱病而出，令人扶掖而行。康熙五十四年（1715）时，康熙皇帝因病右手不能写字，只能左手批折。康熙五十六年（1717）秋，康熙皇帝精神亦大不如前。据他自称：“朕近日精神渐不如前，凡事易忘，向有怔忡之症，每一举发，愈觉迷晕。”十一月初，又增腿膝疼痛，并因感受风寒而咳嗽声哑。这时，这个临御天下近六十年的老皇帝已觉得自己来日无多，对于前途也颇为悲观。他深怕自己的几个儿子乘他生病之机矫传皇太后懿旨而行逼宫之举；他也想到这些斗红了眼的儿子们会不会给他进鸩毒，尔后再伪撰诏书，行篡位之举；或者在他死后，将他的尸体置于乾清宫内而束甲相攻。为了维护他的一世英名，他希望死得光明磊落，而不能不明不白。他需要向广大臣民袒露心迹，对自己一生做一个总结，然后诏谕天下，让天下臣民后世对自己的一生有一个客观的评价。为此，早在初废太子后，他即随想随记，积之十年，至康熙五十六年十一月二十一日，在大病之中，他将诸皇子、满汉大学士、学士、九卿、詹事、科道等官员齐召至乾清宫东暖阁，颁布了情辞恳切的长篇谕旨。为了使读者了解康熙皇帝当时的心情，特译成白话，全文载录如下：

我在年轻时身体十分健壮，从不知道什么叫生病。今年春天，才得了头晕之症，身体渐显消瘦。秋天时，我行围塞外，蒙古地方水土很好，因而精力渐觉充沛，面容也逐渐丰满起来。每天骑马射箭，都不觉得疲劳。回到北京后，因为皇太后身患重病，我日夜忧劳，头晕之症又不时发作。心中有许多话，想向你们说，所以特将你们召至加以面谕。

从来帝王治理天下，没有不把尊敬上天、效法祖宗作为首要之事。敬天法祖的主要内容就是使远近宾服，让人民休养生息，让百姓普遍享受四海之利。而做君主的则要以百姓愿望作为自己的愿望，体恤群臣，子育万民，在国家没有危险时即注意加以保护，在天下未乱时即不懈地孜孜求治。不分昼夜，尽心尽力。宽严交相为用，互相补充。施政中既讲原则，又不失灵活，以图国家长治久安。

自古以来各朝，以我大清取得天下最为名正言顺。我太祖、太宗起初并无取天下之心。太宗皇帝曾经率兵至北京附近，许多大臣都要求攻而取之，太宗皇帝劝止他们说，明朝和我朝虽然平素关系不好，而且目下攻之也甚为容易，但考虑到它是中原之主，因而不忍心攻取。后来，流贼李自成攻破北京，崇祯皇帝上吊自杀，不少臣民纷纷来迎我师入关。不得已，我朝才发兵入关，剿灭李自成，入主中原。秦朝末年，项羽起兵反秦，尔后却统一于西汉，起初，汉高祖不过是泗上一个亭长而已；元末，陈友谅等纷然起兵，后来却统一于明朝，起初，明太祖不过是皇觉寺的一个和尚。我朝上靠祖宗福荫，下顺百姓意愿，从而统一全国。可见，李闯王、张献忠等乱臣贼子起兵作乱，不过是为我朝统一创造条件罢了。

现在我已年将七十，在位也已五十多年了。之所以如此，实在是上天、祖宗暗加佑护而不是我有什么德行啊！我自幼读书，对于古今道理粗略通晓。大凡帝王，各有天命和一定的福分，凡应得高寿者不能使之不享高寿，凡应享太平者不能使之不享太平。从黄帝甲子年迄今，共四千三百五十余年，其间称帝者有三百多人。但由于史料湮没，三代之事或不可全信。而秦始皇元年迄今，共一千九百六十余年，称帝而有年号者二百一十一人。在这二百一十多个帝王中，在位时间最长的就数我了。古代哲人一般都不吹嘘自己并适可而止，以保全始终。三代以后，一些帝王在位时间虽长却未留下什么好名声，一些帝王又因寿命太短而不知民间之疾苦。我的岁数很大，在位时间又长，不知后世之人对我如何评说。而就目前之事来看，又实在可以使人痛哭流涕。为此，我预先随笔自记，尚且十分担心天下之人不知我的苦衷啊！

自古以来帝王多以死为讳。后人读起他们的遗诏，觉得不像是本人的语气，并不是他们想说的话。这些大多都是他们弥留之际，神智昏聩，心腹大臣捉刀代笔所为。我则不然，现在就让你们知道我的肺腑。我在位二十年时，没有想到会活到在位三十年；在位三十年时，没有想到会活到在位四十年，现在我已在位五十七年了。《尚书·洪范》篇所载五福，一是高寿，二是富有，三是康宁，四是好德，五是善终。五福之中，以善终列于最后，是因其非常难以达到啊！现在我年已将近七十，儿子、孙子、曾孙总共一百多个，天下也大致安定，即使未能完全移风易俗、家给人足，但几十年来孜孜求治，小心谨慎，从未松懈，数十年如一日。这些，怎么能用“劳苦”两字简单加以概括？不少前代帝王短命而死，史家论及，一般都说他们奢侈腐化，贪于酒色所致。这些都是后代书生随意加以讥讽，以致不少品行优秀的帝王，也被他们说得一无是处。我现在为那些前代帝王说句公道话：他们所以早夭，实在是因为治理天下任务十分繁重，身体无法承受的缘故啊！诸葛亮说：“鞠躬尽瘁，死而后已。”能够履行这句话的臣下，只有一个诸葛亮；而作为帝王，肩负至重，无法推卸，哪里是臣下所能比拟的呢？臣下愿做官就可以做官，不愿做官也可以挂冠而去，年老退休回家，抱子弄孙，还可以过一段自在生活。而做国君的却没有此等福分，勤苦一生，从无休息。大舜虽称无为而治，但却于巡幸途中死于苍梧；大禹一生更是忙碌，以致手脚都长了厚茧，最后死在会稽。这样勤政，四处巡幸，不能有一天休息，哪里能说是崇尚无为、清静自持呢？从前人们常说，帝王当抓关键，而不必事事都抓，我以为不然。一件事不谨慎，就会给天下治理造成影响；一会儿不谨慎，也许会造成长期祸患；小事不注意，很可能影响全局。因此，我办每件事都细心谨慎，不敢贪图清闲。如果今天留下一两件事不办，明天就多了一两件事；如果明天再图安闲，所积事务会越来越多。而国家事务，件件重要，哪里能拖延不办呢？因而我处理政务，无论大小，即使奏章内有一字错误，也加以改正之后才予以发出。处理政务时不敢马虎大意，是我的老习惯。五十多年来，经常是先事防患于未然。四海之内的百姓，普遍对我加以称颂，感戴我的恩德，哪里能只抓大事、不办小事呢？

我自幼身体强壮，能够拉开十五力的硬弓，并能连续射出十三把箭。对用兵征战，我也十分在行，然而平生没有随便杀过一个人。平定三藩，扫定噶尔丹，都是我一手安排。国库帑银，如果不是出兵打仗或者赈济灾民，从不敢随意花费，因为这都是百姓的血汗啊！各处巡狩行宫，也十分朴素，每处花费，不过一二万两银子，和河工建设每次要花三百万两白银相比较，不到百分之一。自幼读书，就知道应该戒防酒色，不接近小人，因而到老也没出什么毛病。但自康熙四十七年大病之后过度地伤耗精神，渐觉不及往时；再加上日理万机，都由我一人决定，经常感到心力不济，十分担心发生意外，而自己要说的话说不出来，岂不遗憾！所以我先在神智清晰之际一一说出，对自己一生为人行事加以总结，岂不是很高兴的事情吗？

凡人有生就有死，这是符合圣贤之道的大道理，并没有什么可以恐惧的。近来我身体多病，心神恍惚，身体十分疲惫，起卧行走，如无人扶持就感到困难。当年我的志向是以天下为己任，并想做到生命不息，奋进不已。现在我身患重病，怔忡健忘，心中十分害怕处理事务时以是为非，办错了事。我已为治理天下耗尽了心血，现在身体不好，吃得少，事情多，哪里能活多久？再加上天下承平已久，人习晏安，说不定哪一天国家要出大乱子。那时，我即使心有余也恐力不足，无法振作，而呻吟床榻，就是死了也感到遗憾。从前梁武帝也是个创业英雄，但至晚年为侯景所逼，最后死于台城。隋文帝也是个开创之主，但由于不知他的儿子杨广的品行，最后不得善终。又如历史上不少弑君先例，如服食毒饼，烛影斧声，都是因为事先没有发觉，从而对国计民生产生了巨大危害。从前汉高祖传遗命于吕后，唐太宗定储位征求长孙无忌的意见。如此大事，不自己做主，而是问计于人。我一看到这些，就替他们感到耻辱。如果说现在有什么奸小之辈，企图在我病危之际废立自专，以期捞取荣华富贵，只要我一息尚存，是绝不肯放过这些家伙的。

我虽身为帝王，但是出生和成长过程中都没有什么异于常人之处。因而从八岁即位，至今五十七年，从来不许别人妄言符瑞、祯祥。至于史册所载什么景星、庆云、麟凤、灵芝之类，以及于殿前焚珠玉、天书降于庭，更都是欺世之谈，我所不取，只是实实在在地处理国家政事而已。近来臣下奏请建立储君，分理国事，无非都是怕我死去。死生是人之常情，我并不忌讳，只是天下大权当统于一人之手。十年以来，我将自己一生为人行事、所思所想都亲笔书写，严加封存，至今尚未写完。像立储这样的大事，我哪里会忘记呢？君主责任重大，如果让我放下这副担子，好好休息，肯定可以增加年寿。你们都受我深恩，有什么法子让我放下这个担子啊？我现在心血耗尽，勉强支持，万一耽误国家大事，五十七年来的一切努力都将付诸东流，岂不可惜？这些都是我的肺腑之言。每次看到老臣引年乞休，我都要落泪。你们还有退休之日，我什么时候才能休息呢？只要让我休息十天半月，身体略为复原，我的高兴心情，哪里是言语所能形容的呢？如果那样，我再活上几十年，达到宋高宗那样的岁数，也是可能的。我到五十七岁时才有几根白胡须，有的人向我进献乌须药。我笑着推辞道，从古以来，历代帝王能活到长出白胡须的有几个人？如果我须发皆白，不是千秋佳话吗？康熙初年和我一同在朝的如今已经一个人也没有了，后进新升之臣下，也大都白了头发。我在位时间已经够长了，应该知足了。我位居天下之首，占有四海之富，无所不有，没有尚未经历过的事情。到了老年，一刻也不能休息。在我看来，扔掉这个君位不过像脱掉一双旧鞋，放弃富贵荣华就像扔掉一把沙土。如果在我有生之年天下太平，我的意愿即已满足。希望你们大小臣工千万不要忘记我这个五十余年太平天子的反复叮咛，那么，我一生中便再无他求了。

这道谕旨我已准备了十年之久，如果将来有什么遗诏，也无非就是这些话。我把心里话都毫无保留地掏给你们，此后我就不再重复了。[72]

此道谕旨颁布之后，因为又逢皇太后病重去世，康熙皇帝忧劳焦急，身体更加消瘦，双脚浮肿，病卧床上七十余日，不能行走。一直到次年春季，气候渐暖，病情始显好转，开始处理各种国务。虽然如此，但毕竟老境来临，总的情况是一年不如一年，如康熙五十七年（1718）时，康熙皇帝说自己稍微早起就“手颤头摇，观瞻不雅，或遇心跳之时，容颜顿改”。康熙五十八年（1719）四月，他又说自己“气血渐衰，精神渐减，办事颇觉疲惫，写字手亦渐颤”，当年冬至祭天，因足疾未愈，诏令皇三子诚亲王胤祉代行祭天之礼。康熙六十年（1721）春，更增“易倦善忘”之症。冬至祀天，又下诏命皇四子雍亲王胤禛代行礼。尽管如此，康熙皇帝仍然一本初衷，鞠躬尽瘁，死而后已，于康熙六十一年（1722）春巡视畿甸，察吏安民；夏天又北巡塞北；九月底回到北京后，又忙于处理各种政务。就是在疾病折磨和繁忙的政务处理中，康熙皇帝一步一步地走近了自己生命的终点线。

康熙六十一年（1722）十月二十一日，巡视塞北返京不过二十几天，康熙皇帝又赶往南苑行围。因为多日劳累，身体更加虚弱，兼以时值隆冬，气候寒冷，康熙皇帝感受风寒。十一月初七日康熙皇帝回驻畅春园治疗疾病。按照惯例，十一月十五日冬至节时，康熙皇帝须亲往南郊举行祀天大典。因为生病，他下诏命皇四子胤禛代行祀典并令其预先斋戒。多年以来，康熙皇帝一直疾病缠身，却都闯了过来，因而对于此次伤风并未在意，而是照常处理各种政务。这月初十、十一、十二，胤禛在斋戒期间，曾经连日派遣太监、侍卫问候康熙皇帝病情，他也只是随随便便地回答“朕体稍愈”。谁知就是这点大意断送了他的性命。十二日深夜，康熙皇帝病情急剧恶化。夜半刚过，急召皇四子胤禛于斋所，命其速赴畅春园，南郊祀典改派公吴尔占恭代行。同时又召皇三子诚亲王胤祉、皇七子淳郡王胤祐、皇八子贝勒胤禩、皇九子贝勒胤禟、皇十子敦郡王胤䄉、皇十二子贝勒胤裪、皇十三子胤祥、理藩院尚书隆科多等人齐至御榻之侧，将多年以来秘而不宣的立储人选告诉了他们，谕令他们说：“皇四子胤禛人品贵重，为人行事都符合朕的心愿，一定能够挑起治理天下的重担。兹以他继朕为君，即皇帝之位。”这些话刚刚说完，皇四子胤禛也自斋所赶至，趋前请安。康熙皇帝又告以数日以来自己病势日增之况。眼见皇父已被疾病折磨得奄奄一息，十分痛苦，胤禛饱含热泪，对皇父进行了一番劝慰。至十三日（1722年12月20日）子时，这个为大清王朝的昌盛和繁荣奋斗六十多年的一代英主康熙皇帝，满怀着对他的江山和子民的无限眷恋之情告别了人世，在位六十二年，终年六十九岁。

当夜，在康熙皇帝诸子与理藩院尚书、步兵统领隆科多的严密护卫下，康熙皇帝的遗体从畅春园移回紫禁城乾清宫。为了防止国丧期间可能发生的各种变乱，下令关闭京城九门。十六日，向全国颁布康熙皇帝遗诏，其内容和康熙五十六年冬预作遗言大致相同，只是增加了继承人和丧事遵照礼制办理两条。十九日，胤禛以登基遣官告祭天地、太庙、社稷坛，京城开禁。二十日，胤禛御太和殿登基，受百官朝贺，改明年为雍正元年。二十八日，为康熙皇帝上尊谥为“合天弘运文武睿哲恭俭宽裕孝敬诚信功德大成仁皇帝”，庙号“圣祖”。十二月初三日，将其遗体移送景山寿皇殿。雍正元年（1723）四月，雍正皇帝胤禛亲送康熙皇帝灵柩至遵化山陵，安放享堂。九月，雍正皇帝胤禛再往遵化，将康熙皇帝灵柩安放景陵地宫。从此，这个对于中国古代社会进步产生过重要推动作用的一代英主康熙皇帝，便长眠于景陵之下的地宫之中。



## 四、雍正继位

康熙皇帝的去世虽然为其一生画上了一个句号，但是在他死之后的一段时间里，由他在位期间开始的诸皇子争夺储位以至最高权力的斗争仍在继续，为使读者详其首尾始末，于此特设“雍正继位”一节，以为本章之末篇。

雍正皇帝胤禛在位期间，虽然功业彪炳，不亚乃父；他死之后，有关他的传说也是家喻户晓，童叟皆知；在各种历史著作中，他更是史家讨论的重点，或褒或贬。然而，在他即位之前的康熙时期，尤其是康熙末年诸皇子进行激烈的争储夺嫡斗争之时，在时人心目中，有望继位的只是皇太子胤礽、皇长子胤禔、皇八子胤禩、皇十四子胤禵等三四个风云人物，对于皇四子胤禛，则普遍不大关注，印象比较淡漠。

谁也不曾想到，这个默默无闻的雍亲王，竟在康熙皇帝临危之际，金口玉言，由他嗣位为君。康熙皇帝为何对其独加青睐？而作为角逐帝位斗争中的一匹黑马，胤禛又是玩弄了什么手法，使自己一夜之间便成为政治舞台上的中心人物，并让其他所有对手中箭落马，一败涂地？其实，如果对康熙季年有关史料详加分析，即可看出，胤禛所以在储位之争中获得最后的胜利，并非出于偶然，而是他多年以来苦心经营的合理结果。

胤禛生于康熙十七年（1678），是康熙皇帝的第十一个儿子。因为在他出生前后，他的七个兄长皆在童年早夭，按照后来的皇子排列次序，他便成为皇四子。他的生母是乌雅氏，在他出生之时，还只是个一般宫人，因为生子有功，进位德嫔，不久又晋升为妃。胤禛幼年时期，康熙皇帝的孝懿仁皇后因为无子，将他抚育成人。孝懿仁皇后是一等公佟国维的女儿，康熙皇帝生母慈和皇太后的侄女，康熙末年担任理藩院尚书、步兵统领隆科多的姐姐。可以想见，这段经历和关系与他在几十年之后的发达有着一定的因果关系。



青少年时期，在康熙皇帝的关心下，胤禛受到了良好的教育。学习内容包括满汉蒙文字、经史、骑射等许多科目。年龄稍长，又随从康熙皇帝巡幸各地。十九岁时康熙皇帝亲征噶尔丹，又以胤禛掌管镶红旗大营，经受军旅生活的锻炼。同时为了培养他的行政才能，康熙皇帝还先后派给他一些临时性差使，并于康熙三十七年（1698）封他为贝勒。就是通过这些学习和实践，胤禛掌握了日后治理天下所必需的文化、历史知识，具有了一定的行政才干，在满族皇室中也有了一定的政治地位，从而为他后来参加储位之争以及最后打通通向最高权力之路准备了条件。

康熙四十七年（1708）九月，在胤禛步入而立之年时，发生了康熙皇帝废掉皇太子的重要历史事件。对此，皇长子胤禔、皇八子胤禩这些平素早已在国家政治生活中崭露头角的皇子欣喜若狂，并且都毫不犹豫地投入到竞争储位的斗争。在这场政治风暴中，和这些手足同胞相比较，胤禛显得更为成熟。他深知虽然康熙皇帝和胤礽父子矛盾由来已久，然而由于皇父向来为人仁慈宽容，尽管在气头上采取了一些十分激烈的行动，但事情过后，念及父子之情，必然会改变态度；况且多年以来，在诸多弟兄同胞中，自己并非十分引人注目，太子被废对自己没有好处，确定皇太子暂时也轮不到自己头上；兼之以康熙皇帝宣布废掉皇太子是在北巡塞外期间，恰好在此期间，胤禛奉命留京办理事务，未曾陷入这场斗争。因而对于此次事件，胤禛采取了调和的态度。他一方面力劝康熙皇帝息怒以保重身体，并全面考虑事情的影响和后果；另一方面，对于废太子胤礽，他也不落井下石，而是在不使自己卷入斗争漩涡的前提下，有机会时便为胤礽说上几句好话。如康熙四十七年九月中旬康熙皇帝进京后，将胤礽拘押上驷院，他自己则撰拟废弃皇太子的告天文书，写好后交给负责看管胤礽的皇长子胤禔、皇四子胤禛、皇九子胤禟，让他们交给胤礽过目。胤礽看过之后，对他们说：我的皇太子是皇父给的，皇父要废就废，何必告天？胤禔将此话转奏康熙皇帝。康熙皇帝听后说：做皇帝是受天之命，这样的大事怎么能不告天？胤礽如此胡说，以后他的话就不必转奏了。

胤禔将这道谕旨传给胤礽，胤礽又说："皇父若说我别样不是，事事都有，只弑逆的事，我实无此心，须代我奏明。"胤禔以康熙皇帝有言在先，拒绝代奏。这时皇九子胤禟向胤禛说，这件事关系重大，似应代奏。胤禛即不顾胤禔反对，将此上奏康熙皇帝。本来康熙皇帝废掉皇太子的主要原因之一是怀疑他企图加害自己，现在听到此话，立即下令除去胤礽项上锁链，同时对胤礽的敌对态度也大大缓和下来。

在有分寸地为胤礽开脱的同时，胤禛也极力避免触怒胤礽的政敌胤禔、胤禩一伙人，以免被他们视为太子党。他明明知道康熙废掉皇太子前后，胤禔、胤禩干了许多见不得人的勾当，但他却不向康熙皇帝揭发。在康熙皇帝回心转意，对胤礽态度缓和下来后，想起胤禛顾全大局的做法，当众称赞他"性量过人"，"深知大义"，"洵为伟人"。这时，胤禛却矢口否认他曾为废太子说过好话，并说："皇父褒嘉之旨，儿臣不敢承受。"[73]对于胤禔、胤禩公开跳出来竞争储位的做法，他既不表示支持，也不表示反对。同时，他自己也一再表示无意营求储位。正是这种态度，在康熙皇帝初废太子的风波中，他既未像胤礽、胤禔、胤禩一样受到康熙皇帝的严厉打击而声名大损，也未像其他年幼皇子一样唯唯诺诺，无所表现。因而，康熙四十八年（1709）他和皇三子胤祉、皇五子胤祺一起受封为亲王，政治地位大大上升，成为在这场政治风波中获取实惠最多的一个皇子。

康熙五十一年（1712）十月，康熙皇帝颁旨再废皇太子。同时为了防止诸皇子争储斗争再度重演，康熙皇帝明谕不立储君，并禁止臣下就此建言。这时由于政治地位的提高，胤禛的政治野心也进一步膨胀，并直接投入了争夺储位的斗争。他深知自己所思所想、所作所为绝不是一个忠臣孝子所当为，因而他的活动十分秘密。同时他还超出对手之上，制定了一套争夺储位的详细的纲领和计划。所有这些详见于康熙五十二年（1713）时他的藩属亲信戴铎写给他的密启。该密启云：

当此君臣利害之关、终身荣辱之际，奴才虽一言而死，可以少报知遇于万一也。谨据奴才之见，为我主子陈之：

皇子有天纵之资，诚为不世出之主；诸王当未定之日，各有不并立之心。论者谓处庸众之父子易，处英明之父子难；处孤寡之手足易，处众多之手足难。何也？处英明之父子也，不露其长，恐其见弃；过露其长，恐其见疑。此其所以为难。处众多之手足也，此有好竽，彼有好瑟；此有所争，彼有所胜。此其所以为难。而不知孝以事之，诚以格之，和以结之，忍以容之，而父子、兄弟之间，无不相得者。我主子天性仁孝，皇上前毫无所疵，其诸王阿哥之中，俱当以大度包容，使有才者不为忌，无才者以为靠。昔者东宫未事之秋，侧目者有云："此人为君，皇族无噍类矣！"此虽草野之谚，未必不受此二语之大害也。奈何以一时之小忿而忘终身之大害乎？

至于左右近御之人，俱求主子破格优礼也。一言之誉，未必得福之速；一言之谗，即可伏祸之根。主子尊老敬贤，声名实所久著，更求刻意留心，逢人加意。素为皇上之亲信者不必论，即汉官、宦侍之流，主子似应于见面之际，俱加温语数句、奖语数句，在主子不用金帛之赐，而彼已感激无地矣。贤声日久日盛，日盛日彰，臣民之公论谁得而逾之？至于各部各处之闲事，似不必多于与闻也。

本门之人，受主子隆恩相待，自难报答，寻事出力者甚多。兴言及此，奴才亦觉自愧。不知天下事，有一利必有一害，有一益必有一损，受利受益者未必以为恩，受害受损者则以为怨矣。古人云：不贪子女玉帛，天下可反掌而定，况主子以四海为家，岂在些须之为利乎？

至于本门之人，岂无一二才智之士？但玉在椟中，珠沉海底，即有微长，何由表现？顷者奉主子金谕，许令本门人借银捐纳，仰见主子提拔人才之至意。恳求主子加意作养，终始栽培，于未知者时为亲试，于已知者恩上加恩，使本门人由微而显，由小而大，俾在外者为督抚、提镇，在内者为阁部、九卿，仰藉天颜，愈当奋勉，虽未必人人得效，而或得二三人才，未尝非东南之半臂也。

以上数条，万祈主子采纳。……当此紧要之时，诚不容一刻放松也！否则稍为懈怠，倘高才捷足者先主子而得之。我主子之才智德学素俱，高人万倍，人之妒念一起，毒念即生，至势难中立之秋，悔无及矣！[74]

戴铎的建言对当时的政治形势进行了深入的分析。在他看来，康熙皇帝再废太子之后，争夺储位的诸皇子谁策略得当、活动积极，谁就可以取得胜利。因此在建议胤禛积极参与争储活动的同时，还要求他注意策略。对上要想尽一切办法，取得康熙皇帝的宠爱和信任；对下则要以废太子凌虐兄弟为鉴戒，处理好兄弟关系。除此之外，还要不露声色地联络百官，其中尤其是要大力扶持雍邸自己的嫡系，并将他们安插于各级要职，为夺取天下奠定组织基础。可见戴铎这一密启为胤禛参加争储斗争制定了详细的纲领、策略和措施。对此胤禛极为重视，赞之为“金石”之言，并且按照这些建议，参加到争夺储位斗争的角逐之中。在按照这一计划进行活动时，康熙皇帝始终是他最重要的一个工作对象。十来年的时间里，他一直极表顺从孝养之意。对康熙皇帝交给自己的所有事务，他都尽心尽责地努力完成。同时考虑到康熙皇帝晚年心境不好，家庭生活不幸福，他还在康熙皇帝诞辰或闲暇之日，邀其临幸圆明园或热河避暑山庄狮子园，举行家庭宴会。席间，父子、翁媳、祖孙欢聚一堂，同座共饮。宴会之后，又请老皇帝赏花或逗孙为乐，让他享受一些天伦之乐。这样，尽管当时康熙皇帝不建储君，但在虑及身后之事时，至少已将胤禛作为一个候选目标。对于与自己一起竞争储位的几个对手，如皇三子胤祉、皇八子胤禩、皇九子胤禟、皇十四子胤禵等，虽然内心对他们恨入骨髓，但在表面上绝不拆台。同时为了迷惑政敌，他还有意与一些僧衲往来，并自我标榜为“天下第一闲人”，以表示自己与世无争。而背后，他的主要精力都用于从组织上扩大自己势力。为此，他不顾康熙皇帝不许结党的训示，千方百计地招揽官员，有时甚至达到卑辞重礼、不顾身份的地步。经过数年苦心经营，以他为核心，形成了一个小集团。这个集团的主要成员有川陕总督年羹尧、湖广提督魏经国、副都统常赉、四川布政使戴铎、河南开归道戴锦、兰州府同知沈廷正、清江理事同知马尔齐哈、内阁中书博尔多、步兵统领隆科多、皇十三子胤祥等等。这个集团人数虽不算多，但活动能量却大得出奇。在胤禛指使下，他们经常出入大学士、九卿、六部官员之门，向他们进行游说，甚至还将康熙皇帝十分信任的大学士李光地也拉到自己一边。兼以其中一些人如年羹尧、隆科多又身处要津，在当时就已成为一支不可忽视的政治势力。正是在这些艰苦细致工作的基础上，胤禛才在康熙皇帝死后顺利地继位为君，在康熙末年的争储斗争中取得了最后的胜利。

因为胤禛在即位之前十几年的时间里曾和他的几个政敌进行过激烈的明争暗斗，因此，在他继位为君之后，那些失败的对手怀着失望、忿懑的心情制造了不少有关他争储篡位的传言，并通过各种方式在社会上广泛传播，以发泄自己的不满。这些传说，当即由时人载入笔记，之后又由史家载入历史著作，文人演绎成小说，成为聚讼不决的一桩历史公案。这里依据当代史家最新研究成果对这些传言略加辨析，以使读者了解雍正继位之真相。对当时有关雍正继位的各种传言加以归纳，大致有以下三种说法：一是毒杀康熙皇帝自立说，二是盗改遗诏自立说，三是矫旨继位说。其中第一种说法是：康熙皇帝在畅春园病重时，“皇上（指雍正皇帝）进一碗人参汤，不知如何，圣祖皇帝就崩了驾”[75]。第二种说法是：“圣祖皇帝原传十四阿哥胤禵天下，皇上将‘十’字改为‘于’字篡了位”[76]。第三种说法是：康熙皇帝病中，“降旨召胤禵来京，其旨为隆科多所隐，先帝宾天之日，胤禵不到，隆科多传旨遂立当今”。据当代一些史家研究，上述三种说法一条也站不住脚。其中第一种说法是胤禛进上有毒药的人参汤药杀康熙皇帝。而据有关史料记载，康熙皇帝在世期间，最反对喝人参汤。康熙皇帝此次生病，患的又是重感冒，感冒发烧之际，岂肯以火益火？其中第二种和第三种说法虽貌似有理，但也是由于不了解清代皇子称呼方式和诏书起草、发送程序而纰缪百出。清代称呼或书写皇子序次时，必于其前加上“皇”字，如皇四子、皇十四子之类。将遗诏“皇位传十四子”改为“皇位传于四子”固甚容易，但如将“皇位传皇十四子”中的“十”改变“于”，只会出现“皇位传皇于四子”的笑话并露出盗改遗诏的马脚，更何况当时首先写就的遗诏是满文而不是汉文，将满文之“十”字改为“于”字绝不像汉文那么容易。胤禛向来聪明过人，谅其不会干出此等蠢事。另外，为康熙皇帝起草诏书，按例由内阁撰文，交兵部所管驿站发出。隆科多只是负责宿卫，不是内阁大学士，也不是兵部堂官，无论如何，也不能一手遮天，包办一切。由此看来，上述有关胤禛篡位的各种传言和证据都是站不住脚的，至少是不充分的。胤禛继位有着其封建道德和法制意义上的合法性。

胤禛继位虽使虚悬十载的国本问题得到了最后的解决，但是，由于他是在诸皇子角逐储位斗争中登上帝位的，因而在他即位之初，形势仍然相当严峻。当时情况下，至少有两件事是当务之急：一是为康熙皇帝办好后事，二是确立自己的统治。为此康熙皇帝去世的当夜，他即在隆科多等人的严密保护下自京西畅春园返回紫禁城。尔后胤祥以及其他皇子亦护送康熙皇帝遗体回大内，安放在乾清宫。次日大敛，发丧成服，自皇太后以及嗣皇帝胤禛以下所有满汉文武百官皆截发成服。为了防止大丧期间发生变乱，下诏关闭京师九门。

十六日，颁遗诏于全国。十九日，以登基告祭天地。二十日，胤禛御太和殿登基。十二月初三日，将康熙皇帝灵柩移送景山寿皇殿。十二月初九日，二十七日服满，胤禛释去重孝，从乾清宫东庑居丧倚庐移居养心殿。经过胤禛的努力，康熙皇帝生前所担心的自己死后诸子束甲相攻、争夺帝位的现象并没有发生，雍正皇帝胤禛的最高统治地位也初步确立下来。

康熙末年，在竞争储位时，碍于当时形势，对于和自己竞争储位的对手，胤禛在表面上未曾加以触犯；即位之后，手中有了权力，这时他便开始对政敌加以打击。为了不致激起事变，全面出击显然并非上策，因此对于这些对手，他区别情况，分别加以处理。其中皇八子胤禩在皇宫和廷臣中影响都甚大，是敌对势力中的核心人物。胤禛对其先示笼络，即位之初，即封其为廉亲王，命他与大学士马齐、尚书隆科多、怡亲王胤祥一起总理事务，负责处理大丧期间的各种国务。对皇十四子胤禵，因为拥兵在外，对自己统治最为不利，康熙皇帝去世的次日，胤禛即降旨令其将大将军印敕暂交平郡王讷尔苏署理，火速回京奔丧。十二月间，胤禵进京后，立即将其置于半囚禁状态。不久他又将矛头指向了皇三子胤祉、皇九子胤禟，十二月间，先后下令将胤祉亲信、负责编纂《古今图书集成》的陈梦雷和胤禟手下太监何玉柱发遣边外，逮捕胤禟党羽秦道然。十天之后，又将胤禟也发往西宁，代替胤禵戍守西疆。尔后随着统治地位的日益巩固，对于政敌的打击也更为残酷。在他的打击下，康熙皇帝的皇长子胤禔、废太子胤礽、皇三子诚亲王胤祉、皇八子廉亲王胤禩、皇九子胤禟、皇十子敦郡王胤䄉、皇十四子胤禵皆先后被拘禁。其中胤禔、胤禩、胤禟皆被迫害致死。尤为过分的是，他还下令将胤禩、胤禟分别改名阿其那、塞思黑（猪、狗之意），以示侮辱，并将两人的子孙也革除宗籍。这样，在昔日竞争储位的这些对手纷纷引颈就戮之际，雍正皇帝的个人专制统治得到了空前的加强。

与此同时，在各种国务处理中，他的政治才干也得到了充分的发挥。针对康熙末年以来朝政废弛、吏治腐败的现象，他“竭虑殚心，朝乾夕惕，励精政治，不惮辛勤”[77]。先后通过整顿吏治，推广奏折使用范围，制止八旗下人对旗主的私属关系，推行地丁合一、耗羡归公、养廉银，创建军机处和改土归流等重要制度、政策和法令，以一个改革者所应当具有的胆略，对当时的封建统治机构和赋役制度进行了大刀阔斧的改革。通过改革，在经济上，使得当时清廷的财政情况明显好转；在政治上，也使皇权进一步强化，为乾隆时期清朝统治全盛局面的形成奠定了一个很好的基础。

在雍正皇帝的各项改革措施中，特别值得一提的是他所创建的秘密立储制度。作为康熙末年争储活动中的一个主要人物，雍正皇帝早就看出康熙末年争储斗争的根源在于传统立储制度不完善，从而导致了政局的混乱并严重削弱了皇权。为了防止类似情况再度出现，经过深思熟虑，雍正元年八月十七日（1723年9月16日），在他即位九个月后，他召集总理事务王大臣、满汉文武大臣、九卿等至乾清宫，诏谕秘密立储。按照这一规定，由他将储君人选装入密封锦匣之内，当着几位总理事务王大臣之面，将锦匣“置于乾清宫正中最高之处世祖章皇帝御书‘正大光明’匾额之后”[78]，直到他死之后，才允许臣下开拆；之后又另书写内容相同的谕旨一道，存放在圆明园，以为异日勘对之用。在他看来，这一决定对全国臣民而言，解除了因储位空缺而产生的危机感；对储君而言，因为并不知道自己是内定储君，当然也就不会因此而骄横不法，更谈不上敢和皇帝争权；对诸皇子而言，一不知道自己是否储君，二不知道储君是谁，想要对其进行攻讦也是无的可发；对宗室重臣而言，因为不知道谁是储君，也就无法攀龙附凤，进行政治投机。而皇帝本人却通过这一决定，在生前可以不受任何干扰地处理各种国家政务，死后也可以按照自己的意旨实现国家最高权力的顺利过渡。雍正皇帝的这一规定，是对两千多年来特别是清朝开国以来传统立储制度的一个重要改革，也是对康熙晚年再废太子后禁言立储思想的完善和发展。正是这一制度的推行，使得此后一百多年的时间里，没有再次出现皇室之内骨肉相残的局面，最高权力过渡一直相当顺利，对于清朝政权的稳定发挥了极其重要的作用。因此，尽管雍正皇帝曾经不择手段地屠兄戮弟，大大违背了康熙皇帝的意愿，但对于这一制度的制定、推行以及由此而导致的清朝政权的稳定局面，康熙皇帝如地下有知，也会为之含笑瞑目的。



---

1　雍正皇帝即位后，为避其“胤禛”的名讳，胤礽及其同辈兄弟名字中的“胤”字均改为“允”字。为避免人名前后不一，本书仍保持原名“胤”字。特于此说明。

2　王士祯:《居易录》卷三。

3 《清圣祖实录》卷二百三十四。

4 《清圣祖实录》卷二百三十四。

5 《清史稿》卷二百二十《诸王传六》。

6 《清史稿》卷二百二十《诸王传六》。

7 《清史稿》卷二百六十九《索额图传》。

8 《清史稿》卷二百六十九《索额图

传》。
9 《清圣祖实录》卷二百三十四。
10 《清圣祖实录》卷二百三十四。
11 《清圣祖实录》卷二百三十四。
12 《清圣祖实录》卷二百三十四。
13 《清圣祖实录》卷二百三十七。
14 《清圣祖实录》卷二百三十五。
15 《清圣祖实录》卷二百三十四。
16 《清圣祖实录》卷二百三十四。
17 《清圣祖实录》卷二百三十五。
18 《清圣祖实录》卷二百三十五。
19 《清圣祖实录》卷二百三十六。
20 《清圣祖实录》卷二百三十七。
21 《清圣祖实录》卷二百三十七。
22 《清圣祖实录》卷二百三十七。
23 故宫博物院文献馆:《文献丛编》第三辑《胤禩胤禟案》。
24 《清圣祖实录》卷二百三十五。
25 《清圣祖实录》卷二百三十七。
26 《清圣祖实录》卷二百三十五。
27 《清圣祖实录》卷二百三十五。
28 《清圣祖实录》卷二百三十五。
29 《清圣祖实录》卷二百三十五。
30 《清圣祖实录》卷二百三十五。
31 《清圣祖实录》卷二百三十五。
32 《清圣祖实录》卷二百三十五。
33 《清圣祖实录》卷二百三十五。
34 《清史稿》卷二百八十六《劳之辨传》。
35 《清圣祖实录》卷二百三十五。
36 《清圣祖实录》卷二百六十一。
37 《清圣祖实录》卷二百三十五。
38 《清圣祖实录》卷二百四十八。
39 《清史稿》卷二百二十《诸王传六》。
40 王锺翰点校:《清史列传》卷十二。
41 《李煦奏折》。
42 《清圣祖实录》卷二百五十一。
43 《清圣祖实录》卷二百五十一。
44 《清圣祖实录》卷二百五十一。
45 《清圣祖实录》卷二百五十三。
46 昭梿:《啸亭杂录》卷四。
47 《清圣祖实录》卷二百七十七。
48 《清圣祖实录》卷二百九十一。
49 《清圣祖实录》卷二百七十七。
50 《清圣祖实录》卷二百五十三。
51 《清圣祖实录》卷二百七十七。
52 《清圣祖实录》卷二百九十一。
53 《清圣祖实录》卷二百七十七。
54 《清圣祖实录》卷二百七十七。
55 《清世宗实录》卷一。
56 《清圣祖实录》卷二百九十一。
57 《清圣祖实录》卷二百六十一。
58 《清圣祖实录》卷二百六十一。
59 《清圣祖实录》卷二百六十一。
60 《清圣祖实录》卷二百六十二。
61 《清圣祖实录》卷二百六十六。
62 故宫博物院文献馆:《文献丛编》第一辑。
63 故宫博物院文献馆:《文献丛编》第一辑。
64 故宫博物院文献馆:《文献丛编》第一辑。
65 故宫博物院文献馆:《文献丛编》第一辑。
66 故宫博物院文献馆:《文献丛编》第三辑。
67 《抚远大将军奏议》。
68 故宫博物院文献馆:《文献丛编》第一辑。
69 故宫博物院文献馆:《文献丛编》第一辑。
70 故宫博物院文献馆:《文献丛编》第一辑。
71 《上谕内阁》雍正八年五月二十四日。
72 原文载《清圣祖实录》卷二百七十五。

73 《清圣祖实录》卷二百三十五。
74 故宫博物院文献馆:《文献丛编》第三辑《戴铎奏折》。
75 爱新觉罗·胤禛:《大义觉迷录》卷三。
76 爱新觉罗·胤禛:《大义觉迷录》卷三。
77 《清世宗实录》卷一百五十九。
78 《清世宗实录》卷十。

# 第十一章　家庭

## 一、祖　母



说到康熙皇帝的家庭和亲人，第一个自然是他的祖母孝庄文皇后博尔济吉特氏（1613—1687）。孝庄文皇后博尔济吉特氏，原籍蒙古科尔沁，为贝勒寨桑之女，是一个在清朝兴起过程中做出过突出贡献的奇女子。虽然她和她的姑姑孝端文皇后、姐姐宸妃均嫁给皇太极为妻，但就对清朝政权的贡献而言，她的作用却远在她们二人之上。因此她死之后，不只清朝历代皇帝对她评价极高，而且有关她在关键历史时刻施展韬略、转危为安的民间传说也充满传奇色彩。

由于早婚的习俗，孝庄文皇后刚刚十三岁时就嫁给皇太极为妃。当时清朝开国皇帝努尔哈赤还在位，她的丈夫皇太极只不过是后金政权中的一个和硕贝勒。不久努尔哈赤去世，皇太极继位，从而为孝庄文皇后走上政治舞台提供了良好的客观环境。崇德三年（1638），她为皇太极生下儿子福临，于是她在宫中的地位逐渐上升，同时她对清朝政局的发展也开始发挥作用。崇德七年（1642）明、清主力决战于松山，由于皇太极精心部署，明军统帅洪承畴以下十三万人几乎全军覆没，洪承畴本人也成了清军的俘虏。因为洪承畴文武兼备，是一个不可多得的人才，皇太极非常希望他能投降清朝，以为入关、统一全国储备人才。为此他先后派出多人软硬兼施，轮番劝降。然而受封建愚忠观念的影响，任凭说降者磨破嘴皮，洪承畴却心如铁石，不为所动，且进行绝食，以求一死，这让皇太极束手无策。为了替丈夫排忧解难，孝庄文皇后挺身而出，亲至洪承畴囚所，不行威胁，不加利诱，而是以其精辟的政治见解和女性所特有的温柔，晓之以理，动之以情，对洪承畴加以开导和感化，终于使洪承畴心服口服，回心转意，投降清朝，并在入关、统一全国的过程中发挥了他人难以替代的作用。对于孝庄文皇后的这一历史功绩，不少野史笔记从“男女授受不亲”的封建观念出发，多有不恭之辞，而清代官修本朝史书也以野史笔记中的不恭之辞有损孝庄文皇后的声誉而讳言其事。然而，如果剔除各种野史笔记中的封建礼教糟粕，同时考虑到清朝兴起之初，满、蒙少数民族人士尚未受到封建伦理观念的影响，则可以看出，这对孝庄文皇后非但不是什么丑闻，恰恰正是她的贡献所在。因此，可以说早在入关之前，对于满洲政权的兴起，孝庄文皇后即做出过杰出的贡献。



崇德八年（1643）八月，对清朝政权发展有过杰出贡献的皇太极突患脑溢血去世。这时以皇太极长子豪格为一方，以努尔哈赤爱子、皇太极少弟多尔衮为一方，黄、白两个集团为了争夺最高权力进行了尖锐激烈的斗争。很明显，无论其中哪一派取得胜利，对孝庄文皇后和她怀中的六岁幼子福临来说都不会有什么好处。由于两派势力各不相让，争持不下。这时为了保持满洲政权的统一，孝庄文皇后凭借她在满洲政权中的影响，巧妙地斡旋于各支势力之间，她一方面紧紧抓住两黄旗不放，作为自己的依靠力量，另一方面又极力拉拢两白旗代表人物多尔衮，并利用他来排斥皇太极长子豪格。经过她的不懈努力，两派各自做出让步，并达成折中方案，由孝庄文皇后所生的福临继位，而以郑亲王济尔哈朗、睿亲王多尔衮共同辅政，孝庄文皇后也因此和她的姑姑孝端文皇后并尊为皇太后，从而使其成为这场关键性的政治角逐中的实际胜利者。



福临继位后，由于皇太极的长期经营和明、清以及农民起义军这三大势力互相斗争的结果，国内政治形势急剧变化。为了取代明朝统治，统一全国，她积极支持摄政王多尔衮统兵入关，从而开创了清朝历史的新纪元。随着清朝政府在政治和军事上不断取得新胜利，在清朝统一全国过程中做出重要贡献的摄政王多尔衮成为政治舞台上的一颗新星，地位不断上升，权势也逐渐加大。顺治初，他先后在政权中排除豪格、济尔哈朗等异己势力，又将皇帝印玺、信符置于自己之手。后来还对忠于皇室的两黄旗骨干加以打击和排斥。其中尤其令人不能容忍的是自封皇父摄政王，使得孝庄文皇后和顺治皇帝处境十分难堪。“寡妇门前是非多”，一时之间有关太后下嫁的各种流言蜚语不胫而走，自京师传到外地，自官宦达于庶民，传来传去，情节愈加丰富，什么谁出主意谁上奏，谁做媒人谁司仪，有鼻子有眼，好像亲眼目睹一样。在这一桶桶脏水泼来之际，孝庄文皇后和顺治皇帝一对孤儿寡母只好于宫中夜深人静时抱头痛哭。但为了保住自己儿子福临的皇帝宝座，孝庄文皇后尽管背地里垂泪教子，但在公众面前却强作欢颜，就是在这样的境遇中，母子二人强挨了七八年。

顺治七年（1650）底，多尔衮病死，虽然顺治皇帝福临刚刚十四岁，但是吃尽摄政王苦头的孝庄文皇后立即做出了顺治皇帝亲政的决定。凭借手中的权力，她下令将多尔衮削爵夺谥，并严惩其死党，以发泄多年来的积愤。与此同时，为了加强皇室，她还将正白旗收归上三旗，并陆续起用遭到多尔衮打击和排斥的两黄旗大臣，一时之间皇权迅速得到加强。为了支持正在进行的统一事业，她自己节衣缩食，将宫中剩余银两赏赐八旗军队。总之为了清朝统治的巩固和儿子事业的发展，孝庄文皇后已达到竭尽全力的地步。



顺治皇帝聪明能干，因而亲政后一度政绩斐然，这使孝庄文皇后颇为欣慰。但为时不久，她又陷入深深的苦恼之中。与上次不同的是，这次使她苦恼的不是别人，而是她的亲生儿子顺治皇帝。顺治皇帝自幼娇生惯养，任性异常，不谙人情事理，因而家务事搞得一塌糊涂。其一是违背孝庄文皇后的意志，废掉皇后。顺治皇帝第一个皇后是孝庄文皇后的亲侄女、科尔沁卓礼克图亲王吴克善之女。这位皇后既美丽又聪明，况且又是亲上加亲，孝庄文皇后自然十分满意。但使她伤脑筋的是，顺治皇帝却看不上这位皇后，刚刚娶进门来不过两年，便寻找借口，说这桩婚姻是由摄政王多尔衮主持而将其降为静妃，改居侧宫。为此，孝庄文皇后训诫儿子，儿子不听，安慰侄女，又没有用，只好策动外朝官员上疏谏阻。然而，清官难断家务事，说来说去，无异于隔靴搔痒，一点也没有说到点子上。孝庄文皇后万般无奈，只好在让顺治皇帝答应立另一个科尔沁博尔济吉特氏的女儿为皇后的条件下做出让步，同意他废掉了这位皇后。然而事情并未完结，不过几年，顺治皇帝又给她惹出了新的麻烦。原来顺治皇帝又看上了一个皇族子弟的妻子，而在这位皇族子弟为此处罚自己的妻子后，顺治皇帝竟然莫名其妙地给了那个皇族子弟一个耳光，致使那个皇族子弟含愤自杀。贵为天子，妃嫔成群，而且个个美丽异常，竟然还干出此等偷花拈草的事来，实在使孝庄文皇后感到丢人。但是为了保住皇帝儿子的声誉和威信，孝庄文皇后只好严加保密，在做好善后工作后，一乘花轿，将那个皇族子弟的妻子抬入宫中。这让顺治皇帝大为高兴，“宠冠后宫”，当即册为贤妃，几个月后又进为皇贵妃，并行册立礼，颁诏大赦，上皇太后徽号，进这个妃子的父亲为三等伯。次年，这个皇贵妃为他生了一个儿子，更使他喜上加喜。但好景不长，不过几个月，这个儿子殇逝；一年多以后，他所宠爱的这个皇贵妃也因思子心切、忧伤过度而离开人世。为此，顺治皇帝哭得死去活来，过度悲伤，神智也显得有点不正常，整天和茆溪森、木陈忞等几个和尚在一起厮混，嚷叫着出家。而且说干就干，就在这个皇贵妃去世两个月后，他竟然真的剃掉了头发。根据满洲旧俗，上至国君下至黎庶一概留辫子，而今这位当朝天子竟然剃成一个光葫芦，成何体统？如何能上朝堂以见臣子？顺治皇帝的这些反常行为使孝庄文皇后鬓上增出茎茎白发。好容易从江苏常州请来茆溪森的师父玉林琇和尚，通过他的劝阻，顺治皇帝打消了出家的念头，但不过两个多月，一场巨大的不幸又降临到她的头上。顺治十八年（1661）正月，她的这个年方二十四岁的儿子顺治皇帝出起了天花，五天之后，撒手归西。这样，孝庄文皇后刚刚结束青年守寡的时代，又面临着壮年丧子的厄运，又气又急又悲哀，贵为天子之母，竟然不如黎民百姓能享天伦之乐，在孝庄文皇后看来，自己几乎成了最不幸的人。

面对命运的挑战，孝庄文皇后并未屈服，而是变得更加坚强。顺治皇帝死后，她强忍丧子之痛，立即挑起了挑选继嗣的重任。经过反复思考，她拒绝了从顺治皇帝兄弟辈中择人继立的建议，因为这一计划如果实现，将会因为新立皇帝与她血缘关系疏远而大大影响自己的地位，对自己的嫡亲孙子、顺治皇帝的几个儿子也没有好处。在继嗣范围缩小到顺治皇帝的几个儿子身上时，她又从大局出发，采纳汤若望的建议，以已经出过天花的年方八岁的皇三子玄烨继位为君。因为皇帝尚小，需要辅佐，这时，一个名叫周南的生员上书孝庄文皇后，要求她垂帘听政，"以襄盛治之隆"[1]。考虑到历史上母后临朝容易引起政局动荡，对此，她坚决拒绝；为了防止顺治初年宗室专权的历史再度重演，由她主持，任命上三旗的索尼、苏克萨哈、遏必隆、鳌拜四人为辅政大臣。这样，顺治皇帝死后不过两天，康熙皇帝玄烨便即位为帝，四位辅政大臣宣誓就职。最高权力机构的迅速组建使得清朝政府又一次渡过了难关，孝庄文皇后又一次做出了十分重要的贡献。

康熙皇帝即位后，孝庄文皇后把他看作自己的命根子，并予以无微不至的关怀。为了照料他的生活起居，孝庄文皇后让他和自己一起住在慈宁宫。四年后又为他操办婚事，将首席辅政大臣索尼的孙女赫舍里氏册封为皇后，使其在朝廷重臣中也有了依靠力量，从而为数年之后康熙皇帝清除权臣鳌拜准备了条件。在孝庄文皇后的精心关怀下，康熙皇帝健康成长，政治才能也不断提高，亲政后不久，即以迅雷不及掩耳之势，一举擒拿权臣鳌拜，将全部大权夺归己手。这时，已近花甲之年的孝庄文皇后眼见自己的这个孙子才能卓越，有勇有谋，不由地落下了幸福而又喜悦的眼泪。

康熙皇帝亲政之初，孝庄文皇后考虑到他年岁尚轻，政治经验尚不丰富，因而经常对朝政处理表示关心并发表一些指导性的意见。有一次她对康熙皇帝说，我朝自开国以来，是以武功创天下，目前天下虽然太平，但安不忘危，千万不要丢掉武备。在朝诸臣奏事，虽多数出于忠诚，然而也要注意一些人会假公济私。一定不要带有主观偏见，对他们的建议要加以考虑，千万不要受蒙蔽。一次她告诫康熙皇帝，古代哲人说，做一个国君，担子十分重，天下百姓成千上万，天子一人君临其上，生养抚育，莫不眼巴巴地盼着国君给他们想办法。因此一定要摸索怎样团结百姓、巩固统治的门径，让天下人民都衣食丰足，才能使国祚久远。希望你行宽仁之政，态度既要温和恭敬，又要严肃稳重，不随便说不负责任的话，勤于政事，发扬光大祖宗传下的事业。这样，我才满意。对此，康熙皇帝都认真听取，一一照办。此外，在一些关键性时刻，孝庄文皇后还亲自出面，如吴三桂叛乱之初，康熙皇帝调兵出征，为了鼓舞士气，孝庄文皇后特发宫中缎匹、银两犒军。又如康熙十四年（1675）时，察哈尔部布尔尼乘三藩叛乱、朝廷无力北顾，也发动叛乱，一时之间，康熙皇帝亦觉仓促难应，计无所出。这时，孝庄文皇后向康熙皇帝提出派大学士图海前去讨伐。由于孝庄文皇后推荐得人，图海智勇双全，出师不久，即将叛乱平定。听到各省发生自然灾害，她也不止一次地捐出身边的金银加以赈恤。对于康熙皇帝的身体，她还以一个长辈女人对儿孙所特有的关心，一直照顾得十分周到。如康熙十八年（1679）底，因筹划平定三藩，连年操劳，康熙皇帝健康状况下降，孝庄文皇后就劝他到南苑疗养。在她看来，孙子的事业就是她的事业，为了康熙皇帝统治的巩固和加强，她已达到献出一切而不惜的地步。



为了报答祖母的鞠养之恩，对于孝庄文皇后，康熙皇帝不但十分崇敬，而且也极为孝顺。因为孝庄文皇后身历四朝，亲身经历并处理过许多复杂重要的历史事件，经验十分丰富，因此，每逢朝廷有重大举动或官员升降等，康熙皇帝多先禀报孝庄文皇后而后行。同时，鉴于孝庄文皇后年纪渐老，他还想方设法极尽孝养之情，几乎每天上朝前或下朝后，都要到祖母宫中请示问安，有时一天三次。太皇太后生辰以及一年三大节，他总是率群臣行庆贺礼；有什么喜庆消息，也尽快告知孝庄文皇后。孝庄文皇后乘辇外出，启行时，他总是先和侍卫一起推车，出宫后方才上马；途中每逢上坡，他一定亲自下马推车，即使遇到下雨，也不例外；太后玉辇过桥，他怕桥基不固，出现危险，总是先行视验；外出巡幸，孝庄文皇后因年老不能同行，康熙皇帝则三五天便写信一封，派人飞骑进京，向其问安，报告行程途中见闻以及思念之情，同时，还致送宫中无法得到的新鲜食品。据统计，康熙二十一年（1682）春，康熙皇帝东巡盛京，两个多月中致孝庄文皇后问安信达二十来封，同时还将亲自捕捞的鲢鱼、鲫鱼“设法成段”，一种泡在羊油中，一种用盐腌，派人星夜送到北京；同时送去的还有榛子、山核桃，朝鲜所进柿饼、松子、白果、栗子等。为了让孝庄文皇后开心抒怀，有什么忧愁伤心之事，康熙皇帝总是不让她知道。如康熙十一年（1672）二月，康熙皇帝陪孝庄文皇后在汤泉疗养，适逢京师驿递驰至，报称皇子承祜去世，康熙皇帝十分悲痛，但因怕孝庄文皇后知道后伤心，在进见孝庄文皇后时“笑语如常”，并下令值班人员不准诸王前来向他表示慰问[2]。同年十月，在奉皇太后于汤泉疗养期间，皇后生病，孝庄文皇后得知，即刻命康熙皇帝进京探视。然而一俟皇后病势稍减，康熙皇帝又回到孝庄文皇后身边。康熙十二年（1673）五月，孝庄文皇后生病，病中思念自己的女儿巴林淑慧公主。康熙皇帝闻知，马上命令侍卫用御轿飞速往迎。见到自己的亲生女儿，孝庄文皇后非常高兴，“圣体遂强健如常”[3]。

与此同时，康熙皇帝还写了不少诗篇，诗中记述自己对祖母的孝养、祖母对自己的关心怜爱以及自己对祖母的景仰敬爱之情。如其早年所作《慈宁宫问太皇太后安》一诗即活活勾画出了一个活泼可爱的儿童在向祖母请安后的欢快心情：

定省深宫曙气催，承恩献寿奉霞杯。

晨昏敬睹慈颜豫，不尽欢欣踊跃回。[4]

又《驻跸南苑遣使恭进太皇太后鲜果》一诗，则表现了康熙皇帝对孝庄文皇后的爱戴和崇敬之情：

日永离宫节候新，薰风早已献嘉珍。
赤瑛盘内甘鲜果，奉进瑶池第一人。[5]

又《潞河晓起至太皇太后行殿问安》一诗，表现了巡幸途中康熙皇帝向孝庄文皇后问安的情形：

晓色方明在潞河，孤山远影郁嵯峨。
寝门恭问慈颜喜，还愧无能作赋歌。[6]

有时康熙皇帝率众进山打猎，获得猎物后，为怕猎物变质，立即遣使送至京城，以使太皇太后能尝到鲜味。《山中获禽恭进太皇太后》一诗便记述了这种情形：



吹笳清辇道，大地杂旌旗。
万壑来秋色，千岩散落晖。
鹰随山雉远，箭带野禽归。
遣使呈鲜味，应令马速飞。[7]

有时孝庄文皇后驾至京畿温泉坐汤疗养，身体康复，康熙皇帝闻知，喜不自胜，《太皇太后驾到温泉》一诗即描述康熙皇帝的这种心情：

温谷神丹力不穷，五云暖溜绕行宫。
圣躬喜得今康豫，宇宙欢忻旧日同。[8]

在孝庄文皇后坐汤疗养期间，康熙皇帝返京处理政务，归途中仍然不时回忆起在祖母身边的幸福情景，如《奉侍太皇太后临御温泉因孟冬享庙暂回京》一诗云：

金风肃郊甸，秋光渺颢穹。
晓钟出长乐，羽卫临新丰。

重闱庆康悦，游豫温泉宫。
鸣镳玉舆侧，侍跸清尘中。
晨夕奉慈颜，婉愉承欢衷。
原野陪登览，瑞霭光熊熊。
应钟忽届节，霜露霏空蒙。
……
眷言整星驾，依恋心靡穷。[9]

孝庄文皇后居外疗养期间，康熙皇帝即使身在北京，也时刻挂念着在百里之外的老祖母。如《冬至回京斋戒夜坐》一诗云：

一阳初发便知天，暂别慈颜日日悬。
午夜斋明湛心志，梦中犹自侍温泉。[10]

节庆寿诞，康熙皇帝皆率诸王、贝勒、满汉大臣至慈宁宫行庆贺礼，恭祝孝庄文皇后万寿无疆。《元旦》一诗云：

太蔟初分来万国，融融淑景动青阳。
曈昽翠盖祥云覆，缥缈兰宫瑞气扬。
节遇三元开宝历，时逢四始奉霞觞。
山呼拜舞臣民乐，愿颂千年正未央。[11]

《恭上太皇太后万寿诗二首》云：

和风瑞气满帘栊，慈寿无疆祝上宫。
喜得万方同孝养，千秋福德并苍穹。
透户卿云接御香，丹墀新柳拜韶阳。
宫中尧舜兼文母，恭捧南山万寿觞。[12]

夏日，有时康熙皇帝与裕亲王福全、恭亲王常宁、纯亲王隆禧一起至慈宁宫请安，康熙皇帝亦有《夏日同三王慈宁宫请太皇太后安》诗以纪其事。诗云：

九天旭日照铜龙，朝罢从容侍上宫。
花萼联翩方昼永，晨昏常与问安同。[13]

康熙二十一年（1682）春，康熙皇帝东巡盛京，一个多月不见祖母，发书遣使问安，同时作诗以寄怀念之情。诗云：

云山遥隔万安宫，定省心悬午夜中。
孺慕经时书不尽，微诚凭仗与东风。[14]

东巡回京，不顾鞍马劳顿，第一件事就是向太皇太后问安。为此，康熙皇帝作《端阳前一日回宫》诗以纪其事：

满路榴花映玉舆，炉烟香绕侍臣裾。
经时远道形闱隔，先向慈宁问起居。[15]



有时，康熙皇帝也奉孝庄文皇后于塞北避暑，康熙皇帝亦有诗以纪其事。如其《夏日奉太皇太后避暑兴安》一诗云：

玉辇亲扶出凤城，青霄遥指五云生。
鸣銮日映中天永，避暑风来北塞清。
万里山河通远徼，九边形胜抱神京。
登临但得慈颜喜，长侍瑶台岁岁行。[16]

首次南巡，康熙皇帝于黄河、淮河交汇处网得鲜鱼，亦派人驰送孝庄文皇后和嫡母孝惠章皇后，以志思慕之忱。诗云：

千里难承玉陛欢，鲜鳞网得劝加餐。
遥知长信开函日，定荷慈颜一笑看。[17]

驻跸江宁，又以方物寄献两宫。诗云：

深宫违定省，经月恋晨昏。
率土方为养，苍生共戴尊。

题书千里重，托物寸心存。

遣使旌门外，踟蹰望九阍。[18]

对千里巡幸的康熙皇帝，孝庄文皇后也十分挂念。一次她派人千里迢迢将康熙皇帝自幼爱吃的乳饼送给他。康熙皇帝十分感动，专作《晚到河间太皇太后使人送乳饼食物》一诗。诗云：

彩游晚驻瀛洲道，忽报铜龙骑使来。

心识慈怀同日照，口传温语逐阳回。

松脂似截盘中玉，绮食初和鼎内梅。

两月几虚甘旨奉，归程欲听晓钟催。[19]



康熙二十年（1681）三藩叛乱平定之后，作为一个成熟的政治家，康熙皇帝已经完全挑起了处理国务的全部重担，而在此时，孝庄文皇后已年过七十，身体情况越来越差。为使孝庄文皇后健康长寿，除晨昏定省外，对孝庄文皇后的衣食起居，康熙皇帝更加关心。如康熙二十四年（1685）九月，康熙皇帝巡幸塞外，闻知孝庄文皇后身体违和，即刻星夜回銮，“亲视进药”。由于他照顾周到，“自是遂康宁如常”[20]。孝庄文皇后痊愈后，为了替她祈福，康熙皇帝出宫到白塔寺进香，刚出宫门，即逢“大雨如注”，近侍劝他略候一下，以待雨停再行。康熙皇帝说：近日圣祖母身体生病，我心中十分忧虑，况经多方治疗，已经痊愈，为了让太皇太后高兴，挨点淋又算什么？仍然冒雨前往。康熙二十五年（1686）五月，孝庄文皇后又感受时疫，经御医尽力调治，迅速好转，康熙皇帝十分高兴，特地对参与诊治的御医各加升赏。总之为了孝庄文皇后晚年幸福和健康长寿，康熙皇帝几乎费尽了心血。

康熙二十六年（1687）十一月，孝庄文皇后患重病，因为病势沉重，康熙皇帝十分焦急，“亲尝汤药，昼夜不离左右”。同时传谕内阁，“非紧要事勿得奏闻”[21]。眼见孝庄文皇后病势有增无减，为了使她恢复健康，康熙皇帝想尽了办法，先是传谕刑部，令内外问刑衙门将羁系人犯一律减等发落，以为孝庄文皇后祈福；随后又亲率诸王、贝勒、文武官员步诣天坛，“虔行祷祀”，以祈上苍，“保佑太皇太后慈躬和豫”[22]。长达一个多月的时间里，他一直住在慈宁宫，寸步不离，一闻太皇太后的声息，即趋至榻前，“凡有所需，手奉以进”[23]。为此孝庄文皇后和诸王、贝勒大臣多次劝他回宫休息，他都坚决不同意。虽然康熙皇帝用尽全力治疗，但因年迈，孝庄文皇后终于不起。康熙二十六年十二月二十五日（1688年1月27日），这个身历四朝、饱经忧患、对清朝的兴起和昌盛做出重要贡献的孝庄文皇后，满怀着对她的嫡亲孙子康熙皇帝和天下臣民的眷恋之情告别了人世，终年七十五岁。

孝庄文皇后去世，康熙皇帝悲痛欲绝。想起五十年来她为清朝艰苦奋斗、波澜壮阔的一生，想起自己八龄丧父、十岁丧母，全赖祖母无微不至的关怀鞠养，才使自己由一个孤儿成为君临天下的皇帝，康熙皇帝“擗踊哀号，呼天抢地，哭无停声”[24]。当天颁遗诏于天下，自皇太后、康熙皇帝以下皇妃、皇子、亲王、文武大小官员、外藩藩王以下，俱身穿重孝，按时举哀哭临。为了表示对孝庄文皇后的哀悼之情，康熙皇帝连破旧例。一是破清朝后妃丧事帝王不割辫之例而自行割辫，二是破梓宫发引不过年关之例而至次年正月十一日始行发引，三是破帝王持服以日易月二十七日除服之例而坚持持服三年。由于他的坚持，前两项都不得不按他的意见行事；至于他所坚持的服丧三年，则因此举将长期影响国务处理，上自皇太后、下至百官一齐加以劝阻，后来京师士民为此伏阙上书者亦不可胜数，这才使康熙皇帝放弃了原来的想法。国丧期间，由于连日号哭，水浆不入，康熙皇帝曾几度昏迷，为此，诸王、大臣三番五次劝他节哀。他回答说："老人在世时，要竭尽心力孝养，去世后，就要时时思念养育之恩，终身不忘，圣祖母对我的恩情，怎么能忘记呢?"话未说完，又痛哭失声。康熙二十七年（1688）正月十一，康熙皇帝率领诸子，亲奉孝庄文皇后梓宫安奉朝阳门外殡宫，发引时，康熙皇帝于梓宫前步行，沿途哭不停声。安放殡宫事毕，他又在乾清门外搭了一个帐篷，居住其中守丧。直到二十七日服满，他才回宫居住，并穿青色布衣听政，同时为孝庄文皇后上尊谥为"孝庄仁宣诚宪恭懿翊天启圣文皇后"。至于陵寝安排，他也遵照孝庄文皇后临终遗言，下令在遵化陵区选址建陵。因为孝庄文皇后生前十分喜欢康熙皇帝为她在慈宁宫东新建的五间宫殿，在陵宫建成前，康熙皇帝特命将此五间宫殿拆掉，以其原料在遵化建立暂安奉殿，又于当年四月亲奉梓宫安放于此，并派专人善加守护。至此，关于孝庄文皇后的丧事才算告一段落。

孝庄文皇后丧事过后，终康熙之世，康熙皇帝都对孝庄文皇后思念不已。每逢其忌日，一般都亲率诸皇子诣暂安奉殿祭奠举哀。每次祭奠，想起孝庄文皇后的鞠养之情，都放声痛哭，泪如泉涌。此外，他还爱屋及乌，在他看来，孝庄文皇后生前居住或行经之地以及用过之器物都很有纪念意义，因此很长一段时间，他不敢从慈宁宫前经过，以免践踏那里的土地。曾经侍奉孝庄文皇后的太监、孝庄文皇后的女儿也都能勾起他对孝庄文皇后的无限思念。如康熙二十八年（1689）他在《守陵太监崔邦琪侍慈宁宫年久诗以赐之》一诗中吟道：

返照寒松影，心悬泣露霜。
一生常感悼，数载几悲凉。
恨接云峰近，思连沧海长。
问安劳梦想，绝矣九回肠。[25]



对于孝庄文皇后的女儿、自己的姑母巴林淑慧大长公主，他也十分尊敬，经常将其迎养京师，“晨夕相依”，借以慰藉自己“追慕慈宁之永念”[26]。逢其寿日，还为其举行祝寿仪式，曾赐其《祝巴林淑慧大长公主诗》诗。诗云：

长祝南山寿，愿言北斗诗。
祥开应帝女，厘降自金枝。
沙漠黎心服，坤贞天下知。
年年庆人瑞，岁岁赏瑶池。[27]

康熙三十七年（1698）康熙皇帝东巡盛京，想起十六年前自己第二次东巡时“五日一奏请圣祖母太皇太后安”，而“今不可得”，康熙皇帝又十分感慨地写诗以志怀念：

曾问慈宁草奏笺，夜张银烛大江边。
重来往事俄追忆，转眼光阴十七年。[28]

大概是出于对孝庄文皇后的思慕之忱，终康熙朝，康熙皇帝一直未将孝庄文皇后梓宫安奉昭西陵，直到雍正皇帝即位后，才于雍正二年（1724）将其葬入地宫。从此，这个生于忧患、死于安乐、为清朝统治的建立和巩固奋斗数十年的孝庄文皇后，便长眠于昭西陵之下的地宫中。



## 二、母 亲

顺治皇帝虽然去世甚早，但因其身为帝王，兼以满族又有早婚习惯，因而后妃众多，总数不下三十人[29]。其中除少数几个死于顺治朝外，多数都活到康熙时期。在此，仅取影响较大或和康熙皇帝关系密切者加以介绍，以见康熙皇帝诸母之大致情况。



康熙皇帝的第一个嫡母是废后博尔济吉特氏，她是孝庄文皇后的亲侄女，科尔沁卓礼克图亲王吴克善之女，是一个聪慧而又美丽的女人。顺治初年，孝庄文皇后请摄政王多尔衮出面作代，聘为皇后。顺治八年（1651）八月，吴克善送女儿至京，与顺治皇帝成婚，这桩婚姻因系亲上加亲，孝庄文皇后颇为满意。但不知为何，顺治皇帝却对这个妻子极不喜欢。顺治十年（1653）八月，他以这桩婚事是由摄政王多尔衮主持，并非自己自愿而下令将其废为静妃，改居侧宫。为此孝庄文皇后十分着急，为使顺治皇帝回心转意，她先后指示大学士冯铨、礼部尚书胡世安、侍郎吕崇烈、高珩以及御史十余人加以劝阻或具疏抗争，同时还令诸王、贝勒大臣集议，提议仍以皇后居于中宫，另立东、西两宫，作为折中方案。但顺治皇帝坚决不同意。最后胳膊扭不过大腿，就在康熙皇帝出生前数月，这个皇后还是被废，从此囚居深宫，度过了十分不幸的一生。

康熙皇帝的第二个嫡母是孝惠章皇后博尔济吉特氏（1641—1717），这个皇后是科尔沁镇国公绰尔济之女，按照辈分来说，是顺治皇帝废后的从侄女、孝庄文皇后的侄孙女。她生于崇德六年（1641）十月，顺治十一年（1654）五月与顺治皇帝成婚时只有十四岁。因为顺治皇帝非常宠幸后来尊为孝献皇后的董鄂氏皇贵妃，对她也不大满意。顺治十五年（1658）正月她刚刚十八岁时，顺治皇帝以其“奉侍皇太后疾不勤”而下令“停其中宫笺奏”[30]。只是赖有孝庄文皇后的保护，她才没有沦落到与第一个皇后相同的下场。顺治十八年（1661）正月顺治皇帝去世，这个年龄刚刚只有二十一岁的皇后便守了寡。康熙皇帝即位之后，她和康熙皇帝的生母佟佳氏并尊为皇太后。因为此后不过两年的光景，康熙皇帝的生母慈和皇太后便已死去，而她以名分而言，又是康熙皇帝的嫡母；以亲属关系而言，又是孝庄文皇后的侄孙女，且无儿无女，因而她和孝庄文皇后一样，对康熙皇帝极为关心和爱护，在康熙皇帝成人的过程中，她尽到了一个做母亲的责任。因此康熙皇帝对她也十分尊敬。平常时节，每次向孝庄文皇后问安之后，即赴皇太后宫问安。每逢节令、生辰，率诸王、贝勒、文武百官向孝庄文皇后行礼之后，又一起向她行礼。康熙二十二年（1683）夏，康熙皇帝奉孝庄文皇后北巡期间，特将所猎鹿尾、鹿脯用盐腌好，送至京师，请她品尝。她出生较晚，没有孝庄文皇后那样复杂的政治经历，兼以康熙皇帝又非亲生，因而在康熙皇帝面前，她显得十分谦逊。令人代笔给康熙皇帝写信，总是将皇帝字样出格高写；而于皇太后字样，则“接书其下”[31]。对于国家政事也极少发表意见，不去干扰康熙皇帝，而是将主要精力用于关心康熙皇帝的生活起居。如康熙三十五年（1696）十月，康熙皇帝北征塞外，她怕塞外天寒冻着康熙皇帝，特地派人送去皮衣。第二年开春，康熙皇帝亲征噶尔丹，在其生日即将到来时，孝惠章皇后又派人专程送去金银茶壶，以志祝贺。这使得康熙皇帝对她愈加孝敬，将原先对待孝庄文皇后的礼遇都转加到她的身上，南巡、北狩以及出关谒陵，无不奉其同行。康熙二十八年（1689）他以孝惠章皇后居住的宁寿宫历年已久，将其拆毁重建，“比旧更加弘敞辉煌”，并奉孝惠章皇后迁居于此[32]。康熙三十九年（1700）孝惠章皇后六十大寿，康熙皇帝亲制《万寿无疆赋》，并献上佛像、珊瑚、自鸣钟、洋镜、东珠、金珀、御风石、念珠、皮裘、羽缎、哆罗呢，沉、檀、芸、降诸香，犀玉、玛瑙、瓷、漆诸器，宋、元、明名画，金银、币帛等许多珍贵寿礼，还别出心裁，令御膳房一颗一颗地挑选出一万粒米，精心制作成“万国玉粒饭”，和名贵菜肴、果品一起献上[33]。康熙四十九年（1710）孝惠章皇后七十寿辰，康熙皇帝又举行隆重的庆祝活动，为了表示自己的孝心，年已五十七岁的康熙皇帝还亲自在席间跳起了蟒式舞[34]，以为宴会助兴。

此外，康熙皇帝也像对待孝庄文皇后一样，写了不少诗篇，感念皇太后对自己无微不至的关怀，衷心祝愿皇太后健康长寿。如康熙三十五年（1696）康熙皇帝亲征噶尔丹于漠北，作《违皇太后定省言怀》诗：

帐殿风高日影移，庭闱常忆问安时。

寸心每自依清禁，慈念遥应系北陲。

柔远肯教罹疾苦，除残焉敢惜胼胝？

预期露布飞章入，早报瑶阶母后知。[35]

当年冬，康熙皇帝率师西征噶尔丹途中，适逢皇太后生辰，康熙皇帝乃作《遥祝皇太后千秋》诗。诗云：

临风怀绣扆，佳气望瑶宫。

月首蓂三叶，冬迟菊万丛。

寿尊浮碧蚁，笺奏托云鸿。

景祚绵绵永，南山颂不穷。[36]



不久，噶尔丹之乱平，闻知此讯，皇太后十分高兴，康熙皇帝因作《清河觐见皇太后慈颜》诗：

遐方异域绝纤尘，奉贽来朝悉我臣。

今日承欢尤色喜，慈闱悦豫为生民。[37]

以往每逢夏日，康熙皇帝总是奉皇太后赴口外避暑。康熙四十二年（1703）皇太后身体欠安，故而当年只有康熙自己北行，因作诗以记此情形：

遥想京中暑气阑，犹思上苑有冰纨。

山庄咫尺何曾远，欲进瑶池一笑看。[38]

同年冬，康熙帝西巡西安，适逢皇太后生辰，因作《冬至日抵西安遥祝皇太后万寿》诗：

葭管初回日景长，西秦行幸抵坡香。

愿将唐句南山寿，遥捧蓬莱万里觞。[39]

康熙五十一年（1712）三月，春暖花开，为使皇太后开心抒怀，康熙皇帝特请皇太后至雅玩斋进膳，观赏梅花，并作诗以纪其事：

常年梅雪伴，今岁暮春迟。
银杏舒新叶，木兰盖绿枝。
花当亭畔发，香逐雨中移。
别殿陈鲜密，尚方献瑞芝。
老莱舞膝下，珠草列仙墀。
敬上乔松祝，欣瞻王母仪。
捧觞称寿句，进酒问安词。
地润铺红萼，波澄敛玉池。
高峰多爽气，绮树得丰姿。
漏转催辰半，表行近画奇。
承欢同永日，孝思莫违时。
会庆思经义，千秋古训垂。[40]

康熙五十四年（1715）十月，皇太后七十五岁寿诞届期，康熙皇帝又在避暑山庄举行庆祝，并作诗以纪其事。诗云：

诞值小春暖，承颜爱日长。
农闲歌乐土，臣喜拜山堂。
孟月祈年节，芳卮献寿觞。
南峰留翠盖，北斗灿珠行。
愉色常犹怯，怡声久未忘。
欢心依白发，福曜现青方。
至养慈闱庆，遐龄母德昌。
虚文岂作颂，人瑞纪篇章。[41]

次年三月，为表申孝养，已经六十三岁的康熙皇帝又特请皇太后至畅春园观赏兰花，并写诗以纪其事。诗云：

玉花万朵祝慈颜，藉奉欢心半日闲。
闰月春迟添岁永，香枝风送待时还。
膝前五代承王母，陛下千龄献寿山。
乍晓铜龙迎凤辇，霜容天上睹仙鬟。[42]

康熙五十六年（1717）秋，康熙皇帝北巡塞外之后，奉皇太后返京。因皇太后年事已高，回京后即染上疾病。此时康熙皇帝也已六十四岁，十年来的诸皇子争储夺嫡斗争和繁忙的内政外交事务使得他心力交瘁，健康状况严重恶化，当年冬大病一场，头昏目眩，双脚浮肿，艰于行走，七十多日不曾起床。十一月间病情还十分严重，为此他还预拟遗诏，遍谕诸皇子、满汉大学士、学士、九卿、科道，但在得知皇太后病重之后，立即从畅春园回宫，参与护理。十二月初皇太后病情日益沉重，康熙皇帝不顾自己病情，在苍震门内架起帐篷，居住其中，同时用手巾裹头缠足，让内侍抬至宁寿宫，向皇太后请安。他跪在皇太后床下，轻呼："母后，儿臣在此！"此时病情危笃的皇太后已经不能说话，只是一手遮住光线，一手紧握康熙皇帝的手，眷恋之情，溢于言表。眼见此情此景，康熙皇帝不禁泪如雨下。三天后皇太后病逝，康熙皇帝"拊膺哀号，即行割辫，孝服用布，哭泣弗辍"[43]。梓宫发引之日，康熙皇帝又亲自前往宁寿宫前祭奠痛哭，"近侍人员，不忍仰视"[44]。随上尊谥为"孝惠仁宪端懿纯德顺天翊圣章皇后"。康熙五十七年（1718）三月，殡宫自京发引，安葬于遵化孝东陵地宫。康熙皇帝虽因病未能亲送，但当年十一月，他又亲自谒陵祭奠，"哀恸良久"[45]。同时在大学士、九卿共议将孝惠章皇后神牌安放太庙、奉先殿时，他又特别指示，因孝惠章皇后名分属嫡母，应将其神牌安设于自己生母孝康章皇后之上。总之出于感念孝惠章皇后对自己的抚育之恩，对自己的这个嫡母，康熙皇帝也极尽孝养之情，且达到了无以复加的地步。

康熙皇帝的生母孝康章皇后佟氏（1640—1663），是固山额真佟图赖之女。佟图赖的父亲佟养真虽原为汉人，但早在清太祖努尔哈赤攻打抚顺之时即投奔后金。几十年中，追随太祖、太宗、世祖南征北伐，转战东西，卓有功勋，故早在入关之前，佟氏一家即深受重用，成为清朝皇室的依靠力量。入关之初，满、汉畛域极为分明。佟氏以汉人之女而入宫为妃，对于佟氏一家来说是极高的殊荣。孝康章皇后佟氏比顺治皇帝小两岁，至晚在顺治十年（1653）八月顺治皇帝第一个皇后被废前即已入宫。次年三月，她为顺治皇帝生下玄烨这个儿子，当时她只有十五岁。由于顺治皇帝子嗣甚多，而她又是一个普通妃子，因而此后七八年中一直默默无闻。直到顺治十八年（1661）顺治皇帝死后，她才因所生之子玄烨被立为皇帝而被尊为慈和皇太后。即使如此，一则因为其时孝庄文皇后年正壮盛，正在全面主持宫中事务；二则在她之上，还有一个顺治皇帝生前被立为皇后的孝惠章皇后；三则此时国务处理，皆由几个辅政大臣主持，因而无论宫中或国家事务，她都没有什么发言权。她所扮演的角色，充其量只是一个照顾康熙皇帝的高级保姆，而且由于一场意外之疾，这件工作她也没有完成。康熙二年（1663）二月，她因突发之症去世，终年二十四岁。她死之后，按照满洲旧俗遗体火化，并于当年六月与顺治皇帝一起葬入孝陵地宫。当时，清朝皇室给她上的尊谥是“孝康慈和庄懿恭惠崇文育圣章皇后”。

一个年方十岁的孩子，刚刚死去父亲，接着又失去生母，面对此情此景，无论怎样的铁石心肠，也要为之堕泪。康熙皇帝本人更是涕泪滂沱，痛不欲生。从此他失去了童年的欢乐，只能在祖母的怀抱里，追忆母亲在日的幸福时刻。父母的过早去世促使了他的早熟，他逐渐变得沉默寡言。在祖母和嫡母面前，他听话懂事，平时努力学习，勤于骑射，不曾沾染任何恶习。在朝堂上则威而不怒，含而不露，从而对他成人以后事业的成功产生了重要的影响。



随着岁月的流逝，康熙皇帝成人后，少年时期的丧母之痛逐渐淡化，故而他一生所作诗篇中，没有一篇涉及自己的生母。虽然如此，出于对自己生母的系恋之情，他先后重用了两个舅舅佟国纲和佟国维。康熙十六年（1677）他又将孝康章皇后的侄女、佟国维之女收入宫中，封为贵妃，后又将其晋为皇后。康熙二十年（1681）又以孝康章皇后之故特别加恩，将佟氏一族由汉军镶黄旗抬入满洲镶黄旗，从而开创了后族抬旗的先河。当时，佟国纲进爵一等公，任镶黄旗汉军都统；佟国维任领侍卫内大臣，参与议政。后来，佟氏诸子鄂伦岱、隆科多也先后担任要职。终康熙一朝，佟氏满门贵盛，恩眷不衰。本为汉人而抬入满洲上三旗并在最高中枢机构中居于重要地位，如果不是由于孝康章皇后的缘故，是断然不会至此地步的。

在康熙皇帝诸位母妃中，还有一个在其死后始被赠为皇后的孝献端敬皇后董鄂氏（？—1660），她是内大臣鄂硕之女，年十八入宫，被册为贤妃。由于受到宠爱，两个月后又晋为皇贵妃，连同她的父母也大沾其光，受赐黄金一百六十两、银八千两，金茶筒、银茶筒、银盆各一，缎八百匹，布一千六百匹，马十六匹，鞍十六副，甲胄十六副。顺治十四年（1657）十月这个皇贵妃为顺治皇帝生了个儿子，顺治皇帝十分高兴。如果这个孩子能够成人，清朝历史也许需要改写，笔者笔下的主人公也许是另一种命运。但令人遗憾的是，顺治皇帝还未及给这个孩子取名，他便夭折。这使董鄂氏皇贵妃十分悲痛。为了对她进行安慰，特将这个孩子追封为荣亲王。尽管如此，皇贵妃仍然痛不欲生。顺治十七年（1660）八月，终因思念爱子而离开了人世。眼见爱妃独自一人走上黄泉路，顺治皇帝哭得如泪人一样。为了使她在九泉之下有人服侍，特命内监宫人三十多人殉葬，还追赠她为皇后，谥“孝献庄和至德宣仁温惠端敬皇后”，为她举行了隆重的葬礼。顺治皇帝死后，她的骨灰和顺治皇帝一起被葬于孝陵地宫。

对于这个赠皇后的来历，后代史家一向颇为质疑。一是入宫时年岁过大，不合满洲早婚习俗，因而有人认为她原是与顺治皇帝同辈的一个亲王的爱妻，被顺治皇帝掠取入宫。也有人以其原姓董，为明末著名文人冒辟疆之妾董小宛。经由一些学者考证，董小宛比顺治皇帝年龄大出十四岁，顺治八年（1651）二月她二十八岁时即已死去。因而说董鄂氏系董小宛显然不能成立。但据时人汤若望所记，顺治皇帝确曾掠取一个满族贵族妻子入宫，而且这个女人还为顺治皇帝生了一个儿子，不久即病死。这与上述孝献皇后事迹大致相合。这样看来，董鄂氏极有可能是他人之妻，后被顺治皇帝据为已有的。顺治皇帝正是由于对她的狂热追求，才废弃了第一个皇后并对继立皇后以及其他妃嫔表示厌烦。大概也是出于这些原因，顺治皇帝死后，孝庄文皇后马上将这位赠孝献端敬皇后董鄂氏已在宫中的妹妹贞妃赐死，令其为顺治皇帝殉葬。

孝献皇后虽然不为孝庄文皇后所喜，但她的一个弟弟费扬古却为清朝政权建立了功勋。早在平定三藩之乱时他即带兵出征，并以战功擢为领侍卫内大臣、列议政大臣。平定噶尔丹叛乱期间，他被任命为抚远大将军，率军独当一面，大败敌军于昭莫多，从而为平定噶尔丹叛乱取得了关键性的胜利。康熙四十年（1701）他在扈从康熙皇帝北巡期间突患重病，康熙皇帝知道后，特地亲往视疾，并赐御帐、蟒缎、鞍马和帑银五千两，派人送还京师治疗，随即以病重去世，赐谥“襄壮”，年约六十岁左右。



除上述几个皇后外，顺治皇帝还有十几个妃嫔。其中有四个出身于博尔济吉特家族。一个是赠悼妃博尔济吉特氏，按辈分来说，是孝庄文皇后的侄女、孝惠章皇后的姑姑，极有可能是与顺治皇帝的废后博尔济吉特氏一起嫁给顺治皇帝的，顺治十五年（1658）死去。另一个是淑惠妃博尔济吉特氏，她是孝惠章皇后的妹妹，并与其一起入宫，顺治十一年（1654）五月被册为妃，康熙十二年（1673）十二月康熙皇帝尊封她为皇考淑惠妃。她活的岁数较大，直到康熙五十二年（1713）十月才去世，计其年龄当在七十岁以上。因为她是孝惠章皇后的妹妹，对于她的丧事，康熙皇帝办得颇为隆重，特为辍朝三日，并亲至灵前奠酒，还对经办丧事草率的官员给予处罚[46]。再一个是端顺妃博尔济吉特氏，顺治时入宫为妃，康熙十二年时被尊为皇考端顺妃，康熙四十八年（1709）去世，年约六十多岁。最后一个是恭靖妃博尔济吉特氏，顺治时入宫，康熙十二年被尊为皇考恭靖妃，康熙二十八年（1689）去世。

蒙古出身的妃嫔之外，顺治皇帝还有几个满洲出身的妃嫔，她们是宁悫妃董鄂氏、赠贞妃董鄂氏、庶妃穆克图氏、庶妃巴氏、庶妃钮氏、庶妃乌苏氏和庶妃纳喇氏。而且除赠贞妃董鄂氏被迫令为顺治皇帝殉葬之外，皆得善终，并各有儿女。其中宁悫妃董鄂氏为顺治皇帝生了皇二子福全。康熙十二年（1673）十二月康熙皇帝封她为皇考宁悫妃。她于康熙三十三年（1694）六月去世，年约六十岁上下。庶妃穆克图氏为顺治皇帝生了皇八子永干。庶妃巴氏为顺治皇帝生了皇长子钮钮、皇三女和皇五女。庶妃钮氏为顺治皇帝生了皇七子隆禧。庶妃乌苏氏为顺治皇帝生了皇四女。庶妃纳喇氏为顺治皇帝生了皇六女。就蒙古后妃皆未生有子女而满洲妃嫔大多皆有儿女这一点看来，顺治皇帝对他的几个蒙古后妃是极不喜欢的。或许就是这一点，导致了孝庄文皇后和顺治皇帝母子之间的长期失和。

在拥有许多满、蒙后妃的同时，由于入关后满族贵族迅速汉化，受此影响，顺治皇帝还选了几个汉人出身的妃子，并让她们在宫中仍服用汉人服装。其中除康熙皇帝生母孝康章皇后外，还有赠恪妃石氏、庶妃陈氏、庶妃唐氏和庶妃杨氏。赠恪妃石氏无儿无女，卒于康熙六年（1667），死后追封皇考恪妃。庶妃陈氏为顺治皇帝生了皇长女和皇五子常宁。

庶妃唐氏为顺治皇帝生了皇六子奇授。庶妃杨氏为顺治皇帝生了皇二女和硕恭悫长公主。由于她们在宫中地位卑下，因而顺治皇帝死后，她们大多默默无闻地度过一生，以致我们现在不但不知道她们的主要活动，甚至连生卒年月也搞不清楚。

## 三、兄 弟

康熙皇帝兄弟八人。如按出生顺序排列，他们的名字分别是钮钮、福全、玄烨、荣亲王（未命名）、常宁、奇授、隆禧、永干。其中顺治皇帝的皇长子钮钮生于顺治八年（1651），生母是庶妃巴氏。出生后仅三个月即因病殇逝，其时康熙皇帝还没有出生。皇四子荣亲王顺治十四年（1657）出生，也只活了三个多月。当时康熙皇帝正在襁褓，对其根本没有印象。此外康熙皇帝还有两个弟弟幼年殇逝，分别是庶妃唐氏所生的皇六子奇授和庶妃穆克图氏所生的皇八子永干。奇授生于顺治十六年（1659），康熙四年（1665）死去，只活了七岁。永干生于顺治十七年（1660），康熙六年（1667）死去，也只活了八岁。由于四个兄弟先后殇逝，于是和康熙皇帝一起健康成长的只剩下了他的哥哥——顺治皇帝的皇二子福全，他的两个弟弟——顺治皇帝的皇五子常宁和皇七子隆禧。

福全（1653—1703）是顺治皇帝第二子，生于顺治十年（1653），比康熙皇帝大一岁。康熙六年（1667）封裕亲王。

之后不久康熙皇帝亲政，因为其时鳌拜专权，为了加强自己的力量，特命其参预议政。翦除鳌拜后，康熙皇帝将大权收归己有，这时福全也就非常知趣地辞去议政大臣之职，安居藩邸，故而康熙皇帝对他非常友爱。康熙二十一年（1682）正月，三藩叛乱平定之后，康熙皇帝特召他和其他诸王一起宴于乾清宫，庆贺胜利，并有《元夜与诸王宴饮乾清宫》一诗，以纪其事：

今夕丹帷宴，联翩集懿亲。
传柑宜令节，行苇乐芳春。
香泛红螺重，光摇绛蜡新。
不须歌湛露，明月足留人。[47]

同时，他和康熙皇帝一样，对祖母孝庄文皇后异常孝顺。如康熙二十二年（1683）他和康熙皇帝一起奉孝庄文皇后西巡五台山，于事前先行勘察道路时，发现道路过于险峻，他们共同力劝孝庄文皇后返京。康熙二十六年（1687）底，孝庄文皇后去世后，福全也和康熙皇帝一样非常悲痛，哭得死去活来。为怕影响他的身体健康，康熙皇帝特派皇长子胤禔和领侍卫内大臣送他回府。康熙二十九年（1690）康熙皇帝调动大军北征噶尔丹，他再次得到重用，被任命为抚远大将军，以皇长子胤禔为副，出古北口。为了对他加以鼓励，行前，康熙皇帝亲制诗篇以赐，并举行了隆重的欢送仪式。诗云：

万国勤怀保，三阶愿治平。
寰中皆赤子，域外尽苍生。
小蠢忘恲懞，天心解斗争。

执迷思梗化，伐罪事专征。
武略期无敌，王师出有名。
亲藩分斧钺，长子拥麾旌。
貙虎资郎将，貔貅壮禁营。
玉戈凝晓色，金甲耀秋晴。
获丑宁遗类，筹边重此行。
据鞍军令肃，横槊凯书成。
烟火疆隅堠，牛羊塞上耕。
遐荒安一体，归奏慰予情。[48]

大军出发后，由于福全调度得法，一路顺利，并于当年八月大败噶尔丹于乌兰布通。康熙皇帝极为高兴，特地传谕嘉奖。此次胜利之后，福全本应率兵追击，但由于骄傲情绪滋长，轻信噶尔丹间谍之言，致使错过了追击的有利时机；同时与皇长子胤禔也发生了矛盾。因而还京之后，康熙皇帝革去他的议政大臣之职并给予罚俸三年、撤三佐领的处分。解除要职后，福全建目耕园，礼接士大夫，读书其中。因念及兄弟之情，康熙皇帝对他也还是十分敬重和关心。如康熙三十八年（1699）二月南巡，五月返京，数月不见福全之面，心中异常想念，闻知其将来朝见，特作《候见裕亲王》一诗：

花萼楼前别，已经春夏余。
平明挂锦缆，日暮傍樵渔。
吴越当年景，江湖各自如。
留心民事重，隔月信音疏。[49]

数月后，为了表示自己对这个兄长的友爱之情，特与其并坐于桐树之下，命画工绘像为图，取“同老”之意，称《桐老图》；同时，康熙皇帝还专门作《咏桐老图赐裕亲王》一诗：

丹桂秋香飘碧虚，青桐迎露叶扶疏。

愿将花萼楼前老，帝子王孙永结庐。[50]

为了让这个兄长开心抒怀，安度余年，康熙四十一年（1702）康熙皇帝封其长子保泰为世子。次年福全生了重病。正在巡狩塞北的康熙皇帝闻知此信，即刻命诸皇子回京，侍奉汤药。几天后噩耗传来，康熙皇帝也星夜返京，亲临其丧，摘缨痛哭。回宫后迁居便殿，并辍朝数日，以志哀悼。治丧期间，又多次奉皇太后驾临丧次，并发内帑治丧，予谥曰“宪”。同时还在京畿黄花山建坟，亲撰碑文，盛赞其“秉性宪和，持身谦牧”[51]。此时此刻，想起几十年来的共同生活，康熙皇帝又作《挽诗》，以抒碑文未尽之意。诗云：

花萼空虚梦，悲歌暮景伤。

泪同秋雨湿，声逐碧天长。

清颂连香桂，心慈庆帝乡。

徽章纵有秩，寂寂叹时光。

少小同居处，义深读《孝经》。

赋诗明务本，携手问慈宁。

乐善从无息，神襟物外停。

繁忧题旧日，血泪染疏棂。[52]

常宁（1657—1703）是顺治皇帝第五子，庶妃陈氏所生。康熙十年（1671）正月，常宁刚刚十五岁，即被封为恭亲王。康熙十四年（1675）十一月，分入正蓝旗并从上三旗带出十五佐领。对于这个弟弟，康熙皇帝一直颇为关心和爱护。康熙二十二年（1683）常宁的府邸不慎失火，康熙皇帝闻知后，亲临现场指挥灭火。康熙二十四年（1685）和二十六年，又先后将他的两个儿子永寿、满笃祜封为三等辅国将军和镇国将军。康熙二十九年（1690）康熙皇帝北征噶尔丹，常宁被任命为安北大将军，以简亲王雅布、信郡王鄂札为副，率军出喜峰口。由于他和福全一样，在乌兰布通战役获得大胜后未能乘胜率师穷追敌寇，战役结束后，被革去议政大臣，并受到罚俸三年的处分。从此之后，他便安处藩邸，过着逍遥自在的王爷生活。直至康熙四十二年（1703）六月因病去世，终年四十七岁。当时康熙皇帝自塞外得知此信，即刻命诸皇子回京，经纪丧事，同时还赐银万两，营造坟茔。不久康熙皇帝回京，又亲临其丧，并为其撰写碑文，对他“春秋犹壮，齿发未衰，瘀疾忽侵，溘焉凋谢”，表示深切的哀悼。[53]



隆禧（1660—1679）是顺治皇帝第七子，庶妃钮氏所生。康熙十三年（1674）十五岁时受封纯亲王。次年，分入镶白旗并自上三旗带出十五佐领。因他在康熙皇帝几个成人弟兄中最为年幼，康熙皇帝对他尤为爱怜。但不幸的是，康熙十八年（1679）七月，他刚刚二十岁便因病死去。这使康熙皇帝十分悲痛，特为其辍朝三日，亲临祭奠，并为其修造坟茔。丧事处理完毕，即以其子富尔祜伦袭爵；但为时不久，这个方在襁褓之中的王爷又因病去世，至此，纯亲王一支绝嗣。康熙皇帝无法，只好下令“不必再议袭封”[54]。虽然如此，为了表示对这个幼弟的怀念之情，每逢忌日，康熙皇帝仍命大臣或皇子携带祭品至其墓前祭奠，祝愿他在冥冥之中永远幸福。



## 四、姊 妹

八个弟兄之外，康熙皇帝的父母们还为他生了六个姐妹。但不幸的是，这六个姊妹有五个都在幼年殇逝。最先殇逝的是康熙皇帝的大姐、顺治皇帝的皇长女。她生于顺治九年（1652）三月，为庶妃陈氏所生，次年十月即因病去世，只活了一岁半。接着庶妃巴氏所生的皇三女也于顺治十五年（1658）三月去世，她生于顺治十年（1653）十二月，只活了六岁。后皇四女、皇五女、皇六女也先后于顺治末期去世。其中皇四女生于顺治十一年（1654）十二月，庶妃乌苏氏所生，顺治十八年（1661）三月去世，活了八岁。皇五女与皇四女同年同月出生，庶妃巴氏所生，顺治十七年（1660）十二月死去，活了七岁。皇六女生于顺治十四年（1657）十月，庶妃纳喇氏所生，顺治十八年二月死去，也只活了五岁。这样在康熙皇帝的姊妹行中，健康成人的只剩下了顺治皇帝的皇二女和硕恭悫长公主。她出生于顺治十年十二月，庶妃杨氏所生，按年龄说是康熙皇帝的一个姐姐。她虽然成了人，但一生命运却很不好。康熙初年，辅臣鳌拜权势遮天，炙手可热。孝庄文皇后和康熙皇帝虽对其恨之入骨，但为了保住皇帝宝座，对他也不得不笑脸相迎。于是，这位和硕公主便成了皇室笼络鳌拜一家的牺牲品。康熙六年（1667）二月，在她十五岁时，由孝庄文皇后主持，将其下嫁辅臣鳌拜的一个侄子、少傅领侍卫内大臣巴哈之子讷尔都。然而为时不过两年，鳌拜垮台，作为鳌拜集团的骨干成员，巴哈及其子讷尔都均被削职为民。于是这个公主的地位也就一落千丈。康熙十五年（1676）正月，康熙皇帝虽以公主的原因赐予和硕额驸讷尔都太子少师之衔[55]，但是在七八年前政治风波的阴影里，他也只能夹着尾巴做人。康熙二十四年（1685）这个公主去世，终年三十三岁。

由于康熙皇帝的多数姐妹在顺治年间先后夭折，顺治末年至康熙初年，孝庄文皇后深觉膝前寂寞，因而又先后收养了三个宗室孙女抚养宫中。其中一个是和硕和顺公主，她是顺治皇帝亲兄承泽亲王硕塞之女，生于顺治五年（1648）八月，顺治十七年（1660）她十三岁时封和硕公主，下嫁平南王尚可喜第七子尚之隆。因为这一关系，三藩叛乱平定之后，康熙皇帝特免尚之隆连坐，仍加太子太保。康熙四十一年（1702）还擢其为领侍卫内大臣，一直到康熙五十七年（1718）尚之隆去世。至于这位和硕和顺公主则不如其夫活得长久，康熙三十年（1691）十一月即已去世，终年四十四岁。第二个是固伦端敏公主，她生于顺治十年（1653）六月，为简亲王济度的女儿，生母是科尔沁博尔济吉特氏，与孝庄文皇后同族。大约是因为这一原因，孝庄文皇后才将她收养宫中。康熙九年（1670）她十八岁时，由孝庄文皇后主婚，将她下嫁科尔沁达尔汉亲王满珠习礼之孙班第。后康熙皇帝巡幸塞北，她曾多次请安，对于增进蒙古贵族和清朝皇室的关系起到了一定的作用。考虑及此，雍正元年（1723）二月，雍正皇帝特封其为固伦端敏公主。雍正七年（1729）这位公主去世，终年七十七岁。第三个是和硕柔嘉公主，生于顺治九年（1652），按年龄说是康熙皇帝的一个姐姐，原是安郡王岳乐的女儿。康熙二年（1663）十一月，她十二岁时下嫁靖南王耿精忠的弟弟耿聚忠。康熙十二年（1673）七月三藩叛乱前，这位公主去世，终年二十二岁。因为这层关系，三藩叛乱平定后耿精忠被杀，而耿聚忠却得以保全，直到康熙二十六年（1687）时，耿聚忠才因病去世。





## 五、后 妃

康熙皇帝早婚，在位时间又格外之长，因而一生中后妃众多。据统计，其后宫具有后、妃、嫔、贵人、答应、常在名号者不下六十人。在封建社会中，帝王多妻固是正常现象，然而，横向比较，这一数字仍然偏多，不只在清代各帝中绝无仅有，就是在两千多年的帝王群中也是颇为罕见的。毋庸讳言，对康熙皇帝而言，这是他的失德之处；同时，由于宫中矛盾错综复杂，也平空给他增加了无数烦恼，从而对康熙政绩也产生了不良的影响。

康熙皇帝一生先后立过三个皇后，她们是孝诚仁皇后赫舍里氏、孝昭仁皇后钮祜禄氏和孝懿仁皇后佟佳氏。孝诚仁皇后赫舍里氏是他的第一个皇后，生于顺治十年（1653）十二月，年龄略大于康熙皇帝。是辅政大臣索尼的孙女、领侍卫内大臣噶布喇的女儿。康熙初年四大臣辅政，皇宫中只有一个寡妇老太太孝庄文皇后领着几个青年寡妇和几个不懂人事的小孙子过日子，皇室势力势孤力单。为了在当朝大臣中培植亲信，孝庄文皇后一改太宗、世祖两朝皆从蒙古科尔沁博尔济吉特氏家族中择后的传统，把择后目标转向了当朝大臣。当时索尼是首席辅政大臣，历经三朝，功高资深，为人忠朴，这样索尼的孙女赫舍里氏便成为孝庄文皇后为康熙皇帝择后优先考虑的对象。康熙四年（1665）七月行纳聘礼，九月即为康熙皇帝举行婚礼，将赫舍里氏立为皇后。当时康熙皇帝和赫舍里氏皇后都还不过是十二三岁的孩子。这桩婚姻虽系双方长辈包办，但婚后夫妇却琴瑟相得。康熙八年（1669）十二月，皇后给他生了个儿子承祜，虽然这已是康熙皇帝的第二个儿子，但因是皇后所生，康熙皇帝仍然十分高兴。康熙十一年（1672）二月这个孩子不幸殇逝，康熙皇帝虽然十分悲痛，却极力劝慰赫舍里氏皇后。十月皇后在京生病，这时康熙皇帝正陪同孝庄文皇后在遵化汤泉疗养，闻知此信，征得孝庄文皇后同意，康熙皇帝即刻飞骑进京，直到皇后病情好转，方才放下心来。一年多以后赫舍里氏再次身怀六甲，并于康熙十三年（1674）五月初三产下皇二子胤礽。不幸的是，可能是由于产后大出血的缘故，生下胤礽的当天，赫舍里氏皇后即告别了人世，其时刚刚二十二岁。对赫舍里氏皇后的去世，康熙皇帝十分悲痛，辍朝五日，以志哀悼，并命诸王以下文武官员及公主、王妃以下，八旗二品命妇以上俱齐集举哀，持服二十七日。康熙皇帝想起与皇后结婚十年来，皇后“上事太皇太后、皇太后克尽诚孝”，“节俭居身，宽仁逮下”[56]的许多美德，更加深了对她的无限怀念。为使她的在天之灵得到安慰，特谥其为仁孝皇后，并举行了十分隆重的丧礼。康熙十五年（1676）正月又下令于遵化陵区为其建造地宫。康熙二十年（1681）三月景陵地宫建成，康熙皇帝亲送赫舍里氏皇后和后来去世的孝昭皇后灵柩安放地宫。雍正元年（1723）雍正皇帝为其再加尊谥为“孝诚恭肃正惠安和俪天襄圣仁皇后”。

康熙皇帝的第二个皇后是孝昭仁皇后钮祜禄氏。她出身名门，是清初开国功臣额亦都的孙女、辅政大臣遏必隆的女儿。入宫之初即册立为妃，康熙十六年（1677）八月立为皇后。但为时不过一年，康熙十七年（1678）二月这个皇后即因病去世，大约只活了二十多岁。当年三月赠谥孝昭皇后，康熙二十年（1681）三月，安葬景陵地宫。雍正元年（1723）九月再上尊谥曰“孝昭静淑明惠正和钦天顺圣仁皇后”。

康熙皇帝的第三个皇后是孝懿仁皇后佟氏。她是康熙皇帝生母孝康章皇后的侄女、舅舅佟国维之女。康熙十六年（1677）八月入宫，即封为贵妃。康熙二十年（1681）晋皇贵妃，两年后为康熙皇帝生了皇八女，但不过一个月此女即殇。康熙二十八年（1689）七月她身患重病，为了让她开心抒怀，康熙皇帝特将其册立为皇后。然而这点心理安慰也未能使其好转，次日这位皇后还是离开了人世，随由康熙皇帝赠谥孝懿皇后。当年十月，安葬景陵地宫，年龄约在三十岁上下。雍正元年（1723）为其再上尊谥为“孝懿温诚端仁宪穆奉天佑圣仁皇后”。

因为这个皇后是康熙皇帝的表妹，较之其他后妃，关系又更深一层，因而她去世之后，康熙皇帝特别悲痛，并作《挽大行皇后诗》四首。诗云：

月掩椒宫叹别离，伤怀始觉夜虫悲。
泪添雨点千行下，情割秋光百虑随。
雁断衡阳声已绝，鱼沉沧海信难期。
繁忧莫解衷肠梦，惆怅销魂忆昔时。

交颐泪洒夕阳红，徒把愁眉向镜中。
露冷瑶阶增寂寞，烟寒碧树恨西东。
旧诗咏尽难回首，新月生来枉照空。
鸾影天涯无信息，断弦声在未央宫。

音容悲渐远，涕泪为谁流。
女德光千祀，坤贞应九州。
凉风销夜烛，人影散琼楼。
叹此平生苦，频经无限愁。

淅沥动秋声，中心郁不平。
离愁逢叶落，别恨怨蛩鸣。
寂寂瑶斋隔，沉沉碧海横。
玉琴哀响辍，宵殿痛残更。[57]

孝懿皇后去世之后，康熙皇帝虽年尚不到四十，但从此之后直到去世，始终没有再立皇后。然而三十多年后，他的儿子雍正皇帝即位后，又给他另赠了一个皇后，这就是雍正皇帝的生母孝恭仁皇后乌雅氏。孝恭仁皇后乌雅氏生于顺治十七年（1660），是护军统领威武之女。约在康熙十六年（1677）前后被选入宫。康熙十七年（1678）十月她十九岁时生下皇四子胤禛。康熙十八年（1679）十月被册为德嫔。康熙十九年（1680）又生下皇六子胤祚，次年十二月晋封德妃。康熙二十一年（1682）生皇七女。康熙二十二年（1683）生皇九女固伦温宪公主。康熙二十五年（1686）生皇十二女。康熙二十七年（1688）生皇十四子胤禵。为康熙皇帝后妃中生育子女最多者。康熙皇帝去世后，雍正皇帝即位，母以子贵，即为其上徽号为仁寿皇太后，但尚未举行册尊典礼，雍正元年（1723）五月这个皇太后突然去世，终年六十四岁。雍正皇帝特谥其为“孝恭宣惠温肃定裕赞天承圣仁皇后”。当年九月，将其与康熙皇帝合葬景陵地宫。

对于这个康熙皇帝赠皇后的去世原因，后代史家颇多质疑。据一些野史笔记所载，对于皇十四子胤禵，康熙皇帝和其母德妃都十分喜欢。康熙末年他又受命率师西征，有勇有谋，深得康熙皇帝的器重，因而将其内定为储君并写入遗诏。康熙皇帝去世时，胤禵远在西陲，雍正皇帝因得以乘机伙同隆科多篡改遗诏，改“传位十四子”为“传位于四子”，夺位自立。因为得位不正，故而即位之后，便对他的手足同胞胤禵大打出手，将其从军前召回，命其看守景陵，实际上使其处于被囚禁状态。这时知悉内情的仁寿皇太后欲见少子胤禵而不得，遂与雍正皇帝发生激烈的争吵，并愤而触柱自杀。经现代史学家考证，雍正皇帝私改遗诏一说不能成立，但囚禁胞弟胤禵却是世所周知的史实。这样看来野史笔记中的有关记载并非空穴来风，仁寿皇太后极有可能是在两个亲生儿子生死搏斗中陷入无法解脱的境地以致自杀的。

四个皇后之外，康熙皇帝还册立了两个贵妃，即钮祜禄氏贵妃和佟贵妃。钮祜禄氏贵妃是孝昭仁皇后之妹，康熙二十年（1681）十二月被册封为皇贵妃。佟贵妃是孝懿仁皇后之妹，也是康熙皇帝的一个表妹。她生于康熙七年（1668），入宫后于康熙三十九年（1700）被册封为贵妃。她们之所以被册为贵妃，看来主要是她们死去的姐姐曾是皇后的缘故。钮祜禄氏贵妃先后于康熙二十二年（1683）和二十四年生下皇十子胤䄉和皇十一女，康熙三十三年（1694）十一月去世，谥温僖贵妃。佟贵妃一生无儿无女，但活得岁数较大，直到乾隆八年（1743）才去世，活了七十六岁。雍正、乾隆之际，两朝皇帝先后为她加尊号。雍正十一年（1733）雍正皇帝尊她为皇考皇贵妃。乾隆元年（1736）乾隆皇帝又尊她为皇祖寿祺皇太妃，去世后又予谥悫惠皇贵妃。前后几十年中，尊号变来变去，其实只是一个人。



皇后、贵妃之下，康熙皇帝还册封了十个妃子。其中生前册为妃者有荣妃马佳氏、惠妃纳喇氏、宜妃郭啰罗氏、宜妃博尔济吉特氏、和妃瓜尔佳氏、良妃卫氏、成妃戴佳氏等七人；死后追封为妃者有赠慧妃博尔济吉特氏、赠平妃赫舍里氏和敏妃张雅氏等三人。其中荣妃马佳氏是员外郎盖山之女。康熙六年（1667）九月她为康熙皇帝生下了第一个儿子承瑞。后又于康熙十年（1671）生第四个儿子赛音察浑，康熙十二年（1673）生第三女固伦荣宪公主，第二年生第七子长华，康熙十四年（1675）生第八子长生，康熙十六年（1677）生第十子胤祉（即皇三子），是康熙初期为康熙皇帝生育子女较多的一个妃子。当年八月册为荣嫔，康熙二十年（1681）十二月晋为荣妃，雍正五年（1727）闰三月去世。从她初次生子推算，她必是康熙四年（1665）康熙皇帝大婚时进宫最早的一批妃嫔之一，死时年龄约近八十。惠妃纳喇氏是郎中索尔和之女，康熙九年（1670）闰二月为康熙皇帝生了第三个儿子承庆。康熙十一年（1672）又为康熙皇帝生了第五个儿子胤禔（即皇长子）。康熙十六年八月，她被册为惠嫔，康熙二十年（1681）十二月晋惠妃。由于承庆早夭，胤禔又于康熙四十七年（1708）以后长期被拘禁，故而她晚景颇为不好。雍正十年（1732）默默无闻的惠妃去世，年约八十岁上下。宜妃郭啰罗氏是佐领三官保之女，康熙十六年八月被册为宜嫔，康熙十八年（1679）为康熙皇帝生下第十三个儿子胤祺（即皇五子），康熙二十年被晋为宜妃。康熙二十二年（1683）为康熙皇帝生下第十七个儿子胤禟（即皇九子），康熙二十四年（1685）又为康熙皇帝生下第二十个儿子胤禌（即皇十一子）。因为康熙四十八年（1709）时，她的一个儿子胤祺被封为恒亲王，另一个儿子胤禟被封为贝子，因而康熙年间她在宫中地位较高。但康熙末年她的儿子胤禟卷入了争储夺嫡的斗争漩涡，成为雍正皇帝的死对头，而她又站在儿子胤禟一边，对新继位的雍正皇帝极不尊敬，故而雍正皇帝对她十分不满，严加斥责。受此影响，终雍正年间她一直没有翻过身来。雍正十一年（1733）八月去世，年龄约七十多岁。宜妃博尔济吉特氏是科尔沁达尔汉亲王和塔之女、顺治皇帝赠悼妃博尔济吉特氏的侄女。她在康熙五十七年（1718）十二月被册为宜妃，但一生无儿无女，乾隆元年（1736）八月去世，估计年龄当在五六十岁以上。和妃瓜尔佳氏是三品协领裕满之女，生于康熙二十二年十月，康熙三十九年（1700）十二月被册封为和嫔，次年生下皇十八女，康熙五十七年十二月晋和妃。雍正皇帝即位后，尊她为皇考贵妃。乾隆元年十一月，乾隆皇帝又晋尊她为皇祖温惠皇太妃，乾隆八年（1743）再晋尊为温惠皇贵太妃。乾隆三十三年（1768）三月，这个八十六岁的老太太卒于宁寿宫。乾隆皇帝特谥其为惇怡皇贵妃。成妃戴佳氏是司库卓奇之女。康熙十九年（1680）时她为康熙皇帝生下了第十五个儿子胤祐（即皇七子），康熙五十七年（1718）被册封为成妃。乾隆五年（1740）去世，终年约在八十岁左右。良妃卫氏是内管领阿布鼐之女，康熙初年阿布鼐因罪全家没入内务府为奴，良氏亦因此入侍宫中。康熙二十年她为康熙皇帝生下第十六个儿子胤禩（即皇八子），康熙三十七年（1698）胤禩被封为贝勒，母以子贵，她也于康熙三十九年十二月被册封为良嫔，不久晋为良妃。康熙四十七年皇太子胤礽被废，胤禩四处活动，积极谋夺储位，使得康熙皇帝十分生气，下令将胤禩圈禁，良妃亦因此忧郁成疾，于康熙五十年（1711）十一月去世，年约五十岁上下。

在死后追封的妃子中，第一个是赠慧妃博尔济吉特氏，她是科尔沁三等台吉阿玉锡之女，康熙初年入宫。她和宜妃博尔济吉特氏之所以得入宫中，一定是出自孝庄文皇后和孝惠章皇后之意，以使科尔沁博尔济吉特氏在宫中保有一席之地。但让她们深觉遗憾的是，康熙皇帝和其父顺治皇帝一样，和选入宫中的博尔济吉特氏家族女儿总是不大合得来。因而这两个博尔济吉特氏妃子不但不曾生儿育女，而且其中的赠慧妃博尔济吉特氏还于康熙九年（1670）四月过早去世，年岁大约不过二十岁。她死之后，大约是在孝庄文皇后和孝惠章皇后的共同干涉下，康熙皇帝才下令赠其慧妃。妃子之称，到了康熙后期虽已极为平常，但在康熙初年尚无人晋封为妃，故而将其赠为慧妃，已是仅次于皇后的高级称号了。第二个死后追赠的妃子是赠平妃赫舍里氏，她是康熙皇帝第一个皇后孝诚仁皇后的妹妹。康熙三十年（1691）正月她为康熙皇帝生下了第二十四个儿子胤禨，刚刚满月，这个孩子即因病殇逝。康熙三十五年（1696）六月，这个孝诚仁皇后的妹妹也因病去世，年约二十多岁，康熙皇帝追赠其为平妃。第三个死后追赠的妃子是敏妃张雅氏。她是参领海宽之女。康熙二十五年（1686）她为康熙皇帝生下了第二十二个儿子胤祥（即皇十三子），康熙二十六年（1687）和三十年，又先后生下皇十三女和硕温恪公主、皇十五女和硕敦恪公主。康熙三十八年（1699）七月去世，康熙皇帝追赠其为敏妃。胤祥成人后，在争夺储位斗争中是雍正皇帝的死党。因而雍正皇帝刚刚即位，即封其为怡亲王，总理政务；同时又追赠他的母亲张雅氏为皇考敬敏皇贵妃，并特别给予与康熙皇帝一起葬入景陵地宫的哀荣。

十数个妃子之下，康熙皇帝还先后封了许多嫔。个别受封者不说，单是集中封嫔即有两次，一次是在康熙十六年（1677）八月，受封为嫔者计有安嫔李氏、敬嫔王佳氏、端嫔董氏、荣嫔马佳氏、惠嫔纳喇氏、宜嫔郭啰罗氏、僖嫔赫舍里氏七人[58]。一次是在康熙五十七年（1718）十二月，受封为嫔者计有定嫔万琉哈氏、密嫔王氏、勤嫔陈氏三人[59]。除了荣嫔马佳氏、惠嫔纳喇氏、宜嫔郭啰罗氏后来晋封妃子之外，其他七人终康熙朝始终为嫔。其中安嫔李氏为总兵官刚阿岱之女，敬嫔王佳氏是护军统领华善之女，两人均无儿无女，后亦不知所终。端嫔董氏是员外郎董达齐之女，康熙十年（1671）曾为康熙皇帝生下皇二女。僖嫔赫舍里氏亦无儿无女，不过可确知其卒时在康熙四十一年（1702）九月。定嫔万琉哈氏是郎中拖尔弼之女，生于康熙十年，康熙二十四年（1685）她为康熙皇帝生下了第二十一个儿子胤祹（即皇十二子）。康熙四十八年（1709）三月胤祹被封为贝子。康熙皇帝去世时，他又与受末命，因而雍正二年（1724）六月雍正皇帝晋尊万琉哈氏为皇考定妃，就养胤祹藩邸。从此她便在儿子的孝养下颐养天年，直到乾隆二十二年（1757）四月，八十七岁时方才去世。在康熙皇帝的后妃中，她是最为长寿的一个。密嫔王氏是知县王国达之女。康熙二十几年进入后宫，康熙三十二年（1693）、三十四年和四十年，她先后为康熙皇帝生了第二十五个儿子胤禑（即皇十五子）、第二十六个儿子胤禄（即皇十六子）、第二十八个儿子胤祄（即皇十八子）。雍正元年（1723）她的儿子胤禄袭封庄亲王，成为雍正皇帝的依靠对象，因而次年六月雍正皇帝尊她为皇考密妃。雍正皇帝去世，胤禄又与受末命并与果亲王胤礼、大臣鄂尔泰、张廷玉共同拥立乾隆皇帝即位。因此乾隆元年（1736）十一月，乾隆皇帝再次加恩，晋尊她为皇祖顺懿密太妃。她于乾隆九年（1744）去世，终年七十余岁。勤嫔陈氏是二等侍卫云麾使陈希敏之女。康熙三十六年（1697）她为康熙皇帝生下第二十七个儿子胤礼（即皇十七子）。雍正皇帝即位后，对诸兄弟有打有拉，雍正元年封胤礼为果郡王，管理藩院事。因此之故，雍正四年（1726）二月晋尊其母勤嫔为皇考勤妃。雍正皇帝去世，胤礼与胤禄同受遗诏辅政。乾隆元年十一月乾隆皇帝晋尊她为皇祖纯裕勤太妃。她于乾隆十八年（1753）十二月去世，大约活了七十多岁。

上述皇后、贵妃、妃、嫔之下，康熙皇帝还拥有四十四个贵人、答应、常在。根据有关历史资料记载，其中只有通嫔纳喇氏、襄嫔高氏、谨嫔色尔图氏、静嫔石氏、熙嫔陈氏、赠穆嫔陈氏等六人因为生儿育女而在雍正、乾隆两朝摆脱了低贱地位，其他绝大多数人都默默地度过了自己的一生。通嫔纳喇氏是监生常素代之女，约在康熙十三年（1674）以前便已入宫，原为贵人，康熙十四年（1675）、十八年（1679）和二十四年（1685），先后为康熙皇帝生了第九个儿子万黼、第十二个儿子胤禶和皇十女固伦纯悫公主。因她生的两个儿子早夭，女儿又远嫁蒙古，因而她在宫中地位一直十分低微。然而雍正年间她时来运转，虽然此时她的女儿早已去世多年，但她的女婿喀尔喀台吉策棱却因守护边防、屡立战功而受到雍正皇帝的倚重，后来还被晋封亲王。以此之故，雍正二年（1724）六月雍正皇帝晋尊其为皇考通嫔。她于乾隆九年（1744）六月去世，计其年龄，当在八十岁以上。襄嫔高氏，父名高廷秀。康熙四十一年（1702）她为康熙皇帝生下了第二十九个儿子胤禝（即皇十九子），康熙四十二年（1703）又生了皇十九女。不幸的是这一对儿女先后殇逝。康熙四十五年（1706）她再次身怀六甲并喜得麟儿，为康熙皇帝生下了第三十个儿子胤祎（即皇二十子），因此雍正皇帝即位后，即尊其为皇考贵人。后胤祎晋封贝勒，乾隆元年（1736）十二月，乾隆皇帝尊她为皇祖襄嫔。乾隆十一年（1746）六月，她走完了自己生命的途程，终年约在六十岁左右。谨嫔色尔图氏是员外郎多尔济之女，康熙五十年（1711）她为康熙皇帝生下了第三十二个儿子胤祜（即皇二十二子），因此雍正皇帝即位，即尊其为皇考贵人。后胤祜晋封贝勒，乾隆元年十二月乾隆皇帝依例晋尊她为皇祖谨嫔。她于乾隆四年（1739）三月去世，大约活了五十岁上下。静嫔石氏，父名石怀玉。康熙五十二年（1713）她为康熙皇帝生下第三十三个儿子胤祁，因此雍正皇帝即位后尊她为皇考贵人。后胤祁封为贝勒，乾隆元年十二月乾隆皇帝尊她为皇祖静嫔。她于乾隆二十三年（1758）六月去世，年龄约六十多岁。熙嫔陈氏，父名陈玉卿。康熙五十年她为康熙皇帝生下了第三十一个儿子胤禧（即皇二十一子），雍正皇帝即位，晋封她为皇考贵人。后胤禧封为贝勒，乾隆元年十二月，乾隆皇帝晋尊她为皇祖熙嫔。她于乾隆二年（1737）正月去世，活了不到五十岁。赠穆嫔陈氏，父名陈岐山。康熙五十五年（1716）她为康熙皇帝生下第三十五个儿子胤祕（即皇二十四子）。以此之故，康熙六十一年（1722）十二月，雍正皇帝即位不久，即尊她为皇考贵人，此后不久，她即死去。雍正十一年（1733）胤祕被封为諴亲王，兼之以他又是乾隆皇帝的少年同学，因而乾隆皇帝即位后，即于乾隆元年十二月追尊他的母亲为皇祖穆嫔。上述六人之外，曾侍奉康熙皇帝的贵人、答应、常在还有贵人兆佳氏、贵人袁氏、贵人纳喇氏，庶妃钮祜禄氏、庶妃张氏，妙答应、秀答应，瑞常在、常常在等三十八人。质言之，她们都是后宫之中斗争的失败者。其中贵人兆佳氏、贵人袁氏、庶妃钮祜禄氏、庶妃张氏等八人虽生有儿女，但或因所生子女夭折，或因自己早年去世，一生没有摆脱低贱地位。贵人兆佳氏是参领塞克塞赫之女，康熙十三年她为康熙皇帝生下皇五女和硕端静公主。贵人郭啰罗氏是宜妃郭啰罗氏的妹妹。康熙十八年她为康熙皇帝生下皇六女固伦恪靖公主，康熙二十二年（1683）又为康熙皇帝生下第十九个儿子胤禝。贵人袁氏于康熙二十八年（1689）生下了皇十四女和硕悫靖公主。庶妃钮祜禄氏是员外郎晋宝之女，康熙四十七年（1708）为康熙皇帝生了皇二十女。庶妃张氏，康熙七年（1668）和康熙十三年（1674）先后为康熙皇帝生了皇长女和皇四女。庶妃王氏，康熙三十四年（1695）生了皇十六女。庶妃刘氏，康熙三十七年（1698）生了皇十七女。其他人则大多潦倒一生，生前饱受白眼，死后连姓氏、籍贯、生卒年月也一概不知。封建社会的一夫多妻制葬送了她们的青春，使她们成为当时社会最不幸福的贵族女人。



## 六、皇　子

康熙皇帝自十四岁开始生子至六十三岁停止生育，五十年中先后生子三十五人。其中承瑞（1667—1670）、承祜（1669—1672）、承庆（1670—1671）、赛音察浑（1671—1674）、长华（1674—1674）、长生（1675—1677）、万黼（1675—1679）、胤禶（1679—1680）、胤禐（1683—1685）、胤禨（1691—1691）、胤禝（1713—1713）等十一子皆因早夭未曾与序行次，而与序行次的皇六子胤祚（1680—1685）、皇十一子胤禌（1685—1696）、皇十八子胤祄（1701—1708）、皇十九子胤禝（1702—1704）又未及成人便早逝，于是成人的孩子便只剩下二十人。对这二十个孩子，康熙皇帝非常注意加以教育，一般都为其慎选教师，并亲自教诲督促。教育内容也很广泛，几乎包括经史、诗文、语言、书画、音乐、几何、天文、骑马、射箭、游泳、火器等各个方面。随着他们逐渐成人，他又率领他们南巡、北狩、出关谒陵、巡视畿甸，以便他们深入实际，了解各地风情和民生疾苦。征讨噶尔丹之役，命皇太子代理朝政，皇长子胤禔、皇三子胤祉、皇四子胤禛、皇五子胤祺、皇七子胤祐等几个年长的皇子则受命率兵出征，以艰苦的军旅生活来磨炼他们的吃苦耐劳精神并培养他们的行政才干和军事才能。行军途中康熙皇帝曾多次诗赠诸皇子，说明自己的用心所在。如《行殿示诸皇子》诗云：



师行日已远，边马风萧萧。
眷言靖疆宇，宁惮道路遥。
彼寇邻北藩，谲谋声动摇。
除恶必拔本，稂莠蘙良苗。
外攘内斯安，务令金甲销。
吾民息转输，丁男无敝凋。
一劳方永逸，所戒怠与骄。
天心鉴此诚，雨旸时以调。[60]

又如《诸皇子来迎示之》诗云：

行尽龙荒到凤城，三回寒暑事长征。

只须勤俭思无逸，说与艰难远道情。[61]

同时，他还十分注重诸皇子的道德教育，要求他们“勤俭为仁”，言行一致，为人庄重严肃，不要轻薄佻达。如《示诸皇子》诗云：

勤俭守家法，为仁勉四箴。

读书须立体，学问便从心。

佻达愆非浅，浮华罪渐深。

人皆知此道，何必论古今！[62]

在康熙皇帝的培养下，他的二十个儿子大多文武双全，有的儿子如皇三子胤祉还在文化事业上做出了重要的贡献。然而，由于子嗣众多，随着他们陆续成人，追求权力和财产的欲望也开始强烈，从而使得康熙皇帝家庭内部矛盾错综复杂，这使康熙皇帝十分失望，同时也给他的晚年增添了许多烦恼和忧愁。由于自己身为帝王，对儿子们的这些丑行，康熙皇帝自然无法向人启齿，但当看到无知无识的劳动人民“孝悌发于至性，朴诚不事文辞”的情景时，却十分感慨地写下了这样的诗篇：

昼夜彷徨利禄间，奚如鄙里野人闲。

诗书不解穷通事，名姓无闻士宦班。

孔颜乐处箪瓢在，孝弟真情稚子关。

可笑文章少实据，空将浮伪玷青纶。[63]

由于康熙皇帝诸子皆是康熙末年以至雍正时期政治舞台上互相争斗的主要角色，对当时和以后的政局发展都产生了重要的影响，在此对康熙皇帝诸子成人者逐一介绍，以见康熙皇帝家庭中的一个重要方面的情况。

皇长子胤禔（1672—1734），本为康熙皇帝第五子，生母惠妃纳喇氏。因为他是皇长子，从幼年始，康熙皇帝即教以诗书骑射，希望他尽快成长，早挑重担。康熙二十八年（1689）胤禔十七岁，康熙皇帝第二次南巡，即携其同行。次年康熙皇帝北征噶尔丹，以裕亲王福全为抚远大将军，以胤禔为副，率师出古北口。康熙三十五年（1696）康熙皇帝再征噶尔丹，又令他随军行动，负责犒军事宜。康熙三十七年（1698）三月康熙皇帝大封诸皇子，即封他为直郡王，同时还写了不少诗篇，对他寄予厚望。但让康熙皇帝非常失望的是，康熙四十七年（1708）前后，他深深地卷入了诸皇子争储夺嫡的斗争中。为了搞垮他的政敌皇太子胤礽，在皇太子被废之前，他即不择手段地大搞秘密活动，找了一个名叫巴汉格隆的喇嘛用旁门左道法术镇魇皇太子；皇太子被拘禁后，他又不顾兄弟之谊，向康熙皇帝提出杀掉胤礽的主张。这使康熙皇帝极为愤怒，对其卑鄙用心悉加揭露，并下令将他革爵拘禁，从此之后他便退出了历史舞台。雍正皇帝即位后，仍然对他严加看管。雍正十二年（1734）死于囚所，终年六十三岁。



皇二子胤礽（1674—1724），本为康熙皇帝第六子，是康熙皇帝一生倾注心血最多的一个皇子。他生于康熙十三年（1674）五月，生母是孝诚仁皇后赫舍里氏。在他出生的当天，他的生母即因暴病去世。康熙皇帝思念亡妻，视他如心肝宝贝。次年十二月在他一岁多时，即将他立为皇太子并颁诏天下。皇太子刚刚懂事，康熙皇帝便亲自教他识字。在他六岁时又选定大学士张英、李光地做他的师傅。后来随着太子年龄的增长，又让大学士熊赐履授以性理诸书，让当时名儒汤斌、耿介辅导他学习经史诸书。同时对皇太子学习，康熙皇帝还时常过问，关心程度超过其他任何皇子。如康熙二十三年（1684）首次南巡途中，京中驿骑送来皇太子习字仿书，康熙皇帝即作《途中览皇太子仿书以示之》诗。诗云：

奎文一画开天象，保氏先教识六书。
笔势须知贵严正，好将功夫足三余。[64]

几天后皇太子又来信请安，并汇报自己已经读完“四书”。看到自己的儿子读书大有长进，康熙皇帝十分高兴，特作诗以志其事。诗云：

先圣有庭训，所闻在《诗》《礼》。
虽然国与家，为学无二理。
昨者来江东，相距三千里。
迢遥蓟北云，念之不能已。
凌晨发邮筒，开缄字满纸。
语语皆天真，读书毕四子。
龆年识进修，兹意良足喜。
还宜日就将，无令有间止。
大禹惜寸阴，今当重分晷。
披卷慕古人，即事探奥旨。
久久悦汝心，自得刍豢美。[65]

随着皇太子年龄的增长，对皇太子的礼仪规格，康熙皇帝也给予极高的待遇。凡逢元旦、生辰、令节，诸臣朝见康熙皇帝完毕，还要再去东宫朝见太子。为了提高他在全国臣民中的声望，培养他的从政能力，先后让他代表康熙皇帝主持一些礼仪活动；康熙皇帝外出巡幸，也令其随驾扈从。同时对其身体和生活也极表关心。如康熙二十八年（1689）年底，因康熙皇帝生病，特命皇太子代表自己前往遵化祭奠孝庄文皇后暂安奉殿。皇太子刚刚出京，康熙皇帝即十分思念，并派人“驰赐南方新到春橘、冬笋脯脩”[66]。在康熙皇帝的精心培养和爱护下，“太子通满、汉文字，娴骑射”，“赓咏斐然”[67]，康熙皇帝十分高兴。康熙三十四年（1695）康熙皇帝册封石氏为皇太子妃，为其完婚。随后两年，康熙皇帝两征噶尔丹，皆命皇太子居京留守，并下令“各部院奏章听太子处理，事重要，诸大臣议定，启太子”[68]。同时他还在前线和皇太子密切联系，据统计，从康熙三十五年（1696）三月至康熙三十六年（1697）五月，两次出征期间，康熙皇帝写给皇太子的信函即达七十七封。其内容或介绍军队行进和战争进展状况，或介绍敌情及当地气候、风情，或告知自己身体状况，或请他代向皇太后及诸皇子、诸王问候。战争胜利之日，康熙皇帝首先遣使至京，告诉皇太子这一特大喜讯。其《遣使示皇太子捷音》诗云：

逋寇多年快翦除，风清塞北已回车。

遥知念切驰相慰，驿骑南归赐捷书。[69]

同年六月，康熙皇帝率凯旋大军还至怀来，皇太子出城往迎，康熙皇帝又亲赐《怀来示皇太子》诗。诗云：

春初夙驾回当暑，探尽黄流岸曲纡。

只为敉宁筹远驭，不辞烦苦历征途。[70]

由上述康熙父子交往情况来看，这个时期，康熙皇帝对皇太子是信任的，皇太子对康熙皇帝是尊敬的，康熙皇帝和皇太子之间的父子关系也是融洽的。



康熙皇帝虽然为皇太子胤礽的成长倾注了极大的心血，然而，随着皇太子胤礽的逐渐成人及其开始参与政务管理，康熙皇帝父子之间的矛盾也开始产生。其一是皇太子自幼娇生惯养，惟我独尊，赋性奢侈。出于爱子之情，康熙皇帝虽命他乳母之夫凌普担任内务府总管，掌管皇室财务，随他花费，但在内心中对他这种行径却不大满意。其二，在康熙皇帝三征噶尔丹期间，皇太子受命留京居守，一些宵小之徒乘势攀龙附凤，从而在康熙皇帝之外形成了第二个政治中心。本来在封建社会中，在保持和争夺最高权力这一关键问题上，皇帝与储君之间即是一对天然的矛盾，而今一些人如此趋奉皇太子，使得康熙皇帝十分警惕。在他看来，自己在外，栉风沐雨，一心一意为后世创太平，而皇太子胤礽却私立中心，实在是不仁不孝。因而还京之后，即刻将“太子左右用事者置于法”[71]。康熙皇帝的这一行动深深地刺伤了皇太子。次年三月康熙皇帝又普赐从征噶尔丹诸皇子封爵，使得皇太子更为不满。在他看来，父皇处事不公平，诸兄弟随父出征，因人成事却受到升赏；自己在父皇出征期间留守京师，处理各种政务，反而受到处罚。在这种思想支配下，难免会有一些怨望之语。于是康熙皇帝和皇太子胤礽之间开始出现了隔阂。



康熙三十六年（1697）以后，康熙皇帝父子之间虽已出现了裂痕，然而在康熙皇帝看来，他和胤礽谊为父子，感情基础深厚，胤礽虽有毛病，但并无大过，胤礽周围不法之人既已处死，他和胤礽仍可照前相处。因而相当长的时间里，不但丝毫没有废弃太子之心，反而从长辈对下辈自发的亲情出发，继续对胤礽加以信任、关心和爱护。据统计自康熙三十年（1691）至康熙三十九年（1700），康熙皇帝外出巡幸凡三十二次，其间以皇太子留京居守者即达二十八次，积累时日为一千零八十二天。又如康熙四十年（1701）五月，皇太子胤礽生辰届期，康熙皇帝赐诗以志祝贺。诗云：

百岁桐长老，千年松满枝。

万峰迎瑞气，亿兆庆灵芝。[72]

康熙四十一年（1702）九月，康熙皇帝以视察河工，再度携皇太子南巡。刚刚到达山东德州，皇太子胤礽因感受风寒而患重病。康熙皇帝十分焦急，亲自指导治疗，还特召太子亲信索额图前来侍疾。半月之后皇太子病体痊愈，为了进一步疗养，康熙皇帝特地取消了这次南巡，返回京城。然而和康熙皇帝的主观愿望相反，康熙皇帝的这些关怀和爱护并未能使胤礽回心转意，而是继续和他的死党索额图等“潜谋大事”。康熙四十二年（1703）康熙皇帝南巡返京后被迫进行反击，将索额图拘禁并诛杀其同党，受此牵连，“其同党之同族子孙在部院者俱查明革退”。从此康熙皇帝和皇太子胤礽父子之间的关系愈益恶化。康熙四十七年（1708）九月，康熙皇帝宣布废掉皇太子，囚禁上驷院。这样在过了三十多年养尊处优的生活之后，胤礽的地位一落千丈，由人上人一下子变成了阶下囚。



康熙皇帝虽然废掉了皇太子，内心却极为痛苦。孝庄文皇后在世时对自己这个儿子的钟爱、胤礽生母孝诚仁皇后去世时痛苦的表情、胤礽少年时期活泼可爱的情状都一幕一幕地浮现在眼前，搞得他“六夕不能安寝”，舐犊之情，虽为帝王，亦所不免。出于这种感情，他改变主意，于康熙四十八年（1709）三月复立皇太子。但令康熙皇帝更为失望的是，胤礽虽然复位，却并没有从这次挫折中吸取教训，所作所为依然如故。康熙五十一年（1712）十月，康熙皇帝再度废掉皇太子，将其禁锢于咸安宫，至此当了三十多年皇太子的胤礽彻底垮台。尽管如此，念及父子之情，康熙皇帝仍然在生活上给予其优厚待遇。康熙五十七年（1718）七月，胤礽之妃石氏去世，康熙皇帝特别下令大学士和翰林院撰文致祭，依礼安葬。直到康熙皇帝去世之前，还嘱咐雍正皇帝要“丰其衣食，以终其身”[73]。对这个废太子，康熙皇帝可以说是仁至义尽了。

雍正皇帝即位后，废太子胤礽的处境更为恶化。雍正元年（1723）他被赶出紫禁城，轰到昌平郑家庄居住，并拨派兵丁严加看守，实际上处于被囚禁状态。次年十二月胤礽病死，终年五十一岁。雍正皇帝追谥其为理密亲王，并以其子弘晳袭封理郡王。

皇三子胤祉（1677—1732），本为康熙皇帝第十子，生母荣妃马佳氏。从他十三岁开始，康熙皇帝即陆续让他参加各种礼仪活动。如康熙皇帝二十九年（1690）康熙皇帝北征噶尔丹，因病还京时，他和皇太子胤礽一起出城往迎。康熙三十二年（1693）又命他和皇四子胤禛一起往祭曲阜孔庙。康熙皇帝外出巡幸、谒陵、行围，他和其他皇子一起随驾扈从或留京居守，据统计康熙三十年（1691）以后，康熙皇帝外出巡幸共计一百零三次，离京时间五千六百七十五天，而以胤祉留居京城即达二十五次，积累时日达一千六百四十五天。康熙三十五年（1696）康熙皇帝亲征漠西，命他领镶红旗大营从军征讨。为加鼓励，途间康熙皇帝特制诗篇以赐。诗云：

玉弩金戈壮此行，期门环卫在连营。

深居莫忘勤劳意，须识间关出塞情。[74]

噶尔丹败亡后，康熙三十七年（1698）康熙皇帝封他为诚郡王。因长期受康熙皇帝熏陶，他通熟古代典籍，喜欢自然科学，精于数理天算和音乐，为此，这一年康熙皇帝东巡盛京时，特将当时著名学者陈梦雷赦还京师，辅导胤祉读书并创编《古今图书汇编》。同时胤祉还受命编纂了《律历渊源》一书。因为他文化素养较高，康熙皇帝和他时有唱和之作。如康熙三十八年（1699）康熙皇帝南巡途中，即作《用皇三子秋日郊行应制诗韵》一诗：

风高凤阁秋，万物变清幽。

露冷凝仙掌，云寒聚岭头。

荷疏起一雁，蒲尽现群鸥。

郊外西成好，应知禾黍收。[75]

康熙四十七年（1708）以后，康熙皇帝因为废、立太子而陷入深深的忧愁和烦恼之中。在这种情况下，作为年龄较长的一个皇子，胤祉对康熙皇帝的病情和身体都十分关心。同时为了让康熙皇帝舒心开怀，精神愉快，从康熙四十六年（1707）三月始，他多次邀请康熙皇帝临幸他的居处进宴，尽到了一个做儿子的责任。这使康熙皇帝对他十分感激，康熙四十八年（1709）晋封其为诚亲王；康熙五十一年（1712）

又赐银五千两；康熙五十八年（1719）命他代行祭天；次年又封他的儿子弘晟为世子。因此之故，他也遭到了同胞弟弟、觊觎储位的皇四子胤禛的嫉妒。故而雍正皇帝即位之初，先将他发往遵化马兰峪，为康熙皇帝看护景陵；雍正二年（1724）又革去弘晟世子之职；雍正六年（1728）又寻找借口，将胤祉降为郡王，将弘晟圈禁宗人府；雍正八年（1730）又以怡亲王胤祥之丧，“胤祉后至，无戚容”为由而夺其爵，圈禁景山永安亭[76]。受尽了这个同胞兄弟的凌辱之后，雍正十年（1732）闰五月胤祉去世，终年五十六岁。胤祉死后，雍正皇帝下令“视郡王例殡葬”[77]。直到乾隆二年（1737）时，乾隆皇帝才下令赐复郡王原爵，予谥诚隐郡王。



皇四子胤禛，本为康熙皇帝第十一子。生母乌雅氏，生他时尚无封号，康熙十八年（1679）始被封为德嫔，康熙二十年（1681）晋为德妃。胤禛早年先后从大学士张英和顾八代、徐元梦等学习满汉文字、经史典籍，九岁以后又多次随同康熙皇帝巡幸全国各地，长城内外、大江南北、孔子故里曲阜、佛教圣地五台山、辽阔的蒙古大草原、山清水秀的江南和朔风呼啸的东北大地都留下了他的足迹。康熙三十五年（1696）二月，他还受康熙皇帝之命，率领正红旗从征噶尔丹。康熙三十七年（1698）受封贝勒，康熙四十八年（1709）又晋封亲王。青少年时代的广泛阅历使他积累了丰富的知识和经验，从而使他在康熙皇帝众多儿子中最有政治头脑且工于心计。在康熙末年争储斗争中，尽管他对储位的追求不下于其他任何一个皇子，但在具体行动中，他既不像皇长子胤禔那样赤裸裸地跳出来攻击皇太子胤礽，也不像皇八子胤禩那样策动群臣向康熙皇帝争夺储位，而是不露声色地暗中积聚力量，网罗亲信，窥伺时机，却在表面上装出孝敬父皇、友于兄弟的样子，因而博得了康熙皇帝对他的好感，称赞他"性量过人"，"深明大义"，"洵为伟人"，从而得以在康熙去世后继位。他即位后改年号为雍正，故后人习称雍正皇帝。即位后，他的政治才干得到了充分的发挥。针对康熙末年政务废弛、贪污成风，他勤于政事，大力整治积弊，先后采取措施严惩贪污，发展生产，奖励垦荒，兴修水利。同时出于巩固专制统治的需要，对统治机构和赋役征收制度进行了大刀阔斧的改革。其主要者有首创秘密建储制度、推广奏折使用范围、推行摊丁入地、实行耗羡归公、统一给发各级官吏养廉银、继续限制和压抑旗主权力、设立军机处、打击朋党、以各种借口大兴文字狱、消灭政治上的异己势力等。为了维护国家的独立和统一，他在西南少数民族聚处区域推行改土归流，出兵讨伐青海、准噶尔蒙古贵族和西藏叛乱，还成功地遏制了沙俄当局的领土扩张行径。他在位期间，国家财政情况空前良好，皇权也进一步加强，对清朝统治的巩固起到了重要的作用。雍正皇帝以自己的实际行动证明他是康熙皇帝最优秀的接班人。

雍正皇帝对历史发展和清朝统治的巩固虽然做出了突出的贡献，但由于他即位后对昔日与他竞争储位的手足同胞大打出手，也使他的声名大受影响。据统计他在位期间，被他以各种罪名黜革、囚禁的同胞兄弟有康熙皇帝的皇长子胤禔、废太子胤礽、皇三子胤祉、皇八子胤禩、皇九子胤禟、皇十子胤䄉、皇十四子胤禵等七人，其中胤禔、胤礽、胤祉、胤禩、胤禟皆被圈禁至死。为了发泄自己的积愤，他还将胤禩、胤禟二人分别改名阿其那和塞思黑（猪、狗之意），以示侮辱。为了确立和加强自己的统治，对政敌加以打击固属必要，但他手段残忍，不择方式，在他生前，便引起不少臣民的反感。雍正十三年（1735）八月，他带着全国臣民对他复杂而不同的感情，在圆明园突然去世，终年五十八岁。其子乾隆皇帝即位后，为其上尊谥曰“敬天昌运建中表正文武英明宽仁信毅大孝至诚宪皇帝”，庙号世宗。乾隆二年（1737）葬于易州泰陵。

皇五子胤祺（1679—1732），本为康熙皇帝第十三子。生母宜嫔郭啰罗氏，生他后第二年始进为妃。康熙三十五年（1696）康熙皇帝亲征噶尔丹，以他领正黄旗随军征讨。康熙三十七年（1698）三月封贝勒。康熙四十八年（1709）进封恒亲王。康熙五十一年（1712）赐银五千两。康熙五十八年（1719）又封他的儿子弘昇为世子。因为他胆小怕事，没有卷进康熙末年的争储夺嫡斗争，故而雍正初年，雍正皇帝对他持宽容态度；但因他是雍正皇帝的死敌、康熙皇帝的皇九子胤禟的同母胞兄，在处死胤禟后，雍正五年（1727）曾将其子弘昇的世子爵位削去，以示警告。雍正十年（1732）闰五月胤祺去世，终年五十四岁，谥“温”。

皇七子胤祐（1680—1730），本为康熙皇帝第十五子，生母成妃戴佳氏。康熙三十五年（1696）康熙皇帝亲征噶尔丹，以他领镶黄旗。当时他年仅十七岁，便膺此重任，康熙皇帝特赠诗篇以行鼓励：

逆我颜行讨必加，六军严肃静无哗。

分营此日如棋布，奋武群看卷塞沙。[78]

康熙三十七年（1698）他被晋为贝勒，康熙四十八年（1709）又晋封为淳郡王，康熙五十一年（1712）他和其他兄弟一样得康熙皇帝赐银五千两。他生有残疾，上有兄长，下有弟弟，深知康熙皇帝无论怎样建储，也轮不到自己。因而对他来说，受封郡王意愿已足，没有参与康熙末年的储位之争，而是致力于撰拟诗词，研探书法，其书法几与他的哥哥胤祉不相上下。康熙去世时，他得与闻末命，雍正皇帝即位后，知他没有政治野心，在对其他弟兄严行打击的同时，对他却持拉拢态度。雍正元年（1723）四月，晋封他为淳亲王，并封其子弘曙为世子。雍正八年（1730）四月因病去世，终年五十一岁，雍正皇帝谥其曰“度”。



皇八子胤禩（1681—1726），本为康熙皇帝第十六子，生母良妃卫氏。康熙三十五年（1696）康熙皇帝亲征噶尔丹，胤禩当时刚刚十六岁，即跟随父亲随营出征。为此康熙皇帝曾亲制诗篇以赐。诗云：

戎行亲莅制机宜，栉沐风霜总不辞。

随侍晨昏依帐殿，焦劳情事尔应知。[79]

以此之故，康熙三十七年（1698）他刚刚十八岁，即和诸位兄长一起受封为贝勒。因他年纪虽小，却聪明能干，善于联络，康熙皇帝一度对他颇为欣赏，康熙四十七年（1708）还让他做过一段内务府总管。但是这些资本并没有为他开拓辉煌前程，反而成为他的一个沉重包袱。康熙四十七年康熙皇帝初废太子后，他因自己在康熙皇帝面前颇受宠爱，先是找算卦先生张明德为自己算命，在张明德迎合他的心理说他

“后必大贵”之后，他又暗中策动诸兄弟和朝臣阿灵阿、鄂伦岱、揆叙、王鸿绪等合疏保举自己为皇太子。经过这些策划，他满以为自己可以稳坐太子宝座，将来前程无量，不料他的居心被康熙皇帝看穿，当即对他严加申斥并削爵拘禁。后来康熙皇帝虽将他释放并赐还贝勒爵位，但经此打击，胤禩声名大为下降。康熙皇帝去世后，因为他是康熙末年争夺储位斗争中的主要角色，雍正皇帝将他作为主要政敌予以打击。考虑到他在宗室、廷臣中影响较大，联络广泛，立即诛杀定会引起强烈反响，雍正皇帝欲擒故纵，命他在居丧期间总理事务，晋封廉亲王，授理藩院尚书，与此同时，则加紧步伐翦除其党羽，并且不放过任何一个机会对他加以公开指责，以消除他的影响。雍正四年（1726）二月，在上述目的渐次实现之际，又逼令其离婚，将其降为民王，以对其加以折磨，随又削其王爵，革除宗籍，更其名为“阿其那”，圈禁高墙。当年九月胤禩死于囚所，终年四十六岁。因为对其惩治手段实在有点过分，不少臣民啧有烦言。为了替父补过，乾隆四十三年（1778），乾隆皇帝下令将胤禩复其原名，收入玉牒，子孙一并叙入。其时，距离胤禩之死已经五十多年了。

皇九子胤禟（1683—1726），本为康熙皇帝第十七子，与皇五子胤祺同母所生。在康熙末年的储位之争中，胤禟也是一个主要角色。皇太子胤礽被废之初，他和胤䄉、胤禵一起拥戴胤禩，后见胤禩受到康熙皇帝严厉惩罚，声名大损，兼以自己又受封贝子，于是又起自立之意。康熙五十六年（1717）十二月，孝惠章皇后病重，康熙皇帝不顾自己重病在身，亲自参加护理。而胤禟却装病，不但不参加护理，反而在背后搞着争当皇太子的秘密勾当。雍正皇帝即位后，为了拆散自己的政治对手，召胤禵还京，以他出镇西宁，但他却造秘密字码，与同党互相联系。这些罪行被发觉后，雍正四年（1726）雍正皇帝下令将他革除宗籍，改名“塞思黑”，逮还北京。当年八月死于保定囚所，终年四十四岁。直到乾隆四十三年（1778）乾隆皇帝才下令将他和胤禩一起恢复原名，收入玉牒，子孙一并叙入。

皇十子胤䄉（1683—1741），本为康熙皇帝第十八子，温僖贵妃钮祜禄氏所生。康熙四十八年（1709）受封敦郡王。在康熙末年的储位之争中，他与胤禟一起党附胤禩，因而深为皇四子胤禛忌恨。雍正元年（1723）喀尔喀哲布尊丹巴呼图克图叩谒康熙皇帝梓宫，于京师病故，雍正皇帝命胤䄉护其灵龛北还。胤䄉称病不行，又私行禳祷，其祷词中连写“雍正新君”。事为雍正皇帝所侦知，于是新账旧账一起算，将他夺爵圈禁。直到雍正十三年（1735）十一月，乾隆皇帝即位后，才将他放了出来。乾隆二年（1737）二月又封了他一个辅国公。乾隆六年（1741）九月胤䄉去世，终年五十九岁。

皇十二子胤祹（1685—1763），本为康熙皇帝第二十一子，定妃万琉哈氏所生。康熙四十八年（1709）受封贝子。康熙皇帝外出巡幸，也经常带他随行。由于他没有卷进康熙末年的储位之争，康熙皇帝对他比较放心。康熙五十六年（1717）后，先后命他署理内务府总管，办理正白旗满、蒙、汉军三旗事。康熙六十年（1721）又命他出京祭告盛京三陵。康熙六十一年（1722）又把镶黄旗满洲都统的重担交给了他。

康熙皇帝去世时，他曾与闻末命，因而雍正皇帝即位后，即将他晋封履郡王。雍正皇帝本意是想以此拉拢，使他为自己卖力气，而胤祹却无任何表示，于是雍正二年（1724）雍正皇帝降其为贝子，不久又降为镇国公。直到雍正八年（1730）五月怡亲王胤祥死后，因他在雍正兄弟中年龄较长，才重新晋封他为履郡王。雍正皇帝去世后，乾隆皇帝提倡“亲亲睦族”，胤祹遂又被晋封履亲王，并先后担任宗人府宗令，分管礼部事务、议政大臣等职。乾隆二十八年（1763）七月胤祹去世，终年七十九岁，随谥为“懿”。在他的二十来个手足同胞中，他是最为长寿的一个。

皇十三子胤祥（1686—1730），本为康熙皇帝第二十二子，敬敏皇贵妃张雅氏所生。康熙三十七年（1698）在他十三岁时，康熙皇帝即带他出关谒陵，此后多次巡幸，也都让他随驾扈从。他的生母早亡，兄弟又多，其父康熙皇帝政务繁忙，对他照顾不到，又无人替他说话，因而直到康熙皇帝去世，也没有给他个一官半职。这些，他的四哥胤禛都看在眼里，刚刚继位，即把他作为重点依靠对象，命他与廉亲王胤禩一起总理事务，并将其从一个普通皇子超封怡亲王。之后的数年中，又连续加给他九个重要职务，对他的俸禄和礼仪待遇也格外从优，并特旨封其一子为郡王，由胤祥自己于诸子中随意指封。从未受过重用的胤祥一旦膺此殊荣，不禁感激涕零，更加卖命地替雍正皇帝效劳，成为一个铁杆保皇派。为此，雍正四年（1726）七月，雍正皇帝特赐御书“忠敬诚直勤慎廉明”，并说“朕深知王德，觉此八字无一毫过量之词”[80]。雍正七年（1729）六月，雍正皇帝用兵西北，特命他办理西北两路军机，创建军机处，为首任军机大臣。十月，为了对他加以褒奖，又命增仪仗一倍。过分忙碌的工作严重地损害了他的身体健康，次年五月，胤祥因病去世，年仅四十五岁。这使雍正皇帝十分悲痛。亲临祭奠之外，还特为辍朝三日，以志哀悼。同时还特别下令，使用其原名胤祥，配享太庙，谥曰“贤”，并命各地建庙祭祀。乾隆三十九年（1774）乾隆皇帝又下诏书令其怡亲王爵位世袭，使其后代成为清朝历史上少有的铁帽子王之一。

皇十四子胤禵（1688—1755），康熙间原名胤祯，本为康熙皇帝第二十三子，与雍正皇帝胤禛同母所生。康熙四十八年（1709）受封为贝子。康熙五十年（1711）随同康熙皇帝巡幸塞外。第二年康熙皇帝普赐诸子银两，他也得到白银四千两。他年少聪明，文武全才，深得父母喜爱，在诸兄弟中也有较高的威信。康熙五十六年（1717）策妄阿拉布坦命其表弟策零敦多卜率准噶尔军入藏，杀死拉藏汗。翌年，侍卫色楞、总督额伦特受命率兵入藏，但因轻兵冒进，全军覆没。消息传到北京，当年十月，康熙皇帝亲自任命胤禵为抚远大将军，率师征讨策妄阿拉布坦。十二月胤禵自京启行，康熙皇帝还举行了隆重的送行仪式，于太和殿亲授印信，命其用正黄旗纛。当时康熙皇帝储位久悬不定，而胤禵竟特准使用正黄旗纛，无疑使广大臣民感到，胤禵极有可能是康熙皇帝心目中的储君。当时胤禵年方三十一岁，精力充沛，到前线不久，即显露出他在治军方面的卓越才能。他先是大力整顿军纪，上疏弹劾督饷失职的吏部侍郎色尔图和“索诈骚扰”的都统胡锡图，并分别将其革职治罪，后又吸取上次进兵失败教训，注意发动政治攻势，利用新达赖喇嘛，向蒙、藏广大僧俗人士宣传清朝政府派兵安藏的目的和意义，收到了良好的效果。大军入藏前夕，他又率先行动，将指挥部自西宁移驻与西藏交界的穆鲁斯乌苏，逼敌而营。在他的指挥下，两路大军顺利进入西藏拉萨，安藏之役取得完全胜利。此次战役结束后，为了平定策妄阿拉布坦叛乱，胤禵又移师甘州，进驻吐鲁番，并计划于次年大举进取准噶尔本部。然而就在他节节胜利、威望也空前上升之时，康熙皇帝去世。因为他手握重兵且在广大臣民中极有影响，早已对此不快的雍正皇帝刚一即位，即刻令其飞速回京。胤禵返京后，便立即落入了雍正皇帝预先布置好的牢笼之中。虽然形式上给了他一个郡王头衔，实际上不但帝梦成空，而且还无法见到自己的生母，甚至连在北京居住的权利也被剥夺，被雍正皇帝发往遵化看守景陵。同时雍正皇帝还先后颁布多道谕旨，对其严加指责。雍正四年（1726）时，雍正皇帝的统治地位已经巩固下来，这时又发生了“奸民”蔡怀玺于景陵胤禵囚所向胤禵投递“大逆”字帖的案件。为对其严加看管，雍正皇帝下令将胤禵父子押回京师，囚禁于景山寿皇殿。说来说去，多亏他是雍正皇帝的同母胞弟，雍正皇帝才未像对待胤禩、胤禟那样对他下毒手。直到乾隆皇帝即位后，才将他放了出来。此时他已中年将尽，快到五十岁了。因他无罪被囚，乾隆皇帝对他颇为怜悯，乾隆二年（1737）封他为辅国公，乾隆十二年（1747）晋贝勒，乾隆十三年（1748）又晋封为恂郡王。但因为他是乾隆皇帝的亲叔父，为怕对自己的皇权构成威胁，始终未让他管过什么正经事。乾隆二十年（1755）六月，这个尝尽同胞兄长苦头的恂郡王胤禵，带着对父母不尽的思念离开了人世，终年六十八岁。乾隆皇帝予谥曰“勤”。

皇十五子胤禑（1693—1731），本为康熙皇帝第二十五子，顺懿密妃王氏所生。康熙三十九年（1700）他八岁时，即开始随从康熙皇帝巡幸塞外，尔后康熙皇帝多次巡幸，也都命他随驾扈从。他是康熙皇帝第二十六子胤禄的同母兄，雍正元年（1723）胤禄袭封庄亲王，而他虽为兄长，却长期未受封爵，可见他是一个无能之人。直到雍正四年（1726）雍正皇帝才封他为贝勒，命他接替回京禁锢的胤禵看守景陵。雍正八年（1730）二月晋封他为愉郡王。在此期间，对于国务处理，他也未曾发挥明显作用。封为郡王后不过一年即因病去世，终年三十九岁，雍正皇帝予谥曰“恪”。



皇十六子胤禄（1695—1767），本为康熙皇帝第二十六子，与皇十五子胤禑同母。雍正元年（1723）皇太极之孙庄亲王博果铎去世，雍正皇帝即以胤禄为其后，袭封庄亲王。由此看来，至少在雍正初年，胤禄已经投靠雍正皇帝，否则是不会得到这个肥缺的。当时他年纪尚轻，没有在政治舞台上发挥什么作用。但自雍正八年（1730）怡亲王胤祥死后，他在皇室的地位开始上升。雍正皇帝去世，遗诏特命他与果亲王胤礼、重臣鄂尔泰、张廷玉共同辅政，为乾隆皇帝确立和巩固统治地位做了不少工作。因而乾隆初年，乾隆皇帝特命其食亲王双俸，任封其一子为镇国公。受康熙皇帝熏陶，他青年时期爱学习、通音律，尤喜自然科学，精通数学，并参与纂修《数理精蕴》一书。这些在乾隆时期也都派上了用场，先后为乾隆皇帝改定乐章，以襄文治。眼见他在朝廷中备受重用，包括废太子胤礽之子理亲王弘晳在内，不少宗室子弟群相趋奉。胤禄也大包大揽，有求必应，从而引起乾隆皇帝的警觉：为什么宗室子弟都到他家去？他们在搞什么活动？是不是要另立中心？故服丧期满，重建军机处，即将胤禄排除在外。乾隆四年（1739）又因他与弘晳往来诡秘而停其亲王双俸，罢都统。从此胤禄长期在家闲居，乾隆三十二年（1767）去世，终年七十三岁。乾隆皇帝谥之曰“恪”。

皇十七子胤礼（1697—1738），本为康熙皇帝第二十七子，纯裕勤妃陈氏所生。康熙四十四年（1705）他年方九岁，即随康熙皇帝巡幸塞外。雍正皇帝即位，他是被拉拢对象，受封果郡王，掌管理藩院事。从此他竭力为雍正皇帝卖命效劳。以此之故，雍正六年（1728）进封亲王，并先后管理工部、户部事务。怡亲王胤祥死后，他的地位进一步上升，雍正十三年（1735）受命办理苗疆事务。雍正皇帝去世，他又以宗室重臣身份受诏辅政，为此乾隆皇帝特命其食亲王双俸，免宴见叩拜。但乾隆皇帝稍稍站住脚跟，即寻找借口，卸磨杀驴，停其食亲王双俸。乾隆三年（1738）二月去世，终年四十二岁，乾隆皇帝谥之为“毅”。

皇二十子胤祎（1706—1755），本为康熙皇帝第三十子，襄嫔高氏所生。康熙五十五年（1716）他十一岁时，即从康熙皇帝巡幸塞外。康熙皇帝去世时他刚刚十七岁，还没有正式进入角色，因而并非雍正皇帝的笼络对象。直到雍正四年（1726）五月，才封了他一个贝子。雍正八年（1730）二月又施舍给他一个贝勒。他出生较晚，按照年龄来说可以做雍正皇帝的儿子，母亲在宫中又无地位，因此雍正皇帝根本不把他放在眼里。雍正十二年（1734）命他祭陵，他装病推辞，雍正皇帝将他臭骂一顿，革去贝勒，降为辅国公。乾隆皇帝即位后，看他着实可怜，又封他为贝勒，派他像儿子一样去给雍正皇帝守陵。乾隆二十年（1755）这个无能而又可怜的皇子去世，终年五十岁。乾隆皇帝谥为“简靖”。

皇二十一子胤禧（1711—1758），本为康熙皇帝第三十一子，熙嫔陈氏所生。康熙五十九年（1720）他十岁时，曾随从康熙皇帝巡幸塞外。后来康熙皇帝去世，于是一对孤儿寡母只能看雍正皇帝的脸色吃饭。雍正八年（1730）二月雍正皇帝封了他一个贝子。同年五月大概是一时高兴，又赏给他一个贝勒。因为他和乾隆皇帝同年出生，早年曾是同学，因而乾隆皇帝即位后，看在同学分上，封他为慎郡王。由于长期脱离政治漩涡，他对政治斗争可以说是一窍不通，但写诗画画却十分内行，诗作有《花间堂》及《紫琼岩诗草》，绘画“远希董源，近接文徵明”[81]，自号紫琼道人，又号春浮居士。乾隆二十三年（1758）五月因病去世，终年四十八岁。乾隆皇帝谥其为“靖”。

皇二十二子胤祜（1711—1743），本为康熙皇帝第三十二子，谨嫔色尔图氏所生。他和胤禧一样，尽管少年时期锦衣玉食，但在雍正皇帝即位后，只能夹着尾巴做人。雍正八年（1730）他成人后被封了一个贝子，雍正十二年（1734）又封为贝勒。政治上他没有成就，文化上也没有建树，几乎是一个“多余的人”。乾隆八年（1743）十二月因病去世，终年三十三岁。乾隆皇帝谥其“恭勤”。

皇二十三子胤祁（1713—1785），本为康熙皇帝第三十三子，静嫔石氏所生。他十岁时康熙皇帝去世，兼之其母又是汉姓，因而雍正八年（1730）雍正皇帝分封诸弟，只给了他一个镇国公。好在乾隆皇帝幼年随从康熙皇帝北巡期间，曾和他一起读书、做游戏，靠此关系，即位之后，将他晋为贝勒。但他实在有些不争气，经常捅娄子，因此爵位一降再降，又回到镇国公的名位，直到乾隆四十七年（1782）才又重新封为贝勒。乾隆四十九年（1784）十一月，乾隆皇帝以他是惟一在世的叔父，特为其加郡王衔。次年七月胤祁在将所有的兄长送走之后也离开了人世，终年七十三岁，乾隆皇帝谥其为“诚”。此时上距康熙皇帝去世已经六十三年，他的侄子、在位皇帝乾隆也已七十五岁了。

皇二十四子胤祕（1716—1773），本为康熙皇帝第三十五子，穆嫔陈氏所生。他是康熙皇帝的老儿子，他出生之时，康熙皇帝已经六十三岁。老年得子，自然十分宠爱。但好景不长，胤祕刚刚七岁，康熙皇帝去世；不久他的母亲也因病死去。这样将他抚养成人的担子自然而然地便落在了雍正皇帝的身上。长年抚养，彼此之间自然就有了感情，因此雍正皇帝和他虽名为兄弟，实际上却情同父子。出于这种自发的父爱，雍正十一年（1733）二月，在将自己的两个儿子弘历和弘昼分别封为宝亲王与和亲王的同时，也将这个幼弟封为諴亲王。他和乾隆皇帝多年同学，选入内廷教读皇子的又都是一时名士，因而他诗作颇佳，其中多有与乾隆皇帝唱和之作。因他成人前多年居于紫禁城内，虽比乾隆皇帝小五岁，论辈分却是他的叔父，因而乾隆年间，人们都尊称他为“太王”。此时乾隆皇帝已经五十多岁，哪里能容得这种称呼？闻知此事，十分生气，并且为此专门下令严行禁止，受此影响，和胤祕的关系也顿时疏远了不少。胤祕忧惧交加，乾隆三十八年（1773）十月因病去世，终年五十八岁。乾隆皇帝予谥曰“恪”。

## 七、皇 女

在生有三十多个儿子的同时，康熙皇帝还生了二十个女儿。由于当时的医疗水平很差，和他的儿子们一样，其中有十二个女儿也在早年殇逝或者夭折。她们是：庶妃张氏所生之皇长女（1668—1671）、端嫔董氏所生之皇二女（1671—1673）、庶妃张氏所生之皇四女（1674—1678）、德妃乌雅氏即孝恭仁皇后所生之皇七女（1682—1682）、孝懿仁皇后佟氏所生之皇八女（1683—1683）、温僖贵妃钮祜禄氏所生之皇十一女（1685—1686）、德妃乌雅氏所生之皇十二女（1686—1697）、庶妃王氏所生之皇十六女（1695—1707）、庶妃刘氏所生之皇十七女（1698—1700）、和嫔瓜尔佳氏即惇怡皇贵妃所生之皇十八女（1701—1701）、襄嫔高氏所生之皇十九女（1703—1705）、庶妃钮祜禄氏所生之皇二十女（1708—1709）。由于多数女儿都过早夭折，得以成人的只剩下八个女儿。

在得以成人的八个皇女中，其中六人嫁给了蒙古王公。另外两个公主，一个嫁给在朝外戚，一个嫁给了汉军武将子弟。这里依次介绍，以见康熙女儿们的大致情况。

皇三女固伦荣宪公主（1673—1728），荣妃马佳氏所生。

是康熙皇帝皇三子胤祉的同母姐姐。孝庄文皇后死后，康熙皇帝对她非常思念，爱屋及乌，对于远嫁蒙古巴林部的孝庄文皇后的女儿淑慧长公主也十分尊重。为了亲上加亲，康熙三十年（1691）在他的这个女儿十九岁时，将其封为和硕公主，下嫁淑慧长公主之孙乌尔衮。次年又特地下令，为公主添设护卫长史，待遇等同贝勒。后康熙皇帝每次巡幸塞外，这个女儿偕同女婿必来请安。有时康熙皇帝还借巡幸塞外之机临幸这个女儿家，走走亲戚，看望看望女儿和女婿。因为彼此关系密切，而皇三女在康熙皇帝成人诸女中又排行居长，因而康熙四十八年（1709）这个女儿归宁时，康熙皇帝特封她为固伦荣宪公主，视同正宫皇后所生之女。康熙五十八年（1719）正月，乌尔衮随同抚远大将军胤禵西征，康熙六十年（1721）因病死于前线。次年康熙皇帝也在北京去世。继位皇帝雍正是她同胞弟弟胤祉的死对头。雍正五年（1727）她的母亲荣妃又接着去世。这些家庭变故都严重地影响了她的精神和身体。第二年四月这位公主去世，终年五十六岁。

皇五女和硕端静公主（1674—1710），贵人兆佳氏所生。康熙三十一年（1692）在她十九岁时，康熙皇帝封她为和硕端静公主，下嫁喀喇沁杜棱郡王札什之子噶尔臧。不久依荣宪公主之例也为她添设护卫长史，待遇视同贝勒。此后康熙皇帝北巡，端静公主偕同其夫也常来请安，康熙皇帝也先后两次临幸其府第。康熙四十九年（1710）三月这位公主去世，终年三十七岁。

皇六女固伦恪靖公主（1679—1735），贵人郭啰罗氏所生。康熙三十六年（1697）在她十九岁时，康熙皇帝封她为和硕公主，下嫁喀尔喀郡王敦多布多尔济。和她的两个姐姐一样，康熙皇帝北巡期间，她也经常赶至木兰围场向父亲请安。出于对女儿的关心，康熙皇帝有时也临幸其府第。雍正皇帝即位后，她的地位进一步上升。其实她的母亲只是一个贵人，身份低贱，况且又是宜妃郭啰罗氏的妹妹，宜妃郭啰罗氏所生的皇九子胤禟又是雍正皇帝的死对头，按理说雍正皇帝无论怎样加恩，也轮不到这个公主头上。然而出乎人们意料，雍正元年（1723）二月，雍正皇帝特将这个比他只小一岁，而且关系也不密切的公主封为固伦公主。其实这事也不难解释，当时雍正皇帝正在计划用兵准噶尔，而这位公主的丈夫敦多布多尔济为此出兵丁、马驼，且战功卓著，为了使他为朝廷效劳，哪能不管他的妻子呢？雍正八年（1730）她的丈夫敦多布多尔济去世，雍正十三年（1735）三月，这个远嫁蒙古近四十年的公主也因病去世，终年五十七岁。

皇九女晋赠固伦温宪公主（1683—1702），德妃乌雅氏即孝恭仁皇后所生，是雍正皇帝的同母妹妹。康熙三十九年（1700）在这个女儿十八岁时，康熙皇帝封其为和硕温宪公主，下嫁舅舅佟国维的孙子舜安颜。清朝初年佟氏与皇室世为婚姻，康熙皇帝的生母孝康章皇后、康熙皇帝的第三个皇后孝懿皇后及悫惠皇贵妃都出身佟氏一家。这次以其下嫁佟氏，显然是要亲上加亲。但不幸的是这个公主出嫁不过两年，便在随从康熙皇帝北巡热河期间暴病去世，年仅二十岁。雍正皇帝即位后，因为她是自己的同母妹，将她追晋固伦公主。

皇十女晋赠固伦纯悫公主（1685—1710），通嫔纳喇氏所生。康熙四十五年（1706）她二十二岁时，康熙皇帝封她为和硕公主，下嫁喀尔喀台吉策棱。大约是不习惯蒙古大草原的生活，四年后便因病去世，年仅二十六岁。为了满足她的遗愿，康熙皇帝特命归葬京师郊外。她的生母当时只是一个贵人，身份低贱，她又早年去世，按理说她死后，她的名字应该默默无闻，被人遗忘；然而雍正初年，她的丈夫策棱在西北战场屡立奇功，雍正十年（1732）九月又大败噶尔丹策零于额尔德尼召，并以此而进封超勇亲王。以此之故，这个死去已经二十多年的和硕公主也被晋赠固伦公主，享受着生前未曾享受到的哀荣。乾隆十五年（1750）为维护国家统一而奋斗一生的超勇亲王策棱病逝，遗命与公主合葬，对此，乾隆皇帝十分感动，满足了他的要求，并赐谥曰"襄"，配享太庙，下令入祀京师贤良祠。于是，这对结发夫妻便长眠在他们十分热爱的京畿之下的土地中。

皇十三女和硕温恪公主（1687—1709），敬敏皇贵妃张雅氏所生，是康熙皇帝皇十三子胤祥的同母之妹。康熙四十五年（1706）她二十岁时，康熙皇帝封其为和硕温恪公主，下嫁蒙古翁牛特部杜棱郡王仓津。她一生命运不好，早年丧母，出嫁后不过三年，便因产后大出血而死，年仅二十三岁。

皇十四女和硕悫靖公主（1689—1736），贵人袁氏所生。康熙四十五年（1706）在她十八岁时，康熙皇帝封她为和硕悫靖公主，下嫁原振武将军、甘肃提督孙思克之子孙承运。孙氏一家虽是汉人，但早在清太祖天命年间，孙思克之父孙得功即已投降清朝。数十年中，父子两代转战南北，为清朝政权的建立和巩固立下了不朽的功勋。康熙三十九年

(1700)孙思克去世，康熙皇帝特赐祭葬，谥“襄武”。灵柩还京之日，还令皇长子亲临祭奠。同时令其子孙承运袭爵一等男，授散秩大臣。这样的功臣子弟，自然是康熙皇帝的择婿目标。但让康熙皇帝深觉遗憾的是，十几年后这个乘龙快婿一病身亡，致使自己的女儿三十来岁便当了寡妇。又过了十几年，乾隆元年(1736)和硕悫靖公主也因病去世，终年四十八岁。

皇十五女和硕敦恪公主(1691—1709)，也是敬敏皇贵妃张雅氏所生，与胤祥及皇十三女和硕温恪公主同母，是康熙皇帝成人皇女中的老闺女。她的命运比她的姐姐和硕温恪公主更为可怜，八岁丧母使其少年时代生活已十分不幸，十八岁时康熙皇帝封她为和硕敦恪公主，下嫁科尔沁台吉多尔济。但为时不过一年，在她归宁京师时便突然患病死去，年仅十九岁。

上述众多皇女之外，康熙皇帝还在宫中收养了一个女儿固伦纯禧公主。这个公主是康熙皇帝的弟弟恭亲王常宁之女。她出生于康熙十年(1671)，康熙二十九年(1690)在她二十岁时，康熙皇帝封她为和硕纯禧公主，下嫁科尔沁头等台吉班第。两年后与荣宪公主一起，添设护卫长史，待遇等同贝勒。康熙皇帝巡幸塞外，她多次偕夫赶来问安。因她的丈夫班第累官内大臣、都统、右翼前锋统领，雍正皇帝即位，特晋其为固伦公主。她活的岁数较大，超过康熙皇帝的所有亲生女儿。直到乾隆六年(1741)在蒙古大草原上度过半个多世纪后，方才去世，终年七十一岁。

1 《清圣祖实录》卷二。
2 《清圣祖实录》卷三十八。
3 《清圣祖实录》卷四十二。
4 《清圣祖御制诗文一集》卷三十二。
5 《清圣祖御制诗文一集》卷三十二。
6 《清圣祖御制诗文一集》卷三十二。
7 《清圣祖御制诗文一集》卷三十二。
8 《清圣祖御制诗文一集》卷三十二。
9 《清圣祖御制诗文一集》卷三十二。
10 《清圣祖御制诗文二集》卷三十四。
11 《清圣祖御制诗文二集》卷三十四。
12 《清圣祖御制诗文二集》卷三十四。
13 《清圣祖御制诗文二集》卷三十四。
14 《清圣祖御制诗文二集》卷三十五。
15 《清圣祖御制诗文二集》卷三十七。
16 《清圣祖御制诗文二集》卷三十八。
17 《清圣祖御制诗文二集》卷四十。
18 《清圣祖御制诗文二集》卷四十。
19 《清圣祖御制诗文二集》卷四十。
20 《清圣祖实录》卷一百二十二。
21 《清圣祖实录》卷一百三十一。
22 《清圣祖实录》卷一百三十一。
23 《清圣祖实录》卷一百三十二。
24 《清圣祖实录》卷一百三十三。
25 《清圣祖御制诗文二集》卷四十四。
26 《清圣祖御制诗文二集》卷四十五。
27 《清圣祖御制诗文二集》卷四十五。
28 《清圣祖御制诗文二集》卷四十八。
29 徐广源:《清代的第一座皇后陵—孝东陵》,《紫禁城》1991年第4期。
30 《清史稿》卷二百一十四《后妃传》。
31 《清圣祖御制诗文二集》卷十六。
32 《清圣祖实录》卷一百四十三。
33 《清圣祖实录》卷二百零一。
34 《清圣祖实录》卷二百四十一。
35 《清圣祖御制诗文二集》卷四十六。
36 《清圣祖御制诗文二集》卷四十七。
37 《清圣祖御制诗文二集》卷四十八。
38 《清圣祖御制诗文二集》卷四十七。
39 《清圣祖御制诗文二集》卷四十七。
40 《清圣祖御制诗文四集》卷三十二。
41 《清圣祖御制诗文四集》卷三十四。
42 《清圣祖御制诗文四集》卷三十五。
43 《清圣祖实录》卷二百七十六。
44 《清圣祖实录》卷二百七十六。
45 《清圣祖实录》卷二百八十二。
46 《清圣祖实录》卷二百五十七。
47 《清圣祖御制诗文一集》卷三十五。
48 《清圣祖御制诗文二集》卷四十四。
49 《清圣祖御制诗文二集》卷五十。
50 《清圣祖御制诗文二集》卷五十。
51 《清圣祖御制诗文三集》卷二十五。
52 《清圣祖御制诗文三集》卷四十七。
53 《清圣祖御制诗文三集》卷二十五。
54 《清圣祖实录》卷九十八。
55 《清圣祖实录》卷五十九。
56 《清圣祖实录》卷四十六。
57 《清圣祖御制诗文二集》卷四十四。
58 《清圣祖实录》卷六十八。
59 《清圣祖实录》卷二百八十二。
60 《清圣祖御制诗文二集》卷四十六。
61 《清圣祖御制诗文二集》卷四十八。
62 《清圣祖御制诗文二集》卷四十九。
63 《清圣祖御制诗文四集》卷三十四。
64 《清圣祖御制诗文一集》卷四十。
65 《清圣祖御制诗文一集》卷四十。
66 《清圣祖御制诗文二集》卷八《谕皇太子》。
67 《清史稿》卷二百二十《诸王传六》。
68 《清史稿》卷二百二十《诸王传六》。
69 《清圣祖御制诗文二集》卷四十六。
70 《清圣祖御制诗文二集》卷四十八。
71 《清史稿》卷二百二十《诸王传六》。
72 《清圣祖御制诗文三集》卷四十五。
73 吴晗:《朝鲜李朝实录中的中国史

料》下编卷七。

74 《清圣祖御制诗文二集》卷四十六。

75 《清圣祖御制诗文二集》卷四十九。

76 《清史稿》卷二百二十《诸王传六》。

77 《清史稿》卷二百二十《诸王传六》。

78 《清圣祖御制诗文二集》卷四十六。

79 《清圣祖御制诗文二集》卷四十六。

80 《清史稿》卷二百二十《诸王传六》。

81 《清史稿》卷二百二十《诸王传六》。

# 第十二章　师友

## 一、发蒙塾师



康熙皇帝出生于帝王之家，按理说早期教育本应受到重视，但与一般人想象的相反，由于他在童年时期不受父亲顺治皇帝喜爱，即位之后，他的祖母孝庄文皇后又从固有的民族偏见出发，“甚厌汉语，或有儿辈习汉俗者，则以为汉俗盛则胡运衰，辄加禁抑”[1]；同时，几个辅政大臣也把开发康熙皇帝智力视为对自己权力的威胁，因此，尽管康熙皇帝身为帝王，但很长一段时间里，不但无人为他聘请名儒教授汉文，甚至也没有正式的师傅、安达教授满语。于是，一些名不见经传的宫女、宦官便成为他最初的发蒙塾师。其中为他教授满语的是一个名叫苏麻喇姑的宫女，教他汉文的则是姓张和姓林的两个太监。

苏麻喇姑是孝庄文皇后的侍女，心灵手巧。清太宗崇德元年（1636）皇太极称帝，颁布服制标准式样，即出其手制。康熙皇帝年幼时，她承孝庄文皇后之命，对他加以“诲迪”[2]，还手把手教他满文。因为她是康熙皇帝的师傅，宫中上下人等对她都十分尊敬，一直到康熙四十四年（1705）她才去世，大约活了九十来岁。为了感念她的教育之劳，她去世后，康熙皇帝特以嫔礼葬其于昭西陵之侧。

张、林二太监原来都是读书士人，明朝末年自宫入宫，成为宦官。康熙皇帝年幼时，他们充当起康熙皇帝汉文师傅的角色。在他们的辅导下，至康熙八年（1669）时，康熙皇帝学完了“四书”。这对于注重子孙早期教育的汉人官宦来说，固然不值一提，但在当时四辅政大臣专权，提倡“率祖制、复旧章”的政治气候下，能够将康熙皇帝培养到如此水平，对于教者和学者来说都是不小的成绩。还值得一提的是，由于张、林二人原是读书人，明朝末年又亲身在宫中供役多年，熟谙掌故，因而在教读康熙皇帝汉文书籍之暇，还给他介绍了许多明末宫廷轶闻逸事。这些故事内容真实，情节生动，极便于年幼的康熙皇帝理解和接受。因此直到康熙皇帝老境来临之际，他还将这些牢记心头。有时还如数家珍地向臣下和身边人员讲述，如康熙四十八年（1709）十一月，他即娓娓动听地向人们讲述了幼年时从两个太监那里听来的明代故事。他说：明朝末年的事迹，你们所知道的，不过都是靠不住的纸上陈言。明朝万历以后入宫的太监有的曾在我跟前服务，因而，我知道得最为清楚。据他们说，正统年间事迹，史籍所载并不明确，正统皇帝被也先俘获后，曾在沙漠中生下一子，现有后代隶于旗下。天启皇帝将魏忠贤叫作老伴，不论大小事务，都让他办理。东林党杨涟、左光斗内廷受杖，一些老内监曾经亲眼见到过，其中细节，他们都说得很清楚，而史书不载。崇祯年间，兵部尚书陈新甲秘密遣使向我朝求和，本来是崇祯皇帝的指示，后来因为科道官交相弹劾，崇祯皇帝十分害怕，于是让陈新甲当了替罪羊，实在并不是他的罪过。明末几代皇帝都不大爱读书学习，知道念书的只有一个崇祯皇帝。崇祯十七年（1644）春，李自成大军即将进京，当时明朝京营精锐都已派往真定、保定、居庸关防御，守护北京城的只有数万名太监。李自成攻破北京外城之后，由西便门转攻阜成门。当时崇祯皇帝曾带几个内监逃到当朝贵戚襄城伯家，谁知襄城伯正在府中演戏，闭门不纳。崇祯帝又跑回禁城，登万寿山，没有一点办法，又打算出逃。还是追随他的太监王承恩劝他，出逃时如被敌军抓住要受侮辱，崇祯皇帝才被迫自杀。明朝皇宫十分奢侈，土木兴修从未停止，一天花费，可供现在宫中一年开销。其中宫中脂粉银一项，一年即花费四十万两白银；供应银一项，一年也要几百万两。到了我朝世祖皇帝入关登极，才统统免除。明朝时期紫禁城内地下铺砖，一概横竖七层，所有物料、工役都派自民间。现在我朝宫中一切器用都极其朴素，使用工役也都是现钱雇觅。明朝末年，禁城之内宫女多达九千人，大小宦官则将近十万，开饭时，不少人轮不到吃饭，每天都有饿死的人。我朝宫中总数不过四五百人。明末宫中，取暖做饭使用的是马口柴、红螺炭，每年都要几千万斤，都是从昌平各州、县征用。现在我朝只用马口柴祭祀天坛。你们知道什么叫马口柴吗？这种柴长三四尺，极为白净，没有一点黑斑，两头各刻一槽，以便捆绑，所以称为马口柴。另外明末皇室所作所为，都十分荒唐可笑，如建极殿后面那个用作台阶的大石头，几丈高，几丈厚，整整一大块，采买时花了很多钱。运进禁城时，因为太重，无法运进午门，运石太监便参奏此石不肯进午门。可笑的是，皇帝竟然下令将这块石头捆打六十御棍。崇祯有一次学习骑马，两个人为他牵缰绳，两个人为他捧马蹬，又有两个人扶他上马，刚刚上马，便从上面摔了下来。崇祯皇帝不怪自己没本事，反而下令将马责打四十，发往驿站当差。如果说马也许懂点人性，石头又知道什么？他们这些举动岂不令人发噱？都是因为他们生于深宫，在保姆手中长大，锦衣玉食，不通人情物理，才变成了一个大傻瓜。



也许正是这样灵活生动的教育方式，激发了年幼的康熙皇帝的求知欲望，促使他如饥似渴地读书，向人求教，希望从书中和年长者口中得到自己所不知道的新鲜事。因而人们尽可不必因为这个杰出的君主早年未曾受过正规教育而感到遗憾，倒是应该庆幸康熙皇帝遇上了两个深懂儿童心理的长者。不然的话，如果教读康熙皇帝的是几个整日板着面孔、满口子曰诗云的迂腐夫子，还不知康熙皇帝被他们教育成什么样子呢！

康熙皇帝在两个太监的教育下，虽然学到了不少知识，但随着自己年龄的增长，出于强烈的求知欲望，以及治理国家事务的使命感，他又极不满足。为此他设法避开孝庄文皇后和辅政大臣，私自延师教读。一些野史笔记即记载了他私自延师的生动情景。据《清朝野史大观》卷一《南士》篇载，康熙初年，一个南方举子赴京应试，因为名落孙山，打算收拾行李南归。一天夜里，忽听敲门声甚急，开门一看，原来是几个衣着华丽的奴仆拥着一个富翁前来延师。互致寒暄之后，富翁表明来意。他说：先生您的道德文章我们闻名已久，十分仰慕。我有一个侄子，想请您教读，不知您意下如何？这个南方举子推辞道：我是南方一个无名之辈，此次赴京，应试不第，即将南归，哪里配为人师？再说我也不愿干这一行。那个富翁恳请道：我的嫂子守寡多年，膝下仅此一子，非常希望找一个好老师教他成才。先生居此，一面教读，同时静候三年后下一科考试，也不致太过寂寞。由于富翁的反复恳请，南方举子总算答应了他的要求。临别时，富翁和他约定，某天夜间将派人来接，随即告辞而去。至期，果然有一个老家人带着几个健仆牵马接他，将他扶上马，替他抬着行李，点着火炬而去，一路所行，都是这个南方举子未曾经过之路。不久进入一个高宅大院，转了几个弯子，进入一处房间，奴仆们卸下行李，请他安歇，嘱咐他不要到处乱走动，如果饥渴，告诉服侍下人，他们自会备办。这使南方举子更加奇怪。次日，那个富翁亲率他的侄子来给老师行礼，看他的样子，眉清目秀，发卷覆额，不过十几岁的一个孩子。富翁对老师说：我的嫂子非常溺爱这个孩子，使他养成了睡懒觉的习惯，因此前来上课的时间要晚一些，您可千万不要因此对他加以责罚。从此之后，这个学生每天中午以后必来学习，虽然来得晚，但却极为聪明，和一般富家子弟资质大不相同，这使老师十分喜欢并尽心教他。那个富翁对老师也极其尊敬和关心，所上饭食皆上等菜肴，还经常前来嘘寒问暖。教读脩金不但十分丰厚，而且还不用老师费心，按时寄往他的家中。老师只是从家书中得知收到了多少多少银子、家中一切平安、不要挂念家中等情况。倏忽三年过去，会试考期来临，这个南方举子向富翁提出，想去参加考试。富翁多方挽留，对他说：像您这样的才华，何必忧虑前程？请您千万再教三年吧！南方举子无奈，只好又教了下去。眼看三年又过，不禁口出怨言。这时，富翁主人前来向他赔礼说：承您多年教育，我的侄子已经成人了。您急于科举中式，我也十分理解，不敢再挽留您了，几天后，我们想送您去参加会试。南方举子听罢大喜，便安下心来等待。一天夜里，仆人把他领到一个地方，告诉他说，您先在这里待一下，天明了就送您出去。不大一会儿，听到上面传呼他的名字，随即就有四五个宦官领他前行。南方举子十分吃惊地左顾右盼，所经之处，都是一座座极其壮观的宫殿。到了一个殿内，向上一看，自己的学生高踞龙椅之上，原来自己教读六年之久的那个学生就是当今天子康熙皇帝，不觉又惊又喜又惧，急忙俯伏下跪。康熙皇帝随即传旨请起，特赐其为翰林云云。这些情况尽管正史未予记载，但野史笔记却言之凿凿。考虑到康熙皇帝清除鳌拜集团之后，即将天下治理逐步纳入正规和其一生好学的情形，看来这些记载大致属实。果真如此，那么，这个不知名姓的南方士子也是康熙皇帝的一个发蒙老师了。



## 二、日讲诸臣

康熙十年（1671）四月康熙皇帝开始日讲，请了不少通熟儒家经典和历史典籍的翰林官员充任讲官。此后不久他又先后选拔一些翰林入值南书房，辅导自己读书写字。至此康熙皇帝才算有了自己的正式教读师傅，学习环境和条件都大为改善。这些官员与康熙皇帝谊属君臣，情同师友，他们的思想风貌、兴趣爱好都对康熙皇帝产生了深刻影响。在将康熙皇帝铸造成为一个杰出的封建地主阶级政治家的过程中，他们也付出了劳动和汗水。于此特设一节，以见康熙皇帝学习传统治国理论和其他文化活动中的师资概况。

从康熙十年（1671）四月初行日讲至康熙二十五年（1686）闰四月停止日讲，先后充任日讲官员的计有熊赐履、傅达礼、史大成、孙在丰、杜臻、喇沙里、史鹤龄、张英、李仙根、叶方蔼、徐元文、陈廷敬、牛钮、张玉书、库勒纳、王鸿绪、汤斌、归允肃、常书，共十九位大臣。其中，对康熙皇帝的思想和政治产生较大影响的是熊赐履和汤斌。

熊赐履（1635—1709），字敬修，一字青岳，号素九，湖北孝感人，顺治十五年（1658）进士，是康熙皇帝接受正规教育之初对其影响最大的一个日讲官员。早在康熙六年（1667）康熙皇帝亲政之初，他即应诏上万言书，在历数政治弊端的同时，还力请康熙皇帝举行经筵，“隆重师儒，兴起学校”，并提出了“非《六经》《语》《孟》之书不得读，非濂洛关闽之学不得讲”的要求。因当时鳌拜专权，他的这些建议康熙皇帝难以采纳。虽然如此，他的胆识和见解却给康熙皇帝留下了十分深刻的印象，同时也在朝臣中赢得普遍的尊敬。正因为如此，康熙皇帝清除鳌拜集团之后不久，即将他升任翰林院掌院学士兼礼部侍郎。康熙十年（1671）二月，康熙皇帝首开经筵大典于保和殿，熊赐履以经筵讲官身份，为康熙皇帝进讲《尚书》“人心惟危”一节，康熙皇帝听后极为敬服。为了增加接触，不久康熙皇帝以“经筵体严时暂”，不利圣学，又任命熊赐履兼充日讲官员，逐日进讲于弘德殿。这时康熙皇帝年方十八九岁，胸怀守成兼创业的大志，励精图治，锐意进取。熊赐履进讲时，他虚心学习，有疑必问，努力探求治国安民的道理。而熊赐履在经受长期压抑之后，忽蒙康熙皇帝如此信任提拔，也实心献替，对康熙皇帝所提问题有问必答，耐心讲解。同时还利用进讲机会，多次陈述民生利病。如康熙十一年（1672）春熊赐履回家探亲后返京供职，康熙皇帝于日讲时问及湖广民间情况，熊赐履答道：去年颗粒无收，饿殍遍野。今春米价腾贵，谷种尚未入土。康熙皇帝为之动容[3]。为此，他多次下令减免湖广灾区的赋税。当年十月康熙皇帝又问及民间盗贼情况，熊赐履答道：“盗案繁多，实有其故。朝廷设兵以防盗，而兵即为盗；设官以弭盗，而官即讳盗。官之讳盗，由于处分之太严；兵之为盗，由于月饷之多扣。”他提出：“弭盗之法，在足民，亦在足兵；在察吏，亦在察将。”[4]关于国家大势，他认为对于东南海上郑氏抗清力量以及西北准噶尔部割据势力，只须严加防备。当务之急是与民休息，务使家给人足，安居乐业。而河工为国家大役，频年溃决，长此以往，最为可虞。对他的这些见解，康熙皇帝都十分赞同，并一一下令施行。对于用人行政，他也多次向康熙皇帝进言。如康熙十二年（1673）春康熙皇帝问他什么叫“有治人，无治法”，熊赐履根据儒家“为政在人”“人存政举”的观点解释说：从来无无弊之法。如果任用得人，不断根据形势发展，改变政策，自然可以实现太平；

如果任人不当，即使法令再好，也没有用。皇上您只要把握住用人这个关键，不愁天下治理不好。但是用人必先了解人，而了解人又不是一件容易的事。有的人看似木讷，不善言辞，但实际上却有才干，可以承担重要任务；有的人夸夸其谈，似乎有才，但却没有涵养，用了他就要坏事。所以不能以言取人、以貌取人。他的这些看法对康熙皇帝治世思想的形成和康熙时期各种政策的制定，也都产生了重要的影响。

此外特别值得重视的是，对康熙皇帝崇儒重道乃至尊奉理学，熊赐履也发挥了重要作用。明朝中叶以后，王阳明心性之学广泛传播，相形之下，程朱理学的阵地越来越小。康熙初年，选择何种思想作为统治思想，康熙皇帝举棋不定。这时作为一个程朱理学的忠实信徒，熊赐履利用经筵日讲之机，以程朱对儒家经典的解释为依据，向康熙皇帝进讲“四书”。在他的影响下，康熙皇帝的思想经历了一个从崇儒重道到独尊理学的转变，对于康熙以后程朱理学在全国的复兴也起到了重要的作用。正因为如此，康熙皇帝对他格外器重。康熙十四年（1675）康熙皇帝以其“素有才能，居官清慎”，特授其为武英殿大学士、刑部尚书，参与机务，成为康熙皇帝的亲近重臣。后来熊赐履虽因票拟失误、诿过同僚而一度被革职闲居十多年，时人也目之为假道学，声名狼藉，但康熙皇帝对他印象始终较好。康熙二十三年（1684）康熙皇帝首次南巡，熊赐履以在籍黜革官员身份随众郊迎，康熙皇帝念其昔年讲幄启沃勤劳，特将其召至行宫，咨访再四，还特赐羊酒果脯、御书《太极图说》及御制《中秋即事诗》；康熙二十七年（1688）又起用他为礼部尚书，并充经筵讲官；康熙三十八年（1699）又命入侍皇子，进讲所著《学统》《闲道录》等；不久又拜为东阁大学士，任吏部尚书，知经筵如故。在此期间，他还受命五次充任会试正考官，以及圣训、实录、方略、《明史》纂修官。对康熙皇帝的再次起用，熊赐履感激涕零，多次向康熙皇帝陈奏四方水旱、官方得失，同时还建言“崇学校、广教化、豫积贮、戒奢汰”，竭虑无隐，康熙皇帝常改容称善。

康熙四十一年（1702），熊赐履已经六十八岁高龄，因为年老多病，特上疏乞休。康熙皇帝不许，亲制《咏雁诗》以示挽留。诗云：



品清敛燕雀，高洁许宾鸿。
衡阳时有忆，留伴佐雄风。[5]

次年，熊赐履再次乞休。康熙皇帝乃许解机务，食俸，留京师以备顾问。康熙四十五年（1706）乞归南还，康熙帝召见于乾清宫，咨谕累日，特给驿传，遣官护送还金陵。次年南巡，又召熊赐履至行在，回銮日，特赐御用冠服，其后屡加存问。康熙四十八年（1709）熊赐履去世，康熙皇帝又遣官视丧，赐银千两，加赠太子太保，予谥“文端”。数年后，康熙皇帝念及熊赐履早年辅导之功，特令江宁织造曹頫送银二百两，周恤其家；康熙六十年（1721）又召见其子于京师，并令其生前僚属、门生捐金，在京城买屋以居，其余交江宁织造生息，补其家用。康熙皇帝对自己早年这个老师的关怀，真可以说得上无微不至了。

汤斌（1627—1687），字孔伯，号潜庵，祖籍河南睢阳。顺治九年（1652）进士，以庶吉士补潼关道副使，又调岭北道参政，有政声。顺治十六年（1659）以病乞归，乡居近二十年。在此期间他曾师从著名理学大师孙奇逢研究理学，著成《洛学编》一书。康熙十七年（1678）以朝中大臣交章推荐，赴京应试博学鸿词科，列甲等，补翰林院侍讲，参与修《明史》，并充日讲起居注官。汤斌担任日讲官员时间虽短，但对康熙皇帝的思想也产生了较大影响。当时受熊赐履等人影响，康熙皇帝倾向于尊奉程朱，但仍有不少朝臣表示反对。汤斌向康熙皇帝提出："自周子至朱子，其学最为纯正精微，后学沉溺训诂，殊失程朱精意。王守仁致良知之学，返本归原，正以救末学之失，但语或失中，门人又以虚见失其宗旨，致滋后人之议。臣窃谓先儒补偏救弊，各有深心，愿学者识圣学之真，身体力行，久之当自有得，徒竞口舌无益也。"[6]他的注重实行的主张，符合康熙皇帝推崇程朱的思想；他的调和程朱陆王的看法，也有利于平息两派官员的争论。因此康熙皇帝对他的看法频频点头称是。兼以他为官清廉，自律甚严，康熙皇帝对他十分器重。康熙二十三年（1684）升其为内阁学士兼礼部侍郎，同年又出任江宁巡抚。康熙二十五年（1686）内调他为礼部尚书，管詹事府事，侍讲东宫。虽然明珠、余国柱等多次对他加以陷害，但康熙皇帝始终对他极为尊重，他生病期间，特派御医诊视，并遣皇太子问疾，然而未及大用，汤斌即溘然长逝，终年六十一岁。

熊赐履、汤斌之外，其他日讲官员和供奉内廷的南书房翰林一样，大多都是康熙皇帝的文学侍从之臣。其中日讲官员已如上述，先后供奉南书房的则有张英、陈廷敬、陈元龙、张廷玉、蒋廷锡、王士禛（即王士祯）、王鸿绪、何国宗、张伯行、励廷仪、杨名时、魏廷珍、法海、高士奇、张廷璐、叶方蔼、沈荃、励杜讷、方苞、王兰生、汪灏、胡煦、徐乾学、陆棻、朱彝尊、彭廷训、杜诏、梅瑴成、窦克勤、戴梓、沈敬宗、钱名世、查慎行、贾国维、何焯等三十余人。在康熙皇帝确定统治思想和大政方针时，他们大多随声附和，政绩上也无所表现。但他们大多都有一技之长，或熟谙典籍，或精于诗词，或工于书画，或长于天算。他们和康熙皇帝长期以文字相往还，不但大大提高了康熙皇帝的文化素养，对于康熙皇帝的文化政策产生了一定的影响，同时对满、汉关系的调融也起到了一定的作用。其中对康熙皇帝影响较大的有张英和高士奇。



张英（1637—1708），字敦复，江南桐城人。康熙六年（1667）进士，康熙十二年（1673）充任日讲起居注官，接触康熙皇帝机会渐多。因他学识渊博，工于书法，精于诗词，康熙十六年（1677）康熙皇帝特命其入值南书房，赐第西安门内，成为自己须臾不可离开的人物。康熙二十一年（1682）张英告假回家葬亲，康熙皇帝特赐白金五百两、表里二十匹，以资墓田之用，并要他“葬亲事竣，速来可也”[7]。康熙皇帝还写了不少诗篇，记载他和张英君臣之间的交往。如他为康熙皇帝日讲官之初，康熙皇帝曾携其共登景山，并有《夏日登景山同翰林张英高士奇作》诗一首：

日暮登山览八荒，翰林随辇进辞章。

君臣同乐松阴下，时雨将来入未央。[8]

康熙二十五年（1686）夏，康熙皇帝于日讲后同张英等人观赏荷花，有诗云：

千队芙蓉太液池，迎薰初散讲筵时。

螭头绝胜金莲烛，自有清香送晓飔。[9]

虽然康熙皇帝对张英非常信任，但张英却一直十分谨慎，居官清廉，又不拉帮结派、自树党羽。因为他“日侍左右，恪恭匪懈，勤慎可嘉”[10]，二十年中他的职务不断上升，先后担任翰林院学士兼礼部侍郎、礼部尚书、工部尚书，康熙三十八年（1699）又升为文华殿大学士兼礼部尚书。面对康熙皇帝的信任，张英“凡生民利病、四方水旱，知无不言，造膝前席，多社稷大计”，“综理庶务，持重平恕，不为苛急之行”[11]。这使得康熙皇帝对他更加敬重，康熙四十年（1701）在他致仕南还时，康熙皇帝特为赐宴畅春园。康熙四十七年（1708）张英病逝，终年七十二岁，康熙皇帝又赐祭葬等，谥“文端”。

高士奇（？—1703），字澹人，原是浙江杭州的一个穷秀才，康熙初年，应顺天乡试不第，投奔当时大学士明珠的一个家奴，为其教读子弟，糊口谋生。后来他的书法绘画和写诗填词才能为明珠发现，将他推荐给康熙皇帝。康熙十六年（1677）康熙皇帝特命高士奇入值南书房，破格让他食六品俸，赐居西华门内。因他文思敏捷，书画皆工，兼以应对得体，康熙皇帝对他十分喜欢，东巡盛京，南巡江南，皆携其同行，而他也因文思敏捷，帮了康熙皇帝不少忙。如康熙皇帝南巡杭州，灵隐寺僧跪求康熙皇帝御赐匾额，康熙皇帝提笔欲写“靈隐寺”三字，谁知刚写了“靈”字头，便觉“雨”头太大，再往下写，比例必致失调，将成败笔。康熙皇帝正在踌躇，高士奇见此情景，假作磨墨的样子，悄于掌上书

“雲林”二字，以示康熙皇帝。康熙皇帝顿然大悟，遂顺势书成“雲林寺”三字。天子赐名，谁敢更动？从此灵隐寺又名云林寺。后来康熙皇帝巡幸镇江金山寺，寺僧也要求康熙皇帝书匾赐额。康熙皇帝一时文思枯竭，不知写何为好。这时为了不让当今天子出丑，高士奇忙在另一张纸上写了“江天一色”四字，暗送康熙皇帝。康熙皇帝展眼望去，眼前情景与高士奇所写完全一样，大喜之下，将此四字书赠寺僧。又，南巡驻跸苏州期间，康熙皇帝携高士奇游狮子林，园中气象万千，皆为康熙皇帝平生未见，康熙皇帝顺口赞道：“真有趣！”后来主持官员请求赐额时，高士奇即建议康熙皇帝书“真趣”二字，既保存了康熙皇帝原话，又不落俗套。还有一次，康熙皇帝和明珠、高士奇三人同立于偏殿之中，康熙皇帝开玩笑道：现在我们像什么？明珠不假深思，便答道，像三官菩萨。高士奇则跪下来说：像“高明配天”。寥寥四字，使得明珠立即感到自己出语不恭，额头上的汗珠子也掉了下来。在高士奇的影响下，康熙皇帝的书法、诗文皆大有长进，同时，还学会了一看文章便能判断其作者时代的特殊本领。因此，他对高士奇极为欣赏，并有许多诗篇与之唱和。如高士奇始入南书房不久，康熙皇帝即于游览京郊潭柘寺途中与其联句二首。试录于下，以见其君臣相得之情形：

岭腹层层小径斜（御制），穿云陟尽石崚岈（高士奇）。

涧中草屋流泉绕（御制），万匹龙骧拥翠华（高士奇）。

蝉鸣草木动薰风（御制），蛱蝶双来引御骢（高士奇）。

潭柘幽深聊驻辇（御制），省方不与豫游同（高士奇）。[12]

康熙二十一年（1682）春，康熙皇帝东巡盛京，返京途中，康熙皇帝又作《行殿读书示翰林侍讲高士奇》，诗云：

六御东巡海上回，夜深思古帙重开。

秘书日日随行幄，玉辇前头珥笔来。[13]

康熙二十八年（1689）二月，康熙皇帝第二次南巡，驻跸杭州，康熙皇帝又亲为高士奇的故居西溪山庄题额“竹窗”，并御制诗篇赐高士奇。诗云：

花源路几重，柴桑皆沃土。

烟翠竹窗幽，雪香梅岸古。[14]

除上述原因外，高士奇能够得到康熙皇帝喜欢，还因为他在背地里搞了不少小动作。传说他为了了解康熙皇帝的起居和爱好，竭力结欢于在康熙皇帝身边供役的宦官，每天入值时，都在随身携带的荷包内装许多金豆子，哪个宦官告诉他一条有关康熙皇帝的消息，就给他一个金豆子以作酬劳。靠此方法，“内廷隐秘事皆得闻”[15]。如他听到宦官告诉他康熙皇帝正在阅读何书，即刻昼夜攻读该书，康熙皇帝偶一询及，高士奇即如瓶泻水，或整篇背诵，不遗一字；或见解精深，鞭辟入里。使得康熙皇帝自愧弗如，对他更加器重和喜爱，不止一次加以破格提拔，短短十年中，这个连举人也未考上的高士奇先后被授予额外翰林院侍讲、侍读、日讲起居注官、右庶子、詹事府少詹事。凭借康熙皇帝的宠爱，高士奇与陈元龙、王鸿绪等人互相结党，招权纳贿，由一个穷秀才一跃而为京师富豪。大学士、督抚以下官员也竞相趋奉巴结，“每归第，则九卿之肩舆塞其巷”[16]。康熙二十八年(1689)高士奇收受湖广巡抚张汧贿赂一案被揭露，受到左都御史郭琇的弹劾，虽然证据确凿，无可抵赖，但康熙皇帝仍然曲予保全，仅令其休致回籍，不数年又将他重新招入内廷修书。后来又特授詹事府詹事，擢礼部侍郎。康熙四十二年(1703)高士奇病故，康熙皇帝还十分惋惜，赐予祭葬，谥“文恪”。从高士奇的经历可以看出，对这些日讲官员，康熙皇帝是何等关怀和照顾了。



## 三、外籍教师

在委派许多官员为自己进讲经史以学习传统治国理论并提高自己文化素养的同时，出于治理国务的需要，康熙皇帝也十分热爱自然科学。当时西方自然科学知识已明显处于领先地位，为了在华传教方便，许多西方国家也先后派遣挟有专技的传教士来华。这样为了学习先进的自然科学知识，康熙皇帝便成为第一个配备外籍教师的中国帝王。

康熙皇帝外籍教师数量颇多，前后不下十余人，其中以南怀仁、徐日升、安多、白晋、张诚等人对他影响较大。现依次予以介绍，以见康熙皇帝外籍教师之大概情况。

南怀仁(1623—1688)，比利时人，耶稣会士。是康熙皇帝第一个外籍教师。顺治时期德国传教士汤若望甚受皇室信任，以此之故，天主教在中国发展颇为迅速。为了适应形势需要，顺治十八年（1661），南怀仁和意大利传教士卫匡国一起被派遣来华，次年五月抵达北京，协助汤若望修订历法。但他抵京后不久，清朝政坛风云突变。首先是顺治皇帝去世，使得这些西方传教士在皇室中失去了依靠；不久杨光先等旧派官僚在四辅政大臣的支持下，向在钦天监供职的汤若望等人发起攻击，汤若望、南怀仁、利类思、安文思等西方传教士均被投入监狱。后虽因孝庄文皇后干涉，汤若望获释，迁居澳门，而南怀仁等却仍系于监狱，一关就是三年。康熙七年（1668）底，钦天监正杨光先因不学无术，推算置闰错误，出现一年两春分、两秋分的笑话，南怀仁证据在手，即刻向其发动猛烈攻击。此事引起刚刚亲政不久的康熙皇帝的注意。经过实测，发现南怀仁所言逐款皆符，遂将他释放出监。一个西洋传教士，推算历法竟然如此准确，其计算方法必有过人之处，这使得康熙皇帝对他既极为佩服，又觉得十分神秘。为此他任命南怀仁为钦天监副，并令其为自己进讲天文学、数学、西方哲学和音乐。从此南怀仁时来运转，由阶下囚一跃而为帝者师。正是在他的诱导下，康熙皇帝对自然科学产生了极其浓厚的兴趣，对他也更加器重，任命他为太常寺卿、通奉大夫。不久三藩之乱爆发，他又受命监造用于山地作战的火炮。为了取得康熙皇帝的信任，南怀仁克服困难，刻苦钻研，终于将火炮试制成功并投入成批生产，对平叛战争的胜利发挥了重要作用。为此，康熙皇帝特授其为工部右侍郎，同时对其生活也格外予以照顾，一时之间南怀仁成为西方在华传教士的核心。

康熙前期南怀仁尽心竭力地为康熙皇帝效劳，目的在于换取康熙皇帝允其在华自由传教的权利。但对于这一原则问题，康熙皇帝迟迟未予答应，这使南怀仁深感在华传教不易。鉴于自己年已老迈，力不从心，为了维持在华传教事业，他借口为康熙皇帝延揽人才，康熙十一年（1672）以后，先后邀请葡萄牙传教士徐日升、比利时传教士安多来华，供奉内廷。康熙二十年（1681）前后，他又向全欧耶稣会士发出号召，动员他们来华传教。同时考虑到耶稣会士原先依赖的葡萄牙国势衰微，他又向法国国王路易十四呼吁，请求他派遣传教使团来华。在他的积极活动下，康熙二十六年（1687）法国传教士洪若翰、白晋、张诚等人同时来华，既使西方传教士在华传教事业得以继续，也解决了康熙皇帝外籍教师后继乏人的现实问题。康熙二十七年（1688）在经过一番荣辱浮沉之后，康熙皇帝的这个启蒙外籍教师南怀仁在京病故，终年六十六岁。康熙皇帝特赐白银二百两经办后事，予谥“勤敏”。



徐日升（1645—1708），葡萄牙人，耶稣会士，对音乐深有研究。原在印度传教，经南怀仁推荐，康熙十一年（1672）底应邀来华，供奉内廷，充当康熙皇帝的宫廷音乐教师。他经常用钢琴为康熙皇帝弹奏中国乐曲，对他的音乐才能，康熙皇帝极为欣赏，特命他与修音乐书籍。康熙二十八年（1689）中俄两国使节于尼布楚会谈边界问题，出于对他的信任，康熙皇帝命他和法国传教士作为译员参加会议。而他却背着使团其他人员，向俄方谈判人员泄露了不少有关中国的情报。康熙四十七年（1708）徐日升在北京去世，终年六十四岁。康熙皇帝特颁上谕对其加以表彰，并赐银二百两经办后事。

安多（1644—1709），与南怀仁同籍比利时，耶稣会士。原拟赴日本传教，恰在此时南怀仁因为年迈，急欲寻找继承人，遂将他推荐给康熙皇帝。康熙皇帝立刻以在宫廷供职的葡萄牙传教士闵明我为使，前赴澳门招其入京。经过几个月的汉语训练，他代替南怀仁为康熙皇帝进讲几何和算术，并教授数学仪器的用法。南怀仁死后，康熙皇帝任命闵明我为钦天监正，以他为监副。康熙三十五年（1696）康熙皇帝北征噶尔丹，特携其同行。康熙四十四年（1705）他受命与白晋、赖吉斯、帕尔南等西方传教士一起测量并绘制了北京近郊地图。康熙四十八年（1709）安多病故于北京，终年六十六岁。

白晋（1656—1730），又译白进或明达，法国人，耶稣会士。康熙二十六年（1687）受法国国王路易十四派遣，随同法国传教团抵达北京，供奉内廷，并和另一位法国传教士张诚一起，为康熙皇帝进讲天文历法、数学、医学、化学、药学等自然科学知识。由于他博学多才，深受康熙皇帝赏识，从而使其成为继南怀仁之后辅导康熙皇帝学习自然科学知识的主要外籍教师。康熙三十二年（1693）前，康熙皇帝曾患疟疾，经服用他和张诚献上的奎宁后痊愈。为表彰其功劳，康熙皇帝特于西安门内赐地建房，作为他们的传教教堂，同时还格外开恩，开放全国教禁。一时之间白晋成为继利玛窦、汤若望、南怀仁之后在华西方传教士的核心。不久康熙皇帝又以他为钦差，赴欧洲招聘科技人才。为了取得法国国王路易十四的支持，他特地上书路易十四，对康熙皇帝和中国社会加以全面介绍。后来此文以《康熙皇帝》为名刊印行世，对于增进法国各阶层人士对中国社会的了解起到重要作用，同时也为后世保存了有关康熙皇帝的可贵史料。经过他往返奔走，又有一些法国商人和传教士相继来华。完成这一任务后，康熙三十七年（1698）白晋返华，继续供奉内廷。在此期间他曾受命训练和组织中国测绘人员对中国各地进行实测，编成《皇舆全览图》。同时，他还将在华见闻著成《中国现状记·满汉服装图册》《古今敬天鉴》《白晋神甫自北京至广东旅行记》等书，为后世研究清史和西方传教士当时在华活动保存了可贵的资料。雍正八年（1730）白晋在北京去世，终年七十五岁。



张诚（1654—1707），法国人，耶稣会士。康熙二十六年（1687）他和白晋一起来华，供奉内廷。经过一段时间的满语训练，即和白晋一起赴畅春园为康熙皇帝进讲几何学，并因此赢得康熙皇帝的信任。在中俄使节会谈边界问题时，康熙皇帝任命他和葡萄牙传教士徐日升担任译员，与俄国大使进行谈判并签订中俄《尼布楚条约》。在担任这一工作期间，他和徐日升利用工作之便，背着中国使团向俄国泄露了不少有关中国的情报，企图以此换取穿越俄国来华传教的权利。对于他们的这些阴谋活动，康熙皇帝始终未予觉察，仍然信任如初。康熙三十五年（1696）北征噶尔丹，还携其同行。张诚将这些经历载入日记，成为后世研究这段历史的重要资料。康熙四十六年（1707）张诚在京病逝，终年五十四岁。

1　吴晗:《朝鲜李朝实录中的中国史料》下编卷二。

2　小横香室主人:《清朝野史大观》卷一《苏麻喇姑》。

3 《康熙起居注》，康熙十一年四月初一日。

4 《康熙起居注》，康熙十一年十月十六日。

5 《清圣祖御制诗文三集》卷四十五。

6 《康熙起居注》，康熙二十二年四月初九日。

7 《康熙起居注》，康熙二十一年正月二十六日。

8 《清圣祖御制诗文一集》卷三十一。

9 《清圣祖御制诗文二集》卷四十三。

10 《清圣祖实录》卷八十九。

11　李元度:《国朝先正事略》卷七《张文端公事略》。

12 《清圣祖御制诗文一集》卷三十一。

13 《清圣祖御制诗文一集》卷三十七。

14 《清圣祖御制诗文二集》卷四十三。

15　小横香室主人:《清朝野史大观》卷五《高江村结欢内侍》。

16　小横香室主人:《清朝野史大观》卷五《高江村结欢内侍》。

# 第十三章　著作



康熙皇帝亲政以后，在经筵讲官和文学侍从之臣的长期熏陶下，文化素养大大提高，传统中国文化所包括的书法、绘画、诗词、文章，他几乎无所不好。据统计，以他的名义刊行的御制诗文集达四集一百七十六卷之多，且其中不乏优秀之作。因而，尽管就总体水平而言，康熙皇帝的个人文化成就无法和历史上的优秀作家、诗人相比拟，但作为一个少数民族出身的皇帝，能够达到如此水平，仍觉难能可贵。鉴于诗文创作是康熙皇帝一生活动中的一个重要侧面，这里专设一章，对其个人文化成就论述如下。

## 一、诗情画意

在康熙皇帝的业余文化生活中，绘画、书法是一个重要内容。早在诏开日讲之初，他就请了一些擅长书画的翰林如沈荃、励杜讷、张英、张玉书、高士奇等人入值南书房，辅导自已学习书法、绘画。在他们的指导下，听政之暇，借助宫中珍藏的名人字帖、画卷，康熙皇帝日日临摹，以此之故，技艺提高很快。关于绘画，实事求是地说，他并没有什么成就。除他在《广群芳谱》一书序文中提到自己出于“留意农桑”的目的而“绘耕织之图，制永言之什”[1]之外，没有史料证明他还有其他作品。但没留下作品并不等于不懂绘画，有史料证明他对秦汉以后，尤其是对魏晋隋唐画派源流甚为熟悉。还有一些史料证明，他曾对一些宫中所藏名画如《清明上河图》加以评论并写入诗作。康熙四十年代，他还下令编修过几部画集并亲制序文。可见，他只是因为政务过忙和天分不及未能学好，但对这门艺术，他还是十分喜爱的。对于书法，他更为喜好，并通过时常练字摸索出一套方法。如《机政偶暇辄留意书法》一诗称:“体安要使结构密，志一始觉风神生。”[2]又如《仿二王墨迹》一诗称:“银钩运处须师古，象管挥时在正心。”[3]对于古代名家的书法特点，还时加评论。如在比较唐人虞世南、欧阳询二家书法时，对于前人所评“欧、虞智均力敌，然虞则内含刚柔，欧则外露筋骨。君子藏器，以虞为优”[4]极为赞同。对于颜真卿墨迹，他认为“凝重沉郁，奇正相生，如锥画沙，直透纸背”[5]。对于黄庭坚行书墨迹，他认为“剽去姿媚，独存风骨，直欲与苏轼分道扬镳，不肯俯循其辙，间或雄姿猛气，逸出常度”[6]。关于米芾墨迹，他认为其“在宋四家中特为雄秀”，并认为其得法于王献之[7]。他认为赵孟頫书法有矫“宋四家变唐法”，而返二王之功[8]。因此于“米、赵墨迹尤珍爱，不忍释手，仿成卷轴，动至盈千”[9]。在古代书法名家中，最让他倾倒的是明末的董其昌。康熙皇帝认为，“董其昌书法天姿迥异，其高秀圆润之致流行于楮墨间，非诸家所能及也”[10]，因而“临摹最多”。长期的刻苦练习使他的书法技艺达到了较高的水平。外出巡幸所至，不少有名寺观、书院都留下了他的字迹；大臣年老致仕，他也常为其书写匾额以联络感情。他的这些才能，不但在此前少数民族帝王中极为罕见，就是在两千多年来的帝王群中，也是出类拔萃的。

书画之外，值得重点介绍的是康熙皇帝的诗词创作。据统计，康熙皇帝一生所作诗词共一千一百四十六首。他是封建地主阶级政治家，不是职业作家，因而他的作品大多是纪实之作，从艺术角度看价值不算高，但对于研究康熙皇帝本人乃至康熙时期的清朝历史，却有着不可替代的作用。正因为如此，使得康熙皇帝的诗作具有着特殊的价值。

康熙皇帝的诗作大致可分为三个时期。第一个时期为康熙十六年（1677）以前。由于初学作诗，水平较低，数量也少，总共不过二十来首。第二个时期是康熙十六年到康熙四十五年（1706）。作为一个成熟的政治家，康熙皇帝进行着繁忙的政务活动，生活内容十分丰富，为他的诗词创作提供了取之不竭的源泉；就他个人而言，经过一个时期的刻苦学习，诗作水平也有很大提高。因而这三十年是他诗作全盛时期，其总数当在千首左右。康熙四十五年以后以迄康熙皇帝去世，是他诗作的第三个时期。这个时期康熙皇帝家庭矛盾公开爆发，斗争也十分激烈。为了处理这些矛盾，康熙皇帝忙得焦头烂额，哪里还有闲情逸致创作诗篇？兼以老境来临，身体状况一年不如一年，十几年中，诗作不过一百来首，且由于心境不佳，多是格调低沉、凄凉悲苦之作。就其诗作形式而言，康熙皇帝诗篇虽然有诗有词，而且古风、排律、律诗、绝句俱全，但就总体来看，诗作占绝大部分，词令极少，古风、排律也极少。看来是帝王的身份和思想影响了他的诗作形式，同时，也在一定程度上影响了他的诗作内容。

在康熙皇帝所作诗篇中，相当部分是吟咏景物之作。这些诗作虽篇什不少，但一则水平不高，二则意义不大，此处略去不谈。此外与其生活和政治活动相一致，其诗作大致包括以下内容：一是亲情，二是君臣交谊，三是读书理政，四是怀古，五是悯农，六是巡幸，七是战争。于此分加概述，以见康熙皇帝一生诗作之大致情况。



康熙皇帝幼年即失去父母，未能像常人一样得到双亲之爱，多年内他的感情一直处于饥饿状态，因而尽管他身为帝王，却十分需要长辈的感情滋润；同时他也愿意将自己的一片爱心奉献给自己的亲人。于是亲情之作在他所作诗篇中便占了颇大分量。诗作对象，除了将他抚育成人的祖母孝庄文皇后和嫡母孝惠章皇后之外，还有他的姑姑、兄弟和儿子。因为这些诗篇在《家庭》一章中已多加称引，此处不再赘述。

作为一个一国之君，康熙皇帝统治着上亿臣民，各级满、汉官员便成为他不可或缺的臂膀。使用臣工，权力固然重要，同时也离不开臣下对自己的衷心拥戴。为了搞好与各级官员尤其是高级官员的关系，加官晋爵、实物慰劳之外，赐予诗篇也成为君臣之间感情联络、交流的重要方式。故对于恪守职责的官吏，康熙皇帝十分爱护。对其中的清官，则屡赐诗篇以为表彰；供职年久者，也赐诗加以慰勉，一旦去世，还作挽诗以表哀悼和怀念之情。于是，反映君臣交谊的诗篇在康熙皇帝的诗作中便占有相当的比例。



三藩叛乱期间，武臣作用重要，因而康熙皇帝赐诗对象多倾向于率兵作战的武将。如康熙十五年（1676）图海在西北战场连获胜利，康熙皇帝因作《赐抚远大将军图海二首》。诗云：

两朝密勿重元臣，秉钺登坛两定秦。
钟鼎功名悬日月，丹青事业画麒麟。

威名万里作长城，壁垒旌旗壮远征。
绥靖边陲驰露布，凯旋立奏泰阶平。[11]

不久，大将军杰书奉命率师抵闽，耿精忠乞降，康熙皇帝因作《赐奉命大将军杰书二首》。诗云：



卷旆生风壮气扬，早持龙节定炎方。
秋毫无犯民心悦，尽扫欃枪奏凯章。

旌钺才临父老迎，楼船一举海波清。
金瓯已定千年业，铜柱须标万古名。[12]

康熙十八年（1679）安亲王率军在湘赣战场迭获胜利，康熙皇帝又作诗以赐。诗云：

大开册府起元功，伐罪安民将略雄。
伫见天潢蒙上赏，明光高宴赋彤弓。[13]

洞庭南岳尽提封，九伐勋名勒景钟。
眼底穷荒皆赤子，早销金甲劝三农。[14]

同年，又作《赐护军统领桑格》诗。诗云：

百战威名已早扬，频年秉钺在岩疆。

素知果勇兼韬略，应著弘图肃鬼方。[15]

三藩叛乱平定后，国家逐渐由乱而治，文职官员在处理国家事务中的地位开始上升，这时康熙皇帝的赐诗对象更多地转向担任重职的汉族文职官员。除经筵讲官、书房侍从时有赐作外，对于朝中重臣和地方督抚，康熙皇帝也极为重视，并不时赐予诗章，勉以正色立朝，恪守官箴，安靖地方，爱养百姓。如康熙四十四年（1705）康熙皇帝第五次南巡，河南巡抚赵弘燮陛见求训，康熙皇帝告以举廉惩贪、勤政爱民，并特赐诗章。诗云：



宣布抚安在己廉，刚柔率属要温谦。

中州民俗多忠厚，务使和平莫太严。[16]

福建巡抚陈瑸是一个有名的清官，康熙五十四年（1715）陈瑸入朝觐见，康熙皇帝特为赐宴，并赐诗章。诗云：

留犊从来汉史传，建牙分阃赖官贤。

宽严驭吏须交勉，教养宜民务使全。

岭海屏藩消蜃气，关山保障息烽烟。

迎年节近新春至，援笔枫宸饯别篇。[17]

在朝大臣年老致仕或回乡省亲，念及他们多年辅弼之劳，康熙皇帝也往往特赐诗章以荣其行。如康熙二十一年（1682）内阁大学士杜立德、冯溥先后告老还乡，康熙皇帝即各赐诗篇。赐杜立德诗云：

十载资贤佐，劳深致太平。

吁谟留紫闼，风度重丹楹。

方倚盐梅略，难违丘壑情。

餐芝黄绮伴，轩冕有余清。[18]

赐冯溥诗云：

环海销兵日，元臣乐志年。

草堂开绿野，别墅筑平泉。

望切岩廊重，人思霖雨贤。

青门归路远，逸兴豁云天。[19]

康熙四十五年（1706）吏部尚书宋荦致仕归里，康熙皇帝又赐诗章。诗云：

久任封疆事，苏台静点尘。

东曹班次重，北阙性情真。

怜旧吟风度，无文饯老臣。

林泉益壮志，当乐故乡春。[20]

康熙五十四年（1715）大学士李光地回闽，康熙皇帝想起他在三藩叛乱期间蜡丸上书和多年忠于王事，亦特为赐诗饯行。诗云：

协恭惟得老成儒，味道经书翊庙谟。

白发辞君千里去，丹心捧日寸诚敷。

秋霜昔岁明臣节，昆玉冲襟决胜符。

暂别恩荣宸翰饯，勿劳远念慰长途。[21]

康熙后期，仕宦多年的朝廷重臣张玉书、陈廷敬、赵弘燮等相继辞世，想起他们多年来为朝廷所做的贡献，康熙皇帝十分伤感，各作挽诗。挽张玉书诗云：

文章末齿秉丝纶，旧德凝承近紫宸。

瀚海天山同正略，江干河道与尝新。

表贤未及身先没，颐养空谈梦后湮。

挥泪长欺叹佐斗，从来伤痛肃雍臣。[22]

挽陈廷敬诗云：

世传诗赋重，名在独遗荣。

去岁伤元辅，连年痛巨卿。

朝恩葵志励，国典玉衡平。

儒雅空兴叹，含毫感倍生。[23]

挽赵弘燮诗云：

四十余年抚近京，旗民称善政和平。

保全终始君恩重，奄逝悲凉众涕盈。

不畏刁顽持法纪，久司锁钥务精明。

官方仍在归泉壤，节钺空悬恋辔情。[24]



中国古代多数帝王使用臣工，大多采取实用主义的态度，对己有用，则不惜高官厚禄乃至封妻荫子；对己无用或略有可疑，则诛戮惟恐不尽。而康熙皇帝却一反其道，使得所有臣工皆能保其善终，而且至其去世，还慰勉备致，加惠子孙，难怪在他去世后，在朝官员为他上谥为“圣祖仁皇帝”了。

康熙皇帝一生热爱学习，学习经史，学习自然科学知识。同时还勤于政事，夙兴夜寐，汲汲求治，希望在他统治期间整个国家能达到羲皇盛世。因而他的不少诗篇都反映了他刻苦读书、汲汲求治的情况。如早年初开日讲不久，康熙皇帝白天坚持日讲和处理各种政务，晚间则秉烛读书，直至夜半。其《夜半》诗云：

览书银蜡短，观象玉衡长。

夜半无穷意，心为念万方。[25]

又《夜静读书》一诗亦云：

九重夜静御炉香，坟典披览意味长。

为念兆民微隐处，孜孜不怠抚遐荒。[26]

三藩叛乱期间，军书旁午，为了办理紧急军务，康熙皇帝还养成了夜间办公的习惯。如其《夜半览本》诗云：

初冬夜静正三更，宵旰清心勉励精。

自愧事烦机不敏，细披章奏察民情。[27]

三藩叛乱平定之后，紧急军务虽然减少，但为了励精图治，康熙皇帝仍然坚持夜间读书、办公。如康熙二十一年（1682）春，东巡盛京期间，康熙皇帝即不顾旅途疲劳，仍于夜间披阅奏章。其《行殿夜览章奏》诗云：

飞递传来奏牍多，旌门莫问夜如何。

银灯毳幕春寒重，恐是阴阳尚失和。[28]

康熙二十二年（1683）康熙皇帝又作《夜》诗，以纪其秉烛办公之情景：

良夜观图史，浑忘刻漏深。

月流金殿影，花转玉阶阴。

追琢崇民则，居稽长道心。

缅怀皇古治，四海遍讴吟。[29]

夜间尚且办公，何况白日！因而，不管严寒酷暑，只要身体能够支持，康熙皇帝照例办公。如其所作《苦热戏作》一诗：

数年不见歊蒸热，于今炽日最难当。

披襟气蹙三庚远，近榻神昏九夏长。

烦暑时侵高阁上，炎光每到小楼傍。

微凉须动清风扇，勉力勤民阅奏章。[30]

康熙时期，整个国家迅速由乱而治，对此，多少史家争论不休。读了上述诗篇，其原因就可不问自明了。

读书理政之外，康熙皇帝还极为注意汲取历代王朝兴亡的成功经验和失败教训。因而在他所作诗篇中，也有不少这方面的内容。如他初次南巡到达江宁，有感于千余年来这块土地的统治者一再改名换姓，认为殷鉴不远，只有勤于政事，才能保有江山，因而十分感慨地写下了《金陵紫禁城怀古》一诗：

秣陵旧是图王地，此日鸾旗列队过。
一代规模成往迹，六朝兴废逐流波。
宫墙断缺迷青琐，野水湾环剩玉河。
治理艰勤重殷鉴，斜阳衰草系情多。[31]



康熙二十一年（1682）春，康熙皇帝东巡盛京，路过长城，想起秦始皇企图以修筑长城来巩固秦朝的统治，最终导致亡国，深感暴政不但不能巩固统治，只会加速自己的灭亡，因作《蒙恬所筑长城》一诗：

万里经营到海涯，纷纷调发逐浮夸。
当时用尽生民力，天下何曾属尔家？[32]

三藩叛乱平定后，康熙皇帝亟须人才治理国家，因又作《黄金台怀古》诗：

昭王礼贤士，筑馆黄金台。
矫矫昌国君，奋袂起尘埃。
下齐七十城，声振沧海隈。
汶篁植蓟丘，岂曰非雄才！
遗迹虽榛芜，千载犹低徊。

市骏固有术，贵在先龙媒。

但得一士贤，可以收群才。[33]

循此思路，他在《咏史》一诗中对在周朝兴起过程中做出过突出贡献的姜太公也倍加推崇。诗云：

尚父抱奇略，壮龄运不偶。

一竿清渭滨，经纶在其手。

志欲纲九州，吞舟非所取。

卜兆示先几，龙彨载车后。

白旄师既陈，青社符还剖。

伟哉八百基，肇自一钓叟。[34]

此外，康熙皇帝读史所至或巡幸所经还有不少怀古之作，限于篇幅，仅略称引如上，但由此也可以看出，对于吸取历史经验和教训，康熙皇帝是如何重视了。

和历代封建王朝一样，清朝以农立国，农民和农业生产状况如何直接关系统治的安危、国运的盛衰。对此，康熙皇帝一直高度重视。就积极方面而言，劝垦荒田、兴修水利皆不遗余力；就消极方面而言，蠲免赈济亦连年不绝。反映在康熙皇帝诗篇中，这些也是一个重要的内容。如其早年所作《喜雨》一诗，即是一首关心农事之作：

暮雨霏霏过凤城，飘飘洒洒重还轻。

暗添芳草池塘色，远慰深宫稼穑情。[35]

三藩叛乱平定之后，为了与民休息，康熙皇帝开始了大规模蠲免钱粮活动。康熙二十八年（1689）第二次南巡，康熙皇帝下令蠲免江南历年积逋二百二十余万两，并作《蠲江南逋赋》诗以纪此事：

国家财赋东南重，已责蠲租志念殷。

膏泽何妨频见渥，普天愿与乐耕耘。[36]

与此同时，康熙皇帝还对农事深入观察研究，以“耕织”为题，各作诗篇二十三首，叙述了农作物从播种到收获和养蚕缫丝的全过程，表示自己对人民生产活动和生活情况的关心。这些诗篇语言通俗简练，颇有民歌风味，可以和古代任何优秀诗篇相媲美。如其《耕》诗《第七图・初秧》诗云：

一年农事在春深，无限田家望岁心。

最爱清和天气好，绿畴千顷露秧针。[37]

《第十一图・一耘》诗云：

丰苗翼翼出清波，蓑稗丛生可若何？

非种自应芟薙尽，莫教稂莠败嘉禾。[38]

《第十五图・收刈》诗云：

满目黄云晓露晞，腰镰获稻喜晴晖。

儿童处处收遗穗，村舍家家荷担归。[39]

《织》诗《第七图・采桑》诗云：

桑田雨足叶蕃滋，恰是春蚕大起时。

负筥携筐纷笑语，戴鵟飞上最高枝。[40]

《第十三图・练丝》诗云：

炊烟处处绕柴篱，翠釜香生煮茧时。

无限经纶从此出，盆头喜色动双眉。[41]

《第十七图・织》诗云：

从来蚕绩女功多，当食勤劳惜绮罗。

织妇丝丝经手作，夜寒犹自未停梭。[42]

尔后历次巡幸，康熙皇帝皆以视察农事为务，并将观察情况纳入诗章。如康熙三十八年（1699）春，康熙皇帝第三次南巡，见到农夫已开始耕作，满心喜悦地写下了《菜畦》一诗：

东南农事已春深，菜垄花开遍地金。

独爱小民勤力作，马头堪慰省方心。[43]

康熙五十四年（1715）秋，康熙皇帝视察京郊，看到农民正忙于秋收，又作《秋幸出郊见收成志喜》一诗：

节届商秋早，农忙屡岁丰。

柴门歌再稔，比屋采同风。

人烟多庆色，霜树杂微红。

极目高低景，山川一望中。[44]

直到晚年，康熙皇帝还对农事极为关心。如康熙六十一年（1722）夏在驻跸避暑山庄期间，看到自己精心培育的御稻长势旺盛，十分高兴，遂写下《早御稻》一诗。诗中他希望能将这一优良品种在南方普遍推广，以收一年两获之效。此时下距他去世已不到半年时间。可见终其一生，康熙皇帝都在关心着农业生产。诗云：

紫芒半顷绿阴阴，最爱先时御稻深。

若使炎方多广布，可能两次见秧针。[45]

清朝疆域辽阔，康熙时期，国家刚刚由乱而治。为了周知民情、巩固统治，康熙皇帝先后进行了频繁的巡幸活动，一望无际的漠北，千里冰封的关外，山清水秀的江南，雄浑壮丽的秦中，无不留下他的足迹，大大丰富了他的生活阅历并激发了他的灵感。因而，外出巡幸期间，他的诗作数量成倍增长，不但内容充实，而且情调健康。如其巡幸塞外时，即有多篇诗章讴歌祖国的统一。其中《塞上宴诸藩》一诗云：

龙沙张宴塞云收，帐外连营散酒筹。

万里车书皆属国，一日剑佩列通侯。

天高大漠围青嶂，日午微风动彩斿。

声教无私疆域远，省方随处示怀柔。[46]

又《塞外省览风俗》一诗云：

莫道岩关险，要荒总一家。

戍楼无鼓角，战垒是桑麻。

野静知民乐，时清见物华。

林中归径晚，旌旆满烟霞。[47]

东北是清朝先世发祥之地，为了祭扫先祖陵寝、巩固边疆，康熙皇帝曾三次出关东巡。东巡期间康熙皇帝途经明、清旧战场，缅怀祖宗创业艰难，先后写下大量诗章。如其《吕翁山是圣祖太宗文皇帝擒洪承畴处》一诗云：



旌旗直卷陈云沉，壕堑遗踪尚可寻。

十万健儿皆解甲，一时大帅此成禽。

民情效顺当年事，王业艰难圣祖心。

遂使关西如破竹，至今战气昼阴森。[48]

又《驻跸大凌河》诗云：

归骑云屯向晚过，升平笳吹动铙歌。

光摇幕火繁星灿，影暗旗风野雾多。

兵气已销沙右所，军声犹壮大凌河。

丰京老将还能说，曾记前途自倒戈。[49]

从康熙二十三年（1684）始，至康熙四十六年（1707）止，康熙皇帝先后六巡江南。巡幸途中康熙皇帝登临了巍峨雄伟的泰山，瞻仰了庄重肃穆的孔庙，渡过了波涛汹涌的黄河、长江，游览了风景秀丽的苏杭名郡，名山大川皆收眼底，创作欲望也空前增长，因而凡是巡幸所至，无不留下他关心民瘼和歌颂祖国山河壮丽的诗篇。如康熙首次南巡，车驾刚刚进入山东境内，即出现了万人空巷、争睹御容的动人场面，这使康熙皇帝十分兴奋，特谕扈从人员不得驱赶百姓，并作诗以纪其事。诗云：

东来端为重民生，不事汾阴泰畤名。
井里俨存齐国俗，田畴还忆历山耕。
暂宽羽骑钩陈卫，一任村童野老迎。
敢道迩言勤访察，止期治理得舆情。[50]

渡江之后，康熙皇帝率领扈从诸王登临金山，纵目千里，气象万千，康熙皇帝又作《金山》一诗：

一览江天胜，东南势尽收。
帆樯来极浦，台榭起中流。
路出丹崖上，烟同碧汉浮。
登临豁心目，浩荡俯沧州。[51]

康熙二十八年（1689）第二次南巡抵达杭州，泛舟西湖，康熙皇帝又连作《巡幸杭州》《泛舟西湖》，赞美人间天堂的秀丽风光。其《巡幸杭州》诗云：

东南上郡古临安，亲采风谣一省观。
翠岫茏苁犹舞凤，羽旗简约不鸣銮。
春晖草木江山丽，户满弦歌雨露宽。
德化远敷吾未信，如何夹路万声欢！[52]

其《泛舟西湖》诗云：

一片湖光潋滟开，峰峦三面送春来。

轻舟棹去波添影，曲崖移时路却回。

春色初摇堤上柳，惠风正发寺边梅。

此行不是探名胜，欲使阳和遍九垓。[53]

康熙皇帝六次南巡主要目的之一是视察河工。因而每次南巡，必亲临河干，阅视河堤。这在他的诗篇中也有反映。如首次南巡，他即有《阅河堤作》一诗：

防河纡旰食，六御出深宫。

缓辔求民隐，临流叹俗穷。

何年乐稼穑，此日是疏通。

已著勤劳意，安澜早奏功。[54]



康熙四十四年（1705）康熙皇帝第五次南巡，视察河工时，眼见经过一番治理，黄河安澜，康熙皇帝异常高兴，因作诗云：

春风初开弄柳丝，渔舟唱晚寸阴移。

庙堂时注淮黄事，今日安澜天下知。[55]

秦中是周、秦、汉、唐故都，地理险要，气势雄浑，民风淳朴，物产丰富，对于巩固统治、维护统一，作用都极为重要。为此，康熙四十二年（1703）康熙皇帝不顾鞍马劳顿，视察西安。一路之上眼见河山壮丽，人民丰阜，康熙皇帝诗兴大发，连写多篇诗章，讴歌太平。有的诗章还因内容丰富，律诗、绝句无法容纳，而以古风形式加以铺陈。如其所作《长安行》一诗云：

河山天险古金汤，都邑规模溯汉唐。

陆海膏腴本沃壤，秦风慓悍称岩疆。

每因眷念劳中夜，忍使时巡后一方。

远幸冲寒访民隐，终南太华遥相望。

豳岐不乏耕织业，漆沮尚存搜狩场。
重农藏富屡诏谕，雨日时若歌丰稂。
雄兵超距贾余勇，野老讴吟多宿粮。
要令遐陬沾湛露，讵以无事弛边防。
大阅三军训甲士，来朝诸部趋蕃王。
蠲租恤下恩未已，共跻仁寿乐且康。
渭水冰消回暖律，南山烟霭动初阳。
停銮怀古还披卷，宵旰勤求意不忘。[56]

归途中康熙皇帝心情依然十分激动，又作《由豫省回銮渡孟津》一诗，以抒其未尽之意：

遥望嵩峰欲逼天，太行绵亘洛阳川。
金明池畔无烽火，醉白堂前起玉烟。
千里中州古击壤，两河分界旧原田。
扁舟稳渡观民俗，休养心殷冀有年。[57]

粗略估计康熙皇帝所作诗篇中，巡幸之作不下三分之一。由此可以看出在康熙皇帝的创作过程中，巡幸的作用是多么重要了。

为了巩固统一，康熙时期，清朝政府先后进行过多次战争。尤其是噶尔丹叛乱期间，由康熙皇帝亲自率师，远征朔漠，亲自体验了艰苦的军旅生活，因而此时的诗作视野辽阔，情感激越，气势雄浑，写景、抒情无不达到较高的水平。如康熙三十五年（1696）二月，康熙皇帝所作《出居庸关》一诗云：

群峰倚天半，直北峙雄关。
古塞烟云合，清时壁垒间。

军锋趋朔漠，马迹度重山。

渐向边城路，旌旗叠翠间。[58]

又如同时所作《过独石口》一诗云：

关名独石插遥天，路绕青冥绝嶂悬。

翠壁千寻标九塞，黄云万叠护三边。

霓旌晓度长城月，毳帐春回大漠烟。

总为民生勤战伐，不辞筹划在中权。[59]

再如《瀚海》诗云：

四月天山路，今朝瀚海行。

积沙流绝塞，落日度连营。

战伐因声罪，驰驱为息兵。

敢云黄屋重，辛苦事亲征。[60]

康熙三十六年（1697）再次西征，康熙皇帝又作《晚眺》诗：

军门延夕眺，云气澹遥天。

古塞千峰月，平沙万幕烟。

旌旗寒色壮，刁斗晚风传。

衅甲从今始，功成靖朔边。[61]

即使与唐、宋优秀的边塞诗相比，这些诗篇也是并不逊色的。

康熙皇帝早年事业心极强，故所作诗章不但数量丰富，而且情调健康。但康熙四十七年（1708）以后，老境来临，健康大不如昔；同时由于长期积蓄的皇、储矛盾公开爆发，康熙皇帝自觉颜面扫地，羞愤难言，因而数年中诗兴大减，诗作极少。后来诗作数量虽有所回升，但格调却发生变化，时有忧愁凄凉、意气消沉之作。这从康熙四十年代后期所作《春日有所思二首》即可看出：

淡抹浓妆总是新，白须慵懒度三春。

若非碌碌红尘缚，近得清心养谷神。[62]

叠叠愁肠无日舒，春风细雨绿芳初。

诗中乏兴疑新句，自问何伤露地居？[63]

又如康熙五十年（1711）所作《岁除前二日立春》诗云：

岁岁星回朔气消，迎新慵听奏笙箫。

梅花欲报春先到，犹怯凝寒瑞雪飘。[64]

冬日如此，夏天康熙皇帝心境也不快活。如康熙五十三年（1714）康熙皇帝在塞外避暑期间所作《暑将退》一诗云：

歊蒸少退解烦忧，白发苍颜万里愁。

触物方知开造化，闲来更觉有源流。

倒垂树影河边水，悬挂波声崖上楼。

分外并无着意处，惟将《周易》静中求。[65]

到了康熙五十六年（1717）康熙皇帝身体更加恶化，不少老臣也相继去世，康熙皇帝心境更为凄凉。如其所作《赐老大臣》诗云：

旧日讲筵剩几人？徒伤老朽并君臣。

平生壮志衰如许，诸事灰心懒逼真。

求简逡巡多恍惚，遇烦留滞累精神。

年来词赋荒疏久，觅句深惭笔有尘。[66]

自己上了年岁，很自然地便和臣工中的老年人有了共同语言。当他得知工部尚书、翰林院掌院学士徐元梦是当时仅存的康熙十六年（1677）以前的进士时，康熙皇帝就觉得有一种异样的亲近感，并且十分感慨地赐予诗章：

七十彼此对堪怜，病里回思一慨然。
少小精神皆散尽，老年岁月任推迁。
常怀旧学穷经史，更想余闲力简编。
诗兴不知何处至，拈毫又觉韵难全。[67]

怀着同样的心情，他和几十年前的老侍卫也有了共同语言并赐诗互勉：

庞眉经岁月，忆昔旧人稀。
少小儿童戏，年高亲故违。
叹无手足力，偏有友朋讥。
膝下曾孙事，怡情待晚辉。[68]



康熙六十一年（1722）康熙皇帝古稀将至，因又作《自笑古稀》，以自道心情。诗云：

月宇启窗纱，身闲兴转赊。
庞眉临事暗，垂老厌人哗。
懒惰心惟静，精勤目已花。
临池渐手涩，无复竞龙蛇。[69]

当年秋，驻跸避暑山庄期间，康熙皇帝又连作《书怀》《中元日同僧语》二诗，以述其暮年心境。其《书怀》一诗云：

不逮精神老愈愁，银须鹤发更何求！
艰难世事危心力，履薄临深岂自由？[70]

《中元日同僧语》一诗云：

夙夜焦劳白发盈，愁肠一日几回萦！
偷闲暂向山僧话，可扫尘缘爱憎情。[71]

带着这种忧愁凄凉的心情，康熙皇帝一步一步迈向生命的终点线。几个月后，这个十几年来心境一直处于十分不佳状态的康熙皇帝，因为一场感冒，终于获得了彻底的解脱，扫尽了在山僧面前无法扫尽的“尘缘爱憎”之情。



## 二、文章尔雅

康熙皇帝在创作一千余首诗词的同时，还留下了数以千计的文章。这些文章，就体裁而言，包括敕谕、诏旨、书、表、论辩、序文、记、说、解、碑文、颂、赞、箴、铭、跋文、祭文和赋；就内容而言，则以国务处理为中心，广泛涉及家庭、亲友、个人兴趣爱好、读书治学、政治、学术见解以及文学创作等许多方面，总计一百四十七卷，构成了康熙皇帝个人著作的主要组成部分。于此分别加以介绍，以见康熙皇帝著作之大致情况。



康熙皇帝在位时间长达六十一年，从康熙八年（1669）铲除鳌拜集团到他去世，实际执掌政权时间五十四年。在此期间为了处理政务，他先后颁布了数以千计的敕谕和诏旨，其中相当部分被收入御制文集中，因而康熙皇帝御制文集中这一部分分量最大，总共八十卷，几占御制文集的二分之一。由于康熙皇帝御制诗文集一、二、三集皆于康熙皇帝生前编成刊印，未经后人篡改，因而其中敕谕和诏旨的史料价值仅次于原始档案而普遍高于《实录》。《清圣祖御制诗文四集》虽于雍正年间由雍正皇帝组织人员编辑刊行，但因其和《清圣祖实录》大体同时成书，因而其中史料价值也不低于《实录》。此外尤其值得注意的是，康熙皇帝御制文集中敕谕部分还保留了大量《实录》所不曾收录的史料。如废太子胤礽早年深受康熙皇帝喜爱和器重，康熙三十五年（1696）至三十六年（1697），康熙皇帝率师讨伐噶尔丹，以胤礽留京居守，前后一年多的时间，康熙皇帝给胤礽的书信、敕谕总共有七十六封之多，详细记载了康熙父子之间的来往以及讨伐噶尔丹的情况，史料价值极高，而雍正年间为康熙皇帝纂修《清圣祖实录》时，馆臣出于忌讳，概未收录。就此而言，康熙皇帝御制文集中的敕谕部分，对于研究康熙皇帝和清史都有着特殊的价值，值得史学家高度重视。



康熙皇帝御制诗文集中，书信所占分量不大。其中《御制诗文一集》中仅有两卷，涉及对象为孝庄文皇后和孝惠章皇后二人。其中致孝庄文皇后书信二十封，致孝惠章皇后书信二十三封，主要为康熙皇帝第二次东巡盛京和后来巡幸塞外期间所作。《御制诗文二集》中则不到一卷，收录康熙皇帝亲征噶尔丹期间致孝惠章皇后书信八封。为了表彰孝道，其中一些书信在《清圣祖实录》中已被节略称引，但要详细了解康熙皇帝和祖母、嫡母之间的关系及二次东巡、早年北狩以及征讨噶尔丹的情况，御制诗文集所载书信仍有较高价值。

表、颂在康熙皇帝御制诗文集中数量更少。其中《御制诗文一集》收录表文三篇，《御制诗文二集》收录一篇，对象仍是康熙皇帝的祖母孝庄文皇后。颂文，《御制诗文一集》收录四篇，除《大德景福颂》是为祖母孝庄文皇后所写之外，其他三篇对象分别是努尔哈赤、皇太极和福临的陵寝福陵、昭陵、孝陵。《御制诗文二集》中有三篇，《御制诗文三集》中有一篇，《御制诗文四集》中有两篇。除祖母孝庄文皇后和嫡母孝惠章皇后外，还有天地神祇和前代帝王。这些文字大多由文臣捉刀代为，词藻虽极华丽，内容却十分空洞，不外歌功颂德。相对来说，在康熙皇帝御制诗文集中，这是价值颇低的一部分。

论、辩、说、解大体都是康熙皇帝的治学之作。收入御制诗文集的论辩之作共五卷，除《御制诗文一集》收录二卷外，其他集各为一卷。辩、说、解，除《御制诗文一集》略有所录外，其他各集或有或无。康熙皇帝早年在南书房师友指导下初学作文，为了导引他进入境界，这些词臣分别以修身、求学、理政为题，圈定几个题目，由康熙皇帝根据所学儒家经典加以发挥，这大概就是御制诗文集论的部分的由来。学成之后，康熙皇帝循此路子又时有所作，但因这些题目过于泛泛，几千年来，人们已经作过多遍，康熙皇帝作来作去，也无非是拾人牙慧，缺少新意。但对于他牢固掌握儒家经典中的一些基本思想，却不无作用。

康熙皇帝御制诗文集中，序跋、碑文所占分量颇多。其中序文七卷、跋文三卷、记二卷、碑文七卷。其内容涉及也颇为广泛，有康熙朝敕撰书籍的序文，有宗室王公、大臣去世后的御撰碑文，有巡幸各地的纪实之作，又有各地兴建寺庙的碑记，有康熙皇帝读书和品赏字画的跋文。对于研究康熙皇帝本人乃至一些专史，都有一定的价值。

和康熙皇帝御制诗文集中的其他部分相比较，杂著部分对于研究康熙皇帝的治学和思想有着较高的价值。以数量而言，这一部分共计三十三卷，仅次于敕谕部分，而高于诗词；以内容而言，也十分丰富。其中《御制诗文一集》收录的《讲筵绪论》二卷，记载了康熙皇帝早年热心学习儒家经典，联系实际、汲汲求治的情况；《御制诗文二集》收录的《阅史绪论》和《御制诗文三集》收录的《古文评论》，则是康熙皇帝成年后自觉吸取历史经验教训的真实记录。从中可以看出，康熙皇帝曾广泛阅读春秋三传、《国语》《战国策》《史记》《汉书》《后汉书》《三国志》《资治通鉴》等各种历史著作，还通晓宋、元、明时期的历史；《御制诗文四集》收录的《康熙几暇格物编》则记载了康熙皇帝关心和爱好自然科学的情况，是研究康熙皇帝与自然科学的可贵史料。除此之外，值得注意的是《御制诗文二集》中还收录了康熙皇帝自著的完整的历史著作《亲征漠北纪略》，概要记载了康熙三十五年（1696）康熙皇帝率师北征噶尔丹的全部过程。康熙皇帝以当事人撰写当代史，表明了康熙皇帝对历史著作的重视，也为后人深入研究这一事件提供了可贵的资料。还值得注意的是，《御制诗文四集》杂著卷中收录了康熙皇帝晚年所作的《七询》一文。在该文中，康熙皇帝设以近侍之臣、文学之臣、介胄之臣、释家之流、道家之流、医术之臣、岩阿一老，与自号体元主人的康熙皇帝互相问答，以文学体裁表达了自己晚年的志向。如近侍之臣劝他溺于声色，及时行乐；文学之臣劝他大举修书，以光文治；介胄之臣劝他扬威绝域，开疆拓土；释家之流劝他大建寺庙，广行佛事；道家之流劝他无为而治，炼丹养生；医术之臣劝他注重保健，服用补品。对此，康熙皇帝都概予拒绝，而独对农民化身的岩阿一老所提出的让百姓各安其业、吃饱穿暖、共享太平之福极表赞同。在该文末他表示，自己一生“殷忧劳世，习与性成，学于古训，不敢荒宁，前途之计，后世之寄，畴勤畴恤，繄余是视，兢兢业业，不知老之将至”[72]，表现了一个杰出的地主阶级政治家的宽阔胸怀和生命不息、奋斗不止的决心。尽管该文体裁出于摹仿，但作为一个政治家，其一生所作各类文章中文学之作甚少，就此而言，这篇文章仍有一定的价值。

康熙皇帝御制诗文集中还收入了赋体文字十八篇。康熙皇帝早年在南书房词臣的熏陶下，兴趣广泛，喜欢文学，楚辞、汉赋经常浏览，因而时有赋体作品问世。据统计康熙皇帝所作十八篇赋中，康熙二十四年（1685）以前占十篇。后来由于政务繁忙，治学主要方向转为与政治关系密切的历史，赋作渐少。作为一种文学体裁，赋体盛于两汉，魏晋以后逐渐衰落，不受文人重视，兼以康熙皇帝所作各赋水平也不算高，因而并未引起人们注意，在文学史上更没有什么价值。虽然如此，也应看到，作为出身少数民族的政治家，康熙皇帝于政事之余还兼及文学，并以各种体裁从事文学创作，就此而言，也是十分难能可贵的。



---

1 《清圣祖御制诗文三集》卷二十二《广群芳谱序》。

2 《清圣祖御制诗文一集》卷三十一。

3 《清圣祖御制诗文一集》卷三十九。

4 《清圣祖御制诗文二集》卷四十《跋虞世南墨迹后》。

5 《清圣祖御制诗文二集》卷四十《跋颜真卿墨迹后》。

6 《清圣祖御制诗文二集》卷四十《跋黄庭坚墨迹后》。

7 《清圣祖御制诗文二集》卷四十《跋米芾墨迹后》。

8 《清圣祖御制诗文二集》卷四十《跋赵孟頫墨迹后》。

9 《清圣祖御制诗文二集》卷四十《跋赵孟頫墨迹后》。

10 《清圣祖御制诗文二集》卷四十《跋董其昌墨迹后》。

11 《清圣祖御制诗文一集》卷三十一。

12 《清圣祖御制诗文一集》卷三十二。

13 《清圣祖御制诗文一集》卷三十三。

14 《清圣祖御制诗文一集》卷三十三。

15 《清圣祖御制诗文一集》卷三十三。

16 《清圣祖御制诗文三集》卷四十九。

17 《清圣祖御制诗文四集》卷三十四。

18 《清圣祖御制诗文一集》卷三十七。

19 《清圣祖御制诗文一集》卷三十七。

20 《清圣祖御制诗文三集》卷四十九。
21 《清圣祖御制诗文四集》卷三十四。
22 《清圣祖御制诗文四集》卷三十二。
23 《清圣祖御制诗文四集》卷三十二。
24 《清圣祖御制诗文四集》卷三十六。
25 《清圣祖御制诗文一集》卷三十三。
26 《清圣祖御制诗文一集》卷三十一。
27 《清圣祖御制诗文一集》卷三十三。
28 《清圣祖御制诗文一集》卷三十六。
29 《清圣祖御制诗文一集》卷三十九。
30 《清圣祖御制诗文二集》卷四十三。
31 《清圣祖御制诗文一集》卷四十。
32 《清圣祖御制诗文一集》卷三十六。
33 《清圣祖御制诗文一集》卷三十七。
34 《清圣祖御制诗文一集》卷三十九。
35 《清圣祖御制诗文一集》卷三十一。
36 《清圣祖御制诗文二集》卷四十三。
37 《清圣祖御制诗文二集》卷四十五。
38 《清圣祖御制诗文二集》卷四十五。
39 《清圣祖御制诗文二集》卷四十五。
40 《清圣祖御制诗文二集》卷四十五。
41 《清圣祖御制诗文二集》卷四十五。
42 《清圣祖御制诗文二集》卷四十五。
43 《清圣祖御制诗文二集》卷四十九。
44 《清圣祖御制诗文四集》卷三十四。
45 《清圣祖御制诗文四集》卷三十六。
46 《清圣祖御制诗文一集》卷三十五。
47 《清圣祖御制诗文一集》卷三十九。
48 《清圣祖御制诗文一集》卷三十六。
49 《清圣祖御制诗文一集》卷三十六。
50 《清圣祖御制诗文一集》卷三十九。
51 《清圣祖御制诗文一集》卷四十。
52 《清圣祖御制诗文二集》卷四十三。
53 《清圣祖御制诗文二集》卷四十三。
54 《清圣祖御制诗文一集》卷四十。
55 《清圣祖御制诗文三集》卷四十九。
56 《清圣祖御制诗文三集》卷四十七。
57 《清圣祖御制诗文三集》卷四十七。
58 《清圣祖御制诗文二集》卷四十六。
59 《清圣祖御制诗文二集》卷四十六。
60 《清圣祖御制诗文二集》卷四十六。
61 《清圣祖御制诗文二集》卷四十八。
62 《清圣祖御制诗文二集》卷四十九。
63 《清圣祖御制诗文二集》卷四十九。
64 《清圣祖御制诗文四集》卷三十二。
65 《清圣祖御制诗文四集》卷三十三。
66 《清圣祖御制诗文四集》卷三十五。
67 《清圣祖御制诗文四集》卷三十五。
68 《清圣祖御制诗文四集》卷三十六。
69 《清圣祖御制诗文四集》卷三十六。
70 《清圣祖御制诗文四集》卷三十六。
71 《清圣祖御制诗文四集》卷三十六。
72 《清圣祖御制诗文四集》卷二十五《杂著·七询》。

# 第十四章　作风

一个伟大或杰出的历史人物，往往具有一些优良的作风或特有的性格，康熙皇帝也不例外。大致说来，他的作风与性格主要包括以下几个方面：一是好学深思，二是勤政务实，三是崇尚节俭，四是仁慈宽厚。这些性格和作风促成了他的事业的成功，同时也为他的成就增加了一层夺目的色彩。因其中康熙皇帝好学已在《发愤》一章予以介绍，故此章仅对康熙皇帝勤政务实、崇尚节俭和仁慈宽厚略作论述如下。



## 一、勤政务实

在康熙皇帝的诸多优良作风中，一个突出的方面是勤政务实。按理说作为一个一国之君，且不说关心百姓生活，就是从巩固自己的统治出发，也应照此去做。然而恰恰是这两点，在中国古代众多的帝王中，除少数创业帝王外，多数帝王都很难完全做到。他们不是贪恋女色或玩物丧志，就是崇尚浮夸，讲究祥瑞，迷恋上尊号、炼丹修仙做佛事等。至于明朝后期的几个皇帝，更是一蟹不如一蟹，“常处深宫，不与臣下相见，而惟与宦竖相处，既不读书，亦不勤政，所以上下之情壅滞不通，民间疾苦竟罔周知”[1]，而且还自欺欺人，粉饰太平，制造升平气象，致使国务处理一塌糊涂。正是利用明末最高统治者的这些严重缺陷，清朝两代开国皇帝崛起东北，以弱克强，挥师入关，取而代之，建立了一个新的王朝。“殷鉴不远，在夏后之世。”明末帝王怠于政事和崇尚虚夸而至亡国的历史教训为清初统治者树立了一个反面典型。因此早在康熙皇帝亲政之初，他的祖母孝庄文皇后即告诫他说：“人主居四海臣民之上，所关甚巨；然代天理物，端在躬行，致治兴化，必先修己。”[2]对此，康熙皇帝牢记不忘。清除鳌拜集团之后，康熙皇帝有了施展政治抱负的机会，独自挑起了管理国家事务的重担。当时由于四辅政大臣多年擅权，遗留问题极多，各种重要事务急需处理，可谓百废待兴。康熙皇帝十分清醒地意识到国家治理能否走上正轨，主要在于国君是否勤政。于是康熙皇帝以全副精力投入到各种国务活动之中，除御门听政外，批阅奏章，四处巡幸，略无闲暇。据他自称：“每年春时，为雨水田禾，时刻不忘，留心究问，直至秋成，始稍释念。至于冬日，内地常恐雪少，口外又恐雪大。”[3]其中最值得称道的是他的御门听政。康熙皇帝御门听政始于康熙六年（1667）七月亲政之日，自此之后，每日辨色而起，未明求衣，逐日视朝，一直坚持几十年之久。因为康熙皇帝视朝过早，各级官员为了不迟到，必须于“三四鼓趋赴朝会”[4]，因而平定三藩之后，一个低级官史、大理寺司务赵时楫代表广大官员上书康熙皇帝，指出：“自古人君，从未尝每日亲御听政，即定期视朝，亦未有甚早者。”[5]为此，他建议视朝时间改在辰时；视朝时只令“满、汉正左轮流”，“其余无事官员及闲散衙门官员停其每日上朝，照旧一月三次上朝”[6]。考虑到广大官员的实际困难，康熙皇帝将御门听政时间推迟到辰时，朝见官员也相应减少到有关官员，但他自己却仍然坚持御门听政。后来出于对康熙皇帝身体的爱护和关心，曾先后有许多大臣上疏，要求康熙皇帝不必逐日御门听政。如康熙二十三年（1684）五月御史卫执蒲上书康熙皇帝，奏请“御门听政，或以五日，或以二三日为期”[7]。康熙二十九年（1690）十月户科给事中何金蘭上书康熙皇帝，“请定御门之期，或三日，或五日”，“日烦临御，臣谊难安”[8]。康熙三十二年（1693）十二月大学士等人又奏请“每日奏章交送内阁，皇上隔三四日御门一次，听理引见人员与绿头牌启奏诸事”[9]。对广大臣工的一番美意，康熙皇帝表示感谢，但考虑到自己身为帝王，应该“先人而忧，后人而乐”，“政治之道，务在精勤，励始图终，勿宜有间”，而不予接受[10]。

由于长期御门听政，形成了固定的生活和工作规律，如不御门听政，他就觉得不安。如康熙三十二年（1693）他说：“朕听政三十余年，已成常规，不日日御门，即觉不安。若隔三四日，恐渐至倦怠，不能始终如一矣。”[11]即使是生病期间，他也坚持御门听政，偶因病重，不能临御乾清门听政，他也因为“与诸大臣悬隔，思之如有所失”，而谕令臣下进奏乾清宫[12]。他还表示，“朕三十年来，每晨听政，面见诸臣，咨询得失，习以为常，今若行更改，非励精求治初终罔间之道；且与诸臣接见稍疏，朕衷亦深眷念”[13]。康熙三十四年（1695）冬在他生病期间，大学士伊桑阿等人奏请“暂停御乾清门听政”时，他又表示：“朕每日听政，从无间断，闲坐宫中，反觉怀抱不适；尔诸大臣面奏政事，朕意甚快，体中亦佳。今灼艾视前已愈，国政紧要，朕仍照常御门听理。或遇大风甚寒之日，自另有旨。”[14]

逐日听政的同时，康熙皇帝还极为注意提高听政的效率和质量，极力避免形式主义。在他看来，听政主要内容是君臣共同处理国家事务，因而视朝时十分重视臣下的意见，多次表示他自己“从来不惮改过，惟善是从，即如乾清门听政时，虽朕意已定之事，但视何人之言为是，朕即择而行之”[15]。因此，他要求奏事官员“各抒胸臆，直言无隐，但求事当于理，互相商酌，即小有得失，亦复何伤，朕焉有因议事而加罪者乎”[16]？对于一些官员“不以所见直陈，一切附会，迎合朕意”则加以批评[17]。即使在休息时间，他也时时将“天下大事经营筹划于胸中”[18]，以便御门听政时能正确处理。

御门听政之外，阅览处理各地各衙门所上章奏也是一个重要的政务活动。一般情况下每日章奏不下百十来本，政务繁忙时，有时多至三四百本，即使政务较为清闲时，也有二三十本或五六十本。这些章奏例由内阁大学士先行览讫，并票拟初步处理意见，呈送康熙皇帝，由他最后决定。对此康熙皇帝不是不负责任地不看章奏内容便在内阁所拟票签上打勾画圈，而是将所有章奏通通详加阅览，不遗一字，“见有错字，必行改正；其翻译不堪者，亦改削之”[19]。同时还对内阁票拟详加审核，以定可否。即使在病中，也坚持不辍。如康熙二十九年（1690）二月，康熙皇帝身体违和，移居瀛台养病，仍令“部院各衙门章奏，俱交内阁转奏”[20]。当年十月康熙皇帝患病期间，依旧“日理章奏，未尝废事”[21]。有时外出巡幸，批阅章奏便成为他处理政务的主要方式。一般情况下他下令京中章奏三日一达御前，有时还下令两日一送。奏章一到，“随即听览，未尝一有稽留”[22]。如递本人员迟延时日，还要严加处分。如康熙二十三年（1684）春，康熙皇帝视察畿甸，因当时“户、刑二部启奏之事最为繁冗，皆钱粮、刑名所关，若一时不加详阅，恐有遗误”，因而下令改变前此三日一送旧例而为两日一送。当年十月康熙皇帝东巡曲阜途中，京中章奏至时未至，康熙皇帝异常焦急，深夜不眠，坐待奏章，并且下令：“今日奏章，不拘时刻，一到，尔等即行呈进，朕宵兴省览。”[23]直等到四更时分奏章始到，康熙皇帝立刻摊开批阅，直到天亮方才处理完毕。康熙四十年（1701）六月康熙皇帝巡幸塞外，因为京中本章未能按时抵达御前，他特别指示派人调查原因，予以处理。每次巡幸回京后，为了处理在外巡幸期间积攒起来的待理政务，康熙皇帝更是繁忙异常。他说：“朕历年夏月避暑，九月回銮，所积四月内口外不能办理之事，日夜料理，必在岁内完结。至次年开印，又复速为办理，无致壅积。”[24]

康熙五十六年（1717）冬，康熙皇帝老境来临，大病七十多天，两脚浮肿，右手不能写字，为了批答章奏，仍坚持用左手批阅而不假手于人。多年勤政，使他饱尝了帝王生活的甘苦艰辛。康熙五十八年（1719）四月，他特地为此向大学士、九卿、詹事、科道官员尽掏肺腑。他说：

我自亲政以来，一切重要事务都是亲自动手处理，从来不敢偷懒。少壮时期精力充沛，并不觉得劳苦；而今老境来临，精神渐减，办起事来便觉得十分疲惫不堪，批答奏章手也发颤。如想还像当年那样办事精详，则力所不及；如果草率处理，心中又非常不安。从来读书人议论历代帝王，多加指责他们的过失，批评他们安享富贵，耽于逸乐。我多年披阅史籍，对历代帝王为人行事也颇留心，觉得做一个国君极为不易。不说别人，即以我而言，在位六十年昼夜勤政，即使铁打的身子，也要拖垮，何况血肉之躯！现在在朝供职的年老大臣，年岁大约和我不相上下，在衙门办事，不过一两个时辰，就可回家安息；有病还可以告假，有的人还无病装病，他的同僚和属员绝不会强迫他继续上班。往年考试武进士，左都御史赵申乔竟然在考场上打瞌睡，侍卫们几次把他唤醒。有我在场，尚且如此，在自己衙门办公，就更不用说了。现在天下大小事务都是由我一人处理，无可推诿，如果把重要事务交人办理，则断然不可。因此我昼夜劳累，须发皆白。虽然如此，也不敢偷懒，从早至晚，没有一点空闲，真是强打精神，硬加支撑啊！我如此勤政，你们臣下却没有一个人肯为我实心效力，不但如此，说不定还有不肖之徒，见我年老，精力不够，乘机徇私舞弊，这都是你们应该十分留心的。见我百般勤劳，你们只不过在口头上要我安静休养，再不然就是搬弄一些颂圣套语，什么“励精图治”“健行不息”“圣不自圣，安愈求安”。这些话如果对不读书的君主来说，也许他们爱听；我多年读书，明白事理，这些粉饰之词，六十年来听得耳朵上都起了茧子。所以我劝你们还是多办实事，少说废话，才对国家治理有所裨益。[25]

由于长期勤政，康熙皇帝养成了反对虚夸、讲究务实的作风，对于各地上陈祥瑞，他向不热心，从来不曾将其宣付史馆。对于不事生产的僧道，康熙皇帝早年即极为鄙薄，认为都是游手好闲之徒。他还认为秦始皇、汉武帝迷信方术，梁武帝、唐宪宗佞佛都是愚蠢的行为。后来他对僧道的看法虽然有所变化，但也是敬而远之，从未加以提倡。因此他在位期间，佛道势力始终没能得到发展，更未能影响中枢决策。他尤其反对臣子们多次提出的无益实政的为他庆寿典、上尊号等建议，他在位前期，凡逢他本人寿诞，一般都下令停止朝贺，更不搞什么筵宴。三藩叛乱、噶尔丹叛乱平定之后，群臣想给他上尊号，他也都推给了他的祖母孝庄文皇后和嫡母孝惠章皇后。康熙四十二年（1703）康熙皇帝五十寿辰届期，臣子们又想搞庆典、上尊号，还要恭进鞍马、缎匹等物，康熙皇帝一概拒绝。他说：如果在京官员如此，地方督抚也一定会效法，后果不堪设想。后来群臣恭进万寿无疆围屏，他也只收下颂辞，而将围屏退还。同时还颁发长篇谕旨，指出自己御极四十多年来，“亲历饥馑者不知其几，南北用兵者不知其几，人心向背者不知其几，天变地震者不知其几”，居安思危，自己不应“以名誉称尚为尚”，而当“以海内富庶为心”[26]。康熙五十一年（1712）十月，礼部诸臣以次年恭逢康熙皇帝六旬万寿，特地会同大学士、九卿、詹事、科道等官员议上庆典章程。康熙皇帝览奏后，又情辞恳切地对上奏的群臣说了一番话：我自即位以来，一心盼望天下太平，在历史上留一个好名声。几十年来我夙夜勤劳，以致须发皆白，心血耗尽，克服了数不清的困难。自古帝王在位时间都极为短暂，享年不永，人们往往说成是别的原因，其实这是不了解历代帝王一生何等辛勤啊！我的才能和德行本来极其普通，只是赖有祖宗庇荫，才得以在位五十余年，年寿也将及六十。现在为国事更加忧劳，精力愈益不支，只害怕长此下去，不能始终如一，使得一生勤劳付之东流，因而兢兢业业，并没有祈求六十大寿的想法。你们的奏章，我觉得都是不讲实际的虚言套语。我十分希望做臣下的能够清廉自持，做儿子的能够孝敬父母，兄弟之间也互相友爱，人人都读正经书籍，各自尽心于自己的职责，国家太平，人民幸福，盗贼宁息，这就是对我六十寿辰的最大贺礼了。此外一切仪式，我并不喜欢[27]。后来只是由于群臣瞒着康熙皇帝，先期召请直省官员、绅士、耆宿入京庆贺，造成既成事实，盛意难却，为了答谢士民好意，康熙皇帝才举办了一次大型宴会，招待向他祝嘏的耆老，但他内心对这种活动却不以为然。此外对于臣下“陈奏国家之事辄用称颂套语”，康熙皇帝也十分反感，并多次提出批评，认为这样做“于朕躬并无裨益”，要求以后“当尽删除称颂套语，将有益于朕躬之处速为指陈，使事务不致壅积，可以知诸臣之实心报效，而朕之病体亦得调护矣”[28]。这种勤政务实的作风，不但使得康熙皇帝的成就超过了中国历史上的多数帝王，而且也对雍正以后清朝各代帝王产生了重要影响，对于清朝统治的巩固和中国历史的发展也起到了重要作用。

## 二、崇尚节俭

康熙皇帝一生崇尚节俭。之所以如此，就社会环境而言，当时正值大乱之后，民生凋敝，广大劳动人民以赋税形式向统治者提供的财富数量有限，使得包括最高统治者在内的各级贵族官吏没有条件任情挥霍。就康熙皇帝个人而言，早年寄养宫外，未曾受到宫中颇为奢靡生活的熏陶和影响；成人后又比较系统地接受了儒家经典中有关节俭的教育，从而在思想上牢固地树立起节俭是一种美德、奢侈腐化不只有损君德，且易招致祸乱的观念。因而在实际执掌政权半个多世纪的时间里，他一直极力克制自己的享乐欲望，个人生活十分朴素，宫中用度一省再省。在他的影响下，各级贵族官吏也不敢过分靡费，在社会上普遍形成了节俭的风尚，使得社会财富较多地用于扩大再生产，这对康熙朝政治的健康发展和社会经济的繁荣起到了重要的作用。

康熙皇帝受过系统的儒家传统教育，儒家经典中有关节俭的论述，他极为赞成。他认为“私欲弘多，则德义鲜少；德义不行，则迩者早离距违，甚言奢之不可不戒也”[29]，因而终其一生，生活朴素，对个人要求十分严格。对此，法国传教士白晋在所著《康熙皇帝》一书中作了详细的记载。该书说：

从康熙皇帝可以任意地支配无数的财宝来看，由于他的国家辽阔而富饶，他无疑是当今世界上最富有的君主。但是，康熙皇帝个人的生活用度绝不是奢侈豪华的。因此可以认为，他严格地遵守着国家的基本法。王公贵族自不必说，即使皇帝本人，不是以公共利益破格花费的款项，也是国法所不容许的。在中国，由于寄食于宫廷的官吏和御膳房的人员极多，皇室费用不能不远远地大于欧洲豪华奢侈的宫廷。然而，康熙皇帝本人的生活是简单而朴素的。这在帝王中是没有先例的。实际上，像康熙皇帝这样闻名天下的皇帝，吃的应该是山珍海味，用的应该是适应中国风俗的金银器皿。可是康熙皇帝满足于最普通的食物，绝不追求特殊的美味；而且他吃得很少，从饮食上未看到他有丝毫铺张的情况。

皇城范围很大，仿佛是一座美丽的城市。建筑物上铺着金黄色的琉璃瓦，看上去相当壮观。从建筑物的宏伟以及其他方面，马上就可以看出这是闻名天下的大皇帝居住的地方。如从建筑物的内部和房间，特别是皇帝的内室来看，装饰着两三张壁画，用金属镶嵌的饰物和相当粗糙的彩色织锦。这种织锦在中国是很普通的，所以用不着节约。除此之外，其他装饰几乎就是内室的整洁了。

康熙皇帝在距北京二里远的地方建立了一座离宫。他很喜欢这个离宫，一年有一半以上时间都在这里度过。他让人在这座离宫内挖了两个大池塘和两三条水沟。除此之外，在这里再也看不到像康熙皇帝这样有财势的君主应有的豪华迹象了。这个离宫布置得确实是整洁而朴素。无论从建筑上看，还是从占地面积来看，这座离宫远不如巴黎近郊的几个王公的别墅。

从日常的服饰和日用品方面，也可以看出康熙皇帝喜欢朴素的美德。其大致情况如下：冬天，他穿的是用两三张黑貂皮和普通貂皮缝制的皮袍，这种皮袍在宫廷中也是极为普通的。此外就是用非常粗糙的丝织品缝制的御衣，这种丝织品在中国也是极其一般的，只是穷苦人不穿而已。

在阴雨连绵的日子里，他常常穿一件羊皮呢绒外套，这种外套在中国被认为是一般的服装。在夏季，有时看到他穿着用荨麻布做的上衣，荨麻布是老百姓家中常用的东西。除了举行仪式的日子外，从他的装束上能够看到惟一奢华的东西，就是在夏天他的帽檐上镶着一颗大珍珠。这是满族人的习惯风俗。



在不适于骑马的季节，康熙皇帝在皇城内外乘坐一种用人抬的椅子。这种椅子实际上是一种木制的轿，粗糙的木材上面涂着颜色，有些地方镶嵌着铜板，并装饰着两三处胶和金粉木雕。骑马外出时，几乎也是同样的朴素，御用马具只不过是一副漂亮的镀金铁马镫和一根金黄色的丝缰绳。

除康熙皇帝之外，亚洲的君主们在所到之处，都喜欢炫耀自己的豪华和奢侈。这种情形在康熙皇帝周围是看不到的。我们觉得这是因为康熙皇帝确信一个帝王的伟大不在于有华丽的外表，而在于有高尚的品德。……然而，康熙皇帝却过着朴素的生活。就其衣着来看，丝毫没有奢侈浪费的感觉。这并非由于他爱财和吝啬。他自己虽然力求节俭，但对用于国家的经费却特别慷慨，只要是有利于国家、造福于人民的事业，即使支出数百万两的巨款，他也从不吝惜。

除此之外，不少文献也都记载了康熙皇帝自奉俭约的情况。如据法国传教士张诚记载，在北征噶尔丹期间，为了节约军粮，康熙皇帝曾下令军队每天只吃一顿饭，并且自己带头执行。另据《清圣祖实录》记载，一直到了康熙皇帝晚年，他还拒绝太医要他服用补药的建议，宁愿甘于粗茶淡饭，并为此赋诗明志。这一方面是出于养生的需要，同时也说明他长期养成的节俭习惯不易更改。该诗云：

淡泊生津液，清虚乐有余。
鬓霜惭薄德，神惫恐高誉。
苦好山林趣，深耽性道书。
山翁多耄耋，粗食并园蔬。[30]



对于自己个人的生活，康熙皇帝十分节俭；对于宫中的日常用度，他也大力予以裁减。他曾说："朕于宫中费用，从来力崇俭约，期以有余，沛恩百姓。若非撙节于平时，安能常行蠲赈之事耶？"[31]如康熙二十四年（1685）十月他下令减少宫中的酥油乳酒供应[32]。康熙二十九年（1690）春，他又因天旱，下令减省宫人及所用器物，并命查核前明宫中所用具奏。大学士等经过查核，回奏道：前明宫中每年用金花银共九十六万九千四百余两，现在都已充作军饷。又查前明光禄寺每年送交宫中所用各项钱粮二十四万余两，现在每年只用三万余两；明朝宫中每年用去木柴二千七百八十六万余斤，现在每年只用六七百万斤；明朝宫中每年要用红螺炭一千二百零八万斤，现在每年只用一百余万斤。明朝各宫林帐、舆轿、花毯等项每年共用银二万八千二百余两，现在一概不用；明朝宫殿楼亭共七百八十六处，我朝数目则不及其十分之一。前明建造宫殿，其九层基址以及所有墙垣俱用临清砖，木料俱用楠木。现在紫禁城内只是在万不得已时始行修造房屋；修建时，不但基址不用一块临清砖，即使所有墙垣，也都是寻常砖料；所用木材，只是一般松木。又按照《三礼》规定，天子应有六宫、三夫人、九嫔、二十七世妇、八十一御妻。照此推算，使用宫女当有数千人之多。唐太宗是唐朝一个有名的贤君，历史记载他即位后一次遣发宫人达到三千人。以此估计，其他皇帝所用宫女当皆不下数千人。现在除慈宁宫、宁寿宫外，乾清宫妃嫔以下，使令老媪、洒扫宫女以上，总共算起来，只有一百三十四人。不仅三代以下无有，即使三代以上，也没有像这样的[33]。

为限制宫中消费，他还经常过问宫中开支情况。如康熙三十九年（1700）九月，他即因工部报销当月宫中杂项修理所用银钱三四万两而对其予以批评，并下令以后凡有修理之处，主持官员“俱奏请派出，每月支出钱粮，分晰细数，造册具奏”[34]。在他的干预下，宫中每月用度由明朝末年的一万余两骤降至五六百两，即使加上一应赏赐等物，“亦不过千金”[35]。同时每次外出巡幸，他也先期下令，一应需用之物，皆由内府自行备办，不许地方官借端生事，科派百姓。发觉有的督抚为其修造行宫，“并建造御书碑亭等项名色”，即令拆毁[36]。此外对于国家非生产性的开支，他也多次下令削减或加以禁止。如此前光禄寺一年用银一百万两，工部一年用银二百万两，至康熙四十五年（1706）时，康熙皇帝分别将其压缩到十万两和二三十万两[37]。此前理藩院“每年赐供应外藩宾客用银八十万两”，经过康熙皇帝下令裁减浮费，至康熙四十九年（1710），“一年止需银八万两”[38]。此前户、工两部每年“所用钱粮其数过多”，康熙皇帝曾下令“十日一奏闻”，至康熙四十九年（1710）所用已经极少。对于官吏之间的互相馈赠和不事生产、“聚集徒众以千百计”的寺僧，他也严加指斥。在他的影响下，各级贵族的奢靡之风有所节制。康熙三十九年（1700）康熙皇帝说：“朕听政以来，一应服食俱从节俭，诸王大臣亦皆效法，不用金银器皿、金镫等物，此时较从前，十分之内已减九分矣。”[39]原先“葬祭多焚化皮衣，今其风已息”[40]。正是由于康熙皇帝崇尚节俭的性格以及他所推行的厉行节俭政策，至康熙四十年（1701）前后国库存银达到五千万两，达到清初以来的最高峰，对社会经济的发展和初步繁荣起到了重要的推动作用。



## 三、仁慈宽厚

作为一个杰出的封建君主，康熙皇帝的另一个性格特点是仁慈宽厚。康熙皇帝幼时便失去生身之母，父亲顺治皇帝又很长时间都不知道自己的这个孩子，未曾像常人一样得到足够的父母亲情之爱，只是在祖母孝庄文皇后和嫡母孝惠章皇后的精心抚育下才得以成人。作为一个孤儿，康熙皇帝认为祖母和嫡母对自己无微不至的关怀和照顾，不只是理所应该，也是一种超逾常格的赐予，自己不但应该终生不忘，还应该加倍地予以补偿。因而，从幼年时起，他即深深地爱着自己的祖母和嫡母。正是幼年时期的这种独特的经历，形成了康熙皇帝最初的仁爱之心。

康熙皇帝成人之后，处理政务的实际需要和儒家经典的长期熏陶，使得这种最初的仁爱之心得到进一步发展，进而形成了仁慈宽厚的性格。明、清之际是一个动荡混乱的时代。如从清太祖努尔哈赤以七大恨告天起兵伐明开始，至三藩叛乱平定为止，前后约有六十多年。长达半个多世纪的时间，不只阶级矛盾和民族矛盾都异常尖锐，大规模的战争连绵不绝，而且统治集团内部矛盾也十分激烈，并先后酿成一次又一次互相残杀的惨剧。如早在清朝政权兴起之初，努尔哈赤即先后杀死自己的弟弟舒尔哈齐和长子褚英。努尔哈赤刚刚去世，皇太极还未继位，就和诸贝勒联合起来，逼令继母乌喇纳拉氏殉葬，尔后又杀死自己的姐姐莽古济格格和弟弟德格类一族。多尔衮擅权时期，死于非命的宗室更多，粗略估计，自肃亲王豪格以下不下十人。顺治皇帝亲政之后，又有阿济格等不少宗室成了刀下之鬼。康熙皇帝即位之初，四辅政大臣为更换圈地之争彼此反目，辅政大臣苏克萨哈、户部尚书苏纳海以下许多大臣也身首异处。与此同时，各个阶层之间的人际关系也空前紧张。如果听任这种状态长期继续下去，势必不利于清朝统治的巩固。因而在这个时代出生的康熙皇帝由衷地盼望着“天下乂安”局面的出现。为此康熙皇帝如饥似渴地学习儒家经典，学习历史知识，意在从中学到传统治国理论，吸取历史经验教训。通过学习，康熙皇帝认识到，“政治之本在宽仁”，“物刚则折，弦急则绝，政苛则国危，法峻则民乱。反是者，有安而无危，有治而无乱”。因此他总结道：“古之帝王以宽得之多矣，未闻之以宽失也。”[41]在这种思想的指导下，无论在统治集团内部，还是对普通百姓，康熙皇帝都采取了颇为宽仁的政策。在皇室内部，除了清除鳌拜集团时偶有杀戮外，终其一生未曾屠戮一人。对自己的几个兄弟也十分友爱，不只平常赐宴、赐诗史不绝书，而且生病、去世时还亲临视疾或祭奠、撰写碑文。

对于八旗，因为是自己巩固政权的依靠力量，康熙皇帝加意爱护。三藩叛乱期间，不少八旗将士战死疆场，康熙十七年（1678）三月，康熙皇帝巡视京畿，发现因京郊地价涌贵，八旗亡故军士“葬地窄狭，坟墓累累，亦有竟无茔地者”[42]，这使康熙皇帝甚觉恻悯，并要求有关机构予以解决。不久他又再次指示，拨给出征死亡将士葬地，“必平原高燥之处方可”；又要与道路相近，以便亲人祭扫；所拨地亩，不得取之“官员秩卑、小民贫之者”，以免影响其生计，而应于内务府及诸王大臣溢额地亩中拨出。随经大学士等议定，满、蒙八旗每佐领给地十五亩，汉军每佐领七亩半，以为葬地[43]。三藩叛乱平定后，根据八旗户口日繁、生计艰难的现实，他又先后下令拨出巨额帑银代偿债务，此外还多次予以赈济。

对于各级官吏，康熙皇帝亦极为重视。鉴于古来大臣“多不能保其初终”，康熙皇帝“立志待大臣如手足，不论满、汉、蒙古，非大奸大恶、法不可容者，皆务全保之”[44]，“常以家人父子之谊相待臣僚”[45]，其中廉洁有声者，还格外予以褒扬。巡幸所至，凡是现任、致仕、革黜在籍官吏，皆予以接见，并各赐御书匾额、诗词和白金貂裘，以示关怀。如逢战争胜利或令节生辰，还邀集在京官员举行宴会。宴会中，君臣共赋诗章；宴会结束，又各赐内厩名马、御书以及缯绮等物。康熙三十九年（1700）时他还特别另设官卷，用以解决各级官员最关心的子弟科举入仕问题。对各级官员的身体健康，康熙皇帝也十分关心，早在康熙十二年（1673）时他即下令，大臣有疾，不必奏闻，即可延御医前往调治；对一些年老有疾的官员，他还亲赐药物，希望他们早日痊愈。老年之时，想起“宿学老臣，辞世者辞世，告退者告退，每每伤心痛哭”[46]。对近身侍从人员，康熙皇帝也十分宽厚，其中效力年久者，还录用其子孙；即使犯了过失，只要不是有心之过，即曲为宽免，从未笞责一人。如康熙十八年（1679）三月内廷茶膳房遗失不少御用金银器皿，康熙皇帝得知后，经查询，并非有意之过，遂下令免于赔偿，只令“广储司如数补造”[47]。康熙四十三年（1704）八月初二日，康熙皇帝外出，中午用饭时发觉“膳房所备，止有肉肴，竟忘携带饭食”[48]。随从护驾的诸皇子都要求处罚有关失职人员，康熙皇帝却以其为无心之过，下令宽宥。因而终他一生，他和近身侍从人员关系十分融洽，有的太监和老侍卫还得到他赐予的诗章，彼此之间结下了深厚的友谊。

对于普通百姓，康熙皇帝更是十分关心。清除鳌拜集团之初，康熙皇帝即命侍从永停圈地，革除了入关以来一个最严重的扰民败政。同时对因遭灾而流离失所的穷苦百姓，康熙皇帝也存恤备致。康熙十六年（1677）秋，康熙皇帝于视察仁孝皇后地宫时巡幸塞外，发现一人僵卧路旁，询问后，得知此人名叫王四海，为人佣工，返家途中因腹中饥饿，“卧不能起”。康熙皇帝立即命侍从给他热粥喝，待他苏醒后，又将他携至驻地，送回原籍[49]。康熙十八年（1679）冬，京畿饥民乏食，流集京师，因当时正值三藩叛乱期间，国家财政困难，拿不出更多的钱粮赈济灾民，康熙皇帝遂下令京师五城各设粥厂，全活在京饥民无数。次年四月，原先颁布的赈济期限已满，有关官员请以赈余银米资遣饥民还乡。康熙皇帝考虑到麦收尚未届期，如此时资遣回乡，仍将流离失所，因而又复下令展赈两月，以俟麦收；又考虑到天气渐热，疾疫流行，命太医院及五城医生前往诊视[50]。但因天气亢旱，春麦尽皆枯槁，麦收无望，康熙皇帝又派户部侍郎萨穆哈前往直隶各地赈济在乡饥民，直接至秋收，“勿令灾黎有失生理”[51]。对于在京饥民，也依例再次展赈三月，并“遣太医院医生三十员，分治五城抱病饥民”[52]。康熙十九年（1680）三月康熙皇帝听说直隶宣化一带因为饥荒，“贫民乏食，鬻卖妻子以求自活”，十分焦急，立即派遣户部郎中明额礼“驰驿速往，会同地方官赈济”[53]。因为灾荒年月，饥民无食，扒抢之事时有发生，不少穷民触犯法律，系身缧绁。为此康熙皇帝对于刑狱处理慎而又慎，至康熙二十二年（1683）时，全国秋决之犯“尚不及四十人”[54]。对于在押人犯，也屡命御医“给予药物，疗治有疾之人”，并对治病不积极的官员严加批评。三藩叛乱平定后，国家经济形势好转，康熙皇帝开始以更多的财力投入到蠲赈中，在其后的几十年里，不但地方性的蠲赈史不绝书，而且从康熙三十年代以后，蠲赈规模越来越大，涉及地区也越来越广，并进而发展成为康熙五十年（1711）时全国性的蠲免。有时康熙皇帝甚至还将仁爱之心施于牲畜。康熙二十二年（1683）底，礼部大臣向他奏请来年元旦筵宴事宜。康熙皇帝即指出：过去元旦赐宴，“布设满洲筵席，甚为繁琐，每以一时宴会，多杀牲畜，朕心不忍”[55]，谕令以后元旦赐宴，应改满席为汉席。康熙皇帝仁慈宽厚的性格以及由此而推行的政策，对于康熙皇帝统治的巩固和清朝政治的发展产生了重要的影响。就积极方面而言，它使最高统治集团长期处于稳定状态，避免了因为统治集团内部分裂而触发的社会动乱再度发生，同时也在一定程度上缓和了原来颇为尖锐的民族矛盾和阶级矛盾，对康熙前期社会经济的发展起到了一定的推动作用。就消极方面而言，在整顿吏治问题上，显得过于宽容；在家庭关系和建储问题上，也过于寡断。这也在一定程度上影响了康熙后期政局的安定和清朝统治的巩固。





---

1《清圣祖实录》卷二百五十四。
2《清圣祖实录》卷四十一。
3《清圣祖实录》卷二百九十四。
4《清圣祖实录》卷一百零四。
5《清圣祖实录》卷一百零四。
6《清圣祖实录》卷一百零四。
7《清圣祖实录》卷一百一十五。
8《清圣祖实录》卷一百四十九。
9《清圣祖实录》卷一百六十一。
10《清圣祖实录》卷一百四十一、卷一百四十九。
11《清圣祖实录》卷一百六十一。
12《清圣祖实录》卷一百四十九。
13《清圣祖实录》卷一百四十九。
14《清圣祖实录》卷一百六十九。
15《清圣祖实录》卷一百一十。
16《清圣祖实录》卷一百一十。
17《清圣祖实录》卷一百一十。
18《清圣祖实录》卷一百一十七。
19《清圣祖实录》卷二百三十一。
20《清圣祖实录》卷一百四十四。
21《清圣祖实录》卷一百四十九。
22《清圣祖实录》卷一百一十七。
23《清圣祖实录》卷一百一十七。
24《清圣祖实录》卷二百七十七。
25《清圣祖实录》卷二百八十四。
26《清圣祖实录》卷二百一十一。
27《清圣祖实录》卷二百五十一。
28《清圣祖实录》卷二百七十七。
29《清圣祖御制诗文一集》卷十八《勤俭论》。
30《清圣祖御制诗文二集》卷三十六。
31《清圣祖实录》卷一百六十七。
32《清圣祖实录》卷一百二十二
33《清圣祖实录》卷一百四十四。
34《清圣祖实录》卷二百零一。
35《清圣祖实录》卷二百零一。
36《清圣祖实录》卷二百一十八、卷二百四十四。

37《清圣祖实录》卷二百二十七。
38《清圣祖实录》卷二百四十二。
39《清圣祖实录》卷二百零一。
40《清圣祖实录》卷一百零一。
41《清圣祖御制诗文一集》卷十七《宽严论》。
42《清圣祖实录》卷七十二。
43《清圣祖实录》卷七十三。
44《清圣祖实录》卷二百四十六。
45《清圣祖实录》卷七十三。
46《清圣祖实录》卷二百四十六。
47《清圣祖实录》卷八十。
48《清圣祖实录》卷二百一十七。
49《清圣祖实录》卷六十九。
50《清圣祖实录》卷八十九。
51《清圣祖实录》卷八十九。
52《清圣祖实录》卷九十。
53《清圣祖实录》卷八十八。
54《清圣祖实录》卷一百一十三。
55《清圣祖实录》卷一百一十三。

# 第十五章　地位

康熙时期，是中国封建社会发展的一个重要历史时期。经过长期的社会动乱，人民普遍盼望太平，渴望过上安定生活。康熙皇帝顺应广大人民的这一正当愿望，充分发挥了自己的聪明才智，以其坚韧不拔的努力，圆满地完成了历史赋予他的使命，从而跻身于中国历史上最为优秀的帝王之列。因而这个临御天下六十多年的一代英主，对于中国社会的发展做出过重要的贡献，在清朝历史上也占有着突出的地位。大致说来，他对当时历史发展的作用主要有以下几个方面。



第一是清除权臣，扭转错误的治国方向。康熙初年，清朝中央政权由四辅政大臣代为摄理。四辅政大臣执政之初，于顺治败政多所匡正，同时作为一个临时性的政体形式，对于清朝最高权力的承前继后也不无作用。但这些辅政大臣都出身于上三旗满洲，此前未膺全局之任，识见狭隘，辅政期间，考虑和处理问题大多带有极深的民族偏见和派别私利，因而在政务处理中做出了不少错误的决断，对汉族士人、地主阶级和广大人民都普遍地采取高压政策，致使这一时期满、汉民族矛盾不但没有缓和，反而在有些方面更加尖锐。与此同时，为了派别私利，辅政大臣之间还互相攻讦混斗，不但导致了满族统治集团的分裂，也构成了对皇权的严重威胁。如果不加以纠正，势必严重危害清朝统治。在此历史关头，康熙皇帝经过周密部署，一举翦除鳌拜集团，将最高权力收归己手。历史上，太阿倒持、皇权旁落的现象曾多次发生，不少帝王机谋算尽，夺回权力，但由于他们的目的只是夺取权力，因而权力虽然转移，国家政治却并无起色。与前代这些帝王不同的是，康熙皇帝并不以夺权为止，而是利用权力改变辅政大臣执行的错误政策，从而扭转了数年来错误的治国方向。因而这一历史事件不但在当时起到了挽狂澜于既倒的重要作用，而且对于此后清朝政局的健康发展、推动社会进步也具有着重要的意义。



第二是平定三藩叛乱，恢复安定政局。康熙皇帝亲政之初，三藩割据南方。这一局面的形成固然有其历史的必然性与合理性，但至康熙时期，三藩尚各拥重兵，以致枝大于本、干大于茎，从而构成对清朝中央政权极大的威胁，也破坏了安定的政治局面。为了改变这种不正常的局面，康熙皇帝抓住时机，坚持撤藩。尔后，在三藩发动叛乱时，尽管对手人多势众，气焰嚣张，康熙皇帝也毫不迟疑地调动军队，大张挞伐。在此同时他还讲究策略，抓住重点，区别对待，对叛乱势力进行分化瓦解，各个击破，从而扭转了一个时期颇为被动的形势，取得了平叛战争的最后胜利，结束了中国内地半个多世纪以来的动乱局面。历史上藩镇割据并不鲜见。由于在位帝王无能，藩镇割据或与该朝相终始，致使国家长期分裂；或者鲁莽灭裂地进行讨伐，以致一败涂地，使得藩镇反奴为主，易姓换代。平定三藩战争的胜利，不但使历史上的这些悲剧未能重演，同时也开创了长期安定的政治局面，为经济、文化事业的发展创造了一个良好的客观环境。因而对于清朝经济、文化的发展和全盛时期的到来，康熙皇帝进行的平定三藩之役具有重要的意义和作用。

第三是重视边疆开发，维护国家统一。平定三藩叛乱后，康熙皇帝并未陶醉在胜利之中，而是将眼光转向了边疆。其中台湾孤悬海外，地理位置险要，久为西方殖民者所觊觎，兼之当时郑氏政权又奉明正朔，与清朝政权为敌，故而康熙皇帝从战略高度出发，进行了统一台湾的军事活动，并于统一台湾之后设县管理。这不但消除了清朝政权存在和发展的一个隐患，而且挫败了西方殖民者从东南沿海侵犯中国的罪恶阴谋，对于安靖海疆、巩固国家统一有着十分重要的意义。对于地土广袤的西藏、新疆和蒙古等大片领土及当地建立的少数民族地方政权，康熙皇帝既不像前代一些帝王那样穷兵黩武，毫无道理地发动战争，以致对内加重人民负担，对外破坏少数民族地区的经济发展，也不像一些前代帝王，在少数民族地方政权兴兵内犯之际屈辱求和，以搜刮人民血汗输贡对方来保持儿皇帝的宝座，而是从实际出发，承认少数民族地方政权，允许少数民族有自决的权利。但是，如果少数民族地方政权兴兵内犯，或者不服从中央政府的命令，侵犯其他少数民族地方政权，康熙皇帝也绝不允许。因而，在准噶尔贵族噶尔丹向喀尔喀蒙古和清朝中央政府领地发动进攻时，他毅然命将出师，加以讨伐。康熙五十年代，准噶尔政权头目策妄阿拉布坦出兵侵犯西藏，此时康熙皇帝虽然重病在床，但为了维护边疆的安靖和国家的统一，仍然再度出兵进行征讨。这些战争扩大了中央政权直接控制的领土，加强了中央政权对少数民族地方政权的控制，促进了国内各民族的互相融和和经济文化的交流，对于巩固国家的统一和促进近代中华民族的最后形成起到了重要的作用。

第四是坚持独立，抗击外敌入侵。清朝初年，西方殖民主义国家进一步加紧东侵，有的向中国东南沿海发动侵略，沙俄政权则向我国东北地区发动了大规模的武装侵略，强占土地，建立据点，杀戮人民，抢劫财物。凡此种种，都严重侵犯了我国主权。为了制止侵略行径，康熙皇帝极力争取和平谈判解决双方争端，但也不害怕战争。因此在谈判中和战场上都获得了胜利，从而与俄国政府在大致平等的基础上签订了《尼布楚条约》，划定了中俄东段边界。通过这些有理、有利、有节的斗争，捍卫了国家的独立，使得中华民族避免了成为殖民主义侵略势力的首批牺牲品的命运，为后来中华民族抗击外敌入侵也赢得了时间。就此而言，在捍卫民族独立、抗击外敌入侵方面，康熙皇帝也做出了重要的贡献。

第五是提倡满、汉一体，极力缓和民族矛盾。康熙初年，清朝入关虽已经二十多年，但由于汉族人民对清朝军事征服过程中的残酷屠杀创痛至深，兼以随后而来的民族高压政策，满、汉民族矛盾仍然相当尖锐。不少汉族士人在武装反抗斗争失败后义不事清，或远走海外，奔走呼号，继续从事抗清活动；或隐遁山林，著书立说，总结明亡的历史教训。与此同时，广大汉族人民的各种零星反抗斗争也仍在继续。对此，四辅政大臣执政时期，曾经变本加厉地推行镇压政策，在继续军事镇压武装反抗的同时，还先后制造庄廷鑨《明史》案、江南奏销案、通海案，对广大汉族士人、地主进行残酷打击。这种简单的高压政策显然不利于民族矛盾的缓和，也不利于清朝统治的巩固。康熙皇帝亲掌政权后，立即审时度势，改变政策。对于已仕的汉族官吏极表倚重，甚至在满、汉官员发生矛盾时，也不问民族出身，只据事理曲直加以处理。对于义不事清的汉族士人，则先后通过荐举山林隐逸、开博学鸿词科等措施极意加以招徕，授以显职；实在不能招致的，只要他们不在政治上进行反清活动，也不予勉强，并加以保护，甚至还待之以礼。此外还先后下令永停圈地，修改逃人法，实行更名田，承认并保护广大汉族地主和劳动人民正当的物质利益。除剃发、易衣冠外，对于汉族人民的其他习俗均表尊重。另一方面，他本人还努力学习汉族先进文化，并号召满洲贵族、官员一起学习，以改变自己和满族在广大汉族人民心目中的形象。所有这些，固然是出于理政的需要，同时也是为了取悦汉族人民，征服人心。通过这些政策的实施，康熙时期，汉族人民的地位有所提高，满、汉民族融和的步调不断加快，满、汉民族矛盾也大大缓和。历史上，在少数民族政权入主中原时期，是否注意处理民族关系，往往直接影响着国家的安危并决定着统治时间的长短。一些少数民族政权如元朝政权在这些方面并不自觉，因而统一全国后，存在不过几十年。而清朝却统治全国达二百六十八年之久，成为自秦朝之后在时间上仅次于汉、唐、宋、明等汉族王朝而高踞其他少数民族政权之首的一个少数民族所建立的王朝。

对此，作为入关后的第二代君主，康熙皇帝所采取的处理民族关系的各种政策起到了不可忽视的重要作用。

第六是轻徭薄赋，缓和阶级矛盾。作为一个杰出的封建地主阶级政治家，康熙皇帝十分重视总结历史经验，汲取历史教训。貌似强大的明朝政权亡于一旦，给他以极其深刻的警示。为了避免重蹈亡明覆辙，康熙皇帝在位期间，先后采取各种措施减轻人民负担，将封建国家对人民的剥削控制在一定范围内。其中最值得称道的是在多次蠲免赈济的基础上普免天下钱粮和下令“滋生人丁，永不加赋”，都为亘古所未有。同时他也比较注意整顿吏治，兴廉惩贪，禁止加派私征，限制各级官吏对广大劳动人民的额外剥削。在个人生活上，他极力抑制自己的享受欲望，以免加重人民负担。所有这些，不但保护了生产力，而且由于受惠面遍及各个阶级阶层，也大大缓和了封建国家和广大劳动人民之间的矛盾，增加了全国各族人民尤其是广大汉族人民对中央政权的向心力。三代以后，多数王朝都因对广大人民残酷剥削而至变乱甚至亡国，而清朝又是以少数民族入主中原，在入关统一过程中还曾对广大人民的反清斗争予以残酷镇压，同时还推行剃发、圈地、投充、逃人法、易衣冠等反动政策，应该说，较之历史上的其他王朝，广大人民遭受的压迫更为深重。但到了康熙时期，人民反抗斗争却相对处于低潮，这不能不归因于康熙皇帝的上述政策所产生的重要的弥补作用。就此而言，在汲取历史经验教训、缓和阶级矛盾方面，康熙皇帝取得了成功。

第七是发展生产，促进经济繁荣。衡量一个政权或统治者对于历史发展起了进步作用还是落后作用，一个重要的尺度是看其推进了经济发展还是破坏了经济发展。康熙初年，由于长期战争的破坏及入关后清朝统治者推行的落后政策，土地荒芜，人口锐减，经济凋敝。面对这种残破局面，康熙皇帝亲政后，先后采取各种措施，恢复和发展生产。其中永停圈地和实行更名田，调动了广大人民的生产积极性；奖励垦荒、兴修水利扩大了耕作面积，提高了农作物产量；重视工商，发展海外贸易也开拓了人民的求生之源。尤为值得称道的是，他还拨出巨帑，大力修治黄河，大大减轻了黄河为患的程度，保护了黄河下游地区经济的发展。所有这些，都在不同程度上促进了生产的发展。在他的努力下，康熙后期，全国耕地面积超过了明朝，人口也增至一亿以上，人民生活相对改善，国家收入逐年增加，国库存银常年维持在五千万两左右，出现了自从张居正改革以后百年来少有的好局面，清朝统治也进入了它的全盛时期。在历代封建帝王中，多数人都是生在深宫、长于保姆之手，对发展生产向来漠不关心，能够听其自然发展、不予破坏已属不错，如果在位期间做出几件有利生产发展的好事，则更被史臣诩为明主。而康熙皇帝一生冬忧风雪，夏忧雨旸，采取各种措施促进生产发展。和历史上的那些君主相比，实属凤毛麟角。

第八是重视文教，致力于发展民族文化。在努力恢复和发展经济的同时，康熙皇帝还非常重视文化事业的发展。平定三藩叛乱之后，鉴于各地社学名存实亡，他大力提倡兴办义学，致力于文化知识的普及。同时先后为全国各地有名书院书匾赐额，大力提倡兴办书院，促进学术文化的发展，以致不长时间，全国新建和修复、重建前代书院近千处，不但在数量上较之此前建立书院最多的南宋和明朝嘉靖年间成倍增长，而且在分布区域上也超过元朝。对于八旗子弟学习汉族先进文化，他也奖掖有加，不遗余力，从而加快了满、汉民族融和的步伐，大大提高了八旗子弟的文化素养，并涌现出像纳兰性德这样著名的诗人。为了总结和弘扬两千多年来的古代文化发展成就，他还先后组织编纂了《康熙字典》《渊鉴类函》《佩文韵府》《骈字类编》《子史精华》《古今图书集成》等著名典籍，大大丰富了我国古代文化宝库，不但对当时文化事业的繁荣有着重要的促进作用，而且对于此后文化事业的发展也产生了深远的影响。此外，还值得称道的是他对自然科学也极表重视和关心。他在位期间，中国自然科学发展迅速，中西自然科学差距也有所缩小。历史上，为了标榜稽古右文，政府兴办学校、帝王组织修书并不少见，但将其普及庶民、广至边疆者已属寥寥；重视并亲自研究自然科学者，更是绝无仅有。因此可以说，康熙皇帝的文化成就无论在深、广两个方面，都大大超出了他的同行先辈。



康熙皇帝虽然对于中国社会的进步做出了重要的贡献，但由于他所生活的时代是封建社会后期，他所代表的阶级是没落、反动的地主阶级，他所出身的民族在当时又是带有较多落后习俗的满族，兼以其他个人原因，他的一些思想、政策和行动也对社会发展产生过一些不可忽视的消极影响甚至反动作用。对此略加归纳，约有以下几个方面。

第一是坚持双重压迫，镇压人民反抗。由于康熙皇帝出身满族，政治上又是地主阶级利益的集中代表者，因而在处理民族关系和阶级关系时，既坚持民族压迫，又坚持阶级压迫。就民族关系而言，尽管他反复声称满、汉一体，不分畛域，但整个康熙年间，满族始终居于统治民族地位。对于清朝入关后推行的一些民族压迫败政，如圈地、逃人法、投充等，他虽然采取了一些补救措施，但并未从根本上加以否定。至于最为汉族人民所反对的剃发、易衣冠，则更是顽固坚持。作为一个少数民族统治者，他的民族神经细胞还特别敏感，谁如不慎涉及明清鼎革、易姓换代，他就不惜撕下宽仁的面纱而大开杀戒。在处理阶级关系时，确实，他曾以封建国家代表者的身份采取过一些措施缓和矛盾，但他的政治立场始终站在地主阶级一边，因而对于人民的武装反抗，如台湾朱一贵起义，尽管他明明知道这是由于贪官污吏暴征苛敛激变所致，但仍然出动军队武力镇压。所有这些，都对社会发展和进步产生了十分不利的影响。

第二是崇尚宽容，导致吏治腐败。在历代帝王中，康熙皇帝以宽仁而著名。他所制定、执行的政策，在处理统治阶级内部关系时，确实获得了一些成功，保持了政局的长期安定。但对于各级贵族官吏过分宽容，对广大劳动人民来说却不啻是一场灾难。康熙前期，康熙皇帝以表彰清官为主，兴廉惩贪，吏治相对清明；但至康熙后期，贪污大案一桩接着一桩，一般亲民官吏也如狼似虎，加征耗银，侵吞公帑，不一而足，生产虽有发展，人民生活依然困苦。对此，康熙皇帝概以宽容为怀，睁一只眼闭一只眼，使得吏治迅速腐败。据康熙皇帝自称，他之所以崇尚宽容，是充分吸收了历史教训后总结出来的一条经验。他说："古之帝王以宽得之多矣，未闻以宽失也。"[1]显然，这是不合史实的偏颇之见。正是这些偏颇之见，一定程度上影响了他的治绩，对于社会发展也产生了一些不利的影响。

第三是尊奉程朱，强化思想统治。西汉中期以后，儒家思想即被封建统治阶级确定为正统思想。由于当时处于封建社会上升阶段，兼以儒家经典的作者和传授者都是封建统治阶级在野派的思想家，因而其中阐发的思想，既对封建统治的合理性加以充分肯定，又对暴君污吏时有指责之辞。因此这些经典对于封建统治阶级统治人民、约束自己有着普遍的指导意义，对于封建社会前期社会的发展起了很大的积极作用。宋朝以后，由于封建社会内部的矛盾运动，封建社会进入自己的后期阶段。这时，作为儒家学说的变种，程朱理学代之而兴。其主要特点是：从积极方面说，扬弃了早期儒家学说中的神学迷信色彩；从消极方面而言，取消了封建统治集团自我约束的内容，而是强调“存天理”“灭人欲”，以使广大劳动人民俯首帖耳，永远做封建统治者的顺民。这种学说的出现使得处于风雨飘摇中的封建统治者如获至宝，立即奉为正统思想，历经南宋、元、明，统治思想界达三四百年。由于学术的不断发展，兼之人民反抗斗争的冲击，明朝中叶以后，程朱理学遭到人们的普遍唾弃，市场越来越小。尔后明、清鼎革，程朱理学又失去后台支持，更加没落。而其他各家思想却如雨后春笋，纷纷破土而出，一时间思想界出现了颇为活跃的局面。对此，康熙皇帝不是予以支持，而是从巩固统治的立场出发，重新提倡并大力表彰程朱理学，从而使一度颇为活跃的思想界再度沉寂下来。这种做法严重地桎梏了人民的思想，阻碍了当时社会的进步，对此后中国思想文化的发展也产生了十分不利的影响。

第四是因循保守，社会进步缓慢。康熙皇帝早年在日讲诸臣的指导下，发愤学习儒家经典和各种历史著作。通过学习，康熙皇帝颇为全面系统地掌握了传统治国理论，在治绩上也大大超出了他的同行前辈，但也使他不自觉地陷入了儒家思想的窠臼而不能自拔。在他早年，主要表现为盲目摹古，盲目仿汉。凡是见之于儒家经典以及汉族王朝曾经施行者，只要有可能，不管是否有用，也不管自己是否理解，概加效法。在继嗣问题上如公开建储，在科举考试上如恢复八股取士，在习俗上如丁忧守制、恢复土葬、允许汉族女人缠足等，这种邯郸学步式的学习方法不但使得一些落后的制度和习俗长期未予革除，同时也使满族比较先进的制度和习俗不合适地被废弃。到了晚年，康熙皇帝又一变盲目摹古仿汉而为因循保守，在政事处理中，明明发现一些问题亟待改革，却以事无先例而不予办理。即如耗羡征收，地方弊端甚多，而康熙皇帝却以此前各朝皆无明文规定而听之任之。又如公开建储，在实践中，他也感到问题严重并有秘密建储之念，但却格于前无先例，推来推去，迟迟不加改定，以致留下严重的后遗症。虽然就总体来看，这些并不是他思想的主要方向，但也应该承认，对于康熙朝政治的发展，这些思想也确实发生过一些不利的影响。

康熙皇帝生活的时代虽然是中国封建社会的后期，但在他出生前不久发生的满族入据中原的历史事变却为中国封建社会的发展注入了新的活力，从而使得中国封建社会又出现了一个新的向上发展的时期。时势造英雄，封建社会新的发展使得出身爱新觉罗氏家族的康熙皇帝成为一个能够对历史发展做出重要贡献的历史人物；但是，对当时中国社会发展做出这些重要贡献的是康熙皇帝而不是别的帝王，这又说明，康熙皇帝的这些成就是和他的个人努力密不可分的。因此，对于这个通过个人努力圆满完成时代使命的历史人物，应该给予充分的肯定，而不应该以他身上有某些阶级、民族局限性过多地加以指责，也不应该超出当时中国社会的现实，对他提出不切实际的过高要求。完全可以说，康熙皇帝是一个对中国古代社会发展做出过重要贡献的杰出的地主阶级政治家，在中国古代帝王群中也是十分优秀的一员。



1 《清圣祖御制诗文一集》卷十七《宽严论》。

# 附　录

## 一、康熙皇帝年表



**顺治十一年（1654）　一岁**

◎三月，十八日，生于北京紫禁城景仁宫。姓爱新觉罗，名玄烨。曾祖努尔哈赤，创建后金，死谥太祖武皇帝，后改谥太祖高皇帝。祖父皇太极，统一东北及漠南蒙古诸部，改国号清，死谥太宗文皇帝。父福临，六岁即位，随由摄政王多尔衮奉迎入关，定都北京，统一全国，死谥世祖章皇帝。是年，其父福临十七岁，玄烨为其第三子。母佟佳氏，时为妃，年十五岁，玄烨即位后尊为慈和皇太后，死谥孝康章皇后。

◎六月，册立蒙古科尔沁镇国公绰尔济女博尔济吉特氏为皇后。

◎九月，申严隐匿逃人之罪，窝主正法，家产入官，两邻枷责流徙。

◎十二月，郑成功陷漳州，围泉州。命郑亲王世子济度为定远大将军，征讨郑成功。命固山额真明安达礼率师征讨俄罗斯侵略军。

## 顺治十二年（1655） 二岁

◎正月，修乾清宫。定布政使、知府、知州钱粮完欠例。《资政要览》书成，御制序文。《劝善要言》成，自为序。

◎二月，封皇弟博穆博果尔为和硕襄亲王。

◎三月，设日讲官。

◎四月，开馆纂修太祖、太宗《圣训》。

◎五月，以大学士图海兼刑部尚书。和硕郑亲王济尔哈朗死。俄罗斯遣使至京。

◎六月，命名宫禁为紫禁城，后山为景山，西华门外台为瀛台。封故和硕承泽亲王硕塞子博果铎为和硕庄亲王。命内十三衙门立铁牌，限制内监干政。



◎七月，命各直省绘进舆图。

◎八月，钦天监监正汤若望考满，加通政使司通政使衔，赐二品顶戴。

◎九月，颁御制《资政要览》《范行恒言》《劝善要言》《儆心录》于异姓公以下、三品以上文官。

◎十二月，颁满文《大清律》。

## 顺治十三年（1656） 三岁

◎正月，谕修《通鉴全书》《孝经衍义》。

◎二月，定部院满官三年考满、六年京察例。大学士冯铨致仕。

◎闰五月，乾清宫、坤宁宫、交泰殿及景仁、永寿、承乾、翊坤、钟粹、储秀宫建成。

◎六月，初宽逃人株连。谕科道及在京满、汉各官奏折俱先送内院，今后皆照部例，径诣宫门陈奏。其外省所送题本及在京各官本章，仍照旧送通政使司转送内院。申严海禁。

◎七月，和硕襄亲王博穆博果尔卒。郑成功部将黄梧以海澄降清，旋封其海澄公。始御乾清宫。

◎八月，郑成功围福州，清军击却之。减八旗科举中式名额。复定直省征收钱粮考成则例。改定武官品级。

◎九月，册立内大臣鄂硕之女、贤妃董鄂氏为皇贵妃。

◎十月，定满官京察则例。设登闻鼓于右长安门外。

◎十一月，禁无为、白莲、闻香等邪教。

◎十二月，定州、县官蒙隐田地处分例。定满洲、蒙古恩荫例。停元旦祭堂子。以册封皇贵妃加上皇太后徽号。



## 顺治十四年（1657） 四岁

◎正月，谕修房山金朝各陵。停八旗乡试、会试。封皇贵妃父鄂硕为三等伯。临幸钦天监正天主教士汤若望宅第。

◎二月，宽隐匿逃人罪。

◎三月，诏直省学臣购求遗书。

◎四月，流放郑芝龙于宁古塔。定督垦荒地劝垦则例。

◎六月，建金太祖、世宗陵碑。

◎八月，郑成功进克台州。从偏沅巡抚袁廓宇请，修复衡阳石鼓书院。赏八旗贫丁。

◎九月，初御经筵。京师地震。

◎十月，以开日讲祭告先师孔子于弘德殿。皇第四子生，皇贵妃董鄂氏所生，顺治皇帝特加宠爱。修《赋役全书》。修孔子庙。以顺天乡试舞弊案，斩考官李振邺、张我朴等。

◎十一月，皇五子常宁生。明桂王大将孙可望降清，封义王。

◎十二月，定户部钱粮考成则例。定兵部马价考成则例。

复命洪承畴经略五省，同罗托等攻取贵州。命吴三桂自四川、赵布泰自广西、罗托自湖南取贵州。

**顺治十五年（1658） 五岁**

◎正月，以多罗信郡王多尼为安远靖寇大将军，率师征云南。皇四子殇，追封和硕荣亲王。

◎二月，调兵征俄罗斯入侵者。严讯内监交通外廷官员。

◎三月，追封科尔沁巴图鲁王满珠习礼之女为悼妃。

◎四月，更定科场条例。

◎五月，禁吏部书役作弊，改定拣选官员之法。更定逃人事例。

◎六月，定官员加级功过相抵例。吴三桂败李定国部将刘正国，克遵义。郑成功攻温州，连下平阳、瑞安。

◎七月，宁古塔昂邦章京沙尔虎达大败俄国侵略军于黑龙江。改定官制，划一满、汉官员品级。内三院改称内阁，设殿阁大学士。设翰林院及掌院学士官，增各道御史三十人。更定乡试、会试取中额数，减其半。

◎九月，发内帑五万两赏上三旗官校。

◎十一月，定宫中女官员额品级。以江南乡试舞弊案，斩考官方犹、钱开宗等。

◎是年，玄烨于早朝时随从站班。

**顺治十六年（1659） 六岁**

◎正月，大计天下官员。赏蒙古诸王之贫乏者。信郡王多尼等攻克云南省城，李定国、白文选奉桂王奔永昌。沙尔虎达病故，以其子巴海继任昂邦章京，驻宁古塔。

◎三月，郑成功攻浙江，清军击却之。命吴三桂镇云南，尚可喜镇广东，耿继茂镇四川。定内阁、翰林院职掌。南明桂王退入缅甸。

◎闰三月，更定在京各衙门官衔品级。定官员犯贪赃杖流之例。

◎五月，再申朋党、门户之禁。

◎六月，郑成功攻克镇江、瓜洲。

◎七月，郑成功进攻江宁。

◎八月，清军败郑成功于江宁，郑成功退攻崇明，又败，率军退出海。

◎九月，尊兴京祖陵为永陵。

◎十月，授公主等以封号。洪承畴以疾解经略任。补定逃人事例。

◎十一月，以此前阿附睿亲王多尔衮，削已故巽亲王满达海、端重亲王博洛王爵，其子降为多罗贝勒。顺治皇帝亲祭明思陵，追谥崇祯帝为庄烈愍皇帝，遣官祭明诸陵，增陵户，加修葺，禁樵采。皇六子奇授生。

◎十二月，定世职承袭例。命耿继茂移镇广西。

◎本年，玄烨偕兄福全、弟常宁向皇父顺治皇帝问安。顺治皇帝问各人志向，福全答："愿为贤王。"玄烨答："待长而效法皇父，黾勉尽力。"

## 顺治十七年（1660） 七岁

◎正月，严申结社订盟之禁。

◎二月，以翻译之《三国志》（《三国演义》）颁赐诸王以下、甲喇章京以上官。

◎三月，定京官给假例。定平南、靖南二藩兵制。定八旗汉字官名。定王、贝勒、贝子、公妻女封号，更定公侯伯以下、章京以上盔缨制。定院、监、司、局、馆各所属官职。

◎四月，皇七子隆禧生。定迟报灾情处分例。

◎五月，俄罗斯使臣至京。安远靖寇大将军、信郡王多尼班师回京。

◎六月，命于景运门内建造值房，以翰林官分班值宿，备不时召见顾问。

◎七月，编降兵为忠勇、义勇等十营，隶属吴三桂，以降将马宝等统之。命耿继茂移驻福建。宁古塔总管巴海败俄罗斯入侵者于黑龙江下游。裁各省巡按，停巡方御史。以罗托为安南将军，率师征讨郑成功。

◎八月，以内大臣爱星阿为定西将军，会同吴三桂，擒桂王，征李定国。皇贵妃董鄂氏死，辍朝五日，追封其为端敬皇后。准吴三桂相机歼剿水西土司。



◎十月，大觉禅师僧玉林琇劝阻顺治皇帝削发为僧。

◎十一月，复御史巡方。

◎十二月，改定世职承袭例。皇八子永干生。增设平西王属下副都统六员。

## 顺治十八年（1661） 八岁

◎正月，初七日，顺治皇帝福临去世。次日，颁遗诏于天下。初九日，玄烨即位，以索尼、苏克萨哈、遏必隆、鳌拜四大臣辅政。改明年为康熙元年。上大行皇帝尊谥为“体天隆运英睿钦文大德弘功至仁纯孝章皇帝”，庙号世祖。谕禁各省拖欠钱粮。

◎二月，奉移大行皇帝梓宫至景山寿皇殿。诛有罪内监吴良辅，罢内官，裁十三衙门。

◎三月，定直隶各省巡抚以下、州县以上征催钱粮未完分数处分例。谕禁绅缙抗粮。恢复理藩院。郑成功率师入台湾，驱逐荷兰殖民者。清朝政府下令迁福建沿海居民近百万于内地。

◎四月，定外藩蒙古世职俸禄例，视在内世职俸禄之半。将顺治皇帝遗体火化。允准大学士洪承畴致仕。

◎五月，定六部满洲、蒙古、汉军郎中、员外郎员数，谕工部建立朝房。

◎六月，清理江苏绅缙逋赋，江南奏销案起。谕礼部加上太祖、太宗尊谥。罢内阁、翰林院，复设“内三院”。江宁巡抚朱国治捕获传播大乘教之端应国。

◎七月，任命内三院大学士人选。

◎闰七月，工科给事中王曰高疏请举行经筵大典。

◎八月，命直隶各省各设总督一员驻扎省城。铸康熙通宝。下令广东沿海立界移民。

◎九月，定满、汉官员守丧制度。

◎十月，山东于七率民起义，旋遭镇压。诛降将郑芝龙及其子。

◎十一月，四川川北道杨素蕴疏劾平西王吴三桂题补方面官，不论内外远近，一例坐缺定衔，有碍国体。

◎十二月，谕停康熙元年加派。纂修玉牒成。平西王吴三桂、定西将军爱星阿率师入缅，缅人执桂王朱由榔以献。明将白文选降清。

## 康熙元年（1662） 九岁

◎正月，裁各旗所设议政大臣二员。

◎二月，甄别各省督抚。

◎三月，以滇南平，告庙祭陵，赦天下。定推升官员，以闽、粤、滇投诚官分用一半，现任俸满年久并候缺官分用一半。遣官安辑浙江、广东、福建投诚官员。

◎四月，吴三桂处死桂王朱由榔及其子。

◎五月，郑成功死于台湾，其子郑经袭南明延平郡王爵。辅臣停京察大计，改行三年考满。

◎六月，明将李定国死。

◎八月，加上祖母、嫡母、生母尊号。

◎九月，孝陵兴土动工。

◎十月，定西将军爱星阿平定云南凯旋。

◎十一月，南明鲁王死于台湾。

◎十二月，命吴三桂总管云南、贵州两省。

◎是年，天下户丁一千九百二十万有奇，征银二千五百七十六万两。

## 康熙二年（1663） 十岁



◎正月，派员赴各省，清查欺隐人丁、地亩。

◎二月，生母慈和皇太后佟佳氏死。

◎三月，荷兰船至福建闽安，请助以水师讨台湾并求贸易，许之。以辅臣鳌拜之子那摩佛为领侍卫内大臣。

◎四月，奉移世祖章皇帝宝宫安葬孝陵。

◎五月，移山东海岛居民于内地。上慈和皇太后尊谥为“孝康慈和庄懿恭惠崇文育圣皇后”。

◎六月，李定国之子李嗣兴率余部降清。

◎八月，乡试、会试停用八股文，改用策论、表判。恢复八旗翻译乡试。郑经部下郑缵绪率部降清。以都统穆里玛为靖西将军，率师往讨郧襄山中之郝摇旗、刘体纯、李来亨等。

◎十月，清兵会合荷兰水师舰船攻占厦门、金门，郑经走台湾。

◎十一月，诏免外国贡使土物税。改造福陵、昭陵地宫成，安奉太祖、太宗宝宫。

◎十二月，李来亨、郝摇旗等西山十三家抗清斗争失败。

## 康熙三年（1664） 十一岁

◎正月，以八旗二万六千余名壮丁地亩不堪，分给新圈地十三万二千余垧，准令迁移。刊刻清字《通鉴》告成。

◎三月，刷印《四书大全》《五经》等书，颁发各省，以备士子科举之用。

◎四月，辅政大臣鳌拜以与内大臣费扬古有隙，矫旨诛之并及其二子，籍其家。

◎五月，申禁州县私派。

◎六月，禁民间私市马匹。诏免顺治元年至十五年各省逋赋，银二千七百万两，米七百万石。

◎闰六月，以助剿郑经有功，颁赐荷兰国王缎匹、银两。普裁各省军队。

◎七月，南明兵部尚书张煌言被俘不屈，死于杭州。以施琅为靖海将军，筹攻台湾。

◎九月，以八旗庄田遭水旱蝗灾，赈给米粟二百一十三万斛。

## 康熙四年（1665） 十二岁

◎正月，谕令修订逃人法，以使逃人可获，奸棍不得肆恶，人民不受诈害。令各省税课照定额征收，停溢额加级纪录之例。停行考满，定自次年始行京察，每六年将内外官员考察一次。

◎二月，以星变诏臣工上言阙失。御史董文骥疏言大臣更易先皇帝制度，非是，宜一切复旧。

◎三月，京师地震。禁州县预征隔年税粮。谕责平南藩下兵丁扰民。以杨光先指责汤若望制历谬误，将汤若望等革职下狱。太常寺少卿钱綖请开日讲。致仕经略大学士洪承畴卒，予祭葬，谥“文襄”。

◎五月，平西王吴三桂平定水西土司，裁兵五千四百余名。

◎七月，禁止民人私采人参。

◎八月，以修撰《明史》，缺天启四年、七年实录及崇祯朝事迹，令内外各衙门查送有关旧档。令各省清查僧道、尼姑有无度牒及寺庙住持人数。

◎九月，康熙皇帝大婚，册立内大臣噶布喇之女赫舍里氏为皇后。上太皇太后、皇太后徽号，加恩中外。

◎十月，郑经部将左都督朱英自澎湖来降。

◎十二月，禁督抚收受州县馈送。传令各省隐姓埋名之朱氏子孙俱令回籍，各安生理。

◎是年，降旨“民间地土，不许再圈”。俄罗斯南下侵占喀尔喀蒙古楚库柏兴，东向占领雅克萨。



## 康熙五年（1666） 十三岁

◎正月，辅臣鳌拜唆使八旗以地土不堪呈请更换。户部尚书苏纳海疏请驳回，鳌拜欲构成其罪。命议政王大臣、九卿、科道会议以闻。旋议以八旗都统、户部满汉尚书亲往踏勘具奏。

◎二月，钦天监监正杨光先以本年十二月中气不应，诏求明历法者。

◎四月，辅臣鳌拜等以镶黄旗地尤不堪，称旨将镶黄旗从右翼之末移回左翼之首，拨给顺义、密云、怀柔、平谷四县新圈民地及正白旗蓟州、遵化之地。

◎五月，厄鲁特僧格台吉遣使进贡。以孔有德之婿孙延龄为广西将军，统领定南旧部，驻桂林。

◎八月，刑科给事中张惟赤疏请亲政。

◎九月，内秘书院大学士范文程卒，予祭葬，谥“文肃”。

◎十月，令云、贵两省武职悉听平西王吴三桂题补。

◎十一月，直隶、山东、河南总督朱昌祚、直隶巡抚王登联先后上疏，力陈圈换土地致旗民交困，亟请停止。辅臣称旨，逮系户部尚书苏纳海。

◎十二月，辅臣鳌拜矫旨处死大学士户部尚书苏纳海、直隶总督朱昌祚、巡抚王登联，三人家产亦被籍没。

◎是年，遣使赴尼布楚与俄方谈判，未达成协议而返。

## 康熙六年（1667） 十四岁

◎正月，封世祖第二子福全为和硕裕亲王。

◎二月，谕于本年内行京察、大计、军政大典。

◎四月，江南之民沈天甫以撰逆诗弃市。定凡以“通海”“逆书”“于七党”“逃人”诬陷人者皆反坐。加索尼一等公。

◎五月，停吴三桂总理滇、黔事务，令云、贵两省文官皆由吏部题授。

◎六月，内弘文院侍读熊赐履上疏指陈时事利病。一等公索尼卒，予祭葬，谥“文忠”。

◎七月，康熙皇帝亲政，自此始，每日御门听政。辅政大臣鳌拜滥施淫威，擅杀另一辅政大臣苏克萨哈及其子侄。诏谕纂修《世祖实录》。赐辅臣遏必隆、鳌拜加一等公。河决桃源，命速行修筑。

◎九月，复命满洲、蒙古、汉军与汉人同场一例考试。

◎十一月，加上太皇太后、皇太后徽号。

## 康熙七年（1668） 十五岁

◎正月，建孝陵神功圣德碑。加鳌拜、遏必隆太师。

◎二月，命各省起送精通天文之人来京考试，于钦天监任用。遣侍郎绰克托、达哈塔赴蒙古，与四十九旗及边外喀尔喀会盟。

◎三月，谕禁京中官员干预地方事务，苛索财物。

◎四月，裁各省书吏三千八百四十九名，存留二万六千五百八十六名。

◎五月，京师地震。定所属百姓困苦流离者，该督抚革职治罪。

◎六月，以一等侍卫索额图为吏部右侍郎。允平南王尚可喜遣子尚之信入侍。

◎七月，命乡试、会试复以八股文取士。

◎九月，内秘书院侍读学士熊赐履请设起居注官员，并请开经筵日讲。



◎十月，命查故明废藩田房，悉行变价，照民地征粮。定八旗武职人员居丧三月，释服治事，私居仍持服三年。

◎十一月，谕广东安插迁民。令四川督抚招集流民回籍。

◎十二月，南怀仁劾奏钦天监副吴明烜所造康熙八年历法有误，康熙八年闰十二月应是康熙九年正月，又有一年两春分、两秋分各种差误，令议政王、贝勒、大臣、九卿、科道会同确议具奏，并下令实地测验。

## 康熙八年（1669） 十六岁

◎正月，简化因灾蠲免钱粮手续，停造地亩花名细册。修乾清宫、太和殿，康熙皇帝移御武英殿。

◎二月，经测验，南怀仁所言吴明烜所造历日误差属实，革钦天监正杨光先职。

◎三月，定提督总兵官缺由九卿、科道会推，皇帝批准补授。实行“更名田”，将故明废藩田产免其变价，给予原种之人耕种，照常征粮。无人承种余田招民开垦。授南怀仁钦天监监副。

◎四月，幸太学，释奠孔子。给事中刘如汉请举经筵日讲。

◎五月，将辅臣鳌拜革职拘禁，并诛其死党穆里玛、塞本得、班布尔善等。革遏必隆太师一等公。

◎六月，下令改造观象台仪器。诏令恢复辅臣苏克萨哈官位及其世职。永禁满兵圈占民间房地，已占者，仍还诸民。命官民务须抚恤训养家人，勿得仍行逼责致死。

◎七月，恢复大学士苏纳海、总督朱昌祚、巡抚王登联原官，并予谥。定满洲、蒙古、汉军乡试、会试名额。裁直隶、山东、河南总督缺。

◎八月，诸王、贝勒之长史及闲散议政大臣俱着停其议政。予汤若望等人昭雪，但禁止在各省设立天主教堂传教。以索额图为大学士。



◎九月，复核各省督抚功过，革职、休致、降级共九名；甄别京官，革职、降级、休致共八十三员。以原任刑部尚书明珠为都察院左都御史。

◎十月，严禁地方官指称御用，私派民间。修复去秋冲坏之卢沟桥，御制碑文纪其事。

◎十一月，太和殿、乾清宫成，御太和殿受贺，入居乾清宫。遣沙拉岱等往尼布楚与俄罗斯交涉停止边衅、归还逃人等事。

**康熙九年（1670） 十七岁**

◎正月，予宋儒程颢、程颐后裔五经博士。起遏必隆公爵，宿卫内廷。诏令明藩田赋视民田输纳。

◎二月，以江苏桃源等县连年水灾，特蠲康熙六、七两年未完漕米一万六千余石。诏令尚阳堡、宁古塔流徙人犯，值十月至正月俱停发。

◎三月，殿试天下贡士，试题提及澄清吏治，修浚黄河、运河。命划一满、汉官员品级。赐八旗贫丁木棉、丝布等物。增满洲甲兵饷银、禄米。

◎四月，嗣后副将以下、守备以上缺出，除近海、沿边外，禁止督抚、提镇坐名题补。归仁堤决堤，淮扬等处田地被淹，人民流离，遣官赈济。

◎五月，命各部院将太祖、太宗、世祖时定例及现行事宜查明送内院，纂修会典。

◎八月，划一文武官员殉难及阵亡优恤之例，俱照例录用子弟一人并加赠祭葬银两。改内三院为内阁，复设翰林院。八旗佐领下，如非亲族、非特赐佐领及功臣之佐领，令属下人勿穿孝。



◎九月，诏令遇蠲免田赋，田主亦应照蠲免分数，免佃户之田租。于八旗官学每旗选取十名，交钦天监分科学习，有精通者，可补博士缺。禁止地方及在京部院官搜刮兵民及属员、层层馈送，违者，授受之人，一并从严治罪。

◎十月，颁圣谕十六条。改内三院，复中和殿、保和殿、文华殿大学士。谕礼部举行经筵。是年，中俄双方在北京会谈边界问题。

## 康熙十年（1671） 十八岁

◎正月，遣官赈蒙古苏尼特部、四子部雪灾饥民。封世祖第五子常宁为和硕恭亲王。大计天下官员。因满洲官员已悉谙汉语，从此，内而部院、外而各省将军衙门不再用通事。

◎二月，命编纂《孝经衍义》。任命吏部尚书黄机等十六人为经筵讲官。首御经筵。

◎三月，诰诫年幼诸王读书、习骑射，切勿恃贵纵恣。以翰林院掌院学士折库纳、熊赐履等十人充日讲官。达赖喇嘛遣使表贡方物，赏赉如例。

◎四月，命纂修《太祖圣训》《太宗圣训》。诏宗室闲散人员及幼孤者，量予养赡，著为令。首开日讲。截留漕粮六万石并各地仓米四万石，赈济淮、扬饥民。诏令疏浚长江海口。考察八旗官员。

◎五月，令嗣后官员奏事，不许以风闻浮词擅行入告。永禁将犯罪官员锁禁锁拿。

◎六月，以马匹、牛羊赈恤苏尼特等八旗灾民。靖南王耿继茂卒，其子耿精忠袭爵，仍镇守福建。

◎七月，令各省学道举送文行兼优者入国子监肄业。

◎八月，设立起居注官，命日讲官兼充。添设汉日讲官二员及主事四员。

◎九月，以寰宇一统，东巡盛京，告祭祖陵。

◎十月，东巡途中，召见宁古塔将军巴海，谕以新附瓦尔喀、虎尔哈宜善抚之。郑经总兵柯乔栋来降。桃源再次决口，赈八旗灾民米一百六十四万石。

◎十一月，东巡还京。平南王尚可喜以疾疏请其子尚之信回粤暂管军务。

◎十二月，弛民间养马及以马驾车之禁。放宽垦荒起科年限。



## 康熙十一年（1672） 十九岁

◎正月，准厄鲁特噶尔丹遣使入贡。奉太皇太后往赤城汤泉，谕内阁国家政事间日驰奏。

◎二月，皇长子胤禔生。

◎三月，暹罗遣使进贡。五年军政届期，命各省提督、总兵官俱照康熙六年例自陈。在内武职一体遵行。

◎四月，命侍卫吴丹等巡视河工，绘图进呈。

◎五月，先后豁免安徽、山东部分州县虚报开垦并抛荒、水冲、沙压田地额赋。《世祖章皇帝实录》告成，行庆贺礼。

◎六月，河决清水潭，高邮、兴化等州县再次被灾，照常赈济。命更定《赋役全书》。

◎闰七月，免云南用兵以来各项加征。

◎八月，南怀仁与杨燝南因历法事互相攻讦，命会同参验定是非。各省逃人事宜，除宁古塔仍由该将军审理外，均移交就近督抚审理。

◎九月，免湖南各属康熙七、八、九三年捏报垦荒钱粮。

◎十二月，和硕裕亲王福全疏辞议政，允之。

◎是年，定开垦荒地六年起科。本年日讲《论语》凡三十一次。



## 康熙十二年（1673） 二十岁

◎正月，大阅八旗军于南苑。遣郎中苏尔泰往阅河工。

◎二月，赐御用帽、裘袍、带于吴三桂、尚可喜。改隔日进讲为每日进讲。《大学衍义》刊成，遍赐诸王、文武大臣及八旗官学各一部。

◎三月，以河工派夫贻累地方，改用河库钱粮雇觅夫役。平南王尚可喜请归老辽东，以其子尚之信嗣封镇粤。不许，令其撤藩还驻辽东。自此，撤藩事起。

◎四月，考察在京满、汉各官。命翰林院掌院学士傅达礼照汉文《字汇》，编满文字书。

◎五月，命在内部院、在外督抚，将易结之事理应速结，不必俟限满方才具题。

◎六月，厄鲁特鄂齐尔图车臣汗遣使进贡，赏赉如例。于瀛台赐诸王、贝勒、满汉大学士、学士及部院、翰林、科道等宴，并登舟游园。禁八旗包衣佐领下奴仆随主殉葬。

◎七月，平西王吴三桂、靖南王耿精忠先后疏请撤藩，皆许之。命重修《太宗实录》。

◎八月，试汉科道官于保和殿，不称职者罢之。遣侍郎折尔肯、学士傅达礼往云南，尚书梁清标往广东，侍郎陈一炳往福建，经理撤藩。令加意爱养旗下奴仆，勿得逼责致死。以后投诚官兵，不再移驻别省，免其背井离乡。

◎十月，清水潭石堤复决，动库银四万两买米赈济。

◎十一月，诏民间垦荒田亩，以十年起科。本月二十一日，平西王吴三桂杀云南巡抚朱国治反，称“天下都招讨兵马大元帅”，以明年为周元年。

◎十二月，吴三桂反讯至京，命前锋统领硕岱率劲旅守荆州。召梁清标、陈一炳还，停撤其他二藩。命加孙延龄为抚蛮将军，线国安为都统，镇广西。命西安将军瓦尔喀进军四川。京师之民杨起隆诈称朱三太子，图起事，事发觉，捕数百人。命顺承郡王勒尔锦为宁南靖寇大将军，讨吴三桂。执吴三桂子额驸吴应熊下狱。命副都统马哈达率师驻兖州，扩尔坤驻太原，备调遣。诏削吴三桂爵，宣示中外。命都统赫叶为安西将军，会合瓦尔喀守汉中。以倭内为奉天将军。吴三桂陷辰州、沅州。



◎是年日讲《论语》《大学》《中庸》凡一百六十次。

## 康熙十三年（1674） 二十一岁

◎正月，封世祖第七子隆禧为纯亲王。宁南靖寇大将军顺承郡王勒尔锦率师赴荆州。以京师需用驼马，凡蒙古驼马进张家口和杀虎口进行贸易者，至九月前免税课。总兵吴之茂叛于四川，巡抚罗森、提督郑蛟麟降之。以席卜臣为镇西将军，守西安。

◎二月，钦天监新造仪象成，加钦天监副南怀仁太常寺卿衔。京师八旗相继到达荆州。吴三桂兵继续北上，湖南常德、澧州、长沙、岳州相继陷。调镇南将军尼雅翰率师守武昌，以刑部尚书莫洛管兵部事，加武英殿大学士衔，经略陕西。广西将军孙延龄据广西叛变。一等公遏必隆卒，谥“恪僖”。

◎三月，命整饬驿站。以额驸华善为安南将军，镇京口。耿精忠据福建附吴三桂叛，囚福建总督范承谟。命三品以上官员保举才堪任用之汉人，交往军前，与汉军人员一体并用。命舒恕等率师赴江西。襄阳总兵杨来嘉叛变于谷城。

◎四月，尚可喜上表输忠，请以其子尚之孝袭平南王爵，从之。杀吴三桂子额驸吴应熊于京师。以阿密达为扬威将军，驻江宁，旋令改赴江西。以赖塔为平南将军，领兵驻杭州。定南将军希尔根率师赴江西。以根特为平寇将军，赴广西讨孙延龄。潮州总兵刘进忠叛变，河北总兵蔡禄谋叛，命阿密达袭诛之。诏削耿精忠爵。以调兵遣将分防情形寄示平南王尚可喜。



◎五月，皇二子胤礽生，其生母皇后赫舍里氏即日死于坤宁宫。以蒙古兵驻防兖州，并陆续征调内蒙古四十九旗参战。浙江平阳兵叛，命赖塔进兵讨之。

◎六月，以耿精忠受恩三世，非素蓄逆谋首倡叛乱者比，特降敕招抚。命多罗贝勒尚善为安远靖寇大将军，率师往攻岳州，贝子准达赴荆州。命康亲王杰书为奉命大将军，率兵赴浙江，统领诸路军，攻耿精忠。以贝勒董鄂为定西大将军，率兵赴陕西，抵御吴三桂军。是月，温州总兵祖弘勋及浙江黄岩、太平诸营相继叛变。

◎七月，尚之孝辞袭平南王之爵，令尚可喜照旧管事。赖塔败耿精忠军于浙江金华。耿精忠进犯江西。以巡抚董卫国为江西总督，抵御叛军东西夹攻。尚可喜收复程乡、平远、镇平各县。

◎八月，命固山贝子准达率军增援荆州，清军于浙江、江西大败耿军。命南怀仁铸造火炮，以充军用。海澄公黄梧卒，其子黄芳度袭爵，守漳州。清军收复广西梧州。

◎九月，恢复日讲。耿精忠军西攻江西，清军击走之。尚可喜派兵入闽。命简亲王喇布为扬威大将军，率师赴江西。广西提督马雄叛变。命安亲王岳乐为定远平寇大将军，率师赴广东。

◎十月，吴军围陕西宁羌，欲断进川大军后路。令陕西经略莫洛率兵救援。提高尚可喜权力，督抚、提镇以下听节制，文武官员听其选补，招抚调兵听其便宜行事。

◎十一月，以吴军截断粮道，命进川大军后撤川北、陕西。清军收复江西南康、饶州，攻取岳州。诏谕兵部：凡大军所至，除持械拒敌者诛戮外，其余概从宽免；凡为叛军所掳难民子女，许民间认领。清军再败耿精忠军于浙江金华、台州、衢州；败吴军于江西袁州。宁古塔将军巴海率墨尔折勒氏新满洲佐领四十人入觐。

◎十二月，提督王辅臣叛于宁羌州，经略莫洛死。康熙帝议亲征，诸王大臣以京师根本重地、太皇太后年高，力谏乃止。征盛京、蒙古兵分诣军前。应尚可喜疏请，遣将军尼雅翰率所部兵赴粤协守。耿军犯浙江天台、金华，清军击败之。遣王辅臣子赍谕至陕，招抚王辅臣。

◎是年日讲《大学》《中庸》《孟子》凡三十一次。

## 康熙十四年（1675）　二十二岁

◎正月，令安亲王岳乐至南昌，即出兵攻取长沙，断贼饷道，夹攻岳州。进封尚可喜为平南亲王，即令其子尚之孝袭封，并给尚之孝大将军印。王辅臣上疏，委罪经略莫洛，康熙皇帝再降长敕招抚。清军兴安兵变，杀总兵王怀忠，康熙皇帝降敕赦罪招抚，事乃定。

◎二月，令董鄂、阿密达统兵速复秦州、平凉，命提督张勇率总兵孙思克配合夹攻。派兵驻守太原。浙江清军克复处州、仙居，进兵黄岩。

◎三月，谕安亲王岳乐进取长沙。授甘肃提督张勇为靖逆将军，率孙思克、王进宝、陈福取兰州，配合董鄂，夹攻王辅臣。蒙古察哈尔亲王布尔尼起兵反清，命信郡王鄂札为抚远大将军，大学士图海为副将军，率师讨平之。以熊赐履为武英殿大学士。

◎四月，以张勇、王进宝斩王辅臣劝降使者并出首其劝降书信，封张勇为靖逆侯，封王进宝为一等阿思哈尼哈番。敕谕西藏达赖喇嘛，驳其“裂土罢兵”之说。宣府左翼四旗兵哗变，颁谕招抚。授佟国纲为安北将军，镇宣府。

◎五月，令江宁将军额楚速平广信，配合康亲王杰书夹攻仙霞，进军福建，安亲王岳乐仍留江西。将归附及俘获之察哈尔人解京，隶八旗满洲蒙古佐领下披甲，老弱赏给受伤官兵。命贝勒察尼挂靖寇将军印，统襄阳诸处官兵，灭南漳、谷城贼冠。

◎闰五月，鄂札、图海等平定布尔尼之乱后凯旋。专委张勇节制地方文武，底定陕西。吴三桂欲攻荆州。命安亲王岳乐进军湖南，以牵制吴军。以耿精忠复陷饶州，命安亲王速回南昌固守，居中调度，收复饶州。孙思克收复秦州。

◎六月，清将毕力克图收复吴堡，绥德、延安，兰州、巩昌之敌相继投降。命将军舒恕援广东，命振武将军佛尼勒开栈道援汉中。江西官军攻石峡，失利，副都统雅赖战死。以军兴，停湖广、陕西乡试。

◎七月，释放耿精忠弟耿昭忠、耿聚忠及族人，所有官职悉令如故。督兵进攻平凉府，再降敕招抚据守平凉之王辅臣。命大将军贝勒董鄂团结张勇，协力作战。再次增兵荆州。

◎八月，董鄂、毕力克图、阿密达会攻王辅臣。遣额驸耿聚忠赍敕招抚耿精忠。傅喇塔收复黄岩。

◎九月，诣昌平明陵，谕礼部饬守陵人户敬谨防护，并责成地方官不时稽查。命安亲王岳乐进兵湖南，简亲王喇布进驻江西。将布尔尼余部散附各处者收集，安插锦州、义州等地，务令得所。

◎十月，康亲王兵复太平、乐清诸县。谒孝陵。清军与王辅臣叛军战于固原，不利，副将太必图阵亡。督董鄂速攻平凉。傅喇塔收复温州。

◎十一月，分和硕恭亲王常宁于正蓝旗，和硕纯亲王隆禧于镶白旗，各给佐领。贝勒察尼收复兴山。复设詹事府衙门。叛将马雄纠集吴三桂兵进犯高州，连陷廉州。命简亲王喇布自江西援广东。郑经攻陷漳州，海澄公黄芳度阵亡。

◎十二月，命董鄂截平凉西北通固原之要路，断贼饷道。令勒尔锦及尚善两大将军配合安亲王夹攻长沙。立皇子胤礽为皇太子，布告天下。以勒尔锦师久无功，降旨切责。宁夏兵变，陕西提督陈福死之。

◎是年，日讲《孟子》《通鉴纲目》凡四十八次。

## 康熙十五年（1676） 二十三岁

◎正月，以王进宝为陕西提督，驻秦州。以建储恭上太皇太后、皇太后徽号。升天津总兵官赵良栋为宁夏提督。命索额图、熊赐履、梁清标等详定逃人律例，颁行天下。

◎二月，令湖南前线将领，凡恢复城池后，勿妄杀掠，以辑人心，以绥地方。广东清军受敌夹攻，谕令江西援军倍道速进。命大学士图海为抚远大将军，统辖全秦，自贝勒董鄂以下，悉听节制。鄂尔多斯蒙古入边侵掠，以理藩院郎中额业图晓谕其王、贝勒严禁，并令整理甲胄，以俟调遣。谕令康亲王杰书相机速进兵福建。以吉安被围，命简亲王喇布等速议恢复，以通粤路。安亲王岳乐收复萍乡、醴陵，命荆、岳大军配合安亲王进攻长沙。尚之信受吴三桂"招讨大将军"伪号，于二月二十一日倡兵作乱，总督、巡抚俱投降。

◎三月，赠海澄公黄芳度郡王，赐谥"忠勇"。王进宝、佛尼勒大败吴之茂于北山。谕康亲王杰书速攻福建，谕贝勒尚善速攻岳州。以军兴，暂停康熙十六年大计。



◎四月，命简亲王喇布防御萍乡，以保安亲王进军后路。闻广东尚之信附吴叛乱，增兵江南、江西。

◎五月，谕各省绿旗官兵立功，即行议叙。俄罗斯使团抵京，中俄双方谈判俄军入侵中国、通商贸易、归还中国逃人等问题。抚远大将军图海败王辅臣于平凉。

◎六月，王辅臣降，复其原官，加太子太保，擢靖逆将军，立功赎罪。以功封图海三等公，张勇晋一等侯，西北形势大定。耿继善弃建昌。谕康亲王杰书率军速进。

◎七月，俄罗斯使臣返国，谕以遣还逃人，方许贸易。大学士熊赐履票拟失误，并诿过于人，将其革职。振武将军孙思克、提督张勇、王进宝等于秦州大败吴之茂。

◎八月，诏谕定远平寇大将军安亲王岳乐于新归附地方善抚百姓，并招徕被迫胁从叛变之兵将。将军赖塔大败耿精忠部将马九玉于衢州。

◎九月，赖塔再败马九玉于常山，进攻仙霞关，收复浦城、建宁。遣原广西提督马雄之子赴广西招抚马雄。张勇收复阶州。耿精忠杀害前福建总督范承谟。命康亲王杰书晓谕耿精忠速降。命穆占为征南将军，统率陕西、河南满汉诸军赴湖广前线。

◎十月，耿精忠遣子献伪印乞降，康亲王杰书入福州。上命恢复耿精忠原爵，从征海寇自效。以时方用武，停旗下子弟考试生员、举人、进士。命阅视河工工部尚书冀如锡等人，务为一劳永逸之计。

◎十一月，郑经进攻福州，都统喇哈达击败之。清军围长沙。

◎十二月，尚之信遣使诣简亲王喇布军前乞降，上疏奏闻，许之。吴三桂部将吴世琮杀孙延龄，占据桂林。诏令裁撤耿精忠左、右两镇兵。

◎是年，日讲《孟子》《通鉴纲目》凡二十次。



## 康熙十六年（1677） 二十四岁

◎正月，将军额楚攻吉安失利，命户部侍郎班迪驰勘军况。立法严惩设方术诱卖子女。

◎二月，康亲王杰书败郑经于兴化、泉州，郑经弃漳州遁，海澄收复。皇三子胤祉生。以王光裕无治河之才，革河道总督职，升安徽巡抚靳辅为河道总督。穆占率兵进抵长沙，吴三桂撤吉安援军。命勒尔锦乘机渡江，或分兵尚善，攻取岳州。以董鄂贻误军机，削多罗贝勒爵，罢议政。

◎三月，令督捕理事官招抚孔四贞。康亲王杰书克泉州。以四方渐定，宜振兴文教，令翰林官有长于辞赋及书法佳者，缮写进呈。原任总兵刘进忠、苗之秀诣康亲王军前投降，命随大军剿贼。撤换吉安军前参赞大臣等，收复吉安。以在籍编修李光地不肯从逆，授额外侍讲学士。吴三桂纠聚贼众死守长沙，因令勒尔锦勒兵临江，令图海守汉中，喇布镇守吉安，莽依图进占韶州，额楚驻袁州，舒恕防赣州。

◎四月，谕图海进兵四川。吴三桂退据衡州，谕各路军队分布防御，加强侦察，不时奏闻。制《大德景福颂》，书于锦屏，上于太皇太后。

◎五月，莽依图师至南安，严自明以城降，遂克南雄，入韶州。厄鲁特噶尔丹台吉攻灭青海和硕特部，杀其台吉鄂齐尔图汗，以所获弓矢等物来献，却之不受。尚之信降，命复其爵，随大军讨贼。特擢谪戍知府傅弘烈为广西巡抚，并加授抚蛮灭寇将军，与莽依图规取广西。

◎六月，吴三桂所属高雷总兵官祖泽清降，高州、雷州、廉州悉定。特颁敕谕，招抚吴三桂所属文武官员、官民人等。



◎七月，河道总督靳辅条列治河八条奏上，以军务方殷，令再行确议具奏。与大学士论前代朋党之弊，谕臣工痛戒。郑经部将刘国轩自惠州犯东莞，尚之信大败之。

◎八月，明宗人朱统锠起兵陷贵溪、泸溪。令安亲王岳乐遣猓猓总兵官陆道清回云南，宣布宽大德意，晓谕土司。命穆占与简亲王喇布协力攻取衡州、永州。册立妃钮祜禄氏为皇后。谕各衙门办事，严立完结限期。

◎九月，命宗室、公温齐，提督周卜世赴湖广协剿。命额驸华善率师充实简亲王军，科尔科代接江宁。郑经监军侍郎陈俞侯自海上降清。吴三桂大将胡国柱、马宝寇韶州，将军莽依图、额楚夹击破之。

◎十月，达赖喇嘛遣使请安谢恩。谕莽依图、穆占作速分援傅弘烈规复广西。傅弘烈败吴世琮于昭平，收复浔州。福建按察使吴兴祚剿灭朱统锠。厄鲁特、喀尔喀交兵，令传谕双方，仍前和好。始设南书房，命侍讲学士张英、中书高士奇入值。

◎十一月，吴三桂部将韩大任陷万安，护军统领哈克山击败之。谕南书房入值之张英、高士奇勿得干预外事。官兵收复茶陵、攸县。

◎十二月，郑经兵犯泉州、钦州，清军击败之。命安亲王岳乐速分兵进取郴州、永州，直逼衡州。日讲《四书解义》刊行，康熙皇帝亲制序文。命尚之信同贝勒额楚由乐昌进取宜章、柳州、永州等地。

◎是年，日讲《孟子》《通鉴纲目》凡八十二次。

## 康熙十七年（1678） 二十五岁

◎正月，康亲王杰书遣知府张仲举往招郑经，无降意。靳辅遵旨再议治河事宜，命动正项钱粮如议治理。诏举博学鸿儒，将亲试题用，于是大学士李霨等荐曹溶等七十七人。谕责大将军、王、贝勒等坐失事机、抢夺焚掠不法之事，许督抚指参。韩大任诣康亲王军前投诚。

◎二月，傅弘烈疏言吴三桂兵犯广西，诏额楚、勒贝守梧州。命尚之信归还广东兵变时掳获男妇子女，并命广西照此办理。谕凡非用兵之地，督抚无得保举题补。皇后钮祜禄氏死。莽依图、傅弘烈以攻平乐不克引罪，谕调广东尚之信兵往援之。

◎三月，湖广官兵大败杨来嘉，收复房县。命征南将军穆占与简亲王共同商酌，选良将精兵会剿湖南逆贼。谕各省动用钱粮，需预先申详，否则令其赔补，督抚受罚。郑经兵犯石门，黄芳世击败之。谕尚善攻取岳州。祖泽清复叛。

◎闰三月，闻广西孙延龄、马雄死，命麻勒吉招抚其余部。巡视畿甸。郑经盘踞厦门诸处。令申严海禁，将界外百姓迁移内地，免本年赋役。穆占分兵把守茶陵诸处，进兵郴州、耒阳。命理藩院郎中拉笃祜赴凉州打探噶尔丹消息，不时以报。吴三桂部将林兴珠自湘潭来降，优封侯爵，授建义将军。以宁古塔将军巴海等保守沿疆，招抚新满洲，实心任事而授予世职，以资奖励。

◎四月，郑经部将蔡寅攻陷平和，进逼潮州。祖泽清进犯电白，尚之信、额楚击之，祖泽清逃遁。清军收复郴州、桂阳、兴宁、宜章各地。谕投诚甲兵有父母妻子仍在滇中者，许归滇完聚。谕清查内务府地亩及诸王大臣园地溢额者，拨给安葬八旗出征死亡兵丁。

◎五月，海澄公黄芳世卒于军，以其弟黄芳泰袭爵。以姚启圣为福建总督，吴兴祚为福建巡抚，杨捷为福建水陆提督。厄鲁特部济农为噶尔丹所逼，入边，张勇逐出之。



◎六月，尚善遣林兴珠败吴三桂舟师于君山。吴三桂犯永兴，都统宜理布、哈克山战殁，谕各路兵作速救援。吴三桂又犯郴州，副都统硕岱与战不利，退保永兴。郑经部将刘国轩陷海澄、长泰、同安、惠安，围泉州。谕增兵福建。谕出征官兵有负债者，官为偿还；战殁及被创者，恤其家。

◎七月，从福建总督姚启圣之请，添募绿旗军队一万八千人，以援泉州。召翰林院学士陈廷敬、侍读学士叶方蔼入值南书房。吴三桂称帝于衡阳，立国号“周”。黄河决口于砀山、萧县。

◎八月，安远靖寇大将军多罗贝勒尚善卒于军，命多罗贝勒察尼赴岳州，代统其众。以御制诗集赐讲官陈廷敬、叶方蔼、王士正、张英、高士奇同观。吴三桂死，永兴围解。吴三桂之孙吴世璠嗣立，命前线将帅各统大兵分路进剿。钦天监治理历法，南怀仁进上康熙永年历。令该监官生肄习，永远遵行。

◎九月，谕贝勒察尼围取岳州。福建清军克复惠安，解泉州之围。以平南王尚之信为奋威大将军，与简亲王喇布、将军穆占等进兵广西。

◎十月，河道总督靳辅奏进治河之术，下部议行。将军鄂内败吴应麒于石口。皇四子胤禛生，母乌雅氏，时为德嫔，康熙二十年进德妃，胤禛即位后尊为皇太后。

◎十一月，遣吴三桂原属人员，量加职衔，发往各路军前，赍敕招抚。令察尼等水陆并进，速克岳州。

◎十二月，额楚、傅弘烈与吴世琮战于藤县，不利，退守梧州。命尚之信径赴梧州。

◎是年，日讲《尚书》凡四十九次。

## 康熙十八年（1679） 二十六岁



◎正月，以山东、河南上年雨泽愆期，秋收歉薄，遣官赈济两省饥民。贝勒察尼督水师围岳州，贼将吴应麒弃城遁走，清军克复岳州。郑经部将刘国轩进犯长乐，总督姚启圣督兵击败之。清军攻克湘阴，南下长沙。长沙吴军弃城遁，克复长沙。

◎二月，傅弘烈战吴世琮于梧州，大破之。抚远大将军公图海来京陛见，遣礼部侍郎额星格出城迎劳。湖南清军连下湘潭、澧州、衡州，各地吴军纷纷溃逃。诏数江西绅民从逆之罪，仍免其逋赋。命调江浙战舰各百艘至福建，并增兵二万，以收复厦门、金门二岛。顺承郡王勒尔锦督兵过江，叛将洪福率舟师降。谕禁奴仆背主投营、挟制家主、勒取卖身契及子女财物。清军连克常德、慈利、石门等地。

◎三月，试内外诸臣所荐博学鸿儒一百五十三人于体仁阁。嗣取一等二十人、二等三十人，令纂修《明史》。将军穆占进击吴国贵于永州，败之，收复永州、道州、永明。命不俟荷兰舟师，即行进剿厦门、金门二岛。

◎四月，以镇国公苏努为总裁官，纂修玉牒。调岳州水师总兵官万正色为福建水师提督。以逆贼胡国柱、郭壮图、吴国贵、吴应麒互相猜疑，谕各地统帅分路遣人，指名招抚。莽依图进击吴世琮于浔州，败走之。再颁敕谕，招抚云南文武官吏、官民人等。免江南各省康熙十二年以前旧欠钱粮；康熙十三年以后所欠钱粮，分年带征。谕斥勒尔锦进兵迟缓，令其还驻荆州，以察尼统兵师向云贵。

◎五月，郑经部将刘国轩进犯江东桥，平南将军赖塔大败之。

◎六月，谕各省督抚选吏教民积储备荒。令广东督抚、提镇拨兵防御诸处海口，以杜绝潜资寇粮。谕湖北、湖南、广西三路并进。令图海恢复汉中，以平蜀地。遣刑部侍郎宜昌阿至湖广，商议撤兵。议定七千六百余名蒙古兵立撤，一千二百余名乌喇宁古塔兵缓撤。

◎七月，河道总督靳辅疏报淮扬坝工成，涸出田地，招民垦种。以户部郎中布詹赴浙江巡海。靖逆将军张勇上疏，言噶尔丹将侵犯吐鲁番，渐次内移。和硕纯亲王隆禧死。清军在广西击败吴世琮，解南宁之围。命莽依图取路进剿，直抵滇中。京师地震，诏发内帑十万赈恤，并下令修省。从闽督姚启圣之请，将被贼所掳难民查出，给还本家。

◎八月，提督赵国祚、将军林兴珠大破吴国贵于武冈，吴国贵死，收复武冈州。九卿等遵旨议复吏科掌印给事中李宗孔察吏安民六条，命依议严饬通行。

◎九月，厄鲁特噶尔丹台吉遣使进贡请安。命简亲王喇布进驻桂林，会同莽依图平定广西未靖之地。两广总督金光祖执叛镇祖泽清送京，及其子祖良楩俱磔诛之。

◎十月，批准户部等衙门所议钱法十二条，许官府督民采铜及黑白铅。诏将军张勇、王进宝、提督赵良栋、孙思克取四川。分别降敕，招抚吴应麒、胡国柱、夏国相、王屏藩、马宝、郭壮图。河道总督靳辅请于骆马湖旁另开运河，以便挽运，廷议不从。蠲除江西荒废地亩额赋。禁浙江驻军以樵采为名，任意砍伐民人桑麻竹木。

◎十一月，命安亲王率部分满兵返京，授贝子彰泰为定远平寇大将军，与穆占商榷而行。王进宝等收复汉中，贼首王屏藩走广元。谕速进兵四川，赵良栋收复略阳，进克阳平关。

◎十二月，命湖广总督蔡毓荣为绥远将军，总辖各省调拨官兵及全省绿旗兵马。图海疏报陕甘全境恢复。皇五子胤祺生。太和殿火灾，颁诏自省。安亲王岳乐疏报擒获伪太子朱慈灿，命押解至京。授赵良栋勇略将军，令与奋威将军王进宝分两路进攻四川。

◎是年，日讲《尚书》凡三十二次。

## 康熙十九年（1680） 二十七岁

◎正月，赵良栋收复龙安府，进至绵竹，伪巡抚张文等迎降，遂入成都。诏以赵良栋为云贵总督，加兵部尚书衔，仍兼将军事。王进宝攻克朝天关，收复广元，王屏藩缢死，生擒吴之茂。命将军吴丹、鄂克济哈与赵良栋同进云贵，王进宝守四川。

◎二月，令顺承郡王勒尔锦自湖北溯江而上，规取重庆。皇六子胤祚生。佛尼勒攻克顺庆府并连下川西各州县。谕赈济京师流离饥民。谕广西各将随莽依图等进兵云南。以修撰《明史》，征求遗献，谕将前明科臣李清、绍兴府名儒黄宗羲、监生姜宸英、贡生万言等移送至京。大阅于南苑。福建总督姚启圣等督兵攻取海坛、海澄、厦门、金门等地，郑经败走台湾。马承荫复叛，诱执广西巡抚傅弘烈。

◎三月，将军吴丹克复重庆。以大理寺卿伊辟为云南巡抚。平南王尚之信属下护卫告其谋叛，命刑部侍郎宜昌阿等以巡海为名赴广东，秘密擒拿尚之信。安亲王岳乐自湖广凯旋，康熙皇帝亲率诸王、文武大臣至卢沟桥迎劳。玉牒修成。清军攻取福建沿海岛屿，克复湄州、南日、平海、崇武诸岛。察尼疏报攻取辰州，广西、湖南大致平定。命派人招抚云贵。

◎四月，以学士张英等供奉内廷，日备顾问，下部优叙，高士奇、励杜讷均授翰林。命南书房翰林每日晚讲《资治通鉴》。经康亲王杰书诱导，耿精忠奏请陛见，康熙皇帝立准其来京。颁行《尚书讲义》。



◎五月，命地方督抚坐名题补之例概行停止，仍由吏部照例铨补。命甘肃巡抚自巩昌移治兰州。从优议叙日讲起居注官。谕各路统帅，克复城池后注意察访吴三桂与达赖喇嘛相通书札，随得随缴。赖塔败海寇于潮州。山海关设关收税，以佐军饷。

◎六月，命宜昌阿将尚之信押解至京质审。马承荫兵败复降，柳州平。命将其解京，所部官兵汰其党羽，分隶各营。

◎七月，严禁过往官兵借端勒索，多派伕船，折价入己。以勒尔锦未赴重庆，半途而回，令其携大将军敕印率部还京。停捐纳官考选科道。

◎八月，福建裁水陆军二万五千人，令暂停进兵台湾、澎湖。厄鲁特噶尔丹遣使进贡，赏赉如例。镇南将军莽依图卒于军，以都统勒贝代统其众，率师进讨。以尚之信叛后复降，心怀两端，赐死，并诛其死党，家口护还北京。

◎闰八月，令各路兵马于本月进攻云贵，并命各将帅善抚绿旗军士。伪将胡国柱兵犯四川，令严议具奏。蔡毓荣与彰泰分别于十二、十八两日自沅州启行，进取贵州。命广西、四川亦如期速行剿贼。

◎九月，吴世璠遣其将夏国柱、马宝潜寇四川，谭弘复叛应之，连陷泸州、永宁，夔州民变。命将军吴丹、噶尔汉、提督范达理、徐治都分路讨之；命其他两路速进云南，以牵制寇蜀之贼；以赖塔为大将军，调广西兵马进兵云南。吴丹克复泸州。陕西汉中查获伪充朱三太子之杨起隆，解京处死。

◎十月，仁怀失守，以吴丹拥兵不救，解其将军任，以鄂克济哈领其军。谭弘陷涪州。康亲王杰书率师凯旋，康熙皇帝率诸王、文武大臣至卢沟桥迎劳。噶尔汉收复巫山、夔州。彰泰、穆占败吴世璠于镇远，其他诸府相继而定。王大臣议师行玩误之王、贝勒、大臣罪。得旨：勒尔锦革爵、籍没、羁禁，尚善、察尼均革去贝勒，兰布革去镇国公，珠满革去都统。



◎十一月，命旗下从征仆人，得功牌二次者许令出户。彰泰进复平越，克贵阳，吴世璠、吴应麒等夜遁，安顺、石阡、都匀三府皆下。赐诸王、贝勒、贝子、公、内大臣、都统等满文《日讲书经解义》。

◎十二月，赐汉大学士、九卿、詹事、国子监祭酒等官汉文《日讲书经解义》各一部。命贝子彰泰速率兵进定云南。达赖喇嘛遣使进贡。四川叛贼谭弘死，万县等地悉收复。

◎是年，日讲《尚书》《易经》《资治通鉴》凡一百四十次。

## 康熙二十年（1681） 二十八岁

◎正月，赖塔军自广西西隆州进入滇境，谕贝子彰泰速进兵云南。严禁光棍指称通事，霸占外藩贸易。伪贵州提督李本琛降，械送京师。谕增日讲官员。郑经死，次子郑克塽继立。令乘机攻取澎湖、台湾。

◎二月，召见直隶巡抚于成龙，褒其为“当今清官第一”，并赐白银千两、御乘马一匹、御制诗一章。闽督姚启圣请开边界，俾沿海人民复业，从之。严禁地方官为议叙虚报田粮、摊派民间。皇八子胤禩生。革除三藩苛派、藩庄诸败政。发帑金二十万两赈济山西饥民。赖塔、彰泰两路大军先后抵云南省城，初战大胜，掘壕围之。

◎三月，葬仁孝皇后、孝昭皇后于昌瑞山地宫。令佛尼勒、赵良栋等蹑追胡国柱、马宝、夏国相等，防其归援云南。土官陆道清以永宁降。

◎四月，以逆贼遁回云南，命佛尼勒、赵良栋等进军云南。

◎五月，河道总督靳辅以修理黄河三年限满，水犹未归故道，自请处分，令革职戴罪督修。发京仓米二十万石运往宣府、大同，赈济蒙古灾民。谕曾陷贼中之州、县官不得选取科道官。

◎六月，停捐纳、岁贡等非正途出身及京官三品以上、地方总督、巡抚子弟考选科道官。

◎七月，诏四川民田为官弁所占者察还于民。都统希福于楚雄大败伪将军马宝。以尚之信所属人员编为十五佐领，拨入上三旗。赵良栋属将李芳述击败伪将胡国柱，收复建昌。命图海率王辅臣来京陛见。赐宴瀛台，大学士以下、员外郎以上皆与焉，各赐彩缎表里。以施琅为福建水师提督，规取台湾。

◎八月，禁理藩院官员需索蒙古各部。以吴世璠指日可灭，撤广西、四川、汉中部分满兵回京。

◎九月，康熙皇帝巡幸畿甸。故平南王尚可喜丧至通州，遣官致祭。谕修治浑河，以安民生。复运丁工食银十五万两。应耿昭忠请，编耿氏家口为五佐领，归入汉军正黄旗。

◎十月，厄鲁特噶尔丹遣使进贡，赏赉如例。抚远大将军、大学士图海还朝，康熙皇帝召见于乾清门，嘉劳之。令耿精忠、尚之信属下官员撤还京师，量行安插。二十八日，吴世璠自杀，余部降，清军入昆明，云南平。

◎十一月，诏从贼诸人，除显抗王师者外，余俱削官放还。禁各地官员借巡幸办差苛扰百姓。命定远平寇大将军固山贝子彰泰、勇略将军云贵总督赵良栋来京陛见。

◎十二月，设满洲将军驻荆州，汉军将军驻汉中。群臣请上尊号，不许。大学士图海卒。加上太皇太后、皇太后徽号，颁发恩诏，赐宗室，赉外藩，予封赠，广解额，举隐逸，旌节孝，恤孤独，罪非常赦不原者悉赦除之。以于成龙为江南、江西总督。

◎是年，日讲《易经》《资治通鉴》凡五十一次。



## 康熙二十一年（1682） 二十九岁

◎正月，宴内阁大学士以下官员九十三员，用柏梁体赋诗。调蔡毓荣为云贵总督。分发吴三桂骸骨于各省，耿精忠等分别凌迟或枭斩。议行军政大典。

◎二月，以云南底定、海宇荡平，告祭盛京三陵。蒙古王、贝勒等请上尊号，不许。斩朱方旦。

◎三月，谒盛京三陵。大赦当地死罪以下人犯，通行蠲免奉天、锦州二府本年钱粮。宁古塔将军巴海来朝。东巡吉林，望祭长白山。

◎四月，以造炮精坚，加南怀仁工部侍郎衔。谕闽督姚启圣、水师提督施琅相机进兵台湾。

◎五月，康熙皇帝返京。诏宁古塔地方苦寒，流人改发辽阳。御书“清慎勤”三大字，颁发各省督抚。免吉林贡鹰，减省徭役。普裁各省浮额绿旗官兵。遣户部尚书伊桑阿等往江南勘阅河工。姚启圣、施琅率师进取台湾，旋以风大返航。

◎六月，增《明史》监修总裁官及总裁官。

◎七月，命刑部尚书魏象枢、吏部侍郎扩尔坤巡视畿辅，豪强虐民者拘执以闻。谕各省劝谕民间讲求积贮并定奖惩之法。以三逆荡平，遣使宣谕蒙古各部。

◎八月，谕内阁学士参知政事。议修太祖、太宗、世祖《圣训》。以沙俄侵扰黑龙江，命大理寺卿明爱等前往侦察。厄鲁特噶尔丹遣使进贡，赏赉如例。土司田舜年请开矿采铜，以恐其扰民而予以禁止。命撤福建满兵还京师。

◎九月，诏每日御朝听政，春夏以辰初，秋冬以辰正。以兴建太和殿，分遣人往江南、江西、浙江、福建、广东、广西、湖广、四川采办楠木，后知采楠木苦累百姓，谕令停止，以塞外松木代之。《太宗实录》告成。

◎十月，专委福建水师提督施琅相机攻取台湾。定南平寇大将军贝子彰泰、征南大将军都统赖塔自云南凯旋，率在京王公大臣至卢沟桥郊劳。重修《太祖高皇帝实录》《三朝圣训》及纂修《平定三逆方略》。

◎十一月，定驻防旗人犯罪，处分将军、副都统及该管官吏。仍令靳辅戴罪督修河工，准动正项钱粮，勿许借端科派。

◎十二月，考察天下军政。谕宁古塔地方修理战船。以达海始作有圈点满文大有裨于文治而录用其孙陈布录为刑部郎中。副都统郎谈自黑龙江还，上呈俄罗斯犯边事状。命宁古塔将军巴海、副都统萨布素率师防之。建木城于黑龙江、呼玛尔，分军屯田。本年，五世达赖喇嘛去世，第巴桑结嘉措秘不发丧，仍盗用其名行事。

◎是年，日讲《易经》《资治通鉴》凡四十二次。

## 康熙二十二年（1683） 三十岁



◎正月，上元节，赐廷臣宴，并各赐驯马、内帑。

◎二月，为防止日值起居注官作弊，令全体起居注官公同校阅日值记载。大计天下官员。巡幸五台山，皇太子胤礽随驾。

◎三月，筹建自盛京至黑龙江水陆联运线。以索额图骄纵，革其议政大臣、太子太傅、内大臣等职。厄鲁特噶尔丹遣使入贡，赏赉如例。谕增西安、汉中八旗驻防军队。

◎四月，命提镇诸臣以次入觐。命宁古塔将军巴海回驻乌喇，萨布素、瓦礼祜驻额苏里备边。

◎五月，设汉军火器营。调整福州、杭州、京口、广州、西安等地驻防八旗兵力。台湾郑克塽请称臣纳贡而不剃发登岸，谕驳之，并令姚启圣、施琅等速进兵。



◎六月，黄河决口全部堵住，靳辅治河初见成效。奉太皇太后出古北口避暑，命皇太子胤礽、皇长子胤禔、皇三子胤祉随驾。

◎闰六月，施琅攻取澎湖。谕饬刑官勘狱勿淹系。

◎七月，回京。谕于僧、道不可过于优宠。台湾郑克塽遣使赍降表至施琅军前，命颁敕招抚。晓谕俄罗斯撤兵回国，交还逃人，并进兵黑龙江。

◎八月，议恤八旗贫丁。施琅至台湾，郑克塽等剃发受诏，缴印投降。皇九子胤禟生。询问《明史》纂修进度，命务宜从公论断。

◎九月，谕宁古塔将军殷图时加操练，以修武备。以平定台湾功，加授施琅靖海将军，封靖海侯。奉太皇太后巡幸五台。限厄鲁特噶尔丹进贡人数不得过二百人。定旗下家人在外倚势害民惩罚家主例。

◎十月，皇十子胤䄉生。谕纂修《平定台湾方略》。以萨布素为新设黑龙江将军。诏沿海迁民归复田里。遣吏部侍郎杜臻等往勘广东、福建、浙江、江南海界。

◎十一月，限以噶尔拜瀚海为内外蒙古之界，谕喀尔喀蒙古不得越此向内地游牧。准云贵土司子弟二十人与郡邑一体应试。谕修纂《明史》当据实秉公，传信后世。授俄罗斯降人官职。以平定台湾祭告孝陵，皇太子胤礽随驾。

◎十二月，云南土司陆道清以三藩之叛时附逆处斩。以尚之孝、尚之隆家下壮丁分五佐领，隶镶黄旗汉军旗下。御制《日讲易经解义》序文，刊刻成书，颁示天下。

◎是年，日讲《易经》《资治通鉴》凡八十一次。



## 康熙二十三年（1684） 三十一岁

◎正月，命整肃朝会礼仪。俄罗斯盘踞雅克萨、尼布楚二城，饬断其贸易，萨布素以兵临之。规定嗣后部院官员因病因事缺席，均需注册，以凭考核勤惰。

◎二月，谕禁翰林院掌院学士收取庶吉士重礼。巡幸畿甸，命皇太子随驾。谕部院衙门章奏由三日一送改二日一送。

◎三月，整饬州、县官吏。州、县官办事违限三月者，降三级调用；违限四月者，革职。以福建投诚伪郑经部将刘国轩为天津总兵官。谕清查各省钱粮。至八旗演武场，阅看各旗骑射。谕赈济河南饥民。

◎四月，设台湾府、县官，隶福建行省。准浙江沿海百姓出海贸易、捕鱼。谕凡一事经关两部者，俱会同入奏。江西、江南总督于成龙（山西永宁人，字北溪）卒，予祭葬，赐谥“清端”。

◎五月，纂修《大清会典》。会廷臣察举清廉官，九卿举格尔古德、苏赫、范承勋、赵崙、崔华、张鹏翮、陆陇其。出古北口避暑。严禁圈占民田。

◎六月，议定海外贸易收税则例。以汤斌为江苏巡抚。

◎七月，宁古塔将军请延至明年四月进攻雅克萨，谕责其拖延。

◎八月，大学士李霨卒，谥“文勤”。甘肃提督靖逆侯张勇卒，谥“襄壮”。整饬八旗，满洲八旗将领庸劣者罢黜，汉军、蒙古八旗将领出缺，命以满洲官员补授。

◎九月，谕令闽粤开海贸易，许富商大贾出海经商，征商税以充闽粤军饷。以钱贵银贱，令鼓铸轻钱，并许产铜、铅之地听民开采。为巡视河工、体察民情、周知吏治，首次南巡。

◎十月，登泰山，祀东岳。至桃源，临阅黄河北岸诸险工。指示河臣改草坝，另设二闸，以分水势。以台湾收归版图，停直隶、山东、江南、浙江、福建、广东各省先定海禁处分之例。



◎十一月，至江宁，遣使祭明太祖陵。赐江宁知府于成龙（汉军镶红旗人，字振甲）手卷一轴，表彰其清廉。令吏部尚书伊桑阿等往视海口。临阅高家堰堤工。至清口，复阅黄河南岸诸险工。至曲阜，诣先师庙，瞻孔子像，至孔子墓前酹酒，书“万世师表”额。谕禁出使官员需索地方。

◎十二月，定各省督学官员不拘定例，但必品行素优、才学兼长者进士出身之官员补授。命公瓦山视师黑龙江，备防俄罗斯。赐公郑克塽、伯刘国轩、冯锡范田宅，隶汉军。

◎是年，日讲《易经》《资治通鉴》凡八十四次。

## 康熙二十四年（1685） 三十二岁

◎正月，命彭春赴黑龙江督察军务，命林兴珠率福建藤牌兵从之。以班达尔善、佟宝、马喇参与军事，定于四月间收复雅克萨。召试翰、詹诸臣于保和殿，康熙皇帝亲定名次，不称者改官。命蒙古科尔沁十旗所贡牛羊送黑龙江军前。

◎二月，巡幸畿甸。再赐天津总兵官刘国轩第宅。

◎三月，应左副都御史张可前之请，颁御书“万世师表”匾额于各省府、州、县学。重修《赋役全书》。考试满洲官员翻译。

◎四月，授宋儒周敦颐后裔五经博士世职。谕准满、汉人民出洋贸易。令凡民间开垦之田亩，永不许圈占。蠲免直隶八府上年未完之地丁钱粮六十万两，并蠲免本年直隶部分府、州、县地丁正赋三分之一，约合银五十万两。副都统马喇以所俘俄罗斯人上献，命遣返。诏医官博采医林载籍，纂成一书。设内务府官学。



◎五月，皇十一子胤禌生。诏厄鲁特济农向化而来，宜加爱养，予之田宅。谕修《政治典训》。考试汉军官员于太和门。彭春等攻雅克萨城，大败俄军并克复该城。

◎六月，巡幸塞外，命皇太子胤礽、皇长子胤禔随驾。恢复各省儒学廪生饩粮三分之一。令汉军官员考试曳白之八百人解职，令其读书，俟学习之后考试补用。

◎七月，设吉林、黑龙江驿路，凡十九驿。谕赈济蒙古蒿齐忒部饥民。颁发“四书”、《易经》《书经》讲义于白鹿洞书院。

◎八月，谕免宿迁缺额粮地、续报旷土虚粮，缺额丁银亦暂停征收。

◎九月，闻太皇太后违和，星夜回銮。因汉举人、进士壅滞，不得铨选，令汉军官员停补在京汉缺，汉军旗分内应补之缺额由汉举人、进士补入。谕编《平定罗刹方略》。九卿会议讨论广东、云南秋审人犯，谕以别项人犯尚可宽恕，贪官之罪断不可宽。筑墨尔根城，令将军萨布素及副都统一员率兵驻扎。

◎十月，都察院左都御史陈廷敬疏言，督抚保举州、县官，须令实填无加派火耗、实心奉行上谕十六条字样，从之。裁减蒙古各部进贡数额，只令岁贡羊一只、酒一瓶。河道总督靳辅、按察使于成龙至京，与九卿、詹事、科道详议河工事务。

◎十一月，以山东巡抚穆尔赛贪酷已极，拟绞监候。免河南、湖北本年未完地丁钱粮及明年钱粮之一半。大阅于卢沟桥。

◎十二月，靳辅、于成龙就治河方略互相论难。皇十二子胤祹生。以多罗贝勒察尼为奉天将军。刻印颁赐《古文渊鉴》。

◎是年，日讲《诗经》凡四十二次。是年停止京察，至雍正皇帝即位后始行恢复。



## 康熙二十五年（1686） 三十三岁

◎正月，令副都统马喇督理黑龙江屯田。俄罗斯再次盘踞雅克萨，命萨布素率师逐之。

◎二月，大计天下官员。引见直隶各省朝觐官员。减广东海关征收洋船额税十之二。以原任安徽按察使、管理下河事务于成龙为直隶巡抚。纂修《幸鲁盛典》。文华殿成。停四川采办楠木。

◎三月，谕直隶巡抚于成龙于直隶旗下各庄人户不守法度者执法严治，不得瞻徇顾忌。准广西土司子弟于就近府、州、县学读书。命纂修《一统志》。为宋儒二程、张载、邵雍、朱熹专祠御书匾额。以江宁巡抚汤斌为礼部尚书管詹事府事。

◎四月，命尚书阿喇尼等往喀尔喀七旗莅盟。命郎谈、班达尔善、马喇赴黑龙江参赞军务。诏各省征求遗书，停直隶办解狐皮。令直隶顺天、永宁、保定、河间四府旗庄屯丁编查保甲，与民户同。

◎闰四月，严禁在四川土司地区贩卖军器。谕停日讲。谕征求遗书惟以经学史乘，实有关系修齐治平、助成德化者方为有用，其他异端邪说，概不准收录。谕武职人员亦当于营伍宣讲上谕十六条。

◎五月，从礼部尚书汤斌之请，敕各省严禁淫祠滥祀。

◎六月，谕兴工疏浚海口，发内帑二十万两。荷兰遣使入贡，赏赉如例。撤汉中满洲驻防兵丁。

◎七月，以工部右侍郎孙在丰督修河工。准荷兰贡船自福建进陆。通过荷兰使臣致书俄罗斯，令其撤出驻守雅克萨、尼布楚军队，提议分立疆界，不得任意越过。巡幸塞外，以皇太子、皇长子、皇三子、皇四子随驾。定侍读、庶子以下各官学问不及者，以同知、运判外转。

◎八月，回京。以索额图为领侍卫内大臣。谕萨布素围雅克萨城，遏其援师。命副都统博定率军二百人增援并参与军事。诏天下学宫崇祀先儒。诏增孔林地十一顷。喀尔喀左右两翼汗遵旨会盟设誓，重归和好。

◎九月，普免直隶四府及四川、贵州、湖南、福建逋赋及康熙二十六年地丁钱粮。定厄鲁特噶尔丹等四大台吉来京互市，其余小台吉于张家口互市。俄罗斯遣使至京，请解雅克萨之围，令萨布素等撤雅克萨围兵，近战舰立营。

◎十月，送《太祖高皇帝实录》《圣训》至皇史宬尊藏。皇十三子胤祥生。

◎十一月，御书“学达性天”四字匾额，颁发宋儒周敦颐、张载、二程、邵雍、朱熹祠堂及白鹿洞书院、长沙岳麓书院，并颁日讲解义、经史诸书。

◎十二月，召靳辅来京，面询治河事宜。以兵部右侍郎蔡毓荣在云贵总督任上贪酷异常，又隐占吴逆财产、人口而鞭一百，枷号三月，籍没。

◎是年，日讲《诗经》二次。总计自康熙十年开始日讲，至本年闰四月初六日停止日讲，十五年间，日讲凡八百九十六次。

## 康熙二十六年（1687） 三十四岁

◎正月，遣医官往治雅克萨军士疾，有疾之俄罗斯士兵，愿就医者并医之。喀尔喀土谢图汗、车臣汗及七旗济农、台吉等合疏请上尊号，不准。

◎二月，于卢沟桥大阅军容。命八旗都统、副都统、五旗护军统领于内城更番入值。禁淫词小说。禁内地各省之民私出边口。喀尔喀车臣汗故，以其长子伊尔登阿喇布坦袭爵。

◎三月，停天下贡生廷试。谕大学士等详议政务阙失。

◎四月，谕用人标准，必才德兼备。加直隶巡抚于成龙太子少保，以为廉能称职者劝。谕纂修《明史》各官，当参看前明实录，并谕《明史》成日，应将实录并存，令后世有所考证。罢科道侍班。

◎五月，召陈廷敬、汤斌、徐乾学等十二人各试以文。于京师建周公、孔子、孟子庙，并各为其撰御制碑文。

◎六月，厄鲁特噶尔丹大举进攻喀尔喀。

◎七月，俄罗斯遣使议和，命萨布素撤兵。谕禁八旗祭葬、筵宴铺张逾分。

◎八月，巡幸塞外，以皇太子、皇长子、皇三子、皇四子、皇五子、皇七子、皇八子随驾。

◎九月，还京。以礼部尚书汤斌为工部尚书。厄鲁特噶尔丹分南北两路进攻喀尔喀，谕各自罢兵。

◎十月，巡幸畿甸，以皇太子随驾。赐直隶巡抚于成龙御用马一匹、白银千两。谕禁各省提镇于军政之年敛取兵丁，馈送兵部。谕黑龙江屯粮积谷，以备俄罗斯来侵。谕禁汉军居丧演戏饮酒。工部尚书汤斌卒。

◎十一月，考察天下军政。太皇太后违和，诣慈宁宫侍疾。蠲免江苏、陕西明年钱粮及本年未完钱粮六百万两。大赦在狱囚犯。

◎十二月，太皇太后崩于慈宁宫，年七十五岁，上尊谥“孝庄仁宣诚宪恭懿翊天启圣文皇后”。

## 康熙二十七年（1688） 三十五岁



◎正月，皇十四子胤禵生。康熙皇帝于乾清门外幕次居丧。二十七日除服，听政如常。

◎二月，大学士勒德洪、明珠、余国柱有罪免职，其余廷臣亦罢黜有差，严斥在朝诸臣互相结党徇庇。更定宗室王公袭爵办法。再修玉牒。禁大臣向宗室王公下跪。南怀仁卒，谥“勤敏”。

◎三月，以山西巡抚马齐为都察院左都御史。以河工在事诸臣互相攻讦，董讷、熊一潇、靳辅、慕天颜、孙在丰皆革职。令内大臣索额图等与俄罗斯议约定界。喀尔喀车臣汗伊尔登阿喇布坦卒，遣官致祭。

◎四月，送太皇太后梓宫奉安遵化暂安奉殿。其后起陵，是为昭西陵。以厄鲁特噶尔丹侵犯喀尔喀，遣使谕噶尔丹。命侍郎成其范、徐廷玺查阅河工。

◎五月，遣内大臣索额图等赴色楞额地方与俄使议国界，后因中途受阻，返回。严禁夫死妻殉，殉死者不再旌表。

◎六月，湖广督标裁兵夏逢龙纠众作乱，踞武昌，巡抚柯永升、布政使叶映榴死之。命都统瓦岱为振武将军，率师往讨。厄鲁特噶尔丹侵掠额尔德尼召，哲布尊丹巴、土谢图汗逃遁。谕发兵防边。

◎七月，喀尔喀哲布尊丹巴呼图克图遣使告急。巡幸塞外，以皇长子、皇三子随驾。武昌夏逢龙之乱平定。

◎八月，兵部尚书张玉书等查阅河工，多用靳辅旧议。噶尔丹再败喀尔喀土谢图汗。

◎九月，调八旗精兵戍守北方边界，以防噶尔丹入侵。喀尔喀土谢图汗、哲布尊丹巴呼图克图以其众二万余人入边求抚，运米赈济。

◎十月，上大行太皇太后尊谥。严禁绿旗将领克扣兵饷，以防兵变。

◎十一月，谕喀尔喀、厄鲁特蒙古讲和修好。

◎十二月，建福陵、昭陵圣德神功碑，御制碑文。



## 康熙二十八年（1689） 三十六岁

◎正月，第二次南巡，视察河工，观览民情，周知吏治。三月返京。至山东，谕蠲免该省来年地丁钱粮。谕达赖喇嘛遣使厄鲁特，令噶尔丹罢兵休战。阅视中河，免江南全省积欠地丁钱粮二百二十余万两。

◎二月，大计天下官员。至会稽，祭大禹陵。诏增加江浙学额，赉军士，恢复因公降谪官。以张鹏翮为浙江巡抚。增设武昌、荆州、常德、岳州水师。至江宁，祭明孝陵。赐江宁、京口驻防老年男妇白金。阅视观星台。

◎三月，赏江宁、镇江、杭州驻防兵丁一月钱粮。阅高家堰，指授治河方略。安亲王岳乐卒，亲临其第奠酒。命八旗科举先试骑射。以靳辅治河劳绩昭然，复其河道总督原官。增设八旗火器营。

◎闰三月，江、浙、闽、广四省海关在大洋兴贩商船遵照则例，征收税课。湖南丈量地亩。

◎四月，御制孔子赞序及颜回、曾子、思子、孟子四赞，颁于各省学宫。以天时亢旱，命百官详陈政事得失。遣理藩院尚书阿喇尼等往谕噶尔丹罢兵。令民人自首开垦地亩，俱自出首之年起科，该管官亦免议处。以俄罗斯遣使费要多罗等至尼布楚地方请议分界事宜，复遣领侍卫内大臣索额图等前往。赈济喀尔喀土谢图汗属下饥民。

◎五月，以天时亢旱，命停止一应修葺工程。以郭琇为左都御史。颁行《孝经衍义》。以噶尔丹再次进攻喀尔喀，命归化城屯兵备边。



◎六月，扩充江南、浙江生员入学额数。以佟宝为宁古塔将军。

◎七月，册立贵妃佟佳氏为皇后，次日死，谥“孝懿皇后”。中俄签订《尼布楚条约》。

◎八月，巡幸外边，以皇长子、皇三子、皇四子随驾。分遣官员赈济塞外饥民。

◎九月，赈济直隶饥民并免本年未征及明年全省地丁钱粮。以左都御史郭琇参劾高士奇等植党营私，令高士奇、王鸿绪、陈元龙等休致回籍。

◎十月，增设喀尔喀两翼札萨克，招集流亡，编置旗队。左都御史郭琇以致书本省巡抚请托被降级调用。葬孝懿皇后于遵化。理藩院尚书阿喇尼自厄鲁特归京。

◎十一月，以湖北亢旱为灾，蠲免各属钱粮有差。厄鲁特额林臣台吉率属来归，诏予安插。

◎十二月，免云南历年积欠地丁钱粮。内大臣索额图疏报与俄罗斯立约，定尼布楚为界，立碑界上，以满、汉、俄、拉丁、蒙古五体文书碑。赈济直隶饥民。

## 康熙二十九年（1690） 三十七岁



◎正月，谕各省督抚讲求积贮备荒。以天时亢旱，谕省减宫人及所用器物。再次赈济喀尔喀土谢图汗属下饥民。遣使至喀尔喀，侦察噶尔丹情形。

◎二月，谕纂修《明史》宜考核精详，不可疏漏。赈济八旗贫户。令理藩院尚书阿喇尼、都察院左都御史马齐参与议政。

◎三月，谕修三朝国史。命都统额赫纳、护军统领马赖等率师征厄鲁特噶尔丹。

◎四月，以厄鲁特策妄阿拉布坦与噶尔丹交兵，各颁敕书，询问其故。准喀尔喀蒙古购买军器以备噶尔丹。《大清会典》告成。



◎五月，命九卿保举行取州县堪为科道者。喀尔喀札萨克图汗之子额尔克阿海巴郎率众来投。以噶尔丹进兵喀尔喀，速调兵往御，并谕俄罗斯，勿得与其联结。

◎六月，大学士徐元文免官。噶尔丹追喀尔喀侵入边，命内大臣苏尔达赴科尔沁征蒙古师备御。命康亲王杰书等率师驻归化。谕亲征噶尔丹。清军与噶尔丹战于乌尔会河，不利。

◎七月，噶尔丹入犯乌珠穆沁，命裕亲王福全为抚远大将军，皇长子胤禔为副，出古北口。恭亲王常宁为安远大将军，简亲王喇布、信郡王鄂札副之，出喜峰口。内大臣佟国纲、索额图、明珠、彭春等俱参与军事，阿密达、阿拉尼俱会于军前。升直隶巡抚于成龙为都察院左都御史。御驾亲征，发自京师，旋以疾回京。定直隶各省蠲免钱粮，七分蠲免业户，三分蠲免佃种之民。

◎八月，抚远大将军裕亲王福全大败噶尔丹于乌兰布通。噶尔丹遣使请和，福全未即进师，严旨切责。以皇长子与裕亲王福全不协，撤其回京。噶尔丹以誓书来献。

◎九月，内大臣、都统、公、舅舅佟国纲于往剿厄鲁特中阵亡，丧还，命皇长子、皇四子往迎灵榇。弛民间养马之禁。

◎十月，谕裕亲王福全撤兵回京。

◎十一月，以丁忧在籍之熊赐履为礼部尚书。达赖喇嘛请上尊号，不许，并却其所进之贡。裕亲王福全等至京听勘，福全、常宁罢议政，将士仍叙功。

◎十二月，以故一等公佟国纲之子鄂伦岱袭爵。

## 康熙三十年（1691） 三十八岁



◎正月，封阿禄科尔沁贝勒楚依为郡王，以与厄鲁特力战受伤被执不屈而脱归。其十二旗阵亡台吉，俱赠一等台吉，赐号达尔汉，子孙承袭。噶尔丹复掠喀尔喀，命都统瓦岱为定北将军，驻张家口；都统郎谈为安北将军，驻大同。川陕总督会同西安将军驻兵宁夏备之。命在籍勇略将军赵良栋参预军事。以左都御史马齐为兵部尚书。

◎二月，为加强京师治安，命步军统领管领巡捕三营，兼辖五城督捕，以统一事权。厄鲁特策妄阿拉布坦遣使上奏与噶尔丹交恶情形，厚赐而遣之。谕户部为满洲八旗甲兵偿还所有债务，汉军八旗每佐领各给银五千两。

◎三月，翻译《通鉴纲目》告成，御制序文。谕于四月对外藩蒙古进行会阅。

◎四月，左都御史徐乾学以致私书于山东巡抚钱钰革职。以喀尔喀数十万人内附，率皇长子、皇三子亲出塞外抚绥。

◎五月，驻跸多伦诺尔，喀尔喀各部来朝。先是，喀尔喀土谢图汗听从哲布尊丹巴唆使，杀其同族札萨克图汗得克得黑墨尔根阿海，内乱迭兴，为厄鲁特所乘。至是，遣大臣巡按其事，土谢图汗、哲布尊丹巴具疏请罪，赦之，并以札萨克图汗之弟策妄扎布袭汗爵，封亲王，为七旗之长，各予赏赐，并将喀尔喀与内蒙古同例编旗。史称“多伦会盟”。群臣请上尊号，不许。

◎六月，以多伦会盟敕谕达赖喇嘛。

◎七月，西安将军尼雅翰奉诏督兵迁巴图尔额尔克济农于察哈尔，济农遁去，尼雅翰追之不及，按问论死。命总督葛思泰追讨之。

◎闰七月，巡幸塞外，以皇长子、皇三子、皇四子、皇五子、皇七子、皇八子随驾。

◎九月，蠲免河南康熙三十一年地丁钱粮，并停征漕粮。命李光地、靳辅等查阅河道。



◎十月，遣学士布喀前赴陕西查勘灾情并予以赈济。

◎十一月，授喀尔喀札萨克图汗之子克色克为辅国公。谕责廷臣党同伐异，互相倾轧。以来年正月朔日食，谕元旦行礼、筵宴，俱着停止。

◎十二月，谕以次年为始，轮蠲湖广、江西、浙江、江苏、安徽、山东漕粮一年。移旗庄壮丁赴古北口外达尔河垦田。谕督抚、提镇保举武职堪任用及曾立功者，在内八旗旗员，令都统等举之。

## 康熙三十一年（1692） 三十九岁

◎正月，差阅河工毕，李光地、靳辅自河工还，以治河事宜并图册进呈。大计天下官员。

◎二月，以陕西旱灾，饥民流徙，再发山西帑银、襄阳粮米赈之。巡幸畿甸。

◎三月，遣内大臣阿尔迪、理藩院尚书班迪赴边外设立蒙古驿站。以靳辅衰病，命顺天府丞徐廷玺协理河工。谕直隶巡抚郭世隆动用正项钱粮修治浑河。允许天主教传教。

◎四月，再拨户部帑银一百万两赈济陕西饥民，兼备军需。于瀛台召臣下观看御种良稻。令于东北白都讷地方修造木城，开垦田地。

◎五月，因山西丰收，遣官采买余粮，以积贮备荒。定喀尔喀蒙古为三部，土谢图为北路，车臣为东路，札萨克图为西路，属部各按其分地划为左右翼，各给印信。

◎六月，以宋荦为江苏巡抚。蒙古科尔沁进献锡伯、卦尔察、打虎尔一万余丁，给银酬之。

◎七月，巡幸塞外。

◎九月，清朝差往厄鲁特策妄阿拉布坦之处员外郎马迪等人于哈密附近尽被噶尔丹杀害。噶尔丹遣使进贡。颁敕谕责其杀害使臣马迪之罪。于玉泉山大阅八旗营兵。



◎十月，免来年陕西各州、县地丁钱粮及前此所有积欠。以熊赐履为吏部尚书。

◎十一月，命熊赐履勘察淮扬滨河涸田、考察天下军政。

◎十二月，河道总督靳辅病故，以于成龙为河道总督。因西安饥荒，谕自襄阳运米二十万石平粜。召科尔沁蒙古王沙津入京，面授机宜，使诱噶尔丹。

## 康熙三十二年（1693） 四十岁

◎正月，以噶尔丹欲就食哈密，遣兵备之。

◎二月，发帑金，招商贩米至西安，以平市价。遣内大臣坡尔盆等往督归化城三路屯田。诏修南河周桥堤工。策妄阿拉布坦遣使入贡，报告使臣马迪被害及噶尔丹密事，以彩缎赉之。谕宗室互相亲睦。巡幸畿甸。

◎三月，谕户部详议各省解送物料当解与不当解者。

◎四月，喀尔喀台吉车凌扎布自俄罗斯来归，赉之袍服，赐克鲁伦游牧。命检核直省解送物料共九十九项，减去四十项免解。

◎五月，命内大臣费扬古为安北将军，驻归化城。御书“万世师表”匾额于国学。以戕害员外郎马迪事，降敕诘问噶尔丹，噶尔丹遣使辩解。

◎六月，御书“学达性天”匾额于江南徽州紫阳书院。以八旗学习制艺者日多，而中式之额太少，增加其乡试、会试录取额数。

◎八月，普免广西、四川、云南、贵州四省明年地丁钱粮。巡幸塞外。

◎九月，以两江夏旱，谕免江苏、安徽今年漕粮三分之一。

◎十月，以阙里圣庙落成，命皇三子、皇四子前往致祭并亲制碑文。大阅八旗于玉泉山麓。

◎十一月，免直隶顺天、河间、保定、永平四府明年地丁钱银。皇十五子胤禑生。

◎十二月，西藏第巴以达赖喇嘛名义上疏为自己乞求金印和封号。普赏八旗兵丁一月钱粮。

## 康熙三十三年（1694） 四十一岁

◎正月，盛京歉收，命户部尚书马齐驰往，以仓谷支给兵丁，海运山东仓谷赈济民食。以河道总督于成龙妄行陈奏，排陷前任总河靳辅，将其革职留任。俄罗斯察罕汗遣使进贡，赏赉如例。

◎二月，巡幸畿甸。敕修通州至西沽两岸堤工。

◎三月，礼部尚书沙穆哈因议皇太子祀奉先殿仪注不敬免官。

◎四月，编审外藩蒙古四十九旗人丁共二十二万六千七百余人。命近畿各省督抚督民扑蝗。禁止无执照商船通行，暗带外国人、偷买违禁物者严加治罪。赐西藏第巴金印，印文曰“掌瓦赤喇呾喇达赖喇嘛教弘宣佛法王布忒达阿白迪之印”。封第巴为土伯特国王。

◎五月，噶尔丹遣三千余人以进贡为名阑入内地，命止于归化城。以工科给事中彭鹏劾兵部右侍郎李光地母故，贪恋禄位，不请终制，命其解任，不准回籍，在京守制。命翰林院、詹事府、国子监日轮四员入值南书房。谕编《渊鉴类函》。巡幸畿甸，阅视河堤。

◎闰五月，谕将噶尔丹奸细正法示众。以《理学真伪论》为题，试翰林官于丰泽园。以太监钱文才殴死民人，谕令处以绞监候，秋后处决。



◎六月，两江总督傅喇塔卒，以其居官清廉，从优赐恤。

◎七月，谕召徐乾学、徐秉义、王鸿绪、高士奇来京修书。巡幸边塞。

◎八月，喀尔喀哲布尊丹巴呼图克图来朝，赐衣帽蟒缎等物。

◎九月，增加八旗入学名额。以陕西巡抚布喀贻误边疆重事、罔惜军民乏食、私行挪用赈灾粮食而处以斩监候，秋后处决。

◎十月，谕禁各地官员迎送奉旨遣往各省大臣官员。于玉泉山大阅八旗军容。

◎十一月，温僖贵妃钮祜禄氏卒。革阿灵阿都统职及所袭一等公爵。

## 康熙三十四年（1695） 四十二岁

◎正月，大计天下官员。

◎二月，太和殿兴工。

◎三月，增加盛京八城取进生员额数。

◎四月，山西平阳地震，以户部尚书马齐驰驿前往办赈，并停征本年地丁钱粮。遣使册立班禅呼图克图。

◎五月，以坐观地震、不行赈济革山西巡抚噶尔图职。命在京八旗分地各造屋二千间，以居八旗无房兵丁七千余家。巡幸畿甸，阅新堤及海口运道。

◎六月，册封皇太子妃石氏。皇十六子胤禄生。诏谕世职凡获罪革职者，不准其子孙承袭，令同父昆弟袭之；无同父昆弟者，则削其职。

◎七月，谕禁各省督抚、提镇陛见进贡川马。

◎八月，巡幸塞外。命宗室公苏努、都统阿席坦、护巴领兵备噶尔丹。密谕科尔沁土谢图亲王沙津计诱噶尔丹入侵，以便聚而歼之。

◎九月，令八旗都统以下、参领以上，于各旗聚议如何剿除噶尔丹。以水灾，谕免直隶顺天、保定、河间、永平来年地丁银米并派员赈济。诏减云南省屯田地丁钱粮。

◎十月，为防噶尔丹侵袭，令喀尔喀诸部在汛界内游牧。遣内大臣索额图、明珠往外藩蒙古察看噶尔丹进兵消息。

◎十一月，命大军分三路征剿噶尔丹。传谕蒙古四十九旗各备兵马，以俟征调。大阅于南苑，宣布军纪。

◎十二月，以出兵征噶尔丹，颁布军纪十六条。以山西平阳再次地震，颁诏天下，免山西、陕西、江南、浙江、江西、湖广、广东、福建等省逋赋。

### 康熙三十五年（1696） 四十三岁

◎正月，部署亲征噶尔丹。

◎二月，命中路大军于二月三十日自京师起程，西路大军于二月十八日自归化起程，四月下旬，两路大军会于土喇。策妄阿拉布坦遣使进贡，谕以近日征剿噶尔丹。谕此次出征期间，各部院衙门本章停其驰奏，凡事俱着皇太子听理；若重大紧要事，着诸大臣会同议定，启奏皇太子。令出征后，部院大臣分三班值宿禁城内。率中路大军起行，亲征噶尔丹。

◎四月，索额图、佟国维劝康熙皇帝还京，不许。至塔尔奇拉，谕列环营。前哨报噶尔丹在克鲁伦，命蒙古兵先行据河。

◎五月，侦知噶尔丹所在，康熙皇帝率前锋先发，诸军张两翼而进。噶尔丹闻御驾亲征，弃其庐帐，宵遁昭莫多，为西路抚远大将军伯费扬古所败，噶尔丹以数骑遁走。班师回京。喀尔喀妻子老幼齐集行宫，叩谢再造之恩。至京途中，每日蒙古王、贝勒、贝子、台吉等来行宫外庆贺、朝谒，贡献驼马牛羊不可数计。驾行时，男妇老幼拜跪路旁，迎献酒浆、酥酪，沿途环拥，欢声遍野。

◎六月，师还京。谕青海蒙古以噶尔丹败逃及达赖喇嘛已死多年，第巴桑结嘉措匿之，假借其言，诳诱噶尔丹作乱之故，以荡平噶尔丹，王以下文武各官行庆贺礼。

◎七月，命纂修《平定朔漠方略》。增加全国各省乡试解额。以平定朔漠勒石太学。

◎八月，遣主事保住赍敕往谕达赖喇嘛、达赖汗、班禅、第巴及策妄阿拉布坦。揭露第巴桑结嘉措盗用达赖喇嘛之名，纵容噶尔丹侵犯喀尔喀及对抗朝廷罪行。

◎九月，以厄鲁特降人一千五百人编入上三旗。巡幸塞北。副都统祖良璧败噶尔丹部下丹济拉于翁金。

◎十月，以噶尔丹穷蹙无依，康熙皇帝率师前往归化，再次征讨。

◎十一月，康熙皇帝率军渡黄河。噶尔丹遣使乞降。副都统阿南达擒获噶尔丹派赴青海和西藏的使者、亲侄、随从家属及其亲子多人。谕限噶尔丹于七十日内来降。又调动西北各部，遏其西窜之路，随后班师。

◎十二月，还京。谕免甘肃全省及陕西榆林府所属地方明年地丁钱粮。

## 康熙三十六年（1697） 四十四岁

◎正月，谕征调军队，三次亲征噶尔丹。

◎二月，康熙皇帝亲征噶尔丹。以山西巡抚倭伦居官清廉，赐御用貂服。

◎三月，皇十七子胤礼生。厄鲁特多尔济率众来降。勇略将军赵良栋病故，遣皇长子胤禔赐奠。至宁夏，命查去年昭莫多、翁金阵亡兵丁，遣官祭奠。遣官祭贺兰山、阅兵，命侍卫以御用之物均赐战士。

◎闰三月，康亲王杰书病故，谥曰“良”。再遣使招降噶尔丹。噶尔丹以众叛亲离，穷蹙无路，于阿察阿穆塔台地方服毒自杀。

◎四月，驻跸狼居胥山。抚远大将军费扬古疏报噶尔丹死讯。噶尔丹之女钟齐海率残余部众降。率文武官员行拜天礼，敕诸路班师。

◎五月，还京师，谕以外寇荡平，惟以安定地方、抚循百姓为急务。礼部请上尊号，不许。

◎六月，礼部请于师行所过名山摩崖纪功，从之。

◎七月，停八旗都统、副都统员缺于本旗选授之例，改于左右翼内不论旗分补授。遣官赍外藩四十九旗。巡幸塞外。

◎八月，赐蒙古王公台吉银币。

◎九月，厄鲁特丹济拉率众来降。谕内务府总管海喇孙，膳房人花喇、额楚等人私在皇太子处行走，甚属悖乱，分别将其处死或圈禁。

◎十月，令八旗宗室子弟与满洲诸生一体应试。免山西明年地丁钱粮。太监刘进朝以外出讹诈论死。第巴立仓央嘉措为六世达赖喇嘛，举行坐床仪式。康熙皇帝授六世达赖喇嘛以印信、封文。

◎十一月，青海扎什巴图尔台吉、土谢图汗戴青、那木扎尔额尔德尼台吉、盆楚克台吉等来朝，分别封为亲王、贝勒、贝子。诏谕直省报灾并报灾害分数。

◎十二月，考察天下军政。大阅军容于玉泉山。

## 康熙三十七年（1698） 四十五岁

◎正月，厄鲁特策妄阿拉布坦遣使入贡。巡幸山西五台山，命皇长子往祭金太祖、金世宗陵。



◎二月，免山西去年逋赋并开仓赈济饥民。大计天下官员。以山东连岁荒歉，遣官赈济。以山东巡抚李炜匿灾不报，将其革职。

◎三月，封皇长子胤禔为多罗直郡王，皇三子胤祉为多罗诚郡王，皇四子胤禛、皇五子胤祺、皇七子胤祐、皇八子胤禩俱为多罗贝勒。直隶巡抚于成龙上奏偕西洋人安多等履勘浑河，帮修挑浚，绘图呈进。遣内阁学士伊道等人往谕策妄阿拉布坦。以各省米价腾贵，禁造烧酒。以投诚厄鲁特人等分隶八旗。

◎四月，减广东海关税额。巡幸漕河。

◎五月，命裁上林苑衙门。

◎六月，从云南巡抚石文晟奏，三藩属人奉旨免缉者，准其垦田、应试。

◎七月，命吏部选州、县官引见。修治浑河初期工竣，赐名永定河。湖南茶陵州因私派繁重，民情汹汹，原吴三桂部属黄明、陈丹书、吴旦先等人乘机起事，谕令湖广、贵州、广西三省围剿，不久即定。奉皇太后取道塞北，东巡谒陵。

◎八月，策妄阿拉布坦遣使献噶尔丹骸骨。

◎九月，黑龙江将军萨布素、宁古塔将军沙纳海朝见于行在。

◎十月，谒永陵及盛京二陵。遣官祭功臣墓。免奉天今年米豆。户部尚书马齐、理藩院尚书班迪与蒙古四十九旗及边外喀尔喀会盟。

◎十一月，还京。以外藩蒙古生计窘迫，盗窃公行，遣八旗官员前往教导。令各省举人三科不中，准其拣选知县。免江苏、安徽部分州、县明年地丁银米。

◎十二月，命徐廷玺协理河务，命尚书马齐、侍郎喻成龙、常绶视察河工。谕察闲散宗室、材力干济、精于骑射及贫无生计者，各予登用并为其筹划生计。诏官民妻女缘事牵连，勿拘讯，著为令。诏八旗察访孝子节妇。

## 康熙三十八年（1699） 四十六岁

◎正月，谕以黄、淮泛滥，需亲临河工，下令再度南巡。

◎二月，奉皇太后南巡。

◎三月，阅视高家堰、归仁堤、烂泥浅等处河工。以河身高出地面，以致泛滥，谕治河以疏浚河身为要。谕截漕粮十万石，发高邮、宝应等十二州、县平粜。阅视黄河堤。诏免江苏、安徽、浙江逋欠地丁钱粮。

◎四月，回銮，次苏州，诏免盐课，关税加增银两，增加江、浙三省学额。亲祭明孝陵，御书“治隆唐宋”匾额。升贵州按察使彭鹏为广西巡抚。渡黄河，御小舟，阅视新埽。

◎五月，舟次仲家闸，御书“圣门之哲”额，悬先贤子路祠。免山东历年逋赋。还京。

◎六月，起郭琇为湖广总督。

◎七月，禁各省经制额兵虚冒钱粮。河决淮、扬。

◎闰七月，敏妃张雅氏卒。巡幸塞外。

◎八月，直隶巡抚李光地奏请疏浚滹沱河、漳河。

◎九月，以诚郡王胤祉母丧未满百日剃发而交宗人府收禁议罪，并革其郡王爵，授为贝勒。谕查访明代后裔，以奉祭祀。

◎十月，巡视永定河堤工。谕直隶巡抚李光地等试行束河身坚筑堤岸，以水力冲刷河底使之加深办法。

◎十一月，以顺天乡试弊端严重，对正副考官李蟠、姜宸英严加议处。以水灾，免淮、扬地方明年地丁额赋。以各部院所设蒙古司官并无所办之事，俱着解任，候补理藩院员缺。免明年湖南全省地丁钱粮。



## 康熙三十九年（1700） 四十七岁

◎正月，巡视永定河工。

◎二月，因淮、扬等处频年水灾，命截漕二十万石备赈。

◎三月，谕差往蒙古官员不可以内地之法治之，当顺其性情以渐导。免江南水灾地区康熙三十八年地丁钱粮。河道总督于成龙病故，赐祭葬，谥“襄勤”，以江西总督张鹏翮为河道总督。

◎四月，御制台省箴，以儆言事诸臣。巡视永定河堤工，命八旗兵丁协助开河。

◎五月，裁各省闲冗官三百三十五员。湖广总督郭琇奏楚省陋弊八款，诏谕实力革除。

◎六月，河道总督张鹏翮报修浚海口工成，河流畅遂。停宗室科举。谕科举考试以大臣子弟另编字号。

◎七月，厄鲁特台吉策妄阿拉布坦遣兵至青海。定翰林院编修、检讨、庶吉士月给银三两例，学道缺出，较俸选派。故振武将军孙思克卒，予祭葬，谥“襄武”。以各省丰收，谕重积贮。巡幸塞外。

◎九月，停今年秋决。诏张鹏翮专理河工。

◎十月，皇太后六十万寿，御制《万寿无疆赋》，亲书围屏进献。许科道官风闻言事。巡阅永定河。命本年行取科道未补官者，作为额外御史，随班议事。

◎十一月，差户部右侍郎温达查视陕甘驿站。定科场官卷取士例。巡幸边外。四川打箭炉土蛮作乱，遣侍郎满丕偕提督唐希顺讨之。

◎十二月，赐外藩王以下至官兵白金。云南布政使张霖以出身盐商被参革职。唐希顺等败土蛮于打箭炉。



## 康熙四十年（1701） 四十八岁

◎正月，谕直隶巡抚李光地动用正项钱粮，于今春速修永定河工。

◎二月，巡幸畿甸。黑龙江将军萨布素以捏报兵丁数目、浮支仓谷革职。大计天下官员。

◎三月，河道总督张鹏翮请将上谕治河事宜编集成书，不许。命郎中马尔汉等往喀尔喀，教养诸蒙古。

◎四月，巡视永定河、子牙河。《幸鲁盛典》告成。

◎五月，毁西山碧云寺后前明太监魏忠贤墓。直隶巡抚李光地奏报，永定河工程告竣。巡幸塞外。

◎六月，普赐喀尔喀台吉马匹。以丁丑日京中章奏迟至，谕查明原因。授宋儒邵雍后裔五经博士。

◎七月，甘肃旱灾，谕总督席尔达会同巡抚停征被灾百姓钱粮，并议赈恤。

◎八月，皇十八子胤祄生。北巡至索约尔济山。赐喀尔喀汗、王、台吉等银帛布匹。

◎九月，策妄阿拉布坦将噶尔丹之女钟齐海解至京师，命其与噶尔丹之子色腾巴尔珠尔同居。正黄旗领侍卫内大臣索额图以年老乞休，允之。

◎十月，免甘肃、江苏明年地丁钱粮。诏总督郭琇、张鹏翮、桑额、华显，巡抚李光地、彭鹏、徐潮各举贤能。以故多罗平郡王讷尔福之子讷尔苏袭封多罗平郡王。扩大议政大臣范围。

◎十一月，大阅八旗军容于南苑。

◎十二月，河道总督张鹏翮奏河工大致完成，请康熙皇帝明春南巡视察。



## 康熙四十一年（1702） 四十九岁

◎正月，诏修国子监。命喇嘛达布巴色尔济、郎中舒图前往打箭炉监督贸易。巡幸五台山。

◎二月，广东连山瑶民近两万人受清军招抚。巡视子牙河。

◎三月，遣使至边外与蒙古会盟。

◎四月，封和硕裕亲王福全长子保泰为世子。

◎五月，定发配犯人先遣回籍，再与妻同发配所。流犯死配所，妻子许还乡里。传大学士、九卿、翰林、詹事、科道官一百四十余员至保和殿，颁赐御书。户部存帑达五千万两。

◎六月，御制训饬士子文，颁发直省，勒石学宫。奉皇太后避暑塞外。

◎闰六月，打箭炉瞻对土司头人率众归顺，缴明代印信，各授五品安抚使，换给印信，仍令管辖原地。增加浙江乡试中额。

◎七月，山东积谷一百七十余万石，从巡抚王国昌之请，每年于春夏青黄不接之时存七粜三，秋后买补还仓。增加湖广乡试中额。

◎八月，增加顺天乡试中额。

◎九月，因视察黄河工程再度南巡。

◎十月，次德州，以皇太子胤礽有疾，召索额图侍奉，康熙皇帝回銮，还京。

◎十一月，诏免陕西、安徽明年地丁钱粮。命修大禹陵。

◎十二月，廷臣以明年五旬万寿，请上尊号，不许。考察天下军政。厄鲁特丹津阿拉布坦来朝，厚加赐赉，封为郡王，赐地游牧。



## 康熙四十二年（1703） 五十岁

◎正月，诸王大臣以康熙皇帝五十寿辰，进献礼物，坚辞不受。仅抄留庆祝万寿无疆屏文。南巡阅视河工。

◎二月，运漕米四万石赈济济宁、泰安饥民。视察宿迁河工。至苏、杭、江宁。

◎三月，视察高家堰、翟家坝堤工。还京。以五十寿诞，颁诏大赦天下，赐军民年七十以上者免一子徭役，八十、九十以上者分赐绢帛、米肉。停二十岁以上宗室给拖沙喇哈番俸之例，改为照披甲例给予银米。

◎四月，大学士熊赐履休致。以李光地为吏部尚书，仍管直隶巡抚事。革湖广总督郭琇职，以喻成龙为湖广总督。以五旬万寿，于恩诏中下令以数百万金为旗丁偿逋、赎地，筹划生计，谕八旗子弟不得仍如前游荡饮博。

◎五月，和硕裕亲王福全有疾，康熙皇帝连往临视。内大臣索额图以结党获罪，拘禁宗人府。其同党之同族子孙在部院者俱查明革退。巡幸塞外。

◎六月，和硕恭亲王常宁死，命诸皇子经纪其丧。和硕裕亲王福全死，康熙皇帝星夜返京。

◎七月，亲临裕亲王丧次。令皇子俱穿孝。巡幸塞外。

◎八月，以山东官员不知教民撙节备荒，停其升转。

◎九月，予原任礼部侍郎高士奇、刑部右侍郎励杜讷祭葬。

◎十月，免山东康熙四十三年地丁钱粮。西巡山西、河南、陕西。免山西康熙四十二年以前未完钱粮。以裕亲王福全之子保泰为和硕裕亲王。

◎十一月，遣官祭女娲陵。渡黄河，过潼关，至西安。遣官祭周文王、周武王。免陕西、甘肃康熙四十二年以前积欠银米。大阅于西安。赐陕西盩厔征士李颙“操志清洁”匾额。命皇三子胤祉往阅三门底柱。



◎十二月，至河南。次修武，视察怀庆营，见军伍不整，逮总兵官王应统入京论死。封常宁之子海善为贝勒。

◎是年，《全唐诗》编成。

## 康熙四十三年（1704） 五十一岁

◎正月，于南苑大阅八旗军容，以八旗汉军皆乐于外任，谕令其有一家俱外任者，酌改京员。

◎二月，大计天下官员。京师米贵，谕每月发通仓米三万石于五城平粜。

◎三月，资送山东饥民回籍。

◎四月，阅视永定河堤、子牙河。命侍卫拉锡等人视察河源。

◎五月，以工部满洲官员舞弊案发，谕责各部院满洲尚书、侍郎等。

◎六月，巡幸塞外。谕统一各省斗斛。禁各处开采铅锡矿。

◎七月，广东巡抚彭鹏卒，予祭葬。

◎八月，内阁学士兼礼部侍郎徐秉义以老乞休，允之。

◎九月，禁督抚于各省州、县官破格滥调，违例处分。刑部右侍郎常绶招抚海寇二百余人，谕各予安插。侍卫拉锡视察河源，自星宿海还，绘图以进。

◎十月，疏浚天津杨村旧河。诏免顺天、河间二府及山东、浙江二省明年地丁钱粮。命各省巡抚疏浚汾河、渭河、贾鲁河。视察永定河。

◎十一月，谕明年春间青黄不接之时发京仓米平粜。原任工部郎中费仰嘏以贪婪弃市。定吏部行取知县例，停督抚保荐。湖北巡抚刘殿衡以所刷印御书并藏书楼图呈览，康熙皇帝斥其靡费，并严禁借修建而侵帑累民。诫修《明史》馆臣核公论，明是非，以成信史。

◎十二月，准湖广各府、州、县熟苗生童与汉人一体应试。天津总兵官蓝理请于沿海屯田，从之。赐大臣官员《御制诗集》各一部。以河工告成，河道总督张鹏翮以下各加级有差。

## 康熙四十四年（1705） 五十二岁

◎正月，《古文渊鉴》告成，颁赐廷臣以及官学。

◎二月，南巡阅河。

◎三月，至扬州，谕河道总督张鹏翮治河善后方略。命选江、浙举贡生监善书者入京修书。普赐扈驾、迎驾官员银两。

◎四月，至杭州阅射，诏赦安徽、江苏、浙江、福建死罪减一等。御书“至德无名”匾额悬吴泰伯祠，并书季札、董仲舒、焦光、周敦颐、范仲淹、苏轼、欧阳修、胡安国、米芾、宗泽、陆秀夫各匾额悬其祠。祭明太祖陵。赐江宁八旗兵丁两月饷银。驻江宁。

◎闰四月，阅高家堰堤工。御书“经术造士”匾额悬胡安国书院。渡黄河。还京。

◎五月，以翰林院检讨年羹尧为四川乡试正考官。谕嗣后蠲免钱粮，旧欠亦不得征收。巡幸塞外。

◎六月，命行取知县非再任者不得考选科道。停广东开矿。

◎七月，黄河决口于清水沟、韩庄，命河臣察居民田舍以闻。拉藏汗杀第巴桑结嘉措，向清廷报告仓央嘉措系假达赖喇嘛。

◎八月，免八旗借支兵饷银七十万两。革湖广总督喻成龙职。自博洛和屯启行，阅塞外各处孳生马牛羊群及蒙古生业。

◎九月，还京。准湖广各土司中之读书能文者注入民籍，一体考试。

◎十一月，命蒙古公丹济拉备兵西陲，察视策妄阿拉布坦。以李光地为文渊阁大学士，宋荦任吏部尚书，调赵弘燮为直隶巡抚。诏免湖广明年额赋及以前逋赋。至此，自康熙元年以来，所免钱粮数目达九千多万，其中仅康熙四十二年以来即达一千六百余万。新修国子监告成，御书“彝伦堂”匾额。从福建学政沈涵之请，为杨时祠书额“程氏正宗”，为罗从彦祠书额“奥学清节”，为李侗祠书额“静中气象”，为胡安国祠书额“霜松雪柏”，为蔡元定祠书额“紫阳羽翼”，为蔡沈祠书额“学阐图畴”，为真德秀祠书额“力名正学”。巡幸近塞。

◎十二月，亲临和硕裕亲王福全葬。以领侍卫内大臣阿灵阿兼理藩院尚书。以宗人府借放本银六万两所生利息接济贫穷宗室。以犬房头领隆科多带领属人妄行而革副都统、銮仪使、犬房头领职，在一等侍卫里行走。

◎是年，罗马教廷派多罗使华，礼仪之争起。

## 康熙四十五年（1706） 五十三岁

◎正月，命孙渣齐、徐潮督理疏浚淮扬引河。顺天乡试考官户部右侍郎汪霖、副考官赞善、姚士藟以取士不公革职。

◎二月，巡幸畿甸。至静海，视察子牙河。

◎三月，允准天津总兵官蓝理之请，于天津试开水田。以原任太仆寺卿施世纶为顺天府府尹。以满洲取中进士比例大于汉人，指斥失于公允。诏直省建育婴堂。

◎四月，减八旗进士额数。陈梦雷编纂《古今图书汇编》初稿书成。

◎五月，免直隶、山东历年积欠逋赋银一百七十七万余两，粮一万一千余石。巡幸塞外。

◎六月，诏修功臣传。命凡部、寺咨取钱粮非由奏请者，户部月汇其数以闻。

◎七月，皇二十子胤祎生。

◎八月，高家堰车逻坝、漳河河堤告成。

◎十月，以杭州、江宁、西安驻防满洲闲居日久，怠于武事，令每年各选二十四人，随至热河行围。免山西、陕西、甘肃、江苏、安徽、浙江、江西、湖北、湖南、福建、广东康熙四十三年以前积欠地丁银二百一十二万余两，粮十万五千余石。

◎十一月，豁免八旗借贷银三百九十五万余两。巡幸塞外。

◎十二月，拉藏汗执献伪达赖喇嘛，至西宁口外病故，命抛其尸骸。

## 康熙四十六年（1707） 五十四岁

◎正月，六次南巡，阅视河工。

◎二月，大计天下官员。至清口，阅视溜淮套。以河道所经，直民庐舍、坟墓悉当毁坏，下令罢其役。

◎三月，抵达江宁，谒明孝陵。赐江宁驻防兵丁一月钱粮。以江苏按察使张伯行居官清廉，擢福建巡抚。

◎四月，至杭州、苏州、扬州。

◎五月，次山阳，示河臣方略。还京。以治河之功，追加已故河道总督靳辅太子太保，仍给世职拜他喇布勒哈番（即原世职牛录章京，汉文称为骑都尉）。

◎六月，巡幸塞外。

◎七月，自喀拉河屯启行，巡幸诸蒙古部落。

◎九月，阅视察哈尔、巴尔虎兵丁射。

◎十月，以江南旱灾，命截漕粮赈济，并免康熙四十三年前江苏民欠漕项银六十八万余两、米三十一万余石。



◎十一月，以江南、浙江旱灾，免康熙四十七年两省人丁征银六十九万余两，免征同年江苏、浙江、安徽重灾州、县田亩银三百九十三万余两、粮四十八万余石。幸皇四子多罗贝勒胤禛花园进宴。至皇三子胤祉花园进宴。诏江、浙诸郡县兴修水利，以备涝旱。

◎十二月，赏八旗护军校、前锋、护军等银两。考察天下军政。赐亲王以次内大臣、侍卫白金。

## 康熙四十七年（1708） 五十五岁

◎正月，浙江大岚山张念一、朱三等行劫慈溪、上虞、嵊县，官兵扑平之。以正白旗护军统领觉罗孟俄洛为奉天将军。以江南米贵，截湖广、江西漕米四十万石留于江南平粜。

◎二月，禁米出洋。巡幸畿甸。

◎闰三月，谕旗下民间严禁擅用鸟枪。吏部尚书宋荦以年老致仕。

◎四月，调户部尚书徐潮为吏部尚书。山东拿获改名王老先生的朱三太子，解往浙江。内大臣明珠亡故。

◎五月，巡幸塞外。

◎六月，令各地方官将民间现存之鸟枪限期缴官入库；如有必用鸟枪之处，先呈明地方官，只许长一尺五寸，并刻地方、姓名，违者治罪。同时严禁私卖硝磺。以翰林院侍讲学士年羹尧为广东乡试正考官。谕将朱三、张念一等人解京正法。以江南久雨米贵，而湖广、江西禁米出境，谕各督抚开禁，听商人贩卖，以平江南米价。《清文鉴》编成，御制序文。

◎七月，谕刑部：凡犯人从流徙地方逃回而未犯新罪者，照原定例完结；如犯新罪，不论罪之轻重，即行正法。《平定朔漠方略》书成，御制序文。

◎八月，回銮，视皇十八子胤祄疾。谕责诸子挞辱大臣侍卫。

◎九月，驻跸布尔哈苏台。召诸王大臣侍卫文武官员等齐集行宫，宣示皇太子胤礽罪状，命拘执之，送京囚禁。还京。遣官告祭天地、太庙、社稷，废黜皇太子胤礽，幽禁上驷院。命贝勒胤禩署内务府总管事。谕斥皇长子胤禔"不谙君臣大义"，"洵为乱臣贼子"。斥皇八子胤禩"到处妄博虚名"，"是又出一皇太子矣"。并谕诸皇子："如有钻营谋为皇太子者，即国之贼。"

◎十月，谕诸皇子及廷臣："今立皇太子之事，朕心已有成算，但不告知诸大臣，亦不令众人知。到彼时，尔等只遵朕旨而行。"削贝勒胤禩爵。免明年江、浙两省地丁钱粮七百三十二万余两。

◎十一月，削直郡王胤禔爵。致仕大学士张英卒，予祭葬，谥"文端"。副都御史劳之辨奏保废太子，夺职杖之。召集廷臣议建储贰，阿灵阿、鄂伦岱、揆叙、王鸿绪及诸大臣以皇八子胤禩请，康熙皇帝不许。释废太子胤礽。王大臣请复立胤礽为皇太子。以黑龙江右翼副都统宗室发度为黑龙江将军。复胤禩贝勒爵。

◎十二月，镇国公普奇以罪革退。

## 康熙四十八年（1709） 五十六岁

◎正月，召集廷臣追查倡议胤禩为太子者。命侍郎赫寿驻藏。初，拉藏汗与青海争立达赖喇嘛，不决，特命大臣往监临之。

◎二月，巡幸畿甸，以胤礽及诸皇子随驾扈从。升侍讲学士年羹尧为内阁学士兼礼部侍郎。以宗室杨福为黑龙江将军，觉罗孟俄洛为宁古塔将军。以建储事严斥舅舅佟国维。



◎三月，复胤礽皇太子，遣官告祭天地、宗庙、社稷，诏告天下。谕封诸皇子，命宗人府察例具奏。

◎四月，移禁皇长子胤禔于公所，遣官率兵监守。巡幸塞外，命皇太子胤礽及诸皇子随驾扈从。

◎五月，驻跸热河。

◎七月，以户部左侍郎噶礼为江南、江西总督。九月，以内阁学士年羹尧为四川巡抚。以散秩大臣公鄂伦岱为领侍卫内大臣。

◎十月，册封皇三子多罗贝勒胤祉为和硕诚亲王，皇四子多罗贝勒胤禛为和硕雍亲王，皇五子多罗贝勒胤祺为和硕恒亲王，皇七子多罗贝勒胤祐为多罗淳郡王，皇十子胤䄉为多罗敦郡王，皇九子胤禟、皇十二子胤祹、皇十四子胤禵俱为固山贝子。诏免被灾之江苏淮扬徐、山东兖州、河南归德明年地丁额赋九十五万两。致仕大学士熊赐履卒，谥“文端”。

◎十一月，以当时内库贮银五千余万两，虽去年蠲免钱粮达八百余万，而库贮仍不见少，谕令各省酌量截留解部银两，以备地方急需。以户口日繁、田不加增，为使百姓普享太平，谕免康熙五十年全国地丁钱粮。以福建巡抚张伯行调补江苏巡抚。

◎十二月，以历科进士候选者积至六百余人，谕令其中有愿就教职者，以教授用。命原任大学士马齐管理与俄罗斯贸易事。升顺天府府尹施世纶为都察院左副都御史，仍兼理顺天府事。



## 康熙四十九年（1710） 五十七岁

◎正月，以皇太后七旬大庆，于皇太后宫进宴，康熙皇帝近前进爵并舞蟒式舞。禁八旗兵丁先期典卖所支米石。谕修满、蒙合璧《清文鉴》。

◎二月，巡幸五台山。大计天下官员。

◎三月，还京。谕编纂《康熙字典》。敕封波克塔胡必尔汗为六世达赖喇嘛。免浙江杭州、湖州二府漕米九万二千余石。

◎四月，调萧永藻为吏部尚书，王掞为兵部尚书。

◎五月，巡幸塞外。谕各省灭蝗。谕责“天下兵丁额数缺少，而空名食粮者甚多”。

◎六月，命诸皇子恭迎皇太后至热河避暑。

◎七月，户部亏空草豆案发。堂司官受贿者达六十四人。

◎八月，以福建漳州、泉州二府旱灾，令运江、浙漕粮三十万石赈之，并免本年未完额赋。

◎九月，奉皇太后还京。清查户部买办草豆受贿贪污案。自康熙三十四年至四十八年，户部官员一百一十二人侵蚀银六十四万两。命革户部尚书希福纳职，以穆和伦为户部尚书。

◎十月，谕自明年始，三年之中，普免天下钱粮一周。以左副都御史兼管顺天府府尹事施世纶为户部右侍郎。谕免江南亏空钱粮五十余万两。天津新开水田一百五十顷，命拨给情愿耕种之民。

◎十一月，谕蠲免钱粮，业主免七分，佃户免三分，永著为例。以施世纶为仓场侍郎。

◎十二月，升偏沅巡抚赵申乔为都察院左都御史。

◎是年，全国人丁二千三百三十一万有奇，田地六百六十三万余顷，征银二千九百二十余万两。首免直隶、奉天、浙江、福建、广东、广西、四川、云南、贵州九省明年地丁额赋九百五十六万余两。



## 康熙五十年（1711） 五十八岁

◎正月，皇二十一子胤禧生。巡视通州河堤。

◎三月，谕大学士等"治天下之道，以宽为本"。诸王、大臣以万寿节请上尊号，自平滇以来，至是凡四请，康熙皇帝终不许。谕准诸王、大臣之请，于本年寿日行朝贺礼。

◎四月，增加各省乡试中额。以四川巡抚年羹尧奉旨剿抚生番，并不亲往，而将其革职留任。奉皇太后巡幸塞外。

◎五月，大学士张玉书亡故，谥"文贞"。免江苏无着银十万两有奇。

◎六月，差户部左侍郎张世爵等前往福建招安泉州无食饥民为寇者。

◎七月，皇四子和硕雍亲王胤禛赴热河请安。行围，命诸皇子随驾。

◎八月，清高宗弘历出生。授先贤子游后裔世袭五经博士。

◎九月，福建陆路提督蓝理被革职。奉皇太后还京。

◎十月，免明年台湾应征稻谷。颁诏轮免山西、河南、陕西、甘肃、湖北、湖南六省明年地丁钱粮及历年积欠一千零十五万余两。都察院左都御史赵申乔疏参翰林院编修戴名世恃才放荡，私刻文集，语多狂悖，下部严审。步兵统领托合齐以病乞假，命一等侍卫行走隆科多署步兵统领事。诏举孝义。都统鄂缮、尚书耿额、齐世武等人以与皇太子胤礽结党被革职锁拿。赏赐八旗步兵银两。

◎十一月，命张鹏翮审讯江南乡试舞弊案。实授隆科多步兵统领。

◎十二月，禁创建增修寺庙。皇二十二子胤祜生。

## 康熙五十一年（1712） 五十九岁

◎正月，将原已行于地方将军、督抚、提镇之奏折制度，普遍推行于领侍卫内大臣、大学士、都统、尚书、副都统、侍郎、学士、副都御史等，令于“请安折内附陈密奏”。斥托合齐等人“构集党羽”。巡幸畿甸，以皇太子及诸皇子随驾。

◎二月，诏宋儒朱熹配享孔庙，升于大成殿十哲之次。江苏巡抚张伯行与总督噶礼互讦，令俱解任，交张鹏翮、赫寿查审。命卓异武职官员亦照卓异文职官员例引见。下令今后征收钱粮，皆以现有人丁为准，以后滋生人丁，永不加赋。

◎三月，增加云南、贵州、广西三省进士各一名。

◎四月，临幸皇三子胤祉园进宴。以托合齐结党事再斥皇太子胤礽。大学士陈廷敬病故，谥“文贞”。以明年六旬万寿，从臣民之请，特开恩科乡、会试。奉皇太后避暑塞外。

◎五月，命有司稽查山东流民至蒙古种地者。遣侍读学士殷扎纳、内阁侍读图理琛出使旅居俄罗斯之土尔扈特部。

◎六月，湖南镇筸红苗吴老化率五十二寨三千余人内附。命户部尚书穆和伦、工部尚书张廷枢再审江南督抚互讦案。皇四子胤禛赴热河请安。江宁织造曹寅病故，以其子曹颙继任。

◎七月，临幸皇四子胤禛园进宴。

◎九月，以先贤言偃裔孙世袭五经博士。镇筸红苗八十三寨二千余人受招内附。还京。令将皇太子胤礽拘执看守。

◎十月，御笔朱书谕诸王、贝勒、大臣等，再废皇太子。谕免江苏、安徽、山东、江西四省明年地丁钱粮及历年积欠一千二百三十四万余两。统计三年总免全国地亩人丁新征旧欠共银三千二百零六万余两。穆和伦等复按江南督抚互讦案上，命革噶礼职，张伯行复任。以揆叙为都察院左都御史，赫寿为江西、江南总督。命禁锢废皇太子胤礽于咸安宫。



◎十一月，因废皇太子胤礽，遣官告祭天地、太庙、社稷。群臣以康熙皇帝六旬万寿请上尊号，不许。赐亲王、诸皇子、侍卫等白金。因废皇太子胤礽，颁诏天下。

◎十二月，定嗣后藩、臬缺出，督抚不许坐名题补，听吏部通行开列。考察天下军政。

## 康熙五十二年（1713） 六十岁

◎正月，议处江南和福建科场舞弊案，将贿通关节之副考官、同考官立斩，主考官革职。封班禅呼图克图为班禅额尔德尼。

◎二月，赵申乔疏言皇太子为国本，应行册立。康熙帝以建储大事未可轻定，宣谕廷臣，以原疏还之。巡幸畿甸。大计天下官员。编修戴名世以《南山集》案被弃市。进士方苞以为其作序干连，免死入旗。

◎三月，以外省老人进京祝嘏者甚多，谕太医院注意看治。皇三子恭请康熙皇帝临幸府园进宴。万寿节，朝慈宁宫，御太和殿受贺。颁诏覃恩，锡高年，举隐逸，旌孝义，蠲逋负，鳏寡孤独无告者官府养之，罪非殊死者皆赦除。宴直隶各省汉大臣、官员、士庶人等年九十以上者三十三人，八十以上者五百三十八人，七十以上者一千八百二十三人，六十五以上者一千八百四十六人于畅春园正门前，各赐白金。宴八旗官员、兵丁、闲散人员于畅春园，视食授饮、视饮赐金如前。是日，九十以上者七人，八十以上者一百九十二人，七十以上者一千三百九十四人，六十五以上者一千零十二人。

◎四月，遣官告祭山川、古陵、阙里。赏赐各省绿旗兵丁。

◎五月，谕大学士等，已开之矿不必强禁，恐生事端。奉皇太后避暑塞外。遣官至喀尔喀等处，给赏蒙古老人。

◎闰五月，赐热河居住耆老白金。

◎六月，命皇三子胤祉修辑律吕、算法诸书。幸皇三子园进宴。

◎七月，命宗人府查明太祖以来革退宗室、觉罗等子孙，分别记入黄档、红档，授以红带、紫带，一并载入玉牒。

◎八月，蒙古鄂尔多斯王松阿拉布请于察罕托灰游牧，不许，命游牧以黄河为界。

◎九月，奉皇太后还宫。以江、浙漕米十五万石分运广东、福建备赈。于盛京、锦州设水师营，防守海洋。

◎十月，转户部尚书张鹏翮为吏部尚书，升都察院左都御史赵申乔为户部尚书。

◎十一月，福建、广东、甘肃部分地区遭灾，蠲免明年应征额赋。皇二十三子胤祁生。

◎十二月，从步兵统领隆科多之请，于畅春园增设马步兵防守。追给额亦都、费扬古、鳌拜等世职，令其后人承袭。

## 康熙五十三年（1714） 六十一岁

◎正月，巡幸畿甸。从宁古塔将军孟俄洛请，编三姓、珲春之雅拉人为六佐领，设官管辖。

◎二月，诏停今年秋审人犯。矜疑人犯，审理具奏，配流以下，减等发落。还京。

◎三月，遣官赈济甘肃灾民。幸皇三子园进宴。前户部尚书王鸿绪进《明史列传》二百八十卷，交明史馆。

◎四月，严禁刻印贩卖小说淫词。以原任江西、江南总督噶礼之母叩阍控告噶礼忤逆不孝，令其自尽。奉皇太后避暑塞外。



◎五月，幸皇三子园进宴。图理琛一行进入土尔扈特境内，阿玉奇汗以下僧俗人民予以热烈欢迎。

◎六月，图理琛向土尔扈特汗阿玉奇宣读敕谕，逗留半月，起程返国。

◎七月，以江南亢旱，浙江米贵，河南歉收，命截漕粮三十万石，分运三省平粜。幸皇四子园进宴。

◎九月，奉皇太后还京。命各省督抚、提镇严禁水路汛兵借端勒索贩粮船只。湖广总督额伦特疏言，奉命查勘湖南荒田，各州、县荒田共四万六千一百顷，各属士民皆愿开垦，请于六年后照下则例起科，从之。

◎十月，九卿等议差往甘肃查勘灾情之工部右侍郎条奏安插失业穷民六款，从之。严科场制度。命大学士、南书房翰林考定乐章。

◎十一月，免甘肃被灾州、县、卫所明年地丁钱粮，银九万七千余两，粮二十三万九千余石，草二百五十三万余束。谕户部截漕米三十余万石，于江南、浙江备赈。《律历渊源》书成。巡幸塞外。严斥皇八子胤禩，认为“此人之险，实百倍于二阿哥”。

◎十二月，以总督仓场侍郎施世纶为云南巡抚。从左都御史揆叙之请，严禁小报。定各省解钱粮、物料到部及时兑收批回之制，以免库官胥吏拖延勒索。定追赔赃银例。

## 康熙五十四年（1715） 六十二岁

◎正月，停五经中式例，以贝勒胤禩行止卑污，停食俸米。

◎二月，巡幸畿甸。令畿辅农村多立义学。以施世纶为漕运总督。

◎三月，以蒙古吴拉忒等部十四旗雪灾，命尚书穆和伦往赈，教之捕鱼为食。以赵弘燮为直隶总督，任巡抚事。幸皇三子园进宴。图理琛使团自土尔扈特部经俄罗斯还京。往返四年。回京后，就途中见闻著《异域录》一书。经朝廷同意，俄国修士及神职人员七人同至北京，主持在北京东正教徒宗教活动。禁臣下颂圣之语，谕凡事皆宜务实。赐内廷行走举人梅瑴成一体殿试。

◎四月，策妄阿拉布坦以兵二千攻哈密，游击潘至善击败之。命尚书富宁安、将军席柱率军援剿，谕喀尔喀等备兵。奉皇太后避暑塞外。

◎五月，遣使颁敕策妄阿拉布坦，责其入犯内地之罪。令其准许各部各回原处，并放回拉藏汗之子，否则，“朕必亲征，或令王大臣等领兵直抵尔巢穴”。遣内阁侍读图理琛出使俄罗斯，谕其备边，以防策妄阿拉布坦入侵。

◎六月，命都统图思海等赴湖滩河朔运粮。富宁安、席柱疏报进兵方略。得旨，明年进兵。幸皇三子园进宴。甘肃兰州等处旱灾，以仓粮散赈，并免未完额赋。

◎七月，以领侍卫内大臣、公傅尔丹办理西北屯田。幸皇四子园进宴。

◎九月，和托辉特公博贝招抚乌梁海。

◎十月，奉皇太后还京。以直隶顺天、保定、河间、永平、宣化五府水灾，免明年地丁钱粮银八十五万两、米一十一万石。

◎十一月，以子母炮系八旗火器，规定各省绿旗不准铸造。以结交贝勒胤禩，革翰林何焯职。

◎十二月，调偏沅巡抚陈瑸为福建巡抚。以张伯行为总督仓场侍郎。

## 康熙五十五年（1716） 六十三岁



◎正月，策妄阿拉布坦遣大策零敦多卜率兵一万人，驱逐侵入额尔齐斯河地区之俄罗斯军队。

◎二月，因兵粮不继，谕“今岁停止进兵”。除哈密一线留足汛守之兵，余皆撤回。谕于巴里坤、科布多进行屯田。大计天下官员。巡幸畿甸。从御史董之燧言，各省征收钱粮，有丁从地起者，其法最善，因定以后民间买卖地亩，其丁随地输课。

◎三月，幸皇三子园进宴。定明春进剿策妄阿拉布坦，以护军统领延布往代将军席柱。

◎闰三月，谕发京仓米二十万石赈济顺天、永平饥民。

◎四月，奉皇太后避暑塞外。

◎五月，复以马齐为武英殿大学士，穆和伦为户部尚书。以京师米贵，发仓米平粜。预发八旗兵粮。皇二十四子胤祕生。幸皇三子园进宴。台湾生番四千七百余口内附，谕地方官加意抚恤。

◎六月，从尚书富宁安疏言，各处民人欲往口外及哈密等处贸易者一百四十余起，皆令地方官给以出口印票前往。

◎七月，幸皇四子园进宴。从富宁安疏言，命巡抚绰奇踏勘嘉峪关至肃州一带可垦地亩，招民垦种，并由甘肃、陕西文武官捐输耕种，俟有收获，人民渐集，即设立卫所，以固边防。

◎九月，奉皇太后还京。以皇八子胤禩患病，谕皇四子、皇十四子往视。

◎十月，诏刑部积岁缓决长期系狱人犯，分别减释之。复皇八子胤禩俸银禄米。以西陲用兵，免山西、陕西、甘肃四十八州、县明年地丁钱粮及历年积欠。免山西、陕西绿旗兵丁所借帑银四万八千两。始令大臣皆奏密折。谕海防为今日之要务，预言“西洋等国，千百年后，中国恐受其累”。

◎十一月，谕明年暂停进剿策妄阿拉布坦，加意耕种，将粮饷、马匹预备整齐，后年再行进兵。领侍卫内大臣、理藩院尚书阿灵阿病故，予祭葬。盗犯韩七等偷掘明陵，谕严缉务获，到日即处斩。策妄阿拉布坦遣兵偷袭西藏。

◎十二月，以翰林院侍讲学士张廷玉为内阁学士兼礼部侍郎。诏免顺天、永平两府三十五州、县明年地丁钱粮及历年积欠。册封青海已故亲王札什巴图尔之子罗卜藏丹津为亲王。

◎是年，《康熙字典》纂成。

## 康熙五十六年（1717） 六十四岁

◎正月，议定禁海政策及具体办法。

◎二月，巡幸畿甸。左都御史揆叙卒，谥“文端”。赐来朝随围青海亲王罗卜藏丹津等袍服。

◎三月，幸皇三子园进宴。严斥起居注官陈璋泄露起居注内容。部署征剿策妄阿拉布坦，巴里坤一路，以富宁安为靖逆将军；阿尔泰一路，以傅尔丹为振武将军，以祁里德为协理将军。各率兵前往，俱于七月前进兵。都统穆赛率兵驻三路适中地，以备应援。巡视河西务河堤。

◎四月，发通州仓米分贮直隶州、县备赈。令各省再行严禁天主教。奉皇太后巡幸塞外。

◎五月，九卿议王、贝勒差人出外，查如无勘合，即行参究。

◎六月，幸皇三子园进宴。靖逆将军富宁安率兵自巴里坤出发，袭击策妄阿拉布坦。同时，阿尔泰一路亦发兵进袭。

◎七月，四川巡抚年羹尧因馈送冒充皇三子使者之逃人孟光祖礼物，革职留任。令理藩院尚书赫寿致书拉藏汗，劝其警惕策妄阿拉布坦侵犯，更勿助其侵扰青海。幸皇四子园进宴。富宁安奏报七月十日至乌鲁木齐，践其田禾、掳其属人而还。河南宜阳县因知县借口军需，科派预征明年钱粮，激起民变。

◎八月，以策妄阿拉布坦发兵西藏，有袭扰青海之意，令于西宁、松潘、噶斯等处备兵并及时侦探敌情。增拨八旗兵驻守成都、西安。

◎九月，河南巡抚李锡以贪虐激起民变，革职。

◎十月，命户部侍郎梁世勋、盛京兵部侍郎海寿督理巴里坤屯田。奉皇太后自热河返京。皇太后病。以身体虚弱，由大臣代祭天坛。

◎十一月，以皇十二子胤裪署理内务府总管事。于乾清宫东暖阁召诸皇子及满汉大学士、九卿、詹事、科道等谕以身后大事。免八旗借支银一百九十六万八千余两。并定自明年正月始，发给兵丁全分银两。前大学士王掞密奏请立皇太子，御史陈嘉猷等八人亦上疏请立皇太子。康熙皇帝谕以“天下之事，岂可分理”。免直隶、安徽、江苏、浙江、江西、湖广、西安、甘肃二十八处带征地丁屯卫银二百三十九万八千余两。安徽、江苏所属带征漕项银四十九万五千余两，米麦豆一百一十四万六千余石，免征各半。

◎十二月，皇太后病故，康熙皇帝居丧。谥“孝惠章皇后”。

◎是年，策妄阿拉布坦遣策零敦多卜率兵六千攻陷拉萨，占领布达拉宫，杀拉藏汗。

## 康熙五十七年（1718） 六十五岁

◎正月，以疾至汤泉疗养。翰林院检讨朱天保请复立胤礽为皇太子。大学士、九卿请立皇太子。令“于未立皇太子之前，预定太子仪仗”。赐防边军士衣二万袭。

◎二月，为加固海疆，令于闽浙、广东沿海增高炮台，添造营房，派拨弁兵，分防巡守，加强船只管理。以策妄阿拉布坦入侵西藏，拉藏汗乞师，命侍卫色楞会同青海兵往援。九卿、科道表请建储，以丧期，不准所奏。考察天下军政。朱天保正法。

◎三月，停胤祹署理内务府总管事务。裁起居注衙门。浙江巡抚朱轼请修海宁石塘，从之。

◎四月，葬孝惠章皇后于孝东陵。巡幸热河。

◎五月，总督额伦特疏报，拉藏汗被陷身亡，二子被杀，达赖、班禅均遭拘禁。谕加强台湾、澎湖防务，修城垣，筑炮台，拨官兵，造营房。开封始设八旗驻防。

◎六月，原任大学士李光地卒，谥“文贞”。幸皇三子园进宴。侍卫色楞率兵二千起程入藏。

◎七月，废太子胤礽妃卒，命翰林院撰拟祭文。打箭炉外墨里喇嘛内附。总督额伦特督兵入藏。修《省方盛典》。

◎八月，索伦水灾，遣官赈之。镶蓝旗逃棍孟光祖伏诛。成都始设八旗驻防。

◎闰八月，免陕西、甘肃所属除米豆草束外康熙五十八年应征地丁银一百八十八万三千余两，并历年欠银四万余两。

◎九月，命都统阿尔纳、总兵李耀率师赴噶斯口、柴达木驻防。还京。额伦特、色楞所率清军被准噶尔军包围于喀喇乌苏，全军覆没。

◎十月，命皇十四子胤禵为抚远大将军，视师青海。以年羹尧为四川总督。命翰林、科道轮班入值。命胤禵出兵，用正黄旗旗纛。以各旗旗务废弛，命皇七子胤祐、皇十子胤䄉、皇十二子胤祹分管正蓝、正黄、正白满、蒙、汉三旗军务，以便各旗各相效法，发愤勤事。



◎十一月，福建巡抚陈瑸卒，赠礼部尚书，谥“清端”。

◎十二月，抚远大将军胤禵率军自京起程，赴西宁前线。

## 康熙五十八年（1719） 六十六岁

◎正月，以京仓贮米甚多，谕截漕粮四十三万石，分贮苏州、镇江、江宁、淮安、安庆等地，以备平粜或散赈之需。

◎二月，巡幸畿甸。《皇舆全览图》告成。颁赐廷臣。大计天下官员。

◎三月，幸皇三子园进宴。

◎四月，命抚远大将军胤禵率师驻西宁。幸皇四子园进宴。巡幸塞外。

◎五月，幸皇三子园进宴。

◎六月，副将岳钟琪进驻里塘、巴塘。

◎八月，振威将军傅尔丹奏于鄂尔斋图二处筑城设站，从之。

◎九月，谕西宁现有新胡必尔罕实即达赖后身，令大将军遣官带兵前往西藏安禅。

◎十月，谕编纂《正音韵图》。

◎十一月，以乡试士子多至一万二千人，增加江西解额至九十九人。

◎十二月，命截湖广漕粮十万石留于本省备荒。免陕西、甘肃六十六州、县明年额征银米。

## 康熙五十九年（1720） 六十七岁

◎正月，谕令进兵安藏。以御极六十周年，群臣请行庆贺礼，不许。命抚远大将军胤禵移驻穆鲁斯乌苏，管理进藏军务粮饷。以都统延信为平逆将军，率兵进藏。

◎二月，巡幸畿甸。任命护军统领噶尔弼为定西将军，率四川、云南兵进藏。册封新胡必尔罕为六世达赖喇嘛，命官兵自青海送之入藏。

◎三月，幸皇四子园进宴。命靖逆将军富宁安进驻乌鲁木齐，散秩大臣阿喇纳进驻吐鲁番，征西将军祁里德自布娄尔、傅尔丹自布拉罕同时进击准噶尔。

◎四月，巡幸塞外。进藏大军起程。

◎五月，升内阁学士张廷玉为刑部左侍郎。因天旱求言。

◎六月，封皇二子胤礽之女为郡主，婿为和硕额驸。幸皇三子园进宴。陕西大饥，令督抚开当地常平仓赈济，并调河南仓谷运陕西备用。赈济怀来、保安地震灾民。

◎七月，以各省钱粮亏空甚多，令各省督抚具题定议。皇四子胤禛赴热河请安。各路清军深入准噶尔，连败敌军。

◎八月，定西将军噶尔弼率副将岳钟琪自拉里进兵，克复西藏，执附贼喇嘛百余人，抚谕唐古特、土伯特，西藏平。

◎九月，平逆将军延信自达木地方起程，护送达赖喇嘛进入拉萨，举行坐床典礼。拉藏汗所立达赖喇嘛被送往北京。

◎十月，还京。谕免康熙六十年陕西、甘肃两省应征地丁钱粮一百八十八万三千余两。预发当地驻防兵丁半年俸饷。户部尚书赵申乔病故。以陕甘歉收，诏拨户部帑银五十万两，支动常平仓谷一百三十六万余石，分三路进行赈济。诏抚远大将军胤禵会议明年师期。

◎十一月，以隆科多为理藩院尚书，仍兼步兵统领。

◎十二月，以总督仓场侍郎张伯行为户部右侍郎，仍兼管仓场事务。诸王、文武大臣请行在位六十年庆贺礼，不许。授先贤卜商后裔世袭五经博士。封和硕诚亲王胤祉之子弘晟、和硕恒亲王胤祺之子弘昇俱为世子。

◎是年，罗马教廷特使加乐使华。清廷颁令全面禁教。



## 康熙六十年（1721） 六十八岁

◎正月，以御极六十年，命皇四子胤禛、皇十二子胤裪、世子弘晟往祭永陵、福陵、昭陵。

◎二月，以御极六十年大庆，遣官告祭天地、太庙、社稷，谒东陵。允准四川总督年羹尧进京陛见。从抚远大将军胤禵之请，命公策妄诺尔布驻防西藏。封第巴阿尔布巴、康济鼐为贝子，第巴隆布奈为辅国公。

◎三月，万寿节，群臣请上尊号，再拒之。幸皇三子园进宴。监察御史陶彝等十二人疏请建储。先是，大学士王掞密疏复储，至是，并切责之。将十二御史及王掞之子王奕清皆发往西陲军前效力。以西藏驻兵三千，兵力单薄，且仅绿旗，再派满兵五百、绿旗五百戍守该地。

◎四月，巡幸塞外。诏谕厘定历代帝王庙崇祀祀典。以京师米贵，命发京通仓米平粜。命定西将军噶尔弼率军驻防西藏。台湾朱一贵起义。

◎五月，命抚远大将军胤禵移师甘州，并谕明年进击策妄阿拉布坦。直隶、山东、河南、山西、陕西旱灾，命发各省常平仓谷赈济。以年羹尧为四川、陕西总督。

◎六月，提督施世骠率师前往台湾，镇压朱一贵起义。以宗室延信“平定藏地，不辱宗支”，封其为辅国公。应吐鲁番回民之请，派兵驻扎吐鲁番。

◎闰六月，幸皇三子园进宴。

◎七月，因各省赴广东经商者居住日久，生殖日蕃。经礼部议准，照两浙河东例，遇岁科二试，将商家子弟考取二十名入学。福建水师提督施世骠疏报，六月十六日，率师抵台湾省鹿耳门，二十二日，克复台湾府治，擒朱一贵。幸皇四子园进宴。令将朱一贵押解至京，正法示众。

◎八月，黄河决口于武陟。

◎九月，令朱轼于山西试办社仓。增兵戍守吐鲁番。策妄阿拉布坦进犯吐鲁番，阿喇纳击退之。还京。命副都御史牛钮等堵黄河决口，引沁水入运河。御制平定西藏碑文，建碑于招地。

◎十月，置巡察台湾御史。抚远大将军胤禵以明年大举进兵，请来京恭请训旨，允之。以平郡王讷尔苏代统其众。

◎十一月，以陈鹏年署河道总督。抚远大将军胤禵至南苑陛见。

◎十二月，命截留浙省漕粮于杭州各府备赈。



### 康熙六十一年（1722） 六十九岁

◎正月初七、初十两日，先后召八旗文武大臣、汉文武大臣及致仕、斥退人员年六十五以上者共一千零二十人宴于乾清宫前，为千叟宴。巡幸畿甸。

◎二月，大计天下官员。协理将军阿喇纳、将军祁里德各陈进兵方略。台湾起义首领朱一贵在京被杀。

◎三月，两幸皇四子园进宴。

◎四月，巡幸塞外。命抚远大将军胤禵复往军前。以督抚、提镇题补官员甚多，侵犯朝廷用人大权，定除台湾、广西、云南等边远省份外，其余概行停止。福州将军黄秉钺因科派兵丁引起哗变。黄秉钺革职，斩为首兵丁。

◎五月，漕运总督施世纶病故。幸皇三子园进宴。

◎六月，以盛京连岁丰稔，弛海禁。暹罗米贱，听入内地，免其税。命直隶截漕粮二十万石，分贮天津、霸州备赈。直隶总督赵弘燮病故，谥"肃敏"。

◎七月，议叙随从定西将军噶尔弼入藏人员。增兵吐鲁番，保护西域屯田。幸皇四子园进宴。命色尔图入藏统四川防兵。以翰林院掌院学士蔡珽为四川巡抚。



◎八月，停今年决囚。

◎九月，禁陕西督抚请以加耗来弥补亏空。还京。

◎十月，派皇四子胤禛带领弘昇、延信、孙渣齐、隆科多清理京师通州西南中三仓。以兵部右侍郎查弼纳为江南、江西总督。幸南苑行围。大学士、九卿、詹事、科道以来年恭逢七旬万寿，请行庆贺，不许。

◎十一月初七日，康熙皇帝患病，自南苑回驻畅春园。以贝子胤祹为镶黄旗满洲都统，辅国公吴尔占为镶白旗满洲都统。命皇四子胤禛恭代十五日南郊大祀。其间，皇四子五次遣使问安。十三日，病重。召皇四子于斋所。南郊祀典，以公吴尔占恭代。召见皇三子、皇七子、皇八子、皇九子、皇十子、皇十二子、皇十三子并理藩院尚书隆科多至御榻前，谕令皇四子胤禛继位。同日戌刻，崩于寝宫，年六十九岁。二十四日，上尊谥"合天弘运文武睿哲恭俭宽裕孝敬诚信功德大成仁皇帝"，庙号"圣祖"。雍正元年九月，葬于景陵。

# 二、康熙皇帝诸母表

| 序号 | 姓氏封号 | 生年 | 出嫁年份 | 出　身 | 卒年 | 年龄 | 备　考 |
| --- | --- | --- | --- | --- | --- | --- | --- |
| 1 | 废皇后博尔济吉特氏 | | 1651 | 科尔沁卓礼克图亲王吴克善女 | | | 顺治十年，废为静妃，改居侧宫 |
| 2 | 孝惠章皇后博尔济吉特氏 | 1641 | 1654 | 科尔沁镇国公、后封贝勒绰尔济女 | 1717 | 77 | 顺治十一年立为皇后，康熙皇帝即位尊为皇太后，累加徽号 |
| 3 | 孝康章皇后佟佳氏 | 1640 | | 赠少保都统一等承恩公佟图赖女 | 1663 | 24 | 顺治十一年生玄烨，时为妃。玄烨即位，尊为慈和皇太后 |
| 4 | 赠孝献端敬皇后董鄂氏 | | 1656 | 一等子内大臣鄂硕女 | 1660 | | 顺治十三年册为贤妃，晋皇贵妃。翌年生皇四子赠荣亲王 |
| 5 | 恭靖妃浩齐特博尔济吉特氏 | | | 鄂尔特尼郡王博罗特女 | 1689 | | 康熙十二年尊为皇考恭靖妃 |
| 6 | 淑惠妃科尔沁博尔济吉特氏 | | 1654 | 孝惠章皇后之妹 | 1713 | | 康熙十二年尊为皇考淑惠妃 |
| 7 | 端顺妃阿霸垓博尔济吉特氏 | | | 一等台吉布达希女 | 1709 | | 康熙十二年尊封皇考端顺妃 |

续表

| 序号 | 姓氏封号 | 生年 | 出嫁年份 | 出　身 | 卒年 | 年龄 | 备　考 |
|---|---|---|---|---|---|---|---|
| 8 | 宁悫妃董鄂氏 | | | 长史喀济海女 | 1694 | | 顺治十年生皇二子裕亲王福全，康熙十二年尊封皇考宁悫妃 |
| 9 | 赠贞妃董鄂氏 | | | 轻车都尉巴度女 | 1661 | | 顺治十八年殉世祖，追封皇考贞妃 |
| 10 | 赠恪妃石氏 | | | 吏部左侍郎石申女 | 1667 | | 康熙间追封为皇考恪妃 |
| 11 | 赠悼妃博尔济吉特氏 | | | 科尔沁达尔汉亲王满珠习礼女，孝惠章皇后之姑 | 1658 | | 追封悼妃 |
| 12 | 庶妃穆克图氏 | | | 云骑尉伍喀女 | | | 顺治十七年生皇八子永干 |
| 13 | 庶妃巴氏 | | | | | | 顺治八年生皇长子钮钮，十年生皇三女，十一年生皇五女 |
| 14 | 庶妃陈氏 | | | | | | 顺治九年生皇长女，十四年生皇五子恭亲王常宁 |
| 15 | 庶妃唐氏 | | | | | | 顺治十六年生皇六子奇授 |
| 16 | 庶妃钮氏 | | | | | | 顺治十七年生皇七子纯靖亲王隆禧 |

续表

| 序号 | 姓氏封号 | 生年 | 出嫁年份 | 出　身 | 卒年 | 年龄 | 备　考 |
|---|---|---|---|---|---|---|---|
| 17 | 庶妃杨氏 | | | | | | 顺治十年生皇二女和硕恭悫长公主 |
| 18 | 庶妃乌苏氏 | | | | | | 顺治十一年生皇四女 |
| 19 | 庶妃纳喇氏 | | | | | | 顺治十四年生皇六女 |



# 三、康熙皇帝兄弟表

| 序号 | 名字 | 生年 | 关系 | 生　母 | 封　号 | 卒年 | 年龄 | 备　考 |
|---|---|---|---|---|---|---|---|---|
| 1 | 钮钮 | 1651 | 兄 | 庶妃巴氏 | | 1652 | 2 | 世祖第一子 |
| 2 | 福全 | 1653 | 兄 | 宁悫妃董鄂氏 | 康熙六年封裕亲王 | 1703 | 51 | 世祖第二子 |
| 3 | 赠荣亲王 | 1657 | 弟 | 赠孝献皇后董鄂氏 | | 1658 | 2 | 世祖第四子 |
| 4 | 常宁 | 1657 | 弟 | 庶妃陈氏 | 康熙十年封恭亲王 | 1703 | 47 | 世祖第五子 |
| 5 | 奇授 | 1659 | 弟 | 庶妃唐氏 | | 1665 | 7 | 世祖第六子 |
| 6 | 隆禧 | 1660 | 弟 | 庶妃钮氏 | 康熙十三年封纯亲王 | 1679 | 20 | 世祖第七子 |
| 7 | 永干 | 1660 | 弟 | 庶妃穆克图氏 | | 1667 | 8 | 世祖第八子 |

# 四、康熙皇帝姊妹表

| 序号 | 书号 | 生年 | 关系 | 生　母 | 卒年 | 年龄 | 备　考 |
|---|---|---|---|---|---|---|---|
| 1 | 长姊（无封号） | 1652 | 姊 | 庶妃陈氏 | 1653 | 2 | 世祖第一女 |
| 2 | 二姊和硕恭悫长公主 | 1653 | 姊 | 庶妃杨氏 | 1685 | 33 | 康熙六年下嫁辅臣鳌拜从子讷尔都。世祖第二女 |
| 3 | 三姊（无封号） | 1653 | 姊 | 庶妃巴氏 | 1658 | 6 | 世祖第三女 |
| 4 | 长妹（无封号） | 1654 | 妹 | 庶妃乌苏氏 | 1661 | 8 | 世祖第四女 |
| 5 | 二妹（无封号） | 1654 | 妹 | 庶妃巴氏 | 1660 | 7 | 世祖第五女 |
| 6 | 三妹（无封号） | 1657 | 妹 | 庶妃纳喇氏 | 1661 | 5 | 世祖第六女 |
| 7 | 和硕和顺公主 | 1648 | 姊 | 世祖兄承泽亲王硕塞第二女，抚养宫中 | 1691 | 44 | 顺治十七年，下嫁平南王尚可喜第七子尚之隆 |
| 8 | 固伦端敏公主 | 1653 | 姊 | 世祖从兄简亲王济度女，抚养宫中 | 1729 | 77 | 康熙九年，下嫁科尔沁达尔汉亲王满珠习礼之孙班第 |
| 9 | 和硕柔嘉公主 | 1652 | 姊 | 世祖从兄安亲王岳乐第二女，抚养宫中 | 1673 | 22 | 康熙二年，下嫁靖南王耿精忠之弟耿聚忠 |

# 五、康熙皇帝后妃表

| 序号 | 封号姓氏 | 生年 | 来归年份 | 卒年 | 年龄 | 所生子女 | 备考 |
|---|---|---|---|---|---|---|---|
| 1 | 孝诚仁皇后赫舍里氏 | 1653 | 1665 | 1674 | 22 | 承祜、太子胤礽 | 康熙四年九月立为皇后。葬景陵 |
| 2 | 孝昭仁皇后钮祜禄氏 | | | 1678 | | | 初为妃，康熙十六年八月立为皇后。葬景陵 |
| 3 | 孝懿仁皇后佟佳氏 | | | 1689 | | 皇八女 | 康熙十六年为贵妃，二十年晋皇贵妃，二十八年立为皇后。葬景陵 |
| 4 | 孝恭仁皇后乌雅氏 | 1660 | | 1723 | 64 | 皇四子、皇六子、皇七女、皇九女、皇十二女、皇十四子 | 康熙十八年册为德嫔，二十年晋德妃。胤禛即位，上徽号仁寿皇太后。葬景陵 |
| 5 | 悫惠皇贵妃佟佳氏 | 1668 | | 1743 | 76 | | 康熙三十九年册为贵妃，雍正二年晋尊皇考皇贵妃。乾隆元年晋尊皇祖寿祺皇太妃。葬景陵园寝 |

续表

| 序号 | 封号姓氏 | 生年 | 来归年份 | 卒年 | 年龄 | 所生子女 | 备　考 |
|---|---|---|---|---|---|---|---|
| 6 | 惇怡皇贵妃瓜尔佳氏 | 1683 | | 1768 | 86 | 皇十八女 | 康熙三十九年册为和嫔，五十七年晋和妃，雍正二年晋尊为皇考贵妃，乾隆元年晋尊为皇祖温惠贵太妃，八年再尊为温惠皇贵太妃。葬景陵园寝 |
| 7 | 赠敬敏皇贵妃张雅氏 | | | 1699 | | 皇十三子、皇十三女、皇十五女 | 初封为妃，卒谥敏妃，雍正元年追晋为皇考敬敏皇贵妃。祔葬景陵 |
| 8 | 温僖贵妃钮祜禄氏 | | | 1694 | | 皇十子、皇十一女 | 康熙二十年册为贵妃 |
| 9 | 顺懿密妃王氏 | | | 1744 | | 皇十五子、皇十六子、皇十八子 | 康熙五十七年册为密嫔，雍正二年晋尊皇考密妃，乾隆元年晋尊皇祖顺懿密太妃 |
| 10 | 纯裕勤妃陈氏 | | | 1753 | | 皇十七子 | 康熙五十七年册为勤嫔，雍正四年晋尊皇考勤妃，乾隆元年晋尊皇祖纯裕勤太妃 |
| 11 | 惠妃纳喇氏 | | | 1732 | | 皇子承庆、皇长子 | 康熙十六年册为惠嫔，二十年晋惠妃 |

| 序号 | 封号姓氏 | 生年 | 来归年份 | 卒年 | 年龄 | 所生子女 | 备考 |
|---|---|---|---|---|---|---|---|
| 12 | 宜妃郭啰罗氏 | | | 1733 | | 皇五子、皇九子、皇十一子 | 康熙十六年册为宜嫔，二十年晋宜妃 |
| 13 | 荣妃马佳氏 | | | 1727 | | 皇子承瑞、皇子赛音察浑、皇三女、皇子长华、皇子长生、皇三子 | 康熙十六年册为荣嫔，二十年晋荣妃 |
| 14 | 宣妃博尔济吉特氏 | | | 1736 | | | 康熙五十七年册为宣妃 |
| 15 | 成妃戴佳氏 | | | 1740 | | 皇七子 | 康熙五十七年册为成妃 |
| 16 | 良妃卫氏 | | | 1711 | | 皇八子 | 康熙三十九年册为良嫔，后晋良妃 |
| 17 | 定妃万琉哈氏 | 1671 | | 1757 | 87 | 皇十二子 | 康熙五十七年册为定嫔，雍正二年晋尊皇考定妃 |
| 18 | 赠平妃赫舍里氏 | | | 1696 | | 皇子胤禨 | 追封平妃 |
| 19 | 赠慧妃博尔济吉特氏 | | | 1670 | | | 追封慧妃 |
| 20 | 安嫔李氏 | | | | | | 康熙十六年册为安嫔 |
| 21 | 敬嫔王佳氏 | | | | | | 康熙十六年册为敬嫔 |

续表

| 序号 | 封号姓氏 | 生年 | 来归年份 | 卒年 | 年龄 | 所生子女 | 备　考 |
|---|---|---|---|---|---|---|---|
| 22 | 端嫔董氏 | | | | | 皇二女 | 康熙十六年册为端嫔 |
| 23 | 僖嫔赫舍里氏 | | | 1702 | | | 康熙十六年册为僖嫔 |
| 24 | 通嫔纳喇氏 | | | 1744 | | 皇子万黼、胤禶、皇十女 | 初赐号贵人，雍正二年晋尊皇考通嫔 |
| 25 | 襄嫔高氏 | | | 1746 | | 皇十九子、皇十九女、皇二十子 | 初为庶妃，康熙六十一年晋尊皇考贵人，乾隆元年晋尊为皇祖襄嫔 |
| 26 | 谨嫔色尔图氏 | | | 1739 | | 皇二十二子 | 初为庶妃，康熙六十一年晋尊皇考贵人，乾隆元年晋尊皇祖谨嫔 |
| 27 | 静嫔石氏 | | | 1758 | | 皇二十三子 | 初为庶妃，康熙六十一年晋尊皇考贵人，乾隆元年晋尊皇祖静嫔 |
| 28 | 熙嫔陈氏 | | | 1737 | | 皇二十一子 | 初为庶妃，康熙六十一年晋尊皇考贵人，乾隆元年晋尊皇祖熙嫔 |
| 29 | 赠穆嫔陈氏 | | | 雍正中 | | 皇二十四子 | 初为庶妃，康熙六十一年晋尊皇考贵人，乾隆元年晋尊为皇祖穆嫔 |

续表

| 序号 | 封号姓氏 | 生年 | 来归年份 | 卒年 | 年龄 | 所生子女 | 备　考 |
|---|---|---|---|---|---|---|---|
| 30 | 贵人兆佳氏 | | | | | 皇五女 | |
| 31 | 贵人郭啰罗氏 | | | | | 皇六女、皇子胤禶 | |
| 32 | 贵人袁氏 | | | | | 皇十四女 | |
| 33 | 贵人纳喇氏 | | | | | | |
| 34 | 贵人陈氏 | | | | | 皇子胤禐 | |
| 35 | 贵人纳喇氏 | | | | | | |
| 36 | 贵人易氏 | | | 1728 | | | |
| 37 | 庶妃钮祜禄氏 | | | | | 皇二十女 | |
| 38 | 庶妃张氏 | | | | | 皇长女、皇四女 | |
| 39 | 庶妃王氏 | | | | | 皇十六女 | |
| 40 | 庶妃刘氏 | | | | | 皇十七女 | |
| 41 | 布贵人 | | | | | | |
| 42 | 伊贵人 | | | | | | |
| 43 | 兰贵人 | | | | | | |
| 44 | 马贵人 | | | | | | |
| 45 | 文贵人 | | | | | | |
| 46 | 尹贵人 | | | | | | |
| 47 | 新贵人 | | | | | | |

续表

| 序号 | 封号姓氏 | 生年 | 来归年份 | 卒年 | 年龄 | 所生子女 | 备考 |
|---|---|---|---|---|---|---|---|
| 48 | 常贵人 | | | | | | |
| 49 | 勒贵人 | | | | | | |
| 50 | 妙答应 | | | | | | |
| 51 | 秀答应 | | | | | | |
| 52 | 庆答应 | | | | | | |
| 53 | 灵答应 | | | | | | |
| 54 | 春答应 | | | | | | |
| 55 | 晓答应 | | | | | | |
| 56 | 治答应 | | | | | | |
| 57 | 牛答应 | | | | | | |
| 58 | 双答应 | | | | | | |
| 59 | 贵答应 | | | | | | |
| 60 | 瑞常在 | | | | | | |
| 61 | 常常在 | | | | | | |
| 62 | 尹常在 | | | | | | |
| 63 | 禄常在 | | | | | | |
| 64 | 徐常在 | | | | | | |
| 65 | 石常在 | | | | | | |
| 66 | 寿常在 | | | | | | |
| 67 | 色常在 | | | | | | |

# 六、康熙皇帝皇子表

| 序号 | 皇子名字 | 出生年 | 生　母 | 封　爵 | 卒年 | 年龄 |
|---|---|---|---|---|---|---|
| 1 | 承瑞 | 1667 | 荣妃马佳氏 | | 1670 | 4 |
| 2 | 承祜 | 1669 | 孝诚仁皇后赫舍里氏 | | 1672 | 4 |
| 3 | 承庆 | 1670 | 惠妃纳喇氏 | | 1671 | 2 |
| 4 | 赛音察浑 | 1671 | 荣妃马佳氏 | | 1674 | 4 |
| 5 | 皇长子胤禔 | 1672 | 惠妃纳喇氏 | 康熙三十七年封直郡王，四十七年削爵拘禁 | 1734 | 63 |
| 6 | 废太子赠理密亲王胤礽 | 1674 | 孝诚仁皇后赫舍里氏 | 康熙十四年立为皇太子，四十七年以罪废，四十八年复立为皇太子，五十一年再废 | 1724 | 51 |
| 7 | 长华 | 1674 | 荣妃马佳氏 | | 1674 | 1 |
| 8 | 长生 | 1675 | 荣妃马佳氏 | | 1677 | 3 |
| 9 | 万黼 | 1675 | 通嫔纳喇氏 | | 1679 | 5 |
| 10 | 皇三子胤祉 | 1677 | 荣妃马佳氏 | 康熙三十七年封诚郡王，次年降贝勒，四十八年晋诚亲王。雍正六年降诚郡王，八年复诚亲王，旋削爵拘禁至死 | 1732 | 56 |

续表

| 序号 | 皇子名字 | 出生年 | 生母 | 封爵 | 卒年 | 年龄 |
|---|---|---|---|---|---|---|
| 11 | 皇四子胤禛 | 1678 | 孝恭仁皇后乌雅氏，时为德嫔 | 康熙三十七年封贝勒，四十八年晋雍亲王，六十一年即帝位，在位十三年，是为清世宗 | 1735 | 58 |
| 12 | 胤禶 | 1679 | 通嫔纳喇氏 | | 1680 | 2 |
| 13 | 皇五子胤祺 | 1679 | 宜嫔郭啰罗氏 | 康熙三十七年封贝勒，四十八年晋恒亲王 | 1732 | 54 |
| 14 | 皇六子胤祚 | 1680 | 孝恭仁皇后乌雅氏，时为德嫔 | | 1685 | 6 |
| 15 | 皇七子胤祐 | 1680 | 成妃戴佳氏 | 康熙三十七年封贝勒，四十八年晋淳郡王，雍正元年晋淳亲王 | 1730 | 51 |
| 16 | 皇八子胤禩 | 1681 | 良妃卫氏 | 康熙三十七年封贝勒，四十七年削爵，旋赐还贝勒爵，六十一年，雍正即位，封廉亲王，四年圈禁 | 1726 | 46 |
| 17 | 皇九子胤禟 | 1683 | 宜妃郭啰罗氏 | 康熙四十八年封贝子，雍正三年削爵，除宗籍逮系 | 1726 | 44 |

续表

| 序号 | 皇子名字 | 出生年 | 生母 | 封爵 | 卒年 | 年龄 |
|---|---|---|---|---|---|---|
| 18 | 皇十子胤䄉 | 1683 | 僖贵妃钮祜禄氏 | 康熙四十八年封敦郡王，雍正二年以罪拘禁。乾隆即位释出，乾隆二年封辅国公 | 1741 | 59 |
| 19 | 胤禶 | 1683 | 贵人郭啰罗氏 | | 1685 | 3 |
| 20 | 皇十一子胤禌 | 1685 | 宜妃郭啰罗氏 | | 1696 | 12 |
| 21 | 皇十二子胤祹 | 1685 | 定妃万琉哈氏 | 康熙四十八年封贝子，雍正即位，晋履郡王。雍正二年降贝子，二年，降镇国公，八年再晋履郡王，十三年晋履亲王 | 1763 | 79 |
| 22 | 皇十三子胤祥 | 1686 | 敬敏皇贵妃张雅氏 | 雍正即位，封怡亲王 | 1730 | 45 |
| 23 | 皇十四子胤禵 | 1688 | 孝恭仁皇后乌雅氏，时为德妃 | 康熙四十八年封贝子，雍正元年晋郡王，三年降贝子，四年削爵拘禁。乾隆即位，释出，乾隆十二年封贝勒，十三年晋恂郡王 | 1755 | 68 |
| 24 | 胤禨 | 1691 | 平妃赫舍里氏 | | 1691 | 1 |
| 25 | 皇十五子胤禑 | 1693 | 顺懿密妃王氏 | 雍正四年封贝勒，八年晋愉郡王 | 1731 | 39 |

续表

| 序号 | 皇子名字 | 出生年 | 生　母 | 封　爵 | 卒年 | 年龄 |
|---|---|---|---|---|---|---|
| 26 | 皇十六子胤禄 | 1695 | 顺懿密妃王氏 | 雍正元年袭封庄亲王 | 1767 | 73 |
| 27 | 皇十七子胤礼 | 1697 | 纯裕勤妃陈氏 | 雍正元年封果郡王，六年晋果亲王 | 1738 | 42 |
| 28 | 皇十八子胤衸 | 1701 | 顺懿密妃王氏 | | 1708 | 8 |
| 29 | 皇十九子胤禝 | 1702 | 襄嫔高氏 | | 1704 | 3 |
| 30 | 皇二十子胤祎 | 1706 | 襄嫔高氏 | 雍正四年封贝子，八年晋贝勒，十二年降辅国公，十三年仍晋贝勒 | 1755 | 50 |
| 31 | 皇二十一子胤禧 | 1711 | 熙嫔陈氏 | 雍正八年封贝子，晋贝勒。乾隆即位，晋慎郡王 | 1758 | 48 |
| 32 | 皇二十二子胤祜 | 1711 | 谨嫔色尔图氏 | 雍正八年封贝子，十二年晋贝勒 | 1743 | 33 |
| 33 | 皇二十三子胤祁 | 1713 | 静嫔石氏 | 雍正八年封镇国公，晋贝勒，以事降贝子。乾隆四十二年降镇国公，四十五年晋贝子，四十七年晋贝勒，四十九年加郡王 | 1785 | 73 |
| 34 | 胤禐 | 1713 | 贵人陈氏 | | 1713 | 1 |
| 35 | 皇二十四子胤祕 | 1716 | 穆嫔陈氏 | 雍正十一年封諴亲王 | 1773 | 58 |

# 七、康熙皇帝皇女表

| 序号 | 皇女名号 | 生年 | 生母 | 卒年 | 年龄 | 备考 |
|---|---|---|---|---|---|---|
| 1 | 皇长女 | 1668 | 庶妃张氏 | 1671 | 4 | |
| 2 | 皇二女 | 1671 | 庶妃董氏（端嫔） | 1673 | 3 | |
| 3 | 皇三女固伦荣宪公主 | 1673 | 荣妃马佳氏 | 1728 | 56 | 康熙三十年赐号和硕荣宪公主，下嫁巴林博尔济吉特氏额驸色布腾之孙乌尔衮。四十八年晋封固伦荣宪公主 |
| 4 | 皇四女 | 1674 | 庶妃张氏 | 1678 | 5 | |
| 5 | 皇五女和硕端静公主 | 1674 | 贵人兆佳氏 | 1710 | 37 | 康熙三十一年封今位号，下嫁乌梁罕氏喀喇沁杜棱郡王札什之子噶尔臧 |
| 6 | 皇六女固伦恪靖公主 | 1679 | 贵人郭啰罗氏 | 1735 | 57 | 康熙三十六年封和硕公主，下嫁博尔济吉特氏喀尔喀郡王敦多布多尔济。四十五年，封和硕恪靖公主；雍正元年，晋固伦公主 |
| 7 | 皇七女 | 1682 | 德妃乌雅氏，即孝恭仁皇后 | 1682 | 1 | |

续表

| 序号 | 皇女名号 | 生年 | 生　母 | 卒年 | 年龄 | 备　考 |
|---|---|---|---|---|---|---|
| 8 | 皇八女 | 1683 | 皇贵妃佟氏，即孝懿仁皇后 | 1683 | 1 | |
| 9 | 皇九女晋赠固伦温宪公主 | 1683 | 德妃乌雅氏，即孝恭仁皇后 | 1702 | 20 | 康熙三十九年封和硕温宪公主，下嫁佟国维之孙舜安颜。雍正元年追晋固伦公主 |
| 10 | 皇十女晋赠固伦纯悫公主 | 1685 | 通嫔纳喇氏 | 1710 | 26 | 康熙四十五年下嫁博尔济吉特氏喀尔喀台吉策棱，封和硕纯悫公主。雍正十年，追晋固伦公主 |
| 11 | 皇十一女 | 1685 | 温僖贵妃钮祜禄氏 | 1686 | 2 | |
| 12 | 皇十二女 | 1686 | 德妃乌雅氏，即孝恭仁皇后 | 1697 | 12 | |
| 13 | 皇十三女和硕温恪公主 | 1687 | 敬敏皇贵妃张雅氏 | 1709 | 23 | 康熙四十五年封今位号，下嫁博尔济吉特氏翁牛特杜棱郡王仓津 |
| 14 | 皇十四女和硕悫靖公主 | 1689 | 贵人袁氏 | 1736 | 48 | 康熙四十五年封今位号，下嫁振武将军孙思克之子散秩大臣一等男孙承运 |
| 15 | 皇十五女和硕敦恪公主 | 1691 | 敬敏皇贵妃张雅氏 | 1709 | 19 | 康熙四十七年，下嫁科尔沁博尔济吉特氏台吉多尔济 |

续表

| 序号 | 皇女名号 | 生年 | 生　母 | 卒年 | 年龄 | 备　考 |
|---|---|---|---|---|---|---|
| 16 | 皇十六女 | 1695 | 庶妃王氏 | 1707 | 13 | |
| 17 | 皇十七女 | 1698 | 庶妃刘氏 | 1700 | 3 | |
| 18 | 皇十八女 | 1701 | 和嫔瓜尔佳氏，即惇怡皇贵妃 | 1701 | 1 | |
| 19 | 皇十九女 | 1703 | 襄嫔高氏 | 1705 | 3 | |
| 20 | 皇二十女 | 1708 | 庶妃钮祜禄氏 | 1709 | 2 | |
| 21 | 固伦纯禧公主 | 1671 | 康熙皇帝之弟恭亲王常宁庶妃晋氏生，抚养宫中 | 1741 | 71 | 康熙二十九年封和硕纯禧公主，下嫁科尔沁博尔济吉特氏头等台吉班第 |



# 八、主要参考文献

## （一）编年类

《清世祖实录》，中华书局1985年影印本。

《康熙起居注》，中华书局1984年版。

《清圣祖实录》，中华书局1985年影印本。

朝鲜《李朝实录》，日本学习院东洋文化研究所1967年刊本。

吴晗：《朝鲜李朝实录中的中国史料》，中华书局1980年版。

蒋良骐：《东华录》，中华书局1980年点校本。

王先谦：《东华录》，台北大通书局1984年版。

李文海主编：《清史编年》第一卷（顺治朝），中国人民大学出版社1985年版。

## （二）纪传类

王锺翰点校：《清史列传》，中华书局1987年版。

清国史馆：《满汉名臣传》，黑龙江人民出版社1991年版。

李元度：《国朝先正事略》，岳麓书社1991年版。

钱仪吉：《碑传集》，上海书店1988年影印本。

李桓：《国朝耆献类征》，江苏广陵古籍刻印社1990年影印本。

白晋：《康熙皇帝》，黑龙江人民出版社1981年版。

佚名：《四王合传》，荆驼逸史本。

赵尔巽等：《清史稿》，中华书局1977年版。

## （三）纪事本末类

《皇朝开国方略》，台北成文出版社1968年版。

勒德洪等：《平定三逆方略》，台北大通书局1987年版。

佚名：《平滇始末》，甲戌丛编本。

孙旭：《平吴录》，甲戌丛编本。

佚名：《平定罗刹方略》，中华书局1984年版。

熊赐履等：《平定朔漠方略》，台北成文出版社1970年版。

赵翼：《皇朝武功纪盛》，丛书集成本。

魏源：《圣武记》，中华书局1984年版。

祁韵士:《皇朝藩部要略》，台北成文出版社1968年版。

张穆:《蒙古游牧记》，山西人民出版社1991年版。

## （四）政书类

张廷玉等:《清朝文献通考》，商务印书馆“十通本”。

刘墉等:《清朝通典》，商务印书馆“十通本”。

张廷玉等:《八旗通志》，东北师范大学出版社1985年版。

福隆安等:《乾隆会典》，上海古籍出版社1987年版。

昆冈等：光绪《大清会典事例》，中华书局1991年版。

魏源等:《皇朝经世文编》，中华书局1992年影印本。



## （五）档案类

《明清史料》（甲—癸编），商务印书馆1930—1975年版。

《明清史料》（戊—癸编），中华书局1987年版。

中国第一历史档案馆:《康熙朝汉文朱批奏折汇编》，档案出版社1985年版。

中国第一历史档案馆:《康熙朝满文朱批奏折全译》，中国社会科学出版社1996年版。

《李煦奏折》，中华书局1976年版。

陈垣识:《康熙与罗马使节关系文书影印本》，故宫博物院1932年版。

厦门大学台湾研究所等:《康熙统一台湾档案史料选辑》，福建人民出版社1983年版。

厦门大学台湾研究所等:《郑成功档案史料选辑》，福建人民出版社1985年版。

故宫博物院文献馆:《文献丛编》，故宫印刷所1930—1942

年版。

中国历史第一档案馆：《清代中俄关系档案史料选编》，中华书局1979、1981年版。

中国社会科学院历史研究所清史研究室：《清史资料》第一—六辑，中华书局1980—1985年。

## （六）文集类

《清圣祖御制诗文集》，清刻本。

熊赐履：《经义斋集》，康熙二十九年刊本。

靳辅：《靳文襄公奏疏》，近代中国史料丛刊，台北文海出版社。

顾炎武：《日知录》，上海古籍出版社1984年版。

顾亭林：《顾亭林诗文集》，中华书局1983年版。

刘健：《庭闻录》，上海书店1985年版。

钮琇：《觚剩》，上海古籍出版社1986年版。

海外闲人：《榕城纪闻》，中华书局1980年刊印《清史资料》第一辑。

钱泳：《履园丛话》，中华书局1991年版。

昭梿：《啸亭杂录》，中华书局1980年版。

小横香室主人：《清朝野史大观》，中华书局1921年排印本。

徐珂：《清稗类钞》，中华书局1984—1986年版。

李栖凤：《元功垂范》，广东中山图书馆1957年油印本。

刘献廷：《广阳杂记》，中华书局1985年版。

杜春胜、林信笃：《华夷变态》，东京东洋文库1958年版。

赵翼：《廿二史札记》，中华书局1984年版。

江日升：《台湾外记》，福建人民出版社1983年版。

邵廷采：《东南纪事》，台湾文献丛刊第九六种1961年版。

邵廷采:《思复堂文集》，浙江古籍出版社1987年版。

施琅:《靖海纪事》，福建人民出版社1983年版。

方苞:《方望溪先生全集》，中国书店1991年版。

全祖望:《鲒埼亭集》，上海商务印书馆1937年版。

江藩:《国朝宋学渊源记》，中华书局1983年版。

李光地:《榕村全集》，《四库全书》本。

杜臻:《粤闽巡视纪略》，康熙间刊本。

杨椿:《孟邻堂文钞》，嘉庆二十三年刻本。

蓝鼎元:《鹿洲初集》，厦门大学出版社1995年版。

王士祯:《居易录》，台北新兴出版社1977年版。

姜宸英:《海防总论》，台北艺文印书馆1967年版。

图理琛:《异域录》，《丛书集成初编》本。

苏联科学院远东研究所等:《十七世纪俄中关系》，商务印书馆1975年版。

《甲申传信录》，上海书店1982年版。

佚名:《牧斋遗事》，《丛书集成续编》本。

钱谦益:《有学集》，影印清康熙三年本。

徐枋:《居易堂集》，《四部丛刊三编》本。

吕留良:《吕晚村先生文集》，书目文献出版社2002年版。

孙静庵:《明遗民传》，北京大学1936年影印本。

归庄:《归庄集》，上海古籍出版社1984年版。

王应奎:《柳南随笔》，中华书局1983年版。

李富孙:《鹤征录》，四库未收书辑刊，北京出版社。

黄宗羲:《南雷文定》，《四部丛刊》本。

陆世仪:《思辨录辑要》，江苏广陵古籍刻印社1987年影印本。

史惇:《恸余杂记》，中华书局1959年版。

蒲松龄:《聊斋志异》，上海古籍出版社1962年版。

## （七）地方志类

[康熙]《台湾府志》，中华书局1985年版。

[康熙]《南海县志》，台北成文出版社1974年版。

[雍正]《广东通志》，上海古籍出版社1990年版。

[光绪]《畿辅通志》，上海古籍出版社1991年版。

[光绪]《安徽通志》，台北成文出版社1985年版。

[嘉庆]《四川通志》，巴蜀书社1984年版。

[康熙]（十四年）《安庆府志》，台北成文出版社1985年版。

[康熙]（六十年）《安庆府志》，台北成文出版社1985年版。

连横:《台湾通史》，商务印书馆1983年版。



## （八）丛书、类书类

陈梦雷等:《古今图书集成》，中华书局1985年版。

金毓绂:《辽海丛书》，辽沈书社1984年版。

## （九）今人论著

孟森:《明清史论著集刊》，中华书局1984年版。

袁森坡:《康雍乾经营与开发北疆》，中国社会科学出版社1991年版。

戴逸:《简明清史》，人民出版社1980—1984年版。

## （十）目录类

《四库全书总目提要》，中华书局1983年版。

# 再版后记

本书系集体创作的成果。在编写过程中，各位作者都付出了心血和汗水，谨将各位作者名字及所写章节开列于下：

白新良：第一章，第三章，第六章第三、第五节，第九章，第十章第一、第二节（与李立合著）、第三、第四节，第十一章，第十二章，第十三章，第十四章，第十五章，附录及全书定稿。

王薇：第二章。

孙卫国：第四章，第六章第四、第七节。

王国恒：第五章第一、第三节。

杨丽英：第五章第二、第四节。

何孝荣：第六章第四、第六、第八节，第七章，第八章第二、第三、第四节。

姜胜利：第六章第一节，第八章第一节。

李立：第十章第一、第二节（与白新良合著）。

另外，需要特别指出，在本书再版过程中，中华书局责任编辑杜艳茹女史也付出了艰辛的劳动，从审查书稿、核改错讹到排版装帧，无不浸透着她的心血。值此书稿即将面世之际，我谨代表编写组同仁向她致以深深的谢意。

白新良

2023年4月于天津南开大学寓所